——献给我的母亲

任大川

著

父母简史

人类母亲和父亲的十万年

上

中国发展出版社
CHINA DEVELOPMENT PRESS

图书在版编目（CIP）数据

父母简史/任大川著．—北京：中国发展出版社，2018.7
ISBN 978 − 7 − 5177 − 0862 − 9

Ⅰ．①父…　Ⅱ．①任…　Ⅲ．①社会人类学　Ⅳ．①C912.4

中国版本图书馆 CIP 数据核字（2018）第 104596 号

书　　　名：父母简史
著作责任者：任大川
出 版 发 行：中国发展出版社
　　　　　　（北京市西城区百万庄大街 16 号 8 层　100037）
标 准 书 号：ISBN 978 − 7 − 5177 − 0862 − 9
经 销 者：各地新华书店
印 刷 者：三河市东方印刷有限公司
开　　　本：710mm × 1000mm　1/16
印　　　张：40.5
字　　　数：698 千字
版　　　次：2018 年 7 月第 1 版
印　　　次：2018 年 7 月第 1 次印刷
定　　　价：98.00 元

联 系 电 话：(010) 68990642　68990692
购 书 热 线：(010) 68990682　68990686
网 络 订 购：http://zgfzcbs.tmall.com//
网 购 电 话：(010) 68990639　88333349
本 社 网 址：http://www.develpress.com.cn
电 子 邮 件：271799043@qq.com

序

欲穷千里目

侯水平（四川省社会科学院院长）

我认识大川先生多年，知道他是商学博士，在日本的一家公司工作。突然有一天我的电子邮箱收到他发来的《父母简史：人类母亲和父亲的十万年》（以下简称《父母简史》）书稿，着实让我大吃一惊。显然这样的选题远远超出了经济学的范畴，同时，对于一个工作压力很大的职场白领来说，写这样大部头的著作，是很不容易的。

我答应为大川先生的书写序，却迟迟未能动笔。这倒不完全是因为手头事情比较多，一时抽不出时间来，主要是面对内容如此丰富，涉及多个专业领域的一部巨著，不知该如何下笔。经过再三犹豫，终于放弃了最初的想法。对这部书做出全面准确的评价，不是我能够做到的，也不应由我来完成，只能由这部著作的各位读者自己来判断。而就我来说，至多只能作为一位最早读到这本书的读者，就自己的一点感想与其他读者交流。这样一想，也就轻松了。《父母简史》洋洋洒洒近60万字，时间跨度从史前远古到近代，正如书名所示，长达"10万年"；从涉及的学科领域看，包括遗传学、考古学、文化人类社会学、宗教学、法学、经济学、历史学等；从考察的地域看，近乎全球范围，主要是中国和欧美，欧洲除重点考察英国外，还论及德国、法国、荷兰、瑞士、瑞典、挪威、丹麦、希腊、罗马、意大利以及俄罗斯等国，从祭祀（宗教）的形成与演变等视角，还对这些国家做了比较研究。宗教问题既是本书叙事论述的起点，也是贯穿全书的主线，但所叙述的故事和探讨的问题并不完全是宗教内容。归纳起来，全书主要围绕以下两个相互关联的主题展开。

一是探讨中国、欧美的历史过程与法律、制度之间的关系。大川先生采取的方法是从考察中国和欧美国家经济发展的巨大差异入手，进而在具体的历史发展中去寻找形成这种差异的原因。他着重考察分析了法律和制度对经济发展的影响，得出的结论是，英国等国家的特殊历史以及由此产生的独特的法律、制度，是造成中国和欧美巨大经济差异的主要原因。这一结论是否成立，并不是没有进一步探讨甚至商榷的余地，但大川先生的考察分析是认真的，其论述也是深入的，在故事性叙事中包含有大量历史事例。他在考察中国和欧洲的法律、制度并做比较时，发现中国的法律、制度一直没有断裂，而英国的法律、制度，与希腊、罗马的一样是断裂的。这一结论，和中国数千年文明史一直没有中断，而欧洲的情况则相反这两种不同的历史现象，既是一致的，更是相关的。这种法律、制度的连续或者中断必然对经济发展造成不同的影响，大川先生通过深入研究得出了这样的结论。

二是探讨历史上宗教的演化过程及其与经济发展的关系。探讨这样的问题无疑是一个非常庞大的学术研究工程，不得不佩服大川先生的勇气。还好，他并没有对宗教的历史演化过程做正面的全面系统探讨，而是聚焦在宗教的演化与经济发展的关系。在问题的探讨中，他并不是直接对宗教和经济进行分析，尽管书中有一些这方面的内容，但不是主要的，而是在宗教与经济之间找到了一个中介——法律、制度，通过宗教与法律、制度的关系，进而探讨与经济发展的关系。法律、制度在宗教与经济的联系上，既是工具性的，也是因果性的。这样看来，本书所谓的两个主题，是完全相互密切联系的，实际上也就是一个主题，即宗教如何通过法律和制度与经济发展建立起密切的关系。

人们设立法律、制度是主观行为，这区别于本能层次上的行为，具有强烈的目的意识。因此，不同的目的意识，是形成英国和中国的法律、制度不同的内在原因。那么，目的意识又是如何形成的呢？韦伯把导致不同目的意识的原因归结于宗教或精神。宗教就是这样影响法律和制度的——这是本书的思考逻辑。而宗教本身又是一个历史过程，这就必须追溯历史过程中希腊宗教、罗马宗教、英国宗教和中国宗教的发生过程，不仅从历史形态中，而且从历史演变的特点中找出中国与欧洲各国宗教演变的区别所在。根据大川先生的考察，中国宗教不曾断裂，一直可以追溯到父系社会、母系社会，而英国的宗教与希腊、罗马的宗教却是断裂的。注意，这里他又一次强调了历史演变过程中的连续与断裂问题！这应是他在做宗教与经济关系的历史考察中的一个很重要发现。他认为宗教的断裂或连续对经济发展的影响甚巨。也就是说，当我们谈到英国的宗教时，其与希腊、罗马的宗教不仅不是一回事，也是没有什么联系的，因为在欧洲宗教的历史演变中，它们是中断了的。基于这样的认识谈宗教对经济的影响，就首先需要明确时间维度。希腊、罗马的宗教对古代欧洲经济的发展是有密切关系的，希腊、罗马之后的英国宗教对经济的发展也是有巨大的影响，但英国宗教中并不包含希腊、罗马宗教的基因。与此相反的是我们中国，因为历史上宗教并不曾中断，宗教、经济及其二者间的关系尽管也在演变，但这种演变是渐进的。近代中国的宗教对经济发展的影响，虽然与古代的宗教对经济的影响并不完全相同，但它们之间是有联系的，古代的宗教与经济关系的基因延续了下来。如是，我们谈宗教精神，谈宗教与经济的关系，是不可以不加区别地将中国与英国等加以比较的。大川先生认为，英国所形成的独特的基督教精神，以及在这之上所形成的独特的法律、制度是造成中国和欧美巨大经济差异的内在原因。

围绕上述两个密切关联的主题，大川先生采取了多学科，但主要是历史分析和文化人类社会学的研究方法，从古到今逐一考察分析。这又大体上可以分为史前与有文字历史两个部分。

在史前部分，基于有目的的意识行为不但区别各个社会，也区别于人和动物的基本假说，着重描述在历史进程中，从现代人诞生之日宗教对人的进化和社会发展的影响。书中考察分析了母系宗教向父系宗教的转化以及由此产生的法律、制度的变化过程，其历史载体核心人物是母亲和父亲。由于是史前，这部分的研究所依据、参考的资料主要是遗传学、考古学、文化人类社会学的调查研究报告。

　　对问题的探讨进入有文字历史部分后，继续描述在历史进程中的父系宗教的演化，以及法律、制度的变化，直至今日。其历史载体，以中国为主轴，比较欧洲各个历史阶段中的宗教、法律、制度，核心人物是中国的父亲和希腊、罗马、英国的父亲。

　　就本书研究的对象——法律与经济的关系，法律与宗教的关系，宗教对经济的影响等，这些问题在学界已经有过许多研究，就这一点，本书并不具有创新的意义，至多是继续了对这些复杂问题的探讨。这方面的成果很多，例如探讨法律与宗教的关系，2003 年中国政法大学出版社就出版了梁治平先生翻译的美籍作者哈罗德·J·伯尔曼的《法律与宗教》。马克斯·韦伯关于宗教与经济关系的论述也早已为学界广泛熟悉。近些年我国学者在这些领域也有很多研究成果。本书与已有研究的区别就在于其是在历史演变的维度，将三者联系起来进行考察与分析，为我们提供了一个更为宏大立体的视角。就书中的内容看，已经远远超出了宗教与法律、制度与经济的关系。

　　对于本书研究所得出的结论，读者不一定都完全同意，这一点似乎是可以预料的。就我个人对本书的阅读体会，是否完全赞成书中所得出的结论并不是最重要的，重要的是，在阅读中思考这些结论是如何得出的时候，会深切地感到它们是建立在认真严肃和艰苦的研究之上的，其学术上的新意显而易见，也是很有价值的。

　　此外，本书的研究方法也许并不十分完美，比如探讨宗教、法律与经济的关系，似乎只是单向度的，显然这并不完全符合人类历史社会发展的逻辑。本书探讨的问题过于宏大，问题太多，显得有些分散。但在阅读中随着作者一起探讨那些跨越古今中外、多个学科领域的学术问题，思考那些似乎是信手拈来的中外历史典故、宗教故事、民俗风情等，由不得要感叹大川先生知识的渊博和驾驭宏大题材的能力。这样的写作方法虽然辛苦，但给读者提供了全方位的历史画面，且是生动的。

　　既然结论并不重要，而方法也存在不足，那么，本书的价值，或者说读者阅读本书的意义是什么呢？我的体会是，作者对宗教、法律与经济关系的近乎全景式的考察分析视角及其思考带给我们的启示才是最重要的。如果本书的叙事论述及其结论能够引起读者商榷与争鸣的兴趣，其价值就充分得到体现了。在本书的结束语中，大川先生写到"世界经济的一体化，又逼迫各个社会都用统一的尺度来判断各自的经济活动。正因为这样，中立性地对待经济发展，也就成为社会决策者们成败的关键因素之一"。这是结论还是无奈？又该如何看用了数十万言所探讨的宗教、法律、制度的差异及其对经济发展的影响呢？与其说是写到这里全书该画上句号了，不如说才刚刚清晰了命题——需要读者们一起思考。

　　顺便再说一句，虽然本书所探讨的问题是学术性的，但叙事的方式却是讲故事，而依据的知识和事例则是生活中的。这使读者阅读起来不会感到枯燥，而会有一种轻松感。

　　希望读者能够喜欢这本书。

2017 年 6 月 11 日于成都

目　录

第一部　真实世界的夏娃和亚当

第一章　我们血脉的起源与延续 / 3

一、我是谁 / 3

1. "非洲夏娃" / 3

2. 儿孙满堂 / 5

3. 山顶洞人 / 6

4. 纯正的血缘 / 8

二、我的孩子是谁 / 9

1. 带来工具创新的"大跃进" / 10

2. 赶超强大的对手 / 12

3. 创造出新人类 / 13

4. 超越自然法则 / 16

5. 前 10 万年的核心竞争力 / 21

三、母亲比父亲厉害 / 26

1. 父亲没有话语权 / 26

2. 屈服于自然的雄性 / 27

3. 雄性垄断的恶果 / 29

四、母亲给我们踏出一片世界 / 30

1. 兄弟姐妹通婚 / 30

2. 内婚让我们繁荣 / 31

3. 从一生出的二 / 33

4. 走出非洲的急行军 / 35

第二章　响彻母亲心中的召唤 / 39

一、迷信种种 / 42

二、吃鱼能多生孩子 / 43

三、父亲的迷茫 / 45

　　1. 参拜王母娘娘 / 45

　　2. 祖先崇拜 / 46

　　3. 母亲不以为然 / 47

四、母亲踏破铁鞋把血脉延续到欧亚、中国 / 49

　　1. 前 10 万年，人类已经幻想彼岸 / 49

　　2. "非洲夏娃"的孙子们更喜欢艺术创作 / 50

　　3. 孙女们怀抱先人头颅"急行军" / 53

　　4. "非洲夏娃"的后代来到中国 / 56

第三章　远古母亲带给我们的命运之途 / 67

一、母亲世界的衰微 / 71

二、不要父系继嗣 / 72

三、母亲给我们编织出家庭关系 / 75

　　1. 先人必须比后人优先用餐（祭锅桩） / 75

　　2. 有母系血缘关系的人居住在一起 / 78

　　3. 管家妈妈主持一切 / 78

　　4. 儿子多被送去当喇嘛 / 79

　　5. 走来走去的两性关系 / 80

　　6. 想方设法让家里后继有人 / 82

　　7. 祖先汇流于此，1 人提供 2 人份余粮 / 83

　　8. 每年只增加 25 人 / 84

四、母亲率领下"兵胜滑铁卢" / 86

　　1. 建立三代人家庭 / 86

　　2. 数典忘祖 / 89

　　3. 选择母系或父系 / 90

　　4. 信仰的源头 / 92

五、母亲首创道德、法律 / 92

六、父亲悄悄登台 / 98

    1. 不能把先人当垃圾一样处理 / 99

    2. 家中最年长的女性向先人献酒 / 101

    3. 部落有功男性成为部落神 / 101

    4. 耕地平均分配给各户，年龄组共同耕作 / 102

    5. 分家重新回本家 / 104

    6. 几路子孙汇流于此 / 105

七、母亲监管下的父亲 / 106

    1. 单身男人过着军营般温暖生活 / 106

    2. 上下命令关系和秩序 / 107

    3. 固定神的诞生 / 108

    4. 女性先人不需要被神化 / 109

    5. 难以定义母系社会 / 109

    6. 父亲得不到子女祭拜 / 111

    7. 男性组织让母系社会变形 / 113

八、土地和粮食不足带来冲击 / 114

    1. 先人们请吃吧 / 115

    2. 世系群的负责人 / 115

    3. 赠给妻子土地，长子被过继 / 116

    4. 酋长会议处理全岛的事务 / 117

    5. 人口增加导致土地和粮食不足 / 118

九、开始委身于父亲的母亲 / 119

    1. 土地资源的制约带来功利性祭拜 / 119

    2. 用土地换来与孩子永远在一起 / 120

    3. 我的孩子在哪里 / 121

十、母亲世界种种 / 122

    1. 越南埃德族人 / 122

    2. 印度纳亚尔人 / 123

    3. 印度梅加拉亚邦的部落 / 123

4. 巴布亚新几内亚的多布族人 / 123

5. 巴布亚新几内亚的特罗布里恩人 / 124

6. 加纳阿散蒂人 / 124

7. 欧洲初期社会的文化 / 125

8. 北美洲易洛魁人 / 126

9. 乌鸦印第安人 / 127

十一、卑微的父亲 / 129

1. 男性英雄，孤独而寂寞 / 129

2. 父亲在聚落间往返，母子一去一回 / 130

第四章　远古父亲指定给我们的道路 / 133

一、中国的先祖由东向西，由南向北 / 134

1. "非洲亚当"的 4 支血缘来到中国 / 134

2. 祖先在中国留下的足迹 / 136

二、父亲驰骋天下 / 143

1. 对开垦地和牧场宣示主权 / 143

2. 权利和义务的再分配 / 144

3. 召唤父系社会 / 146

4. 古代中国祖先的融合 / 148

三、母亲激励父亲成功 / 149

1. 创造之神 / 149

2. 父亲非得成功 / 150

3. 祈求先人保佑 / 152

4. 图腾神化万物，祖先神化自己 / 154

四、父亲给我们订立社会规则 / 158

1. 为"欺骗大家"需要神明 / 158

2. 祖先管理祖先 / 160

五、欧洲父亲骑马好战 / 163

1. 三支祖先来到欧洲 / 163

2. 库尔干人掠占欧洲 / 164

3. 把欧洲带入父系社会 / 167

六、希腊父亲由北向南，谱写英雄诗篇 / 168

　　1. 八路祖先来到希腊 / 169

　　2. 爱琴海文明 / 170

第五章　什么左右我们的昨天、今天、明天 / 176

一、以物易物，追求永生 / 178

　　1. 商周的祭祀 / 179

　　2. 古希腊的祭祀 / 187

　　3. 要求祭祀的人，获得被祭祀 / 190

　　4. 中国分割家产，希腊长子继承 / 193

二、古代父亲各自的道路 / 196

　　1. 希望孩子有出息 / 196

　　2. 手心手背都是肉与余子净身出户 / 198

　　3. 成年儿子留在家中 / 200

三、我们拥有祭祀、婚姻，然后面向死亡 / 203

　　1. 超自然力与依赖后人而永生 / 203

　　2. 创新和分工的平台 / 208

　　3. 孩子是祭祀的工具 / 210

　　4. 婚姻源于父系 / 213

　　5. 中国精神文化的主线 / 215

第二部　亚当后裔的世界

第六章　各自的剧本，各自的角色 / 221

一、父亲世界种种 / 224

　　1. 大洋洲密克罗尼西亚联邦雅浦岛原住民 / 225

　　2. 大洋洲美拉尼西亚的原住民 / 225

　　3. 大洋洲波利尼西亚的原住民 / 226

　　4. 澳洲的原住民 / 229

　　5. 墨西哥阿兹特克的原住民 / 235

　　6. 父亲无法神化自己 / 236

二、父亲世界的演化 / 239

　　1. 摩尔根的假说 / 240

　　2. 亚里士多德的假说 / 241

三、中国父亲就是中国父亲 / 245

　　1. 中国父亲不适用以上任何一种说法 / 245

　　2. 欧美人从不认为女性曾有支配权 / 246

　　3. 古代中国父亲从不改变 / 249

　　4. 重组一，形成新的二 / 250

　　5. 儒家精神与经济发展 / 256

第七章　商周与希腊（一）/ 262

一、古代中国与希腊城邦 / 262

　　1. 做善事会达到安治 / 262

　　2. 夏朝开始家天下 / 266

　　3. 商朝加速向外扩展 / 268

　　4. 从古代王政到古代民主 / 269

　　5. 再建城市 / 270

　　6. 王中之王并不重要 / 271

　　7. 政治时空相差巨大 / 273

二、父兄组建宗族封国，家长统领氏族城邦 / 273

　　1. 商朝宗族 / 273

　　2. 西周宗族 / 275

　　3. 前 1068 年以前的希腊 / 277

　　4. 前 1068 年以后的希腊 / 279

　　5. 中国和希腊的宗族成员 / 281

三、母亲手遮半边天，父亲独占全家产 / 282

　　1. 西周的所有制 / 282

　　2. 前 1068 年以前的希腊 / 285

　　3. 前 1068 年以后的希腊 / 286

　　4. 纳税的起源 / 289

　　5. 中国父亲都要尽孝 / 291

6. 中国与希腊分道扬镳 / 292

7. 4000 年与 500 年 / 295

8. 古希腊的经济社会 / 297

第八章　商周与希腊（二）/ 299

一、民意为天 / 299

1. 天、王、民三角关系 / 299

2. 公共仪式成为过场，投票才是全部事实 / 301

3. 追求天人合一，继续家天下 / 303

二、崇拜英雄 / 306

1. 混沌，古希腊史 / 306

2. 草莽英雄，害怕阴间 / 307

3. 对永生的追求 / 311

三、祭祖怜孙与向往天国 / 317

1. 古希腊大众探索新途径 / 317

2. 新型祭祀 / 321

3. 为孩子活着 / 323

4. 不同的父亲世界 / 325

第九章　春秋战国与罗马 / 338

一、奔向帝国，走向集权 / 338

1. 法治让罗马安然无恙 / 338

2. 异族通婚，投票计票 / 343

3. 中央集权 / 345

4. 郡县制 / 347

5. 变化的原因 / 351

6. 罗马与中国分道扬镳 / 357

二、万人争王论神法，百家诸子论祖先 / 358

1. 民间盛行秘仪 / 359

2. 祭祀社神 / 361

3. 古代中国的哲学 / 363

4. 精神与社会统合 / 367

三、统合古代社会的法律历程 / 376

1. 各自独立的法律 / 376

2. 万人同一 / 377

3. 古代中国的法律 / 378

四、血缘超越法律与法律超越血缘 / 382

五、小康父亲有小康之法，罗马父亲有罗马之法 / 385

1. 神与法 / 385

2. 老子天下第一 / 389

3. 起点不同，法律也就不同 / 394

第十章　秦汉与犹太 / 396

一、多灾多难 / 396

1. 出埃及，造神殿，耶稣诞生 / 396

2. 共同所有 / 399

二、东方帝国 / 402

1. 皇权与相权分离 / 403

2. 拒绝分封与大肆分封 / 403

3. 做官须学儒 / 404

三、佛教兴国与上帝允诺 / 405

1. 祖孙同葬，十诫之约 / 405

2. 佛教因果 / 406

3. 选择耶和华 / 408

4. 不变的传统信仰 / 413

四、耶稣突发奇想 / 416

1. 祭拜恺撒 / 416

2. 耶稣说自己就是弥赛亚 / 418

3. 基督教传播的沃土 / 420

4. 关闭一扇门，打开另一扇大门 / 421

五、奇异历程 / 422

　　1. 扫地出门 / 422

　　2. 相互祭祀 / 426

第十一章　宋元与诺曼英国（一）/ 428

　一、相互征服的欧洲 / 429

　　1. 库尔干人（凯尔特人·高卢人）扩张 / 429

　　2. 库尔干人（日耳曼人）战胜罗马 / 431

　　3. 盎格鲁撒克逊人（日耳曼人）征服不列颠凯尔特人 / 434

　　4. 诺曼人（日耳曼人）袭击不列颠 / 434

　　5. 诺曼人威廉征服盎格鲁撒克逊 / 435

　　6. 凯尔特人的爱尔兰维持独立 / 437

　二、共用一把菜刀的朝代 / 438

　三、以孝道求和谐与"宇宙大爆炸" / 440

　　1. 盎格鲁撒克逊人和宋朝的土地制度 / 443

　　2. 诺曼人征服、蒙古人征服后的土地制度 / 446

　　3. 封建庄园及农奴 / 448

　　4. 土地继承制度 / 454

　　5. 英国个人主义 / 458

第十二章　宋元与诺曼英国（二）/ 470

　一、天人合一与耶稣教诲 / 470

　　1. 罗马帝国的祭拜 / 470

　　2. 凯尔特人成为基督的使徒 / 475

　　3. 日耳曼人卦问天 / 476

　　4. 日耳曼人皈依基督教 / 477

　　5. 士当天下之忧而忧 / 482

　　6. 天人合一与基督教使徒精神 / 484

　二、宗族家法下度年如日，神法戒律下度日如年 / 494

　　1. 日耳曼古代法 / 494

　　2. 英王设立王室法庭（普通法）/ 497

3. 领主法庭 / 498

4. 教会与法 / 499

5. 《大宪章》/ 503

6. 中国宗法 / 504

三、新的历史长河 / 511

1. "人格法"的废除 / 512

2. 欧洲大陆与英国 / 515

3. 主导近代世界经济 / 526

第十三章　明清与欧洲 / 529

一、忙于赚钱的父亲们 / 531

1. 商人地位和地产投资 / 531

2. 进入"古典资本主义" / 533

二、精神与主义 / 534

1. "古典资本主义"精神 / 535

2. 中国宗族 / 538

三、有什么不同 / 540

四、什么是"古典资本主义" / 542

1. "古典资本主义"生产方式 / 542

2. 市场经济 / 548

3. 保护个人产权的法律、制度 / 553

五、掀起新浪潮 / 556

1. 中国近代思潮 / 556

2. 欧洲近代思潮 / 561

六、"古典资本主义"与实用主义 / 585

1. 晚期的美国清教徒 / 585

2. 偷奸耍滑 / 587

3. 欧洲宗教改革与基督教 / 591

4. 欧洲的"反面教员" / 594

5. 德国宗教改革后的精神世界 / 594

七、"古典资本主义"不会由天而降 / 596

　　1. 欧洲大陆的被雇佣劳动者 / 596

　　2. 从家庭获得"解放" / 599

　　3. 德国的现代化 / 602

八、工业革命与经济发展模型 / 607

　　1. "古典资本主义"输出工业革命 / 608

　　2. 英国农村劳动力流转 / 609

　　3. 英国工业化和城市化的推手 / 611

　　4. 法国半资本主义社会 / 615

　　5. 法国半自由化经济 / 616

结束语 / 620

第一部　真实世界的夏娃和亚当

第一章

我们血脉的起源与延续

一、我是谁

谁是我们的祖先？这种好奇，人人皆有。问一问父母，问一问老人，查一下家谱，阅读一些传说和神话故事，大概都能让人释怀。可是，如果问我们的始祖，也就是以 25 年为一代、大约 4000 代前的那位祖先，是怎样生活在树林中，看着身边的孩子，想着什么，怎样拼着性命把血脉延续下去，那就是一个不为人知的答案了，更不会有人想到，那竟然是一首壮丽史诗。而那位祖先的一代代后人，依照遗愿，前赴后继，竟然把血脉传递到今天的我们身上，那又是一个跨越千山万水，充满艰辛和曲折的历程。这里将与读者分享那些充满奥秘、古老而漫长的故事。

这个故事是从 10 万年前的某一天开始的。至于在那之前的祖先们、那些百万千万年前的祖先们的故事，则由其他人去讲。

今天，我们时常打量自己，对镜子里的自己感到好奇，更因为发生了好事或坏事而兴奋或困惑。于是追问自己：我是谁？从哪里来？

今天的现实生活，压力越来越大，烦恼越来越多，人们都想逃避。一觉下去，真不愿起床，由衷希望就这样下去有多好。生活需要勇气，更需要一种精神力量。于是我们好奇：精神力量来自何方？

这个漫长的历史故事，也许能帮助我们找到解脱这些心理纠葛所需的答案。

1. "非洲夏娃"

考古学家、基因遗传学家说，人类的基因系统在 35 亿年前形成，后来，人类便与许多灵长目动物一起生活在覆盖着原始热带雨林的非洲大陆。前 1000 万年，从人猿共祖的进化链上，狒狒、大猩猩分离出去；前 700 万～前 600 万年，黑猩猩也分离出去。在黑猩猩的进化链上，前 200 万年，矮猩猩分离出去，而在人类的进化链上，前 440 万年产生出拉密达猿人，他们是人类最古老的祖先。前 385 万年，喜马拉雅造山运动让非洲大陆的气候变得干燥，大批森林消失，非洲北部成为巨大的撒哈拉沙漠。这些老祖先们不得不来到地上觅食，于是，从这条进化链上，产生出阿法南猿。阿法南猿已经有明显的人类特征，犬齿很小，直立行走。接下来从这条进化链上，前 170 万年产生出直立人，他们能够制造工具，使用火和符号。中国的北京猿人、蓝田猿人、元谋猿人以及山顶洞人都属于直立人。从直立人这条进化链上，前 50 万年还产生出了尼安德特人，他们能够制造高级工具。直到前 19.5 万年，从直立人的进化链上才分离出我们现代人的始祖。[①]

说到我们的始祖，基因研究者讲了一个非常奇异的故事：由于非洲的现代人基因比世界其他地方更为多样，世界其他地方的基因仅仅是非洲基因多样性的子集，最古老的线粒体基因谱系都来自非洲。所以，我们今天世界上所有人都共有一个女性始祖，她曾经生活在非洲，叫"非洲夏娃"。也就是说，今天人们的血脉都起源于一个前 20 万年生活在非洲的女人。随后更进一步确定，"非洲夏娃"的生活年代是前 15 万年。[②]

我们始祖的孩子们很折腾、喜欢四处漂游。前 6 万年，"非洲夏娃"的子孙竟然从非洲东部越过红海进入阿拉伯半岛，然后去到巴基斯坦、印度、印尼诸岛、巴布亚新几内亚，前 5 万年抵达澳大利亚；其中一部分，通过东南亚进入中国南方，然后去到中国北方，以及朝鲜和日本。不仅如此，前 4.5 万年，又有一些子孙从非洲东部出发，来到欧洲、亚洲、美洲；其中一部分通过喜马拉雅山南部，进入中国北方，与在中国的前一部分现代人一起，组成了中国地区的原

---

① 张振：《人类六万年》，安徽人民出版社 2013 年版，20 页、31 页；叶紫苏：《寻找人类真正的开端》，载《大科技·百科新说》，2013（7）；平山朝治：《人类社会与精神的起源》，载《东京家政学院筑波女子大学纪要》，2003（7）；《人类进化史》，见 http://baike.baidu.com/view/13946.htm? fromTaglist；《人的旅程——基因的奥德赛》，见 http://michael - zhang.vip.blog.163.com/blog/static/320184520122121101545314/。

② ［美］斯宾塞·韦尔斯：《出非洲记：人类祖先的迁徙史诗》，杜红译，东方出版社 2004 年版，50 页；［美］莫里斯：《西方将主宰多久：从历史的发展模式看未来》，钱峰译，中信出版社 2011 年版，26～27 页。

住民。①

正因为如此，现在全世界活着的人们分别是"非洲夏娃"之下的36个不同"宗族母亲"的子孙。这36个"宗族母亲"中，非洲有13个，印度、澳大利亚、中亚有7个，欧洲有7个，中国有2个，其他地区有7个。欧洲7个"宗族母亲"的名字如下：乌苏拉（Ursula），生活在前4.5万年的希腊地区，享年37岁，英国西部和北欧一带11%的欧洲人都是她的后裔；詹尼娅（Xenia），生活在前2.5万年的高加索地区，东欧、法国、英国等6%的欧洲人，还有1%的美国土著居民都是她的后裔；海伦娜（Helena），生活在前2万年的法国南部地区，享年42岁，47%的欧洲人都是她的后裔；薇达（Velda），生活在前1.7万年的西班牙北部地区，享年38岁，西欧和北欧等5%的欧洲人都是她的后裔；塔拉（Tara），生活在前1.7万年的意大利托斯卡地区，地中海沿岸和欧洲西部边缘9%的欧洲人都是她的后裔；凯瑟琳（Katrine），生活在前1.5万年的威尼斯地区，地中海一带6%的欧洲人都是她的后裔；佳丝敏（Jasmine），生活在前1万年的叙利亚境内，从地中海到西班牙、葡萄牙、英国西部一线17%的欧洲人都是她的后裔。②

2. 儿孙满堂

俯视今天生活在地球上的这70多亿个孩子，在天国中的"非洲夏娃"一定会为儿孙满堂而骄傲，露出幸福的微笑。相比之下，直立人就没有这么幸运了。曾经生活在地球上的直立人，尽管与我们十分相似，但并没进化为现代人。现代人较晚才在非洲开始进化，之后分散迁徙到世界各地。现代人不仅喜欢折腾，并且在迁徙世界各地的过程中，竟然取代了直立人。③

直立人在欧洲有一个分支叫尼安德特人。在法国的一些山洞发现了前3万年现代人的骨头。这些现代人进入欧洲后，仅用了几千年，便取代了尼安德特人，成为欧洲的主人。④ 在法国的驯鹿洞穴里，在前3.5万～前3.3万年之间，由尼安

---

① ［美］斯宾塞·韦尔斯：《出非洲记：人类祖先的迁徙史诗》，杜红译，东方出版社2004年版，219～221页；张振：《人类六万年》，安徽人民出版社2013年版，130～131页。

② ［英］赛克斯：《夏娃的七个女儿》，金力等译，上海科技出版社2005年版，191～261页、279页；张振：《人类六万年》，安徽人民出版社2013年版，69页；《全世界人口基因来自36位宗族母亲》，见http：//blog.qq.com/qzone/622008268/1234949759.htm。

③ ［美］斯宾塞·韦尔斯：《出非洲记：人类祖先的迁徙史诗》，杜红译，东方出版社2004年版，58页。

④ ［美］斯宾塞·韦尔斯：《出非洲记：人类祖先的迁徙史诗》，杜红译，东方出版社2004年版，178页。

德特人和现代人交替占据，而更多的情况是，现代人直接取代了尼安德特人。这种取代是突然发生的。在现代人进入欧洲后的 1 万年内，欧洲大陆除了边远山区之外，尼安德特人已经消失得无影无踪了。已知最后的尼安德特人是前 2.5 万年居住在西班牙南部的人们。虽然尼安德特人在欧洲统治了 15 万年之久，但最后还是消失了。①

尼安德特人被我们击败了！比起对拿破仑在滑铁卢失败的好奇来，对尼安德特人的失败、现代人的"兵胜滑铁卢"，其蹊跷之处更令人兴趣盎然！

3. 山顶洞人

那么，来到中国的祖先又有怎样的故事呢？先是北京猿人，科学命名为"北京直立人"，又称"中国猿人北京种"。他们生活在前 50 万年，通常几十人结成一群。他们懂得选取岩石，制作石器，用它作为武器或生产工具，还会使用火和保存火种。在发掘的 22 个人类化石中，不满 14 岁的有 15 人，15～30 岁的有 3 人，40～50 岁的有 3 人，50～60 岁的有 1 人。然后出现了新洞人，他们是生活在前 20 万～前 10 万年（中数为前 15 万年）的直立人。随后又出现了田园洞人，生活在前 4.2 万～前 3.9 万年（中数为前 4 万年）。接着竟然出现了山顶洞人，他们生活在前 3.4 万～前 2.7 万年（中数为前 3 万年），属于现代人。山顶洞人的人类化石共代表 8 个男女老少不同的个体（也有资料显示是 10 个人），其中 5 个是成年人，包括男女壮年和超过 60 岁的老人，1 个是少年，1 个是 5 岁的小孩，1 个为婴儿。他们使用骨针来缝纫，用缝缀起来的兽皮搭盖住所，抵御风寒，掩护身体。他们使用装饰品，具有了审美观念。他们将死者埋葬在下室，在尸体上及周围洒上赤铁矿粉，具有了信仰和仪式，而这也是中国最早的埋葬仪式。②

难道在中国，山顶洞人也击败了北京猿人？

天哪，怎么可能？

由于先后在云南元谋、陕西蓝田、安徽和县等 60 多处发现了古人类化石以及千余处旧石器时代文化遗址，从以北京猿人为代表的中国直立人到中国现代人，中间都没有间断过，所以，中国考古学家铁定认为，北京猿人就是中国现代人的

---

① ［美］莫里斯：《西方将主宰多久：从历史的发展模式看未来》，钱峰译，中信出版社 2011 年版，25 页。
② 周口店遗址博物馆解说词；百度、百科等网上资料。

直系祖先。中国历史教科书也是这么写的。他们的说法被称为"多地区进化论"：在前200万～前100万年，直立人由非洲扩展到其他大陆后，分别独立进化为非洲、亚洲、大洋洲、欧洲的现代人。今天的中国人是自己进化而来的，与"非洲人"无关。

如果把直立人当作我们现代人的祖先，我们的血脉起源于直立人，那么，工具的制造和火的使用，便成为人类与其他动物的根本区别所在。工具的使用意味着人类开始从事劳动，意味着人类开始"在与大自然进行斗争中改造自己"，因此，劳动促使猿人进化为我们的祖先，再使我们祖先的血脉延续至今，"劳动创造了人"。①

然而，2001年复旦大学遗传研究所搞了一个中国人的基因调查，结论是，中国的现代人起源于非洲，与北京猿人无关。② 这意味着，北京猿人也与其他直立人一样断子绝孙了。他们真的被我们击败了！

于是，对北京猿人失败之处的好奇，就再也不能像对待尼安德特人那样，感觉是一件事不关己，高高挂起的事情了。因为这涉及我们中国人自己祖先的问题。

如果我们并不是北京猿人的子孙，我们与北京猿人各起源于不同血脉，而我们的祖先（比如山顶洞人等）与北京猿人都能创造和使用工具、从事劳动，那么又是什么促使他们各自走向了不同的道路，并让北京猿人没能留下后代的呢？很显然，单凭是否创造和使用工具，是否使用新石器和旧石器，是否知道火的使用等，是无法解释这些疑问的。

北京猿人被击败的原因开始扑朔迷离起来。

基因遗传学家们从自己的专业角度试图做出解释。进化是指基因组成随时间流逝而变化的现象。引起变化的因素有三个。第一是基因突变。基因的排列顺序发生变化，其原因是在基因复制细胞分裂过程中出现了错误。所以，这些突变的发生是没有规律的，错误在何处发生，没有任何特定的原因和背景，与外界的影

---

① 恩格斯：《劳动在从猿到人转变过程中的作用》，载《马克思恩格斯选集》（第3卷），人民出版社1972年版，508页。
② ［美］斯宾塞·韦尔斯：《出非洲记：人类祖先的迁徙史诗》，杜红译，东方出版社2004年版，150页；陈叔倬：《汉族的起源与扩散：族群遗传学观点》，载中国台湾"自然科学博物馆"馆讯，1912年第294期。

响也没有特定的关系。第二是自然选择。与自然环境相适应的生物会获得繁殖优势。第三是遗传漂移。在人数众多的群体中，基因变化的速度趋于恒定，在短时间内几乎观察不到，但在与外界隔绝的小数量的人群中却迅速加快，几代人之内就能观察到。这好比把硬币向上抛 1000 次，正反两面落地的比例为 500∶500，但只抛 10 次，却很难得到 5∶5，很可能是 7∶3。如果 70%"遗传"了"正面"，30%"遗传"了"反面"，这一结果会影响下一代的基因变化速度。如果每一代的变化速率由 50% 增加到 70% 的话，几代之后，遗传模式就会出现巨大变化。①

不过，基因遗传学家的解释并不中用。因为他们的解释不仅适用于山顶洞人，同样也适用于北京猿人。也就是说，他们无法解释为什么只有我们欣欣向荣，而其他人类的血脉却在历史中消逝了。

4. 纯正的血缘

有人说了，是否可以假设，与直立人（猿人）相比，"非洲夏娃"本来就是完全不同的物种，而唯有她具有适应环境变化的能力，所以她的子孙能够延续至今呢？

于是，我们祖先的故事便来到了有关他们如何找对象，如何繁衍后代的章节了。基因遗传学家说，要确定个体与个体是否属于同一物种，就要了解他们的基因。如果基因相同，那么他们为同一物种。如果为同一物种，便有可能共同繁殖后代。② 所以，最好是能发掘出正在交媾的穴居人化石，这样就能证明欧洲的现代人与尼安德特人通婚，北京猿人与山顶洞人通婚了。不过，找不到这样的化石也没关系，因为如果这样的通婚的确发生过，我们可以在我们自己的身体上观察到结果。而遗传学家们对最早出土的尼安德特人的骨头进行分析的结果表明，他们的线粒体基因顺序与现代人的线粒体基因不同，没有任何迹象显示他们之间发生了通婚。也就是说，今天世界上的人们都是"非洲夏娃"的后代，没有人的血管里流淌着尼安德特人或者北京猿人的血。③

---

① ［美］斯宾塞·韦尔斯：《出非洲记：人类祖先的迁徙史诗》，杜红译，东方出版社 2004 年版，36～40 页。

② ［美］斯宾塞·韦尔斯：《出非洲记：人类祖先的迁徙史诗》，杜红译，东方出版社 2004 年版，30 页、36 页。

③ ［美］斯宾塞·韦尔斯：《出非洲记：人类祖先的迁徙史诗》，杜红译，东方出版社 2004 年版，155 页；［美］莫里斯：《西方将主宰多久：从历史的发展模式看未来》，钱峰译，中信出版社 2011 年版，26～27 页。

但在另一方面，有研究者说，现代人早在离开非洲之前就与一个迄今未知的神秘人种通婚了。也有研究者说，克罗马侬人（欧洲现代人的一个分支）前 4 万年来到欧洲，在这之前，他们在西亚地区与尼安德特人通婚，身上带有 4% 的尼安德特人的基因。[①]

能说什么呢？两种说法各有根据。但如果以成败论英雄的话，那就只能说，现代人确实是基因突变而偶然产生并具有特殊适应能力的一个物种，因为即便他们曾与其他人类通婚，留下了一些子孙，但这些子孙都没能延续到今天；因为在 10 万年前的那一天，他们的命运就被"非洲夏娃"决定了。具有主宰其他人类命运的能力，恰恰是我们与生俱来的特殊性。从这个意义上说，猴子永远不可能进化成为我们，而我们因为生来就有特殊能力，也就已经不是猴子了。

我是谁？我不是猴子的后代，而是那位具有特殊精神母亲的后代。那位母亲给了我纯正的血脉。

二、我的孩子是谁

让我们跳回到今天的生活来捉摸一下远古祖先的思绪。

一个老板坐在会议室上方，对下面的人问"我们公司的核心竞争力是什么"，这时老板所看到的是这个公司的生存和发展。下面的人对老板的提问作出各种回答，他们所看到的是自己如何从公司领到更多的薪水，过更好的生活。提问和思考问题的方向不同，这本身就决定了对一个事物看法的不同。

当我们问"谁是我们的始祖"，这对我们的现实生活来说是不关痛痒的。一般人出于好奇，学者或研究者们也仅仅出于更执着的事业心去追寻、探索，但说到底都是无关痛痒的。但是，如果"非洲夏娃"10 万年前的那一天在非洲树林中突然问"我的孩子是谁"，这就不是一个无关痛痒的问题了，而是决定我们命运、决定我们社会文化和制度的问题。

有这么玄乎吗？

---

① 日本国立科学博物馆：世界遗产《克罗马侬人留下的洞穴壁画》展览（2017 年 1 月）解说词；《中国科学报》2013 年 11 月 21 日，见 http：//blog. sina. cn/dpool/blog/ArtRead. php？nid = 6aad7b230100v5xm&a_pos = 1&oid = sina&vt = 3。

1. 带来工具创新的"大跃进"

2005年，担任世界基因工程主任的韦尔斯就我们祖先的核心竞争力问题讲出一段故事：在远古的部落里，狩猎团队首领有一个儿子。这个儿子非常健壮，比其他孩子也更会做事，而且喜欢玩帐篷周围的小石子。他感情丰富，时常爆发出令人害怕的愤怒。最奇怪的是，他开始在地上画一些动物。这个儿子长大后，竟能通过学习，预知动物如何出没。于是，他成了部落里最受欢迎的人，被选为首领。在他的带领下，部落过着丰衣足食的生活。几代之后，这个部落的每个人都是他的后代，他成了部落的"图腾祖先"，也就是部落之父。而周围其他部落的人们，因不愿意学习有关动物行为的知识，工具也没有任何改进，结果只能被击败，男人被杀死，女人被带走。很快，在那个地区的人们都沦为被统治者。此后几千年里，在那个相对固定的地区，每个男人的祖先都是那个聪明男孩。①

这简直就是今天某个企业通过知识经济来垄断整个市场的现代版故事，其核心竞争力就是人力资源。只不过，远古祖先征服他人的目的不是赚钱，而是抢女人，当神明，成为被崇拜者。今天我们赚钱的目的是什么呢？假如也与远古祖先一样，那么今天的我们与10万年前的远古祖先有什么区别，又有什么进步和聪明可言？

可以说，在西方人（包括西方研究者）的眼中，万人对万人的战争是现代人诞生以来的常态。能当王，能当神明，能够传递自己基因的，都被塑造为典型的强者。韦尔斯所设定的这个聪明男孩也是这样。他天生万能，除了身强力壮，还足智多谋，棋琴书画样样都会。他弱肉强食，于是只有他的子孙欣欣向荣。他的基因不仅取代了其他部落和其他人类的基因，也取代了同部落男伙伴们的基因。于是，神人气质代代相传，而没有神人气质的也就断子绝孙。这就是这个故事的中心思想。

有什么问题吗？有。

韦尔斯并没有在乎自己的说法已经出了纰漏，又继续说：在这个聪明男孩后

---

① ［美］斯宾塞·韦尔斯：《出非洲记：人类祖先的迁徙史诗》，杜红译，东方出版社2004年版，117~118页。

代所组成的群体中，在前 7 万～前 5 万年（"非洲夏娃"的血脉还没有延续到中国之前）逐渐出现了丰富的语法和表达方式，由此带来了工具制造等方面的"大跃进"，产生了工具方面的"杀手级应用"。于是我们的祖先们开始使用不同的工具，有效利用石头和其他材料，提高制造工艺和利用食物资源的能力。① 这种"大跃进"直接带来了现代人竞争力的强化。比如，直立人出现在非洲之后，很快经黎凡特进入了高加索地区。现代人在前 11 万年也出现在黎凡特，但他们只局限在几个地区，没有大范围地扩散开。此后，前 8 万～前 5 万年，在黎凡特的这些现代人突然消失了，他们被强壮有力的尼安德特人挤出了历史舞台。然而大约前 4.5 万年，现代人再次出现在黎凡特，但这一次与前一次有极大的区别。前一次到来的现代人所使用的工具和他们同时代的尼安德特人十分相似，可这次现代人带着"杀手级应用"而来。他们是"大跃进"那一代人的后继者，既有技术上的优势，又有复杂的文化，这一切保证了优势在他们一边。当他们再次踏上这块大陆时，这块大陆每个角落的大门，都向他们敞开了，他们闪电战般穿过欧亚大陆。所以，"大跃进"发生之后，欧亚大陆上立即出现了现代人，这显示出文化的革命和现代人走出非洲之间有着必然的联系，因为技术、文化、艺术等各个方面的极大发展，使那个时期人口迅速膨胀。② 以上的变化开始于东非草原上的集体狩猎。出于狩猎的需要，现代人已经形成了复杂的社会分工协作。这些都使他们在与尼安德特人的生存较量中占据优势。较先进工具的使用避免了身体的过度劳累，因此现代人比尼安德特人的寿命普遍要长，大部分人的寿命超过了 50 岁。随着年龄的增长，所积累的知识和经验会更多，老年人会用经验帮助下一代获取更多的利益。祖父母们扮演着至关重要的"到何处、做什么"的角色。有祖父母的帮助也意味着更高的生育率，因为有他们照看孩子，年轻的父母有更多的精力关注夫妻间的生活，生更多的孩子。③

---

① ［美］斯宾塞·韦尔斯：《出非洲记：人类祖先的迁徙史诗》，杜红译，东方出版社 2004 年版，118～119 页。

② ［美］斯宾塞·韦尔斯：《出非洲记：人类祖先的迁徙史诗》，杜红译，东方出版社 2004 年版，138 页、130～132 页。

③ ［美］斯宾塞·韦尔斯：《出非洲记：人类祖先的迁徙史诗》，杜红译，东方出版社 2004 年版，159～177 页；Alison Gopnik, Grandmothers: The Behind - the - Scenes Key to Human Culture? The Wall Street Journal, May10, 2014。

毫无疑问，在上面所讲的漫长历史故事中，"大跃进"的发生被看作现代人在提高竞争力方面的历史性标志事件。而历史经验表明，生产工具和技术的巨大革新，生产力的飞速提高，往往都是以社会组织革命为前提的。

那么，祖先们实施了什么样的组织革命呢？

这就是对上述西方人编撰故事所提出的疑问。这也是本书要讲述的我们10万年的故事。这个故事当然与西方人所讲的完全不同，也与中国历史学家所讲的不同。这是一个完全崭新的故事。

2. 赶超强大的对手

故事的崭新之处，始于这个提问：尼安德特人真的就那么差劲吗？

韦尔斯等人说：他们不仅差劲而且过着又悲惨又恐怖的生活。尼安德特人分成许多小的部落，每个部落相对独立，各自用不同方法制造工具，使用不同的语言。相比现代人依靠知识经济，尼安德特人所倚重的只有肉体的力量。他们大部分都骨折过，大量的伤者使整个部落的生存能力下降。尼安德特人的生活十分艰难，所以人吃人。因为体力负荷过大，尼安德特人的寿命不长，大多数人的寿命只有30多岁，极少数能活到50岁，所以无法得到老人的帮助，死亡率很高。在当时的情况下，如果出生率下降1%或死亡率增加1%，那么1000年后，尼安德特人便会灭绝。由于现代人在获取食物上的高效率，尼安德特人能得到的食物资源越来越少，最终他们的人数不断减少，很多人开始很难找到配偶。以上各种因素导致了尼安德特人在竞争中的失败。[1]

然而，有的研究者却唱起了反调：尼安德特人的状况并不比我们祖先差。尼安德特人不仅身强力壮，平均脑容量也超过现代人。他们的寿命也并不比现代人短。有一个尼安德特人，他并没有经历过沉重的劳作，更没有冒生命的危险前去捕猎，而活到了40岁左右。还有一个生来就是残疾的尼安德特人在他的伙伴照料下生活下来。[2]

---

① ［美］斯宾塞·韦尔斯：《出非洲记：人类祖先的迁徙史诗》，杜红译，东方出版社2004年版，159～177页；张振：《人类六万年》，安徽人民出版社2013年版，67页。

② 《尼安德特人：6万年前他们已拥有同情心》，见 http://cul. china. com. cn/lishi/2012－10/17/content_5410353. htm；《人的旅程——基因的奥德赛》，见 http://michael－zhang. vip. blog. 163. com/blog/static/32018452012212101545314/。

既然各有各的说法，那么，在考古证据方面，能找到现代人与尼安德特人之间的真正最大区别是什么呢？是现代人喜欢艺术创作，而尼安德特人似乎不会搞这玩意儿。在前 10 万年的大多数非洲考古遗址中都出土了赭石棒，这意味着初期社会的现代人喜爱画画。前 9 万年，刚果卡坦达的现代人已经变成了渔夫，他们把骨头雕刻成鱼叉。前 7.7 万年，布隆伯斯洞穴的现代人在赭石棒上刻画出几何图形，创造出世界上最古老的艺术品。[①] 前 6 万年，南非的现代人在鸵鸟蛋壳上绘画几何图案，创造出最早的书写表达形式。这时正值他们离开非洲移居其他大陆，这些图案表明他们属于某个特定的群体，成为他们的身份象征。[②] 到了前 3 万年，大量绘画出现在现代人居住过的洞穴之中。

可是，艺术创作与发生"大跃进"有什么关系？难道艺术创作会唤起现代人赶超尼安德特人的决心？有人把这些艺术创作与现代人的"宗教情绪"联系在一起。可是，尼安德特人也有"宗教情绪"，[③] 那么，他们为什么不搞"大跃进"？况且，"宗教"与"大跃进"又怎么才能联系在一起？

3. 创造出新人类

如果"大跃进"是基于我们祖先的某种组织革命而发生，而尼安德特人、北京猿人没有经历过这样的革命，这就可以破解他们的失败之谜了。那么，相比尼安德特人、北京猿人的社会，经历过这场革命之后的现代人，在社会基本组织呈现出什么新颖的地方呢？在韦尔斯的故事中，那是一个父系群体的部落社会。文化人类学家基辛也强调远古父系群体的主导性，但却认为，因为母亲怀育孩子、哺育孩子，灵长目古老的母子单位仍是人类社会组织上重要的构成单位。可能在人类社会组织的早期阶段，母子是构成社会的核心单位，而不是配偶。[④]

像他们所讲的这样的现代人社会，与尼安德特人、北京猿人的社会有什么区别？如果照此来想象我们的远古父母，当然也就不可能发掘出我们为什么会进化到今天的秘密了。

---

① ［美］莫里斯：《西方将主宰多久：从历史的发展模式看未来》，钱峰译，中信出版社 2011 年版，21 页。

② 《南非发现 6 万年前人类在鸵鸟蛋壳上绘画的图案》，见 http://www.fdts.com.cn/thread－8463－1－1.html。

③ ［法］安德列·勒鲁瓦－古昂：《史前宗教》，俞灏敏译，上海文艺出版社 1990 年版，81 页。

④ ［美］基辛：《当代文化人类学》，于嘉云等译，巨流图书 1980 年版，398 页、413 页。

　　所以，这里需要做的是，讲一个有关我们远古父母独到之处的故事，并且进入到有关远古父母的婚姻家庭这一章节。

　　在这个章节中，瞩目之处在于，在远古父母所组建的家庭以及他们生活中，是母亲有话语权还是父亲有话语权？

　　中国的研究者说，初期的社会组织应该是母系家族的原始部落。美国著名的社会学家摩尔根对此做出了更大胆的设想：假定现代人生存在地球上的时间为 10 万年，至少要把 6 万年划归蒙昧阶段，2 万年划归野蛮阶段的初期，给野蛮阶段的中期和晚期留下 1.5 万年，文明阶段就只剩下 5000 年了。而我们现代人家族也在悠久的年代中随着时光逐渐变化着。先是血婚制家族，若干兄弟和若干姊妹相互集体通婚。然后是伙婚制家族，若干兄弟是他们彼此的妻子的共同配偶，若干姊妹是她们彼此的丈夫的共同配偶。以上两种家族形态均属蒙昧阶段，不可能存在父权。接下来出现了偶婚制家族，一男一女结成配偶，双方不排斥与外人同居，还没有形成亲属制度。这种家族形态属于野蛮阶段的初期和中期。偶婚制家族发展出来之后，父权也开始萌芽。在有的地方还出现了父权制家族，其酋长和家族里的主要男子成员都实行多妻制。这种家族形态属于野蛮阶段的晚期至文明阶段。最后来到今天的专偶制家族。在这种家族中，一男一女成婚，排斥与外人同居，专偶制家族以明确的形式出现于野蛮阶段晚期；这种文明社会的家族，建立起一套独立的亲属制度。初期，丈夫和妻子的财产和所有物都分得清清楚楚，死后则分给各自所属之氏族。妻子对于丈夫的东西一无所取，丈夫对于妻子的东西也一无所取。后来，财产开始大量产生，想把财产传给子女的愿望使世系下传由女性改变为男性。这时父权才第一次确立起来。[①]

　　如果我们远古祖先真是这样生活过来的，那么，他们从一开始就必然与尼安德特人、北京猿人完全不同，因为远古祖先的社会基本组织一直在变化，而动物界的社会基本组织，尼安德特人、北京猿人的社会基本组织是一成不变的。因此，讲述我们社会基本组织的历史变化过程以及背后的道理，成为追溯 10 万年来我们母亲和父亲故事的主要内容。

[①] ［美］路易斯·亨利·摩尔根：《古代社会》，杨东莼等译，商务印书馆 1981 年版，25~26 页、35 页、459~470 页。

在摩尔根所讲述的 10 万年母亲和父亲的故事中，前 9.8 万~前 3.8 万年属于蒙昧阶段，由于是乱婚，所以只能是母系家族制度，母亲有话语权。前 3.7 万~前 1.1 万年属于野蛮阶段初期、中期，虽然出现了偶婚，但仍旧保持着母系家族制度。

中国的历史课本也详细叙述了中国远古祖先的故事：前 200 万年以后，中国社会经历了从古猿经过猿人、古人、新人（现代人），完成了由猿向人的转化，劳动使猿人脱离了猿，并使人们组成人类社会。人与动物的区别之一是其社会基本组织的不同。人类的社会基本组织随着人类的进步而向前发展。最原始的猿人几十个人组成一群，过着群居生活。随着劳动中按年龄分工的出现，人们思维的进步，开始实行按辈分区别的婚姻关系，同一辈的男女，既是兄弟姐妹，又互为夫妻。前 5 万~前 3 万年，古人进化为新人（现代人），排除了兄妹为婚，实行族外婚，开始了血缘以母系计算、子女随母亲、只知其母而不知其父的母系氏族社会，母亲有话语权，而父亲没有。这个时期的代表是生活在前 3 万年的山顶洞人。这时女性在社会生活中起主导作用，按母系血统确立亲属关系，一个氏族有几十个人，由共同的祖先繁衍下来。前 8000 年，母系氏族公社向前迈进了一步，前 5000~前 4000 年，达到了繁荣时期。这个时期的代表是生活在前 4000~前 3600 年的西安半坡、被称为仰韶文化遗址地区的人们。前 3600 年，随着社会生产力水平的提高，男子在农业、畜牧业和手工业等主要生产领域中，逐渐取代了女性的主导地位，取得了对经济的支配权，在社会上占据重要地位，婚姻也由偶婚制向一夫一妻制家庭转化，母系氏族社会转化为父系氏族社会，这是人类社会历史上最激进的革命之一，然而又是不流血、和平的革命。从此父亲有了话语权。①

那么，以上有关中国远古祖先的故事有证据吗？考古发掘提供了一些远古父母生活中的实物证据，民间八卦还留下了一些奇妙的传说，这里把两者加在一起作为证据提出来。当然，信不信由你。说，前 7000 年，以贾湖遗址为代表，有植物、壁垒、狗、陶器、竹笛，墓葬中显示没有财富分配差距。前 7000~前 5000

---

① 《中国古代史课程讲稿说明》，见 http://www.wmedu.cn/gzja/Print.asp? ArticleID = 16434&Page = 6；石兴邦：《半坡氏族公社》，陕西人民出版社 1979 年版。

年，以裴李岗、老官台等遗址为代表，有石、木、骨、蚌制的生产工具，有了居室和壁垒，有了甲骨文。这一阶段的中国传说人物有盘古、有巢氏、燧人氏等。前5000～前3000年，以仰韶文化为代表，产生了金属技术，有了陶文。这一阶段的中国传说人物有女娲氏、伏羲氏等。前3000～前2200年，以龙山文化为代表，有了陶轮、坩埚、小件金属器，产生了手工业分工，有了祭祀法器性的美术品、夯土的防御性城墙，陶寺墓地的墓葬分大、中、小，显示出财富分配差距。这一阶段的中国传说人物有轩辕氏、颛顼、帝喾、尧、舜等。前2200～前1500年，以二里头文化为代表，出土了青铜块铸、青铜礼器，有工场和宫殿，墓葬中显示财富分配差距加大。这一阶段的中国传说人物有夏朝时期的禹和启。前1500～前1100年，以殷商二里岗和殷墟文化为代表，青铜冶铸技术达到高峰，有卜辞、金文，墓葬中显示阶级分化。这一阶段的代表人物包括成汤至盘庚迁殷之前的20位商王在内的各代商王。①

看着这些证据，中国远古祖先故事的梗概渐渐浮现在眼前：前3000年之前，中国人都一直生活在女人支配的社会中。以后，以轩辕氏（黄帝）为代表的远古父亲，以祭祀法器性的美术品、夯土的防御性城墙、陶寺墓地的墓葬为标志，通过不流血的革命，娶妻入家，这才取代了女人的支配权，在家中有了话语权，母系社会才转化为父系社会。

4. 超越自然法则

如果在我们现代人10万年的历史中，前面的9.5万年都是母亲支配子女、财产、生产、生活，那么引发"大跃进"的组织革命，也就必然是在母亲支配下发生的。这样一来，现代人的组织革命，就没有那个天生神人、弱肉强食的父亲什么事。

于是，我们也自然会问，母亲指导下的组织革命是怎样发生的，这次革命对现代人的进化又产生了哪些影响呢？这是一个宏大的话题，迄今为止还没有人来讲。

前面提到，我们始祖母亲是在前15万年诞生的。那么，为什么我们的"原

---

① 张光直：《论"中国文明的起源"》，载《文物》，2004（1），73～82页；［美］莫里斯：《西方将主宰多久：从历史的发展模式看未来》，钱峰译，中信出版社2011年版，72页。

始社会"却只有 10 万年呢？这是因为，还没讲有关我们始祖父亲的故事，还没讲有关他如何认识母亲，如何结婚，如何组建家庭的事情。在讲述这些故事之前，需要事先了解一点遗传理论。

遗传学家们不仅追溯了现代人的女性先人，还通过 Y 染色体基因变异的分析对比，追溯了现代人的男性先人。1995 年，美国 3 位科学家发现，现代人的基因变异，最后收敛在非洲的一位男性身上，他被称为 Y 染色体基因"非洲亚当"。2000 年，美国组织了世界范围内的 21 位科学家（包括中国的遗传学家）开展进一步的广泛研究分析，得出同样的结论。1995～2011 年，很多科学家在不同的地点，进行了不同的分析和计算之后，确认现代人的一代又一代的基因变异，最后都收敛在非洲的一位男性"非洲亚当"身上，他有两个儿子，现代人都是他的后裔。"非洲亚当"生活在前 14 万～前 6 万年之间（中数为前 10 万年）。这位"非洲亚当"的名字借用了《圣经》中的典故，但这个典故容易带来某种误解，仿佛他是人类历史上的"第一个男人"。为了消除误解，科学家们强调，他只是当时人类中的普通一员，只不过除了他之外，别的男人都断子绝孙了而已。[1] 他被人们想象为一夫多妻制度下的一位酋长，[2] 比如像那位弱肉强食的天生神人。

又是一个断子绝孙，真是发人深省啊！然而，强者真的会子孙繁荣，弱者真的会断子绝孙吗？

"非洲夏娃"和"非洲亚当"虽然都生活在非洲，但一个生活在前 15 万年，一个生活在前 10 万年，两者当然不可能直接通婚，但"非洲夏娃"的女性后代一定与"非洲亚当"相遇，相识，结婚，生子。其结果就是，今天 70 多亿人都是他俩组建的幸福家庭所养育出来的后代。那么，为什么"非洲亚当"的 Y 染色体基因不能追溯到前 15 万年，而只能追溯到前 10 万年呢？换一个方式提问，为什么我们不能是前 15 万年"非洲夏娃"与她恋人的后代，而是"非洲夏娃"的后代与恋人组建家庭所养育的后代呢？

对此，韦尔斯说了一些专业上的道理：1998 年，希尔斯坦德发表了一篇关于如何解读 Y 染色体基因之谜的论文，解释了这种现象。因为女人比男人的流动性

---

① 《人的旅程——基因的奥德赛》，见 http://michael - zhang. vip. blog. 163. com/blog/static/32018452012 212101545314/；《亚当和夏娃，其实他们不认识》，见 http://www. guokr. com/article/303814/。

② 张振：《人类六万年》，安徽人民出版社 2013 年版，170 页。

大，把她们的线粒体基因谱系分散到了邻近的人群中。同时，由于男人保持相对稳定而"女人善变"，因此这些男人的Y染色体基因在不同的人群中各自独立，向下繁衍。在一个从父居住的社会里，你的母亲是谁对你来说并不重要，你在家庭和部落中的从属关系、你的继承权都取决于你的父亲，女人在形成一个群体中的作用较小。印度的种姓世袭制度为我们提供了一个清晰的证据，这里Y染色体基因的频率差异比线粒体基因高出得更多，表明女人能够在种姓之间移动，而男人完全被限制在种姓划定的界线之内。在遗传学上，还有一个术语叫基因的漂移率。这是说，数量少的人群引起的不规则的标记频率变化，决定于一个人群的人口数量。在人口众多的人群中，基因漂移是可以忽略不记的，但它在小数量人群中的影响十分显著。如果在一个人群中，男人的数量少于女人（一夫多妻），那么Y染色体基因谱系的丢失率更高。所以，结论是，虽然100人中男女出生的比率是50∶50，但是因为少量的男人在部族中占有大多数的女人，而且他们的儿子因为继承了父亲的财富和社会地位，同样会在下一代中占有大多数女人，经过几代之后，这一社会形态就会产生我们所看到的Y染色体基因图谱：它数量少，与邻近的谱系区别大。这一原因导致了Y谱系比它实际的年龄年轻许多，它已经无法回溯到前15万年了。这是几千年以来性政治的结果。①

对于以上解释，美国考古学家莫里斯做了注脚："平均算来，男人与女人拥有同样数量的后代，但是每个男人拥有的孩子数量在平均值上下波动的幅度要比每个女人所拥有的孩子数量波动更大，因为有些男人是几十个孩子的父亲，而大多数男人并没有孩子，这意味着男人的基因谱系比女人更容易断绝。"②

张振在《人类六万年》中说得更通俗："远古时代，只有少数男人占有女人，很多男人没有能力抢夺配偶和留下后裔。"③

这能成为"非洲亚当"家族以外的现代人群体都断子绝孙的理由吗？这也能成为北京猿人群体断子绝孙的理由吗？韦尔斯等人的解释真的合理吗？

他们的说法，把人们的思路以及那些讲人类历史故事的西方人引入了迷途，

① ［美］斯宾塞·韦尔斯：《出非洲记：人类祖先的迁徙史诗》，杜红译，东方出版社2004年版，74页、216~218页。
② ［美］莫里斯：《西方将主宰多久：从历史的发展模式看未来》，钱峰译，中信出版社2011年版，27页。
③ 张振：《人类六万年》，安徽人民出版社2013年版，35页。

而这一问，也就问出了一个有关现代人始祖母亲和始祖父亲所特有的婚姻生活的新故事来。

第一，前面提到，韦尔斯并不认为在初期社会是母系社会，并把现代人的先人归结为那个"聪明的男孩子"，因为这个男孩子以及他的后代能够通过武力等方式获得全部女人。如果因那个"聪明的男孩子"的男性后代对女人的垄断从而导致"非洲亚当"晚出现，那么，这就不是"几千年以来性政治的结果"，而是"现代人起源之际就产生的性政治的结果"。

第二，前面还提到，韦尔斯把影响人类进化的因素归结为基因突变、自然选择、遗传漂移这样三种重要因素。但他却忘记了"社会选择（雄性淘汰）"这个不可忽视的因素。在雄性个体力量支配的动物世界或人类世界，有力量的雄性通过击败其他雄性，垄断雌性，传递自己的基因，从而导致其他雄性的基因断绝，这是一个非常普遍的现象。相比之下，几乎所有雌性的基因都是可以顺利传递下去的，而无论雄性基因是谁的。既然如此，所谓的"性政治"就不是现代人特有的，而是动物界普遍存在的"自然法则"。

第三，既然是"自然法则"，那么它就应该自始至终影响现代人的基因遗传，而如果这种影响又使得我们不能追溯久远的 Y 谱系，那么，我们为什么又能追溯前 10 万年之后的 Y 谱系呢？也就是说，如果"现代人起源之际就产生的性政治的结果"真正存在的话，按照韦尔斯逻辑，我们今天是无法追溯 Y 谱系的。

所以，上面那些研究者和学者们的解释都不能自圆其说。基于不能追溯前 10 万年之前、又能追溯前 10 万年之后 Y 谱系的这样一个事实，这里来讲述本书的故事。

前 15 万年，"非洲夏娃"与她的恋人组建了家庭。在他们所养育出来的后代中，女性后代延续下来了，男性后代却因"性政治"而断子绝孙了。这种情况一直延续着。前 10 万年，他们女性后代中的一位与"非洲亚当"相遇，相识，结婚，组建了幸福家庭。这时，突然出现了一个奇迹，在他俩所养育出来的后代中，不仅女性后代延续了下来，男性后代也延续了下来，并且直至今日，繁衍出 70 多亿人来。

现代人的历史怎么会出现这样戏剧性的转折呢？不会真有人去颠覆了"性政

治"吧？难道说，如同今天的热血青年一样，前 10 万年就有人在崇高精神的鼓舞下高呼"让天下所有男人都有妻可娶"了？以后，现代人便超越了"自然法则"，打破了雄性个体支配的局面？如果真是这样，那么这就是一场前所未有的组织和制度革命。在这场革命之后，现代人便朝着新方向发展而去，引发了"大跃进"，最终形成我们今天的社会。

这是凭空遐想，还是胡说八道？说话需要证据。有吗？

有，这个证据就在我们自己身上。看看我们自己，哪一个不是在自然界中"唐突"地飘逸着，随时都准备着为理想而献身。能让我们飘逸于自然界之上的，应该是历史留在我们心中的特殊痕迹：平等精神、正义理念。正因为我们都确实超越着"自然法则"，所以我们都抱有实现社会公平的理想。这种理想，归根结底是"追求基因传递机会上的平等"。在这条延长线上我们要求机会平等、对垄断不满，等等。而我们所强调的正义，归根结底，是"维护基因传递机会上的平等"，在这条延长线上我们反对以强凌弱、强暴妇女，等等。而我们的道德、法律，归根到底，是以"维护基因传递机会上的平等"为目标的社会制度。

那么，我们是否想过，这些精神理念来自何方？只有把起点和终点连接起来，一切才清晰起来。

我们可以这样来提出问题：在现代人的历史中，"自然法则"是被谁率先超越的呢？从以上的逻辑来推论，首先不会是男人，比如"非洲亚当"，因为即便前 10 万年的男人都变得不再是咄咄逼人的攻击性动物，具有了平等精神、正义理念，也不再像那位弱肉强势的天生神人去征服所有女人，但是否接受天下所有男人为夫，其决定权是握在女人手中的。男人中的那些弱者怎么可能强求女人与他成亲？并且，能够在现实中颠覆"性政治"的，还应该是一位能够在心理上掌控年轻女性的人物。这在初期社会，符合这两个条件的只有母亲。这位母亲，在前 10 万年的那一天，决定要颠覆"性政治"，为此，她发动组织和制度革命，创立出"在子女、财产、生产、生活方面具有支配权、所有权"的母系家庭。从那以后，"非洲夏娃"家族中的男人们，无论是否强壮有力，无论是否具有智慧，都"有妻可娶"。

我们血脉的延续，并不是自然进化带来的奇迹，而是母亲的精神创造所带来的结果。母系家庭以及相关道德、制度的创立，才让"非洲夏娃"家族中"非洲亚当"的血脉一直延续到今天，我们才能追溯前 10 万年 Y 谱系。如果把进化说成是"基因组成随时间的流逝而变化"，那么，这位母亲所创立的母系制度对现代人进化的影响力是显而易见的。

实际上，对进化论抱有怀疑的人们早已理解到"我们是超越自然法则的存在"这一事实了。比如有人说，达尔文自己在他的《物种起源》中提到，自然选择这一途径不可能导致非血缘或亲属关系的利他行为的形成，因为这意味着削弱自我之力量，加强对方的竞争力。也就是说我们无私无我的利他行为恰恰违背了适者生存、物竞天择的进化原则，但是这种利他行为在人类历史上却比比皆是，而这正是维持人类文明和进步的根本保证。[①]

从进化论的角度来看，男人的利他行为都只能是"傻帽"才干的事情，而自然选择不可能让这种"傻帽"的男人结婚生子，让其后代延续至今。以此而论，达尔文用进化论来说我们社会的故事，是完全错误的。其错误根源在于，他完全忽视了母亲的力量。我们社会的进化过程是，母亲保护了这些"傻帽"，并让他们有了后代，其结果，就形成具有利他行为的我们的社会，这才让今天的我们也拥有着平等精神、正义理念。

母系社会制度是现代人进化的前提条件，也是我们现代人进化的一种表现，但起点来自一位母亲的精神创造及其实践。

5. 前 10 万年的核心竞争力

如果母亲让男性子孙都过上"有妻可娶"的安稳婚姻生活，美满的结局就是，后代群体中必然形成基因的多元化。那么，对人类社会来说，这意味着什么？

莫里斯也讲了一个有关远古祖先的故事：大约前 7 万年，现代人的运气发生了改变。非洲的东部和南部变得更为温暖和潮湿，这使得狩猎和采集更容易，现代人同他们的食物来源一样快速增长，超过了那些不那么聪明的人类。那时，没有巨石，也没有"大跃进"，有的只是大量的性爱和婴儿。在几千年间，现代人到了一个转折点，他们再也没有如此频繁被自然淘汰所灭绝，相反，他们的群落越来越大，人数越来越多。于是，他们保持群体间的相互联系，共用他们的基因

---

① 封莉莉：《从寒武纪化石和基因库信息说起》，见 http://www.docin.com/p-669723175.html。

和知识。最终，变异积累起来，现代人的行为很快从其他人类中分化出来。①

莫里斯的故事也有问题。他首先讲的是地理政治学：气候变化带来人口增长，人口增长带来基因变异积累，从而带来现代人诞生。可是，气候变化对当时还保持强势的其他人类，比如尼安德特人、北京猿人，也会带来同样的进化，所以，气候变化不可能把"现代人的行为很快从其他人类中分化出来"。其次，在雄性个体支配的动物社会中，垄断的性爱和雄性争斗会导致婴儿大量死亡。恰好只有母亲占支配地位，按照女人数量分配给男人的性爱，才能倾向于50：50的性爱机会。母亲负起对孩子一生的责任，大量婴儿才可能存活，超过其他人类人口增长的情况才可能发生，韦尔斯所说"老年人传授经验、照看孩子"的现象才可能出现。谁也无法想象在雄性个体支配的社会中，老年人会起这样的社会作用。最后，如果基因变异的积累、多元化基因的遗传，是"现代人的行为很快从其他人类中分化出来"的动力，那么，这种带来区别于其他人类的人才积累和天赋多元化就是现代人的核心竞争力能够形成的基础，也就是今天能够实行各种人才开发、人力资源管理的社会基础。这种积累和多元化发生的那一刻，也才是我们现代人基因群体真正开始形成之时。

张振对现代人在将近20万年的演化做了这样的总结：前19.5万年基因突变形成新物种，产生了生物学意义上的现代人；前15万年发生解剖学意义上的现代人；前6万年现代人带着信仰、艺术走出非洲。② 在这张描述现代人演化的时间表上，还应该加上这样一项：前10万年发生了精神意义上的现代人（超越"自然法则"的物种起源）。这里把这种前10万年发生在精神意义上的演化，定义为我们这个物种的起源（我们血脉的起源）。这里所说的我们，不是在生物物种方面、解剖学意义方面与直立人（尼安德特人、北京猿人）相区别的现代人，而是在超越"自然法则"这一精神方面与其他所有人类（包括其他现代人在内）的"新人类"。

那么，与其他人类相比较，我们这个新物种（我们现代人）的核心竞争力都具体展现在哪些方面呢？概括地回答，与我们在今天所展现的东西是一模一样的。

---

① ［美］莫里斯：《西方将主宰多久：从历史的发展模式看未来》，钱峰译，中信出版社2011年版，23页。
② 张振：《人类六万年》，安徽人民出版社2013年版，102页。

先来看两个考古故事。

19 世纪，考古学家索图欧拉在西班牙北部的土地上寻找穴居人。有一天，他和女儿探访了阿尔塔米拉洞穴。8 岁的女儿认出了洞顶上的外形和轮廓，惊呼："爸爸，看，公牛！"索图欧拉看到了野牛、鹿，层层叠叠的色彩丰富的动物图案覆盖了洞穴顶部 20 英尺的面积，有些蜷缩着身子，有些在互相嬉闹，还有些则在欢快地跳跃，每一个都绘制得优美而生动。他渐渐说服自己，这些壁画真的是远古时期留下的（最近一项研究表明，有些壁画的历史在 2.5 万年以上）。1880 年，当索图欧拉在里斯本的国际文化人类学和史前考古学大会上提交这一发现时，专家们哄笑着将他轰下台去，因为人人都知道，穴居人不可能创造出这样精湛的艺术作品，索图欧拉不是骗子就是傻瓜。8 年后，索图欧拉精神崩溃，离开了人世。到 1902 年，索图欧拉的主要批评者才实地造访了阿尔塔米拉洞穴，并且公开认错。当毕加索多年后造访这一考古遗址时，他惊得目瞪口呆："我们中没有人能够那样作画，阿尔塔米拉之后，一切尽颓。"[1]

另一个故事是，在非洲阿尔及利亚南端发现了很多现代人留下的艺术作品。这些艺术被称为塔萨利艺术，创作于前 1 万年，其中，令人震惊的是《塔萨利女郎》。壁画描述了放牧女孩们骑牛前行的情景，她们的形象神态悠闲，气质高雅，华丽的服饰和优雅的神情令人叹为观止，真的值得一看。有的评论者惊叹：这俨然已是欧美上流社会女郎前往歌剧院的情景。[2] 这里不禁要问，她们用什么工具，依照什么模型把自己剪烫为短发？而从她们的发式、服饰、姿势来看，都是文明的象征而丝毫没有蒙昧、野蛮之处。

无论是欧洲的原始艺术家还是非洲的原始艺术家以及那些模特，丝毫不比今天现代艺术家和模特逊色，而远远超越于今天芸芸众生之上。这些原始艺术家以及模特的基因后来灭绝了吗？没有，他们就是今天艺术家们的先人。但问题在于，这些肩不能挑手不能提、根本就不具有与他人拼力气的艺术家们的基因，怎么可能挺过蛮荒的自然竞争时代而苟延到现在？这个问题真让人有些迷茫。

---

① ［美］莫里斯：《西方将主宰多久：从历史的发展模式看未来》，钱峰译，中信出版社 2011 年版，28 ~ 29 页。

② 张振：《人类六万年》，安徽人民出版社 2013 年版，184 页；http://michael – zhangvip. wap. blog. 163. com/w2/blogDetail. do。

首先应该明白的是，无论原始社会、古代社会、现今社会，都没有全能的神人。

我们并不是每一个人都身体强壮，力大无比，让周围人害怕不敢来争抢资源。我们并不是每一个人都手巧伶俐，创造和娴熟地利用工具，让周围人对自己的巧夺天工敬佩无比。我们并不是每一个人都对色彩、光线、声音纤细敏感，具有绘画和音乐的才能，带给周围人感动和思绪。但是，自己不会没关系，有人会，我们周围就存在着各有特长的人。这样的多元化既是我们今天社会的特征，当然也同样是初期社会的特征。上述洞穴绘画证明，他们中间一部分人的才能，同样会让今天的人们感动和浮想联翩。因此，也有力证明，初期社会与我们现代社会没有什么区别，是一个具有社会分工、相互依存的多元化社会。

但是，多元化社会不可能自然而然产生。在"自然法则"支配的动物世界及其直立人的社会，搞研究发明、艺术创作的人们都会被淘汰。因为他们的活动脱离现实生活，无法为自己提供生存资料，他们更不可能找到结婚的机会。虽然可以讨取别人的同情，比如像尼安德特人一样，但这也不能保证他们不断子绝孙。所以，多元化社会产生的前提，如同手工业从农业中分化出来一样，需要一种社会制度。① 能够支持发明创造和艺术追求的社会制度，实际上才能使多元化发生和维持下来。因此说，是否有支持创造、支持创作成果积累的制度，既是"非洲夏娃"家族与其他直立人群体的区别所在，也是"非洲夏娃"家族与其他现代人群体的区别所在。

在初期社会，上述的这种社会制度就是由"非洲夏娃"女性后代所创立的东西。它的基本理念（信念、信仰、精神、思想）是，无论我的子女如何瘦弱和丑陋，也无论他们是否具有智慧和力量，他们都是我的子女，我都应该对他们的生存和他们后代的繁衍负责。这是一种基于思考后的理念，与哺乳动物和直立人出于对子女的本能感情完全不同。在这种理念下创立出来的母系制度无疑是超越"自然法则"的，具有"保护弱者，反对弱肉强食"的社会行为特征，从而保留下了在雄性个体支配社会中不可能延续的基因，使其积累至今。也就是说，这一制度是形成今天的多元社会的前提条件。

---

① 任大川：《国富新论》，山东人民出版社 2008 年版，28～33 页。

正因为理念（信念、信仰、精神、思想）和制度是我们社会中最根本的东西，本书也就把 10 万年中我们母亲和父亲的基本想法和办事规矩作为本书的故事主线。

前面提到，韦尔斯说，现代人战胜尼安德特人的理由之一是现代人已经形成了复杂的分工。纪录片《人类进化史·智人》中所介绍考古学家们的主流看法是，尼安德特人过于专业化，而现代人的柔软性更能适应环境的变化。纪录片《奇妙的人类旅程》则说，被组织起来的现代人社会所带来的新变化是战胜尼安德特人的主要原因。

可是，无论是现代人的分工还是适应性，或者是组织化，都是基因多元化社会的行为特征。而在动物世界的社会制度下，都只能是一个物种一种专业化，很难形成一个物种的多元化。比如，按照韦尔斯对现代人祖先的设想，在那个雄性个体支配的部落中，那个聪明的男孩虽然"开始在地上画一些动物，但这些画令父亲恐惧，一发现就立即便被父亲擦掉。部落里的人也看到了那些画，他们开始在背后议论这个孩子的古怪行为"。①

很显然，从动物世界群体到直立人群体，甚至包括在解剖学上属于现代人群体，都不会容忍脱离现实生活的行为，即便这种行为在将来会给大家带来很大的回报。然而，从远古到今天，我们的父亲们却实实在在过着脱离现实、宅在窝里的生活，去搞些稀奇古怪的事，包括绘画艺术。

前 2 万年，栖息在法国西南部的远古父亲们，携带着小型石制刀片、骨制长矛等狩猎工具，溜进并不属于他们日常生活的地下洞窟（拉斯科洞窟），扶着梯子，举着石勺油灯，用红、紫、褐、黑的天然颜料，在起伏不平的洞窟壁上或顶部，同心协力制作出了有关蟒蛇、羊群、马群、牛群的大型绘画。如果画得不满意，或者有了新的想法，他们就修改或抹去以前绘画，重新再画上新的绘画。最后他们在绘画下方留下图章署名。②

那些猴子，那些猿人能理解他们吗？不能。他们的父亲、兄弟能理解他们吗？不能。就连他们的母亲和姐妹也不能理解。但是母亲支持他们，照顾他们，

---

① ［美］斯宾塞·韦尔斯：《出非洲记：人类祖先的迁徙史诗》，杜红译，东方出版社 2004 年版，117 页。
② 日本国立科学博物馆：世界遗产《克罗马侬人留下的洞穴壁画》展览（2017 年 1 月）解说词。

姐妹们愿意给他们提供生活必需品并与他们组建家庭、生儿育女。女人们不能理解男人们，但却包容了他们。可以想象，在男人每天都必须去打猎或用其他手段为自己获取食物的初期社会，如果没有母亲、姐妹的无怨无悔的支持，比如母亲和姐妹们采集食物来维持他们的日常生活，就像今天父母乐意让那些宅男宅女"啃老"，那些大姐忍辱负重去挣钱让小弟念书一样，这些"绘画艺术者"怎么可能专心在洞穴中去从事这些需要耗费几个月甚至几年而不会带来现实回报的工作，并繁衍子孙后代？如果在雄性个体支配下的部落中大家都必须步调一致，那么，怎么能从天上降下来一个多元化的社会，又怎么能从地上生长出一个分工协作的长期趋势呢？

围绕孩子而展开的母系思想、组织以及制度促成了这一切！

三、母亲比父亲厉害

今天能够在企业和社会大舞台上提出核心竞争力问题的，大都是些男人。把这些男人和原始社会的父亲行为联系在一起，很容易得到父系制度是现代人进化动力这样一个直观的结论，特别是在西方。然而，这大错特错了。

1. 父亲没有话语权

当达尔文的进化论公之于世时，西方人大惊失色。1860 年，威尔伯福斯在牛津大学讲演，反驳达尔文的进化论，说，根据《圣经》记载推算，人类的历史是从上帝在前 4004 年 10 月 23 日创造世界开始的，人与猴子没有关系。①

再查一下资料，可以找到古老的根据。提阿菲罗斯生活于 115～181 年的希腊安提阿。他通过对《圣经》的研究，得出了这样的推论："从上帝创造世界开始，所有时间就是按照这样的顺序排列的，包括了几个重要时期。从创世纪到大洪水，计 2242 年。从大洪水到我们的祖先亚伯拉罕得子，计 1036 年。从亚伯拉罕之子以撒到民众追随摩西居于沙漠之中，计 660 年。从摩西去世到大卫之死，计 498 年。从大卫去世到寄居巴比伦，计 518 年 6 个月零 10 天。从波斯王居鲁士即位到罗马皇帝维鲁斯驾崩，计 744 年。所有的年数累计共 5698 年。"维鲁斯死于

---

① 张振：《人类六万年》，安徽人民出版社 2013 年版，18 页。

169 年，所以估算创世纪发生于前 5529 年。① 也就是说，反过来推算，前 5529 年上帝才创造出世界。前 3287 年发生大洪水，这个世界全部毁灭。前 2251 年亚伯拉罕得子，开始建立以儿子继成父业为原则的家庭组织。前 1591 年摩西带领犹太人逃出埃及，向上帝耶和华领取"十诫"，开始对犹太社会进行大规模组织化建设。

根据遗传学和语言学研究，"非洲夏娃"的后代在前 4.5 万年离开非洲东部后进入了中东地区，前 1 万年左右从中分化出闪米特人。亚伯拉罕的父亲是闪米特人的后代，居住在吾珥城，其位置在今天伊拉克巴士拉以北 193 公里的一个火车站，靠近波斯湾，它可能是前 2000 年左右苏美尔的一座都城。亚伯拉罕，原名亚伯兰，被耶和华感召后改名。亚伯拉罕的儿子中，以撒是犹太人的祖先，以实玛利是阿拉伯人的祖先，米甸则是米甸人的祖先。②

前面提到，依据中国的传说和考古研究，中国的父系社会是在前 3000 年左右的黄帝时代开始的。这大体与西方父系社会开始的时间相同。因此，无论东西方，加上公元后的 2000 年，父系社会的历史也就只有 5000～7000 年，这与我们 10 万年的社会历史相比，简直太短暂了。

《圣经》描述了人类开创史：自从上帝创造人类以来就是"男主外，女主内"，男人掌握政治、社会、经济大权，女人只管生孩子，财产也当然由儿子来继承。所以，信奉基督教的西方人听到世界上还有母系社会一说，也大惊失色。然而，从我们的历史进程来看，《圣经》只是一部法典，仅仅反映了前 5000 年之后（加上公元以后的 2000 年，合计为 7000 年），远古父亲如何开始利用祭拜来组织社会，拓展自己疆土的状况。而在这之前，父亲在家庭中，并没有话语权。

2. 屈服于自然的雄性

既然人是从猴子变来的，从灵长目的行为中是否可以为我们发源于父系社会的假说找出证据呢？

日本研究者在观察日本猴的集团活动后，把祖先们的婚姻生活看作今天那些

---

① 提阿菲罗斯：《致奥托莱库斯书》，姚望译，见《致希腊人书》，中国社会科学院出版社 2009 年版，319 页。

② 王少辉：《西奈山十诫：〈圣经〉文化人类学解读一》，见 http://www.paciIution.com/ShowArticle. asp？ArticleID＝1679。

猴子们的生活：与哺乳动物的雄性、雌性各自成群生活相比，灵长目的雄性和雌性大都共同生活在一起。日本猴一般为 20～50 只成群结队，60% 的时间都在地面生活。日本猴成圆形状群体，中心部是雄性猴王和雌性及未成熟的幼猴。边缘部是成熟的年轻雄性，它们往往都无法获取交配的机会，留不下自己的子孙。猴王具有自主性、攻击性，成为雄性群体的领导，并由此形成优劣上下关系。不过，雌性成熟之后依然留在群体的中心部。因此，虽然日本猴是以雄性个体支配的群体，但母子结合，雌性占据中心地位，她们才是猴群社会的主体，因此，可以被称为母系社会，非常类似于人类的社会集团生活。[①]

前面提到，前 200 万年从黑猩猩的进化链上分离出了矮猩猩。因此也有研究者把祖先们的婚姻生活看作今天那些猩猩们的生活：矮猩猩和黑猩猩一样，几十只雄性和雌性混合成群一起生活，哺乳期为 4 年，11 岁左右成熟，寿命为 40 年。和日本猴不同的是，这两种猩猩的雌性在成熟之后，都会离开父母身边，加入到其他群体去，而雄性留在群体中保持不变，由此形成类似我们父系社会的特征。黑猩猩较为残暴，大集团在击败小集团之后，会把小集团包括幼儿在内的雄性全部杀掉，掠夺走雌性。而在集团内部，雄性们为了争夺领导地位，相互攻击，有时是单对单，有时是一伙对另外一伙。雄性对雌性占绝对支配地位。与之相比，由于雌性矮猩猩的发情期比黑猩猩长 7 倍，这使矮猩猩雄性头目对雌性的垄断变得非常困难，由此导致了雄性讨好雌性，年长雌性优越于雄性的现象，由此也促进了各矮猩猩集团内部以及集团之间的和平共处。人类社会在政治和战争方面类似于黑猩猩，在男女平等方面类似于矮猩猩。[②]

然而，无论灵长目动物社会与我们有多少相似性，从精神层面上看，它们的行为都是迎合"自然法则"的，与我们超越"自然法则"的行为相比大相径庭。而从遗传学的角度来看，连其他现代人、直立人都不可能进化为我们，更何况是灵长目动物。所以，通过对不同物种的研究来探索我们社会进化的途径，希望渺茫。

---

① 《日本猴的社会构造》，见 http：//bbs. jinruisi. net/blog/2008/02/000350. html。
② 日本京都大学灵长目研究所：《你行为中的猴子》，见 http：//sawaiseitai. com/theory/theory_ pdf/theory2－6. pdf；http：//ja. wikipedia. org/wiki/% E3 % 83 % 9C% E3 % 83 % 8E% E3 % 83 % 9C。

3. 雄性垄断的恶果

既然同物种和超越"自然法则"应该是讨论我们社会的前提条件，那么，设想我们诞生之际就是超越"自然法则"的父系社会并由此进化到今天，这是否合理呢？

虽然哺乳动物的雄性个体都有争夺雌性和地盘的本能，但人类和黑猩猩一样，雄性自身形成集团，而为了团结一致，共同对外，集团内的雄性们会相互谦让交配机会。这种灵长目动物集团的特殊分配机制实际上就超越了"自然法则"。[①] 基于黑猩猩的雄性集团中分享与雌性的交配机会，有人提出父系社会利他主义精神的进化论：阿法南猿、直立人、现代人等都与黑猩猩一样是父系社会，并且过着群体似的生活。在雄性相互谦让交配机会的习惯作用下，群体之间通过相互交换女儿，结成安定的族群。儿子成熟后，依据弗洛伊德的原理，有恋母情结，但受到母亲的压抑，于是产生对语言、艺术等创作的冲动。而利他精神的进化过程是：在初期社会，由于人口过少、气候严寒等外界因素，使群体之间交换女儿的活动无法正常进行下去。为了繁殖后代，自然发生了群体内乱婚。以后随着人口增加，气候变暖，又重新开始交换女儿，并禁止群体内乱婚。但由于对群体内婚的欲望仍然存在，男人善待出嫁的女儿，帮她们哺育她们的孩子，同时男人用迎娶其他群体的女人来代替对出嫁女儿的依恋，这样一来各群体之间便形成亲戚关系。在这样的基础上，发展出部落以及母系社会等形态。[②] 另外，弗洛伊德是从群体内乱婚和禁止近亲结婚来看待我们精神进化的，于是有人说："人的行为直接联系其童年时代的被压抑的性幻想的潜意识记忆力，这解释了人类如何从 2000 人左右的小小群体成为地球的主宰。"[③]

然而，黑猩猩的集团中，雌雄出生比例是1:1，但雌雄成熟后的比例是2:1。[④] 因此，雄性黑猩猩不垄断雌性的说法并没有根据。遗传学的数据也并不支持人类从来就一直保持着男人出于无奈而在群体之间相互谦让女人的说法。因为，如果

---

① http://www.rui.jp/ruinet.html? i＝200&c＝400&m＝18379。
② 平山朝治：《人类社会与精神的起源》，见《东京家政学院筑波女子大学纪要》（第7集），2003年。
③ 张振：《人类六万年》，安徽人民出版社2013年版，272页。
④ http://ja.wikipedia.org/wiki/% E3% 83% 81% E3% 83% B3% E3% 83% 91% E3% 83% B3% E3% 82% B8% E3% 83% BC。

我们的远古父亲们从来就一直相互谦让女人，就不会出现 Y 谱系无法回溯到 15 万年前的现象了。

说到底，我们的血脉是起源于一种精神的。我们的始祖父亲提供不了这种精神，更不用说其他现代人男性、雄性直立人、雄性猴子了。只有始祖母亲能提供这种精神。所以，从我们血脉的起源和延续方面来看，母亲比父亲厉害得多。

四、母亲给我们踏出一片世界

1. 兄弟姐妹通婚

现代基因遗传理论一意要追寻的是，我们共同的、由唯一一对女性和男性所构成的祖先。同时也收集了数据来支持这种理论。如果这种理论成立，那么，就必然涉及通婚制度。以下来讲这个充满奥秘的制度。

根据基因遗传研究，我们一个人身上大约有 100 万个细胞，细胞中含有线粒体基因和 Y 染色体基因。母亲的线粒体基因虽然遗传给儿子和女儿，但儿子身上的线粒体再向下遗传时便会消失，只有女儿的线粒体基因才能遗传给下一代。而 Y 染色体基因只能由父亲遗传给儿子，再由儿子传给孙子。同时，今天女性的线粒体基因可以追溯到"非洲夏娃"，男性的 Y 谱系可以追溯到"非洲亚当"。也就是说，如果我是儿子，那么我、我父亲和我兄弟的 Y 谱系起源于"非洲亚当"，形成"我们"，而与直立人男性、其他现代人男性没有关系。同时，我母亲和我姐妹的线粒体基因起源于那位"非洲夏娃"女性后代，也形成"我们"，而与直立人女性、其他现代人女性也没有关系。这个事实对今天的我们意味着什么呢？

我的基因从何而来？来自我家父母。为什么来自父母？因为他们通婚把结合后的基因遗传到我身上。如果设想，自古以来，我家母亲的基因和父亲的基因从来没有结合过，而"非洲夏娃"的线粒体基因和"非洲亚当"的 Y 染色体基因，因我的父母通婚，才第一次结合，并生出我家兄妹，那么，我家就成了"非洲夏娃"和"非洲亚当"的唯一后代。在这种情况下，如果要让我以及我家姐弟兄妹的后代都保持"非洲夏娃"和"非洲亚当"的基因，就只能是我们家姐妹兄弟互相通婚，别无他法。

现在把条件放开一点来看。如果发现，隔壁家的父母的基因也与我家父母一样的话，那么，至少可以说明"非洲夏娃"的线粒体基因和"非洲亚当"的Y染色体基因的结合并不仅限于我父母辈，至少在祖父母这一辈就发生了。在这种情况下，即便我家和隔壁家之间相互通婚，也可以保证我们的后代都是"非洲夏娃"和"非洲亚当"的基因。

如果我明确知道，我家父母与隔壁家的父母并不是同一祖父母所生的后代，而往上再追溯几辈，也没有通过婚，但基因却依然相同，那么我就可以肯定，在很早很早的时候，"非洲夏娃"的线粒体基因和"非洲亚当"的Y染色体基因就曾经结合过，否则，隔壁家怎么会与我家一样？同理，如果周围的邻居各家与我家的基因也相同，那么，"非洲夏娃"的线粒体基因和"非洲亚当"的Y染色体基因结合在一起的时间会向更加古老的年代推移。那么，世界70多亿人，以5人为一家计算，就是12多亿家的基因都相同，最终的结论就是，因为"非洲夏娃"和"非洲亚当"10万年前就曾经通过婚，否则，大家的基因怎么都会一样？更惊人的结论是，因为世界70多亿人都是相同基因，所以，在"非洲夏娃"和"非洲亚当"通婚之后直至今天，"我们"这个物种中任何人之间的通婚，都是基于兄妹之间的"家族内婚"，否则，在70亿人之中，至少有一部分人具有尼安德特人，或者北京猿人，或者其他现代人物种的基因，而不会只是"非洲夏娃"和"非洲亚当"的基因。所以说，遗传基因所追溯出来的事实揭示，今天我们社会的形成是以"内婚"为前提的。

2. 内婚让我们繁荣

现在的基因遗传研究结果是，女性们的线粒体基因可以追溯到前15万年的"非洲夏娃"身上，男性们的Y染色体基因谱系只能追溯到前10万年的"非洲亚当"身上，这意味着，世界70多亿人的祖先所实施的"内婚"制度是从前10万年开始的，而在这之前则是"外婚"制度。也就是说，在这之前，与"非洲夏娃"女性后代通婚男性所持有的Y染色体基因都不是今天我们所持有的Y染色体基因，因而，那些男性都不是我们的男性先人。换句话说，在这之前，与"非洲夏娃"女性后代通婚所生育的男性子孙都断绝了，而在这之后，"非洲夏娃"的女性后代与"非洲亚当"所养育的独家子孙却遍布天下。阶段性如此鲜明，只能说这是一个奇迹。这样的奇迹正是由"从外婚到内婚"的制度性改革所带来的。

根据文化人类学的说法，基因突变是一种新物种诞生的内在动力。但要形成新的物种，关键的因素是形成期间必然有某种方式将其隔离起来。比如在热带雨林，由于长期干燥，森林面积缩小，被莽原分割成一块块小的森林。在这些"安全岛"式的森林里，原来生活在一起的鸟群被分隔开，经过长久的时间，各个森林的鸟类便演化为亚种，彼此之间即便交配也无法繁殖共同后代了。[①] 也就是说，本来同种的动物，由于自然条件所造成的相互间隔离，长期不能通婚，在基因突变的推动下便形成了新的物种。然而，对自主性越来越强的灵长目动物来说，选择性通婚所造成的隔离，也是从猴猿共祖链条上产生出直立人这一新物种的原因。而我们这个物种的形成则更加往前推进了一步。从生物学和解剖学意义上，前 19.5 万年现代人便开始形成，然而在雄性个体支配之下，现代人女性可能与直立人男性通婚，也可能与现代人男性通婚。有人估计当时的非洲有 2000 个现代人男女同"夏娃"生活在一起。[②] 与直立人男性通婚会把现代人拉回到直立人，与其他现代人男性通婚的后代便是前 15 万年"非洲夏娃"的群体。不过，在雄性个体支配之下，这时的现代人群体受"性政治"左右，这使得现代人 Y 基因集团常常处于小规模状态，以至于使现代人 Y 基因流失很快，造成无法追溯我们现代人 Y 基因的历史事实。终于"非洲夏娃"的一位女性后代在前 10 万年的那一天，下定决心，要求自己的儿女们都相互通婚（内婚），并把这种制度世世代代贯彻下去。这样一来，客观上就隔绝了来自其他人类男性的骚扰，而那位与"非洲夏娃"女性后代通婚生子的男性，便成为"我们"这个物种的始祖父亲："非洲亚当。"除了"我们"这个家族之外，别的直立人群体、其他现代人群体的后代，由于没有任何一位母亲去勇于对后代负责到底并把这种意志代代相传，经过长年岁月后，便在"自然法则"的支配下断子绝孙了。也就是说，突发的信念和由此而来的通婚制度改革，创造出了特殊的母子结构，最终造就了我们血脉的延续，直至今天。

---

① ［美］基辛：《当代文化人类学》，于嘉云等译，巨流图书 1980 年版，100 页。
② 《现代人类起源的"线粒体夏娃"理论》，见 http://blog.sina.com.cn/s/blog_ 53ece6da0100c1ou.html。

以上所讲的故事有实物证据吗？没有。要求用物质结构来解释前 10 万那一天"非洲夏娃"女性后代在精神层面所发生的微妙心理变化因素，以现今的科学研究水平是无法企及的。因为，"在基因研究方面，人们还没有找到我们利他行为进化的的物质基础。我们和动物基因库的高度相似性说明利他的人性不可能编码于基因库"。[①]

3. 从一生出的二

文化人类学把我们视为生物和文化的产物，在考虑物种形成时认为，以族群为单位和基因库非常重要。比如鸟群中新的物种产生时也是以群体为单位的。[②]这种说法与直立人是我们的祖先以及"多地区进化说"，在方法论上是同一的。因为他们都假设，有一群直立人通过劳动和自我改造，同时上一代的基因库遗传为下一代的基因库，在此推动下，他们分布全世界，形成各地区的群体，然后这些群体各自进化，由此在各不同地区便产生出丰富多彩、各式各样的现代人。与之相对立，遗传追溯理论却强调现代人中只有某一对夫妇是我们的共同先人。如果仅仅强调我们的母系先人是"非洲夏娃"，或者仅仅强调我们的父系先人是"非洲亚当"，那么，我们的父系先人可能是"非洲亚当"以外的男性，比如是与"非洲亚当"生活在一起的同伴，甚至是男性直立人；或者，母系先人可能是"非洲夏娃"以外的女性，比如是与"非洲夏娃"在一起生活的同伴，甚至是女性直立人。也就是说，当强调"非洲夏娃"和"非洲亚当"同时都是我们的始祖时，就像由上而下相交于一点的两条直线，聚焦于某一点（一对夫妇）后，然后再向下扩散，构成一个巨大的三角形，把我们历代（大约 4000 代）的所有家族都囊括进来，这些家族都是他俩后代之间通婚后所养育的子孙。这样，便确立了"我们"这个物种通过内婚而延续下来的这一新法则。

依据这一法则，在"我们"这个物种延续问题上，对男性来说，除"非洲夏娃"和"非洲亚当"家族以外的任何 Y 染色体基因库只会起阻碍作用，是需要被远远隔离掉的东西。同时，就"我们"看来，那些原始人群（直立人、其他现代人）都只能被视为不存在一样。很明显，上述两种方法论意味着，在看待人类社

---

① 封莉莉：《从寒武纪化石和基因库信息说起》，见 http：//www.docin.com/p – 669723175.html。
② [美] 基辛：《当代文化人类学》，于嘉云等译，巨流图书 1980 年版，31 页、34 页、100 页。

会发展过程时持有完全不同的立场。前者强调的是，不仅"非洲夏娃"和"非洲亚当"的家族，而且还包括其他原始人在内的群体共同创造了历史，相互学习，共同进步。但后者强调的是，"非洲夏娃"女性后代和"非洲亚当"的家族独自勇往向前，独自创造历史，形成了"我们"。

这里需要强调的是，人类遗传基因理论家们并没有这样来理解问题。虽然他们认为，前10万年之后只有一个男性Y基因遗传到现在，但同时也认为，他作为当时生活在人类群体中普通一员，他的基因通过自然选择偶然流传下来。这当然只能是一个神话，因为自然选择如同文化人类学所说，应该是对一个群体、一个基因库发生作用，而绝不可能对个体发生作用。另外，前面也提到，他可能是个神人，他的后代在前10万年之后都一直打败着其他所有男人，垄断着女人，所以，只有他的基因流传下来。这也只能是一个神话，因为，在大自然作用下，今天你会打败他人，明天别人也会打败你，自然界从来就不存在常胜将军。更不用说，谁能保证这位神人的后代中一直都有一个天下无敌的英雄，并打败了所有直立人、其他现代人？有人说了，无敌英雄能够得到很多女人青睐，可以娶很多妻子，犹如君王拥有三宫六院，在无数的子嗣之中，一定会有一个勤奋好学、有才有艺、聪明能干，会成为驰骋天下的新君王。韦尔斯列举的印度的种姓世袭制度，也是因为父亲强悍有势力，所以子孙满堂，血脉不断。但不要忘了，这些说的都是社会精神文化遗传方面的优胜劣汰。今天我们社会的特征之一是父母给孩子投资。为什么要给孩子投资？各人有各人的理由，但归根到底，父母靠自身的资源积累的投资是精神现象，这与基因淘汰的自然现象毫无关系。在社会中靠父母投资而胜出的子孙，在自然竞争中可能恰恰是最弱者，否则父母还向他们投资来干什么？让他们放任自流好了。靠精神文化以及由此建立起来的组织、制度而取胜，这恰恰就是我们10万年历史的一个内容。"非洲亚当"的Y基因能遗传至今，并不是自然选择的结果，而是母亲精神支撑的结果。

实际上，今天我们占据整个地球，支配全部生物这个现象本身就是违背自然界规律的。能够与自然界相抗衡的只能是精神（保护弱者的精神）。而那位天生神人有什么特殊精神吗？没有。他与其他原始人类的父亲没有多大区别，一边打猎，一边抢劫世界，然后撒下一路"种子"，让这些"种子"接受自然淘汰。但前10万年的那位母亲却不同，她有了一个超越自然界的精神目标，她在与那位普通的男性通婚生子后，一边在树林中养育着孩子，一边向孩子们不停传递自己的那个精神目标，孩子们长大后也不让离开家族，让他们相互通婚，然后养育出相同基因的后代来。男孩子性情野，他们会常常与家族外女人偷情，但这些家族外女人不会对他们之间的后代负责到底，最后还是断子绝孙。而家族内的女孩子，受到母亲的谆谆教诲，产生出自我控制精神，一直选择家族内婚，并对后代负责到底。这种家族内部的血脉延续的结果，就是我们今天世界上所有人的存在。不接受自然选择，并默默做出不屈不挠的努力，达到自己的目标，这难道不是我们现代人战胜尼安德特人、北京猿人、其他现代人的根本原因吗？非常明白，以控制自我为特征的精神，以及由此产生的家族内母亲的权威，是引发我们组织化、制度化的开端，人力资源投资的开端，结果才是"大跃进"的发生。

母亲的精神鼓励，母亲权威的指引，排斥原有的"外婚"实施"家族内婚"，都是我们展开大规模征服自然活动的前提。而这种组织只能是母系家族，不可能是父系家族。所以说，今天我们所拥有的这片世界，都是由母亲踏出来的。

4. 走出非洲的急行军

以上所说的"独立创造历史"实际上是"从一到二"的我们初期发展过程，即，从一对夫妇开始，然后实行内婚制度，发展出无数属于同一血脉的子孙，而内婚制度不是因为外界环境，而是因为我们所特有的精神而形成的。内婚制度在我们从非洲向世界各地的扩张过程中得到强化，其历史痕迹，斑斑可见。

在祖先们走出非洲之前，直立人早就向世界扩张了。他们离开了东非。从非洲大陆南端到亚洲的太平洋沿岸，到处都发现了他们的骨骼。他们不经意地穿越这么漫长的距离花费了漫长的时间。从奥杜威峡谷到南非的开普敦有 322 公里，他们一次跃进几公里寻找觅食之处，然后在那里待上几年，然后再前进。他们花了 10 万年才走完这段距离，平均每年将觅食范围拓展 32 米。他们以同样的速度向北迁移，抵达亚洲的门户。2002 年在格鲁吉亚的德马尼西出土了一块前 170 万年的颅骨，这块颅骨兼具了能人和新型猿人的特征。他们留在中国的石器，与在爪哇岛（那时与亚洲大陆相连）发现的化石年代相同，这说明猿人加快了迁移，平均速度达到了每年 128 米。可是，当我们祖先在前 6 万年离开非洲后只用了大约 1 万年的时间，就途经 1.5 万公里最终到达澳大利亚，其平均速度要比直立人快上 50 倍，每年超过 1.6 公里。而在农业化时代，人群向新地区扩散的速度也只有每年 1 公里。① 是什么让他们离开非洲？又是什么诱惑他们急行军似的匆匆往前赶？这个问题很有趣，但这里先按下不说。

前 15 万年，与"非洲夏娃"同时代的现代人最多不过 2000 人。② 前 10 万年，"非洲夏娃"女性后代（以下简称"非洲夏娃"）与"非洲亚当"结合所组建的家族，也只有数人。而走出非洲的祖先们都是从这个家族养育出来的后代。那么，这些迅速向前移动的家族群又有多少人呢？这显然是无法确定的问题，不过科学家们估计最多不超过几百人。由于经历了冰河期的艰苦生活，整个非洲祖先们的数量大量减少。③

根据莫里斯估计，到前 1.8 万年，全球的祖先也只有 50 万人。④ 就算前 6 万年走出非洲的那几百人在 1 万年之后发展为 50 万人，假定这 50 万人都结了婚，则有 25 万对夫妇，他们分布在 1.5 万公里的行进途中，每 1 公里范围内有 16 对夫妇，即 32 人。如果三代同堂，则一个家族为 14 人，每 1 公里只有两个家族。而最早到达的每一个新居住地的人群数量估计也仅仅有 10 多人。⑤ 也就是说，这种移动应该以大家族为单位，往往是一个家族向前推移几十公里，几百公里，甚至上千公里找到一个适合大规模繁殖的居住地后，住上几代或几十代之后，某些家族再向四处扩张。比如，一些家族通过南印度到达东南亚之后，向北来到中国，再向北，去到日本北海道，而一些家族向澳大利亚的方向挺进几十公里，几百公里，甚至上千公里。同样，在前 4.5 万年从非洲出发的第二支部队也向世界各地扩张，有的家族来到中国，还有的通过北方进入北美洲。这种以家族为单位的扩张至少延续到前 1.1 万年。除此之外，我们还可以想象一些具有冒险精神的夫妇、受到父母压迫而愤然离家出走的恋人，他们也会向前大幅度移动，然后在新的居住地自由繁衍后代。然而无论是哪一种情况，他们所到达的新居住地是荒

---

① ［美］莫里斯：《西方将主宰多久：从历史的发展模式看未来》，钱峰译，中信出版社 2011 年版，9 页、23 页；［美］斯宾塞·韦尔斯：《出非洲记：人类祖先的迁徙史诗》，杜红译，东方出版社 2004 年版，117 页、126 页。

② ［英］赛克斯：《夏娃的七个女儿》，金力等译，上海科技出版社 2005 年版，278 页。

③ 张振：《人类六万年》，安徽人民出版社 2013 年版，114 页、179 页。

④ ［美］莫里斯：《西方将主宰多久：从历史的发展模式看未来》，钱峰译，中信出版社 2011 年版，38 页。

⑤ ［美］斯宾塞·韦尔斯：《出非洲记：人类祖先的迁徙史诗》，杜红译，东方出版社 2004 年版，185 页。另外，根据莫里斯估计，到前 1.2 万年，40 人左右的群体才普遍起来（［美］莫里斯：《西方将主宰多久：从历史的发展模式看未来》，钱峰译，中信出版社 2011 年版，39 页）。

芜一片，周围几十公里，几百公里，甚至上千公里都没有人居住。

那么，在祖先们"急行军"的扩张阶段，一个家族、一对夫妇、一对恋人的后代很少有机会与其他家族成员通婚。也就是说，在这样的扩张阶段，由几个不同血缘家族之间相互通婚组成一个长期安定集团的"原始社会"状态，是不存在的，而"家族内婚"，特别是兄妹通婚成为必然。这种现象一直延续到前 1.1 万年人们开始固定的农业生活为止。

正因为我们经历过长达 9 万年之久的"家族内婚"，所以，在我们各个民族起源的传说中，有的被描述为兄妹通婚，有的被描述为女性受孕于大自然或生物，就连《圣经》所描述的人类的子孙后代也只能是亚当和夏娃这对夫妇家族实行家族内婚的结晶。因此可以说，在这持续了几万年的祖先们扩张过程中，以"家族之间通过相互交换女儿"为特征的父系社会是不可能成立的。这种社会的发生，至少要等到祖先们开始定居生活以后。

即便在农业定居以后，一对年轻夫妇闯荡到荒无人烟的地方繁衍生殖，也是常有的事情。比如，浙江省东阳市的起源被这样传颂着：在很久很久以前，从很远的地方走来一个男的，还有一个女的。男的健壮如山，女的灵动如水。他们来到一个三峡两盆的地方。天黑下来，他们在落叶之上，铺展开毡子，烧起篝火，男的和女的朝同一个方向躺倒。睡梦中，他们被破空而至的啼哭声惊醒，悚然起视，只见霞光万丈，日出于东山之上。于是，这个地方被起名为东阳。① 这对夫妇的后代，当然也就是后来的东阳人了。可是，他俩的后代要在这片连地名也没有的荒无人烟的地方继续繁衍后代，除了兄妹通婚没有别的办法。也就是说，只有通过"家族内婚"，东阳人才可能从一对祖先夫妇发展为今天这一地区的众多人口。

最后，再回头来看一看摩尔根对人类社会进化的假设。他把人类社会的进程分类为蒙昧、野蛮、文明等阶段。同时，他把前 1.1 万年之前的通婚单位都假设为不同血缘的集团。而这里的设想是，前 9.8 万～前 3.8 万年，祖先们处于从非洲向世界各地扩张阶段，在母系社会的制度下，客观上也只能采用"家族内婚"的形式来繁衍后代。前 3.7 万～前 1.1 万年，祖先们在某些地区定居下来，群体

---

① 浙江东阳市政协文化历史委员会：《走读东阳》，西泠印社 2013 年版。

人数开始增加，由此，在维持原有母系家族制度的前提下，在一个聚落中偶然出现了不同家族之间相互交换配偶的外婚，以及偶婚现象。至于前1.1万年之后外婚逐渐胜出内婚的原因，应该是在固定群居的条件下，人们对内婚和外婚做出比较后，对效率追求的一种选择。其理由，与"非洲夏娃为追求公平"而做出选择的理由完全不同，其辐射作用也大不相同。在人类繁衍方面有这么一个道理，内婚在生育年龄上比外婚低，可以生下更多孩子，但同时，所生下孩子的存活率也较低。[1] 在权衡这种利弊之后，再加上想要加强家族之间的关系，强化孩子的体质等等，通婚制度的天平也就逐渐向外婚倾斜。在这基础上，前5000~前3000年，男人开始取代女人，父系家族制度特征鲜明地体现出来，把女人作为交换对象的现象也由此发生。不过，就这些演变的根本动力来说，这里强调的，不是劳动和劳动工具以及劳动成果的变化，也不是通婚制度本身的变化，而是我们所特有的精神创新。

---

[1]　平山朝治:《人类社会与精神的起源》，载《东京家政学院筑波女子大学纪要》（第7集），2003年。

第二章

响彻母亲心中的召唤

人的精神真起这么大的作用吗？好像有点忽悠人。

别把人的精神想得太高深莫测了。这种精神实际上就是指挥我们日常生活行为的命令中枢，是一种来自心中的召唤。

从上一章所讲的情况来看，前 10 万年母亲心中的召唤似乎与她的孩子有密切关系。那么，在我们生活中，孩子意味着什么？

中国甲骨文上写有"多子孙甲"。古希腊的《荷马史诗》中，歌颂神灵多子，赞叹英雄美人嗣众，视生子之母为美。印度婆罗门教《吠陀经》中的祈祷词就是，结婚男女多生孩子。古波斯教赞美栽一棵树、种一块地、生一个孩子，并倡导，结婚吧，年轻人。你的儿子接续你，人类的长链是永远不会断的。而佛教主张消灭肉欲、不死欲和富贵欲。[①] 今天的西方人说孩子是自己感情的寄托，中国人则认为孩子是自己养老的保障。

不过，基因遗传学描述的却是另外一个版本的故事。

如果我们都是"非洲夏娃"和"非洲亚当"的后代，而其他人类都断子绝孙，那么，这就意味着，今天所有的人类活动都仅仅对"非洲夏娃"和"非洲亚当"的血脉后代有意义，而对其他人类的血脉后代毫无意义。因此，当我们提出"孩子意味着什么"这样的问题时，这也许仅仅会引起"非洲夏娃"本人的兴趣，而其他人类对此毫无兴趣。

那么，具体到今天的中国，情况又是怎样的呢？2013 年 11 月，政府调整计

---

① 杨中新：《西方人口思想史》，暨南大学出版社 1996 年版，4~5 页。

划生育政策，各媒体立即进行关于"生二胎"的调查，发现在符合政策规定条件的人群之中，一半人都愿意生第二个孩子。在20世纪90年代初10个省所做的调查也发现大约一半人想生孩子。① 虽然这里不能得出"有一半人对孩子不感兴趣"的结论，但抱各种想法的人群一定呈现出概率分布。

有的愿意生孩子，有的不愿意生孩子，这种概率分布对今天我们的发展没有多少影响，因为全世界各个家庭孩子之间的关系都是兄弟姐妹，无论谁家和谁家通婚，所生的孩子都携带着你我的基因。然而，这在初期社会意义却非同小可。因为，在众多直立人群和现代人群体中，只有一个女人想到了非要生"我的"（能够贯彻自己的精神信念的）孩子不可，并让她的后代也养育"我们自己的"孩子。如果这种信念得不到贯彻，"我们自己的"孩子的比例就不能扩大，我们的家族也就不可能在自然界支配一切，相反却可能早已被淘汰出局。这种延续了10万年的固执信念，只能被称为精神信仰，一种回响在母亲心中的召唤。

17世纪的法国哲学家提出了"我思故我在"。有人唱反调说，"我在故我思"。然而，可以肯定地说，如果不是"非洲夏娃"在前10万年的那一天对孩子的意义做了一次认真思考，我们就不会存在，也就不会有今天的思考。

那么，"非洲夏娃"的精神信仰也许真起了作用，但究竟是怎么起作用的呢？

人类首先是作为动物而存在的。这决定了人的两性活动及繁殖与动物没有区别。两性活动决定了在哺育期间母亲和孩子的共同居住。这是自然的，没有人为目的的。因此，在生物、动物这个层面上，孩子没有特殊的意义。然而，经过"非洲夏娃"的那次认真思考之后，孩子已经不再是生物意义上、基因遗传意义上的孩子，而是与母亲在精神上化为一体的存在。这时的母亲，区别于动物的母亲和直立人的母亲，也区别于其他现代人，包括"非洲亚当"。因为只有她意识到了孩子是自己在精神上的延续。

无论在动物世界还是人类世界，母亲都会拼命保护自己幼小的孩子。母亲的意图很清楚，在弱肉强食的自然界中，不拼命就无法留下自己的基因。但是，我们在有关动物世界的纪录片中常常看到这样的镜头：一头外来的公狮在击败了垄

① 《中国城乡家庭育前和育后生育意愿的比较研究》，见 http://www.shrkjsw.gov.cn/world//dr/popforumnew/popstatnew/2009921/0000000034661616617044215 77.html? openpath = world/popforumnew/popstatnew。

断母狮群的公狮之后，便杀掉母狮们的孩子。而在这种屠杀过程中，母狮们只是呆呆观望，非常无奈。黑猩猩的母亲，甚至包括直立人和其他现代人的母亲，也是如此。这时的母亲不能保护自己孩子的心理纠结是什么？是潜在希望为这位更强壮的雄性留下后代，虽然被杀掉的孩子也是自己亲生的。很明显，这些母亲本能地接受了"自然法则"，而不能反抗。与之相比，经过认真思考后而已具有超越"自然法则"精神力量的"非洲夏娃"却完全不同。她就像今天大多数母亲一样，遇到这种情形都会拼着性命去保护自己的孩子。因为对她来说，无论孩子的父亲是谁，即便是乞丐，孩子的命都是自己的命。

因此，就我们现代人的社会起源来看，母亲对孩子的这种精神意识（非本能的自然感情等），促成了我们社会基本组织的产生。即便在今天，这种组织也是我们社会的根基。我们有国家，有企业，有家庭，我们每天都置身于各种组织之中。可是，一旦基于这种精神所产生的母子关系不存在了，所有组织活动都将停止。今天，在大街上行走的人们，有的为生活琐事匆忙而来，有的为工作匆忙而去，但他们都像木偶一样，被一条丝线所牵动，这条丝线就是以母亲为起点一直向子孙延伸而去的精神意识。

就算是这样，想说明什么？

我们母亲们的精神力量当然是来自于一种信念的召唤，否则，她怎么可能拼着性命，前赴后继。

我们有信念、有信仰。这在早期就有所萌芽。考古学家发现前6万年的祖先们就已经在270多块鸵鸟蛋壳碎片上雕刻了图案。研究人员把它们分为4种形式，认为它们属于某特定群体的身份象征。再说欧洲阿尔塔米拉洞穴等壁画。这些壁画并未刻在裸露的山崖，而是集中在幽暗的洞穴。显然，在黑暗的地方作画不是为了展览，而是有着某种神秘的目的。驱使他们在坚硬的岩石上进行艰苦凿刻的，一定是强烈的信念。有人说这些壁画具有原始巫术的目的，它是一种虔诚的、深思熟虑的祈求手段，把动物画在岩壁上，是为了祈求狩猎的胜利。在某些地方，岩壁往往被一画再画，全然不顾线条的重叠，而周围的岩壁却都是空白。也许是由于第一幅画产生了巫术的效果，这块石壁才被反复利用。

基于这些考古事实，人们都公认，我们的信仰和道德体系非常发达。与之相反，很多哺乳动物物种共同生活的族群数量很少，抵抗外来攻击的能力很差。我们的信仰和道德，可以建立几万人的族群，最后建立法治下的几百万人甚至几亿人的社会组织。[1]

虽然人们都承认信念、信仰对我们社会的组织化所起的巨大作用，但这里我们想知道的是，这是远古母亲的信念，还是远古父亲的信念？更想知道，具体是什么在召唤着远古母亲，它们又是如何起到组织作用的。

要弄清楚这些问题，自然会想到相关说法。但这些说法玄妙而复杂，并很少与上面所说的来自精神、信念的召唤沾边。为了客观、保险起见，以下还是着眼于"非洲夏娃"的组织和制度革命来捋一下"原始宗教论"。

一、迷信种种

关于宗教，缪勒说，是对于某种无限存在物的信仰；弗雷泽说，是人祈求来自超自然和超人间权威力量的安抚、并与之和解的手段；奥托说，是对神既敬畏又向往的感情交织；岸本英夫说，是使人生问题得到最终解决的手段；狄尔泰说，是人类精神的表现形式，是人生之谜的意识，等等。[2]

令人眼花缭乱的各种宗教定义源于对宗教不同角度的研究。仅限于原始宗教论，就有三个方面：第一是以原始社会部落的宗教状况为对象；第二是以探求这种状况的发生原因为对象；第三是以考古发掘为根据的研究。

关于原始部落的宗教状况，陈麟书在《宗教学原理》中列举了自然崇拜、动植物崇拜、鬼魂崇拜、祖先崇拜、图腾崇拜、灵物崇拜、偶像崇拜等形式。它们之间的相互关系是，在自然崇拜和动植物崇拜的基础上发展出鬼魂崇拜和祖先崇拜，之后才产生图腾崇拜，再后来才是灵物崇拜和偶像崇拜。吕大吉等在《中国各民族原始宗教资料集成》中说，母系氏族制早期和中期是图腾崇拜阶段，母系氏族制晚期和父系氏族制时期是祖先崇拜和自然崇拜并立存在阶段，原始社会末期和阶级社会是天神崇拜阶段。[3]

---

① 张振：《人类六万年》，安徽人民出版社 2013 年版，67 页。

② 何光沪：《方方面面说宗教》，中国华侨出版社 1995 年版，1~2 页。

③ 钟国发：《20 世纪中国关于原始宗教与神话的研究综述》，见 http://www.historicalchina.net/admin/WebEdit/UploadFile/MythGF.pdf。

关于"原始宗教起源论"的内容更加繁多，分类整理后罗列如下。

自然神话论：发端于研究印欧语言学与民族学，认为宗教起源于自然神话。

实物崇拜论：布罗斯和孔德说，宗教起源于实物崇拜和自然崇拜。

万物有灵论：泰勒说，原始人根据自身不能解释的现象，如梦幻、疾病、出生、死亡等亲身体验，得出了身体与灵魂不同这一看法，形成了关于灵魂的概念，后来又将灵魂赋予天地万物，认为万物皆有灵魂。在这基础上发展出实物崇拜和自然崇拜。

前万物有灵论：马雷特说，在万物有灵论之前，原始人就相信超自然力量。

巫术论：弗雷泽说，原始人最初企图用巫术来控制超自然的力量，巫术先于宗教。

祖先崇拜论：斯宾塞说，原始人几乎都信仰人死后其灵魂继续存在，对死者鬼魂的崇拜就是广义的祖先崇拜，它是一切宗教的根源。

图腾崇拜论：涂尔干说，氏族以动物或植物为图腾标记，并对之进行崇拜。图腾遂成为氏族成员认同的关键，也成为氏族的凝聚力量。弗洛伊德说，由于原始部落的家长占有所有女人，使其遭儿子嫉恨而被杀，而夺取了父亲位置的儿子们对原始部落家长的回忆或对象征家长的动物的崇拜，导致了宗教的起源。[1]

二、吃鱼能多生孩子

再来具体看与本书故事有关的一些说法。

如果"非洲夏娃"是我们社会的创始者，那么，这个社会在没有发生重大变故的漫长岁月中，就会一直是以女性为中心的母系社会。说到母系社会的信仰，人们常常会提起生殖崇拜。

赵国华说，在有的原始社会中，某种特定的生殖器象征物演化成了某一氏族的图腾，两者并存一个时期，之后图腾消亡，开始实行祖先崇拜，但生殖器崇拜依然继续存在。[2] 文化人类学家张光直也说，"同类相生"使用在仪式上，就有普

---

① 何光沪：《方方面面说宗教》，中国华侨出版社 1995 年版，4 页。
② 赵国华：《生殖崇拜文化论》，中国社会科学出版社 1996 年版，66 页。

遍于世界的对"妇女繁殖"与"土地丰收"相关的信仰。这与仰韶期的器皿上的女阴图像，正好代表信仰与仪式的两面。①

这里所提到的生殖崇拜是怎么一回事呢？赵国华说："在西安半坡仰韶遗址出土的陶器中，除了汲水、饮煮等日常生活中实用的陶器外，还具有特殊用途、绘有鱼的纹彩陶，这些鱼纹有单体、双体、三体以及四个鱼头。西安半坡仰韶遗址出土的许多捕鱼工具证明半坡先民吃鱼。妇女们以为吃鱼之后，鱼的生殖能力便会长在自己的身上，渴望通过对鱼的生殖力的崇拜，产生一种功能的转化效应。中国人从上古起以鱼象征女性生殖器，并且诞生了鱼祭这种祭拜礼仪，用以祈求人口繁盛。在鱼祭中，首先举行仪式，如陈列祭品、祭器，以舞蹈模拟鱼的繁殖。作为祭品的鱼以双体模仿女阴，以后采用了绘有鱼纹彩陶的祭器，而鱼纹数字以后演化为八卦符号。在祭拜仪式结束后，便进行男女交媾活动。"②

那么，远古的鱼祭中，鱼是拿来干什么的？如果是祭拜对象，那么，女性生殖器便是自然神力的象征，自然神力才是真正要祭拜的对象，属于自然崇拜。如果是牺牲品，那么，难道把女性或女性生殖器当作牛羊一样献给天地或神的行为才会被称作生殖崇拜活动？

为了生孩子，妇女们常去烧香拜王母娘娘、观音菩萨，这时的祭拜对象是代表超自然力量的天地，或者是神。这时，我们谁也没有把这种为追求多子多孙的活动称为生殖崇拜。如果只是强调信仰的名称问题，我们当然可以把拜王母娘娘称为道教，把拜观音菩萨称为佛教，然后把"鱼祭"称为生殖崇拜。但这样来称呼鱼祭又有什么意义？

另外，为了早生孩子，老人们常常在小两口新婚之夜的床被下放些枣子，因此，虽然作为道具的枣子变得珍贵，但枣子本身不能变为祭拜对象。

虽然在赵国华看来，我国北方地区辽宁喀左东山嘴和牛河梁"女神庙"、内蒙古赤峰西水泉、青海乐都、甘肃秦安大地湾等地的新石器时期遗址的发掘中，先后均发现了一些表现女性丰乳、大腹、肥臀和女阴的陶塑裸体女像、彩陶裸女

---

① 张光直：《中国考古学论文集》，三联书店 1999 年版，115 页、118 页、123 页。

② 赵国华：《生殖崇拜文化论》，中国社会科学出版社 1996 年版，1 页、41 页、117 页、150 页、167 页、169 页、170 页。

塑绘像等，这些都是生殖崇拜的写照，① 但这些也仅仅能说明是母系社会中"对女性崇拜"的体现。② 而这里的女神们，可能是王母娘娘、观音菩萨的前身，也可能像《塔萨利女郎》一样，仅仅是一种艺术造型。

总之，生殖崇拜可以作为一种对实际现象的表述，但无法说明回响在远古母亲心中的召唤到底是什么。

三、父亲的迷茫

如果母亲的信仰并不是生殖崇拜，那又是什么？原始宗教起源论能给出答案吗？

社会学家涂尔干对于西方宗教研究进行了这样的总结：一切宗教都具有超自然的特征，各种宗教事物都超出了我们的知识范围。无论古代还是近代，我们都会遇到两种不同形式的宗教，一种是崇拜自然现象，或者是宇宙力量，如风、河流、动物、植物、岩石等，被称之为自然崇拜。另一种是崇拜精神存在，如精灵、灵魂、守护神、魔鬼以及严格意义上的神等，被称之为泛灵论。③ 以下就通过涂尔干的眼睛，看一看西方原始宗教起源论。

1. 参拜王母娘娘

在格林兄弟的故事集中，各民族不同的神话都显示出同样的观念，因而显示出各民族信仰的共同起源。借助比较的方法，可以追溯出各民族的原始宗教。结论是，对生活的感觉是产生信仰的前提条件。各种自然现象，比如火等，使人们产生强烈感受：有一种无限力量始终包围着自己，支配着自己。宗教就起源于这种感受。后来，人们开始对这些力量进行反思，并试图通过语言、神话故事、更清晰的概念来表达这种感觉。④

这种说法似乎能够在考古中得到印证。数万年前的欧洲洞穴壁画就反映了我们的情感和审美。壁画所具有的逼真性、生动性和艺术美表达了我们对大自然所

① 赵国华：《生殖崇拜文化论》，中国社会科学出版社 1996 年版，157～159 页、323 页。
② 《中国古代史》课程讲稿说明，见 http：//www.wmedu.cn/gzja/Print.asp？ArticleID＝16434&Page＝6。
③ ［法］涂尔干：《宗教生活的基本形式》，渠东等译，上海人民出版社 1999 年版，29 页、60～61 页。
④ ［法］涂尔干：《宗教生活的基本形式》，渠东等译，上海人民出版社 1999 年版，91～96 页。

抱有的宗教情绪。

然而，我们对世界总是很感兴趣的，因此我们自诞生之日起就对这个世界进行着反思。如果宗教产生于这些反思，那么，我们就不可能解释，为什么宗教在人们了解事物性质之后（进入文明之后、人们有了文化之后）还能够继续存在下去。[①]

也就是说，人类的思考会打破神秘，多次的体验会使感动大打折扣，这种破除神秘和弱化感动的日常行为，会阻碍自然崇拜的发展。然而，由于在人类的历史上，自然崇拜至少在进入文明之后的一个很长时期内有很大的发展，因此可以推论，推动这种发展的原动力就不可能是神秘和感动。更简单地说，我们今天已经知道了生殖的科学道理，但人们为什么还依然去拜王母娘娘、观音菩萨。这种现象已经不能用"没有文化"或"对超自然力量的信仰（迷信）观念"来解释了。迷信和感动不是宗教的真正起源。

2. 祖先崇拜

泛灵论认为，我们把日常生活和梦幻相混淆，把梦境当作精灵离开肉体的一种实际体验。因此，人们必须举行各种仪式来使精灵不离开肉体，否则人就会死亡，这套仪式以及信仰内容被认为是宗教发生的起源。同时附体的精灵在死亡过程中会回归精灵，也会变为鬼甚至神，所以得出结论，人类最初的崇拜就是对死者和祖先灵魂的崇拜，最早的仪式是葬礼，最早的祭品是为满足死者需要而供奉的食品，祭坛就是坟墓。可是，如果在人活着的时候灵魂仅仅是一个凡俗的事物，是一个游荡的生命，为什么死亡之后就变得神圣呢？死亡本身是不能创造出神圣的。另外，如果说最早的圣物是死者的灵魂，人类最早的崇拜就是对祖先的崇拜，那么，社会越低级，这种崇拜在生活中的地位就越重要。可事实上，除了中国、埃及或希腊和罗马这些比较文明先进的社会以外，其他落后野蛮社会的祖先崇拜都很不发达。比如澳洲有丧葬仪式，但并没构成祖先崇拜。所以说，死者崇拜并不是原始宗教，因而泛灵论也就不成立了。[②]

不过，就祖先崇拜而言，许多学者认为，即便处于"低级社会"的非洲也常

---

① ［法］涂尔干：《宗教生活的基本形式》，渠东等译，上海人民出版社 1999 年版，100 页。
② ［法］涂尔干：《宗教生活的基本形式》，渠东等译，上海人民出版社 1999 年版，62～79 页。

常可见。比如在西非加纳还处于母系氏族部落的阿散蒂人认为，血统继承于母亲，祖先的灵魂与凳子密切相关，每张小凳都代表一位先人。在祭祖大典上，人们首先以净水洒地，表示给祖先洗手，然后便在每张小凳前奉上一个装满美酒佳肴的盘子，请祖先品尝，全体族人则围着一张张凳子载歌载舞，歌颂祖先的丰功伟绩。社会学家福特斯对包括阿散蒂人在内的氏族部落的祖先崇拜做了详细的考察。他与涂尔干一样，否定祖先崇拜与灵魂的关系，并说，道德败坏者、与子孙后代没有感情联系的人也能成为祖先，受到崇拜。他最后得出结论，阿散蒂人的凳子只是权威的象征，祖先们是现行部落社会的组织结构被延续的象征，祖先崇拜为在部落建立权威提供了基础。①

就中国而言，考古学家张光直说，祖先崇拜是基于近似于萨满（由祭司垄断的巫术活动）的鱼祭的基础上发展出来的东西。祖先崇拜的要义在于祈求本宗亲属的繁殖与福祉，同时通过祭拜，以增强与维持同一亲属集团的团结性，加强亲属集团成员对本亲属集团之间的团结信念。②

3. 母亲不以为然

涂尔干在批判了上述原始宗教起源论之后，继续说：自然崇拜中，神性观念是由某些宇宙现象构成的，泛灵论中神性观念是由梦构成的。尽管自然力量非常之强，但它只不过是自然力量。一个人出现在梦中，他也只不过一个人而已。这些都不能获得现实生活中客观的神圣性。既然自然本身和人类都不具有神圣性，那么宗教肯定另有来源。也就是说，在自然崇拜和泛灵论之外，还有一种更基本、更原始的崇拜，而自然崇拜和泛灵论都是它的派生形式，这种原始宗教就是图腾崇拜。图腾是一种制度的象征，停留在这种制度中的社会，其图腾就正好满足了后来的神圣人格所发挥的功能。③

比如，在澳洲所有的部落中都存在氏族组织。氏族之间通过外婚构成姻族（半族），通过兄弟关系构成胞族，在这之上发展出部落。用来命名氏族的东西被

---

① ［英］Meyer Fortes, Religion, morolity and the persong: Essays on Tallensi religion, Cambridge University Press, 1987, pp. 66~83。

② 张光直：《中国考古学论文集》，三联书店1999年版，115页、124页、133页。

③ ［法］涂尔干：《宗教生活的基本形式》，渠东等译，上海人民出版社1999年版，113~114页、200页。

称为图腾。东南澳洲的部落中有 500 多种图腾的名字，其中 460 多个都是植物和动物，也有祖先作为图腾的情况。图腾是一种标记，被用于仪式中，成为一种典型的圣物。图腾组织中的个体之间没有确定的血缘关系。大多数部落中子女采用母亲图腾，在有的部落中子女采用父亲图腾，或者采用神话祖先的图腾。这种原始分类意味着，划分到同一组中的人和事物之间有密切关系。因为图腾是神圣的，所划分到该图腾为标记的氏族组织也就同样神圣，并在宗教世界中占有一定的地位。①

然而，图腾名单上的植物和动物本身不可能让人产生宗教激情。一般说来，社会组织会凭借着它凌驾于人们之上的那种权力，让人们心中激起神圣的感觉。因为，社会组织有它独有的目标，它会命令人们去协助它，由此，社会组织对人们的意识拥有绝对权力，即道德权威，这就难免会使人们形成这种观念：在人们的外部存在着一种所依赖的力量。就这样，这种力量在组织成员中激起情感，并把那些感情固定在植物和动物身上，于是，这些东西就变得神圣了。②

如上所述，涂尔干把原始宗教发生的原因归结对社会生活中对组织权威力量的服从，这与前面所提到的福特斯和张光直的观点是一致的，更准确地说，是对某种社会制度、某个组织的崇拜，而图腾仅仅是其象征标志。"这种把宗教归结为对群体象征物的崇拜的论述，成为文化人类学对宗教起源分析的经典之作。"③

这种起源论是否合理呢？

涂尔干首先把澳洲的部落当作我们社会中"最低级、最简单的"的原始组织。④ 然而，他的分析对象却是部落组织。同时，这种组织，无论是母系还是父系，都实行氏族间的外婚。正因为他的分析对象是一定规模的大型社会组织，所以即便他的说法正确，这对探索前 10 万年我们远古母亲心中的召唤，是提供不了多少帮助的。简单地说，在"非洲夏娃"的后代们以家族为单位进行数万年的"急行军"的过程中，没有氏族，也没有部落。如果在这样的社会发展阶段，我

---

① ［法］涂尔干：《宗教生活的基本形式》，渠东等译，上海人民出版社 1999 年版，132 ~ 138 页、146 页、192 页、195 页、197 页。
② ［法］涂尔干：《宗教生活的基本形式》，渠东等译，上海人民出版社 1999 年版，276 ~ 279 页、300 页。
③ ［美］基辛：《当代文化人类学》，于嘉云等译，巨流图书 1980 年版，114 页。
④ ［法］涂尔干：《宗教生活的基本形式》，渠东等译，上海人民出版社 1999 年版，76 页。

们已经有了信仰，那么，把在那以后才产生出来的图腾崇拜认作原始宗教起源，显然违背历史逻辑。

更何况，文化人类学家对信仰活动的考察角度也与现代遗传理论所提供的角度完全不同。因为，如同"基因库进化理论"一样，文化人类学家认定，人们生活在社会组织之中，就必须服从这些组织的整体目标，所以，面对这种莫名其妙的"怪物"必然就会产生某种情绪，也就是说，"没有社会组织就没有信仰"。可是，这里所要寻找的，不是我们"从二到一"过程中的信仰特征，而是"从一到二"过程中的信仰特征，要讲的是，"没有信仰，就没有社会组织"，要问的是，这时的信仰是什么？

当然，如果说孩子们服从母亲的权威，感到她的神秘，那么，由于她独特目标性所造成的精神压力，孩子们可能感到一种神圣力量，从而萌发"宗教意识"。不过，至今还没有这样的原始宗教论。如果真要这么去理论，那么，首先就需要回答，为什么母亲去世之后一下子就会变得神圣？

总结以上所说，涂尔干关于社会外部力量、制度、组织对个人有召唤力的说法没有错，但社会外部力量却不是我们信仰的真正起源。更何况这里要问的是，母亲的信仰是什么？对此，父亲们只能是迷茫的。道理很简单，比如在图腾崇拜那里，母亲根本就没被当一回事，当然，母亲也会对图腾崇拜不以为然。

四、母亲踏破铁鞋把血脉延续到欧亚、中国

如果原始社会部落的信仰状况以及各种说法，都与远古母亲心中的召唤风马牛不相及，那么，考古发掘是否能帮一些忙？

1. 前10万年，人类已经幻想彼岸

有意识的、从而带有礼仪性质的埋葬，是确定旧石器时代（前250万 – 前1万年）有信仰的重要证据。掩葬尸体证明，那时的人已经希望生命超越表面的死亡，在冥间彼世得到延续。①

尼安德特人在前10万年开始挖穴埋葬死者，这意味着他们开始了人类精神历

① ［法］安德列·勒鲁瓦－古昂：《史前宗教》，俞灏敏译，上海文艺出版社1990年版，51页。

程。例如，在伊拉克萨格罗斯山区的沙尼达尔，几具遗骸明显是经埋葬的，有一个墓中的泥土含有花粉，这意味着尼安德特人将他们亲爱的逝者的遗体安放在花床上。在罗马附近的奇尔切奥山地的墓葬则在底部用石头围成一圈，顶部用碎石封盖。一些死者的随葬品中有石质工具和动物遗骸。在乌兹别克斯坦的塔什出土的尼安德特人的遗迹中，一个幼儿的遗骸被山羊角环绕着，表明他们已经有了程式化的葬礼，这正是文化的一种表现。① 总之，尼安德特人的某些行为，超出了吃喝的范围，他们堆砌石圈，埋葬死者。② 纪录片《人类进化史·智人》告诉我们，有一个尼安德特人在父亲死后，望着月亮，想象他父亲在另外一个世界生活着。

2. "非洲夏娃"的孙子们更喜欢艺术创作

前 3 万~前 1 万年间，我们祖先的墓葬和信仰活动遗迹也被广泛发现，多人合葬普遍存在。例如在捷克的下外斯特尼斯遗址和普雷莫斯特遗址，分别出土了 3 人和 18 人合葬墓，在非洲西北部的塔夫拉尔特等遗址也出土了众人合葬墓。这些墓穴挖掘得很深、很规范，顶部封盖得很严密。在西伯利亚的马利塔遗址，一个前 1.5 万年的儿童墓中出土了动物骨骼、骨石工具和串珠等随葬品。在澳大利亚的蒙戈湖附近，发现前 2.6 万年的年轻妇女的墓葬，尸体经火化并将骨头砸碎，然后埋入一个圆形浅坑中，这是世界上已知最古老的火葬。附近另一墓葬中，发现了前 3 万年的成年男子遗骸，尸体未经火化，仰卧在墓坑中，双手成十字交叉，尸骨上有红色赤铁矿粉末。③ 中国除了前 3 万年的山顶洞人的墓葬之外，还有前 1.4 万年的江西万年仙人洞和前 1.2 万年的广东封开黄岩洞墓葬。④ 在欧洲，从英国到俄国都出现了我们祖先的墓葬。在 27 个经过精确考察的事例中，17 例的死者身上撒上了赭石粉，16 例的死者都带着个人的饰件，6 例的墓穴上盖有石块。⑤

然而，以上所列举的祖先们墓葬的考古遗址，数量都非常有限。与之相比，

---

① ［美］莫里斯：《西方将主宰多久：从历史的发展模式看未来》，钱峰译，中信出版社 2011 年版，18 页；［美］斯宾塞·韦尔斯：《出非洲记：人类祖先的迁徙史诗》，杜红译，东方出版社 2004 年版，74 页、123 页；《中国大百科全书旧石器时代》，见 http://dbk2.chinabaike.org/indexengine/entry_browse.cbs。

② ［法］安德列·勒鲁瓦-古昂：《史前宗教》，俞灏敏译，上海文艺出版社 1990 年版，81 页。

③ 《中国大百科全书旧石器时代》，见 http://dbk2.chinabaike.org/indexengine/entry_browse.cbs。

④ 《史前考古学》，见 http://jpkc.nwu.edu.cn/sqkgx/main03/048.htm。

⑤ ［法］安德列·勒鲁瓦-古昂：《史前宗教》，俞灏敏译，上海文艺出版社 1990 年版，62~63 页。

在这一时期的祖先们却留下了很多壁画和雕塑。这些艺术品在中国不多，有在许昌发现的前1.5万年的小鸟的雕塑，新疆天山西部发现的前8000年以后的洞穴岩画等。可是在欧洲，目前已在200多个洞穴内发现了前3万年左右的洞穴绘画。它们主要分布在西欧的45个地区。雕塑主要分布在中欧和东欧的24个地区。① 能够进行比较研究的壁画和雕塑达到1794例。从艺术形式上看，前1.5万年之后，随祖先们离开幽深的洞穴，壁画艺术消退，雕塑艺术繁荣。从表现的形象主题来看，前2.4万年，人物开始得到展示，其中，男人占4.0%，女人占2.5%。另外还有妇女和小孩的手印，以及反映男性生殖器置于女性生殖器之中的壁画。在雕塑艺术中，男人形象主题占3.8%，但女人形象主题却上升为占10.3%。这些女人的雕塑被称为维纳斯，一些研究者把她们作为丰产女神，但事实上，我们对当时祖先们所赋予的意义一无所知。一部分史前学家说，当时的祖先们只是为艺术而艺术，没有什么信仰内容。② 还有人说，在前3万年左右的冰河期，人们普遍以12人左右的小群体活动，他们聚在洞穴里，交换配偶，交易物品，讲述鬼怪故事，创作艺术作品。③

以上的考古发掘，为本书所讲的故事提供了依据：在前3万年之前的阶段，虽然有祖先们的考古遗址，但很少有祖先们的墓葬，大多都是尼安德特人的墓葬。这说明，在前3万年之前的阶段，我们祖先正在"急行军"，当时人烟稀少。即便到了前1万年也只有300万人，人均土地面积50平方公里。④ 不定居和人口稀少，造成了今天考古发掘无法找到前10万~前4万年我们祖先墓葬的现象。

既然这样，我们又如何去把握前3万年之前的远古母亲的想法呢？

如果把直立人当作我们的祖先，我们会毫不犹豫地得出这样的结论，我们是从直立人进化而来，我们当然是继承了尼安德特人的信仰特征，并在前3万年之

① ［美］莫里斯：《西方将主宰多久：从历史的发展模式看未来》，钱峰译，中信出版社2011年版，32页、33页；孟慧英：《中国原始信仰研究》，中国社会科学出版社2010年版，28页；http://www.sst.cn/SSTWeb/InformationWeb/InfoDetail.aspx? CategoryID = db781596 - dbe6 - 4eae - bfd2 - b38034aec59d&InfoGuid = 43910395 - 2472 - 4f17 - 9a51 - 83712959b439。
② ［法］安德列·勒鲁瓦－古昂：《史前宗教》，俞灏敏译，上海文艺出版社1990年版，93页、101页、115页、128页、132页、133页、141页、164页。
③ ［美］莫里斯：《西方将主宰多久：从历史的发展模式看未来》，钱峰译，中信出版社2011年版，30页。
④ 张振：《人类六万年》，安徽人民出版社2013年版，173页。

后，把它发扬光大。然而，基因遗传事实告诉我们，直立人不是我们的祖先，那么，我们祖先的信仰从何而来？该不会是从尼安德特人或北京猿人那里学来的吧？

史前考古学家们说，当人类进化到现代人阶段的时候，由于体质的进步特别是由于脑量的增加使得思维能力有了显著的增强。于是，长期受到自然力量和社会力量压迫之下的人类可能开始考虑诸如支配人类所赖以生存的自然环境的力量究竟是什么，人类来源于何处，最后归宿在哪里等问题。在百思不得其解，又力图摆脱自然压力而无法成功的情况下，就把强大的力量想象成超自然的神灵，并认为自然界一切东西都是神秘而有灵性的，为了获取生存与发展的信心和力量而进行祭拜神灵的活动，原始宗教也因此而产生。[①]这样的假设与涂尔干的说法如出一辙，不但不能描述远古母亲心中的召唤是什么，而且还带出了新的问题。因为尼安德特人也有信仰，如果尼安德特人的信仰与我们祖先们的信仰一样，起源于社会这个怪物，那么，尼安德特人也会发生组织和制度革命。这样一来，他们也就不会断子绝孙了。

考古发掘还为本书所讲述的故事提供了另一个证据：祖先们的艺术创作是区别于尼安德特人的唯一明确标志。然而，前3万年之后的祖先们的洞穴墓葬与祖先们的洞穴壁画并不在一个地方。如果墓葬和壁画发生在同一洞穴里，那么，前3万年的祖先们的信仰与艺术之间的关系就昭然若揭了。而这里要提出的问题是，既然祖先们能够找到那么多的洞穴，为什么不在那里生活，而只是用来创作壁画呢？是因为生活不方便吗？但他们实际上在那里专心从事艺术并且吃喝拉撒睡，没有什么生活不方便的。如果是这样，为什么又不把自己也埋葬在那里呢？因为按照史前考古学的一般见解，旧石器时代晚期和新石器时代之初（前1万－前2000年），墓地和居住地并无明显的区分，如山顶洞人遗址等，居址和墓地同处一所，并无严格的区分。到了新石器时代中期（前5000年）之后，墓地才与居住地开始分离，并成为聚落的组成部分之一。[②]以此而论，画有壁画的洞穴是远离祖先们居住、埋葬的地方，它们更像是一批艺术爱好者的工作室。我们是否可以想象，那些披着长发、拿着画笔、桀骜不驯的年轻小伙子们，一边靠着母亲姐妹的援助，过着清贫的日子，一边追求着自己的理想？

---

①② 《史前考古学》，见 http://jpkc. nwu. edu. cn/sqkgx/main03/048. htm。

3. 孙女们怀抱先人头颅 "急行军"

直到前 1 万年左右，祖先们才开始留下在信仰生活方面的真实痕迹。莫里斯和韦尔斯描述的一些有关远古生活的故事很有启发。

早在前 1.6 万年，中国人就已经开始制造瓷器，前 1.1 万千年，秘鲁高地的狩猎采集者已经筑起围墙。相比在冰河时期（前 3 万年左右）人们搭起帐篷，吃光他们所能找到的动植物，然后再搬到另一个地方重新开始这个过程，还是壁垒和家园对人们有更大的吸引力。

在一个跨越底格里斯河、幼发拉底河以及约旦河谷的弧形带，我们能够最清楚地看出早期人类的群居和定居生活。前 1.25 万年，位于现在以色列的恩·马拉哈，一群不知名的人类在这里建立了半地窖式的圆形房子。有的房子宽约 30 英尺，用石头砌墙，用修剪过的树干做房梁。他们曾收集了不同时期成熟的各种坚果及植物，并储存在防水的坑里，然后用石浆封存起来。以后，女人们的聪明才智得到最大的发挥。她们把最好的种子重新种植在特别肥沃的土壤里，照料这些种子，翻土，拔草，给这些植物浇水，每年收获果实，会带来更多的果实。狗也是女人最好的朋友，前 1.1 万年左右，有一位年老的妇女被埋葬在恩·马拉哈。她的一只手搭在一只小狗身上，她们看起来就像睡着了一样。

也就是说，在前 1 万年左右，祖先们开始结束四处漂泊、狩猎采集的生活方式，定居一地，以农耕为主。由于女人们种植和储蓄粮食，人口迅速增长。骨骼研究表明，在农业定居之前，她们生五六个孩子，而在这之后，她们能生七八个孩子，其中有 3 个存活到生育年龄。前 5 万年的人口仅有几千人，前 1 万年已有几百万人。

同时，前 1 万年左右，这里开始盛行祭拜死者。在位于伊拉克北部的柯尔梅斯·德雷的前 1 万年的村庄遗址中，发现了各种各样令人惊讶的事情。在一间抹上了石灰，装满了大量泥土的房间里，有 6 个人类颅骨。它们没有下颌骨，刚刚露出地面。这些颅骨很不完整，表明是在四处流传很久之后才被埋在这里的。前9600 年之后，人们将大量的资源投入到信仰活动中。那时在他们生活的地方都有很多经过精心埋葬的人类和野牛的颅骨，还有一些看起来像公共圣坛的大型地下房间。在叙利亚的杰夫阿玛地区的地下房间周围有 10 所多功能的房子。一张凳子上摆放着一个头颅，在房间的中央是一个没有头的骨架。在离耶路撒冷 25 公里的耶利哥古城发现了堡垒，同时还发现了许多前 8500 年的头颅。这些头颅被抹上石灰，重新被埋在深洞里。在土耳其的恰约尼地区，一个前 8000 年的屋内祭坛后面，藏着 66 个头颅和 400 具骷髅。在土耳其的恰塔勒胡由克地区，几乎每家每户都把尸体埋在房子下面，先人的头颅也被抹上石灰，这些头颅既有男性也有女性。一位埋藏于前 7000 年的妇女，她将一个头颅抱在胸前，这个头颅曾不止 3 次被抹上石灰和涂成红色。

大多数考古学家说，这些头颅表明，先人被当作最重要的超自然存在。先人留下了财产，使活着的人不至于饿死，活着的人也对他们表示敬意。财产的传递可能是通过神圣的仪式进行的。他们把腐烂的尸体再挖出来，把头颅拿走，然后再把无尸的头颅埋于地下。他们利用石灰，在头颅上制作出面容，在眼眶里装上贝壳，然后画出一些诸如头发这样的细节。①

另外，考古学家金芭塔丝讲述了前 5000 年欧洲的故事：欧洲居住遗址地下或附近所埋葬的遗骨几乎都是女性，这些女性通常都是老年人。前 5000 年之后，欧洲人依然将重要人物埋葬在住所下面或附近，同时也开始把其他死者埋葬在住所附近或野外的公墓中。起初是将 5～10 个死者为一组毗邻而葬，殉葬品很少。同墓地的男女老少遗骨的血型表明，成年女性之间以及小孩是属于同一个血型组的，成年男性的血型却与之不相干。这意味着来自其他血统的男性通过姻亲关系加入母系家庭。②

谈论坟墓、尸骨很不吉利，但这是可以把故事继续讲下去的唯一方法。现在我们可以走进坟墓，观察尸骨，然后发现，我们祖先"希望生命超越死亡，在冥间彼岸得到延续"的想法是以祭拜祖先的方式体现出来的。这对于本书的故事来说，也就从较为恍惚的精神世界，来到了一个脚踏实地的现实世界。头颅就是连接精神世界和现实生活的一个载体。既然是实在的东西，就可以据此把远古母亲信仰的故事继续讲下去了。

---

① ［美］斯宾塞·韦尔斯：《出非洲记：人类祖先的迁徙史诗》，杜红译，东方出版社 2004 年版，190～196 页；［美］莫里斯：《西方将主宰多久：从历史的发展模式看未来》，钱峰译，中信出版社 2011 年版，39～67 页。

② ［美］马丽加·金芭塔丝：《活着的女神》，叶舒宪等译，广西师范大学出版社 2008 年版，121～125 页。

　　中国学者把前 1 万年左右的祖先们的世界设想为母系氏族社会，[①] 上面提到的美国学者金芭塔丝也这样说。因此，这很容易让人联想到祭拜对象应该是母亲、祖母或属于母系家族的男性先人。但在没有用基因检测技术确定这些头颅间的血缘关系之前，很难证明这些先人属于母系家族。

　　而另外一个隐讳的问题就是，如果那 66 个头颅和 400 具骸髅都是一个家族的先人，这数量是多还是少？韦尔斯变相地对此做了回答。他说，在一个家庭里，每诞生新一代而新产生的"先人"的数量，其变化速度快得惊人，我们的父亲、母亲各有父母双亲，父母双亲又彼此各有父母双亲，以此类推。每一代有两个先人（大约每 25 年产生一代），这样回溯 500 年，每个人有 100 万个以上的先人。[②]

　　这个答案与我们的直观感觉差异很大。我们直观的算法是，在 500 年中，我们的祖先也就只有 1000 人。导致形成两种算法之间巨大差异的原因，就是前面所提到的"内婚"问题。因为，现代遗传理论是要追求全人类共同的祖先，因而，父母、祖父母和外祖父母家中的先人、以此类推的先人，都是同居而受到后人祭拜的，所以，往上追寻不了几代，先人就会以万为单位来计算。这种以万为单位计算的先人，在祖先们"急行军"的过程中表现不出来，因为在前 1 万年之前的阶段，比如从非洲来到中国的那个家族，一路养育后代，而后代又把先人扔在身后勇往直前，到达北京时，也就只有一个家族，能够一起生活的先人也就四五人。然后年轻人又继续向朝鲜、日本进军，就这样，直到开始定居农业，都不会嫌先人太多。然而，一旦定居，先人的骸骨就会在房子下面的墓葬中飞速增长，上面提到的一个家族有 66 个头颅和 400 具骸髅，一点也不算多，反而相比之下，应该是少得可怜。为什么这个家族的先人会这么少？合理的答案只能是，这时已经实行外婚了。也就是说，一个家族对祖先的算入方式，要么是父系，要么是母系。

　　既然墓葬中的头颅数量可以间接证明前 1 万年左右的祖先们实行外婚，那么，就不可避免产生需要判断这些家庭是母系还是父系的问题。而这个问题，在实行内婚阶段，由于一家的兄弟姐妹相互通婚，这个问题的性质是完全不同的。那

----

① 赵建文：《世界古代前期宗教史》，中国国际广播出版社 1996 年版，32 页。
② ［美］斯宾塞·韦尔斯：《出非洲记：人类祖先的迁徙史诗》，杜红译，东方出版社 2004 年版，65 页。

么，这里要证明外婚家庭是母系还是父系，虽然没有直接证据，但间接证据还是充分的。前面提到，很多人主张女性生殖崇拜，可是在他们的相关论述中都没有关于母系社会的论证，这也让女性生殖崇拜成为一种臆想。实际上，最能证明是女性崇拜（即母系社会）的证据，不是被祭拜的对象（因为那个对象可能只是一个自然神的代表），更不是祭器、祭品（因为这只是牺牲品的代表），而是祭拜者。如果祭拜者是女性，这当然就直接与生殖崇拜联系起来了。因此，在先人们的祭拜活动中，作为祭拜对象的头颅无论是男还是女，只要祭拜者是女性，就能说明当时信仰活动的主体情况。而那个把头颅抱在胸前的妇女，无疑证明妇女是那时搞祭拜祖先活动的担当者，而男人最多只是随从者。而和狗生活在一起的女人们，从事农业活动的女人们，都必然与信仰活动的担当者融为一体。那么，男人都干什么去了呢？他们除了去打猎，然后就是去"撒种"，最后闲得无聊，到远离现实生活的地方搞艺术创作。虽然他们可以不对生活负责，去做自己喜欢做的事，但在信仰活动和现实生活中没有话语权，当然也就不可能支配家庭。

如果在初期社会祖先们的信仰活动中，母亲占主导地位，而这种状况是从"非洲夏娃"而不是从直立人父亲，比如尼安德特人或北京猿人父亲那里继承下来的，那么，我们就可以推测出"非洲夏娃"的信仰与上述考古证据所反映的、我们现代人所特有的原始信仰之间的内在联系，以及她的信仰特征，从而也能解释"非洲夏娃"女性子孙们为什么有如此巨大力量，打败了其他所有人类，以及在这之上父亲为什么会发挥更大的创造力，把我们带到今天。

4. "非洲夏娃"的后代来到中国

国外的考古表明，远古母亲心中召唤的表现形式是祭拜先人，那么，中国远古母亲们又是怎样的呢？要想知道这些，还得搞一搞考古，因为这比较实在。

（1）巫师与先人对话。

河南贾湖考古遗址（前 7000 - 前 5800 年）位于淮河上游，被认为是裴李岗文化（前 6000 年）的一部分。在这里，发掘出 45 座房址，9 座陶窑，370 座灰坑，349 座墓葬（400 多具骸骨），32 座瓮棺葬，10 座埋狗坑。在人们的聚落周围有濠沟，到了中晚期聚落中有 5 个以上家族同时并存，常住人口有 160～260 人。他们获取植物类食品的主要手段是稻作农业。聚落中，早期居住区与墓葬区混杂，中晚期居住区与墓葬区相分离。墓葬中，几乎每人头部旁边都放着 1 个陶壶，有的还有龟甲及石子、骨笛、权形骨器等，它们上面契刻着符号。在一个男性墓葬中出土了用丹顶鹤骨雕刻而成的长笛，随葬品也比较丰富，这显示墓主人身份较高，可能是巫师。先人对这里的人们来说很重要。长笛、龟壳、文字表明巫师与先人对着话。[①]对贾湖的墓葬形式，有人做了这样的分析。人类早期墓葬为单人仰身直肢一次葬，而到了贾湖的阶段，墓葬出现了单人仰身直肢一次葬、二次葬、多人合葬等。贾湖的 349 座墓葬中，有 11 座为迁出墓葬，107 座为二次单人葬，65 座为二次合葬。单人葬代表死者之间的平等关系，合葬反映同穴合葬者之间的特殊关系。也就是说，在人类早期阶段，个人和个人的关系是平等的，而在贾湖墓葬中，已经出现了亲疏之分。[②]

（2）省吃俭用祭拜先人。

属于仰韶文化时期（前 5000 - 前 3000 年）的墓葬有 2000 多座。比如，在半坡遗址有 174 座成人墓，集中在居住区以北的墓地。在北首岭遗址有 600 多座，大都在居住区围沟之外的东北和东南墓地中。在横阵遗址里有 24 座，都在居住区的东南墓地中。在这些墓葬中，尸骨的置放多数为单人仰身直肢葬，也有同性合葬，但没有男女合葬。儿童一般实行瓮棺葬，不进入公共墓地，葬在活着的亲人近旁，瓮棺上有小孔。[③]另外，还有的在人骨上附着颜料，被称为"色葬"或"染骨葬"。渭南史家墓地发现了涂有黑色颜料的人骨，在洛阳王湾 76 座墓葬中，人头骨涂朱现象较为普遍。[④]

那么，这些墓葬都讲述了些什么呢？

中国自远古以来，由于受"祖先崇拜"以及"事死如事生"等传统观念的影响，人们对丧葬十分重视。[⑤]在黄河流域兴起的仰韶文化时期，母系社会已进入繁荣阶段。这反映在墓葬上，便是生者将氏族内部的死者埋葬在一起，形成一个彼岸的氏族公社。由于氏族成员的死亡是单个和参差发生的，每次只能个别安葬。而二次合葬却能有按照氏族规则置放众多尸骨的机会，所以，二次合葬往往更体

---

① ［美］莫里斯：《西方将主宰多久：从历史的发展模式看未来》，钱峰译，中信出版社 2011 年版，66～67 页；网上资料。

② 朱忠华：《仰韶文化二次合葬及相关问题研究》，西北大学硕士论文，2009（6），43～44 页，见 http：//www.docin.com/p－388127184.html。

③ 牟钟鉴、张践：《中国宗教通史》，社会科学文献出版社 2000 年版，17～19 页。

④⑤ 《史前考古学》，见 http：//jpkc.nwu.edu.cn/sqkgx/main03/048.htm。

现氏族血缘关系的特征。男女分别葬于公共墓地，说明死者都是同一氏族成员。男女配偶双方不能葬在一起，又说明实行氏族外婚制度，男性要运回本氏族墓地埋葬。瓮棺葬表示，儿童的灵魂可以随时出入，与亲人交流感情。[①] 而人头涂色，是为了在灵魂世界表明死者的身份。在安葬或迁葬时，把本氏族的图腾符号绘在死者身上或骨骼上，正像签发给死者的一份"身份证明"。[②]

石兴邦对这些墓葬则讲得更加有声有色：半坡氏族的人们沿河而居，在40多里长的沿岸，有23个聚落。这些聚落不可能都是同时存在的。因为当时人们过的是粗放的农耕生活，居址不是长期固定的，聚落附近的土地地力消耗完了，就要转移到新的地方去耕作和居住。而原有地方的土地地力需要25年以上才能恢复。半坡氏族聚落中，居住区约占4万平方米，总共有100多座房子，每个房子按3人计算，总共有300多人。为了保证氏族成员的不时之需，氏族集体还将平均分配后的生产物的剩余部分储藏起来。因此，可以看到当时留下的仓库，仅在一个小洞穴里，留下了数斗的谷之壳。大量的陶钵和陶碗是供他们吃饭用的。共食之风导致人们对食物的共有观念。同时，半坡人埋葬死者大概是由两种信念所支配。一种是灵魂不灭的观念，认为死后，灵魂依然继续生活在另外一个世界。另外一种是死者的灵魂能够作用于生者，因此发生了崇敬和畏惧的心理。这样他们便采用各种不同的方式来处理尸体，以求达到与人们的意识相协调的目的。比如，在二次合葬墓中，大部分有随葬品。这些随葬品堆压在一起，死者各人有其应得的一份。还有随葬粮食等生活资料，虽然活着的人们粮食是不够的，但死后生活的信念使他们还要分出一部分为死者带去。[③]

如上所说，中国的祖先们在母系信仰的指引下共食和秩序井然地同居，这是前1万年之后中国黄河流域社会的制度特征，其证据就是合葬形式的墓葬。由于死亡是单个和参差发生的，要实行合葬，就必须进行二次葬。

为了弄清远古中国母亲们的真实情况，以下硬着头皮来说一下二次葬。

人们对二次葬发生的理由做了这样的解释：与成年礼一样，二次葬是死亡者

---

① 牟钟鉴、张践：《中国宗教通史》，社会科学文献出版社2000年版，17~19页。

② 《史前考古学》，见 http://jpkc.nwu.edu.cn/sqkgx/main03/048.htm。

③ 石兴邦：《半坡氏族公社》，陕西人民出版社1979年版，25~27页、108页、109页、120页、128~129页。

向新生命的过渡仪式。死亡并不是生命的终结，通过二次葬，可将亡灵送往彼岸。①另外一种解释，如上所说，通过重新摆放尸骨位置，为彼岸的亡灵们建立一种既定的母系社会秩序。

然而，就中国墓葬分布来看，一次葬是中国史前时期最主要的埋葬方式，二次葬主要流行于黄河流域。②因此，二次葬不能概括远古中国全部祖先们的思想倾向以及社会特征。二次葬也很可能仅仅是一种地区性的偶然现象，而导致这种偶然性发生的理由之一，很可能是迁葬。

在史前时代，当一个氏族离开原居住地而迁往另外一个地方时，为了使所有死者能够团聚而进行异地迁葬；或者为了使氏族中不同家族的死者能够集中一处埋葬而在整理墓地时进行同墓地迁葬。在陕西南郑龙岗寺墓地共发现423座仰韶文化半坡类型的墓葬，其中，有23座单人二次葬墓和8座多人二次合葬墓，还有14座虽有随葬品，但无尸骨或仅有极少量人体残骨的"空墓"，这些是同墓地迁葬的遗迹。石峡墓地的二次葬墓，均有两套随葬品，一套是迁来原一次葬的残破陶器；另一套是第二次埋葬时又放入的，反映的也是迁葬的习俗。③

好了，有远古中国和世界各地的墓葬做依据，现在可以跳开考古学家、学者们的说法，稍微完整地讲述有关我们远古母亲们在心灵召唤下的真实行为方式了。

首先，我们祖先的信仰，虽然在前10万年之前也许近似于尼安德特人或北京猿人，但在前10万年之后，由于"非洲夏娃"的精神创造，转化为一种完全不同的东西。这时的信仰特征是，以先人的骸骨作为标志的祭拜祖先。

其次，在从非洲到欧洲、中国、澳洲等地经历了几万年的"急行军"过程中，他们怎么来实践这种信仰呢？作为祭拜对象的先人肉体无法携带，先人的躯干也无法携带，最简便的办法就是携带先人的头颅、牙齿等骸骨的一部分。迁移时，人们随身携带先人头颅，待稍微安定下来，便可以埋入新栖息地附近的土中（入土为安），需要再次迁移时，再从土中取出，然后到了新地方，再埋入土中。前面提到，在伊拉克北部的柯尔梅斯·德雷发掘出的前1万年的6个头颅被数次

① ［美］基辛：《当代文化人类学》，于嘉云等译，巨流图书1980年版，569页。
②③ 《史前考古学》，见 http://jpkc.nwu.edu.cn/sqkgx/main03/048.htm。

埋葬，描述的就是这样一个故事。那么，怎样获取先人头颅呢？可以把死者停放在露天，也可以先埋入土中，过一段时间后，再从土中取出，获取头颅。这个过程，就是一次葬的雏形。前面提到，在澳大利亚的蒙戈湖附近发掘出了前2.6万年的火化遗骨。这个火化遗骨描述了如何更快取得先人骸骨一部分的故事。如果人们本来计划迁移而后来又发现生活环境适宜，完全可以安居乐业，那么，埋入土中的死者便不再重新取出，从而这些地区便呈现出一次葬的墓葬特征。而取出后，在新居住地再次埋入，这便呈现出二次葬，以至于合葬的墓葬特征。

另外，如果在整个"急行军"过程中，除了少数在洞穴安土重迁的家族之外，大多数家族都携带着祖先迁移不断，直到前1万年左右才慢慢安定下来。这反映在墓葬考古上就是，前1万年之前的墓葬遗址在数量上非常有限。

仰韶文化时期，中国祖先们的一部分在黄河流域开始进行农业生产，人口开始增长，形成家族以及由家族分支所构成的群体聚落，同时，因为土壤肥力消耗还必须不时迁移，因此，为了解决众多家族先人的迁移问题，便实行了一次葬和二次葬。这在墓葬考古研究中得到证实。比如，张弛通过墓葬研究后得出这样的结论：在仰韶文化兴盛时期，单人一次葬的墓地中有时夹杂二次葬，但数量不多，而且墓葬规模小，也没有什么随葬品。这是为了处理刚刚过世的死者，一般都葬于聚落旁边的墓地中。大型二次葬与一次葬，并不在一个墓地之中，两者不混淆，这是以早已完成过一次葬的尸骨为道具所进行的仪式的结果。因此，合葬地是举行合葬仪式的场所。①

最后，发生一种特殊的社会经济现象，而这种现象，在动物社会、尼安德特人或北京猿人社会中都不可能发生。如果人们相信家族先人与活着的人一样需要食物，那么，尽管自己的食物不够，也会分出一部分来敬献家族先人。这样，就会发生一种食物等物资分配现象。分给家族先人们多少合适？同时，家族先人之中谁重要一些，是否需要分配多一些？至少，合葬之中，有祖辈、父辈的先人，也有同辈的死者，在分配上是否也应该区别对待？从山顶洞人周围的赤铁矿粉，到仰韶文化时期的骸骨上色，反映了这样一种行为，即，活着的人用语言招来家族先人的魂，指明带有某种色彩的死者得到多少定额分配的食物。最能说明问题

---

① 张弛：《仰韶文化兴盛时期的葬仪》，载《考古与文物》，2012（6），17~27页。

的是鱼祭。作为祭器的陶器上绘有数量不同的鱼，瓮棺盖上也有人面鱼纹彩陶盆、鹿纹盆鱼。把不同数量的鱼、鹿作为劳动成果和生活必需品分配给各个家族先人的亡灵，这应该比"生殖崇拜论"更接近事实。

不过，被合葬的家族先人会越来越多，最后会使活着的人穷于应付，因此，在二次墓葬的骸骨置放方面就显示出，初期有条不紊，后期马马虎虎。这在墓葬考古研究中得证实：发源于贾湖墓葬的二次合葬是仰韶文化的特征之一，仰韶文化时期的合葬一共有30多处。把这些合葬分类，便可发现一种变化过程，即，从仰韶文化早期的仰身直肢状开始，然后为了埋葬更多的死者，缩减墓葬空间，简化人骨处理方式，实行了错位叠放，接下来为了进一步容纳更多的死者，实行分排、分层的集中堆放，最后是仰韶文化晚期，合葬走向衰亡，出现了乱葬、瓮棺合葬。当二次瓮棺合葬消失之后，仰韶文化的二次合葬就此销声匿迹。二次合葬的早期以半坡类型（前5000年左右）为代表，晚期以姜寨（前4600 – 前4300年）、阎村类型（前4000 – 前3500年）为代表。姜寨有84人以乱葬形式的合葬，也有少量以瓮棺二次葬形式的合葬，阎村则发现包括男女老少100多人以乱葬形式的合葬，10多座以瓮棺二次葬形式的合葬。[①]

黄河流域的二次合葬，随农业技术的提高和迁移的减少，自然会衰亡下去。反过来，一旦迁移发生，二次葬现象就又会出现。史后出现的洗骨葬、再次葬，[②]应该与人们的安土重迁观念相对立，反映出准备随时迁移的不安心理。

当然，从"墓葬反映现实社会秩序"的角度来看，二次合葬衰亡的原因一般都被认为是，随生产力的提高，剩余产品的增加，家庭的发生，父系的兴起，人们不再实行这种反映母系氏族社会秩序的墓葬了。但是，要确立这种观点，就须证明实行一次葬的其他中国广大地区也是母系社会，更不用说，首先需要证明黄河流域的社会是母系社会了。

中国考古学家和学者都从合葬中去寻找黄河流域母系社会的根据。他们认

---

① 朱忠华：《仰韶文化二次合葬及相关问题研究》，西北大学硕士论文，2009（6），2页、20页、21页、38页、40页、50页、54页，http://www.docin.com/p – 388127184.html。

② 洗骨葬是即将已埋葬多年的尸骨取出，用水洗涮后再次安葬（《梁书·顾宪之传》、乾隆《开化府志》卷九）。再次葬是先把死者停放在一个地方，待肉体腐烂殆尽，再正式收骨埋入墓地（《墨子·节葬》《三国志·魏书·东夷列传》《隋书·地理志》）。

为，母系社会不实行男娶女嫁，不同血缘的男女各自属于不同的氏族，所以，不会发生把不同氏族的男女葬在一起的现象。前面提到前 4000～前 3500 年的阎村有男女老少 100 多人的合葬，似乎说明了这种氏族规定被遭到破坏。然而，前面也提到，在欧洲通过姻亲关系加入母系家庭的男性，也同样埋葬入家族的墓中。所以，男女是否同葬，不能成为判断母系或父系的直接证据。那么，怎样才能找到直接证据呢？

吉林大学古代基因实验室为了判断处于仰韶文化向龙山文化过渡阶段（前 3000 年）的河北姜家梁墓葬属于母系或父系，从 4 个合葬墓中提取了 10 个标本个体，其中一个合葬墓中是 1 男 1 女，一个合葬墓中是 2 男 1 女，一个合葬墓中是 3 女，一个合葬墓中是 2 男。经过测定，10 个标本个体中有 9 个都是不同的线粒体基因顺序。因此判断这些合葬不具有母系社会的特征。判断的逻辑是，如果合葬之中的人属于母系遗传而来的话，他们的个体应该具有相同的母系血缘关系，具有相同的线粒体基因顺序。[1]

基因遗传学分析是判断母系或父系的直接证据。基因遗传学对母系的定义是，家族成员中线粒体基因顺序都是同一的。这后面隐藏的社会基本组织原理就是，"女婿上门""儿子出门"，而不是"男娶女嫁"。在"男娶女嫁"的家族中，虽然母亲的线粒体基因会遗传给儿女，但由于女儿会离开家族，儿子又不可能把母亲的线粒体基因遗传给孙子，所以，在数代人的父系墓葬中，就不会共有祖宗母亲的线粒体基因。反之，在埋葬有数代人的墓地中，祖宗母亲的线粒体基因被共有，或者共有的比例很高，那么，无论是否是一次葬、二次葬、合葬，这个墓葬所代表的社会，要么是内婚制度的社会，要么就是"女婿上门"的母系社会。所以，如果不能在黄河流域以外地区的一次葬墓群中提取相当数量的同一线粒体基因，也就不能证明这些地区是母系社会。

（3）洋女婿上门。

反映远古母亲心灵召唤下行为方式的另一个神秘故事发生在新疆的小河墓地。

---

[1] 吉林大学古代基因实验室：《河北阳原县姜家梁遗址新石器时代人骨 DNA 的研究》，载《考古》，2001 (7)。

小河墓地位于罗布泊地区。1934 年瑞典考古学家贝格曼将这个曾传说有 1000 口棺材的坟地命名为"小河五号墓地"。墓地位居一个椭圆形沙山上，实测总面积达 2500 平方米。沙山表面密密丛丛矗立着棱形、圆形和桨形的胡杨立木，共有 140 根。其中棱形、圆形立木 93 根，桨形立木 47 根。入葬时，先平整沙地，形成很浅的沙室，然后将包裹好的死者放好，再依次拼合棺木，覆盖盖板、牛皮，在棺首棺尾竖立木、箭杆等，最后堆积沙土，掩盖棺木，并使两端胡杨立木等得以固定。在 2002 年发掘的 M4 号墓葬中，棺内葬有一个成年女性，呈干尸状，仰身直肢，头东脚西。棺首的立木为一不很规整的五棱形柱，顶端渐收成尖，并涂红。距顶下 25 厘米处，有一草编竖杆，被毛线绳缠绕在木柱上，棺尾的立木是一根弯曲红柳枝，未做加工。小河墓地沙丘并非自然沙丘，而是经过长时间连续建构墓葬、几层墓葬叠压的人为建筑。墓地最初的布局应该是有序的。墓葬除了棺首棺尾的立木外，有的还在周围立木作为墓葬的界城标识，不同墓区曾经还有木栅墙分界。随着晚期墓葬层层叠压在早期墓葬之上，墓地有序的布局被破坏。①

整个墓地分为上下重叠的 5 层，时间跨度为前 1980 ~ 前 1520 年（夏商时期），共 460 年。在发掘的 167 座墓葬中，出土了仰身直肢单人尸骨。男性棺前有桨形立木，女性棺前有棱形、圆形立木。在由上向下数的第 5 层中，出土了 1 座泥棺，第 4 层出土了 3 座泥棺，泥棺中葬的都是女性。②

吉林大学古代基因实验室对墓葬死尸的线粒体基因进行了分析。他们从第 5 层的墓葬中获得了 21 个线粒体基因。具体情况是，15 个属于前 6 万年第一支走出非洲来到中国等地人群的女性后代（这 15 个中，有 10 个属于 A 类、与泥棺中女性相同，5 个属于 B 类）。1 个属于留在印度成为印度人祖先的女性后代。3 个属于前 4.5 万年离开非洲后，成为欧洲人祖先的女性后代。1 个属于进入欧洲后前 1.5 万年成为希腊和罗马人祖先的女性后代。1 个属于进入欧洲后前 2 万年又分支出来的人群的女性后代。③

---

① 新疆文物考古研究所：《2002 年小河墓地考古调查与发掘报告》，见 http://www.wenbao.net/xiaohe/baogao1.htm。

② 李春香：《小河墓地古代生物遗骸的分子遗传研究》，吉林大学博士论文，2010（6），20 ~ 21 页。

③ 李春香：《小河墓地古代生物遗骸的分子遗传研究》，吉林大学博士论文，2010（6），53 页；张振：《人类六万年》，安徽人民出版社 2013 年版，278 ~ 282 页。

从第 4 层中获得了 22 个线粒体基因。具体情况是，13 个属于前 6 万年第一支走出非洲来到中国等地人群的女性后代（这 13 个中，有 1 个属于 A 类，10 个属于 B 类、与 3 座泥棺中女性相同，2 个属于 B 类的突变类型）。4 个属于留在印度成为印度人祖先的女性后代。4 个属于前 4.5 万年离开非洲，前 3.5 万年去到欧洲，同时一部分去到中东和印度、成为其祖先的女性后代。1 个属于去到欧洲，同时一部分去到东亚成为其祖先的女性后代。[①]

从第 3 层、第 2 层、第 1 层中，共得了 15 个线粒体基因，他们分别属于上述各路先人的女性后代，没有发现占很大比例的同一线粒体基因，所以，不具备母系家族墓葬的特征。[②]

以上的考古发掘和基因研究给了我们中国远古母亲的生活细节。

这是一个祭拜场所，与日常生活相分离，而泥棺中被祭拜母亲的后代们都先后埋葬在一起，这意味着各代的祭拜事务都由这些女性主持。因此，在这个聚落的较早阶段，女人在家族祭拜方面占主导地位。

男性棺前有桨形立木，女性棺前有棱形、圆形立木。棱形、圆形立木有 93 根，桨形立木只有 47 根。所以，这个社会女性数量约为男性的两倍。形成这种特征的理由是，在母系社会中，向外流动出去的是同血缘的男性而不是同血缘的女性，如果"上门女婿"少，则男性数量偏少。因此，这个社会是通过"洋女婿上门"而逐渐扩大的。

根据纪录片《小河墓地之谜》的描述，这里有墓葬 330 个，160 个被盗，能发掘的只有 167 个。"墓地最初布局有序"说明，这个社会从小到大，最后形成 330 人的规模，一共花费了 460 年时间。如果从一对夫妇生 3 个孩子开始，25 年为一代，寿命为 50 年[③]来计算，扩大到 330 人，需要经历 20 代人，花费 510 年时间。同时，这是一个 5 层墓地，按每层平均 66 人计算，从 2 人到 66 人，需要经历 14 代（同一家族女性后代的血缘占 23%），花费 350 年的时间。形成第 4 层需

---

① 李春香：《小河墓地古代生物遗骸的分子遗传研究》，吉林大学博士论文，2010（6），53~54 页；张振：《人类六万年》，安徽人民出版社 2013 年版，278~282 页。

② 李春香：《小河墓地古代生物遗骸的分子遗传研究》，吉林大学博士论文，2010（6），54 页。

③ 新疆羊海墓地晚于小河墓地，这里人的平均寿命为 40 多岁（《寻找古楼兰人后裔》，见 http://www.360doc.com/content/11/0629/14/2075819_130347201.shtml）。

要 3 代人（同一家族女性后代的血缘占 20%），花费 70 年的时间，而到了第 3 层则只需要经历 2 代人，第 1 层仅仅需要经历 1 代人。由于这个社会到了后期，先人的数量如同天文数字一样迅速增加，墓葬也就呈现出早期秩序俨然，后期草草了事的特征。同时，由于先人们都重叠葬在一起，难分彼此，招魂供食却需要分出彼此，所以，那些涂有颜色、分别男女、不同大小的桨形立木和棱形、圆形立木，成为招魂供食的标志。在文字还没有形成的阶段，这些立木起着牌位或墓碑的作用。另外，第 5 层泥棺中的最重要女性先人和第 4 层泥棺中的最重要女性先人不仅在基因上有差异，而且，第 5 层只有 1 个，但第 4 层却出现了 3 个。

以上是小河墓地母亲们的故事，那么父亲们呢？

在小河墓地中，研究者从 7 个男人骸骨中获取了 7 个男性的 Y 染色体基因和 7 个线粒体基因。经分析，其中有 2 个男人的父系先人和母系先人都是欧洲人，所以，应该是欧洲人群的子孙。有 5 个男人的父系先人是欧洲人，而母系先人是亚洲东部地区人，是欧亚交流群体的子孙。[1] 由此，研究者说："小河墓地家族早期的原始先人，在欧亚草原通过男婚女嫁组成父系家族，到了新疆地区之后，由于女性生了很多后代，又变为母系家族，并通过立木的生殖器象征，呈现出生殖器崇拜的倾向。"[2]

对这种说法难以认同。如果父系是基于母系而发展出来的一个更有效延续后代、并带来更多福利的制度，那么，从母系到父系应该是一个不可逆转的历史过程。在中国大家庭中，有很多女性能够生上八九个孩子，但男婚女嫁的父系原则并不会因此发生变化。所以，因女性养育了许多孩子，社会就变为母系家族，产生出生殖崇拜的说法不能成立。

前面提到，虽然在欧亚地区前 5000 年后开始出现父系倾向，但母系的社会基础仍旧非常牢固。因此，西欧血统先人的男性后代，在西伯利亚遇见作为母系倾向很强的群体后，欣然接受她们的母系婚姻原则，实行了"女婿上门"。他们的女性后代成为这个群体的女主人，他们的某些男性后代继续接受"女婿上门"，最后与这个母系群体一起迁徙到新疆，并在这里生活了近 500 年。

---

① 《新疆小河墓地为神秘笼罩　男根女阴象征生殖崇拜》，载《光明日报》，2004 年 11 月 3 日。

② 李春香：《小河墓地古代生物遗骸的分子遗传研究》，吉林大学博士论文，2010（6），8～9 页。

　　这里最想强调的是，在母系制度下进入外婚制度后，就像《西游记》中的女儿国一样，对外来男性非常渴望，可以不分"国界和民族"接受洋女婿或外来定居者。可是，这种对外开放的结果，随人口规模的扩大，不同血统、不同想法的外来人员的融入，原有血统的母系成员的比例迅速下降，并且对外来血统内部之间婚配的容忍（不是"女婿上门"，而是外来家族的迁入，比如小河墓地的人群中有两个父母都是欧洲人的状况），导致了原有制度的混乱，也就是说，聚落规模越大，母系家族制度会逐渐显现出在管理制度上的不适应性。

　　这样看来，直到前2000年，无论亚洲还是欧洲，母系制度仍是现代人社会的重要形态。尽管如此，达尔文、弗洛伊德以及西方研究者仍旧说："人类原先是共同生活在一个部落里，受一个强大和粗暴的男人统治；从原始社会起，祖先们就是父系制度，以后才出现母系社会"。[1]

　　最后顺便提一下中国人和西方人。吉林大学古代基因实验室从小河墓地第5层中提取了包括"小河公主"在内的线粒体基因。而在优美的"小河公主"身上，亚洲谱系基因占大半，在遗传学上更倾向于东亚人种，并非如外貌上看起来是单一的欧洲人种。[2] 在母系制度下，东方人和西方人是很容易通婚交融的，国际化也是非常容易实现的。

---

① 《浅析弗洛伊德的宗教起源论》，见 http：//bbs. tianya. cn/post – worldlook – 385627 – 1. shtml。
② http：//news. iyaxin. com/content/2013 – 01/22/content_ 3790892. htm。

第三章

远古母亲带给我们的命运之途

我们都是远古母亲的后代。我们生活在她们给我们规定的历史之中，自然会感到被什么东西所支配。有一首日文歌曲这样唱道：

雨，点点打在我身上，因这么一点厄运就开始怨恨。人啊，真悲哀。尽管如此，美好的过去还是会浮现在眼前。人生，真不可思议。

风，萧萧吹袭在我身上，不能如愿的梦想流逝远去。人啊，真懦弱。尽管如此，未来还是微笑召唤我们。人生，真美好。

爱，灿烂地降落在我身上，窃喜的眼泪在心中流淌。人啊，真可爱。人生，真不可思议。（美空云雀，《爱灿灿》）

那个支配我们的东西被称为命运。生活经历越多越相信命运。命和运是两个东西，但起源却是一个。这个东西就是历史。个人历史事件构成命，无数人的历史交汇而成的事件构成运。

历史的最大特征是不可逆转性。未来的历史走向也难以预测、难以把握。

在个人生活层面，当我们非得做出选择时，旁人会提醒我们，做出选择后就不要后悔。在经济生活方面，今天的预期往往落空，无论怎么煞费苦心，也不知道明天的股票是涨还是跌。在宏观层面，诺斯提醒我们，在变化的世界中谁都不可能预先知道自己所做的选择是否正确，偶然做出正确选择的集团得到了很好的结果，而做了不良选择的集团要么重新选择，要么自取灭亡。①

历史是很残酷的，无论对个人还是对社会。那么，历史这个怪物从何而来？

---

① Douglass C. North, Structure and Change in Economic History, W. W. Norton &Company, 1981, pp. 79 ~ 80。

生物进化实际上是一种"铸补"，因为不可能把过去的东西推倒重来，而只能对原来的东西修修补补。[①] 但无论修补得多好，也是一个疤痕。这就是历史的不可逆转性，也是后悔无益的基本原因。

基因突变是进化的原动力。基因突变结果的积累过程就是进化。基因系统在35亿年前形成之后，就一直进行着这个过程，我们今天的每个人，每个动物、植物、生物都只是这个过程中的一个点。正因为这些点都是基因曾经突变的积累结果，当然无法逆转，也没有再来一次的可能。随时间变化和积累的进行，点变了，历史就发生了。所以，让猴子再进化一次看是否会变成人类这样的设想是不能成立的。这在现实生活中就表现为，要让自己去过别人的人生，要让某个民族、社会走其他民族、社会的道路，也是不可能的事情。不管你如何效仿，如何努力，我们个人、我们民族、我们社会，都是特殊个体、特殊人群、特殊集团，是一种"铸补"的结果。

只要是生物，就只能在今天的基础上继续往下走，后退只能在想象中存在。同时，基因突变不依据任何外在条件而发生，也永远不知道它的取向是什么。进化过程真有点身不由己。不过，我们不是被历史推着走，因为我们自己构成了历史，只是我们的愿望、预期会被历史所抛弃。一旦被抛弃，我们就会叹息，真希望有一种超自然的力量来帮助和安慰我们。只要历史这个怪物存在，"宗教情绪"也就会存在于我们每个人的心中。因此，我们会脱口而出，"感谢上帝给了我一个可爱的孩子"，"感谢老天让我孩子考上了名牌大学"，即便实现了愿望，也要庆幸自己曾经做出的选择。再来一次的愿望，只能在梦中才能实现，于是我们希望反复做旧有时光的美梦。也只有噩梦醒来，我们才能体会到"再活一次的幸福"。[②] 而现实生活中我们都不可能再活一次，因为无论你怎么努力，都是立足于曾经的过去向前走。

我们的祖先、父母是我们的"过去"，我们也是我们孩子的"过去"。从这个意义上说，父母决定了我们的命，我们决定了孩子们的命；无数父母行为的相互作用，决定了我们的运，我们之间的相互作用，决定了我们孩子们的运。

---

① 何帆：《修修补补的大脑》，载《金融时报》，2014年4月14日。
② 陈颂红：《幸好还有梦》，载《信报》，2015年7月3日。

　　这么说是不是太宿命、太悲观了？但只要你回顾祖先们的历史过程，就会一目了然：自己的一切，大都因世界而决定。

　　好了，接下来讲远古的故事。

　　在前20万年，基因突变积累点来到了我们诞生的时候，由此，生物意义上的"非洲夏娃"出现了。由于我们都是"非洲夏娃"的后代，都拥有同样的基因突变积累点，因而形成同一类型的物种，以区别于经过其他基因突变积累点的后代，也就是区别于其他人类。然而，我们不仅仅在生物意义上区别于其他人类，如上一章所说，在行为方面也如鹤立鸡群。

　　对此，韦尔斯总结说，假如把生活想象为一盘象棋比赛，我们会更容易理解大脑进化的原因和结果。如果有的是时间，处境优越，那么比赛会相当乏味。饿了，可以顺手摘一个果子，或是用一片草叶把白蚂蚁从洞里诱出来，就这么简单，日复一日，这就是森林里的生活。森林遭受毁灭后，许多物种随之灭绝，原因就是它们无法适应新的环境，或者说，它们太适应过去的环境了。猩猩曾在非洲东南部的雨林里过着悠哉的生活，因此它们根本适应不了刀耕火种的生活。人类的适应性表现在思想上。其他动物有更复杂的身体适应性，相比之下，人类所拥有的是思想能力。人类的适应性表现为行为方式的改变。如果没有最早的思想火花，我们的原始祖先不可能冒险从森林来到草原；没有它，前5万年他们从非洲踏上欧亚大陆时，也不可能面对种种严峻的生死考验，顽强地生存下去。[①]

　　这么说，思想精神带来的挑战行为和冒险行为是人类与其他灵长类动物在行为方面的最大区别。那么，祖先们和其他人类的区别又在哪里？纪录片《突变》说，尼安德特人有语言，有思考、墓葬和死后世界，有社会组织，有笛子，等等，他们与祖先们唯一不同的地方在于，他们没有绘画。由此看来，考古学家们也不能确定尼安德特人与祖先们的区别之处，只是笼统地说，他们进化得太专业，太不能适应环境的变化，而我们祖先具有这方面的适应能力。然而，所谓人的适应性、思想性、冒险性，不是说一个人光着膀子从非洲熬到西伯利亚而不会被冻死，而是说我们祖先们会突发奇想，会创新。简单的例子就是，在家族或群体面

---

　　① ［美］斯宾塞·韦尔斯：《出非洲记：人类祖先的迁徙史诗》，杜红译，东方出版社2004年版，123页。

临问题时，总有人能想出解决办法，经他人模仿而得到推广。那么，尼安德特人没有走这条路吗？纪录片《突变》中描述了尼安德特人对工具制造的模仿和推广。所以，他们唯一没有做到的，应该是在环境变化带来危机之际，在他们的群体之中没有一个人能想出解决办法来。那么，为什么我们祖先能够做到这一点呢？

环境变化是不可预知和在短时间难以习惯的。这虽然让人沮丧，但我们往往依靠由各种各样的人所组成的群体，来保证会有人想出办法来应付。我们从原始状态出发，逐渐把生活改变为今天这种便利、舒适的状态，靠的正是群体中的每个人每天都在想办法、做决定。这种分散投资降低风险的求生战略反映在我们社会结构上就是，在家庭、家族、群体中保留各具秉性、情感、特长的人，就像梁山泊的一百单八将一样，即便是丑陋、矮小、愚笨的弱者也会保留下来。所以说，尼安德特人没有一个人能想出解决办法来，是因为他们群体内部弱肉强食，没有足够的人力资源，而只有"单一兵种的作战部队"。所以，他们只能兵败滑铁卢。

也就是说，多元化的社会结构，是我们适应各种环境变化而生存下去的社会基础。这种社会基础，在动物世界中不可能发生，因为在那里往往是强者淘汰弱者，使群体的基因单一化。

我们祖先反"自然法则"的行为，是实现基因多元化所需的第一步。而祖先们的这一步，是从"非洲夏娃"开始的。她不顺从"自然法则"，而要对不适应环境的病弱个体也负责到底，保护他们，让他们生存和繁衍。

当我们祖先开始反"自然法则"时，便开始了在信仰指导下想办法、做决定的生活历程，其特征是，我们不是作为自然界的强者，而是作为自然界的弱者在竞争中求得生存，绞尽脑汁解决不断出现的新问题，并不愿再走回头路。其既定方针就是，为了能够偷懒、舒适，人们勤奋地想办法，努力奋斗，改变环境，追求一劳永逸。

"在'大跃进'之后，祖先们逐步进入定居农业生活。人口规模逐渐扩大，这带来了诸多的负面影响，但开始了农业生活的人们不可能再回到狩猎采集的过去。我们可以问一问自己，为了一顿晚餐，你愿意先拿起武器出门打猎吗？"① 很

---

① ［美］斯宾塞·韦尔斯：《出非洲记：人类祖先的迁徙史诗》，杜红译，东方出版社 2004 年版，201 页。

显然，作为自然界弱者的后代，都有"可上而不可下"的行为特征。你可以称它是"贪得无厌"，也可以称它是"向上""挑战""冒险"，同时，作为一种行为方式，也可以称它是"反自然""反随波逐流"。无论怎么称呼，这种信念支撑着我们面对各种危机，寻找解决办法，进行"组织、制度创新"，让我们从采集、捕猎、渔捞者变为牧民、农民，再变为工人、高科技者，也变成了今天的你我。

就这样，我们今天的命运早已被祖先的精神信仰、既定方针、相关行为决定下来了。那么，我们祖先在精神信仰指导下，如何具体生活，并一点一点决定我们今天命运的呢？看来，要满足这种好奇心，光靠考古是不行了。即便通过考古知道母亲们祭拜祖先，但这种信仰如何组织社会，社会又如何发生历史性变化呢？对这些，都无法通过考古来证实。我们也无法实地去探访几万年前的母系家族以获得那时母亲们的具体想法。

更重要的是，上一章讲到了远古母亲在心灵召唤下的行为方式，可那个召唤具体说来究竟是什么？促使她们固执祭拜祖先的动机是什么？这种祭拜与母子一体化又是怎样的关系？

要弄清这些古老社会中的问题，似乎很困难，好在今天世界上还存在着一些母系家族群体。通过对她们的观察，也许可以找到答案。虽然她们也是经历世界沧桑，她们的社会生活与几万年前的状况相比已经似是而非，但没有办法，只能观察她们了。

一、母亲世界的衰微①

先来看母系社会的分布情况。

根据调查，今天世界上 858 个民族群体中丈夫到妻子家中居住的比例为 13.1%，而根据另一项调查，563 个民族群体之中以母系继嗣为原则的群体的比例为 14.9%。这些群体大都集中在热带地区。其中，亚洲有 17 个：中国的摩梭人和中国台湾地区的阿美人，越南的巴拿族和埃德族，印度的卡西部落、伽罗部

---

① ［日］须藤健一：《母系社会的构造》，纪伊国屋书店 1989 年版，15～17 页；［日］伊藤干治、米山俊直：《走进文化文化人类学》，弥涅尔瓦书房 1988 年版；［日］祖父江孝男：《文化文化人类学入门》，中央公论社 2009 年版。

落、简蒂亚部落和纳亚尔人，斯里兰卡的维达人。再往南走，马来西亚的森美兰人，印度尼西亚的米南加保人、恩加诺岛人、巴巴尔岛人等。大洋洲有 27 个：巴布亚新几内亚的多布族、特罗布里恩岛人、布卡岛人、罗塞尔岛人、新大不列颠岛人，密克罗尼西亚的撒塔瓦尔岛人、特鲁克岛人、波纳佩岛人、库塞埃岛人、乌利西环礁和沃莱艾礁的居民等。美洲有 26 个：美国的阿帕切族、克里克族、克劳族、辛西安族、巧克陶族、勒那佩族、休伦族、波尼族、祖尼人、纳瓦霍人、特林吉特人、海达人、切罗基人、霍皮人，加拿大的易洛魁族，玻利维亚的西里奥诺人，巴西的博罗罗族等。非洲有 35 个：加纳的阿散蒂人，马达加斯加的安泰萨卡人，赞比亚的伊拉族，南非的班图人，纳米比亚的奥万博族，刚果的库巴族，尼日尔和马里的图阿雷格族等。

如果以人口比例来计算的话，母系社会的比例会更小，以至忽略不计。虽然"非洲夏娃"的母亲世界如此衰微，但作为"活历史"，却非常珍贵。

二、不要父系继嗣

如前面所讲，这里打算通过讲述其中一些母系家族的生活故事，来理解我们的命运之途和母亲心中的那个召唤。不过，在这之前，先做一个准备，看一看这 150 多年有关探讨母系社会的论战。

1861 年，瑞士学者巴霍芬利用欧洲古典的片段性记录、神话传说等写成《母权论》，第一次提出了母权制的主张。他把祖先们的历史分为三个阶段。第一阶段是以崇拜阿佛洛狄忒（爱和美的女神）为特征的女性支配社会，那时人们处于乱婚状态。第二阶段是以崇拜德墨忒尔女神（大地和丰收的女神）为特征的女性政治社会，那时虽仍处于乱婚状态，但已经形成了婚姻制度。第三阶段是以崇拜阿波罗太阳神为特征的男性支配社会，那时在父权制之下，形成排除第三者的夫妇婚姻关系。[1] 巴霍芬打破了《圣经》中关于人类诞生以来一直是男人支配下的家族婚姻的说法，把家族婚姻看作一个可变的社会历史现象。[2] 摩尔根进一步发

---

① ［瑞］巴霍芬：《母权论》（日文版），佐藤信行等译，三元社 1992 年版。
② ［日］江守五夫：《母权和父权》，弘文堂 1973 年版，33 页。

展了巴霍芬的主张，在 1871 年出版的《人类家族的血亲和姻亲制度》中提出，母权制氏族是父权制氏族的前阶段，并在 1877 年出版的《古代社会》中，建构了原始社会的发展体系。德国学者格罗塞则在 1894 年出版的《艺术的起源》和 1896 年出版的《家族形态和经济形态》中提出，粗放式农耕社会是母权制的基础。奥地利学者施密特在 1937 年出版的《人类最古阶段的财产》中更进一步提出，我们祖先发展出了三种文化。一是以男人狩猎的特殊技能为中心的图腾狩猎文化，二是从男人狩猎转化为饲养动物的家父长畜牧业文化，三是以女人为劳动力的农耕文化。在农耕文化中，母亲把土地传给女儿，形成母权农耕文化。至于母系社会与父系社会之间的转化问题，学者们的看法基本一致，即，生产力到达一定水平之后，人们开始定居农业。由于男人依然从事狩猎，没有安定的生活保障，而农业主力军是女人，所以产生了女人占支配地位的母系社会。随着农业在生活中越来越重要，男人也就慢慢放弃狩猎，加入农业生产，最后成为主力军，所以母系社会便转化为父系社会。在父系社会中，父系继嗣被确立，土地成为男系的世袭财产，由此也产生了以父系"祖先崇拜"为中心的大规模集团和社会。[1]

　　对于以上看法，有的学者根据原始部落的社会调查提出了质疑。德国民族学者詹森在 1950 年指出，在美洲的农业社会并不以母系血统为主，而且，把重视母系血统看作"母权"是不正确的。[2] 关于农业和母系社会问题，由于母系继嗣在社会组织方面事例很少，所以在文化人类学研究之中被忽视了很久，直到 20 世纪 50 年代末才开始得到应有的重视。所归纳的母系继嗣产生的主要社会条件是，农业为主，大量人口定居，女人负责多种重要的农业生产工作。不过，即便在这样的社会中，双系继嗣的情况也相当普遍。[3] 而关于母权问题，马林诺夫斯基指出，母系家族的真正保护者不是女人，而是她们的兄弟。虽然继承者是女人，但实际行使者是各代的男人。[4] 福特斯也指出，在母系社会中，继嗣不能说是母亲传给女儿，而是一个女人的兄弟传给她的儿子。[5] 同时，有的学者着眼于女人和男人

---

① ［日］江守五夫：《母权和父权》，弘文堂 1973 年版，73~74 页、156 页、200 页；［日］大林大良：《母权制之谜》，评论社 1975 年版，85 页。

② ［日］大林大良：《母权制之谜》，评论社 1975 年版，106 页。

③ ［美］基辛：《当代文化人类学》，于嘉云等译，巨流图书 1980 年版，383 页、386 页。

④ ［英］马林诺夫斯基：《未开化人的恋爱与婚姻》，孙云利译，上海文艺出版社 1990 年版，22 页。

⑤ ［英］Meyer Fortes, Primtive Kinship, Scientific, American, 200 (6), 1959, pp. 146~157.

的社会分工提出如下看法：在母系社会中，涉及氏族政治权力的公共事务如战争、外交、狩猎、仪式等仍然是由身体和生理条件优越的男人把持，女人由于妊娠、哺乳、培育幼子等家务缠身，自然与政治权力无缘。一个母系氏族，尽管可以追溯到一个女性始祖，但其现实的酋长仍是男性，权力仍由男人掌握并由男人传承。[①] 也就是说，母系政治并不存在，没有任何已知的社会是由女人掌握主要的政治权力的。如果母系社会和父系社会都由男人掌握政权，那么，母系制度就不是父系制度的倒影。[②] 因此说，根据目前的资料，还难以断定历史上有一个完全由妇女掌权的社会阶段存在。[③]

对于以上 150 多年的论战，这里的看法是明确的。如果我们都有相同基因而区别于其他人类，那么我们就都是出自一对夫妇，并且这对夫妇的后代也必须相互通婚。而要保证这种制度实施，女人在男女关系、与后代的关系中，以至于在支撑这种关系的生产、生活中都必须起决定性作用，而男人仅仅起着提供基因的作用。考古证据也表明，在祖先们"急行军"阶段女人在家庭祭拜中占支配地位。如果从我们诞生到前 5000 年一直都延续着女人支配家庭的社会制度，那么，"农耕社会是母权社会的基础""祖先们发展出三种文化"等关于母权起源的说法也就站不住脚了。

大约前 1 万年，在祖先们定居农业之后，形成了家族之间的通婚，尔后形成氏族、胞族、部落。因此可以说，在祖先们的后期的历史阶段，随着群体规模扩大，可能发生母系向父系的转化。从这个意义上说，"家族婚姻是一个可变的社会历史现象"更接近于真实，也就是说，在祖先们还是一个个规模很小的家庭群体，相互很少接触，没有发生相互抗争的漫长历史阶段，应该是女人主导社会。如果认为在母系社会中权力继嗣是"一个女人的兄弟传给她的儿子，这相当于男性继嗣"，而得出"无论父系或母系社会男人都拥有实权"的话，那么，"为什么不直接实行父系继嗣呢？"[④] 毋庸置疑，远古时期的祖先们在思想、组织和制度方

---

① ［日］江守五夫：《母权和父权》，弘文堂 1973 年版，145 页；梅朝荣：《从史前到人类终结：人类简史》，武汉大学出版社 2006 年版。

② ［美］基辛：《当代文化人类学》，于嘉云等译，巨流图书 1980 年版，384 页。

③ 童恩正：《摩尔根模式与中国的原始社会研究》，载《中国社会科学》，1988（3）。

④ 郭玉峰：《男性生育作用的确认与父系制的确立——主要以中国为例》，载《社会史研究通讯》，2003（6）。

面都与现在有所不同。

有怎样的不同？在前 5000 年之前和之后，又发生了些什么？

三、母亲给我们编织出家庭关系

前面讲过，"非洲夏娃"在前 10 万年的那一天，决定要颠覆"性政治"，为此她发动组织和制度革命，创立出"在子女、财产、生产、生活方面具有支配权、所有权"的母系家庭。那么，为什么她会突发奇想，决定要去颠覆"性政治"？这位远古母亲所创立的母系家庭的特征又是什么？

几千年前，一个母亲告别了她的家人和祖先，带着自己的孩子来到了中国云南这个气候温和的地方生活。她的女儿们后来又辗转云南各地，最后来到了泸沽湖边定居，形成了今天众所周知的"神秘的女儿国"。这个母系群体，如同晨曦下的泸沽湖水一样，平静而庄严，散发出古老的馨香。

这里，走进这个被称为"女儿国"的摩梭人世界，了解摩梭人母亲在湖畔边的生活，并把她们当作远古母亲们的化身。

1. 先人必须比后人优先用餐（祭锅桩）

摩梭人认为，那位远古母亲曾住在北方，所以，在日常生活的居坐秩序中，北方是上方。摩梭人家族（衣社）居住在四合院中，住房通常为全木结构。四合院坐西向东，正门在东方，位于一个两层楼的中央之下。楼下放置大型农具，楼上被分割为五六间小屋。通过楼梯和走廊进入各个小屋。每间小屋 10 平方米左右，放有火塘和简单炊具，可以煮茶和制作简单食品。这些小屋是家族中有生育能力的女性生活的地方，是与她们的男性对象一起过夜的地方。走进四合院的大门后，大院的左边（南方）是牲口房。家族中的青壮年男性，晚上到其他家族的女性对象的小屋一起过夜，如果没有找到女性对象、没有女性接纳时，就只能在自己家的牲口房过夜。大院的右边（北方）是佛教经房。家族中的青年男子中都会有人去青海、西藏学习藏传佛教，学成后归来，不住寺院，而住自己家中的经房。大院的里边（西方）是正房，孩子们在这里成长，到了 13 岁左右性成熟、举行成年仪式之后，便搬出正房，其中，女性去两层楼的小屋，男性到外面寻找女性对象，或者待在牲口房，或者去学习藏传佛教。正房中央有几根柱子，把房子分为左右两半。左边（南方）有一个火塘，是失去生育能力的老年男性生活、睡觉的地方，右边（北方）是从二楼小屋搬出来、没有生育能力的老年女性生活、睡觉的地方。这里也有一个火塘，火种终年不灭。火焰旺盛代表家族强大，牲口繁多，谷物丰收，香火不绝，生殖繁衍。家族的女性在这个火塘上做饭，在火塘的右边（靠北面）有一个灶，用于节日做饭。在火塘和灶之间立着一根石柱，被称为锅桩石。管家妈妈在吃饭时负责分饭，先让年龄最长者放些饭菜在锅桩石上，以表示先人必须比后人优先用餐（祭锅桩），然后按照老人和男人，再小孩，最后是女人们的顺序依次盛饭，分配蔬菜、肉食。①

传说几千年前的那位母亲与女儿们相依为命，住在深山里。她病逝后，女儿们每天仍旧准备饭菜，到火化过她的树下奉祭给她。一天，树干中传来她的声音："女儿啊，我没有离开过你们。以后不必每天带饭菜来，只要在火塘前立一块锅桩石，每顿饭前放一点在上面，我就心满意足了。"② 摩梭人说，上三辈、下三辈，女性要侍奉死去的三代先人，养育三代子孙。③ 摩梭人每日三餐都要侍奉死去的三代先人用餐，在锅桩石上放上饭菜，念出他们的名字。但随着先人数量增多，要每次吃饭前都念出来一大串名字很不现实，以后便改为说一句"请你们和我们共同享受快乐时光"。④

摩梭人忌讳男方对象死在女方家。如果男方在女方家里面发病，就要求他家的人立即将他背回去。"生是两家人，死是两家鬼"，死后也不能合葬在一起。⑤家人死后，儿子或侄儿把死者暂时埋在正房后室地下。火化前把尸体挖出来，停放在平常只允许男人坐的上火塘边上。在野外火化后，埋葬于家族的坟地里，坟

① 施传刚：《永宁摩梭：中国西南一个异居制母系社会的性联盟、家户组织与文化认同》，云南大学出版社 2008 版，125～131 页；《宁蒗彝族自治县永宁纳西族社会及其母系制调查 宁蒗县纳西家族婚姻调查之二》，云南人民出版社 1986 年，5 页、53 页；周华山：《子宫文化：摩梭不是母系而是家屋社会》，同志研究社 2003 年版，69 页；周华山：《无父无夫的国度》，同志研究社 2001 年版，24 页、36～42 页、71 页；杨二车娜姆：《走出女儿国》，中国社会出版社 1997 年版；《摩梭人的泸沽湖落水村》，见 http://cn.bytravel.cn/art/msr/msrdghlsc/。

② 周华山：《无父无夫的国度》，同志研究社 2001 年版，28 页。

③ 施传刚：《永宁摩梭：中国西南一个异居制母系社会的性联盟、家户组织与文化认同》，云南大学出版社 2008 年版，136 页。

④ 施传刚：《永宁摩梭：中国西南一个异居制母系社会的性联盟、家户组织与文化认同》，云南大学出版社 2008 年版，185 页。

⑤ 周华山：《无父无夫的国度》，同志研究社 2001 年版，42 页；石兴邦：《半坡氏族公社》，陕西人民出版社 1979 年版，135 页。

地一般都在山坡上的大树脚下。丧事过程只有两小时，亲人们在这之后便谈笑风生，因为他们相信，每天祭锅桩时会再见面。[1]

2007 年，有一个贫困家庭，以 11 万元的价格，把具有 200 年历史的 26 平方米的正房出卖给别人，以使能被搬运到国外参加文化展览。当这家人的祖母背着小孙子默默地看着自己的卧房变成一堆木料时，眼神悲哀而无奈。她最后亲手用水浇灭了火塘，哀伤地说："保佑我们家的神灵随着正房远去。"[2]

在每年家族过传统节日、吃新收获的大米或玉米时，在孩子出生、孩子过继、孩子满 13 岁等时，就需要说出三代先人的名字，并向他们报告。在这些先人名字中，由上到下，但不包括平辈中的死亡者，也不包括女性先人们（姊妹们）的男性对象、男性先人们（兄弟们）的女性对象。[3]

住在四合院中的家族（衣社）以及分家出去的家族（衣社）组成一个群体，被称为斯日。斯日是一位女性先人建立的组织，这位女先人与斯日中在世的最年长成员相隔不超过三代。因为，要回忆起三代以上的先人的名字，时常要让成千上万的后代集中起来举行侍奉仪式，这根本不可能，三代之内是极限。在文化人类学中，这种群体被称为世系群。属于同斯日的各衣社，平常没有多少联系，但会在一起办丧事。每年农历十月，斯日要举行侍奉先人仪式，每个衣社轮流主持。仪式的重点是念出全部三代先人的名字，并敬献祭品。每个斯日都有自己的祭司，由他主持本斯日的各种仪式。祭司知道先人们的名字和祖先从北方迁移到这里的路线。与斯日相对应的是大斯日。这是通过某位女性先人把超过三代之外先人们的后代联系起来的亲属群体，在文化人类学中被称为氏族。不过，在摩梭人的大斯日（氏族）中，各个斯日分别侍奉各自不同的先人，并且允许通婚（斯日内的各衣社间不能通婚）。大斯日虽然可以追溯共同先人，但各斯日间的相互关系非常松散，没有公共财产，没有共同法律责任，没有任何社会功能。只是在纪念共同先人仪式时，人们在正房屋顶上放一捆栗树枝，指向那位母亲曾经居住

---

① 《宁蒗彝族自治县永宁纳西族社会及其母系制调查　宁蒗县纳西家族婚姻调查之二》，云南人民出版社 1986 年版，62 页；周华山：《无父无夫的国度》，同志研究社 2001 年版，36～42 页。

② 《祖母屋的变迁》，见 http://www.chinaculture.org/gb/2010－01/18/content_ 372482. htm。

③ 施传刚：《永宁摩梭：中国西南一个异居制母系社会的性联盟、家户组织与文化认同》，云南大学出版社 2008 年版，148 页、184 页。

过的方向（北方）。①

在现实生活中，那些没有斯日的外族人，也会邀请几个家族吃饭，一起侍奉某个先人。②

2. 有母系血缘关系的人居住在一起

一个四合院中，居住着三代至四代有母系血缘关系的人们。其中包括没有分家出去的人群，比如祖母的兄弟姐妹辈，母亲的兄弟姐妹辈（姨、舅）和母亲的表兄弟姐妹辈（表姨、表舅），自己的兄弟姐妹以及表兄弟姐妹，自己姐妹的孩子、表姐妹的孩子，等等。家庭中的成员，始终都是祖母女系的家人，没有外来人。姐妹所生的子女，均视为一母所出。母亲的兄弟姐妹都有抚养和教育晚辈的责任，晚辈亦有赡养长辈们的义务。因此，摩梭亲属词中有辈分标记，但对于同一辈分的人使用同一称谓。对母亲、母亲的姐妹、母亲的兄弟的女性对象等，一律称为妈妈；对母亲的兄弟、母亲及母亲姐妹的男性对象等，一律称为爸爸。同辈的亲属，又区分长幼，如长于母亲者被称为大妈妈，幼于母亲者被称为小妈妈。这样一来，孩子确定不了谁是自己的亲生母亲，便追问妈妈们，妈妈们回答说，问这个干什么，我们都是你的母亲。同时，兄弟姐妹都互称姐妹，即便是兄弟之间，也会说成"我们姐妹"。③

3. 管家妈妈主持一切

一位德高望重的管家妈妈，管理家族的生产，实施对衣、食、住、用、玩等所需财物的分配，负责处理一切对外事务，诸如借贷、抵押、租佃、买卖等。家中大凡生小孩，少年男女换裤子、裙子的成人礼，过继养女，一日三餐侍奉先人，每年一次祭牧神和灶神都由管家妈妈主持。建新房、迁居仪式、搬运锅庄

---

① 施传刚：《永宁摩梭：中国西南一个异居制母系社会的性联盟、家户组织与文化认同》，云南大学出版社 2008 年版，102～106 页、152 页。

② 《宁蒗彝族自治县永宁纳西族社会及其母系制调查　宁蒗县纳西家族婚姻调查之二》，云南人民出版社 1986 年版，62 页。

③ 《宁蒗彝族自治县永宁纳西族社会及其母系制调查　宁蒗县纳西家族婚姻调查之二》，云南人民出版社 1986 年版，51 页；施传刚，《永宁摩梭：中国西南一个异居制母系社会的性联盟、家户组织与文化认同》，云南大学出版社 2008 年版，3 页；肖二平等：《娜摩梭人亲属词的概念结构：兼与汉族、纳西族亲属词的概念结构比较》，载《心理学报》，2010，42（10），955～969 页；石高峰：《走近女儿国：摩梭母系文化实录》，云南美术出版社 1998 年版，11 页；周华山：《无父无夫的国度》，同志研究社 2001 年版，19～21 页、197 页；和家修：《抢婚逃婚跑婚殉情》，云南人民出版社 2006 年版；《摩梭：母系大家庭》，见 http://custom.cthy.com/detail.asp? ID=178。

第三章 远古母亲带给我们的命运之途

石，也须由她承担。她从旧房中取来火种，点燃新房的火塘。她腰间挂着的一大串钥匙，标志着她在家庭中的主导地位。①

从形式上讲，男女都可以当户主（家长）。1956 年忠实乡巴寄村的 7 户母系家庭中，女性当家长的有 4 户，男性当家长的有 3 户。母系与父系（娶嫁、父子关系成立）并存的 9 户家庭中，女性当家长的有 8 户，男性当家长的有 1 户。1 户父系家庭中，女性当家长。不过，即便男性当户主，管家妈妈仍旧管理生活、经济、仓库、接待等，年老后，座位固定在火塘旁边。②

4. 儿子多被送去当喇嘛

当家族没有管家妈妈时，就必须过继一位女性。所以说，再有本事的男子在家中也只能是户主或顾问。③

在 1956 年前，摩梭人有三分之一的成年男子要到青海、西藏学佛，当喇嘛；三分之一为土司服役和从事赶马运输，奔波在四川、中甸、印度、缅甸等地。④

达巴教是摩梭人的本土信仰，信奉鬼魂。祭司由男子担任，被称为达巴，通常都是舅甥传承，确保达巴在斯日内部传袭。达巴不脱离家庭和生产劳动，他们住在自己的家里，起居、饮食、服饰、打扮如同普通人一样。在藏传佛教没有渗透进来之前，摩梭人的每个斯日中都有一个达巴。家族中，凡逢过年过节、婚丧嫁葬、为死者灵魂归宗引路、主持成丁礼等各种祭庆礼仪，均由达巴主持举行。近代，由于喇嘛社会地位较高，儿子多被送入喇嘛寺中当喇嘛。⑤ 家中凡有两个儿子的，必有一个要出家当喇嘛；三个的，有两个儿子极有可能是喇嘛。这些男

① 周华山：《无父无夫的国度》，同志研究社 2001 年版，61 页、333 页；和家修：《抢婚逃婚跑婚殉情》，云南人民出版社 2006 年版；《摩梭：母系大家庭》，见 http：//custom. cthy. com/detail. asp？ID =178。
② 《宁蒗彝族自治县永宁纳西族社会及其母系制调查 宁蒗县纳西家族婚姻调查之二》，云南人民出版社 1986 年版，53 页；施传刚：《永宁摩梭：中国西南一个异居制母系社会的性联盟、家户组织与文化认同》，云南大学出版社 2008 年版，4 页。
③ 和家修：《抢婚逃婚跑婚殉情》，云南人民出版社 2006 年版。
④ 《宁蒗彝族自治县永宁纳西族社会及其母系制调查 宁蒗县纳西家族婚姻调查之二》，云南人民出版社 1986 年版，5 页；周华山：《无父无夫的国度》，同志研究社 2001 年版，78 ~ 79 页；《摩梭：母系大家庭》，见 http：//custom. cthy. com/detail. asp？ID =178。
⑤ 石高峰：《走近女儿国：摩梭母系文化实录》，云南美术出版社 1998 年版，108 ~ 115 页；杨杰宏：《纳西族民俗通论》，云南美术出版社 2007 年版；周华山：《无父无夫的国度》，同志研究社 2001 年版，68 页；施传刚：《永宁摩梭：中国西南一个异居制母系社会的性联盟、家户组织与文化认同》，云南大学出版社 2008 年版，3 页；《摩梭宗教》，见 http：//www. dreams – travel. com/sc/sc_ lgh/lgh_ mszj. htm。

孩，13 岁行了成丁礼后，就要自备行李、路费，在永宁开基桥旁的"日月和"扎帐篷，歌舞欢乐一夜后集体上路，步行去拉萨的布达拉宫等处学艺。①

5. 走来走去的两性关系

1949 年前，土司和总管实行的是一夫一妻制，百姓实行的是"走来走去的两性关系"。在"走来走去的两性关系"中，男女发生关系和断绝关系都不需要举行仪式。相互关系的成立仅仅取决于双方达成一致。向上追溯两代之内同母系血缘之间不能发生关系，同父系血缘之间可以发生关系。男方晚上到女方的小屋，清晨返回自己家中。虽然男方常常帮助女方干活，但不是非做不可。②

1956 年，1749 名男女成年人中，实行"走来走去的两性关系"的占 73.5%，男方在小屋中居住下来的占 10.4%，嫁娶的占 9.6%。1989 年，524 名男女成年人中，实行"走来走去的两性关系"的占 57.1%，嫁娶的占 13.9%。开坪乡开基格瓦等 6 村 95 户中，实行"走来走去的两性关系"的有 33 户，同居的有 27 户，嫁娶的有 35 户。③

就 1956 年的情况来看，男性畏惧别人骂自己忘本、被责怪不管自家姐妹，或担心媳妇进门后与自己家人不合等，因而不愿娶亲。女性不愿失去自由，担心受婆家拘束等，而不愿出嫁，倾向于"走来走去的两性关系"。④

家族在无奈的情况下也会接受同居和嫁娶。当家族渡过危机，又会恢复"走来走去的两性关系"。⑤ 90% 的结婚娶妻或上门当女婿的家庭，若下一代儿女俱全时，儿女们便恢复"走来走去的两性关系"。有女婿上门的家族，其他姐妹也依然实行"走来走去的两性关系"。有结婚娶妻的家族，其他兄弟也依然实行"走

---

① 《摩梭风情》，见 http://www.51766.com/jingdian/1100464726.html。

② 施传刚：《永宁摩梭：中国西南一个异居制母系社会的性联盟、家户组织与文化认同》，云南大学出版社 2008 年版，3 页、44 ~ 46 页；罗桑益世口述，马继典整理：《女儿国诞生的活佛》，云南民族出版社 2006 年版。

③ 施传刚：《永宁摩梭：中国西南一个异居制母系社会的性联盟、家户组织与文化认同》，云南大学出版社 2008 年版，45 页；《宁蒗彝族自治县永宁纳西族社会及其母系制调查 宁蒗县纳西家族婚姻调查之二》，云南人民出版社 1986 年版，226 页。

④ 《宁蒗彝族自治县永宁纳西族社会及其母系制调查 宁蒗县纳西家族婚姻调查之二》，云南人民出版社 1986 年版，327 ~ 329 页。

⑤ 施传刚：《永宁摩梭：中国西南一个异居制母系社会的性联盟、家户组织与文化认同》，云南大学出版社 2008 年版，131 页。

来走去的两性关系"。有的上门女婿在生育儿女之后，自己又重新回到生家中。①
1956 年调查时，对母系家庭下的定义是：家庭中未发生男子娶嫁；或者有少数男子娶嫁的家庭，因为没有后代，由未出嫁的姐妹的后代作为延续者，也属于母系；或者虽然招婿但血缘仍旧按照母系计算的，也属于母系。② 大多数世系较长的家庭都处于母系和父系交错状态，即便现在是母系，过去曾经也有父系。③
1956 年忠实乡巴奇等 6 村 90 户家族中，母系家族有 42 户，母系父系并存家族有 40 户，父系家族有 8 户；开坪乡开基格瓦等 3 村 69 户家族中，母系家族有 31 户，母系父系并存家族有 34 户，父系家族有 5 户。在开坪乡开基格瓦等 6 村 71 户中，能够保持四代为母系的有 7 户，保持五代的 2 户，保持七代的 1 户。④ 2001 年，永宁八珠村 40 户摩梭人中，26 户为母系，6 户为母系父系交错，另外 7 户为父系，1 户为独户。而 16 户普米族、16 户汉族都是父系。⑤

孩子对于生父，除了少数感情深厚外，大多平日没有往来，生父也不承担供养义务。⑥ 有的子女春节到父亲家拜年，有的子女在父亲老年、病重时去看望。有的子女在父亲去世时代表母亲参加并负责一部分丧葬费用。⑦ 一般说来，男女还保持着"走来走去的两性关系"的，孩子和父亲的关系便会保持下去，中断后孩子便不再认父。也有父亲特别关怀自己的孩子，并把自己母系家族的财物转移给孩子。但一旦暴露，他便只能离家，居住到女性对象的小屋中，直到对方逝世，才回到原来的母系家族中。⑧

①　周华山：《无父无夫的国度》，同志研究社 2001 年版，217 页。
②　《宁蒗彝族自治县永宁纳西族社会及其母系制调查　宁蒗县纳西家族婚姻调查之二》，云南人民出版社 1986 年版，41～42 页。
③　《宁蒗彝族自治县永宁纳西族社会及其母系制调查　宁蒗县纳西家族婚姻调查之二》，云南人民出版社 1986 年版，50 页。
④　《宁蒗彝族自治县永宁纳西族社会及其母系制调查　宁蒗县纳西家族婚姻调查之二》，云南人民出版社 1986 年版，293 页。
⑤　李晓斌、杨丽宏：《摩梭人的婚姻家庭形态与农业生态的关系——以永宁八珠村为例》，载《农业考古》，2004（1）。
⑥　肖二平等：《摩梭人亲属词的概念结构：兼与汉族、纳西族亲属词的概念结构比较》，载《心理学报》，2010，42（10），955～969 页。
⑦　蒋基萍：《摩梭母系社会性别脚色之论述》，见 http：//www. google. com/url？ sa = t&rct = j&q = &esrc = s&source = web&cd = 1&ved = 0CCYQFjAA&url = http%3A%2F%2Fgec. cpu. edu。
⑧　《宁蒗彝族自治县永宁纳西族社会及其母系制调查　宁蒗县纳西家族婚姻调查之二》，云南人民出版社 1986 年版，334 页。

摩梭人没有男性组织。20 世纪 50 年代曾经一度有一种渔业组织，各户平均出麻线公编大网，共同占有和使用。每个渔业组织共同占有一片湖域，由一个有经验的老人指挥渔捞和平均分配产品，但这人不拥有任何特权。永宁地区曾有过 13 个这样的渔业组织，他们只能在属于自己的区域内捕捞。①

6. 想方设法让家里后继有人

人离开这个世界后，得有后人来侍奉。如果家里没有后人，就会想方设法完成这个愿望。在摩梭人社会，家里没有女儿的话可以过继。② 过继养女没有固定的范围，可以领养有血缘关系的人，也可以领养其他血缘的人。③ 另外，也有把其他家族的成员吸纳入母系家族之内的情况。一个摩梭女性这样叙述说，阿妈有四个姐妹和一个弟弟，阿妈是老四。舅舅因病去世后家里就没了男人，很多事情不好办，所以阿妈非常希望生个儿子。摩梭人有换亲的说法，即你家没有男孩，可把家里的女孩送给别人，换回一个男孩。阿妈很想把她换出去，但最终是把她二姐送给别人，换来一个儿子。④ 到 1956 年为止的几十年内，永宁忠实乡发生过 11 例过继。为了继嗣而过继的女孩子有 6 人（占 55%，其中，3 人是姐妹的子女）。想要男孩子而过继的有 1 人。因想念女性对象而把她所生的男孩子过继来的有 1 人。开坪乡开基格瓦等 3 村的过继事例有 25 例。其中为了继嗣而过继的女孩子有 19 人（占 76%），需要男性劳动力的有 2 人。⑤ 所以，在现实中，若干代的人口危机常常使得家族必须过继其他家族的人来接火塘（延续侍奉活动），让在世的人死后仍然能得到后人的侍奉。这样，也导致其他的母系血缘取代原有母系血缘的现象。⑥

虽然家族的财产由家族成员共同继承，但一个家族会不断扩大，如果家族中成员中出现不和，就很容易出现分家。另外，家族必须为每一个具有生育能力的

---

① 杨杰宏：《纳西族民俗通论》，云南美术出版社 2007 年版。
② 周华山：《无父无夫的国度》，同志研究社 2001 年版，118 页。
③ 施传刚：《永宁摩梭：中国西南一个异居制母系社会的性联盟、家户组织与文化认同》，云南大学出版社 2008 年版，138～139 页。
④ 杨二车娜姆：《走出女儿国》，中国社会出版社 1997 年版。
⑤ 《宁蒗彝族自治县永宁纳西族社会及其母系制调查 宁蒗县纳西家族婚姻调查之二》，云南人民出版社 1986 年版，55 页、281 页。
⑥ 施传刚：《永宁摩梭：中国西南一个异居制母系社会的性联盟、家户组织与文化认同》，云南大学出版社 2008 年版，120～121 页。

女性提供小屋，所以一个大家族的人口增长不会超过住宅的扩张。当人口增长超过住宅扩张时，分家也就会出现。①

1956 年，永宁的忠实乡 6 村的 42 户母系家族中，在 1856～1956 年的百年间，因家族成员不合而分家的有 9 户，而开坪乡 3 村的 34 户母系家庭中，分家的有 9 户。母系家族分家的比例大约占 20%～30%。②

分家的原则是，能力强的人分出去；从老家分出土地和火塘灰；新家有自己的火塘；除夕在自己新家过年；参加葬礼以新家的名义。③

按照摩梭人的想法，一个人理想上只会与有母系血缘关系的人住在一起。但在现实生活中，分家使有母系血缘关系的人分开，过继让没有母系血缘关系的居住在一起。但分家出去的人仍然属于同一斯日。过继的人虽然属于衣社，但还不属于斯日。只有过继来接火塘的人才属于斯日。④

7. 祖先汇流于此，1 人提供 2 人份余粮

基因研究者们从宁蒗县摩梭人身上采集了基因标本，对线粒体基因进行了分析。研究结果表明，前 6 万年第一支"非洲夏娃"的后代走出非洲通过阿拉伯、印度去到澳大利亚，其中一部分去了美洲，还有一部分辗转来到中国，她们的女性后代构成了摩梭人母系血缘的 21.7%。留在中东阿拉伯地区的一部分，在前 5 万年也来到亚洲东部，在中国、日本、越南、东南亚留下女性后代，她们构成了摩梭人母系血缘的 30.4%，而另一部分在前 3.5 万年从中东去了欧洲，还去了印度，然后辗转来到中国，她们的女性后代构成了摩梭人母系血缘的 21.7%。⑤

摩梭人有自己的语言。据史书记载，秦汉时代，摩梭人就定居于泸沽湖。根据《元史》记载，其祖先已传 31 世。而由此推算，摩梭人在永宁世居的历史也

① 施传刚：《永宁摩梭：中国西南一个异居制母系社会的性联盟、家户组织与文化认同》，云南大学出版社 2008 年版，4 页、85～86 页、132 页。
② 《宁蒗彝族自治县永宁纳西族社会及其母系制调查 宁蒗县纳西家族婚姻调查之二》，云南人民出版社，1986 年。
③ 周华山：《无父无夫的国度》，同志研究社 2001 年版，112 页、124 页。
④ 施传刚：《永宁摩梭：中国西南一个异居制母系社会的性联盟、家户组织与文化认同》，云南大学出版社 2008 年版，106～107 页。
⑤ 文波等：《Y 染色体、线粒体 DNA 多态性与云南宁蒗摩梭人的族源研究》，载《中国科学》，2003(4)；张振：《人类六万年》，安徽人民出版社 2013 年版，278～282 页。

已有 1500 年。① 1956 年，永宁是云南省宁蒗彝族自治县北部的一个行政区，有忠实、开坪等 9 个乡，12 个自然村。忠实乡是 1949 年前永宁土知府衙门所在。摩梭人的村落都建筑在山麓上。这些村落共有 196 户、1202 人。其中，摩梭人有 172 户、1088 人，占总人口的 90.5%。汉族有 17 户、79 人，回族有 6 户、31 人，白族有 1 户、4 人。汉族是清朝汛防总署的士兵在迁入永宁后与摩梭人通婚而留居下来的。回族和白族是此前最近 30 年才迁入的。②

永宁地区的主要粮食作物有稗子、稻谷、燕麦、玉米、小麦、芥子、土豆等。摩梭人把以河流或沟渠自然切割成的一块大土地分为三片，每年每片分别种植稗子、燕麦和小麦，并实行轮作。在 1956 年，两三家共用一头牛，形成互助组织，从耕地开始到收获完毕，不论对方有无耕牛，出工多少，一律不计报酬，也不还工。建立互助组的人家之间，有的是亲戚，有的则是"走来走去的两性关系"。互助组维持的时间长短不一，有的三五年，有的 10 多年。摩梭人在土地上每天劳动 7 小时。一年直接投入生产的劳动时间约 7 个月。一个中等男女劳动力所生产的农作物，除去自身消费外，可以提供大约 2 个成年人的口粮。③

8. 每年只增加 25 人

1956 年云南省宁蒗县的摩梭人有 14000 人，1996 年才发展到 15700 人，40 年只增加了 1000 多人，平均每年增加约 25 人。其中有一个村，1980 年全村 104 人，到 1995 年才 126 人，15 年只增加 22 人。④

在永宁的摩梭人，1958 年有 5975 人，1964 年有 5922 人，1977 年有 5296 人，1990 年有 6174 人，⑤ 1998 年有 7840 人，2005 年有 6765 人。而在永宁的八珠村，1970 年摩梭人共 30 户、210 人，普米族有 7 户、47 人，汉族有 9 户、45 人；2001

---

① 罗桑益世口述，马继典整理：《女儿国诞生的活佛》，云南民族出版社 2006 年版。
② 《宁蒗彝族自治县永宁纳西族社会及其母系制调查　宁蒗县纳西家族婚姻调查之二》，云南人民出版社 1986 年版，1~2 页。
③ 《宁蒗彝族自治县永宁纳西族社会及其母系制调查　宁蒗县纳西家族婚姻调查之二》，云南人民出版社 1986 年版，4~6 页；杨杰宏：《纳西族民俗通论》，云南美术出版社 2007 年版。
④ 《我对摩梭人"走婚"的几点看法》，见 http://lcycn.blog.sohu.com/235881436.html。
⑤ 周华山：《无父无夫的国度》，同志研究社 2001 年版，112 页；《摩梭人会消失吗》，见 http://www.ljjsly.com/bbs/thread-507-1-1.html。

年，摩梭人共 40 户、242 人，普米族有 16 户、77 人，汉族有 16 户、76 人。[①]

摩梭人从少年时就开始男女自由交媾、自由生育，比汉族人一生中至少多 5 年以上的生育时间，人口发展竟如此缓慢。[②]

摩梭人每个女人只生两个孩子，尤以生女为荣耀。[③]家族兴旺虽令人可喜，但摩梭人反对扩张家族，更不会以分家来扩散枝叶。分家会被人责骂。当家族人口达到 15 人左右，女性便停止发生性关系或者在安全日子才发生关系，以免人口过多而要分家。[④]

1989 年，在实行异居婚的摩梭人中，没有性生活的占 29%，没有生育过小孩的占 22%，40 岁以上未曾发生"走来走去的两性关系"或结婚的占 14%。[⑤]而同一地区的普米族人没有生育过小孩的占 6.8%，而汉族是 100% 生育过小孩。[⑥]

造成摩梭人口增长缓慢的原因是子女共有观念。只要姐妹中有人生养孩子，也就等于自己生养了孩子，自己不一定再要生养一个自己的孩子。摩梭人对安全期避孕常识在 1949 年前就已经普及，并在实际生活中有意识地加以运用。[⑦]

摩梭人口增长缓慢，很少分家。汉族、普米族则人口增长快，不断从大家庭中分出小家庭，人口分散，故每户家庭人口较少。在八珠村的摩梭人平均每户有 6 人，汉族平均每户 4.7 人，普米族平均每户 4.8 人。[⑧]摩梭人每个家族共同居住的平均人数为 6.2 人。[⑨]

八珠村中无论是摩梭人还是汉族或普米族，每家都设有火塘。火塘主要用来做饭、照明、取暖。此外，摩梭人家的火塘象征家族的兴旺，一般不能熄灭。所以，一个火塘的用柴量都高于汉族、普米族。摩梭人家平均每户日烧柴量为 65 公

①⑥⑦⑧　李晓斌、杨丽宏：《摩梭人的婚姻家庭形态与农业生态的关系——以永宁八珠村为例》，载《农业考古》，2004（1）。

②　《我对摩梭人"走婚"的几点看法》，见 http：//lcycn. blog. sohu. com/235881436. html。

③　石高峰：《走近女儿国：摩梭母系文化实录》，云南美术出版社 1998 年版，11 页。

④　周华山：《子宫文化：摩梭不是母系而是家屋社会》，同志研究社 2003 年版，73 页；周华山：《无父无夫的国度》，同志研究社 2001 年版，113 页。

⑤　施传刚：《永宁摩梭：中国西南一个异居制母系社会的性联盟、家户组织与文化认同》，云南大学出版社 2008 年版，45 页；李晓斌、杨丽宏：《摩梭人的婚姻家庭形态与农业生态的关系——以永宁八珠村为例》，载《农业考古》，2004（1）；周华山：《无父无夫的国度》，同志研究社 2001 年版，187 页。

⑨　周华山：《无父无夫的国度》，同志研究社 2001 年版，24 页。

斤，普米族、汉族家平均每户日烧柴量 55 公斤。但摩梭人较少分家，众兄弟姐妹共用一个火塘，烧柴利用率高。而汉族、普米族的父系家庭一旦儿女结婚就立即从家中分出炉灶，形成三四人的一夫一妻制小家庭，烧柴利用率低。因此，就人均烧柴量来看，摩梭人每人每天平均耗柴 6.9 公斤；而汉族是 7.4 公斤，普米族是 7.3 公斤。①

1970～2001 年，八珠村摩梭人平均每年住房面积增长率为 0.96%，而汉族是2.1%，普米族是 1.5%。汉族、普米族有分家的传统，所以在 2001 年八珠村的32 户汉族、普米族家庭中，三代同堂家庭仅有 10 户，占总数的 33%，二代同堂家庭 22 户，占 69%。家分得越多，住房占地增加越快。摩梭人家较少分家，在40 户家庭中，四代、三代同堂家庭占总数的 58%。由于三代、四代人使用同一块宅基地，土地利用率高，住房占地增长自然就慢。不过，这只是相对而言，就摩梭人本身说，在现实生活中也会发生分家，一般也不是大家族。1956 年开坪乡开基格瓦等 6 村 95 户中，四代的有 15 户，三代的有 43 户，二代的有 3 户，一代的有 6 户。而四代的 15 户中，有 5 人的 3 户，有 6 人的 1 户，有 7 人的 1 户，有 8人的 2 户，有 9 人的 2 户，有 10 人的 2 户，有 11～15 人的各 1 户，平均每户9 人。②

四、母亲率领下"兵胜滑铁卢"

1. 建立三代人家庭

母系社会的人们就这样安宁地让时光慢慢流淌过去。除了她们有一些很古老的风俗之外，与我们今天的日常生活没有什么区别。从人类历史的角度来看也是这样。摩梭女人是我们的一个组成部分，她们与今天其他各社会的女人一样，继承着前 10 万年"非洲夏娃"的线粒体基因。不过，因为她们仍旧保持着一些

---

① 李晓斌、杨丽宏：《摩梭人的婚姻家庭形态与农业生态的关系——以永宁八珠村为例》，载《农业考古》，2004（1）。

② 李晓斌、杨丽宏：《摩梭人的婚姻家庭形态与农业生态的关系——以永宁八珠村为例》，载《农业考古》，2004（1）；《宁蒗彝族自治县永宁纳西族社会及其母系制调查 宁蒗县纳西家族婚姻调查之二》，云南人民出版社 1986 年版，275 页。

"非洲夏娃"以来的母系社会特征，其日常生活琐事应更鲜明地反映远古母亲们对生活的理解和想法。

摩梭人母亲为了自己过世之后有人来侍奉自己，哺育和教育自己的儿女子孙。无论是亲生还是抱养，总之不能熄了火塘。如果这是继承了"非洲夏娃"那一天坐在非洲的一棵大树下进行思考后所得到的信念，并在自己的后代身上实践着她们的信仰，那么，我们可以说，母亲们在前10万年之后就开始把自己和儿女子孙视为一体，加以细心照顾，传授经验，其目的是为了在她自己过世之后能够得到他们的侍奉。因此，对我们来说，孩子的意义就是，为了侍奉而香火不断。这样，回响在远古母亲心中的召唤就脱颖而出了：我们这个物种对侍奉有一种特殊的需求。远古母亲为了解决这种需求，在前10万年开始把孩子捆绑在自己身边，让他们侍奉自己。这样的文化精神代代相传，便表现为人们一直固执地祭拜着自己的先人。

实际上，尼安德特人与我们祖先都意识到死亡，对死亡无比恐惧，摆脱这种恐惧成为最大夙愿。然而，尼安德特人、北京猿人以及其他现代人最终没有找到从恐惧中解脱出来的办法，客观上走向了消亡。但"非洲夏娃"在前10万年的那一天，想到了让后代侍奉自己，从而拥有了对付死神恐吓的办法，有了明确的信仰和生活目标，也有了无论在任何环境下都要为了孩子而生活下去的精神力量。并且，"非洲夏娃"为侍奉而建立起的三代人社会关系，成为她留给后代的精神文化遗产的载体。这份遗产代代相传，直到今天，最终成为我们始祖留给我们唯一能够看得见、摸得着的东西。掂量着这份遗产，深思它的缘由，终于醒悟："因为不想死，这才有了我们的社会历史。"

因此说，"非洲夏娃"心中的召唤体现在她的组织行为方面就是，让子孙们通过内婚，把左右两边与其他人类的关系网"裁剪"掉，形成了一个以"非洲夏娃"为顶点的家族三角图，从而独立于其他人类。这一举措，可谓人类史上一次划时代的制度和组织革命。而带来这种革命的，是精神革命（深思后解决所面临的问题）。在那之后，寿命是否比尼安德特人、北京猿人长，是否通过狩猎等活动而运用了分工合作，等等，都是由此衍生出来的结果，其重要性居于次要。也就是说，即便其他人类有相当智力、有信仰，在生活方面也更有竞争力，但因没有发生过精神革命，始终无法建立起三代人家庭，最终都被我们打败了。

　　"非洲夏娃"的这份遗产，在今天一般人看来似乎可有可无、理所当然，没有引起人们关注，但它在人类历史上的威力如此巨大，以至让我们起死回生。

　　前 11 万年现代人就攻入了黎凡特，但前 8 万～前 5 万年，那些攻入黎凡特的现代人突然消失了，他们被强壮有力、充满智慧的尼安德特人打败而断子绝孙了。照这样决战下去的话，哪里还有今天的我们？应该是尼安德特人的子孙遍天下吧！当时的那些现代人根本就不是直立人的对手，最后只能被逼到断子绝孙的境地。万幸的是，在这危难之际，上天降下来一个拯救我们的女神，她在前 10 万年的那一天发动了组织革命，实施了分工合作，掀起了"大跃进"，凭此我们反败为胜：在再次攻克黎凡特的决战中打败了原本无法打败的尼安德特人。我们"兵胜滑铁卢"的历史逻辑，昭然若揭。

　　在黎凡特发生了这样的转折，那么，在中国又会是怎样一幅历史画卷呢？

　　考古遗址发掘显示，北京猿人们以 22 人为一个群体，老中青三代结合。这种历史场景，与山顶洞人 8 个男女老少的群体所构成的历史场景相比，似乎没有什么区别，只是规模可能要大一些。两个群体都在同一地区生活，在日常生活行为上也很相似。所以，我们在周口店北京人遗址博物馆中所看到的那些反映两个群体日常生活场景的油画、雕塑，都大同小异：有散漫无序采集野果、哺乳孩子的生活场面，有狩猎者一起捕捉大型猎物的场面，还有一些类似家庭生活的场面。就它们所展示的人物造型来看，长发的男性老人或年轻力壮的男人，永远居于中心地位，女人都是从属的、点缀的，更没有任何关于她们精神世界的描绘。这些油画、雕塑没能反映两个群体间的本质区别。那么，到底有什么区别呢？山顶洞人 8 个男女老少是一个三代人家族，主角应该是一位壮年女性。她严格地管理着这个家族，把少年、幼儿、婴儿视为珍宝，让成年人都以此为核心而团结一致，并让男人都尾随她而行动。这样的家族在她的领导下，最终会与那些以长老或青壮年男人为中心、处于自然状态下非家族组织的群体相对峙。要把这样的显著区别呈现出来，也许需要更丰富、更加跳跃性的想象，比如那位女神般的女性举着一面"平等、正义"的大旗，率领山顶洞人去攻克那些强大的直立人群体，犹如法国艺术家德拉克洛瓦的那幅《自由引导人民》油画一样。如果博物馆的油画能从这个角度来展现山顶洞人的生活场景，想必参观的人们一定会对油画中那位决定了我们今天命运的女神肃然起敬，而不是像现在这样，望着油画不关痛痒，犹如瞅外星人一样。

2. 数典忘祖

再通过摩梭人母亲们的生活琐事来纵观今天的社会。

通过基因遗传事实我们知道，我们的历史构图（谱系）是以那位"非洲夏娃"为顶点，以今天70多亿人为底边的巨大三角形。而今天我们的家族史也往往是以自己的祖父母为顶点，自己的孙字辈为底边的三角形。这些家族三角形是从上述巨大三角形中人为裁剪下来的。反过来说，把这些家族三角形拼凑在一起，就是我们这个物种的巨大三角形。那么，为什么要裁剪呢？

"人为裁减"有两层意思。第一层，从基因传递来看，一个生物与他的上下左右都相互关联，但在动物世界，这种关联并不反映在成年个体的精神意识上。然而，我们因侍奉需求，在精神意识上把家族紧系心中，所以，父母和儿女之间就算远隔千山万水，每天都会煲电话粥。这种区别于动物、直立人（猿人）、其他现代人的心理特征，就是"人为"。

第二层，面对自己和无数人之间的千丝万缕的联系，为什么要这样裁减，而不是那样裁减呢？很显然，"人为"因素左右一切。无论讲我们的家族故事，还是搞历史研究，都往往描述为"以某某为原始祖先"。这种似乎无意识对"从一到二"原理的运用，说明这种剪裁是一种必然现象。其理由是，如果不这样剪裁，面对激增的先人数量，我们的"脑子"无法应付。比如说，当我们描述"以某某为原始祖先"时，实际上这位祖先是有兄弟姐妹的，这些兄弟姐妹也应该是原始祖先，他们的后代也应该是我们家族中的成员，由此下传几代之后，我们的家族成员就会成千上万。面对这样数量庞大的人群，我们如何再往下述说家族史，整理出我们应该侍奉哪些先人，而又不侍奉哪些先人呢？所以，为了清晰地描述自己的历史、家族的历史、民族的历史，我们只能在众多先人中选一位来作为原始祖先。至于用什么标准来选，就摩梭人的事例来说，就是分家所造成的"一"。

分家，这在祖先们"急行军"过程中非常容易理解。而在祖先们定居农业之后，如果能像摩梭人一样，能够自觉实行"计划生育"，每一代只生两人，那么，我们的历史构图是一根竖直的柱子，无论过多久，分家的可能性都很小。可是，我们一代平均养育三个孩子。于是，随家族内部人员增加的速度超过居住空间增加的速度时，就产生出各种矛盾和压力，最终无论先人的意愿如何都会发生分家。分家后的那一个人便站在下一个家族三角图的顶点，成其为始祖。不过，需要注意的是，"非洲夏娃"这位始祖是个特例，因为她并不是从其他现代人中分家而来的，也不是为了叙事方便而从其他现代人中挑选出来的。她是因自我精神创造而独立出来的新的血脉系统。

摩梭人说"上三辈、下三辈"，而不是从始祖那一辈开始侍奉。其理由也是同样的。随着时间的推移，积累起来的先人越来越多，这让我们的"脑子不够使"。我们无可奈何地进行了这种人为的裁剪。于是，我们的家族三角形随着年代动态地向下推移。这种向下推移，虽然让我们省心了，其结果是"数典忘祖"。我们谁能说出那位"非洲夏娃"的名字，谁又能描述她的模样？如果不是依靠基因遗传学的力量，我们根本就不知道她的存在。她在天国看着自己这70多亿人的后代，虽然能够会心微笑，但悉知没有一个后代侍奉她，没人为她斟上一杯酒，想必非常寒心。而当我们事实上忘却了我们的始祖，却又需要用他们的名义来达到我们的某种目的时，我们就编织出关于始祖的神话传说。而搞科学的人强调证据，不允许把些神话传说当真，只能去重新思索，于是便产生了前面看到的各种各样有关原始宗教起源的说法。

3. 选择母系或父系

摩梭人说"生是两家人，死是两家鬼"，意思是说，"你们家的先人由你家人侍奉，与我家无关"。侍奉的意思是，去满足亲人的生活嗜好需求。让长期生活在一起的血缘者来侍奉，这理所当然。如果膝下无后代，也要收养以"接火塘"为前提的孩子来侍奉自己。因此，从满足亲人的生活嗜好需求的角度来看，"女方的男性对象或上门女婿死后只能葬入他自家的坟地，由他自家人来侍奉，成为母系社会的一般特点"。① 这样的"人为分割"，比起上面所提到的分家所带来的问题更加让人烦恼而伤心。

以上所说的"忘却"和"裁剪"，都是说的一个家族内部的事情。这里所谓的家族内部，是指内婚阶段的状况。如果我是男人，那么，为了有后人来侍奉我，我就与我的姐妹成婚，这样产生出来的后代既是我的，也是她们的，这些后

---

① ［日］江守五夫：《母权和父权》，弘文堂1973年版，132页。

代既侍奉我又侍奉她们，一点问题没有，与其他家族没有任何关系。可是，一旦实行外婚，就必须面临两种选择。一种选择是让其他家族的女人来为我生后代，但这同时意味着，我的姐妹就必须去其他家族为别人生后代。这种选择的结果就是父系社会。还有一种选择就是，我到其他家去为别人"撒种"，姐妹让其他家的男人来为我们家"撒种"，而这种选择的结果就是母系社会。

即便是母系社会，我母亲养我，是需要我在她过世后侍奉她。所以，并不因为我出去"撒种"就把我赶出家门；我在家中的社会地位并不会低，也不存在我没有权威的问题，至少与家庭中同辈女性相比，是不分高低的。但问题是，为什么我的后代就不能留下来侍奉我呢？男人向往父系社会，也理所当然。

前面提到，出于对效率追求的选择，祖先们从内婚转化为外婚。在这转化之际，由于头上的先人太多，"脑子不够使"，所以必须剪裁掉"姻族"关系的先人。而剪裁掉"姻族"关系的先人，就意味着必须让"姻族"关系的先人们也能留住自己的后代来侍奉他们。这在现实生活中就表现为，在一个社会不可能实行既让其他家族的女人来为我生后代，又让姐妹的后代留下来的制度。当剪裁掉我的"姻族"关系的先人，或裁剪掉姐妹的"姻族"关系的先人之际，我家就面临着选择把我的后代送还给其他家族，或选择把姐妹的后代送还给其他家族的问题。母系社会选择了把我的后代送还给其他家族。理由是母亲管束女儿比管束儿子容易，所以让儿子随着本性到外面去"撒种"，这实际上也就是把男性后代送给其他家族。也就是说，形成母系社会的原因，正是基于侍奉需求而不得不面对现实所做出选择的结果。

这里特别需要注意的是，有许多关于母系社会成因的说法。比如，人们都说，在乱婚条件下父亲无知而不能确认自己的后代，或在生产工具和生产力的落后状态下采用的传统生产、生活方式等，这些迫使我们不得不实行母系制度，等等。但事实是，我们这个物种是因母亲需要侍奉而诞生，母系社会是因侍奉的需求而形成的。并且，初期的母系社会与摩梭人社会是不同的。其不同之处在于，我们诞生时的母系社会制度，并不是学者们所讨论的、历史教科书和历史博物馆所解说的母系社会制度。前者是内婚制（但不是乱婚，也不是导致孩子无法辨认父亲的制度），后者是进入外婚阶段后，在母系思想指导下做出的另外一种制度安排。外婚制度一旦实施，母凭子贵，姐妹们的权威便大于我的权威，女人的地位高于男人。我生活的命运也就因此被决定下来了。前 1 万年之后，男人开始蠢蠢欲动准备起来革命夺权，也正因为这样的外婚制度。

所以说，母系社会和父系社会的根本区别在于后代归属权方面的差异。而"在现实的母系社会之中，一般说来，女性扮演积极的角色，在两性生活中常常占据中心地位"。[①]"在有关祖先的神话传说中，没有男人，只有母女。"[②] 尽管摩梭男人对先人们也尽心职守，但最终还是没有固定过夜的地方，不得不去打猎、行商、当喇嘛。

4. 信仰的源头

通过以上方式所裁剪下来的母系家族组织的最大特征是什么呢？

按照摩尔根的标准，摩梭人社会还处于"原始社会阶段"。如果我们在社会初期阶段，就像摩梭人一样，为了在自己过世后有人来侍奉自己，把后代紧紧护在自己身边，让他们团结一致，同时又因"脑子不够使"不断裁减掉上面的先人和两旁的家族成员，那么，所形成的社会组织不会扩大，也不会缩小，会永远停留在世系群的阶段，形成不了人们常说的氏族，更不会出现部落。所以说，以氏族、部落为出发点来讲母系原始社会论和原始宗教起源论，都是空中楼阁。

如果把摩梭人的家族组织看作"原始社会阶段"的社会组织，把她们每天都侍奉先人"鬼魂"的行为看作初期社会阶段的信仰，同时把这种信仰和社会组织看作继承了前 10 万年"非洲夏娃"的思考和实践的东西，那么，我们就可以说，侍奉先人才是我们区别于尼安德特人、北京猿人等直立人以及其他现代人的原始信仰的源头。不过，侍奉先人，重点在于自己死后也会被后代侍奉。因此，三代人家庭组织便是为了实践这种信仰的平台。

五、母亲首创道德、法律

接下来窥探一下远古母亲基于心中召唤而给我们制定下的道德、法律。

前面提到，今天基因遗传研究者们利用数据分析来探讨史前社会的母系、父

---

① ［日］江守五夫：《母权和父权》，弘文堂 1973 年版，129 页。
② 周华山：《无父无夫的国度》，同志研究社 2001 年版，28 页。

系问题。这些数据分析，对不熟悉基因研究的人们来说疑团重重，于是，有人直接提问，就算在今天的母系社会中找到了共同的母系基因，1 万多年前的社会也是母系社会吗？① 如果摩梭人的母系社会并不是我们的古老社会形态，前面讲的历史故事就变得不可信了。因此，这里先需要讲一下这些基因数据，以便把有关远古母亲的故事继续下去。

2003 年，人们通过对 Y 染色体、线粒体基因多态性的数据分析后发现，摩梭人在父系遗传结构和母系遗传结构上有着巨大的反差，并对此做出了解释：摩梭人在父系遗传结构上与云南藏族的遗传距离最近，而母系遗传结构则最接近云南丽江的纳西族。包括纳西族在内的藏缅语族人群，源于中国西北的古羌人后裔。在古羌族大规模南迁的过程中，不同的支系随着迁徙路线、居住环境的变化，在和原住民的血缘融合后，遗传结构发生了一定的改变，衍生出纳西族、摩梭人。然而，摩梭人以女性为中心的社会结构和"走婚"的婚配方式却增加了父系基因来源的复杂程度。600 年前，由西藏传入的喇嘛教在摩梭人的信仰中占了统治地位，经过几百年的基因交流，导致了摩梭人父系遗传结构和藏族相近的现状。②

2012 年，人们进一步做出分析：由于摩梭人是母系社会，结婚后女人居住在原来家里，男人在各家之间流动，所以，预想摩梭人线粒体基因的多样性比较低。但后来经分析研究却发现，摩梭人线粒体基因的多样性程度非常高，与周边实行男娶女嫁、女性住在男方家的民族相比，线粒体基因的多样性程度基本一致。这说明摩梭人与周围人群并不是完全隔离开的，而是有着频繁的交流和融合。于是，研究者们说，摩梭人的母系社会是在旧石器之后（前 1 万年之后）的历史阶段形成的。而摩梭人的线粒体基因序列与普米族人聚在一起，还有小部分与苗族人、瑶族人等聚在一起，这些聚在一起的线粒体类型的时间很晚。这意味着摩梭人的母系社会是在几千年前（前 5000 年左右）才形成的。③

---

① http://blog.roodo.com/milifonoh/archives/1687267.html。
② 文波等：《Y 染色体、线粒体 DNA 多态性与云南宁蒗摩梭人的族源研究》，载《中国科学》，2003（4）；《世代过着走婚生活　摩梭人族源之谜被揭开?》，载《北京科技报》，2006 年 9 月 13 日。
③ Yan Lu, Chuanchao Wang, Zhendong Qin, Bo Wen, Sara E. Farina, Li Jin, Hui Li, the Genographic Consortium, Mitochondrial origin of the matrilocal Mosuo people in China, Mitochondrial DNA, February 2012, Vol. 23, No. 1, pp. 13~19；王传超：《DNA 揭开摩梭人母系社会的秘密》，见 http://blog.sciencenet.cn/blog-348453-623292.html。

　　基因研究者们是这样来看待数据的：假设一个群体自古以来就是女婿上门的母系社会，那么，由于男人在不同的女人群体间流动，母系基因的多样性就很低。反之，在男娶女嫁的父系社会，女人在不同的男人群体间流动，母系基因的多样性就很高。由于摩梭人是母系社会，与外界的基因交流基本上都是父亲所为，因此母系基因的多样性应该很低。但数据分析显示，摩梭人母系基因的多样性很高。所以得出结论：摩梭人曾经一度是父系社会，后来才转化为母系社会。另外，摩梭人的基因与普米族人的基因在最近才分道扬镳，而普米族人母系基因的多样性很高，并且一直是父系社会，所以得出结论：摩梭人并非自古以来就是母系社会，现存的母系社会状态是最近才形成的。

　　"摩梭人并非自古以来就是母系社会"这个说法似乎铁证如山了。要推翻这个铁证，还是要从我们今天的日常生活说起。

　　在人们对小河墓地以及摩梭人的基因分析中，都使用了基因的"交流和交融"这个用语。一个人只能是一个男人和一个女人的后代，而无论女人与其他多少男人发生过关系。因此，基因的"交流和交融"描述的不是一个男人和一个女人的后代基因状况，而是关于三人以上因性关系产生后代的基因变化的状况。另一方面，关于这种变化的原因，研究者们都着眼于因婚姻形态所带来的家族、集团的血缘变化。

　　然而，在现实社会中，导致一个家族、集团的基因多样化的因素，有时与婚姻形态、居住形态没有关系。

　　以父系血缘（Y染色体基因）为例，如果一个家庭有俩兄弟，他们的基因不一样，那么，就可以说，这个家族组织的基因发生了"交流和交融"。怎么发生的呢？首先可以设想的是，母亲与不同男人结过婚，生下了同母异父的兄弟。假设这样的家庭在一个社会集团中呈普遍现象，那么，按照以上逻辑，这个社会就是男人在不同的女人群体间流动的母系社会。可是，如果这个社会集团是男娶女嫁，一夫一妻，几乎没有离婚家庭，从婚姻和居住形态来看不可能是母系社会，那么，父系血缘的"交流和交融"是怎么发生的呢？

　　在欧美社会有些人自己去做亲子鉴定，而鉴定结果使他们陷入了困苦之中，因为很多男人都被戴绿帽子了。根据世界性血型研究机构调查报告和儿童保护机构调查报告，10% ~ 15%的孩子的父亲，并不是妻子的丈夫，而是让他戴绿帽子人的后代。为了保障孩子的权益，比如德国规定不得擅自做亲子鉴定。[①] 如果这种"交流和交融"也广泛发生在远古社会，而我们又从他们的骸骨取得基因数据，那么，至少有10%～15%的基因多样性与"男人在不同的女人群体间流动"无关，从而不能支持"这些社会是母系社会"这一结论。

再来看母系血缘（线粒体基因）。无论家族采用什么样的婚姻形态和居住方式，都有可能发生"接火塘"。一旦过继了其他血缘的后代，家族乃至这个社会，在基因遗传方面立即就会发生"交流和交融"，而这种"交流和交融"与"男人在不同的女人群体间流动"或者"女人在不同的男人群体间流动"是完全没有关系的。从摩梭人的事例来看，过继时常发生，而过继没有任何血缘关系家的孩子占有很大比例。在孩子死亡率很高的初期社会，母亲过继女孩，甚至过继没有血缘关系的女孩的几率，比今天的摩梭人不知要高出多少倍。因此根本不能说，母系基因的多样性程度高，这个家庭就是父系。

既然如此，就不能因为摩梭人的线粒体基因多样性程度高，就得出"摩梭人并非自古以来就是母系社会"的结论。同样，也不能因为普米族人的基因多样性程度高，并且现在是父系社会，就得出"普米族人自古以来就是父系社会"的结论。以此而论，对前面提到的对考古遗址中骸骨的基因研究的结论，也需要重新审视。

比如，河北姜家梁墓葬10个中有9个都是不同的线粒体基因顺序，人们由此判断"不具有母系家族的特征"。然而，作为极端的例外，比如这个家族天生具有基因缺陷等，不得不常常过继其他血缘的孩子，那么，即便"10个中有9个都是不同的线粒体基因顺序"，也不能排除这个家族是母系家族的可能性。

再比如，从小河墓地第5层的女性骸骨中获得了21个线粒体基因，其中有15个属于相同的母系基因。从第4层的女性骸骨中获得了22个线粒体基因，其中有13个属于相同的母系基因。因此，研究者们判断，这是母系家族的墓地。这个结论可以被认为是可靠的。因为，线粒体基因多样性程度低，意味着同一母系血缘一直延伸着。但是反过来，如果因线粒体基因多样性程度高就得出"不是母系社

---

① ［美］罗宾·贝克：《精子战争》，李沛沂、章蓓蕾译，海南出版社2004年版；《数据指澳大利亚四成男子"戴绿帽"孩子非亲生》，见 http：//www.chinanews.com/gj/2012/06－07/3946052.shtml；《德国禁止私人亲子鉴定》，见 http：//wuxizazhi.cnki.net/Search/FYSH200910039.html。

会"的结论，则是不可靠的。比如，小河墓地第 5 层的 15 个相同的母系基因中，有 10 个属于 A 类、与泥棺中女性相同，有 5 个属于 B 类；可是，在第 4 层 13 个相同的母系基因中，却只有 1 个属于 A 类，而有 10 个属于 B 类、与 3 座泥棺中女性相同，2 个属于 B 类的突变类型。对于第 5 层和第 4 层之间的这种变化，人们没能做出解释。实际上，这完全可能属于摩梭人对"火塘"的执着在考古方面的证据。这证明"过继"在古代母系社会也时常发生。也就是说，由于在第 5 层的"正宗"家族不得不过继其他母系基因家族中的后代，所以在第 4 层，"正宗"家族的 A 类母系血缘被原来并不是"正宗"的 B 类母系血缘替换了。

现在可以根据摩梭人社会制度来窥探我们社会初期的价值观、道德和法律了。

在前 10 万年之前的现代人社会，如果"因只有少数男人能够留下后代从而导致了 Y 谱系已经无法回溯到 15 万年前"的结论是正确的话，那么，这意味着根本就不存在"父系家族过继其他父系血缘后代"的情况。因为如果过继常常发生的话，就会发生基因的多元化（弱者的孩子也会被养育大），而不会发生"无法追溯 15 万年前的 Y 谱系"的事情。过继是为了"自己过世之后有人来侍奉自己"，这是"非洲夏娃"的信仰在生活中的实践活动之一。这种实践的结果，就是在人类社会中裁剪出、组织起一个我们家庭的三角图。相反，"不存在父系家族过继其他父系血缘后代的情况"也就意味着，至少在前 10 万年男人根本就没有这样的信仰，因此也就不可能去组织一个家庭。更进一步说，如果在前 10 万年现代人的男人没能建立"侍奉先人"的信仰，也就不会有父系的道德和法律，他们更不会去组织社会，那么，欧美人的"我们社会自古以来就是父系社会"的说法就不攻自破了。

再来看戴绿帽子的问题。生物学家贝克对此问题非常感兴趣。他说，就欧美地区的调查情况来看，被戴绿帽子的男性呈阶层分布。地位较高的男性被戴绿帽子的为 1%，中等阶层的男性为 5%～6%，地位较低的男性为 30%。其趋势是，地位较高的男性给地位较低的男性戴绿帽子。戴绿帽子，这在实行一夫一妻制的动物社会，也是一个普遍的生物现象。雄鸟喂养其他雄鸟的后代的概率分布在 0～50% 之间，大大超过人类。关于蓝山雀的研究表明，拥有最佳基因和居住环境的雄鸟，能够得到雌鸟的忠贞不渝。而只要有机会，次级雄鸟的配偶就会想办法去和最佳雄鸟发生外遇行为。这些雌鸟会跑到邻近区域，不断诱惑最佳雄鸟与其交配，然后再假装什么都没有发生似的回到自己的配偶身边。因此，约有三分之一的后代的父亲都不是雌鸟的配偶。①

我们也许非常好奇，在欧美等父系社会，为什么犹如自然动物世界一样会发生戴绿帽子的现象呢？从女人的角度讲，对丈夫隐瞒事情可以获得自己所需要的利益。那么，对于偷情的男人来讲，为什么不能光明正大地从对手中夺女人呢？纵然有千万条理由，但归根到底，是婚姻受到道德和法律的保护，偷情意味着违反道德、侵犯法律，所以，为了逃避制裁，男人只能选择这种方式。这意味着，即便我们强调公平、正义，并用道德和法律加以保护，但强势对弱势的支配，男人个体对女人垄断的潜在愿望，犹如一般雄性动物一样，一点都没有改变。

然而，如果母系社会和父系社会都保护弱者，那么，基因的多样性就会发生。但事实是，前10万年之前，"很多男人没有能力抢夺配偶和留下后裔导致男人的基因谱系比女人更容易断绝"。这就意味着，在那个阶段，根本就没有保护夫妇婚姻的"父系社会的道德和法律"。也就是说，那时的现代人的男人，还完全处在被雄性个体支配原理的控制之下，接受"自然法则"，光明正大地从对手中夺取女人，更甚于蓝山雀个体雄性对雌性的垄断。他们没有偷情的概念，其结果就是竞争中的败退者不能留下自己的子孙。既然前10万年不存在"父系社会的道德和法律"，当然也就不存一个具有家庭组织的父系社会了。

以此而论，远古母系社会又是怎么形成的呢？

当我们说"非洲亚当"是我们共同的始祖父亲，这很容易让人联想到，这位"非洲亚当"垄断了所有女人才使得他的基因得以流传至今。但事实是，如同母狮眼睁睁看着入侵的雄狮杀害她原配的孩子而不反抗一样，女人对更佳的男人基因的追求才是造成垄断能够发生的基础。如果这种垄断一直持续下来，那么，由于基因的单一化，"非洲亚当"的基因是流传不到今天的。

我们今天70多亿人之所以存在，是因为"非洲夏娃"在前10万年之际发动了一场革命，在这场革命中颠覆了"性政治"。之所以这么肯定地说，是因为从男人的弱肉强食、一意寻欢作乐的习性来看，他不太可能去发动这场废除自己习

---

① ［美］罗宾·贝克：《精子战争》，李沛沂、章蓓蕾译，海南出版社2004年版。

性的革命而主动不去垄断女人。更重要的是，即便他们要发动这场革命也没有可能，因为他们难以强求女人去接受愚笨、瘦弱、没有力量的男人。这时的选择权握在女人手中，女人才有发动并继续革命下去的现实能力。因此说，我们的社会只能起源于母系，而不可能起源于弱肉强食、夺人之妻的父系。在这场组织性、制度性革命之后，我们的社会便开始形成了。在母亲所建立的道德和法律之下，女儿被组织起来，把"追求更佳男性基因（比如较强壮也更野蛮的男性基因）的自然法则"废除掉了。也就是说，为了让自己家庭中的子孙能够侍奉自己，必须让男性子孙能够顺利娶到妻子（通过内婚），因此，"非洲夏娃"强迫家庭内的女儿婚配给家庭内的儿子，而无论他们是多么无能、瘦弱。这种对"自然法则"的废除，客观上阻止了外来血缘（比如直立人、其他现代人）的渗入。这种内婚制度，比如让家族中那些没有力量也无法野蛮起来的艺术家、在生存竞争中处于弱势的技术创新工作者也"有妻可娶"，最终带来了我们基因的多元化。然而，"非洲夏娃"所建立的道德、法律等制度，对在外面鬼混、执意于雄性支配的那些男人难以发挥作用，因此约束的主要对象是女人。

不过，"非洲夏娃"当初并没有意识到子孙繁荣问题，而只是面对自己的死亡时不想死，采用了捆绑女性后代的办法（因为难以捆绑住强壮的男性子孙），来解决自己的精神危机。因此说，"非洲夏娃"发动颠覆"性政治"革命的动机是为了解决自己的精神危机，但结果却建立起了母系社会的价值观、道德和法律。从这个意义上说，"非洲夏娃"为了解决精神危机而确立的信念才使得我们没有断子绝孙，而没有这种信念的其他人类最终消失在历史之中。

归根到底，对永生的追求欲望和生活实践，是我们的信仰、道德、法律制度发生的源泉。

六、父亲悄悄登台

虽然母系社会如此合理而历史悠久，但非常遗憾，最终还是由于父系社会的到来而被取代了。父系社会是怎样到来，父亲又是怎样承接了母亲手中的权力，最终取代母系社会的呢？带着这些疑问，接下来我们去到中国台湾东部，走进一个被称为阿美人的母系群体，去理解阿美人女性的生活，去想象远古母亲的后续生活故事。

1. 不能把先人当垃圾一样处理

阿美人的家园大门一般都朝南开，进门后左边（西方）是厨房，中央是住房，右边（东方）是晒场，这连接着靠后面的谷仓。阿美人的住房长而宽，内部可容纳20人左右。住房的大门也朝南开。进屋后，中间是走廊，通过走廊到里边（北方）靠高墙壁的地方是祖母辈居住的母屋。走廊右边（东方）是火塘，这连接着靠里面的女儿夫妇们和孩子们的生活领域，再里面是父母辈的生活领域。走廊左边（西方）是未婚成熟女子的生活领域，靠近厨房，方便她们做家务事。祖母、母亲、女儿去世后，祖父、父亲、女婿都必须净身出户。女孩子成熟（13岁）之后去左边的地方生活，男孩子成熟（13岁）之后，要么去当上门女婿，要么白天在家族的土地上劳动，晚上住部落的集会所。近年来，由于部落集会所纷纷关闭，他们只能到家园厨房后面堆放杂物的房间就地而睡。一般情况下，他们只能在生病、年老时才回到家里，住在母屋内。火塘是为新生儿命名的地方。火塘中的火种终年不熄，被火塘熏黑的家屋表示有家人住在这里，陪伴着先人。有些住房的梁柱和支柱雕刻着图案，成为先人的标志，在举行家园落成礼、岁时祭时成为仰望的对象。[1]

入赘的男子在女方家是外人，与妻子家中的先人毫无关系。如果他们病残或亡故，立刻会被送回生家，回归自己的先人之下。[2] 家中的死者被埋葬在家园内母屋后面原始林空地里，尽量靠近母屋，意味着活着的人与先人永远是一家人。

[1]　叶凤娟：《试论马兰阿美人的酒、祖先祭祀、社会秩序之变迁》，见 http://paperupload.nttu.edu.tw/CA4BD71DBC8AB41/45f96f89b0464854.pdf；郭祐慈：《台东平原的农业民族：马兰社阿美族社会经济变迁（1874–1970年)》，见 https://ndltd.ncl.edu.tw/cgi–bin/gs32/gsweb.cgi? o=dnclcdr&s=id=%22096NCCU5100004%22.&searchmode=basic；《台湾原住民各聚落及建筑基本资料委托研究：阿美族篇》，见 http://www.dmtip.gov.tw/FileUpload/interaction/e_images/%E9%98%BF%E7%BE%8E%E6%97%8F%E5%BB%BA%E7%AF%89%E7%A0%94%E7%A9%B6.pdf，4页、20页；《阿美族男女各有一片天》，见 http://www.wretch.cc/blog/morninggood/24669995。
[2]　[日]马渊悟：《台湾海岸阿美族的老人》，载黄应贵编：《台湾土著社会文化研究论文集》，台湾联经出版事业公司1986年版，553~564页。

死者积累到一定程度，才会把骸骨转移到家园外的废耕土地中。①

1930 年，日本统治者要求阿美人崇拜祖先，划定公共墓地，并在墓石上刻上文字以流传子孙。这在阿美人看来，把不同血脉的先人集中葬在一起，违反忌禁；把先人葬在远离家园的公墓，就是把先人当垃圾一样处理。另外，传统上，家人只侍奉自己的先人。但日本统治者要求各家各户设置神龛，并要求阿美人祭拜日本人的祖先和阿美人三代以上的祖先。近年来，受汉族的影响，阿美人也开始为先人设立牌位。②

住在家园里的家族和因分家住在别处的家族，组成世系群，共同侍奉上三代之内的母系血缘先人。向下延伸三代之后，分家成员不再侍奉原来的先人，而是侍奉分家自身的最长一代的先人。过生日给 60 岁老人开祝贺宴会，欢送 13 岁成年男孩子走出家门时，由世系群一起举行仪式。葬礼由超过三代母系血缘的各家族在一起举行。③

在阿美人社会，除了存在少数祭司家属，因遵守某些仪式需要，由三四个家户构成一个小型的母系宗族集团外，没有任何母系宗族团体。不过，每年初一、初二，由家族中有声望的长者出钱，招集共同先人的子孙们凑在一起开"宗亲会"，参加者来自同一部落的成员。如有其他部落人参加，要做特别说明。这种集会能增进团结，还能让年轻人确认禁止通婚的范围。而这种活动集团，被称作氏族。④ 从理论上说，阿美人也应该实行部落内婚，氏族外婚。⑤ 可是，实际上阿

---

① 郭祐慈：《台东平原的农业民族：马兰社阿美族社会经济变迁（1874 – 1970 年）》，见 https：//ndltd. ncl. edu. tw/cgi – bin/gs32/gsweb. cgi？o = dnclcdr&s = id = % 22096NCCU5100004% 22. &searchmode = basic；叶凤娟：《试论马兰阿美人的酒、祖先祭祀、社会秩序之变迁》，见 http：//paperupload. nttu. edu. tw/CA4BD71DBC8AB41/45f96f89b0464854. pdf。

② 郭祐慈：《台东平原的农业民族：马兰社阿美族社会经济变迁（1874 – 1970 年）》，见 https：//ndltd. ncl. edu. tw/cgi – bin/gs32/gsweb. cgi？o = dnclcdr&s = id = % 22096NCCU5100004% 22. &searchmode = basic；廖晓菁：《祖先、家与天主教：以鹿野乡阿美族和平部落为例》，见 http：//paperupload. nttu. edu. tw/CA4BD71DBC8AB41/c2c454adbacbe0da. pdf；叶凤娟：《试论马兰阿美人的酒、祖先祭祀、社会秩序之变迁》，见 ht-tp：//paperupload. nttu. edu. tw/CA4BD71DBC8AB41/45f96f89b0464854. pdf。

③ ［日］马渊悟：《台湾海岸地区阿美族的祖灵观》，载《社会人类学报》，1981（7），169 页；［日］中岛星子：《台湾海岸地区阿美族的家族关系》，载《民族学研究》，1983（4），383 页；叶凤娟：《试论马兰阿美人的酒、祖先祭祀、社会秩序之变迁》，见 http：//paperupload. nttu. edu. tw/CA4BD71DBC8 AB41/45f96f89b0464854. pdf。

④ 陈其南：《家族与社会》，台湾联经出版社 2004 年版，13 页；廖晓菁：《祖先、家与天主教：以鹿野乡阿美族和平部落为例》，见 http：//paperupload. nttu. edu. tw/CA4BD71DBC8AB41/c2c454adbacbe0da. pdf。

⑤ 《台湾原住民各聚落及建筑基本资料委托研究：阿美族篇》，4 页。

美人的母系氏族并不构成外婚单位。① 在南势阿美人地区（北部阿美人）禁止母系 1 等亲内通婚，在太巴塱与马太鞍部落（中部阿美人）禁止母系 9 等亲内通婚，而在台东马兰社等部落（南部阿美人）禁止母系 3 等亲内通婚。参加结婚仪式的包括超过上三代、母系血缘不明的各家族。②

另外，外来人到部落来定居，如果没有亲戚，就会找一个家族为本家，自己犹如本家的分家。③

2. 家中最年长的女性向先人献酒

阿美人的土地继承是母系。家中最年长女性管理家产，监督家庭成员。收获的粮食储存在位于母屋右边（东方）的谷仓里，谷仓的钥匙在她手中，需用时由她开门拿取。母屋里终年存放着酒、香烟、腌肉，表示家人与先人日夜同在。虽然婚出的家舅主持侍奉先人的仪式，但向先人献酒的，却是家中最年长的女性，她用没开封的米酒洒在地上三次，然后祭告先人。④

1939 年，马兰社有 277 户家族，其中男性户主只有 15 户。家族的男性虽然也可以当户主，但一家实权掌握在年长女性手中。因为他们平常住在妻子家，只是当生家举行婚礼、发生分家、买卖家产时才临时返回。虽然阿美人认为婚出的家舅有祈求祖灵赐福的能力，让他们主持侍奉先人的仪式和葬礼，但他们回家也就只能暂住一二天。⑤

3. 部落有功男性成为部落神

一个男性死后，便成为他生家的祖灵。如果某个男性对创建部落男性组织发

① 陈其南：《家族与社会》，台湾联经出版事业公司 2004 年版，13 页。
② 原住民数位博物馆，见 http：//www. dmtip. gov. tw/Aborigines/Article. aspx？CategoryID＝1&ClassID＝1&TypeID＝1&RaceID＝1；［日］中岛星子：《台湾海岸地区阿美族的家族关系》，载《民族学研究》，1983（4），383 页。
③ ［日］中岛星子：《台湾海岸地区阿美族的家族关系》，载《民族学研究》，1983（4），390 页。
④ 郭祐慈：《台东平原的农业民族：马兰社阿美族社会经济变迁（1874－1970 年）》，见 https：//ndltd. ncl. edu. tw/cgi－bin/gs32/gsweb. cgi？o＝dnclcdr&s＝id＝%22096NCCU5100004%22. &searchmode＝basic；陈其南：《家族与社会》，联经出版社 2004 年版，13 页；《台湾原住民各聚落及建筑基本资料委托研究：阿美族篇》，4 页；叶凤娟：《试论马兰阿美人的酒、祖先祭祀、社会秩序之变迁》，见 http：//paperupload. nttu. edu. tw/CA4BD71DBC8AB41/45f96f89b0464854. pdf。
⑤ 郭祐慈：《台东平原的农业民族：马兰社阿美族社会经济变迁（1874－1970 年）》，见 https：//ndltd. ncl. edu. tw/cgi－bin/gs32/gsweb. cgi？o＝dnclcdr&s＝id＝%22096NCCU5100004%22. &searchmode＝basic；［日］山路胜彦：《阿美族的亲族和祭祀》，1980 年版；叶凤娟：《试论马兰阿美人的酒、祖先祭祀、社会秩序之变迁》，见 http：//paperupload. nttu. edu. tw/CA4BD71DBC8AB41/45f96f89b0464854. pdf。

挥过决定性作用，部落的其他男性为了感激他，就会把他列为部落的祖灵、神灵。在部落庆典活动时，男性组织成员会共同祭拜他。① 另外，阿美人还有两个与降雨有关的神祇。天主教普及以后，人们不再祭拜原来的神祇了。②

公共性祭拜是以部落为基本单位的。部落头目主持播种、收获、渔捞、狩猎、祖先祭、丰年祭等仪式。部落的各个集会所是公共活动中心，每户的家园都容易通到集会所。③

1920年，日本统治者开始在阿美人的部落设立神社，以便让居住在附近的日本人祭拜天照大神，以后，也要求阿美人去神社祭拜，小学生常常被日本老师带到神社去祭拜。而在阿美族人结婚、丰年祭时，日本警察要阿美人穿上和服在神社前面跳舞。④

1938年，日本统治者要求阿美人打破迷信，废除传统盛酒的祭神器，禁止部落在7月举行祭祖仪式，要求部落在元旦祭祖，并参拜神社，祭拜日本人的天照大神。在有的部落，还要求每月参拜神社，11月3日举行神社大祭。阿美人为了解决传统的先人祭拜与神社参拜的内心冲突，只能把参拜神社当作对日本天皇祖灵表示敬意的活动，因而也就把日本天皇转换为一种祖灵。⑤

4. 耕地平均分配给各户，年龄组共同耕作

生家把男孩子抚养到13岁，就让他离家。他必须进入集会所，接受成为一个男人的训练，一直到结婚。男子对婚姻有"服役婚"的观念，入赘被作为改善女方生活的光荣举动。当妻家对丈夫表示不满，就会将他带来的衣物放在家屋外，

---

① 廖晓菁：《祖先、家与天主教：以鹿野乡阿美族和平部落为例》，见 http：//paperupload. nttu. edu. tw/ CA4BD71DBC8AB41/c2c454adbacbe0da. pdf；叶凤娟：《试论马兰阿美人的酒、祖先祭祀、社会秩序之变迁》，见 http：//paperupload. nttu. edu. tw/CA4BD71DBC8AB41/45f96f89b0464854. pdf.

② 廖晓菁：《祖先、家与天主教：以鹿野乡阿美族和平部落为例》，见 http：//paperupload. nttu. edu. tw/ CA4BD71DBC8AB41/c2c454adbacbe0da. pdf.

③ 《台湾原住民各聚落及建筑基本资料委托研究：阿美族篇》，5页、10页。

④ 廖晓菁：《祖先、家与天主教：以鹿野乡阿美族和平部落为例》，见 http：//paperupload. nttu. edu. tw/ CA4BD71DBC8AB41/c2c454adbacbe0da. pdf.

⑤ 郭祐慈：《台东平原的农业民族：马兰社阿美族社会经济变迁（1874－1970年）》，见 https：// ndltd. ncl. edu. tw/cgi － bin/gs32/gsweb. cgi？o = dnclcdr&s = id = %22096NCCU5100004%22. &searchmode = basic；廖晓菁：《祖先、家与天主教：以鹿野乡阿美族和平部落为例》，见 http：//paperupload. nttu. edu. tw/CA4BD71 DBC8AB41/c2c454adbacbe0da. pdf.

让他离开。妻子去世后，丈夫回到生家，只能带走自己的衣服、枪等私人用品。①

随着生存环境的变化，男性逐渐被组织起来。部落原本是以最早定居的始祖家为起点，逐渐繁衍扩大的家族群体。随历史推移，部落中的各个家族之间的血缘关系变得模糊。家族因耕地不足而分家，因外来压迫、攻击而迁移，最后又因各家先人曾同住一处而聚集在一起，成为部落的雏形。1938 年，阿美人的部落平均人数有 600 人左右。②

部落的事务都由男性组织的头目等决定，组织男性的具体形式是年龄组、集会所。男性们在头目的指挥下共同耕作、狩猎、渔捞、防卫，举行公共祭拜。近年来，这种男性组织的活动仅限于一年一度的丰年祭。③

年龄组依据不同年龄，将部落各家族的男性加以严格分组。例如有的部落把全体男性分为 13 级，把这些级别归纳为 4 个阶段：壮丁、壮年、老人和退休。每一级都有负责人统率。级别是男性成员的身份地位标志。在马太安地区，阿美人有 6 个大部落，级别管理超越部落管理，从而组成一个部落群，由一个总头目统治。总头目之下，有 4 ~ 6 个头目共同管理部落群的事务。这些头目由各部落的长老来推选。各部落也有各自的代表，负责管理事务并排解纠纷。所以，无论在部落或是部落群中，都有一个分层的行政组织。④ 不过，男性首领既是部落男性的指导者，也是部落男性成员中一些人的母舅，他有时需要这些娘家侄孙辈们的支持，尤其是在部落头目的推举上。通常是谁的娘家侄孙辈成员越多，在部落会议上讲话就越有分量。所以，在早期的文献中常提到阿美人是以子孙多者为长，男孩子也受到相当的重视。⑤

① 郭祐慈：《台东平原的农业民族：马兰社阿美族社会经济变迁（1874 - 1970 年）》，见 https：//ndltd. ncl. edu. tw/cgi - bin/gs32/gsweb. cgi? o = dnclcdr&s = id = % 22096NCCU5100004% 22. &searchmode = basic；陈德文：《阿美族亲属组织的再探讨》，台湾《中央研究院民族研究所集刊》1986，61：41 ~ 80 页；《阿美族男女各有一片天》，见 http：//www. wretch. cc/blog/morninggood/24669995。

② 《台湾原住民各聚落及建筑基本资料委托研究：阿美族篇》，10 页；[日] 马渊悟：《台湾海岸地区阿美族的祖灵的重要位置》，南山大学 1976 年版；陈其南：《家族与社会》，联经出版社 2004 年版，13 页。

③ 郭祐慈：《台东平原的农业民族：马兰社阿美族社会经济变迁（1874 - 1970 年）》，见 https：//ndltd. ncl. edu. tw/cgi - bin/gs32/gsweb. cgi? o = dnclcdr&s = id = % 22096NCCU5100004% 22. &searchmode = basic；廖晓菁：《祖先、家与天主教：以鹿野乡阿美族和平部落为例》，见 http：//paperupload. nttu. edu. tw/CA4BD71DBC8AB41/c2c454adbacbe0da. pdf。

④ 陈其南：《家族与社会》，台湾联经出版事业公司 2004 年版，14 页。

⑤ 《阿美族》，见 http：//teach9. dmtip. gov. tw/tip/index. php? gid = 10；《阿美族不是母系社会》，见 http：//www. wretch. cc/blog/taxi12578/21890504。

年龄组和集会所的历史大约有 200 多年。^①而从历史上看，台东阿美人的土地主要来源于其他部族（比如卑南人）已经先占有的土地。以太巴塱社（中部阿美人部落）为例，当阿美人承包开垦其他部族的土地时，年龄组的头目和长老就在集会所召集会议，决定开垦耕作（轮耕）的土地部分。部落人员共同开垦完毕之后，由头目把开垦好的耕地平均分配给各户，并留下一部分耕地给年龄组。年龄组共同耕作这些土地时，成员们夜宿于野外搭建的小屋。农作物收获的一部分在男性成员间平均分配，一部分留作部落宴客和祭典用。^②

在台东平原上，分布着阿美人的马兰本家部落和丰谷等 14 个分家部落。各个分家部落都有头目，也联合举行丰年祭，但马兰部落的集会所是整个台东地区阿美人的公共祭拜中心，丰年祭的时间由马兰社部落决定，祭祖仪式也只能在马兰社部落举行。在公共祭拜活动中，马兰本家具有阶级性。在本家部落的马兰社，每一个年龄组都有祭司，分家部落的年龄组里没有祭司。所以，整个台东地区阿美人的年龄组成员们的安危都系在这些本家部落的祭司身上。阿美人相信只有本家的祭司才有灵力。在仪式上的祭词属于神秘知识的范畴，由祭司传给自己妹妹的儿子，所以本家部落各年龄组祭司来自世袭家族。^③在本家部落，祭司和部落头目合为一体，所以部落头目也由特定的一个家族所世袭。^④祭司可以被推测为阿美人始祖家的直系后代。^⑤而在分家部落，由于没有祭司，所以部落头目由男性组织成员推选产生。

5. 分家重新回本家

如果家中只有男孩，则从亲戚过继女孩。如果无法获得女孩，那么，男孩成人后侍奉先人，最终，随这些男性过世，家族便灭绝。^⑥

---

① 叶凤娟：《试论马兰阿美族人的酒、祖先祭祀、社会秩序之变迁》，见 http：//paperupload. nttu. edu. tw/CA4BD71DBC8AB41/45f96f89b0464854. pdf。

②⑥ 郭祐慈：《台东平原的农业民族：马兰社阿美族社会经济变迁（1874 – 1970 年）》，见 https：//ndltd. ncl. edu. tw/cgi – bin/gs32/gsweb. cgi? o = dnclcdr&s = id = % 22096NCCU5100004% 22. & searchmode = basic。

③ 叶凤娟：《试论马兰阿美族人的酒、祖先祭祀、社会秩序之变迁》，见 http：//paperupload. nttu. edu. tw/CA4BD71DBC8AB41/45f96f89b0464854. pdf；廖晓菁：《祖先、与与天主教：以鹿野乡阿美族和平部落为例》，见 http：//paperupload. nttu. edu. tw/CA4BD71DBC8AB41/c2c454adbacbe0da. pdf。

④ 《台湾阿美族的母系社会》，见 http：//web. kansya. jp. net/blog/2008/12/721. html。

⑤ 《台湾原住民各聚落及建筑基本资料委托研究：阿美族篇》，10 页。

如果家里人多，一朝有事就可以弃锹防卫，所以阿美人不喜欢分家。每户人口数量较多，成为几世同堂的母系家族。1938 年，阿美人每户平均有 8 人，而在马兰社，1936 年每户平均有 10 人。在人口过多、家庭不和睦时，次女以下夫妇分家出来。在石溪部落，从 1915~1956 年的 40 年间，分家户数为 67 户。在北部阿美人，次女结婚后就立刻分家，所以每户的人口数量较少。在阿美人中，本家的继承人死亡后，则由分家共同讨论，以最合适的一家重新回本家继承。[①] 阿美人在介绍亲属关系时，其称呼很简单，只用一种称呼，反映出兄弟姐妹的连带关系。介绍男性长辈、女性长辈、更上一辈的长老时，也各自只用一种称呼。[②]

6. 几路子孙汇流于此

"非洲亚当"的男性后代的一部分在前 4.5 万年第二次走出非洲去到中东地区，前 4 万年来到亚洲，前 3.5 万年留在西伯利亚。以后，其中一部分男性后代来到中国台湾，其子孙占阿美人男性血缘的 43%。而留在西伯利亚后代的另一部分男性后代，来到中国东南部，以种植水稻为文化特征，他们的一部分后代又辗转来到台湾，其子孙占阿美人男性血缘的 46%。另一方面，根据线粒体基因研究，"非洲夏娃"走出非洲去到中东阿拉伯地区，前 5 万年来到亚洲东部，在中国、日本、越南、东南亚留下女性后代（包括中国的云南摩梭人）。其中一部分女性后代在前 1.3 万年左右来到台湾，构成阿美人女性血缘。在前 9300 年左右，通过菲律宾、印度尼西亚、新几内亚，把女性血缘扩散到波利尼西亚。[③]

在中国台湾台东县长滨乡八仙洞的考古发掘中，发现了距今约 1.5 万年的旧石器晚期文化。人们以洞穴为家，过着狩猎、捕捞和采集生活。其石器在类型及制作技术上，与中国南方许多旧石器时代遗址相似。因此，台湾与大陆原始文化有源流关系。原本从台湾向东南亚扩散的南岛民族，1 世纪左右开始从太平洋群

---

① 郭祐慈：《台东平原的农业民族：马兰社阿美族社会经济变迁（1874 – 1970 年）》，见 https：//ndltd. ncl. edu. tw/cgi – bin/gs32/gsweb. cgi？o = dnclcdr&s = id = % 22096NCCU5100004% 22. &searchmode = basic；《台湾原住民各聚落及建筑基本资料委托研究：阿美族篇》，4 页。

② 廖晓菁：《祖先、家与天主教：以鹿野乡阿美族和平部落为例》，见 http：//paperupload. nttu. edu. tw/CA4BD71DBC8AB41/c2c454adbacbe0da. pdf。

③ 陈叔倬、许木柱子：《起点地或转运站？遗传研究在南岛语族扩散的贡献与挑战》，载《人文与社会科学简讯》，2011（6），41 ~49 页；林妈利：《从 DNA 的研究看台湾原住民的来源》，载《languige and linguistics》，2001（2），241 ~246 页；马偕纪念医院：《基因研究显示：台湾原住民与玻里尼西亚人一家亲》，2005（8）；张振：《人类六万年》，安徽人民出版社 2013 年版，278 ~282 页。

岛迁回台湾，600 年台湾进入铁器时代。[①]

台湾原住民（山地住民）分为泰雅、赛夏（东北部），布农、曹、阿美（东中部），鲁凯、排湾、卑南（东南部），雅美（东南岛屿）等。1964 年，原住民共计 24 万人。他们与马来西亚波利尼西亚系统相近，但彼此之间在语言、物质文化和社会组织方面有很大的不同。部族之间的语言虽有些基本词汇很相近，但无法做有效沟通。阿美人是典型的母系社会，卑南人近似母系，布农人是比汉族还严格的极端父系社会，曹人、赛夏人和雅美人是父系社会。[②]

阿美人分布在中国台湾东部，中央山脉东侧以及太平洋东海岸，分为北部群和南部群。[③]1924 年阿美人有 2.4 万人，1938 年有 5.1 万人、6400 户，1964 年有 9 万人（占台湾原住民的 37.5%），1990 年有 12.8 万人，1996 年有 14.6 万人，2004 年有 16.8 万人，2011 年有 19 万人。[④]就马兰社的家族户数来看，1647 年只有 24 户，但到了 1900 年有 208 户、1299 人，已经形成了一个大部落。[⑤]和平部落早期与卑南人相遇，1871 年有 317 人，1964 年有 80 户、500 人。[⑥]

七、母亲监管下的父亲

1. 单身男人过着军营般温暖生活

台湾阿美人母系家族，如同云南摩梭人母系家族一样，以侍奉先人为信仰，大体以上三代和下三代为单位，通过分家，向下连续裁剪出一个个家族三角图。但是，同样是家族三角图组成的母系社会，两个社会明显不同。

---

① ⑤　郭祐慈：《台东平原的农业民族：马兰社阿美族社会经济变迁（1874 – 1970 年)》，见 https：//ndltd. ncl. edu. tw/cgi – bin/gs32/gsweb. cgi? o = dnclcdr&s = id = % 22096NCCU5100004% 22. & searchmode = basic；http：//www. chinabaike. com/article/baike/1000/2008/200805111456020. html。

②　陈其南：《家族与社会》，台湾联经出版事业公司 2004 年版，4 ~ 8 页。

③　《台湾原住民各聚落及建筑基本资料委托研究：阿美族篇》，1 页。

④　郭祐慈：《台东平原的农业民族：马兰社阿美族社会经济变迁（1874 – 1970 年)》，见 https：//ndltd. ncl. edu. tw/cgi – bin/gs32/gsweb. cgi? o = dnclcdr&s = id = % 22096NCCU5100004% 22. & searchmode = basic；http：//blogs. yahoo. co. jp/yoshii18810801/10567993. html。

⑥　廖晓菁：《祖先、家与天主教：以鹿野乡阿美族和平部落为例》，见 http：//paperupload. nttu. edu. tw/CA4BD71DBC8AB41/c2c454adbacbe0da. pdf。

摩梭人增长缓慢，从 1956 年的 1.4 万人变为 1996 年的 1.57 万人，40 年间人口增长了 12.1%，而阿美人增长很快，从 1964 年的 9 万人变为 2004 年的 16.8 万人，40 年间人口增长了 86.7%。在摩梭人社会中，只有一些临时的男性组织，比如渔业组织。但在阿美人社会，却有长期固定、具有行政管理职能的男性组织，比如年龄组和集会所。两个社会人口增长状况的不同，是否与男性组织的存在有直接关系无法肯定，但阿美人社会在近几百年为了对承包其他部族的土地而共同开垦和防卫，需要把男性组织起来，成立了年龄组织是历史事实。为了巩固其组织，发挥其机能，以及为了满足超越母系组织机能之外的社会机能的需求，阿美人很可能有意识地增加人口。

男性行政组织的发生，意味着在原有的各个由上向下推移的家族三角图之上，横向地编织出来一个扁平的纽带似的男性组织。这个扁平组织随着家族三角图向下移动，底边也逐渐向下延伸，形成一个向下移动的梯形集团，这就是年龄组。

这个男性组织有些什么特征呢？那些在 13 岁之后就被驱赶出家门以及没有找到对象的男人，可以在集会所过夜。这样的栖息地成为单身男人之间同志、友情发生的温床。在母系家族内，男人被分为与先人有关的家人（兄弟）和与先人无关的外人（女婿），而在集会所，人们都处于同一年龄层的平等地位，没有内外之分。正因为独身男人在这里过着"军营般温暖、幸福"的生活，所以，让他们去给别人当女婿，就像是奔赴战场的英雄壮举。

2. 上下命令关系和秩序

男性组织的出现，意味着有了超越古老母系社会的另一种组织原理。母系组织发生的原理，是为了侍奉先人，把两代以上的成年人绑在一起。这种为了侍奉而形成的组织的人数不能无限扩大，到了一定的数量便各自分开，分化为相互独立的无数组织。就摩梭人和阿美人来说，就是三代（包括分家出去的人）算一个组织。随后再向下延伸的各分家，独立形成另一个组织。由于各个组织只侍奉自己上三代的先人，相互之间没有主次之分，也就是说，不存在哪一家是正宗，其他家是旁支的问题，没有因长幼等因素产生阶级性。阿美人各个分家在老家园的继承人死亡后，可以共同讨论，以最合适的一家重新回到老家园。也就是说，各家族之间原本没有本家和分家的概念。以后，从这样的家族中抽调出男人形成扁平纽带似的组织，在这些组织中，除了年龄阶层差别之外，相互也没有在身份上生来俱有的上下之分。同时，这样的男性组织是基于外在的社会需求而成立的，本来与信仰也没有关系。然而，这个"男性社会"需要管理，自然会产生上下命令关系。这时，谁来当领导便成为问题。也许，住在老家园中的男人比分家出来的家族中的男人年龄要大些，所以让他们当领导比较自然，而这个习惯承袭下去，便产生出了本家和分家，以及行政权威。本家（正宗）的先人变得比分家的先人更重要一些。这种以男性组织运作需求、统合男人为前提的东西，是父系社会成立的基础。于是，男人开始摩拳擦掌，想要夺权了。

3. 固定神的诞生

更重要的是，随着男性组织的日益扩大，男性组织的自我存在成为这个组织的目标之一。为了使这个目标在男人中间得到普遍认同，男性组织便开始创造自己的信仰，对祖灵、神灵进行公共祭拜。并且，为了加强男性成员之间的统一和团结，基于男性组织中某个人成为先人这一事实，确立了部落的祖灵、部落的创始神，以及与降雨有关的神祇。在阿美人中，这些祖灵、神与家族先人相比，最大的特征是固定性和不可重复性。也就是说，与家族先人相比较，这些祖灵、神的数量不会随着组织向下延伸和扩大而无限增多，固定的几个人永远屹立在男性组织的顶峰之上。男性组织通过对这些固定祖灵、神灵的祭拜，让成员们服从组织，即让他们感到组织所具有的超自然的力量。这与中国历史上官方祭拜神、佛，与在希腊历史上城邦祭拜英雄、奥林匹克神灵是一样的。

当历史发展到这个阶段后，涂尔干的说法显示出它的正确性，但若把祖灵、自然界的精灵当作最原始的东西，那便是错误的。比如，在阿美人社会，由于男性组织的信仰是基于男性组织的目标而存在的，所以，当日本统治者改变了男性组织的性质，成为男性组织的行政管理领导者之后，就可以让男人们祭拜天皇、参拜神社，西方势力侵入之后，也就可以让他们信仰基督教。更进一步说，当男性组织的行政管理改变为近代模式后，可以让他们崇拜任何大人物。但无论男性组织崇拜对象如何改变，各个家族的先人却依然如故，谁都改变不了，谁也无法代替。即便日本统治者要求阿美人祭拜日本天皇，阿美人也要把日本天皇转化为某个家族的先人，才会得到自己内心的认可。所以，"侍奉先人"才是最原始的信仰，而这个信仰正是"非洲夏娃"在前 10 万年的那一天所创立的东西。

4. 女性先人不需要被神化

另外，通过日本统治者要求阿美人祭拜祖先的事例可以知道，"侍奉先人"和"崇拜祖先"的意义也完全不同。"侍奉先人"是日常生活行为，不会让人敬畏，从今天人们对"宗教"的定义来看，"侍奉先人"也没被算作"宗教"。因为"侍奉先人"显得如此自然，没有夸张，更没有被神化。也就是说，不存在刻意被选出来的先人，也就不存在永久的纪念。这便是"非洲夏娃"的信仰（侍奉先人）在仪式上的特征。但在男人主导的组织中，比如父系家族，却需要把一个人的名字刻在石碑上，让男性子孙世代传颂。为了永存而被神化，这便是父系信仰（祖先崇拜）在仪式上的特征。

5. 难以定义母系社会

由于阿美人的母系社会在一个向下延绵的家族三角图之上，又增添了一个长期恒定、横跨各个家族的、向下延伸的男性组织，与没有这个组织的母系社会相比，便形成很大的差异。有人直观、朴素地提出了这样的疑问：阿美人被看作母系社会的理由有三个，第一是男人上门当女婿，第二是小孩在女人家中抚养，第三是土地由女人继承。但是，阿美人部落中的公共事务都是男人做主，女人没有议事权，连集会所也不让进。在家族内，重大事情都由母舅决定。母系社会是社会组织尚未定型前的初期形态，是部落没有形成之前就存在的。但在阿美人，横跨各个家族的男性公共事务管理组织成立了，所以就不应该被认作母系社会了。①

看来，弄清什么是母系社会已经成为无法回避的事情了。

以下的笼统大论，与我们的故事没有直接关系，可以跳过阅读。但如果想要更清晰地理解我们今天的生活环境，就需耐着性子阅读下去。问题的核心是侍奉先人。

什么叫"家""家族"？费孝通说，夫妇只是三角形的一个边。当家族只是夫妇俩人时，关系相当不稳定，并没有达到真实的夫妇关系，而仅仅是一种过渡形式。当孩子出生后，正常的夫妇关系才真正形成。夫妇之间相互协助，生活安稳而充实。这时由父、母、子所形成的三角可以被叫作家庭。② 日本学者中根千枝

---

① 《阿美族不是母系社会》，见 http://www.wretch.cc/blog/taxi12578/21890504。
② 费孝通：《乡土中国　生育制度》，北京大学出版社 1998 年版，163 页。

说，家庭应该包括四个因素。第一是性和血缘关系，比如妻子、亲子、兄弟姐妹。第二是共同开伙，共同吃饭。第三是居住，即住在同一个屋檐下。第四是共同所有，即共同消费，共同生产，共同经营，共同分配。在这些共同性下，家庭自成一体，不会与其他家混在一起。① 而根据英国皇家人类学会的田野调查工作指南，配偶夫妇加上他们的未婚子女的家庭（无论是否住在一起），被称为核心家庭。在这之上加上夫妇的父母，便被称为主干家庭。在这之上再加上夫妇的兄弟姐妹家庭成员，便被称为共同家庭。如果这些家庭成员一起过日子，也就是同用一口灶，就可以被称为家户。② 所以，从父母的角度来看，核心家庭是指父母和未婚孩子同居；主干家庭是指父母和结婚孩子中的一对夫妇同居；共同家庭是指父母和结婚孩子们的几对夫妇同居。

然而，以上的叫法都无法描述母系社会的家族。因为在母系社会的家庭中，就算在同一屋檐下生活、同吃一口锅，"女婿始终是外人，他的孩子也不属于他。而无论他如何在妻子家里辛勤劳动，却不能拥有自己的劳动果实，对妻子家的财产没有所有权"；并且，"他自己的生活基于他人的干涉，他自己的活动领域被分割为自己出身的家和入赘的家"。③ 有人还说，"在母系家庭内，以兄弟姐妹关系为重心、与夫妇关系相对立、丈夫的孩子与他自己的外甥相对立"。④ 如果母系社会的家庭、家族不能被定义，那么，我们就不能使用"母系家族"这个用语，也无法划分出母系家族的活动范围和部落的公共活动范围。

而更重要的是，由于男人的活动领域被分割为自己出身的家和入赘的家，人们的关注点不同，所得到的结论也就不同。比如上面所提到的，有人说，"在生家内，重大事情都由母舅决定"，所以阿美人社会"不是母系社会"。这种看法完全正确，但不能否定"在入赘的家族内，他完全没有发言权"的事实。导致混乱的原因是，所谓"家族内"是指的哪一个家族，是他妻子的家族，还是他母亲的家族？所以，只有弄清了母系社会中的家、家族，才能把故事继续讲下去。

什么是"支配权"？前面提到，巴霍芬利第一次提出了女性曾经支配过社会

---

① ［日］中根千枝：《家族的构造：社会人类学的分析》，东京大学出版社 1970 年版，5 页。
② 陈其南：《房与传统中国家族制度》，载《汉学研究》，1985，3（1）。
③ ［日］大林大良：《母权制之谜》，评论社 1975 年版，81 页、89 页。
④ ［日］大林大良：《母权制之谜》，评论社 1975 年版，83 ~ 84 页。

的想法，然后摩尔提出了母权制氏族是父权制氏族的前阶段的设想，并证实说，"在母权氏族社会，丈夫和妻子的财产和所有物都分得清清楚楚，死后则分给各自所属之氏族。妻子对于丈夫的东西一无所取，丈夫对于妻子的东西也一无所取"。中国历史教科书也说，"女性是生活和生产中的管理支配者"，要维持这种局面，自然会发生上一代女性把包括土地在内的支配权传给下一代女性，从而形成了母系社会的基础。与此相对立，有人却说，"支配权实际上是由一个女人的兄弟传给这个女人的儿子的，并且公共事务支配权都是由男人继承的"。

公共事务与家族事务是两回事，这里暂时不讲公共事务支配权问题，只讲在家里谁说了算的问题。即便是母系社会，男人在母亲的家族中对土地等是具有话语权的，这本身就对女性支配论发起了挑战。另外，从女性支配权的起源来看，中国的历史教科书例举了两点。第一点是女性在定居农业生活中起主导作用，所以女性占支配地位，以后男人在生产中占支配地位，所以男人占支配地位。然而，男人在生产中起主导作用而依然是母系社会的事例，已经对这种假说提出了挑战。第二点是在原始社会乱婚的状态下，孩子知其母不知其父，因此以母系血缘成为母系继承的天然依据。然而，"就算血缘以母系计算，但并不意味女人支配男人"[①]并且，谁都不敢肯定"在人类社会初期，父亲无法判断谁是自己的孩子"，当然也就更难采用"由于父亲知道了自己的孩子，从而导致了母系社会向父系社会的转化"这种逻辑来解释社会发展。由此可见，用女性支配权及其继承来定义母系社会是难以行得通的，必须另辟蹊径。

6. 父亲得不到子女祭拜

在基因遗传研究中，对母系家族的定义是，几代家族成员中的线粒体基因顺序都是同一的。在对摩梭人母系社会调查中所使用的定义是，家族中没有发生娶嫁。而"母系社会的特征就是丈夫把自己的孩子交到他人手中"。[②]而如同摩梭人和阿美人社会所展现的一样，"男性就算在妻子家病亡，也不能与妻子埋葬于同一坟墓中，无法成为妻子家的祖灵"。[③]

基于以上说法和提示，这里对母系家庭、家族进行定义。

---

① ② ［日］大林大良：《母权制之谜》，评论社 1975 年版，89 页。

③ ［日］大林大良：《母权制之谜》，评论社 1975 年版，83 页。

第一，一个独立生活的人有固定的住所，这就是家庭。如果这个人有了配偶，有了孩子，家庭的概念不发生变化。几个独立生活的人凑在一起共同生活，不被称为家庭，除非他们都侍奉同一先人。

第二，一个人与将要侍奉他（她）的成年人后代，构成家族（世系群），无论他们是否住在一起，也无论是几代，几十代，以至于几百代。没有侍奉关系不构成家族（世系群），无论是否属于自己的血缘后代。侍奉关系是构成家族（世系群）的唯一要素。

乍看起来，以上的定义非常荒唐，因为无论是调查经济活动还是调查社会意识，都无法根据以上定义来实施，相反，英国皇家人类学会的田野调查工作指南中的定义，才更有实际操作性。不过，英国皇家人类学会的定义，是在已经设定了家庭、家族在现实生活中的社会功能之后才做出来的（事实上是基于英国这一资本主义社会来下的定义）。而这里所做的新定义，是以重新设定其功能为前提的，即，着眼于来世生活的社会功能，把家庭、家族重新设定为在"为了来世生活"这一精神的支撑下而构建起来的现世生活组织。重新设定功能之后的新定义，更能清楚描述人类社会初期基本社会组织的特征，也更能清楚地解释中国和西方社会在后来的发展中所形成的差异。

先来看对家族的定义。无论在哺乳动物社会还是人类社会，母亲和孩子，或者父母和孩子，都是社会的基本单位，母子情、父子情在这里都得到体现。然而，这是包括哺乳动物、其他人类在内的共同特征，而不是只有我们才具备的特征。那么，我们所具备的特征是什么呢？是上一代人与成年、结婚生子的下一代生活在一起，即便不生活在一起，相互之间仍旧存在无法割舍的联系。由这种联系聚集起来的人群就是家族（世系群、亲戚、亲属集团）。而带来这种联系的根本因素，不是经济，不是社会，也不是政治，而是侍奉（祭拜）。因为有这样的来世关系，人们非得在一起，于是在现世生活中才形成了经济、社会、政治方面的相互关系。而这些关系在祖先们走向世界各地之后，适应其生产方式（畜牧业、旱地种植业、水稻种植业等）和居住方式（窑洞、石洞居住，帐篷居住，石头、土坯、木材建筑居住，茅草、椰林居住等），通过各种不同的习俗、制度表现出来。

以此而论，母系家族就是以侍奉为纽带的组织：母亲应该得到自己的女性后代的侍奉，也得到自己男性后代的侍奉（虽然在阿美人社会中，男人上门当女婿，无法时常侍奉自己的母亲，但侍奉之心并不会被居住方式所淹没），而父亲原则上得不到自己后代的侍奉。在这样的家族中，女人具有权威性。其理由是，虽然男人也侍奉自己的母亲，拥有属于自己的一份资源，并且也参与家族财产的管理，有时还有决定权，但是他得不到自己子女的侍奉，最多只能得到侄儿、侄女的侍奉。这样一来，在家族中姐妹们的地位高于兄弟们的地位。因此说，当父亲得到子女侍奉时，这样的家族才能被称为父系家族。

以往在定义母系或父系时，比如在对摩梭人的社会调查报告中说，"有的是母系，有的是父系，在一个家族的漫长历史中有时是父系，有时是母系"。然而，在现实生活中，由于"死是两家鬼"，所以，即便从居住生活形式上看是父系，但从祭拜关系上看，实际上都是母系家族。

7. 男性组织让母系社会变形

弄清了家庭、家族，再来说氏族。

按照历史教科书的说法，当祖先们排除了兄妹婚，实行族外婚之后，便进入了母系氏族社会。简单地说，就是形成相互通婚的集团，这种集团被称为氏族。这个称呼在对世界原始部落的田野调查中被广泛使用。比如，福特斯在对非洲塔伦西人调查中就明确地说，氏族是相互通婚的集团，同时强调，氏族内部成员之间，在仪式、法律遵守、经济活动等方面相互拥有权利和义务，比如父系氏族成员应该娶寡妇，完成复仇愿望，等等。正因为这些氏族内部的相互义务，特别是参加共同仪式，使氏族集团获得社会向心力，从而克服世系群（家族）随世代向下推移所产生的社会离心力，保证社会不至于走向崩溃。[1] 而在文化人类学中，世系群（家族）和氏族的区别在于，世系群（家族）可以明确追溯共同先人，但氏族只有模糊的共同祖先，大多存在于神话传说中。[2]

摩尔根更具体地讲述了有关母系氏族的特征：氏族的主要内容有三个，亲属的团结，完全以女性为本位的世系，氏族内部之禁止通婚。氏族的特色是具有规定人们的权利和义务的氏族法。其内容是选举氏族首领和酋帅的权利，罢免氏族

---

[1] ［英］Meyer Fortes，African Political Systems，Oxford University Press，1940，pp. 242~245。
[2] ［日］祖父江孝男：《文化人类类学入门》，中央公论社 2009 年版，137 页。

首领和酋帅的权利等。①

可是，用以上关于母系氏族的定义来衡量摩梭人和阿美人社会就会发现，在这两个社会中，家族之间不仅可以相互通婚，而且在这之上也没有一个女性权威组织来统合各个家族。因此，也就不能把这两个社会称为"母系氏族社会"。这些家族在不断向下延伸的情况下，地区性分散是必然的事情，其结果最多能够形成自然居住社会群体（聚落），而不会形成超越家族之上的母系政权机构（氏族、部落）。这样的社会应该是祖先们从前 10 万年到前 5000 年的基本形态，在这里定义为母系社会（包括内婚和外婚两个阶段）。也就是说，在以"非洲夏娃"为顶点，底边延伸到前 1 万年的社会三角图中，只存在着显示侍奉关系的一个个小的家族三角图。这些家族三角图中的成员，尽管他们之间都血脉相通，来源于共同先人，都是"一家人"，但因分家而成为独立单位，无论在小范围的区域社会，还是在大范围的整体社会，都没有产生以某个家族为中心，跨越各个家族的横向母系行政管理机构，也没有公共权威。因此，巴霍芬利所设想的女性对整个社会的支配权，即"女权社会"，也就没有成立的可能。

那么，阿美人社会的男性部落组织又意味着什么呢？这个部落组织毫无疑问是统合各个家族的政权机构，但这个机构的发生是以男性组织的发生和男性组织信仰的建立为前提的。对这样的社会，这里定义为"变形母系社会"，即母系社会的发展形态。在变形母系社会中，子女侍奉母亲仍是社会组织的基础，同时，由于外在原因而产生出社会公共事务，男人主宰这些公共事务，其支配权也在男人之间传递，但这与母系社会本身没有必然联系。

我们古代社会的发展轨迹清晰起来：内婚母系家族→外婚母系家族→有男性组织的母系社会→父系氏族社会。

八、土地和粮食不足带来冲击

随历史发展，远古母系社会中出现了男性组织，远古父亲在公共社会事务方面也有了话语权。然而，在家庭内部，仍旧是"妻管严"。那么，以后远古父亲

---

① ［美］路易斯·亨利·摩尔根：《古代社会》，杨东苑等译，商务印书馆 1981 年版，62~69 页。

又是怎样降伏住远古母亲的呢？带着这个疑问，接下来飞到太平洋中的一个被称为萨塔瓦尔的热带小岛，去接触另一个母系群体，走入这个母系社会，讲述远古母亲生活故事的最后一部分。

1. 先人们请吃吧

萨塔瓦尔岛人分别住在各个家园内，这些家园都有固定名称。家园由一个矮石墙围绕而成。家园里几间住房围绕着一个院子，家族各夫妇和他们的孩子、养子住在各自的房间里。不过，男孩子到了13岁便会到集会所去，直至入赘。家园里有一个厨房，是为家园中所有成员供饭的地方。家园里有菜园，种植烟叶、红薯等。对家园的财产以及家园外面的土地，上门女婿有支配权。如果妻子先亡，上门女婿还可以一直在妻子家住下去。如果女婿过世，他的兄弟姐妹及其自己的世系群成员都会来参加葬礼。家园里有墓地，埋葬着曾经居住过的所有先人，先人永远留在家园内。若有病患或不幸发生，家族会举行供奉和祷告仪式，这里成为和祖灵交流的地方。家人在吃饭前，把芋头或鱼的一部分扔出去，说，先人们请吃吧。先人一般向上只追溯三代。当家族内病患或不幸频频发生，家族就会考虑在别处建立新的家园。而原来家园里的墓地，作为先人踏过的地方，会用石块圈起来，以让后代人随时都可以分辨和确认。①

住在家园里的家族与分家出去的家族构成世系群，它们之间没有共同财产，也没有祭拜共同祖先的仪式，但也不能相互通婚。世系群沿用最早家园的固定名称。通过世系群的名称和传说可以确认与其他岛屿世系群的血缘关系。其他岛屿的同血缘者来萨塔瓦尔岛永久居住时，世系群就会分割给他们一些土地，承认他们的成员资格。②

2. 世系群的负责人

在家园内，长子、长女有较高的地位，因此后代系统也就有高低之分。这在

---

① ［日］须滕健一：《母系社会的构造：珊瑚礁各岛的民族志》，纪伊国屋书店1989年版，65页、130页、148～149页、160页；［日］须滕健一：《密克罗尼西亚母系社会的变质》，载《日本国立民族学博物馆调查报考》，第10卷4号，1986（3），884页；［日］土方久功：《密克罗尼西亚：萨塔瓦尔岛民族志》，未来社1984年版，78页、156页；［日］柄木田康之：《在岛屿上的土地和人类社会》，载鹿儿岛大学《南太平洋海域调查研究报告》，1994（3）。

② ［日］须滕健一：《母系社会的构造：珊瑚礁各岛的民族志》，纪伊国屋书店1989年版，149页、160～161页。

分家时就表现为，住在原有家园的，其社会地位高于分家出去的；住在最古老家园的，被认作是女性祖先迁移到萨塔瓦尔岛的家族，具有最高地位。在家园内，母系血缘最年长者成为家族的管家；在世系群内，最古老家园的母系血缘最年长者成为世系群的负责人。①

在家园内，女性管家监督管理各对夫妇的生产和生活。每天她通知各对夫妇从他们各自所负责耕种的土地中挖取多少芋头，并把这些芋头送到厨房来，大家一起做成芋头丸子。女管家把做好的芋头丸子分配给各对夫妇和他们的孩子、养子，让他们带回到各自的住房用餐（以前是大家在外面一起吃）。她还分出一些，让人送给集会所的家族男性。女性管家传承有关家族的谱系、土地分布、丰收礼仪、卜卦等专门知识。家族的谱系关系到家族在岛内各个世系群中的社会地位，土地关系到家族的粮食供给，不熟悉其分布情况，不知道地界在哪里，容易引起与其他家族的纠纷。②

家舅在家族商议分家或赠送土地等重大事情时返回生家。他是家族的祭司，能看到祖灵。人死之后，亡灵与身体相分离，去到祖灵所在的岛屿通知祖灵。4天之后，亡灵回到家来，第5天在祖灵的迎接下，一同去往天国。祖父母、父母，及他们的姐妹都可以成为祖灵，构成没有彼此区分的集合性祖灵。在祖灵之中，有一位拥有姓名的守护灵。在天国中，祖灵由男性的大神和中央神统治。1953年，天主教传入后，人们依然相信传统神明。③

3. 赠给妻子土地，长子被过继

妻子怀孕后，丈夫家族的人就会送来食物，表达想过继孩子的意愿。是否把孩子过继，由丈夫决定。一对夫妇的孩子中，至少有1人，特别是长子，会过继给丈夫家族，成为养子。丈夫这样做，只是为了把孩子当作自己血缘的代替品归还给自己家。1980年，在15岁以下的272名孩子中，60%都成为养子。④

---

① ［日］须滕健一：《母系社会的构造：珊瑚礁各岛的民族志》，纪伊国屋书店1989年版，150~151页。
② ［日］须滕健一：《母系社会的构造：珊瑚礁各岛的民族志》，纪伊国屋书店1989年版，42~43页、46页；［日］中村基卫：《密克罗尼西亚的家屋和居住方式》，载《日本国立民族学博物馆研究报告》，1997，2（3）。
③ ［日］须滕健一：《母系社会的构造：珊瑚礁各岛的民族志》，纪伊国屋书店1989年版，47页、121~142页。
④ ［日］须滕健一：《母系社会的构造：珊瑚礁各岛的民族志》，纪伊国屋书店1989年版，57页、71~72页、154页。

家族成员的土地所有权非常复杂。比如，夫妇一家从原有的家族分离出来时，就会将丈夫家族曾经赠送给妻子的土地、赠送给孩子们的土地分割出来。这些赠送土地占全岛土地面积的40%左右。母系祖传的土地，母系家族成员都有平均分割权（给别人当女婿的丈夫，对他自己的家族祖传土地也拥有一份权利）。①

土地资源和粮食供应的紧张，新成员的增加，分配不公等，这些都会导致争吵和分家。分家后，新家族便独自开伙。② 分家一般都以妻子和孩子接受了丈夫的土地赠送为契机，而土地的赠送，成为建立夫妻关系、父子关系的基础。③

成为别家女婿的男性，可以利用上述的分配权，把生家的土地赠送给妻子（结婚2个月后）和孩子。男性都尽量为孩子多争取一些土地而与生家的人进行反复协商。如果丈夫不赠送土地给孩子，孩子就会被妻子一家说闲话，"这里没有你吃饭的份儿"；如果丈夫不赠送土地给妻子，他自己也会被妻子一家说同样的闲话。而孩子，因为接受了土地赠送，一生都要为父亲的家族提供劳动力。父亲对孩子有命名权，不过，由于男孩子会给别人当女婿，父亲和孩子的关系只能维持两代人，无法形成典型的父系家族（儿子侍奉老子）。另外，离婚时，如果有子女，丈夫就不能收回赠送给妻子的土地。④

用土地所有权来确定家族之间的关系是萨塔瓦尔岛的一大特征。因此，入赘女婿是妻子家族成员，只是人们一般强调自己仍属于生家血缘集团而已。⑤

4. 酋长会议处理全岛的事务

在萨塔瓦尔岛，男性们共同出海负责捕鱼、捞海龟，从而形成男性组织。海产品被集中到木舟小屋的集会所，由头目分配。⑥ 因此，男性组织有自己的经济来源、共同财产。领导机构是由3个男性酋长组成的酋长会议。酋长会议处理全

---

① ［日］须滕健一：《母系社会的构造：珊瑚礁各岛的民族志》，纪伊国屋书店1989年版，151～153页、158页。

② ［日］中村基卫：《密克罗尼西亚的家屋和居住方式》，载《日本国立民族学博物馆研究报告》，1997，2（3）。

③ ［日］柄木田康之：《在岛屿上的土地和人类社会》，载鹿儿岛大学《南太平洋海域调查研究报告》，1994（3）。

④ ［日］须滕健一：《母系社会的构造：珊瑚礁各岛的民族志》，纪伊国屋书店1989年版，72～73页、105页、111～113页、151～153页、155页、219页。

⑤ ［日］柄木田康之：《在岛屿上的土地和人类社会》，载鹿儿岛大学《南太平洋海域调查研究报告》，1994（3）。

⑥ http://www.cis.ntu.edu.tw/20130628talk/。

岛的事务，所做的决定是绝对命令。由于岛上的粮食危机，需要对粮食的消费实行管制，1979 年 1 月，酋长会议发令，不允许人们去自己家的土地挖取芋头。违背命令者给予罚款处分，世系群成员对此都负有连带责任。木舟小屋是全岛男性的集会所，是男性从事渔业的工作地，是鱼类收获物的分配地，也是单身男性过夜的地方，女性禁止入内。举行公共活动时，头目和长老坐在集会所中央，女性路过集会所时，要猫着腰走。①

在岛上 8 个母系世系群中最早的先人可以追溯到上八代（1810 年），最晚的先人可以追溯到上四代。各世系群的先人起源地和移居路线对外保密。由于最早移居到岛上来的世系群曾把土地分割给了后来移居到岛上来的世系群，所以各世系群在社会权利分配上有差异，形成上下关系，而来自各个母系世系群的男性，在男性组织会议上也因此具有不同轻重的发言权，酋长从最早移居到岛上来的母系世系群中选出。②

男性组织中的祭司，掌握着关于自然神的秘密知识体系。这些知识运用在远洋航海、捕鱼、耕作、治疗、制造木舟、平息风暴、卜卦等方面，并通过血缘关系者传承下去。③

5. 人口增加导致土地和粮食不足

前 6 万 ~ 前 5 万年，我们祖先的一部分从菲律宾来到巴布亚新几内亚，然后进入澳大利亚，分散到美拉尼西亚地区。前 1500 年，另一部分通过东南亚进入美拉尼西亚和澳大利亚，而与澳大利亚居民通婚所出生的后代扩散到了波利尼西亚。前 1500 年，还有一部分通过菲律宾来到密克罗尼西亚。随后一些先人从美拉尼西亚、波利尼西亚迁入密克罗尼西亚。近代，在澳大利亚、美拉尼西亚、波利尼西亚和密克罗尼西亚的一些部落仍残存着母系社会制度。密克罗尼西亚联邦的人口约 25 万人。在密克罗尼西亚联邦的各个岛屿，大都以母系血缘继承为

---

① ［日］须滕健一：《母系社会的构造：珊瑚礁各岛的民族志》，纪伊国屋书店 1989 年版，34 页、39 ~ 40 页、163 ~ 167 页。

② ［日］须滕健一：《母系社会的构造：珊瑚礁各岛的民族志》，纪伊国屋书店 1989 年版，156 ~ 159 页。

③ ［日］石森秀三：《萨塔瓦尔岛的集团改宗：基督教和传统宗教》，载《日本国立民族学博物馆研究报告》，别册 6 号，1989 年。

特征。①

　　萨塔瓦尔岛的面积只有 1.3 平方公里，1909 年有 191 人，1931 年有 271 人，1980 年有 492 人。他们分布在 8 个有固定名称的母系世系群，分别居住在 15 个家园中。15 个家园内共有 90 间住房，在西部的沿海区域排列着 8 间木舟小屋，形成 8 个男性组织单位，听从酋长统一指挥。由于人口增加，导致了土地和粮食供应不足。对此，酋长非常担心地说，如果岛上人口增加到 600 人，那么，岛民们争夺粮食的纠纷便会发生。②

九、开始委身于父亲的母亲

1. 土地资源的制约带来功利性祭拜

　　父系社会的脚步越来越近，但这都是生存环境的巨大变化所催生的结果。比如，萨塔瓦尔岛人面临着土地和粮食不足的危机，而带来这种危机的，是岛上无法开拓新土地而人口呈大幅度增长。从 1909 年到 1980 年大约 70 年间，岛上人口增长了 158%，简单计算一下，每年增长 2.3%，高于中国台湾阿美人的增长率。萨塔瓦尔岛人在传统上是实行计划生育的，孩子在满 3 岁之前夫妇不能同房。但日本人统治之后事情开始发生变化，特别是天主教传入之后，计划生育被彻底废除。③ 父系的思想和制度对人口变化的影响显而易见。这种变化对萨塔瓦尔岛人的社会形成了巨大冲击。对此，日本学者须滕健一说，就萨塔瓦尔岛的事例来看，母系制度的维系深受外在条件影响。在萨塔瓦尔岛，由于人口增加，粮食不足，上门女婿为了给他的孩子提供粮食资源，便把自己母系家族的土地分割出来，赠送给妻子和孩子。更有甚者，岛上开商店的老板、领工资的男人，用现金购买土地，把它们直接交到儿子手中。④

---

　　① ［日］石川荣吉：《詹姆斯·库克时代的波利尼西亚：民族学研究》，载《日本国立民族学博物馆调查报告》，2005（2）。
　　② ［日］须滕健一：《母系社会的构造：珊瑚礁各岛的民族志》，纪伊国屋书店 1989 年版，32 页、157 页、246 页。
　　③ ［日］须滕健一：《母系社会的构造：珊瑚礁各岛的民族志》，纪伊国屋书店 1989 年版，246 页。
　　④ ［日］须滕健一：《母系社会的构造：珊瑚礁各岛的民族志》，纪伊国屋书店 1989 年版，14 页、19 页、169 页、247 页。

前面提到，在母系社会，家族是向下连续分散的组织，家族之间没有多少联系，也没有尊卑之分。这在祖先们"急行军"的过程中是常态。即便在农业定居的状况下，如果有足够开垦的土地，原有状态也能保持下去。然而，像萨塔瓦尔岛这种受到土地瓶颈制约的社会，原有的组织松散状态很可能发生变化。

首先是岛外人的涌入带来土地再分配。由谁把自己的土地分配给新来者，谁来履行照顾他们的责任，这些都迫使原来那些分散的家族要记住以前的土地分配历史，以作参照，处理将来发生的事务。这样一来，就必须区分因分家（分支）而产生出来的家族和原有家族（本家、正宗），由此家族间也就出现了尊卑之分，比如本家和分家。同时，也因此形成不同系列组织之间的上下社会地位，比如，有些世系群可以推出男性组织的头目（酋长），有些却不行。于是，各个世系群也需要固定名称，产生出向上追溯祖灵的现象。更进一步，同一家族系列上各家族的差别和不同家族系列家族之间的差别带来竞争意识，家族也开始报以功利之心。在追求功利的压力下，以求得庇护和保佑家族为特征的"自然崇拜"或"祖先崇拜"自然发生。

同住一个岛上，发生了饥荒谁都逃不了。这便要求有人来统筹岛上的整个粮食供求。男人凭借渔业所形成的男性组织，组成行政管理机构，以此来承担统筹岛上事务的责任。于是，这个管理机构作为男性组织的权威，横跨各个放任自流的母系家族之上，同时，连带责任让本家和分家的区别更加鲜明。

2. 用土地换来与孩子永远在一起

更为重要的是，原有的家庭内部的母系特征也发生变化。

母系的特征是，母亲得到子女的侍奉，而父亲虽然侍奉祖母，但得不到这样的侍奉。这给父亲带来巨大的精神痛苦，即便自己对孩子情深似海，但最终还是要和孩子分开；即便在自己母系血缘家族内拥有土地所有权，却无法把此转让给自己的孩子。这被人们称作"母系社会的困惑"①。然而，萨塔瓦尔岛社会的土地不足，给父亲带来了改变这种命运的契机。丈夫用自己的土地所有权来交换与孩子永远在一起的机会，从而成为妻子家族中先人的一员，受到孩子的侍奉。这就

---

① Richardsm, "Some Types of Family Structure amongst the Central Bantu." In A. R. Radclife—Brown and D. Forde（eds）, African Systems of Kinship and Marriage, Oxford University Press, pp. 26。

使母系社会向父系社会更加靠近。

不过，这时的母系社会还不能转化为父系社会。因为儿子要去当上门女婿，所以真正能侍奉父亲的只能是女儿（非典型父系社会）。这与后来的父系家庭形成鲜明对称。比如，在中国父系家庭中，因为女儿要出嫁，所以侍奉父亲的只能是儿子（典型父系社会）。

然而，有些现象却很类似父系社会。比如，就像今天中国的男人找对象需要房子、车子、票子一样，萨塔瓦尔岛的男人也必须用土地所有权来交换女儿对自己的侍奉。

因此说，资源不足、男性组织权威的强化，使得萨塔瓦尔岛的母系社会转化成了变形母系社会（非典型父系社会）。而这种变形母系社会与阿美人的社会相比，更容易演变为父系社会（典型父系社会）。因为，妻子为了孩子有更好的生活条件，在接受较多土地的赠送之后，不再愿意与原来的家族一起"过穷日子"，于是便实行分家。这种妻子对丈夫经济条件的依附倾向，以及对妻子家族和丈夫家族的土地分割，很容易让丈夫在家庭事务中有话语权，由此带来母系家庭的转化。

3. 我的孩子在哪里

在人们的一般概念中，母系社会都是大家族，几世同堂，分家都被看作忌讳的事情。前面也说过，侍奉关系是构成家族的要素，所以，利用分家向父母家族争夺资源的行为，似乎违背了"侍奉先人"的原则。

实际上，分家反映了"从一到二"的根本原理。"侍奉先人"的信仰，在生活实践中的重点不是"先人"，而是"孩子"。这就像我们现实生活中的金钱一样，获取金钱不是最终目的，但没有金钱却万万不能。孩子虽不是最终目的，但没有孩子一切皆空。因此，利用分家向父母家族争夺资源，正是实现以自我为中心的"侍奉先人"的一种表现形式。"侍奉先人"需要后代。在这个意义上，孩子和"侍奉先人"是可以画等号的。然而，一代新人的诞生，理论上就已经是"分支"了，一代新人必定要占用家族原有的资源，在这个意义上，孩子和分家是可以画等号的。至于是否分家，仅仅是依据各种条件而发生的一种现象。因此，"侍奉先人"的信仰虽然可能带来家族集团的扩大，但因立足于"孩子"的诞生，也就潜藏着"分支"的必然性。

也就是说，母系思想不是家族集团的团结和扩大，而是"我的孩子在哪里?"母亲只要能看着孩子们长大、结婚、生子，逐渐在精神上与孩子们融为一体，自己被侍奉的愿望就可能实现，因此满怀希望的她什么都能接受，包括让丈夫进入自己的先人行列，甚至嫁入夫家，与母系先人离别。所以，在现实生活中，"侍奉先人"是第二位的，"对孩子负责到底"反而上升为第一位。也正因为如此，在特定的社会经济条件下，即便今天父系社会几乎占据整个世界，母系社会已经衰微，母系思想本身却依然如故，不受损伤，潜藏于各种类型的父系家庭之中。也正因为有"为了下一代"这一观念的支撑，也才有"非洲夏娃"之后的不间断"组织创新"，这才有一系列的社会政治、经济的发展。

据说，在古罗马时代，罗马人掠夺了萨宾人的女性，让她们成为罗马人的妻子。于是，萨宾人向罗马人发动战争。在这之际，那些成为罗马人妻子的萨宾人女性，来到萨宾人男性的军营，把新生的婴儿捧到他们眼前，请求自己的父兄原谅罗马人女婿和外孙。如果不能求得原谅，她们就自己杀身成仁。由于萨宾人女性们的调停，萨宾人和罗马人言归于好，最后相互融为一体。① 很显然，支撑萨宾人女性行为的不是以竞争、复仇等功利为目的的父系思想，而是母系思想：我要与我的孩子同在，我要活下去，而无论我的丈夫是谁。

结论是，母系思想是母系社会演变为变形母系社会，进而演变为父系社会的内在因素。而区域性资源的不足和横跨家族的男性组织权威的强化，是导致其演变的外在因素。

十、母亲世界种种

以上讲述了远古母亲的生活故事。但要完结这个故事，还需讲一讲远古父亲们的遭遇。先简单说一下世界其他地区母系社会的情况。

1. 越南埃德族人②

埃德族人生活在西原地区，有 72 万人。他们住在用木头或竹子建成的空中长

---

① [古罗马] 阿庇安：《罗马史》（上卷），谢德风译，商务印书馆 1979 年版，第 1 卷，V。
② [日] 大林大良：《母权制之谜》，评论社 1975 年版，100～101 页。

屋里，每间长屋可供数十人的大家族一起生活。长屋分为两个部分：在楼梯附近是未婚男子的住处，在里面是夫妇和未婚女子的住处。虽然管理长屋多由男性负责，但女性有话语权，土地所有权掌握在女性手中。女管家还主持祭拜祖灵、求雨、丰收祭等活动，孩子随母姓。

2. 印度纳亚尔人①

纳亚尔人居住在马拉巴海岸地区。男女间保持"走来走去的两性关系"，也不存在父子关系。土地由母系家族成员共同所有，母系血缘年长的男性负责管理。19世纪以后，英国殖民者把对妻子和孩子的抚养义务强加给丈夫，并把土地所有权也移交给丈夫。

3. 印度梅加拉亚邦的部落②

梅加拉亚邦的居民分别属于卡西部落、简蒂亚部落和伽罗部落。按照这些部落的规矩，女儿继承一切财产，儿子"迟早是别家的人"，而且在"出嫁"时"净身出户"，带不走任何钱财。姐姐们分家后，照顾老人的负担会落在小女儿身上，但此时家中财产最大的份额也将归她所有。男人们在"嫁"过去之后，与妇女一样每天下田劳动，但家里的重要决策和财政大权则由女方独揽，男人们只有听着的份儿。

4. 巴布亚新几内亚的多布族人③

多布族人居住在多布岛上，1981年有2000人，以种植薯类和渔捞为生。多布人实行母系继嗣，土地、住房、种子、农耕咒语，都由母系家族成员继承。数代人组成的世系群中的成员，无论分家、结婚、搬迁，其资格都不变，即便死于他乡，也会被葬在世系群的墓地中。多布岛上有12个这样的世系群，分为12个村落。世系群内部成员不能通婚，通婚关系永远固定在两个世系群之间。结婚后，夫妇每隔一年在两个村落中轮换居住。一旦丈夫过世，孩子和妻子便不再允许进入丈夫出生的村落，丈夫的葬礼也与孩子和妻子无关。

---

① ［日］太田雅子：《从社会指标观察到的女性生活的现状》，载《亚洲女性研究》，2010(19)，1~17页。
② 《梅加拉亚邦奇特的印度母系社会》，见 http://www.zmjie.cn/news/industry/357.html。
③ ［日］石川荣吉：《美拉尼西亚的村落构造》，载《史苑》，立教大学，1969，29（2），56~81页；http://seed.agron.ntu.edu.tw/civilisation/student/2005-2/dobuan.htm。

5. 巴布亚新几内亚的特罗布里恩人①

特罗布里恩岛上有1万人，分为4个氏族村落，每个氏族的成员宣称拥有一个女性祖先传承下来的共同血统，而且每一成员都属于某一明确的社会等级。他们居住的小屋里，黑暗而不通气，门是唯一的通风口。夫妇和孩子住在丈夫出生的村落里，但妻子和孩子都不是村落的成员。

孩子在9岁之后，就要搬回到母亲出生的村落，与舅舅一起生活，继承土地和家产。到了结婚时，再迁回到他父亲出生的村落，哺育自己的孩子，但同时也得到舅舅赠送的土地。虽然孩子不承认亲生父亲，但父亲是孩子最亲密、最挚爱的朋友。孩子陷入麻烦或生病时，需要为孩子承担困难或危险时，总是父亲挺身而出，而不是舅舅。在继承和移交财产方面，父亲虽然也考虑到他对其姐妹家庭的义务，但还是尽力照顾好自己的孩子。有一个酋长，出于感情，利用职权把成年的儿子硬留在身边。当儿子与姑姑的孩子发生争执时，姑姑的孩子就会说，你吃我们家的东西，使用我们家的小木舟，在我们的土地上修建小房子，可你还反过来伤害我们，你不是我们这里的人，你滚出去吧。结果，这个儿子只好去到舅舅的身边。

舅舅的近亲位置是被法律和习俗规定的一种权利，而父亲依然关心、热爱其子女。他帮助母亲无微不至地照看婴儿，把孩子抱来抱去，看着孩子长大。在继承问题上，父亲倾其所有给予孩子。舅舅被认为是一个男孩真正的监护人，他们有一系列的责任与义务。他的姐妹们一旦长大成婚，他就要为她们的孩子而劳动，并迫于习俗把财产交给外甥。

6. 加纳阿散蒂人②

在非洲"黄金海岸"的阿散蒂人，是加纳共和国的主要民族之一，2002年有505万人，实行族外婚和母系继承制度，社会的最基本单位是氏族下的母系家庭。

阿散蒂人的诸多部落中，奥约考被称为王族部落。300多年来，所有国王都

---

① ［英］布罗尼斯拉夫·马林诺夫斯基：《西太平洋上的航海者》，张云江译，中国社会科学出版社2009年版；Bronislaw Malinowski, Crime and custom in savage society , London, K. Paul, Trench, Trubner & co. , ltd. ; New York, Harcourt, Brace & company, inc , 1926, pp. 102~104；［日］石川荣吉：《美拉尼西亚的村落构造》，载《史苑》，立教大学，1969，29（2），56~81页。

② ［英］Meyer Fortes, Religion, morolity and the persong：Essays on Tallensi religion, Cambridge University Press，1987，pp. 73。

出自这个部落。由于本部落所有的人都自称来自一位女先人，本部落内的人不能通婚。根据母系承袭制，下任国王不能由前任的子孙承袭，而要在前任的叔伯、兄弟、侄子，乃至侄孙中挑选。所有的土地在名义上也都属于国王，酋长们成为各自土地的第二级拥有者，由此类推，直至各个家族拥有自己的土地。但实际上土地被认为是属于先人的，国王、酋长、家族只是受先人委托的管理者。

阿散蒂人认为，先人的灵魂与凳子密切相关，每张小凳都代表一位先辈。平日，凳子由各位先人的后代分别带回家中供奉，每天早晨，老人醒来的第一件大事就是在凳子前洒酒，向先人致意。吃饭前也要把第一口饭抛在凳子跟前，请先人先尝。熟悉典故的人看见凳上的雕塑纹饰，便可得知主人先辈的身份和历史，一切权力都以凳子来衡量。

在家庭生活中，虽然上门女婿在自己孩子的幼年时期与孩子有亲密的个人关系，在孩子心中留下深刻印象，其关系远远超过孩子的舅舅。但作为家族的先人，被下一代侍奉的不是父亲而是舅舅。

7. 欧洲初期社会的文化①

直到前 2000 年，在贝尔格莱德的多瑙河沿河一带，存在着一个不包含印欧成分（库尔干人成分）的古代欧洲农耕文化。在位于西班牙北部和法国南部的巴斯克人族群中使用的巴斯克语言，是一种早于印欧语言的古代西欧语言，是印欧人入侵后被保留下来的唯一本土语言。巴斯克文化继承古欧洲文化，其母系继承制度一直延续到 20 世纪初的法国大革命前夜。在这个社会，实施长子或长女继承制。妇女被称为家中的女主人，她们是世袭财产的守护者，是世袭领袖。即便是父系社会的凯尔特人（库尔干人的一个分支），前 11 世纪从欧洲中部迁移到欧洲南部和西部后，其社会中的妇女仍旧有较高的地位。妇女可以独立作战，或与丈夫并肩作战。在后来的历史时期，作为凯尔特人后裔的爱尔兰女性仍然保持了她们的重要地位，她们在婚后依然拥有对财产的所有权。

---

① ［美］马丽加·金芭塔丝：《活着的女神》，叶舒宪等译，广西师范大学出版社 2008 年版，185～192 页。

8. 北美洲易洛魁人①

从地理分布和文化发展上看，16世纪前后的印第安人大体可以分为几个区域：北美西北海岸渔猎区（包括特林基特人、海达人、瓦卡什人、萨利什人等）；加利福尼亚采集、狩猎、捕鱼区；阿拉斯加和加拿大北部猎鹿和捕鱼区（阿尔衮琴人和阿塔帕斯卡人部分聚落）；美国东部定居农耕区（易洛魁人、穆斯科格人、东阿尔衮琴人）；草原猎捕野牛区（苏人、达科他人、曼丹人、阿拉帕霍人、切延内人、卡多人、维奇塔人、波尼人等）；美国西南部灌溉农业区（普埃布洛人、皮马人等）。

现在的易洛魁人居住在加拿大。1675年左右，他们的领土范围很大，包括美国的纽约州、宾夕法尼亚州和俄亥俄州的大部分地区，以及安大略湖北岸一部分加拿大地方。当时森林蔽野，易洛魁人就藏身在大森林之中，有1.5万人。他们在园圃的土坛上种植玉米、菜豆、南瓜和烟草，还把玉米面放在陶器内煮熟后做成不发酵的面包；他们将兽皮制成革，用以制造短裙、裹腿和鹿皮鞋。

他们一年的大部分时间都居住在聚落里。聚落的大小按房屋的数目来决定。房屋的大小按它的火塘的数目来决定。他们的房屋被称为长屋。长屋是用长形的杉树皮覆盖的木屋，中间为走廊，设有许多火塘，两边被分隔为若干房间，家族的成年女性和孩子各自居住在自己的房间里。一般的长屋有17英尺宽，60英尺长，有13个火塘，可容纳50个家庭。年长的女性担任管家，管理家族收获来的农作物。她每天分配给各房间粮食，邻近的几个房间共用一个火塘。男性上门同居，提供劳动力，女孩子在长屋内长大，继承母系血缘家族的财产，男性不能从同居女性那里分到任何遗产。

在易洛魁人的社会中，具有行政管理功能的，是若干长屋中母系血缘男性所组成的聚落会议。聚落会议决定狩猎用地、轮耕农地等事务。首领世系按女性下传，选出的人通常是已故首领的兄弟，或其姊妹的儿子。发源于共同先人的几个

---

① ［美］路易斯·亨利·摩尔根：《古代社会》，杨东莼等译，商务印书馆1981年版，68页、71页、73～74页、80页、112～113页、123页；［美］路易斯·亨利·摩尔根：《美洲土著的房屋和家庭生活》，李培茉译，中国社会科学出版社1985年版，129～132页、233页；汪宁生：《关于母系社会及其他》，敦煌文艺出版社2007年版，3～8页；肖锦屏、龙娟：《美国印第安人生存模式的重构》，载《华南大学学报》，2009，10（2），96页。

长屋的家族形成世系群，它们之间不能通婚，这被称为氏族，有一位女性族长。氏族有一个动物名称，即图腾。财产保存在本氏族之内。

先人过世后，被放在尸台上，直到肉体全部化尽，再把骨骸收集起来，藏在树皮所制的桶里，然后置于专为收存尸骨而建造的一座屋子中。易洛魁人相信有一位大神、一位恶神和许多地位较低的神灵，他们还相信灵魂不灭和来世，但不知道偶像崇拜。他们认为，创世不仅属于远古，也属于现在，创世过程不断循环。这些无数循环又最终源于一个神圣的循环，部落的生命力和繁荣都源于这个神圣的循环。因此，包括人类在内的万物，都是同一个母亲的孩子。

9. 乌鸦印第安人①

乌鸦印第安人有 1800 人，分为几个聚落，形成一个个大帐篷圈，分布在北美大草原（今天美国的蒙大拿州）。帐篷大约 25 英尺高，由 20 ~ 30 根松木柱子支撑，能够容纳 40 人。共同居住在同一个帐篷中的各家庭，都各自分开吃饭。战士、私奔情侣、寻找幻象的人有时会在其他地方用枝条、树皮和枝叶搭起一个遮蔽物，以供临时之需要。男人们骑马，共同猎捕野牛、鹿等大型动物，女人挖浆果和根。

乌鸦印第安人有两个较大的聚落，分别由 13 个氏族构成。女性结婚后，居住在男方父母家中。妻子会帮助丈夫的母亲做一些家务。随后，夫妇开始建立起自己独立的家庭，哺育孩子。孩子都随母亲氏族的姓氏，孩子成年时，母子回到母亲的氏族。有的孩子想留在父亲身边，央求父亲不要听从母亲的话，不要把自己送回舅舅家。草地、土地是聚落共同拥有的，因此不会产生继承权问题。但是，对马匹及其他财产的继承模式表明，得到一名男性继承权的不是他的儿子，而是他的兄弟姐妹。男性临死时，大叫着想给他的妻子和儿子一两匹马。他的愿望会受到尊重，但马群的大部分都会归属于他的姐妹。

当亲属死亡时，家人会割掉自己的头发，砍断指头，割伤自己。死者换上衣服、涂饰后用帐篷布包裹起来，驮在马背上，送到野外，放在用树棍支起来的架

---

① ［美］罗伯特·亨利·路威：《乌鸦印第安人》，冉凡、C. Frend Blake 译，民族出版社 2009 年版，1 页、5 ~ 6 页、21 ~ 23 页、26 ~ 27 页、32 页、36 页、39 页、47 页、93 ~ 94 页、105 ~ 109 页、112 ~ 113 页、129 页、131 页、133 页、243 ~ 245 页、254 页、320 页、322 页、342 页、347 页、238 页、435 ~ 441 页。

子上。然后，亲属们分掉死者的衣服和财物，各自回家，哀悼到此结束。待到尸体腐烂之后，家人再去把骸骨取下来，放入石缝中。首领的尸体会一直放在架子上，任凭风吹雨打。他们认为，人死以后处于一种超越的存在状态，以后会再生。也有的人在临死时说，不要害怕死，死后可以见到父母，与他们同住在一起，安营扎寨，过更好的生活。有一位母亲，当她的儿子被杀死后，很长时间不让人安葬。聚落迁移时，她就将儿子的尸体带在身边，安顿下来时，便把尸体放在离帐篷群稍远的地方。

男性们在没有猎物可打时，只得依靠母亲氏族家人准备的干肉饼。他的袍子和护腿也是母亲氏族家人制作的。要想获取猎物、同敌人作战，就得依靠同伴。在四处游荡的生活方式中，危险无处不在，只有得到母亲氏族家人的保护，才能求得生存。而年轻男性一意想做些什么来求得死亡，这成为司空见惯的事情。他就像渴望死亡的疯狗，寻求决斗，不顾一切地独自冲向敌人。英雄死亡之后，人们会哀悼他，把他的尸体放在野外的架子上，被微风吹拂，然后人们继续迁移。

同一母亲氏族的亲属负有共同责任，这优先于对聚落的责任感。氏族的团结依赖于母系亲属，同时，氏族之间不会彼此开战，而是希望建立一个统一阵线来反对外来者。有的氏族人口增加，产生分化，而有的氏族人口则在减少。在人口减少的情况下，几个氏族为了相互帮助会联合在一起。

各聚落是不同的政治单元。母系家族的男性组成聚落会议，推选出一名聚落的首领。首领不是法官，只是决定下属各氏族何时、何地在大草原上安营扎寨、迁徙。他任命一名保安，负责安排对野牛的共同狩猎。还选出一名传令官，骑马奔过各个帐篷群，大声通报大家感兴趣的事情，召唤年长者参加宴会，宣布同聚落中人员失踪、战事状况。在交战前，他鼓励年轻人的斗志，宣布命令。在整个聚落中，除了共同狩猎或重大仪式之外，大家都是随心所欲地行动。

每个男性都属于某个兄弟会。当他还是婴儿时，他的母亲、舅舅就保证他以后要入会。这些活动都是社会和军事性质的。首领每年春天选举一次。前任会对后任致辞说，你英勇无比，希望你为人民而战。男性在年轻时为人民战斗而死，被看作是理想归宿，而高龄男性会被人瞧不起。人必有一死，老年是一种折磨，在战斗中死亡是一种福分。首领被认为是注定要死的男人。因此，虽然首领死后会被隆重悼念，但还是有些人感觉自己在战争中会逃跑，于是恳求大家不要选他为首领。

他们随身携带作为护身符的小烟草袋。他们崇拜太阳神和月亮神，狩猎成功被认作太阳神的保佑。作为男性组织的仪式，他们把发汗浴作为对太阳神的供品。病人许愿说，如果到秋天时病好了，就建立一个发汗浴的房屋。战士许愿说，如果我带回来一些丰厚的战利品，就建立一个发汗浴的房屋。他们没有卜卦体系，从来不崇拜祖先，也不进行血腥的祭祀。万般无奈时，才去面对神，但不需要神职人员来做中介。他们享受绝对的信仰自由，不管各种各样的创世论、宇宙论、来世论，愿意相信什么就相信什么，没有人强迫崇拜这个或那个神。他们的信仰由各自特定的幻象来指引。他们各自设法通过超自然力量来获得神示。传说一位失恋的人，去到了远离人烟的一块岩石，得到了一位神灵的保佑，以后便成为伟人。

十一、卑微的父亲

1. 男性英雄，孤独而寂寞

在以远古母亲为主角的故事中，远古父亲扮演什么样的角色呢？印度纳亚尔人社会与摩梭人社会类似，实行"走来走去的两性关系"；在巴布亚新几内亚的多布族人和特罗布里恩人、印第安人社会等社会，一方面，男性组织发挥着越来越大的作用，另一方面，妻子和孩子很长一段时间待在丈夫家里，父亲与孩子的关系更加亲密。

在母系社会，未婚男人、没有找到对象的男人被驱赶到家庭外，在集会所共同过夜。他们在那里感受到来自组织的关怀和同志之间的感情，但仍无法抵御内心的寂寞和孤独。甚至在巴布亚新几内亚的多布族人和特罗布里恩人、乌鸦印第安人社会，妻子和孩子来到丈夫家里，与丈夫同住很长一段时间，但丈夫人生中的寂寞和孤独依然会出现。就像失恋给男人所带来的绝望一样，这种寂寞和孤独有时可能导致年轻人的自杀倾向，而在两族抗争之际，这便成为自杀式的"英雄行为"。乌鸦印第安人的年轻人，从他们的内心来说，向往活下去过安稳的家庭生活。但由于母系社会的结构（组织方式）决定了他们无法实现这个愿望，他们其中的一部分终究成了"神经病"，总要做些什么事情来寻求死亡。他们的遭遇得到社会的同情，阵亡后受到大家的哀悼，称之为英雄精神，并成为鼓励大家杀敌的榜样，而在敌方看来，他们简直就是亡命徒。

2. 父亲在聚落间往返，母子一去一回

在以远古母亲为主角的故事中，远古父亲扮演的是深陷精神危机的"神经病人"的角色。想来，这也是理所当然，命运所定。

如果外婚限定在两个聚落之间，那么，从侍奉关系来看，在摩梭人和印度纳亚尔人、易洛魁印第安人社会中，男人的一生都在女性对象家庭和集会所之间、在两个聚落之间反复往返度过一生。而在巴布亚新几内亚的多布族人和特罗布里恩人、乌鸦印第安人社会中，妻子结婚后居住到丈夫家里，但孩子出生长到成年后，母子就会离开。这时，母子是在丈夫家族和生家之间、在两个聚落之间一去一回。只有到了父系社会，妻子才会嫁到丈夫家里，母子从生家去到丈夫家，从自己的聚落到丈夫的聚落，一去不回。

那么，在男人反复往返、母子一去一回的状态下，男人处于什么样的地位呢？他们永远位于姐妹以及她们的儿子之下。乌鸦印第安人就像祖先们"急行军"时代一样，继续游荡在荒野的草原之上。狩猎时需要男人，敌对时更需要男人。由于男人至少在对抗性活动中占主导，他们也因此自然结成了自己的组织。然而，在聚落中，这种力量的来源、这种组织的后备军，不是自己的孩子，而是来自陌生的姐妹们的孩子，这使男人产生恐惧，害怕终究有一天会被这些"陌生年轻人"所代替，而在典型父系社会，他们可以很高兴让自己的儿子代替自己。因此可以说，坚持要把女性的后代留在自己身边的母系制度，不仅分离了父亲和儿子的感情联系，还把来自"陌生年轻人"的威胁横加在男人未来的人生道路上，导致男人对老年人生的绝望，盼望自己在年轻时候阵亡。在母系社会中，男人对人生的绝望应该是必然的。然而，这里必须注意的是，男人的这些精神现象，并不是初期社会的男人，比如"非洲亚当"和他的两个儿子所能具有的。他们后来变成这样，是母系社会熏陶、影响的结果。也就是说，这些都是父亲在

"有家"和"无家"之间进行比较之后才在客观上产生出来的心理纠葛，而在"非洲夏娃"之前，现代人都是"无家"的，男人也没有这样的精神疾病。在以后"有家"的历史中，他们被迫去经历与社会地位较高、生活安稳的女人进行攀比的痛苦过程，于是患上了精神疾病。历史的逻辑就是，如果父亲想解决这样的心理纠葛，想模仿母亲组建自己的"家"，就得必须努力奋斗并进行革命，建立父系社会，这也是命运所定。

另外，因为典型父系社会把父子结合在同一个家庭和聚落，所以，来自各父亲家族成员所组成的男性组织，比母系社会中由母系家族男性构成的组织更加紧密。即便同是母系社会，母子一去一回状态下的男性组织成员的安稳程度也要比父亲反复往返状态高出许多。所以，就追求男性组织的效率来看，有一个从"走来走去的两性关系"的母系社会向父系社会发展的趋势。然而，只要母系制度存在，男性组织的效率就会受到很大损害。比如，"易洛魁人的主妇有权选出和罢免被选进最高统治机构——议事会的母系家族男性长者。她们通过议事会中的一位男性代表可以影响决策，对决定战争和结盟的行动施加压力。公职的任命要通过妇女，妇女的职责就是任命参加议事会的成员。虽然妇女本人不能参加议事会，但她们在幕后比在前台显得更有影响力"。[1]

远古母亲的漫长故事讲完了。对这个故事，可能很多人心存疑问。远古父亲有力量、有智慧，为什么不可以一开始就支配家庭和社会呢？要这么说也没有办法。但必须考虑到的是，作为家庭组织、社会组织的人员补充，如果儿子不在身边，一切都枉然，因为后继无人。要从母亲身边夺取儿子，父亲们就得有动机。如果要得到儿子，父亲就得耐心照顾幼小的儿子，由此不得不放弃在外面寻欢作乐的机会。更重要的是，父亲自己拿成年儿子来干什么？这就涉及信念、信仰问题。父亲不可能今天把儿子拿来用一下，充充门面，明天就扔下不管了。因此，就算如同一般西方人所设想的那样，在初期社会，父亲是一头聪明的雄狮，由着性子撒野、抢劫、霸占女人，但在这样的状态下，信念、信仰是不会自然出现在他们心中的。就算"上阵父子兵"，也是需要某种信仰来支撑的。从一头雄狮变

---

① ［美］马文·哈里斯：《文化的起源》，黄晴译，华夏出版社1988年版，57页。

成有责任心的父亲（比如后来的古代华夏父亲、古希腊父亲、古罗马父亲），需要母亲的管教。也就是说，他们需要经历一个在母系家庭中生活，慢慢适应、慢慢模仿母亲的所作所为，逐渐形成自己信仰的历史过程。在经历忍受精神折磨的漫长岁月之后，他们才会成为真正的父亲。这些后来的故事，在下一章中会接着讲。

第四章

远古父亲指定给我们的道路

以远古母亲为主角的历史剧缓缓落下了帷幕。

自"非洲夏娃"以来，我们就在母系家庭所组成的社会中生活着，度过了9.5万年，以25年为一代，繁衍了3800代的子孙。除了在前1万年左右，也就是在第3400代之际，发生过家族内婚向家族外婚的变化之外，我们都是几万年如一日，过着自然优哉的日子。

然而，在第3800代之后，我们的生活开始发生根本性转折。远古父亲们跃跃欲试，急着登场。在那以后，我们的历史故事是戏剧还是悲剧，难以判断。就人们的感受来说，也是褒贬不一。

比如今天在城市里生活的人，很多到了节假日就急欲去郊外的农家乐去散心，在绿色植物林中呼吸放松，或者让孩子体验农村生活。更有甚者，抛弃城市生活，去云南、西藏的蓝天白云中融化自己，重新开始生活。

很明显，今天在城市里生活的人们，也希望与几万年前的祖先一样，在自然、淡定、不操心的状态下过日子。他们觉得忙碌的生活是被逼上梁山，出于无奈。而这一切都是古代父亲登场唱主角的结果。

前面提到，我们之所以能存活至今，没有像其他人类一样被淘汰，是因为"非洲夏娃"的反"自然法则"行为。"非洲夏娃"无疑是我们的拯救之神。不过，"非洲夏娃"的反"自然法则"行为起源于她希望得到后代的侍奉，所以，她并不太在乎有多少后代，只要有一定规模，比如几个家庭相互通婚，平均保持繁衍两个后代就足够了。所以说，虽然"非洲夏娃"挑战大自然，但并没有让人口无限增加，对大自然造成威胁，也没有让社会竞争无限加剧，搞得大家这么神经质。那么，远古父亲是怎样把生活压力传递到今天的呢？

下面准备开始从母系社会转化为父系社会之际讲述远古父亲的故事。但世界上有许多群体、社会，讲哪个社会的父亲为好呢？

信仰和制度，铸造了我们的远古社会并保障了它的延续。所以，我们的历史故事也必须以信仰和制度为主线。涂尔干说，中国人和希腊人、罗马人的信仰都是祖先崇拜。从便于容易理解我们的远古历史起见，这里选择把远古中国和欧洲的父亲当作故事的主角。

在开讲这段历史故事之前，先追寻一下祖先们在大地上留下的足迹。

一、中国的先祖由东向西，由南向北

1. "非洲亚当"的4支血缘来到中国[①]

我们中国有13多亿人，我们每个人都是"非洲夏娃"和"非洲亚当"的血脉延续者。将来，随检测技术进步，每个人都可以清楚地知道自己是通过哪路祖先延续过来的。现在，就13亿人总体而言，对各路祖先如何来到中国，各自的血脉处于什么样的分布等，已经有一个大体的把握。

从基因的多样性来看，中国北方人群要远远低于南方人群，至少在Y染色体上是这样。北方人群所拥有的种类，基本上南方人都有，而南方人有的，北方人没有。因此说，中国北方人来自南方人。又因为多态性、多样性的集聚点是在东南亚，所以说，非洲起源人群的第一支队伍，沿着气候适宜的印度洋沿岸，来到

---

① Li Jin, "African Origin of Modern Humans in East Asia: A Tale of 12, 000 Y Chromosomes", Science, 2001, v292, pp. 1151～1153; Li Jin, "Genetic evidence supports demic diffusion of Han culture", Nature, 2004, 431, pp. 302～305; 金力：《东亚人群的源流与遗传结构》，见 http://www. 1921. cn/new/zggc/2005012/501. htm; [美] 斯宾塞·韦尔斯：《出非洲记：人类祖先的迁徙史诗》，杜红译，东方出版社2004年版，219～221页；张振：《人类六万年》，安徽人民出版社2013年版，278～282页；文波等：《Y染色体、线粒体DNA多态性与云南宁蒗摩梭人的族源研究》，载《中国科学》，2003 (4)；《基因视角的人类分布与迁徙史》，见 http://www. tieku001. com/536089/1. html；《从DNA看中国各族的亲缘关系及各地汉族血统》，见 http://www. shu1000. com/thesis－194/72D717A7/；《复旦大学现代人类学研究中心用人类基因学对汉族族谱历史的研究》，见 http://blog. renren. com/share/230112623/10672723973。

了东南亚，然后才向北推进，这才来到中国。

各路祖先来到中国的途径和具体分布如下。

前6万年，"非洲夏娃""非洲亚当"子孙的一支群体从非洲东部越过红海进入阿拉伯半岛，然后来到印度、斯里兰卡、东南亚，前5万年抵达澳大利亚。其中的一部分，由南太平洋诸岛向北挺进，同时也来到中国东部沿海地带，然后继续北上，前2万年到达西伯利亚。其中一部分，前2万年南下日本北海道，创立了日本绳文文化，另一部分，前1万年去到美洲。在这个迁徙过程中，留在中国东部沿海地带的子孙，Y染色体基因标号为M130，占汉族男人的7%。

还有一支非洲起源人群，在前4.5万年从非洲东部出发来到中东地区，前4万年抵达伊朗。在向东挺进的过程中，遇到帕米尔高原阻挡后，一支向北去到中亚，另外一支向南，进入巴基斯坦、印度，前3万年进入印度支那，前2万年来到中国南方地区，前1.5万年来到中国东部沿海地区，前1万年继续北上到山东、东北地区，前8000年去到蒙古。其中一部分人前5000年进入朝鲜，前2000年进入日本南部，创立了日本弥生文化。在这个迁徙过程中，留在中国地区的子孙，Y染色体基因标号为M268，占汉族男人的9%，占摩梭人男人的6.4%。

上述进入巴基斯坦、印度的还有一部分子孙，首先分化为两支，一支在前3万年进入印度支那，前2万年来到广西一带，前1.5万年继续北上来到东部沿海，并停留在了山东一带。他们的Y染色体基因标号为M119，占汉族男人的14%，占摩梭人男人的8.5%。他们开始了定居水稻农业，促进了人口的急剧增加。而另一支在前3万年进穿越横断山，前2万年进入云南后，又分为两支。一支沿着长江而下，来到四川、湖北、湖南。另一支沿着青藏高原东缘先北上来到甘肃，再次分为东、西两支，东支在前1.5万年抵达关中、中原，他们属于小麦文化人群，是华夏族群的祖先，创立了陶寺文化；而西支在前3000年抵达西藏。这些先人们的Y染色体基因标号为M122，占汉族男人的57%，占摩梭人男人的4.3%。

以上4支血缘，分布于中国的东西南北，占汉族男人的87%，而北方汉族的先人们是先跨过长江，再跨过黄河，然后进入北方地区的。

2. 祖先在中国留下的足迹①

祖先们来到亚洲后，由南向北，由西向东"急行军"并把子也孙留在了中国。这些祖先之间又是如何相互融合，最后形成远古中国人的呢？以下就带着疑问，走进远古中国祖先的遗址，想象他们当年的真实生活。

（1）长江中上游（古称荆楚、苗蛮）文化。

①彭头山文化（前7000—前6300年）。

得名于湖南沣县彭头山遗址，分布于长江中游地区。在遗址中有地面式、浅地穴式建筑遗迹。在沣县还发现了城址，城外有一圈濠沟环绕。在墓葬方面，以小坑二次葬为主，在随葬品中，只有磨制装饰品与陶器，没有任何生产工具。陶器比较原始，普遍装饰粗乱的绳纹。陶器的胎泥中夹有稻谷与稻壳的痕迹，是中国最早的人工栽培稻谷。

②大溪文化（前4400—前3300年）。

因重庆市巫山县大溪遗址而得名，主要集中在长江中游西段的两岸地区。发现了红烧土建筑房屋和使用竹材建房。在晚期，发现了土墙围护起来的大型聚落。在墓葬方面，实行单人葬，有些仰身屈肢，当是将死者捆绑后埋葬的。墓中有随葬品，最多的达30余件。女性墓一般较男性墓丰富，有石镯、象牙镯等饰物，出土时还佩戴在死者臂骨上。在几座墓里发现整条鱼骨和龟甲，有的把鱼摆放在死者身上，或是置于口边，也有的是两条大鱼分别垫压在两臂之下。晚期的城中设祭坛，祭坛附近墓葬丰富。

③屈家岭文化（前2550—前2195年）。

因发现于湖北屈家岭而得名。在遗址中，房屋建筑多为方形或长方形地面建筑。发现把整条猪、狗埋在房基下作为奠基牺牲。出现了大型分间房屋建筑，里

① 孟慧英：《中国原始信仰研究》，中国社会科学出版社2010年版，31～153页。《中华文明探源工程文集·社会与精神文明卷（1）》（上卷），社会科学出版社2009年版（赵辉：《中华文明的曙光》，49～64页；刘国祥：《红山文化与辽河流域文明起源探讨》，171页；藤铭予：《半支箭河中游先秦时期遗址的分群与结构》，181页、206页；孙波：《再论大汶口文化向龙山文化的过渡》，228～229页；薛新明：《山西芮城清凉寺史前墓地死者身份解析》）；童恩正：《中国北方与南方古代文明发展轨迹之异同》，载《中国社会科学》1994年（5）；栾丰实：《大汶口文化》，山东文艺出版社2004年版，125页、137页；《山西襄汾陶寺城址2002年发掘报告》；严文明：《论中国的铜石并用时代》，载《史前考古论集》，科学出版社1981年版，38～46页；《中华文明探源工程取得重要进展》，中国社会科学报，2009年9月15日；《中国古代史》课程讲稿说明，见http://www.wmedu.cn/gzja/Print.asp? ArticleID=16434&Page=6。

面隔成几间，有的呈里外套间式，有的各间分别开门通向户外。墓葬以竖穴土坑墓为主，多单人仰身直肢葬。有拔掉上侧门齿的现象，他们多被葬于公共墓地。安乡划城岗遗址的90多座墓分南北两区，居首并列的3座墓中各有随葬品数十件，包括朱绘陶器和朱绘卷云纹石钺等。

④石家河文化（前2600－2000年）。

因发现于湖北省天门市石河镇而得名，主要分布在湖北及豫西南和湘北一带，承接了屈家岭文化。房屋均为地面建筑。土城聚落更加大型，中心地区有宫殿地基，由城墙和护城河构成了防御体系。城内建筑按照功能不同来规划安排，城外有一批普通村落，距离越远越稀疏，是城市的附庸。在一座大型土坑墓中，随葬品百余件。另一座成人瓮棺中有小型玉器56件，以装饰物为主，带有原始巫术色彩。其他墓地小而分散，有的没有随葬品，有的只有几件日用陶器或几块猪腭骨。发现了铜块和炼铜原料孔雀石，标志着冶铜业的出现。

⑤宝墩文化（前2700－前1800年）。

以成都平原的新津宝墩村、都江堰芒城村、崇州双河村和紫竹村、郫都区古城村、温江鱼凫村等6座史前遗址群为代表。与之相关联的还有三星堆遗址（前1800－前1200年）、金沙遗址（前1200－前500年）。城墙遗址呈长方形或方形，长边往往与河流及台地的走向一致，既有利于防洪，也便于设防。其中鱼凫城与三星堆古城的做法有明显的承袭关系。宝墩城最大，城墙圈面积约60万平方米；鱼凫城约40万平方米；郫都区古城约31万平方米。在郫都区大房址里面有醒目的5个坛台，是礼仪性建筑。

（2）长江下游、黄河下游、东部沿海文化。

①长江下游地区。

· 马家浜文化（前5000－前4000年）。

因浙江省嘉兴县马家浜遗址而得名，主要分布在太湖地区。发现多处房屋残迹，都为地面木构建筑，有的房屋室外还挖有排水沟。在墓葬方面，多为单人俯身葬，也有同性合葬墓。死者埋入公共墓地，随葬品一般都很少，最多的是在1个成年女性墓中发现9件。有的墓还随葬玉块、玉环、玉镯等装饰品等。当时已普遍种植籼、粳两种稻。

· 河姆渡文化（前4360－前3360年）。

发现于浙江余姚河姆渡，主要分布在杭州湾南岸的宁绍平原及舟山岛。遗址中有栽柱架板的干栏式建筑和栽柱式地面建筑遗迹。只发现 27 座零星墓葬。较完整的骨架仅 13 具，墓葬随葬品不多，有些象牙雕刻。黑陶是河姆渡陶器的一大特色，陶盆上印有稻穗的图案。

• 良渚文化（前 3300 – 前 2200 年，杭州湾区龙山文化）。

良渚文化分布在太湖流域，是余杭区的良渚、瓶窑、安溪三镇之间许多遗址的总称。遗址由若干个彼此相邻、面积较小的居住点构成，而不像北方中原龙山文化那种大规模的集居村社。房屋均为竹木结构，以杆栏式建筑为主。聚落群是按照功能用途的不同规划建造起来的，聚落中央的高阜部有大面积建筑台基，边缘低处散布着小型居室。有城墙基地遗址，城内有宫殿。墓地比较分散，一般仅几座墓排列在一起，多者亦仅 30 余座。在公共墓地中，小墓和大墓是分开的。大墓均埋葬于人工修筑的土台之上，并以仪式性的玉器随葬，玉器占 90% 以上。除了象征财富的玉器，还发现象征神权的玉琮和象征军权的玉钺。玉琮制为外圆内方，分镯状和柱状两种。表面刻有一组或多组"神人"纹，一般是圆目巨嘴，张口露齿，其形象介于人兽之间，也称之为"兽面纹"。与之相比，一般墓地的随葬品都是生活用具。上海青浦区福泉山遗址的墓地的 31 座墓中，有 4 座墓中发现了人殉。

②黄河下游地区（东夷古文化区）。

• 后李文化（前 6500 – 前 5500 年）。

因发掘于山东淄博市后李遗址而得名，主要分布在泰沂山系北侧的山前地带。房址均为半地穴式，面积一般 30 ~ 50 平方米。墓葬流行长方形土坑竖穴，排列比较整齐，均未见葬具。葬式多单人仰身直肢葬。多无随葬品，少数放置蚌壳，个别见有陶支脚。

• 北辛文化（前 5300 – 前 4300 年）。

主要遗址有山东滕州北辛、泰安大汶口等，其后发展为大汶口文化。遗址中，有完整的聚落，房址均为半地穴式建筑。墓葬流行长方形土坑竖穴墓，无葬具。陶器工艺较为原始。

• 大汶口文化、山东龙山文化（前 4200 – 前 2000 年）。

因发现于山东省大汶口，命名为"大汶口文化"，遗址以泰山地区为中心。

山东龙山文化因山东历城龙山镇而得名。一般认为，大汶口文化中期（前 3000 年）进入父系氏族社会。房屋多数属于地面建筑，有陶房模型显示，住房呈长方形，短檐，攒尖顶，前面开门，三面设窗，门口及周围墙上刻有狗的形象。到了龙山时期发现大量城址，如山东省的龙山城子崖龙山城址的土城围墙（前 2500 年）、日照尧王城遗址、寿光边线王城址等。在墓葬方面，以仰卧伸直葬为主，普遍随葬獐牙、猪头、猪骨。早期墓葬无葬具。而到了中期以后，出现了分为大、中、小墓葬的情况。大型墓葬中，除精制陶器之外还有象牙花雕等。龙山的大型墓葬更加豪华，除了蛋壳陶之外，还有碧玉发髻，而大量小型墓葬只能容下死者，几乎没有随葬品。早期有同性合葬墓，中、晚期有夫妻合葬墓。有殉葬者，多为儿童。龙山时期的黑陶，带盖陶鼎。在出土的陶器残片上有 11 个文字，与甲骨文书写系统不同，被认为是部落的标志、族徽。

③燕辽地区。

• 兴隆洼文化（前 6200 – 前 5400 年）。

因首次发现于内蒙古敖汉旗兴隆洼村而得名，位于牛河上源的缓坡台地上。遗址的住房为半地穴式的方形或长方形建筑，屋内有圆形灶坑，每间约 50~80 平方米，最大的房间达 140 余平方米，显得比黄河流域的同时期氏族居址高大宽敞。还发现聚落遗迹，有 10 多排房屋，每排 10 座左右，房址的布局排列整齐，环绕聚落周围有一条宽约 2 米、尚存深度 1 米左右的沟壕，这是中国最早的防御设施。在墓葬方面，采用居室墓葬（居室地下葬人）。有的死者两耳处各有一件精美的玉玦，还有的墓用两头整猪随葬。

• 新乐文化（前 5300 – 前 4800 年）。

因辽宁沈阳新乐遗址的下层遗存而得名。有半地穴房址，最大的面积有 100 平方米，中型的面积有 70 平方米，小型的面积有 20 平方米，房屋中间有火膛，四周有柱子洞。陶器多夹砂红褐陶，并常饰有压印的"之"字形纹和弦纹等。

• 赵宝沟文化（前 4800 年）。

发现于内蒙古赤峰市敖汉旗。赵宝沟文化与兴隆洼文化前后衔接，在社区布局方面有很强的共性，房址均成排分布，面积有大小之分，但赵宝沟文化的聚落规模明显增大。房屋遗迹内出土陶尊 14 件，其中 5 件刻画有神兽纹天象图案。未发现专门用来祭拜的场所，所以祭拜活动在居室内进行。

● 红山文化（前 4000 – 前 3000 年）。

主要分布在燕山以北、大凌河与西辽河上游流域。因发现于内蒙古赤峰市红山遗址而得名。红山时期人口突然大幅度增长。在遗址中，两条壕沟将部落遗址分别围成紧邻的两个部分。其中东南部的壕沟周长 600 余米，呈不规则的长方形，在壕沟的东南边留有一处供人出入的通道口；西北部的壕沟只有三边，包围的居住营地面积较小，另一边即为东南部氏族壕沟的一段。墓地选择在高山上，墓地内部分区，区内分行。在红山牛梁河石冢的中心，有一座豪华墓葬，随葬着玉器。墓地里设有祭坛。墓地越向边缘规格越低，随葬品很少。而一般民众死后不能进入这块"圣地"，被埋葬在其他地方。在墓地 50 平方公里的范围内，没有日常居住生活的遗址，这里成为丧葬和祭拜的特殊场所。红山牛梁河还有一座庙宇，出土面涂红彩的泥塑女神头。在遗址内，还发现了立体圆雕的裸体妇女像。在出土的玉器中，有猪龙形饰、玉龟等。这里的玉器是祀神器，而不是礼器。发现相当多的冶铜用坩埚残片，说明冶铜业已经产生。

● 夏家店下层文化（前 2000 – 前 1500 年）。

兴隆洼遗址有一处圆形围壕的夏家店下层文化小型聚落，总面积约 1 万平方米。在遗址中，清理出房址、灰坑、围沟、火墙、火门。围壕灰土层内出有 20 余枚磨制精良的骨镞，从大型的城址到小型的村落均有明显的防御功能，暗示这一时期社会战事频繁。

（3）黄河中上游地区（华夏）文化。

①裴李岗文化（前 6200 – 前 5500 年）。

因河南新郑的裴李岗村的发掘而得名，主要分布在河南省。遗址中的房屋均为半地穴式建筑，以圆形为主，有阶梯式门道。有公共墓地，陪葬品是生产工具或生活用具等。

河南贾湖考古遗址（前 7000 – 前 5800 年）被认为是裴李岗文化一部分，在那里发现围绕聚落的濠沟。早期居住区与墓葬区混杂，中晚期居住区才与墓葬区相分离。

②老官台文化（前 5800 – 前 2800 年，大地湾文化）。

主要遗址在甘肃天水市秦安县邵店村，主要分布在渭河流域。在遗址中，房屋大多是半地穴式的窝棚。发现有大型中心聚落和一座宫殿式建筑遗迹，建筑总面积有 420 平方米,它由后室、旁室、主室和前轩组成,主室前后各有 8 根附壁柱将主室划分为 8 柱 9 间式的宫殿格局,这些附壁柱和顶梁柱构架起这座宫殿式建筑的主体,墙是厚达 0.25 米的木骨泥墙,起到间隔和保温的作用,并不承担屋顶的重量,整座建筑有着墙倒屋不倒的特点。在墓葬方面,葬式以单人仰身直肢为主。死者埋葬在深仅容身的长方形墓坑中,随葬品极少,且均为死者生前使用的生活、生产用品。没有集中的公共墓地。发现最早的陶器,陶器表面普遍带有绳纹,是中国原始文字的孑遗。

③磁山文化(前 5400 – 前 5100 年)。

因在河北武安县磁山发现而命名,主要分布在冀南、豫北等地。在遗址中,发现了两座房基址,均为半地穴式房屋。还发掘出灰坑 468 个,88 个长方形的窖穴底部堆积有粟灰,层厚为 0.3 ~ 2 米,有 10 个窖穴的粮食堆积厚近 2 米以上,还有成堆的猪、狗等兽骨。这可能是先人们祭拜"粮神"的地方,窖穴是"神农粮仓"。

④仰韶文化(前 5000 – 前 3000 年)。

因在河南三门峡仰韶村被发现而得名,分布在黄河中游。在山西夏县西阴村遗址中有长方形土坑,四面有壁,像个小屋。许多小屋相互接连,形成一个村落。村落或大或小,比较大的村落的房屋有一定的布局,周围有一条围沟,村落外有墓地和窑场。在西安半坡聚落中,居住区在中心,外围绕一周大濠沟,沟外北部为墓葬区,东边设窑场。有一座大房子为公共活动的场所,其他几十座中小型房子面向大房子,形成半月形布局。墓葬中有陶器等随葬品。

⑤马家窑文化(前 3000 – 前 2000 年)。

发现于甘肃临洮县马家窑村而得名,主要分布在黄河上游。在遗址中,房屋多为半地穴式建筑,以方形房屋最为普遍,面积一般在 10 ~ 50 平方米,屋内有圆形火塘,门外常挖一方形窖穴存放食物。居民多以聚落为单位,聚落遗址的面积一般在 10 万平方米左右。墓地和住房相邻,有公共墓地,多为竖穴土坑墓,葬式有二次葬等。墓葬内一般都有随葬品,主要有生产工具、生活用具和装饰品等。

⑥庙底沟二期文化(前 2900 – 前 2800 年)。

遗址中有大型半地穴房屋和大型聚落中心。在山西芮城清凉寺的墓葬分为三个阶段,在第一阶段,通常是一个部族成员的小型墓葬,在第二阶段,出现具有较大权势机构中成员的大型墓葬，在第三阶段，继续出现同属权势机构中成员的大型墓葬。从第二阶段起，出现殉人现象，占同期墓葬的一半左右。这些殉人墓葬的墓主人以男性居多。殉葬者均为未成年的孩子，多数在 10 岁以下。在遗址中还发现玉琮、玉璧，这可以认为是来自东南地区的文化传播。

⑦中原龙山文化（前 2500 – 前 1900 年，山西襄汾陶寺遗址、河南安阳后岗遗址等）。

中国第一个有记载的王朝夏，一般均认为是在前 2100 ~ 前 1600 年。

中原龙山文化的房屋有半地穴式和地面房屋两种，居址集中而规模甚大，其人口密度也很大。陶寺遗址总面积达 300 多万平方米，发掘的墓葬在 1300 座以上。后岗遗址有 600 平方米，发现了 38 座房基。还发现城市遗弃，比如河南开封王城岗、安阳后岗等，反映出战争的频繁和正规化。在被认为是尧的所居地陶寺的古城墙之外，有墓葬极为丰富的大型墓葬和数量庞大却一无所有的平民小墓。在 700 余座墓葬中，有大墓 9 座，约占墓葬总数的 1.3%，随葬品包括彩绘龙盘、鼍鼓（鳄鱼皮鼓）、特磬、彩绘木案等；中型墓 80 座，占总墓数的 11.4%，随葬品包括成组的陶器（包括彩绘陶器）及少量彩绘木器，另有玉钺琮等；小型墓610 座，占总墓数的 87% 以上，其墓坑狭小，一般没有随葬品。在大墓的随葬品中，有相当大一部分并非实用器，而是礼器，如龙盘、鼍鼓、土鼓、特磬、玉钺等，这些都是王室贵族的象征。在遗址中发现乱葬、殉人和大量武器。这一时期，黄帝与蚩尤之间，尧与南方三苗之间发生了大规模战争。在遗址中发掘铜器地点有 16 处，主要是小件工具如刀、斧，生活用具如锥、镜等。还有最早毛笔书写的文字出现在陶寺的一件扁壶上。

⑧二里头文化（前 2800 – 前 1500 年）。

这是介于中原龙山文化和二里岗文化之间的考古学文化，主要分布于晋南、豫西，尤其以河南偃师二里头遗址发现的该类文化遗存最具代表性和典型性，故以此命名。遗址中发现最早的宫殿建筑基址和宗庙基址。遗址中部还有井字形街道。在墓葬方面，在宫殿区中发现绿松石龙，它被放置在墓主人骨架之上。这是一个在红漆木板上粘嵌绿松石而成的"龙牌"，是在宗庙祭拜典礼中使用的仪仗类器具。龙已经成为一种身份、地位的象征，代表了王权。遗址中发现最早的青铜礼器如爵，乐器如铃，武器如戈，生活用具如小刀和锥，但器形和铸造工艺都很原始。还发现最早的车辙痕迹。二里头遗址共分四期，一、二期属石器、陶作坊、村落文化；三、四期属青铜和宫殿文化。学术界对二里头遗址有两种看法：一种认为二里头遗址一至四期都是夏朝文物，发现的宫城就是夏都，前2000年左右大禹让位给儿子夏启，形成"家天下"；将天下划分为九州，铸九鼎，将各地方社会的标志性事物铸造在鼎上；另一种认为一、二期是夏朝文物，三、四期是商朝文物，所以发现的宫城是商都。

二、父亲驰骋天下

祖先们就这样由西向东、由南向北一步步走入了远古中国。然而，反映各路祖先相互融合，最后形成的远古华夏文化，却是由西向东、由北向南传播开的。为什么会这样？这又是一个充满奥秘的古老故事。这个故事是以中国各地远古祖先的信仰为轴心而展开的。这自然涉及父系信仰对母系信仰的传承。因此，这里先从作为文化传播者的远古父亲是怎样取代母亲支配地位的事情开始讲。

1. 对开垦地和牧场宣示主权

对中国先人的历史，人们的普遍看法是，以前3000年左右为界，贫富差距产生，并发生了母系社会向父系社会的转化。也就是说，随社会财富积累加速，远古父亲把财富据为私有，同时，为了把他们传给自己的子孙，夺取了母亲手中的权力，把中国带入了父系社会。

那么，远古中国父亲真像白眼狼似的，这样无情无义？

中国地区的祖先们至少在前1万年还仍旧在"急行军"，直到前7000年也没有考古遗址来证明开始了定居农业。"急行军"意味着，中国先人们一边在人均50公里的范围内狩猎采集，以此来维持生计，一边把自己的后代不间断撒向杳无人烟的大地、草原和森林。在这种情况下，分布在各地的三代人母系家庭、家族（三角形组织）之间几乎没有联系。前7000年之后，祖先们虽然开始了定居农业，但就像前5800年（取中数，以下同）兴隆洼遗址中的居室墓葬、前6080年贾湖遗址中的居住区与墓葬区混杂等所显示的一样，被埋葬的先人屈指可数，这让人联想起前8000年左右土耳其恰塔勒胡由克地区每家每户都把尸体埋在房子下面的情况。也就是说，在这一时期，虽然居住在中国地区的先人们开始实行定居农业或畜牧业，实行外婚，但人口相对于土地资源和牧区资源还相当稀少，延续着以母系家庭为单位的生产、生活方式，继续把自己的后代撒向杳无人烟的大地、草原和森林，也没有什么重新组织社会的必要性。

不过，这一时期，兴隆洼遗址中 140 平方米的大房间、前 5800 年的老官台遗址中 420 平方米的建筑，似乎都暗示着，在母系制度下，这些大房间就可能是 13 岁以上未婚男人过夜的地方，是男性组织发生的温床。这也让人联想起前 3 万 ~ 前 1.5 万年在欧洲地区集聚在山洞里的年轻人：那些山洞也是年轻男人过夜以至于过独身生活的地方。他们在洞穴里闲得无聊，一起发牢骚，一起进行讨论和思考，还有的磨炼出自己的艺术造诣，把精神折磨的痛苦和怨言，革命激情，以及对梦幻、理想世界的追求，都淋漓尽致地宣泄在画笔之下、色彩之间，成为我们今天所看到的洞穴壁画等艺术作品。

另外，在这一时期，还出现用濠沟划定自己的居住范围的现象，这暗示，人们开始对居住地周边被开垦过的土地或牧场宣示所有权。

2. 权利和义务的再分配

到了前 3500 年左右，墓葬中陪葬品开始显示社会中产生了贫富差距，这暗示着中国地区的变形母系社会的到来，本家和分家的上下秩序关系的形成。

为什么会发生这样的现象呢？关于定居农业给我们社会所带来的变化，韦尔斯说：狩猎采集部落是平等主义的，几乎没有农业社会中的等级差别。到了新石器时代（前 1 万 – 前 2000 年），人口的大量增长必然产生社会差别，形成了社会阶层。这种局面一旦出现，王权的出现也就指日可待了，与王权相伴随的是大规模的战争。[①]

那么，中国远古时期的人口增加怎样导致阶级出现的呢？那些一起过夜的男人们是如何转化为有上下秩序、有权利和义务、有命令和服从、有行政管理权威的新型社会组织的呢？

有人说，在北方，由于地势平坦，加之共同治水和防御的需要，人们很容易产生协作的意识。所以原始社会后期基层的生产单位，很可能是氏族。这可以从大规模的聚居村落和排列整齐的氏族墓地得到旁证。正因为北方有这种集体生产

---

① ［美］斯宾塞·韦尔斯：《出非洲记：人类祖先的迁徙史诗》，杜红译，东方出版社 2004 年版，200 页。

的传统，所以在进入阶级社会以后，统治者所采取的获取剩余价值方式，仍然是以集体为对象的。以氏族为基础的农业生产组织，比较容易联合而成更高级的政治团体。而当这种团体出现以后，也比较容易统治和管理。在南方，由于没有水患和外来民族的压力，人与人之间也就缺乏协作的动力。加之受到水源和地势限制的稻作农业的特点，就决定了它只能以家庭作为生产单位。从政治上来看，家庭生产方式是一种自然的状态，没有任何一种因素能够迫使几个家庭联合成为一个实体并放弃它们的一部分自主权。由于家庭经济实际上乃是氏族经济的缩影，所以在政治上它满足于原始社会的条件，即满足于一个没有最高权力的社会。[1]

然而，以上说法留下疑问。就治水、供水方面来看，在长江流域，也同样需要"共同治水"[2]，也应该形成集体组织。就农业生产方式来看，如果说北方地区从原有的家庭生产变为集体生产，那么前提就应该是，集体劳动的效率高于以家庭作为生产单位的效率。但在以非机械化为主的农业生产中，集体劳动的效率并不比以家庭作为生产单位的效率高。[3]

由于这些问题无法说清，所以，这里只侧重讲人口增加所带来的变化。

一般说，"随着人口迅猛增加，土地等资源会很快都被纳入私人所有的范畴之下，一旦形成这种状况，新生一代人唯一能做的就是从他们的父母那里瓜分到一部分土地等资源，自己再想创立新的土地私人所有，变为不可能"。[4] 这也就是我们所看到的年轻人闹着分家，要从父母那里分割出来一些财产、土地资源等现象背后的原因。另外，随着人口迅猛增加，群体之间接触的机遇大大增加，在这种情况下，即便还有大量可开垦的土地，如果掠夺成本低于开垦成本的话，就会有人用武力夺取那些已经开垦出来的土地、牧场，从而导致对抗和战争。这些都意味着，人口迅猛增加必然带来对土地、牧场等生产资料的再分配，并以继承、交换、武力掠夺等各种方式展现出来。如果再分配的实施主体是由两个人以上的群体，那么，群体内部或群体之间，必然会形成有上下秩序、有权利和义务、有

① 童恩正：《中国北方与南方古代文明发展轨迹之异同》，载《中国社会科学》，1994（5）。
② 王巍：《公元 2000 年前后我国大范围文化变化原因探讨》，载《中华文明探源工程文集·社会与精神文明卷（1）》（上卷），社会科学出版社 2009 年版，80～85 页。
③ 任大川：《国富新论》，山东人民出版社 2008 年版，64 页。
④ 任大川：《国富新论》，山东人民出版社 2008 年版，46 页。

命令和服从、有行政管理权威的新型社会组织。同时，这种生产资料的再分配，与向大自然直接索取生产资料的情况完全不同，它反映的是权利和义务的再分配。这个道理，无论是对定居农业、游动畜牧业，以至于今天的城市工商业，都是适用的。

3. 召唤父系社会

那么，在由此形成的行政管理组织中，争夺和主宰再分配权和管理权的主体是谁？是女人还是男人？行政管理组织成立的基础以及组织本身的主体是谁？是女人还是男人？男人是否因再分配时有机可乘，才发动革命，夺取了女人手中的支配权？

中国历史教科书把考古遗址中的大溪、河姆渡、马家浜、磁山、裴李岗、仰韶等文化都归纳为母系社会，而把前 3000 年左右的屈家岭、龙山等文化归纳为父系社会。[1]《淮南子·齐俗训》说，颛顼（前 2514 – 前 2437 年）时有这样的规定，如果男子在路上遇到妇女而无法回避，之后就要马上跑到四通八达的道口去驱除邪气。据此推测，大约颛顼以前，母系制度虽然已经逐渐被父系制度所代替，但男尊女卑的风俗习惯或尚未形成。直到颛顼才明确规定男重于女，父系制度才确实建立。[2] 不过在考古发掘方面，除了龙山文化时期男女合葬被认为是母系社会转化为父系社会的证据之外，很难进一步找到相关证据。另外，前面已经提到，虽然基因研究可以提供判断母系社会的证据，但无法提供转换为父系社会的可靠证据。至于这种转换的原因也就更加难以确定了。

比如，有人对摩梭人的母系社会提出了这样的质疑：为什么"走来走去的两性关系"能够一直保持到近现代？如果说，在元代以前永宁纳西族人民是完全处在原始社会的状态中，那么从 1253 年归元朝忽必烈统辖之后，这里就输入了封建领主制的生产关系。这种封建领主制的生产关系为什么竟然同"走来走去的两性关系"并行不悖地同时存在了 700 年左右？[3] 与之相反，在小河墓地中，第 5 层和第 4 层是属于母系社会，第 3 层之后，墓葬秩序被搅乱。而假设整个墓葬中的人口是由一对夫妇发展起来的话，则从第 2 层到第 3 层所需要的时间为 100 年左

---

① 《中国古代史》课程讲稿说明，见 http://www.wmedu.cn/gzja/Print.asp？ArticleID=16434&Page=6。
② 徐旭生：《中国古史的传说时代》，文物出版社 1985 年版，85 页。
③ 蔡俊生：《人类从前存在过血缘家庭吗？》，载《民族学研究》（第二辑），1981（12）。

右。也就是说，在这里只用了 100 年母系社会就陷入了混乱。一个是无论外界怎么变化母系制度经久不衰，一个却几乎在瞬间母系制度就变得面目全非。

就摩梭人的情况来看，他们一年直接投入生产的劳动时间只有 7 个月，而一个中等男女劳动力所生产的农作物，除去自身消费外，可以提供大约 2 个成年人的口粮。而按照历史教科书的说法，如果强迫摩梭人劳动，就会有足够的剩余价值发生。面对这样的机会，有能力的男人会垄断生产资料，积累自己的财富，从而导致父系社会的发生。但摩梭人的实际情况不是这样，所以，历史教科书关于母系社会向父系社会转化的说法，至少在摩梭人社会是站不住脚的。远古中国父亲，也许并不是白眼狼！

与小河墓地社会、阿美人社会、萨塔瓦尔岛人社会相比较，摩梭人社会最大的特征就是人口的缓慢增长。也就是说，没有土地资源再分配的迫切性，因此，家庭内部的平等关系、家族中各家庭之间的平等关系都维持下来，原有的母系社会所特有的分散向下延伸组织形态也被维持下来。但在其他母系社会，由于人口大幅度增加，带来了狩猎采集区域、土地、牧场等资源的再分配，于是，那些在悠闲生活中积累了技术和知识的古代父亲们便自发组织起来，并开始涉足于社会的行政管理，因而也就进入了变形母系社会阶段。

虽然无法确定在母系社会中带来人口大幅度增长的原因，但可以推断，一旦因人口增加而资源竞争加剧、男性组织发生，那么，我们的社会制度便会发生巨大变化。就维持男性组织的机能来看，比如，需要人的时候能够找得到人，需要传递命令时能够有一个相对安稳和固定的上下级关系等等，就必须考虑到母系制度的不适应性。因为，"在母系社会，法人团体面对一项结构性的问题，男性成员离开本家与妻子同居，因此，男人被分散出去，而法人团体的董事会也就远离了其总公司"。[①] 也就是说，随着人口迅速增加，随继承、交换、武力对抗发生而需要实施权利和义务的再分配时，母系社会的散漫组织形态无法满足其需求。即便在变形母系社会，因男性组织中的成员在部落之间发生移动，也会出现需要本部落男人时找不到男人的现象。因此，资源再分配要求通过男娶女嫁的方式，把男性成员固定在同一集团内部。这样一来，随资源争夺加剧，母系向父系的转化

---

① ［美］基辛：《当代文化人类学》，于嘉云等译，巨流图书 1980 年版，384 页。

就成为必然的趋势。当然，自不必说，古代父亲们在新的条件下，为摆脱精神危机的欲望也越来越强烈。所以说，远古时代生存环境的历史性变化，是父亲取代母亲的根本原因。

4. 古代中国祖先的融合

现在我们可以得到"父系社会的发生是以组织男人为前提的"这样一个结论。而为了实施再分配而组织起来的男性集团，其功能当然也包括扩张和战争。于是，这便引发了远古各路祖先在血脉和精神文化方面相互融合的开端。

中国在前3500年以后，有了因战争而起的城墙、殉人等。这些战争可能发生在一个区域内部，也可能是发生在区域之间。就整个中国来看，人们把中国新石器时代的社会（前1万–前2000年）划分为6个大文化区，南方的诸族划为苗夷集团，黄河中上游流域的诸族划为炎黄的华夏集团，黄河下游流域的诸族划为东夷集团，这些集团之间长期进行着对抗竞争。[①] 这些对抗竞争，应该都是男性组织的所为，因为很难想象，这些对抗竞争是以女人为主体、在女人的指导下进行的。

男人之间战争的直接后果，是胜利者的父系基因的扩张。这样的逻辑关系，基因研究提供了一些相关证据。

首先就各地区集团的形成而言，Y染色体基因标号为M268的男人们，前2万年来到中国南方地区，前1万年北上到达东北地区，形成了兴隆洼文化。Y染色体基因标号为M119的男人们，前2万年来到广西一带，前1.5万年来到东部沿海并停留在山东一带，形成东夷集团。接着Y染色体基因标号为M122的男人们，前2万年进入云南，其中一支来到四川、湖北、湖南形成苗夷集团，另外一支北上到关中、中原，形成华夏集团。[②] 黄帝战胜蚩尤之后，山东的大汶口文化从此消失了，取代它的正是从陕西、河南来的中原龙山文化，而Y染色体基因显示，山东、河北两省的汉族人中M122和M119的比例接近200:1，超过99%人以上都

---

① 傅斯年：《夷夏东西说》，载《庆祝蔡培元先生六十五周岁论文集》，1935年；苏秉琦、殷玮璋：《关于考古学文化的区系类型问题》，载《文物》，1981（5）；徐旭生：《中国古史的传说时代》，广西师范大学出版社2003年版。

② 《从DNA看中国各族的亲缘关系及各地汉族血统》，见http://www.shu1000.com/thesis – 194/72D717A7/。

是随黄帝而来的，而在陕西的汉族人中就没有 M119。经过这次战争，华夏集团控制了整个黄河流域，建立了数量众多的方国。[①] 至于尧与三苗之间发生的南北战争的后果就更加明显。由于北方在战争中取胜，对南方具有绝对优势，所以能够持续向南扩张，在这个过程中，北方的男人同化了相当大一部分南方的住民，成为现在南方的汉族的祖先。因此在中国父亲的地区性基因结构中，南方汉族的 Y 染色体基因（父亲），基本上都是北方汉族的。而在南方汉族母亲的线粒体基因中，北方的贡献和南方的贡献基本相当。所以说，远古华夏文化的传播，主要是由远古西北父亲向东和向南的扩张、迁徙所驱动。[②]

三、母亲激励父亲成功

1. 创造之神

上面讲的这些间接证据都似乎指向一个结论：远古中国父亲趁再分配加剧之机，承接了母亲手中的支配权。他们为什么要承接，深层次的动机是什么？还有，远古华夏精神文化的核心是什么，远古父亲承接的动机与远古华夏精神文化又有什么关系？以下来讲这个复杂的故事。

实际上，在承接母亲手中支配权之际，患着"神经病"的远古父亲，在精神方面获得了一种突变。这种突变是一次父系革命，远古父亲由此一举解决了他们几万年来所面临的精神危机。赵国华运用考古证据和传说，具体而生动地讲述了一段历史。

在前 2500～前 2000 年的中原龙山文化时期，从甘肃甘谷县到陕西临潼一带的黄河连年泛滥。以鲧为代表的母系社会的成员们曾用埋塞的办法，布土填平洪水，但没能奏效。后来以禹为代表的男人们把女人们曾采用的"防"的方法改变为"疏"，并取得了成功。不过，男人们获得成功的原因是，他们从女性手中获取了"河图"（这在《尚书·洪范》中被称为"洪范"，在考古中被认为是西安半坡母系社会鱼祭的祭坛布局图，也就是今天八卦图的雏形），而"河图"在治

---

① 《从基因图谱看汉人基因的纯洁性》，见 http：//blog. sina. com. cn/s/blog_ 5853453e0101dev2. html。

② 金力：《东亚人群的源流与遗传结构》，见 http：//www. 1921. cn/new/zggc/2005012/501. htm；《复旦大学对中国南方各省汉人基因检测的结果》，见 http：//blog. sina. com. cn/s/blog_ 5853453e0101dev2. html。

理黄河的过程中显示出神秘的功能。[1]

据此，以下详细来讲远古中国父亲们的那次精神革命的故事。

首先，母亲们面对洪水，只能运用最直观、最简便的方法，即填堵。但父亲们却突发奇想、超越传统，采用了疏通的方法。不管传说真实与否，在解决问题方面，男人的能力超过女人，这应该是普遍现象。为什么会这样？实际上，从前3万年创作欧洲洞穴壁画的男性年轻人，到后来母系社会中那些掌握专门知识的男性祭司，我们都可以观察到，女人每天操劳于养育后代、支撑一家的生计，而男人在漫长的岁月中却可以躲得远远的，作画，思考，观察，学习，积累知识。男人并不比女人聪明，但男人可以长期逃避现实生活，有大把可以利用的时间，充实自己，搞人力资源投资。就像那些搞科技发明、搞哲学的人一样，在某些关键时刻，虽然是好奇、玩耍，但不经意地超越现实的幻想，却会带来巨大的思想和技术革命。毫无疑问，母亲支撑父亲，带来男女分工，这是我们人力资源积累的关键因素之一（外在因素）。在母亲支撑下所延伸出来的，就是创造之神的"非洲亚当"的子孙们，这显示了我们核心竞争力之所在。

其次，父亲从母亲手中接过了"河图"。"河图"是什么？按照赵国华的见解应该是崇拜生殖，举行鱼祭，祈求繁衍的仪式秘诀。不过，前面已经提到过，如果在鱼祭中使用绘有数量不同鱼形的陶器是祭器的话，那么，关于鱼祭较为合理的解释就是，它是侍奉被合葬的先人、让他们用餐的仪式。以此而论，男人取得"河图"就意味着侍奉先人仪式的主体由女人变为男人。也就是说，在家族内、集团内，男人开始主导信仰活动，母系社会、变形母系社会也由此演变为父系社会。

最后，"河图"发挥了神秘功能。这意味着，中国母系社会中侍奉先人这一活动，到了父系社会后也照常进行，但形式和意图都发生了天翻地覆的变化。

2. 父亲非得成功

在母亲指导下进行侍奉先人的实践活动中，存在着神圣、神秘性吗？比如有祈求先人们保佑的意识吗？在摩梭人母亲那里，我们没有看到这样神圣、神秘的

---

[1] 赵国华：《生殖崇拜文化论》，中国社会科学出版社 1996 年版，125～144 页。关于治水的神话传说参见王增永：《神化学概论》，中国社会科学出版社 2007 年版，307～315 页。

氛围，她只是对先人说，"请你们和我们共同享受快乐时光"。这就是所谓的"事死如事生"。

如果上一代和下一代，无论现世者还是去世者都是家族一员，那么，这反映在对先人的侍奉上也就不会有什么神秘性。侍奉先人仅仅是日常生活中的一环，就像每天吃饭、穿衣一样。也就是说，母亲们的"河图"是不具有什么神秘功能的。正因为不可能召唤什么"超自然力量"，母亲们一如既往侍奉先人，"河图"也就不会对治理黄河泛滥起什么神秘作用。然而，父亲们成为侍奉先人仪式的主持人之后，却把原本没有召唤"超自然力量"的东西硬要说成具有召唤"超自然力量"的神秘东西。他们在骗谁？他们在"骗自己"，也在"骗大家"。这里先说"骗自己"的问题。

为什么他们非"骗自己"不可呢？因为他们选择了从母亲手中接受治理黄河泛滥的任务。他们非成功不可。但治理黄河泛滥是否成功不是他们说话就能算数的，而是需要较量之后才能知道的事情。但他们希望成功，不成功就会身败名裂，以至杀身成仁。因此，他们由衷希望有一种"超自然力量"来保佑自己成功。这种希望所寄托的对象，可以是任何东西，比如天，比如地，也可以是星星，也可以是月亮和太阳（太阳神），当然也可以是植物（图腾），也可以是动物（图腾），而华夏父亲们在这里选择了先人（祖先）。

父亲们希望成功，希望逃避失败的惩罚，希望逃避不愿看到的灾难，希望逃避命运之途等等，应该是神圣、神秘的起源（但不是母系信仰的起源）。因为从逻辑上说，能保证马到成功、百战百胜的，除了冥冥之中的全能者之外，现实中不可能有任何一人办得到。明明知道办不到的事情，而非要办不可，那么，在发起挑战之时，对"超自然力量"的向往由衷而起。在成功之后，也自然会感谢那"超自然力量"，真诚把它供奉起来。

父系社会是从母系社会中发展起来的。发展的外在动力是需要父亲负起对资源再分配的责任，比如管理，比如交涉，比如对抗，这些都是非成功不可的，否则要他们来干什么？而为了成功，他们自然要供奉一个神秘、神圣的东西。这种信仰活动，也表现在家庭组织中。

在母系社会，男人是被驱逐在外的人，他们既不对女人负责，也不对孩子负责，当然也可以不对先人负责。如果因为某种原因迫使他们负起家庭责任，并且以负责的分量，来与同性竞争异性，那么，成功的压力也会存在。这种压力就是让我们今天感到被逼上梁山的忙碌生活的源头。这种压力越大，神秘性、神圣性的倾向也就越强，精灵、祖灵也因此被创造出来。从促进人力资源积累的内在因素来看，在母系社会阶段，基于男女分工平台，父亲因无法解决结构性的精神危机而产生了创作、创新的冲动。而到了父系社会阶段，"非得成功"的压力、非得解决生活危机的压力，更成为促使父亲在生产、生活中创新的重要动力。不断追求成功的压力，是带来我们社会中人力资源不断积累的原因之一（内在因素）。

上述父系信仰的形成，与大禹治水的传说没有关系，与取得"河图"没有关系，也不一定非发生在中原龙山时期不可。它在中国某个地区、某个社会中的形成，可以在几千年前，也可以在几百年前，也可以直至今天也没有发生，比如在今天的摩梭人那里。这里只是说明这种事情发生的趋势。

既然远古华夏父亲把先人选择为具有"超自然力量"的东西，从而也就创造出了一种具有特殊性质的先人。因此，他们的先人可能依然如旧，与曾经9.5万年历史中的先人没有区别，但也可能包括了一些新的精神内容。所以，远古中国父亲侍奉先人的活动，可能是单纯的侍奉，如同让亲人吃饭一样"事死如生"，但也可能是远古父亲召唤"超自然力量"的活动。为了区分两者，这里把前者称为侍奉先人，把后者称为祭拜祖先，或祭祖、祖先崇拜。

但值得注意的是，在同样追求成功的压力下，其他社会是否会形成中国式（华夏）祖先崇拜，却是依据其他条件而定的。以下就来讲有关这方面的事情。

3. 祈求先人保佑

准确说祖先崇拜是什么呢？一般解释是，祖先崇拜就是按照一定的礼仪来办理上辈的丧葬，按时祭拜和悼念他们，以示不忘他们。其意义在于，祖灵有神通，可以保佑子孙，也可以降临灾祸，所以子孙要祭拜祖先，以求家人平安。[1]

祖先崇拜有几个层次的内容。第一是"葬礼"。这是人类最原始的内容，比如尼安德特人也会进行这样的活动，并且维持到今天。第二是"按时祭拜和悼念"。这也是古老的内容，"非洲夏娃"创立我们家庭之日起便开始实施，直到今天。从摩梭人吃饭时侍奉先人到汉族人上坟，再到欧美人定时或不定时到墓地献

---

① 牟钟鉴、张践：《中国宗教通史》，社会科学文献出版社2000年版，56页。

花，都体现了属于这个范畴的行为方式。这种母亲侍奉，被父亲承袭下来，维持到今天。这里没有什么隆重的仪式，也没有什么神秘、神圣，只是普通生活中的一环。第三是永远"不忘他们"，以求"家人平安"等等。这便是中国父亲祖先崇拜的特定内容。

本来，不忘先人起源于"非洲夏娃"的期望，属于母亲侍奉，只反映先人要与后人，后人要与先人永远生活在一起的信念，不应该算入父系信仰。然而，在侍奉先人的实际活动中，随先人无限增多，后人最终只好忘掉一些先人，这也就自然形成只侍奉上三代的习俗。如果历史照此延续下来，我们今天就不可能侍奉黄帝、孔子等，因为如果是在母系社会的话，他们早就被遗忘掉了。之所以我们今天还能记住黄帝、孔子，是因为我们在侍奉先人的名目下，增添了新的内容，比如在固定期间举行隆重仪式，发誓永远"不忘他们"，从而求得民族团结、家人平安等等。母亲的侍奉和父亲的祖先崇拜在祭拜形式上有很大的区别，中国台湾阿美人的事例充分证明了这一点。在原本属于侍奉的母系信仰中，没有特意抽选出来祭拜的先人，先人自然永远和后人在一起，这些都不需要特别说明。但是，当日本人统治时，推行祖先崇拜，要人们在墓石上刻文字以传子孙，还要划定每家的墓地，并要求他们祭拜日本的神灵，以求保佑。

那么，为什么非得记住祖先呢？因为他们能保佑我们。为什么他们能保佑我们呢？因为他们具有"超自然力量"，是"神圣、神秘"的人。因此，在现实中，不忘他们，除了表达后人要与先人永远生活在一起的想法之外，更多的是，父亲需要被保佑，同时也要尊重先人们的遗愿和思想，由此把他们神化，因此，"不忘先人"也就算入了父系信仰。随父系信仰占支配地位，产生出来的奇怪现象就是，虽然我们没能记住真正的始祖"非洲夏娃、亚当"，但却记住了黄帝和孔子。

从祖先崇拜的外在形式来看，宣誓永远"不忘祖先"，以求"家人平安"是其特征。这包括两个内容。第一，与同属父系信仰的图腾崇拜社会的父亲相比，中国父亲在人生定位上，把它理解为是具有承上启下、继往开来等使命性的东西（追求成功的命运之途），是为家族带来昌盛繁荣、追求成功的过程。因此，他们自然祈求祖先赐福。同时，他们还会反省是否对得起祖宗。就这样，他们在这种价值观的支撑下度过一生。第二，在需要做重大决定时，以祖先的神性（是否会保佑）为参考，从而排除祖先不认同的许多行为。因此，基于这种父系价值观和祖训等，华夏的道德和法律体系也就被建立起来，并在家族、宗族、社会等各层面形成一条精神上的历史长河。因此说，华夏的精神文化，也就是中国人心中所持有的人生目标：结婚生子，祭拜祖先（光宗耀祖）。而华夏父亲承接母亲手中支配权的动机也同样如此：负起养育后代、祭拜祖先的责任。因此说，"父亲把财富劫为私有的同时，为了把他们传给自己的子孙，夺取了母亲手中的权力，把社会带入了父系社会"的说法是错误的。

从远古的历史来看今天，我们可以知道，由于祖先崇拜的外表形式是侍奉，而侍奉这种形式在我们社会中普遍存在，所以，儿子侍奉老子，从老子那里继承财产，对父母尊崇，到坟头上香献鲜，都是普遍现象，从中很难区分哪些是侍奉，哪些是祭祖，我们不能每次去扫墓都理解为祭祖而不是侍奉。而更重要的是，祈求祖先保佑，只发生在早期中国、希腊、罗马的父亲身上。这至少说明，早期的华夏和希腊、罗马在精神文化上是相似的，并与世界其他地区的早期文化，比如图腾地区的文化，相区别。

4. 图腾神化万物，祖先神化自己

那么，远古中国的祖先崇拜是什么时候发生，其过程又是怎样的呢？张光直说，凡是相信有死后世界而对死者敬畏有祭拜的人都有祖先崇拜。欧洲旧石器时代有埋葬仪式的尼安德特人，中国的山顶洞人，都可以说有祖先崇拜。但在比较宗教学上讲的祖先崇拜或中国所讲的祖先崇拜，则专有一个狭义的解释。这种解释有两点：第一，祭者只祭自己以及同姓的祖先；第二，祖先崇拜有一套信仰仪式，有祭品、祭器、祭拜地点、祭拜对象。以个别的亲属集团的团结与福祉为念的祭仪，被称为祭祖。在考古发掘中发现仰韶时期的陶祖。中国古代的"祖"字，是性器的图画，也是祖先牌位的原形。西安半坡的彩陶波钵里画了一个人头和两尾鱼，这个头形可能是掌管鱼祭的巫师。虽然仰韶时期的彩陶有若干可能用于仪式，但实用的与祭拜用的不易分辨。龙山时期则不然，若干陶器很可能是专为仪式使用而制造的，这暗示祭拜仪式的重要性更加显著。龙山时期的鸟形器盖钮可能与商、秦的始祖玄鸟传说有关。龙山时期的卜骨暗示存在专业巫师。根据以上资料断定，在农业社会开始村落生活初期的仰韶时期，没有系统化祭祖。人们有对死后世界的信仰，有一套葬仪，但没有制度化的祖先崇拜。即便仰韶时期有祭祖仪式，但其重要性也为微不足道。龙山时期有了祭祖仪式，以祈求本宗亲属的繁殖与福祉为目的，同时，以此来加强本宗亲属的来源与团结的信念。考古学资料证明，各个地区文化传统，与龙山时期的个别始祖相扣。①

张光直所提到的祖先崇拜的狭义解释，就是远古中国父亲的信仰。不过，由于山顶洞人对死者并没有什么敬畏，所以他们只是侍奉而不是祖先崇拜。并且，在他所列举的各项考古证据中，陶祖、鸟形器盖钮、卜骨等，完全可能就像前3万年之后的那些欧洲男人的洞穴壁画一样，仅仅就是他们闲得无聊时所制作的艺术品。这些艺术品反映他们一时的激情，也可能反映他们的信仰，但要把这些艺术品当作是陶祖、玄鸟等却有些勉强。仅仅依据以上考古资料很难得出"仰韶时期没有系统化祭祖，而龙山时期有系统化祭祖"的结论。

人们一般都只把召唤"超自然力量"这种父系社会的特定行为定义为"宗教"。但无论对"宗教"怎么定义，就各社会的信仰活动来看，它们既包括最原始的丧葬部分，也包括母系社会的侍奉先人部分，但是否包含父系社会的祖先崇拜部分，却因各个社会而异。古代中国、希腊、罗马的父亲们的信仰含有这个部分，但在其他社会却没有。那么，那些没有把先人选择为具有"超自然力量"的父亲们，又采用什么信仰方式呢？先来看那些不属于祖先崇拜的古代中国父亲们。

通过史前的考古遗址我们可以知道，在长江下游地区的良渚文化时期（前2750年）出现了有象征财富的玉器和象征神权的玉琮，玉琮制为外圆内方，表面还刻有一组或多组"神人"纹。而在燕辽地区，在赵宝沟文化时期（前4800年）出土了土陶尊，上面刻画有神兽纹天象图案，在红山文化时期（前3500年）的红山牛梁河有一座庙宇，里面有女神头像。基于这些资料，许倬云得出结论：红山文化与良渚文化是以玉器文化为特征的。在红山遗址，女神庙地居礼仪中心遗址群的最高处，具有"圣地"的性质，显示出神祇信仰。② 而在长江上游的古蜀国，在由已经实行夫妇合葬的氏族部落所组成的1万～1.5万人的联盟中，巫士祭拜的对象也仍旧是太阳神。③ 也就是说，长江流域和燕辽地区的父亲们在寄托成功希望时，并没有把先人选择为具有"超自然力量"的代表，他们选择的是自

① 张光直：《中国远古时代仪式生活的若干资料》，载《中国考古论文集》，三联书店1999年版，124～134页；张光直：《美术、神话与祭祀》，民族出版社1999年版，99～103页、

② 许倬云：《神祇与祖灵》，载《许倬云自选集》，上海教育出版社2002年版，320～321页。

③ 黄建华：《古蜀金沙》，巴蜀书社出版社2003年版，48～49页；金沙遗址博物馆解说词。

然神（动物、植物、太阳、月亮、星星、男人形象、女人形象）。这些自然神力的象征，与各个父亲没有一对一的血缘追溯关系。这种信仰在南方地区，比如四川成都的三星堆、金沙遗址，一直到殷商时代还延续着。只是后来随北方文化的扩张、支配以及北方君王祭神的垄断，三星堆、金沙遗址中的那些戴着巨大金箔青铜假面的祭司也就消失了。

接下来看澳洲的父亲们。澳洲是以自然为对象的图腾崇拜社会。澳洲人是可以观察到的最"原始"的人类成员，其社会发展水平相当于新石器时代初期（前1万年）。澳洲成为研究古代社会的经典地区。澳洲的氏族，由几个到十几个家庭组成，人数在20~40人左右，或为父系，或为母系。在一年中大部分时间，他们在各自领土内过着渔猎采集生活。① 澳洲人埋葬尸体之前，先把尸体放在一个由树枝搭起来的平台上，直到剩下一堆白骨。然后除了肱骨之外，都被收集起来放到蚁冢之中。肱骨用树皮盒子包起来带回营地。在举行仪式时，在地上挖出小沟，敲碎肱骨，把它埋在小沟里。在小沟不远的地面上，画着一种图案，表示死者的图腾和某些祖先曾经停留过的地点。仪式完成了，哀悼也终结了。澳洲人除了死亡的那一刻以及随后的那段时间之外，从来都不关心死者，完全没有祖先崇拜。尽管有丧葬仪式和悼念仪式，但没有构成崇拜。崇拜具有周期性重复出现的特征。因为，作为信仰，信徒们每隔一段时间，就会感觉到有必要加强和重新确认自己与自己所依赖的圣物之间的联系。除非人们连续不断向坟墓献祭，否则就不能算作祖先崇拜。不过，澳洲人也会将死者的毛发或者是某些骨骸保存起来。②

非常明显，澳洲原住民依然保持着最原始的信仰，即葬礼。他们还保存死者的毛发或某些骨骸，这让人联想起在伊拉克北部的柯尔梅斯·德雷的前1万年的先人们携带6个颅骨漂流，最后才埋在住房里的习俗。这种习俗在今天其他地方还能看见。在非洲加麦农、乍得，南美洲的圭亚那、哥伦比亚、巴西，大洋洲的基里巴斯，人们把头盖骨埋在家里地板下或家里的后院，并常常掏出来侍奉食物。在南美洲的阿根廷，大洋洲的所罗门、基里巴斯，人们把遗骸放在木笼里或者把头盖骨用绳子拴起来，挂在房檐下。在大洋洲的巴布亚新几内亚，人们把腭

① 张岩：《外婚制与人类社会起源》，载《社会学研究》，2006（6）。
② ［法］涂尔干：《宗教生活的基本形式》，渠东等译，上海人民出版社1999年版，76~77页、79页、520~521页。

骨作为首饰保存起来。[①]

随时都准备着游徙寻食的澳洲原住民们，在没有实施定居农业的情况下，不可能到固定墓地膜拜，但他们可以与先人的一部分残留物一起生活，这应该是随时侍奉先人的证据。所以，他们沿袭着母系思想，侍奉先人。但他们并不要求先人保佑，所以，也就恬淡对待先人，不把他们神化，也就没有形成祖先崇拜。但这并不意味着没有父系信仰。在对游猎寻食的领地的再分配压力之下，追求成功的父亲们形成氏族、部落，并把动物、植物选择为神圣化的对象，从而形成图腾崇拜。不过，值得注意的是，在男人（父系社会或母系社会中的男性组织）的图腾崇拜之下，发源于母系的三代人侍奉关系依然保留在各个家庭内部，并没有因此而消失。

这里来做一个比较。

在图腾崇拜和祖先崇拜的社会中，父亲都以追求成功为人生目标。为了克服内心的怯弱，鼓励自己去面对可能失败的现实生活，为了逃避命运的支配，他们都需要祈求超自然力量的保佑。但在选择寄托对象方面，图腾崇拜和祖先崇拜之间有本质区别。在祖先崇拜的社会，父亲把先人神秘化。由于把血缘关系者神圣化，作为他们的后代，自己也就必然被神圣化。也就是说，父亲虽然维持了侍奉，但加上了神化自己的内容。由于对自己所属血缘关系的神圣化，父亲们便给自己赋予了承上启下的使命，体现出对家族事业的追求。与之相比，崇拜图腾的父亲，一方面在家庭内也延续了侍奉先人的习俗，但另一方面把人生定位与图腾这样的自然崇拜结合在一起。由于与崇拜对象没有一对一的血缘追溯关系，他们无法神化自己，也无法神化自己的人生。于是，虽然澳洲父亲也希望成功，但对大自然只是顺从和谦卑。以此而论，图腾崇拜和祖先崇拜在行为上的区别就是，图腾崇拜中的父亲是归顺于天地的反复循环的自然人，而祖先崇拜中的父亲却是自我神化、向大自然挑战的斗士。

以上就是历史上所发生的远古父系精神革命的内容。现在可以给从远古（前2000年之前）至古代（前2000年之后）时期的中国父亲的故事做一个小结了。

前4万年之后，我们祖先开始陆续来到中国，以母系家族的形式，蔓延中国

---

① ［日］松涛弘道：《世界丧葬词典》，雄山阁出版社2000年版。

大地。随着人口的增长，土地、牧场等资源的再分配压力逐步增加，大约在前
7000 年，进入变形母系社会时期。以后，再随人口增加，聚落逐步大规模化，在
前 3000 年左右，或以祖先崇拜的形式，或以自然神崇拜（图腾崇拜）的形式进
入父系社会。与母系社会相比，父系社会的父亲追求成功的精神显得尤为突出。
虽然"成功都借助于超自然力量来实现，同时，还要借助于一个庞大的家族的力
量"，[1] 但搞祖先崇拜的中国父亲把成功的希望寄托在自己身上，而搞图腾崇拜的
中国父亲把成功的希望寄托在自然神身上，最终，搞祖先崇拜的中国父亲取代了
搞图腾崇拜的中国父亲，统合了远古中国。

四、父亲给我们订立社会规则

1. 为"欺骗大家"需要神明

前面是基于"从一到二"的观点，讲述了远古中国父亲如何"欺骗自己"、
神化自己的历史故事。但在涂尔干看来，神化过程应该是从组织到个人，即"从
二到一"。这种看法没有错，但必须立足于"从一到二"。以下就继续讲远古中国
父亲如何为了"欺骗大家"，讲他们如何立足于"从二到一"来神化自己的历史
故事。这个故事，与搞祖先崇拜的远古中国父亲去取代搞图腾崇拜的远古中国父
亲的历史过程，并行不悖。

中国人有敬祖先、敬神的习俗。在今天的台湾地区，摆放它们的地方通常会
选择进门客厅的一方，或是专门的房间。如果只供奉祖先牌位而没有供奉神明，
就会阴气太重，因为祖先的灵属阴，而神明属阳，阴阳配合比较适宜。所以除敬
有祖先牌位外，还必须另外为神明设置炉、灯、供品等，祖先不能与神明共用
供品。[2]

祖灵和神灵不能共同用餐，而必须让他们各自用餐，这不能不说是受到母系
信仰的影响。葬礼、上坟，也同样是对母系信仰的承袭。然而，如同人们常说，
成功是因为"他家祖坟冒了青烟"，应该"为祖先烧高香"一样，父系信仰的影

---

① ［美］罗伯特·亨利·路威：《乌鸦印第安人》，冉凡、C. Frend Blake 译，民族出版社 2009 年版，
23 页。

② 《如何安神位与祖先牌位》，见 http://www.neighbor168.com/name543/house11a.htm。

子还是时隐时现的。但这里最值得追问的是，既然有了保佑自己的祖灵，为什么还需要神灵？是祖灵的威力还不够大，还是祈求者太贪心？对此，这里先按下不说。中国的帝王将相同样是既祭拜祖灵也祭拜神灵的。这里只讲他们的这一祭拜活动。

有人说，中原龙山文化时期，部落的权贵们借助其祖先的威望，对下属提供精神保护，使自己的权力得以合法化，而另一方面，下属向部落权贵们奉献稀有物品，如黑陶器、劳动乃至战争中的效忠。由此构成了重要的经济和社会关系网络。①

权贵们的祖灵会保佑其下属吗？如果不能，权贵们的祖灵对下属便不会产生什么威望。关于这一点，张光直做了明确的答复：根据考古资料，中国古代的祭仪有两种。一种是以村内个别的亲属集团的团结与福祉为念的祭仪，被称为祭祖。另一种是与农业、渔业、狩猎等生产有关，以村落的福祉为念的祭仪，被称为祭社。② 氏族和宗族的数量不断增加，以至单凭世系已无法维持不同村落、不同氏族和分支宗族之间的相对政治地位，而不得不通过道德权威、强制力量，以及通过对神灵世界交往的垄断来占有知识。③ 到了龙山时期，祭社与祭祖具有同样的重要性。祭司也许互相符合。这是因为，他们一方面是村落和王国的政治首领，一方面也是某亲属集团的代表。所以，同一祭司在同一地点举行不同祭拜，所代表的社会群体以及祈求福祉的对象是不同的。④

也就是说，不同区域的男性组织出自不同祖先，所以，那时的君王要统合不同区域的男性组织，就必须在祖先崇拜之外，设立新的祭拜对象，以炫耀自己的能力和武力，让自己在不同血缘的男性成员心中变得无所不能，让他们对自己持有敬畏、尊崇的情绪。而这个新设立的祭拜对象，不能是自己的祖宗而必须是跨血缘的东西，比如天神等，否则无法欺骗大家。因此说，权贵们在下属面前树立威望的工具，不是祖灵，而是神灵。这个现象，随大幅度跨区域的统合而明显展

---

① 方辉等：《鲁东南沿海地区聚落形态变迁与社会复杂化进程研究》，载《中华文明探源工程文集·社会与精神文明卷（1）》（上卷），社会科学出版社 2009 年版，254～255 页。

② 张光直：《中国远古时代仪式生活的若干资料》，载《中国考古论文集》，三联书店 1999 年版，134 页。

③ 张光直：《美术、神话与祭祀》，郭净译，民族出版社 1999 年版，106 页。

④ 张光直：《中国远古时代仪式生活的若干资料》，载《中国考古论文集》，三联书店 1999 年版，134～135 页。

现出来。考古学家们根据考古资料，作出这样的论述：神祇信仰与崇拜祖先，是两种迥异的信仰方式。红山与良渚两个文化的礼仪中心当为祭神传统，而仰韶文化的信仰，当是对死者的灵魂观念。仰韶古国虽对自然神祇也心存敬畏，也有祭拜，但主要是崇敬祖先，通过祭拜祖先求得庇佑和治世良策，因而不会像红山、良渚古国掌握神权的巫师那样，靠神的意志实行对国家的治理。两个传统的第一次结合，以襄汾陶寺（前 2500 – 前 1900 年）为代表。陶寺的礼器是陶制规格较高的器物，这里接受了红山与良渚文化影响，却保留甚至提升了仰韶文化的传统，发展为祖先信仰。如果神祇与人鬼这两个系统各行其是，我们就不难理解周人礼制中，一方面有奉祀天神的信仰，另一方面有奉祀祖先的信仰。①

也就是说，虽然黄河流域的华夏集团的父亲们，选择先人（祖先崇拜）而不是自然神（图腾崇拜）作为庇护神，但随着势力范围的扩大，也不得不重视自然崇拜之类的东西。随着华夏集团对东夷集团和三苗集团的胜利，在对这些地区的各族群的取代过程中（前 2500 – 前 1900 年），除了祖先崇拜之外，还必须创立天神等自然崇拜。而为了更顺利推进这种造神活动，黄河流域的远古君王们，与其重新创立神祇，还不如接受或引进红山文化和良渚文化地区的神祇会更为有利。于是，"中国的远古君王用酒、音乐和重复的仪式来向自己和他人证明，他们在与祖先、神灵进行交流。在前 2500～前 2000 年，他们把自己变为了统治精英，这就像美索不达米亚地区一样，把夯土平台上的宇宙作为向神灵传达信息的扩音器"。②

2. 祖先管理祖先

不过，如果在崇拜天神的同时，远古中国的君王还必须坚持祖先崇拜的话，那么，作为各地区族群共同崇拜对象之一的天神，就需要与祖先融为一体，于是，他们就杜撰出一种理论说，天神把统合大众的使命赋予统治者祖先，统治者的祖先管理着被统治者的祖先。而这也是以祖先崇拜为基础的远古华夏思想发展

---

① 许倬云：《神祇与祖灵》，载《许倬云自选集》，上海教育出版社 2002 年版，321～327 页；李伯谦：《中国古代文明演进的两种模式：红山、良渚、仰韶大墓随葬玉器观察随想》，载《中华文明探源工程文集·社会与精神文明卷（1）》（上卷），社会科学出版社 2009 年版，8～10 页。
② ［美］莫里斯：《西方将主宰多久：从历史的发展模式看未来》，钱峰译，中信出版社 2011 年版，124～128 页。

的必然的逻辑。这样一来，远古华夏思想便具有了以下特征。

第一，中原龙山文化（前 2500 – 前 1900 年）以后的天神，与红山文化（前4000 – 前 3000 年）和良渚文化（前 3300 – 前 2000 年）的神祇相比，不再是同一个东西。

第二，对远古君王来说，祖先崇拜与天神崇拜必须统一起来，所以，每次改朝换代，都必须证明其祖宗与天神有一统关系，比如，后来历史上的苍天生龙、天人合一等。

第三，从思想的简练性、思辨的效率化角度来看，用抽象化的祖先神来代替君王自己的具体祖先，也是祭祀发展的选项之一，但远古华夏祖先没有走这样的道路。

第四，祖先崇拜与天神崇拜的一统关系，决定了远古君王对天神等威望巨大的自然神祭拜的垄断性。中国历史上所发生的"绝地天通"，讲的就是这样的故事。

"绝地天通"的故事记载于中国古典之中。在《尚书·周书·吕刑》中是这样记载的：自蚩尤作乱之后，民间抢夺杀掠成风；后来三苗之君效蚩尤乱政，制定严酷的刑罚镇压苗民，苗民不堪虐待，纷纷祷告于"上帝"；帝尧哀怜无辜受罪之人，于是接受"上帝"的命令，剥夺三苗之君的世位，并且让重、黎这两人断绝天地之间的交通，才使局面改观。①

在《国语·楚语下》中的记载故事是这样的：楚昭王问观射父："远古发生过重、黎两人让天地不通的事情，这是怎么回事？如果不是这样，人民就能升天吗？"观射父回答："在远古，民和神是不混杂的。只有上合天意、下顺民情的人，神灵才让他安排神灵的主次位置，制定祭拜用的牺牲、器具、服饰的规矩。这些人，男的叫作觋，女的叫作巫。由于少暤衰落，九黎扰乱德政，人民和神灵混杂，人人祭拜，每家都有巫史，人民因祭拜繁数而贫困。同时人与神的位置不分，亵渎庄严的盟誓，无所敬畏，所以，神不赐予人美好的谷物，灾祸接连到来。颛顼（前 2514 – 前 2437 年）继承少暤后，让重掌管天事与神打交道，让黎掌管地事和人民打交道，恢复原来的秩序，使人与神的位置区分严密，这就叫作隔绝

---

① 张富祥：《由东夷古史探讨"绝地天通"》，载《齐鲁文化研究》（第三辑），2004（12）。

天与地的通路。后来，三苗走九黎的老路，扰乱德政，尧也培育重、黎的后代，让这些后代掌他们先人管过的政事。直到夏、商都是如此。到了周代，重、黎的后代程伯休父，在宣王时期丢掉了掌管天地的官位。但为了神化自己，为了让大家敬畏，程伯休父便炫耀说，是自己的祖先重把天举高，是黎把地压低。实际上，天地已经形成，是不能变化的，又怎么能互相靠近呢？"①

关于古人通天的故事，张光直说，在出土文物中，铜器上张开的兽口是彼岸（死者的世界）同此岸（生者的世界）分隔开的最初象征。铜器上的人形非巫师莫属，他在动物的帮助下升天。张开的兽口也可以表示嘘气，风便起源于此。风是另一个天地交通的基本工具。②

关于"绝地天通"的背景故事，张光直和徐旭生说，已有的考古证据都说明巫和觋都是男子（巫师），但由于他们的职务，有时兼具阴阳两性的身份。巫师由牧人或农人兼作，并非专业。在生产活动中，他们获得了一些有关自然界的规律。仰韶文化的社会中无疑有巫师人物。他们的任务是通天地。但没有证据说明那时巫术与政治有什么联系。巫师所能指挥和命令的都是小神，但到了龙山文化时期，有考古材料证明巫术与政治紧密相连。因为，随着部落、部落联盟的出现，社会秩序问题逐渐显示出它的重要性，产生出了大神。原来的那些巫师都想来传达或解释大神的意思，这样一来，部落、部落联盟的权威便受到挑战。③

关于"绝地天通"在祭拜发展方面的意义，余英时说，在远古某一关键时刻，颛顼借着剥夺一般社会上的巫师与上帝交通的传统工具，重组了原始的巫教。颛顼随后让他所信任的巫师掌理与天相关的事宜，借此建立他自己与天或帝直接交通的管道，与天交通自此成为君王的专属特权。④

关于"绝地天通"发生的时代和地理位置，按照古典记载，在九黎和三苗挑起混乱之后发生过两次。但实际上，在蚩尤作乱等时期就没有发生过吗？有人说："大致五帝时期，各大集团间的循环大战曾经引发一场造神运动，人间的纷

① 李维琦：《白话国语》，岳麓书社1994年版，372~373页。
② 张光直：《美术、神话与祭祀》，郭净译，民族出版社1999年版，58~59页。
③ 徐旭生，《中国古史的传说时代》，文物出版社1985年版，74~85页；张光直：《仰韶文化的巫觋资料》，载《中国考古论文集》，三联书店1999年版，149~150页；张光直：《美术、神话与祭祀》，郭净译，民族出版社1999年版，96~98页。
④ 余英时：《论天人之际：中国古代思想起源试探》，台湾联经事业出版公司2014年版，引论部分。

争进而演化为神灵之间的较量。其后祭拜的繁杂、巫师的花样翻新乃至'王国'体系的构造、大联盟地位的争夺等等，都使大大小小的神灵粉墨登场。"①

虽然有人说，"在祖先神产生之前，动植物和天体一类东西被认为是众神，即，我们今天惯称的灵魂、图腾崇拜"②，但基于以上中国学者们的说法，可以得到这样的结论：远古中国父亲把自己长期以来在"游手好闲"中所观察、学习到的东西，与追求成功的意愿相结合，创造出了"欺骗自己"的祖先崇拜或自然崇拜（图腾崇拜），再把祖先崇拜与自然崇拜相结合，发展出既能"欺骗大家"，自家又能垄断的天神。这种现象的发生，作为远古中国父亲精神支柱的强化以及精神文化的传播，与远古华夏集团对远古中国各地区、各族群的取代过程并行不悖。这种以祭拜为核心的远古精神文化的发展过程，也许与"绝地天通"的传说没有关系，祭拜的垄断也许在全国各地都发生过，因此，也就难以确定其发生、发展的具体时期和地点。不过，远古中国这种特有的历史趋势不可否认。

五、欧洲父亲骑马好战

远古中国父亲的情况是这样，那么，远古欧洲的父亲又是怎样的呢？接下来讲他们的故事。

1. 三支祖先来到欧洲③

今天的欧洲有 7 亿多人，为中国的一半。那么，他们的各路祖先又是从何而来，后来又是怎样融合在一起的呢？

欧洲的先人，主要来自 3 支人群。

前面已经提到，一支非洲起源的先人，前 4.5 万年从非洲东部来到中东地区，前 4 万年到达伊朗，继续向东挺进的人群便成为中国先人的主要部分。

---

① 张富祥：《由东夷古史探讨"绝地天通"》，载《齐鲁文化研究》（第三辑），2004（12）。

② ［美］埃尔曼·R·瑟维斯：《人类学百年争论：1860 - 1960》，贺志雄等译，云南大学出版社 1997 年版，173 页。

③ ［美］斯宾塞·韦尔斯：《出非洲记：人类祖先的迁徙史诗》，杜红译，东方出版社 2004 年版，194～196 页、210 页；张振：《人类六万年》，安徽人民出版社 2013 年版，278～282 页；《基因视角的人类分布与迁徙史》，见 http：//www.tieku001.com/536089/1.html；《基因地理：人类的迁徙和分布》，见 http：//www.overreader.com/htm/05092013/24315996.html。

可是，这些先人中的一部分没有向伊朗，而是向西北而去。这部分先人分为两支，其中一支在前3万年直接挺进到巴尔干，并扩散到欧洲中部，在前2.8万~前2.1万年，他们创造了在法国等地的格拉维特文化，被称为格拉维特人。[①] 在前2万年的冰河期，他们退缩至巴尔干、伊比利亚半岛等地。前1.1万年随冰河期结束，他们又重新在欧洲扩张。他们是欧洲的第一支先人，Y染色体基因标号为M170，占欧洲男人的20%。

另一支，则在前1.5万千年来到土耳其一带的"肥沃的新月"定居，在考古遗迹上他们便是在耶利哥等地所发生的故事的主人翁，是把先人头颅携带漂流的母系家庭中的远古父亲们。他们使这一地区成为农业最早兴起的地方。以后，其中一部分人群继续向西北挺进，来到欧洲，使农业在随后的几千年里逐渐传播到了欧洲，成为欧洲的第二支先人，Y染色体基因标号为M172，占欧洲男人的20%，主要分布在巴尔干、希腊、意大利等欧洲南部地区。

另外，在前4万年到达伊朗的先人中，也有一部分向北而去。他们在前3.5万年来到中亚的哈萨克斯坦一带，然后向西而去，来到俄罗斯南部、乌克兰一带。其中，更有甚者，挺进到西欧，与尼安德特人共同生活，创造出了洞穴壁画。这些人成为欧洲的第三支先人，Y染色体基因标号为M173。

2. 库尔干人掠占欧洲[②]

上述欧洲的各路祖先，几乎与中国在同一时间段，开始了相互融合。

落脚在俄罗斯南部、乌克兰一带的欧洲先人们，在前4000年左右分为两支开始在欧洲地区扩张。

---

① 格拉维特文化典型器物是燧石制的一种狭长的尖石叶，形状似一削笔刀，具有钝的刀背。格拉维特文化的居民主要居住在岩洞和岩石隐蔽所，但在俄罗斯平原他们已能用石块、猛犸骨和兽皮等建造住所。陶瓷器是格拉维特文化小雕像，都是一些爱神维纳斯的小雕像，表现为裸露女性的形态雕像。这些是最早的史前艺术作品。就人体解剖学而言，某些部位的解剖极其夸张：腹部、臀部、乳房，大腿，外阴。相比之下，其他的解剖细节被忽略或缺乏，特别是手、脚和头。

② ［美］斯宾塞·韦尔斯：《出非洲记：人类祖先的迁徙史诗》，杜红译，东方出版社2004年版，204~205页、206~207页；张振：《人类六万年》，安徽人民出版社2013年版，278~282页；［美］Marija Gimbutas, The three waves of the Kurgan people into Old Europe, 4500–2500 B. C., Archices suisses d'anihropologie, Geneve, 43. 2. 1979, pp. 113~114；《基因视角的人类分布与迁徙史》，见 http://www.tieku001.com/536089/ 1. html；《竖穴墓文化》，见 http://www.baike.com/wiki/% E7% AB% 96% E7% A9% B4% E5% A2% 93% E6% 96% 87% E5% 8C% 96；《世界人种基因图谱揭示神秘雅利安人面纱》，见 http://bbs.tiexue.net/post_3315030_ 1. html；《库尔干文化》，见 http://blog.sina.com.cn/s/blog_ 4d40cc3d0100ngk3. html。

一支进入中欧，他们的 Y 染色体基因标号为 M198，占今天欧洲男人的比例为：波兰 55%，俄国 46%，乌克兰 43%，德国 16%，希腊 12%，英国 4.5%，法国 2.5%，意大利 2.5%，西班牙 2%。另外，在今天中国的新疆男人中占 21%，小河墓地中的欧洲男人也是他们的子孙，同时在中国汉族男人中占 1%，而在印度男人中的比例为 40%。

另一支向西欧、北欧扩张，Y 染色体基因标号为 M269，占今天欧洲男人的比例为：西班牙 69%，英国 67%，法国 61%，意大利 49%，德国 45%，希腊 16%，波兰 16%，俄国 6%，乌克兰 4%。

以上是从基因遗传角度来看的。接下来看古代欧洲父亲们留下的文化足迹。

考古学家们在俄罗斯南部草原发现了大约前 6000 年游牧人的遗迹，把它称为库尔干文明。库尔干人，本意是古墓人，因他们的墓葬形式而得名。古墓人在前 5000 年形成于俄罗斯南部。在第聂伯河的墓葬显示，他们在前 5000 年饲养马，前 4500 年开始骑马。由于大量饲养马，导致他们在西伯利亚草原（南俄罗斯和乌克兰草原）上生活中的食物不足。同时，由于骑马，他们很快就向西入侵黑海地区。于是，他们的一支在前 4300 ～前 4200 年从伏尔加河下游扩张到了顿河流域（库尔干人第一次入侵）。他们的另一支在前 3400 ～前 3200 年从北高加索地带扩张到北欧地区（库尔干人第二次入侵）。还有一支在前 3100 ～前 2900 年由南俄草原向欧洲腹地扩张，进入了罗马尼亚、保加利亚、匈牙利等多瑙河地区（库尔干人第三次入侵）。通过这三次在欧洲的扩张，他们掠夺了大部分已经被欧洲原居民开垦出来的土地和牧场。

库尔干人的竖穴墓文化，东起南乌拉尔，西到德涅斯特河，南起北高加索，北抵伏尔加河中游。该文化在伏尔加－乌拉尔地区新石器时代文化的基础上形成，到了末期，在伏尔加河地区，经波尔塔夫卡文化发展为木椁墓文化，在西面则被洞室墓文化等所取代。在西部地区，发现有定居聚落，比如，在第聂伯河下游右岸的米哈伊洛夫卡遗址，面积达 1.5 公顷，住所为半地穴式和平地起建的石基草泥房，内有草泥炉灶。晚期还出现多间的房屋，聚落建有防御用的石墙和濠沟。墓葬一般为竖穴单人葬。墓穴通常作长方形，以木料为盖板。死者多屈肢，以赭红土染色，仅随葬少量陶器、工具和饰物。第聂伯彼得罗夫斯克附近的"警卫墓"，高达 9 米，墓内葬 3 人，主葬 1 名男子，其他 2 人是后来埋入的。该墓出土的一辆整木轮的双轮车，是欧洲迄今所知最早的车子。

前 3000 ~ 前 2000 年，部分库尔干人进入安纳托利亚（土耳其）地区，与当地原居民杂居、融合，被称为卢维人、帕来人、赫梯人、吕底亚人。在同一时期，一部分库尔干人进入巴尔干半岛的东北部，接着陆续分批进入希腊，被称为希腊人。前 2000 年，部分居于东欧草原西部（大约在今天的多瑙河下游平原）的库尔干人，沿多瑙河向西挺进，他们翻越阿尔卑斯山进入今天的意大利一带，被称为拉丁人。罗马人是拉丁人中最著名的一支。与此同时，另一些库尔干人继续向西和北两个方向迁移，形成了西欧、中欧的凯尔特人和北欧的日耳曼人。

前 2000 年，又一支库尔干人从里海东岸分批南下进入伊朗高原，称为古伊朗人。其中一部分则继续向东南方向移动，前 1500 年越过阿富汗的兴都库什山脉来到印度河流域，击败了达罗毗荼人和其他印度原住民，他们被称为印度－雅利安人。这些入侵印度次大陆的库尔干人，写出了 6 部吠陀经：《梨俱吠陀》《娑摩吠陀》《夜柔吠陀》《阿闼婆吠陀》《梵书》《奥义书》。在前 200 ~ 200 年，婆罗门教的祭司根据吠陀经与传统习惯编写了《摩奴法典》。传至今日之《摩奴法典》共 12 章。第 1 章讲述创世记的神话；第 2 ~ 6 章论述婆罗门教徒的行为规范；第 7 ~ 9 章主要包括民法、刑法、婚姻制度、继承法；第 10 章是关于种姓的法律；第 11 章是赎罪法；第 12 章包括因果报应、轮回转世之说。这部法典影响远及缅甸、泰国、爪哇和巴厘等地。

"雅利安"一词源于梵文，是"光荣、可敬、高尚"的意思，但在描述古希腊文明的创造者的古典文献中，均用阿卡亚人、多利安人等具体的称呼，都没有使用"雅利安人"一词。19 世纪和 20 世纪上半叶，希特勒等种族主义者鼓吹雅利安人是最优越的种族。第二次世界大战结束后，"雅利安人"一词已很少被使用，目前直接用"原始印欧人"而不是"雅利安人"一词。

原始印欧人使用的语言分布于印度和欧洲，19 世纪初叶，学者们开始称之为印欧语系，印欧诸语言传统上分作 S 类语言和 K 类语言两大类。S 类语言包括今天的波罗的诸语言、斯拉夫诸语言、阿尔巴尼亚语、亚美尼亚语和印度－伊朗诸语言，流传于 Y 染色体基因标号为 M198 的欧洲先人们之间。K 类语言包括今天的拉丁语、希腊语、意大利克诸语言、凯尔特诸语言、日耳曼诸语言、以及赫梯语和吐火罗语，流传于 Y 染色体基因标号为 M269 的欧洲先人们之间。

　　然而，在上述库尔干人的文化和语言形成、发展之前，欧洲还存在一种古老文化（前6000－前3000年），属于新石器时代和铜器时代，其居民的语言不是印欧语系。

3. 把欧洲带入父系社会

　　根据中国的世界历史学者的看法，前1万年左右的祖先们定居生活的社会结构是母系氏族公社。比如，在西亚的耶莫遗址有女性像，是母神。[①] 而外国学者，一般都认为祖先们定居生活的社会结构是父系社会。莫里斯说，前9000年，定居西亚的父亲们，开始在意祖先和继承，因为，继承一块精心照料的土地，对一家人的财富来说有很大的差别。为了确保将来继承自己财产的人是父亲自己的孩子，开始禁止妻子婚外行为，并操心于女儿婚前贞节。于是，在前7500年之后，女孩子都在父权下成长，然后被转交到夫权手中。一个已经拥有大量土地和畜生的人和另一个财产相当的人结婚时，就会变得更加富有，婚姻成为财富的来源。[②]

　　另外，英国法律家梅因基于对印欧家长制的研究，在1861年出版的《古代法》中说，由父辈和子辈共同占有财产是印欧语族人最古老的家庭形式。父系社会是人类社会的唯一组织方式。[③]

　　然而，前面已经说过，考古证据表明，西亚前1万年的社会形态是母系社会。至于4300年之前，即印欧语族人形成之前的欧洲，金芭塔丝也说，那时的社会是母系。前7000～前3000年，小亚细亚（古安纳托利亚）地区，宗教主要集中在生命的轮转和它的循环上，从而形成古欧洲的地理及时间体系。在这个时代，人们崇拜女神，区别于后来印欧时期的欧洲。这个时代的文化特征是，实行定居农业，形成很大的部落。在社会关系方面呈现出母系制度下追求平等与和平，热衷于艺术工艺，没有武器。人们崇尚生、死、重生的永恒，以女神为对象。以后库尔干人（印欧族）入侵，改变了欧洲。库尔干人典型的文化遗址，比如巴登文化，形成于前3400年的多瑙河流域，一直延续到前2900年，其墓葬中有夫妇和孩子，还有马。较为富裕人家的墓中还有火盆、四轮车、铜制装饰物。在保加利

---

① 赵建文：《世界古代前期宗教史》，中国国际广播出版社1996年版，32页。

② ［美］莫里斯：《西方将主宰多久：从历史的发展模式看未来》，钱峰译，2011年版，52页。

③ 申子辰：《女性文明是人类社会未来发展的希望》，见 http：//review. artintern. net/html. php？id = 1768&page = 0。

亚发掘的属于前 3000 年的巴登文化墓葬中，有一个石墙围着的圆圈，圈中葬有一个火化后的男性和一个没有火化的年轻女性。从这些竖穴墓的墓葬情况看，此时库尔干人当处于母系氏族社会向父系氏族社会转变的阶段。库尔干人生活在小型村庄，以父子为轴心，压抑女性地位，形成流动性很强的半游牧文化和骑马好战的父系氏族部落文化（与之相比，乌鸦印第安人也是骑马好战的游牧文化，但却不是父系氏族聚落）。他们有比较先进的刀剑武器，采用竖式墓坑，饲养马匹，实行父权制。他们崇尚英雄、光荣，以雷电男神为崇拜对象，并形成君王、战士和劳动者三个等级的阶级制度。于是，随库尔干人入侵，欧洲转变为父系社会，等级和战争成为常态。①

因此，从考古资料来推测，在远古欧洲的母系社会中，随人口的增加、生活和生产方式的改变，在对土地和牧场等资源再分配的强烈需求的推动下，远古欧洲出现了父亲掠夺土地、发动战争、强化个人在男性组织中的权威等现象。如同华夏父亲驰骋中国大地一样，库尔干父亲骑着马也驰骋于欧洲大地，前 3500 年之后，逐渐把欧洲带入了父系社会。

六、希腊父亲由北向南，谱写英雄诗篇

库尔干父亲的扩张，使远古欧洲的"父权制度、社会等级和战争成为常态"。这种常态延伸至今，让今天的欧洲人感到无奈地在城市忙碌生活。然而，更重要的是，就今天世界范围来看，远古欧洲的母系社会向父系社会的变化，决定了今天世界的国际政治经济格局的形成，决定了今天世界各社会的命运。站在这样的历史视野来看世界可以发现，给欧洲带来这种最初变化的，正是远古希腊父亲。必须去看看他们的历史渊源。

---

① ［美］Marija Gimbutas，The three waves of the Kurgan people into Old Europe，4500－2500 B. C.，Archices suisses d'anihropologie，Geneve，43. 2. 1979，pp. 113～115、124～125；［美］马丽加·金芭塔丝：《活着的女神》，叶舒宪等译，广西师范大学出版社 2008 年版，3 页、130 页；《库尔干文化》，见 http：// blog. sina. com. cn/s/blog_ 4d40cc3d0100ngk3. html。

1. 八路祖先来到希腊①

今天，在欧洲7亿多人之中，希腊只有大约1000万人口，祖先有8路。

第1路：前面提到的Y染色体基因标号为M170的先人，前2万年来到希腊。位于希腊伯罗奔尼撒半岛的洞穴遗址始于前2万年。该洞穴中石器时代的堆积层厚达4米，兽骨中以鹿类占绝大多数。在这里还发现前7600年的一座遗骸保存完好的墓葬，前6000年的金枪鱼的骨骼。这些先人们在广大地区采集、渔猎，食物供给的增加导致了冰河期后人口数量的恢复性增长。他们占希腊男人的15%。

第2路：前面已经提到，一支非洲起源的先人，在前4.5万年从非洲东部来到中东地区，但其中有一部分先人并没有去中东，而是停留在非洲东北部的上尼罗河地区，冰河期结束后，他们在前7000年，跨过博斯普鲁斯陆桥，进入欧洲，定居于希腊，成为在欧洲地区的最早农业定居点。在前6500～前5800年的大型村庄遗址里，有石基础的墙，而在前5800～前5300年的定居点，已经向社区发展，形成小城镇，有街道和广场。在渔捞、狩猎、采集生产状态下，妇女4～5年才可以生一个孩子，而在农耕生产的状态下，由于食物的稳定供给，1～2年即可生一个孩子，人口也因此大幅度增加。他们的Y染色体基因标号为M78，占希腊男人的7%。

第3路：前4.5万年从非洲东部出发来到中东地区的先人中的一部分，在前5900～前4900年来到希腊，他们的Y染色体基因标号为M89，占希腊男人的7%。

第4路：前4万年到达伊朗的先人中，向东去成为中国的先人，向北去成为M170和库尔干人的先人，而停留在伊朗的一部分先人，前3000年调头来到希腊，他们的Y染色体基因标号为M184，占希腊男人的5%。

第5路：停留在中东的先人喜欢故乡的温暖，没有大规模移民，只有少数带着农业技术的移民来到南欧。他们就是前面提到的Y染色体基因标号为M172的先人，占欧洲男人的20%。这些先人之中的一部分在前5000年来到希腊，Y染色体基因标号为M102。

---

① 张振：《人类六万年》，安徽人民出版社2013年版，192页、278～282页；《基因地理：人类的迁徙和分布》，见http：//www.overreader.com/htm/05092013/24315996.html。

第6路：Y 染色体基因标号为 M172 的先人的另外一部分，前3000 年也来到希腊，Y 染色体基因标号为 M410。

第7路：S 类语言的原始印欧人（库尔干人），前 2000 年进入希腊，把希腊带入父系社会。他们的 Y 染色体基因标号为 M198，被称为雅利安人，占希腊男人的12%。

第8路：K 类语言的原始印欧人（库尔干人），在前 1200 年进入希腊，把希腊带入黑暗时代。他们的 Y 染色体基因标号为 M269，被称为多利安人，占希腊男人的16%。

2. 爱琴海文明

今天希腊的人口不多，但远古祖先路数之多，远远超过中国。这暗示着，这里发生的各路祖先的融合，更充满火药味。接下来，还是走入考古遗址，来讲述从远古（前 2000 年之前）到古代（前 2000 年之后）的希腊父亲在精神文化、社会制度方面的故事。

前 3000 年末至前 1200 年末，在南希腊和爱琴海岛屿上产生出了爱琴海文明。中心地在克里特岛和迈锡尼，所以又被称为克里特文明、迈锡尼文明。其中，克里特文明发生较早。

①克里特文明（前 2600 – 前 1450 年）。

前 6000 年，从小亚细亚迁徙到爱琴海岸的先人们带来了新石器技术。前 4500 年，从亚洲迁徙来的先人们带来了青铜器。前 3000 年由中东进入希腊、Y 染色体基因标号为 M410 的先人们建立了克里特文明（母系社会）。① 克里特是爱琴海第一大岛，东西长约 250 公里，南北宽 12～60 公里。从新石器时期（前 1 万年）开始，便有人居住。前 2100 年之后，岛上兴起至少 4 个小王国：克诺索斯、法埃斯特、马利亚、卡多—萨克罗。根据考古材料，以王宫为中心的克里特文明可分为前王宫时期（前 2600 – 前 2000 年）、早王宫时期（小国分立时期，前 2000 – 前 1700 年）、晚王宫时期（统一的克里特王国时期，前 1700 – 前 1450 年）。前 1700 年，人们开始建造规模宏大的王宫。克诺索斯的米诺斯宫有 5 层高，里面有

---

① ［英］纳撒尼尔·哈里斯，《古希腊生活》，李广琴译，希望出版社 2006 年版，9 页；《基因地理：人类的迁徙和分布》，见 http://www.overreader.com/htm/05092013/24315996.html。

1300 多个房间，墙壁上装饰着反映人们生活的绘画。宫内还有神殿、工匠的工作室、储存室和起居室等。在米诺斯宫周围，住着几万居民，国王居于宽大宫室之中，拥有青铜、金银、象牙制品，而普通居民住在穷街陋巷里，用具简单。农作物品种以大麦、小麦、橄榄、葡萄为主。随克诺索斯王国统一克里特全岛并把爱琴海许多岛屿和阿提卡纳入自己势力范围，出现了青铜币，兴盛起海外贸易，同时还产生了线型文字 A。这种文字约有 132 个符号，但尚未被释读。[①] 在米诺斯王宫、墓穴、洞穴和镌刻印章上再三出现女神。在狄克梯安洞出土了女性小雕像和双面斧。而双面斧是小亚细亚赫梯王国的风暴神的武器。[②] 人们还以人献祭。[③]

基于考古发掘，金芭塔丝对克里特文明时期的社会做了以下描述。

克里特文明属于爱琴海文化，是根据克诺索斯传奇式的米诺斯来冠名的。在印欧语民族渗透中欧的古欧洲文化并使其瓦解时期，米诺斯文化仍旧兴盛了 2000 年。有人设想，米诺斯文化的宫殿和术语暗示一种等级制度和父系制度，但实际上，这些宫殿是宇宙建筑，其文化是女性文化。前 7000 年，克里特拥有一些规模较小的农业共同体。前 6000 ~ 前 3000 年，这些共同体创作出与欧洲大陆相同的陶器和小塑像。在希腊北部发现前 5600 年的怀孕女神塑像。塑像手持面具。希腊人的面具是从这里流传下来的。米诺斯文化根植于欧洲古代的安纳托利亚传统。即便在库尔干人入侵、印欧文化的迈锡尼文明传入之后，由于地理的缘故，母系风俗在米诺斯文化中留存的时间比欧洲大陆更为久远。大量的宗教艺术、建筑和墓葬材料证明女性和母系继承制度在米诺斯文化中占重要地位，母系传统仍保持着强大的力量。前 5 世纪的克里特还有母权风俗。前 1 世纪的戈提那法典规定女性在婚后依然保留对其财产的控制权。妻子的兄弟的重要义务就是抚养姊妹的孩子。斯巴达虽然吸收了印欧社会的制度因素，但母系制度的遗风也被保留下来。在墓葬方面，前 3000 年的克里特的圆顶墓室可以容纳数百个死者，通常两个墓室连在一起。在美沙拉、摩克洛斯、阿克尼斯以及其他地区，坟墓定期清洗、烟熏，部分的遗骸被重新埋葬。二次葬时，头骨盖、大腿骨被保留。这种合葬习俗与前

---

① ［英］纳撒尼尔·哈里斯：《古希腊生活》，李广琴译，希望出版社 2006 年版，9 页；希腊史；《基因地理：人类的迁徙和分布》，见 http://www.overreader.com/htm/05092013/24315996.html。
② 赵建文：《世界古代前期宗教史》，中国国际广播出版社 1996 年版，87 ~ 88 页。
③ ［英］纳撒尼尔·哈里斯：《古希腊生活》，李广琴译，希望出版社 2006 年版，9 页。

3000 年西欧的巨石墓葬的合葬习俗有关。合葬的习俗一直延续到前 1450 年。[1]

②迈锡尼文明（前 1600－前 1200 年）。

与之相比，在希腊的琉卡斯岛和伯罗奔尼撒半岛，早期和中期的希腊青铜文化的古墓却具有库尔干人的特征。琉卡斯岛上的一个墓地中，有 33 具遗骸。最大的古墓由石墙围住，墓中有一男一女。男人们佩戴着三角短剑，这与在第二次入侵并定居在黑海西北部和保加利亚西北部的库尔干人的墓葬相像。[2] 因此推测，在库尔干人（印欧语民族）的第三次入侵的挤压下，原居住在巴登地区的库尔干人向西推进，入侵到亚得里亚海岸，最终在前 2000 年进入希腊和北意大利（雅利安人）。不过，由于库尔干人依赖马匹而不熟习航海技术，克里特和其他爱琴海岛屿没有受到印欧语民族渗透。以后，这些库尔干人在前 1600 年以后逐渐征服了米诺斯人。到了前 1300 年，被称为最初希腊文化的迈锡尼文化（父系社会）达到鼎盛。米诺斯人的书写系统是线性文字 A。迈锡尼的书写系统是线性文字 B，来源于线性文字 A。在线性文字 B 中出现了宙斯、赫拉、雅典娜等希腊神话中的名字。[3]

库尔干人在南希腊创建了一系列小王国，其中以迈锡尼等最为著名。另外在雅典等地亦有王宫出现。迈锡尼文明可分为早、中、晚三个阶段，早期称竖穴墓王朝（前 1600－前 1450 年），因其遗迹主要是谢里曼在迈锡尼城堡内发现的王族竖穴墓。中期和晚期称圆顶墓王朝，这时王族墓已演变为圆顶墓。晚期（前 1425－前 1200 年）是迈锡尼文明的繁盛期，迈锡尼王国已统治了克里特岛，入主克诺索斯王宫，继米诺斯王朝之后成为希腊和爱琴海的霸主。王宫建立在山丘之上，并有厚高的城墙环绕，形成一座小型城堡。城堡内设有王室的陵墓。根据已被破译的线型文字 B 的记录，迈锡尼文化时期是君主制，已形成阶梯状的社会阶级结构。国王称瓦纳克斯。国王之下有一批官僚，其中重要官职称拉瓦盖塔斯，可能是军事将领。还有科来塔等一系列职称。在这些贵族之下是平民，最下层的是男

---

① ［美］马丽加·金芭塔丝：《活着的女神》，叶舒宪等译，广西师范大学出版社 2008 年版，5 页、130 页、140 页、154～155 页、157 页、158 页。

② ［美］Marija Gimbutas, The three waves of the Kurgan people into Old Europe, 4500－2500 B. C. , Archices suisses d'anihropologie, Geneve, 43. 2. 1979, pp. 129。

③ ［美］马丽加·金芭塔丝：《活着的女神》，叶舒宪等译，广西师范大学出版社 2008 年版，131 页、139 页、159 页。

奴、女奴。前 1240 年，迈锡尼等国联合攻打小亚细亚的特洛伊，关于这场战争的描述就是《荷马史诗》。迈锡尼文明时期的各国处在一种紧张的氛围之中，连少量壁画和雕刻作品也充满好勇斗狠的勇士气息。前 13 世纪末至前 12 世纪，希腊再次受到另一支库尔干人入侵浪潮的冲击。入侵开始的方向在靠近希腊西北的伊利里。入侵者是多利安人。他们占领北希腊的伊壁鲁斯，中希腊的阿卡纳尼亚、埃利斯等地，余部扫过中希腊，占据南希腊大部。然后进占克里特与一些爱琴海岛屿，使这些地方均成为后来多利安人的居住区。①

关于爱琴海地区的文化传承，金芭塔丝说，迈锡尼人有着库尔干人血统，他们是早期印欧化了的中欧地区部落的后代，他们崇拜战功，男性武士占统治地位。他们继承了库尔干的墓葬传统，男性武士与他的长剑、短剑等武器葬在一起。前 1200 年，一群来自中欧更强大的库尔干人（多利安人），侵入希腊和爱琴海诸岛，并带来了希腊的黑暗时代，经过几个世纪之后，才出现古典时期的希腊文明。黑暗时代之后的希腊文化来自多利安人（多利安人的父系文明），他们破坏了迈锡尼文明（雅利安人的父系文明）。《荷马史诗》的形成是在迈锡尼武士社会时期，但它讲的却是前 800 年时女神地位低于男神的希腊文化。②

由于远古希腊有这样的历史过程，所以它也有类似中国大禹治水的神话故事，来隐喻母系社会向父系社会的转化："外来入侵者的神（父系），以宙斯为代表，以高居天空之中闪闪发光为特征，被征服者的神（母系）以大地为特征。天上降下雨来，大地才生长出万物，这预示着入侵者与被征服者成为一体，新旧神祇共同创造出一个现实的生活世界。然而，在这个新的生活世界中，与原有的生活世界相比具有鲜明特征：武士、猎手、运动者、祭司成为大家追求的职业或生活方式，对有权势阶层（贵族）的忠诚成为男人必要的美德。"③

结论是，作为创造出欧洲早期文明的远古希腊父亲，在祖先们"急行军"过程和定居农业的初期社会中，仍旧被母亲支配着。随着人口增多，再分配逐渐频繁，男性组织开始形成，构成了管理社会的主体，希腊社会进入变形母系社会。这种变形母系社会的代表就是前 2600 年开始的克诺索斯王国（米诺斯人）。这个

---

① ［英］纳撒尼尔·哈里斯：《古希腊生活》，李广琴译，希望出版社 2006 年版，12～15 页。
② ［美］马丽加·金芭塔丝：《活着的女神》，叶舒宪等译，广西师范大学出版社 2008 年版，160～162 页。
③ ［英］W. K. C. Guthrie, The Greeks and Their Gods, Beacon Press, 1950, pp. 39～40、53～55。

王国的社会基本组织以及运作形式，与现今非洲加纳的阿散蒂人王国的变形母系社会相似。这时的希腊地区，在被强化的男性组织的公共权威作用下，从单一农业发展为农业、加工业、航海和贸易，从外部引入创新元素，带来更大规模的人口增加（这种社会发展方式与最早的古埃及相同）。而在北方。库尔干人在前3500年已经进入父系社会。前1600年，一支库尔干人（雅利安人，S语言，Y染色体基因M198）侵入希腊，开始征服米诺斯人，从此，古希腊便输入了父系社会。前1200年，另一支库尔干人（多利安人，K语言，Y染色体基因M269）入侵并控制了希腊。这些前2000年就开始骑马南下孤军作战、被个人权威所威慑和指挥的库尔干人部队，驰骋于辽阔大地，掠夺牧场、耕地、财富和女人，并把自己称为自然神代表的阳光雨露，把被征服地区的女人称为大地，把合二为一的后代（自己的基因传递者）称为古希腊人，由此也就形成了古希腊的祖先崇拜和财产制度。前800年以后，以崇拜英雄为特征的古典希腊文化逐渐形成。反映这一时期的文史资料就是《荷马史诗》。

③墓葬与祭拜。

早期入侵希腊的库尔干父亲们留下的遗迹充分表现出上述特征。

在迈锡尼等地发现居住区外的公共墓地，普通人的遗体被埋在这里，有的还被埋在住房底下。截至前1450年，迈锡尼文明时期的贵族墓葬采用的是库尔干人的竖穴墓形式。由地面向下掘长方形土穴作墓，坟墓排列成环状。随葬品有金银、战车。前1450年之后，迈锡尼的贵族墓葬改变为圆顶墓。最壮观的墓葬是位于迈锡尼城的巨大的王室墓地。著名的"阿伽门农墓"（或"阿特柔斯的宝藏"），是一个圆顶墓，其附近还坐落着另外一些墓葬。墓区有围墙，墓前树立石板或石柱，刻有文字和图案。同一墓穴中有男女老少多个遗体，形成家族墓葬。与之相对应，富裕阶层的墓葬则使用带有石子砌面的石棺，其中，青铜晚期出现过一套前1550年的墓葬家具。另外，截至这一时期，希腊采用的都是土葬。随着时间的推移，火葬越来越多见，前1200年以后成为十分重要的墓葬形式。这是多利安人入侵希腊的证据。①

迈锡尼人有祭拜亡灵和神灵的习俗。他们以动物祭奠亡灵，坟墓周围有动物

---

① 赵建文：《世界古代前期宗教史》，中国国际广播出版社1996年版，90页。

的血迹，墓穴上覆盖着巨大的石板，留下了定期到这里祭拜的证据。另一方面，有的住房里装饰以壁画，画面为神兽及男女像，对神灵的祭拜礼仪在这里举行。

也就是说，入侵希腊的库尔干父亲，和古代中国父亲一样，是搞祖先崇拜的。不仅如此，他们为了征服不同血缘的男性组织，为了征服原住民，也搞自然崇拜。迈锡尼是阿伽门农王的故乡。《荷马史诗》说，宙斯是迈锡尼王国的主神，在阿伽门农领导希腊人攻打小亚细亚的特洛伊时，多次祭拜神灵。[①]

然而，值得注意的是，基于上述古希腊历史形成的祖先崇拜和自然神崇拜，与古代中国的祖先崇拜和自然崇拜是有很大差异的。这便是接下来要讲的故事。

---

① 赵建文：《世界古代前期宗教史》，中国国际广播出版社 1996 年版，91 页。

第五章

什么左右我们的昨天、今天、明天

时间飞速向前，来到前1600年。生活在那个时代的人们，从我们今天的血脉谱系反推，以25年一代计算，大约是我们向上第145代的祖先。那么，这些古代祖先们是怎样过着日子，想些什么，又怎样把血脉延续到今天我们身上的呢？

非常值得庆幸的是，那时的中国父亲发明了文字，并把中国带入文明社会。通过他们留下的记载，可以追溯他们的故事。不过，这里要讲的主题，不仅仅是他们和我们之间的血脉关系，还有他们与我们之间的精神传承。

祖先们发明文字、改进工具，后人站在他们肩上，继续发明创造，最终来到了今天的IT、人工智能时代。然而，无论今天的我们如何进步文明，远古的理念、信念、信仰、精神、思想，不仅左右着那个时代的父亲们，也依然左右着今天的我们，决定着我们今天的生活。

说过分了吗？

在今天，宇宙飞船已经把人载上太空，在那里谁也没看到什么上帝、玉皇大帝以及嫦娥和吴刚，这如何叫人相信有什么"超自然力量"来主宰世界和人类。都知道，这些代表"超自然力量"的东西都是人们捏造出来"欺骗自己、欺骗大家"的东西。但人们还是要去求神、问卦算命。能用一句"没文化""封建迷信"来打发吗？文化人过年不张贴对联和"福"字，结婚不张贴"喜"字吗？在自然科学和社会科学研究者的心中也有追求喜庆的倾向。这些都说明人真是奇怪的动物，明明知道没有神，但还是希望有这么一个帮助自己的东西。与古代父亲相比，今天的父亲也并没有什么进步，他们依然希望有一种自然力量来让自己感到心情平静或高兴。这种希望的存在以及对解决方法的承接，让"宗教"挥之不去。

结论是，非成功不可的压力以及对舒缓压力方式的承接，规定了我们的历史命运，让今天的父亲与古代的父亲维持了在精神方面的同一性。同样都是"非洲夏娃"的子孙以及由此而来的非侍奉不可的历史命运，让今天70多亿人与社会初期人们维持了在精神方面的同一性。

对"宗教"长期化问题，有一种正式的解释：宗教是人类社会发展到一定阶段的历史现象。它是自然力量在人们日常生活中的压迫，以及人们认识上不能理解和不可抗拒而求助于超自然的神秘力量的消极表现。宗教存在的根源在于现实社会，而现实社会的矛盾斗争和不平衡发展的长期性，决定了宗教存在的长期性。只有当社会生活过程即物质生产过程的形态，作为自由结合的人的产物，处于人的有意识有计划的控制之下时，它才会把自己神秘的纱幕揭掉。一旦谋事在人，成事也在人时，在宗教中反映出来的最后的异己力量才会消失，因而宗教本身也就会随着消失。① 也就是说，当人类完全掌握了自己的命运时，一切都归顺于自我时，"宗教"便自然会消失。

异己的"超自然力量"仅仅是狭义上的"宗教"，"欧洲的极为普遍的传统思想标准，是以神秘人格、众神或灵魂来定义宗教的"。② 这种信仰是随父系社会的发生而产生的，其时间也不过7000年（公元前的5000年加上公元后的2000年），而在这之前的9.5万年中，我们是依靠传承别的信仰才幸运逃生出来的。这个信仰是广义上的"宗教"，无论是自然科学家还是社会科学家，都必然依靠它才能活下去。为什么说得这么绝对呢？因为在这个世界上无论谁，都必然是"非洲夏娃"的后代，都会想尽办法去逃避死亡，因此，也就需要侍奉，最终也就不可能逃逸"非洲夏娃"的精神文化而活下去。

当然，历程短暂的狭义"宗教"，充满活力和创造性，中国的文字正是这种信仰活动的载体。现代生活的各种奇迹都根植于这种信仰。这种信仰消失时，我

---

① 中央统战部：《宗教的长期性》，载 http：//cpc.people.com.cn/GB/64107/65708/66067/66082/4468779.html。

② ［美］埃尔曼·R·瑟维斯：《人类学百年争论：1860－1960》，贺志雄等译，云南大学出版社1997年版，182～183页。

们会回归死水一潭的生活。

那么，在 7000 年的人类父系社会史中，父系思想是如何反映出它的发展性和创造性的呢？在精神文化层面，古代中国父亲基于远古母亲的信仰创造出了古代中国式祭祀（古代中国精神文化）。在其他地区，比如古希腊父亲也创造出了希腊式祭祀（古代希腊精神文化）。由于在今天世界的格局方面，主要表现在中国和欧美的主导性上，而欧美自称自己的文化起源于古希腊，因此，下面也就把注意力放在古代中国和古希腊，并着眼于精神文化层面上我们与祖先的传承关系，来讲述这两个古代社会的父亲如何创造祭祀的故事。

另外，古代祭祀不仅反映了父系思想的创造性，而且也规定了古代社会基本组织的创新和发展，从而也就规定了古代政治经济制度的创新和发展。这里将把古代政治经济制度，看作古代祭祀与古代政治经济发展之间的中介，并从古代政治经济制度的角度，讲述古代父亲们的祭祀（古代精神文化）。

一、以物易物，追求永生①

那么，祭祀是什么呢？"人类在生命的转折点上，比如出生、成年、结婚、死亡时都要举行仪式。除此之外，还举行历法仪式、入会仪式、献祭仪式。这些仪式体现一定的社会秩序与社会关系，也体现人们的意识观念、思想感情等。"②另一方面，中国的儒家经典中有"国之大事，在祀与戎"（《左传·成公十三年》）的说法。白平针对汉语中的"祭祀"说，"祭"的最早词义是在对鬼神表达敬爱供奉的行为仪式中向鬼神敬献各种饮食，"祀"最早的词义是指向鬼神祈祷而希望赐予子嗣的一种行为仪式。"祀"字大多表示的是对先祖、先君、先圣、神明的固定的常规性供奉。对于不固定的非常规性的鬼神的供奉，可以称"祭"而不可以称"祀"。"祭"的用例在古书中呈由少到多的趋势，"祀"的用例则呈由多到少的趋势。③

因此，在古代中国的祭祀（古代中国精神文化活动）中，第一，祭祀对象是

---

① 《中华文化论坛》，2014（3），5～13 页。
② 吴晓群：《古代希腊仪式文化研究》，上海社会科学出版社 2000 年版，导言部分。
③ 白平：《"祭"、"祀"本义考析》，载《古汉语研究》，2012（1），87～90 页。

变化的；第二，祭祀参加者供奉出一部分生活资料并期待从祭祀对象那里得到回报，因而祭祀是一种交易活动。

"宗教经济学"也说祭祀是交易，^① 但涉及的对象仅限于信仰神的社会，而排除了中国这样祭祀人（鬼）的社会，因而也就排除了中国，其理论逻辑起点有很大的局限性。

由此看来，有关祭祀的故事并不简单。这里将努力把复杂、神秘的祭祀还原为我们日常生活中的故事。

1. 商周的祭祀

前面讲到，远古华夏精神文化的核心就是结婚生子，祭祀祖先。从这里很容易看出，远古华夏父亲对母系信仰的继承。那么，在这之后又有哪些历史性发展呢？详细反映中国古代祭祀的可考性文字资料以商周时代为上限，资料只能追溯到前 1600 年。商周祭祀以父亲为轴心，其活动是很复杂的。

（1）商代的祭祀。

根据常玉芝对甲骨文卜辞的研究，商人崇拜天神、地神、人神三种，可以归纳为自然崇拜与祖先崇拜两大类。^②

①对自然神的祭祀。

商人是知道自然神的。贯穿于整个商朝，商人都崇拜天神。商人把天神的统领者称作"上帝"或简称作"帝"。商人的"上帝"是个高高居于天上的天神。上帝的权能很广泛：主宰风云雷雨雹等自然气象，通过气象等来支配农作物收成；左右城邑安危；左右战事胜负，对参战人员的安排和战术也有决定权；左右商王祸福。商人揣摩上帝意志的卜辞，绝大多数都是属于第一期的武丁卜辞，其次是第三期的康丁卜辞，第四期的武乙文丁卜辞中也较多见。在第二期祖甲卜辞中很少见到，到了商末的帝乙和帝辛的第五期卜辞中则几乎见不到了。这种现象说明到了商代末期，上帝主宰人间一切的观念在商人的意识中已经淡薄了。^③ 商人并不为上帝专门设立庙宇，也不直接祭祀和祈求上帝。武丁卜辞表明，上帝与

① ［美］罗杰尔·芬克、罗德尼·斯达克：《信仰的法则：解释宗教之人的方面》，杨凤岗译，中国人民大学出版社 2004 年版；张清津：《宗教信仰的经济学分析》，载《世界宗教文化》，2010（2）。
② 常玉芝：《商代宗教祭祀》，中国社会科学出版社 2010 年版，539 页。
③ 常玉芝：《商代宗教祭祀》，中国社会科学出版社 2010 年版，539～541 页。

人间统治的君王一样，也有自己的朝廷，上帝有"帝五臣"供其驱使。这"帝五臣"是风神、雨神、云神、日神、四方神等自然神。商人祭祀"帝五臣"，但也是不为他们设庙宇的，祭祀都在祖先神的宗庙里进行。到了商代末期，商人几乎不再祭祀和祈求自然神了。商人求雨，都通过祖先神，让他们向上帝或雨神转达其求雨的愿望。[①]

随着时间的推移，商人淡漠甚至取消了对自然神的祭祀。追究其原因，常玉芝说，可能因为商人通过反思，思想意识已经有了很大提高，意识到上帝及其所属的自然神灵都是有着各自的行事规律的，这些神灵的所作所为不以人们的愿望为转移。当时的商人已经变得更加务实了。[②] 这种说法符合西方理论，比如《金枝》的作者弗雷泽就说，随着智力的提高和发展，人类在对自然神的态度上，走了一条从巫术到"宗教"，再到科学的道路。[③]

然而，即便在随后的周代，人们也依然强调对自然神的祭祀。难道周人的智力不如商族人吗？因此，商人不再祭祀自然神的原因需要讨个新的说法。

商人对自然神的祭祀形式显示，在"需要祈求上帝"这个前提不变的条件下，他们并不直接祭祀上帝，而是通过祖先神，向上帝或其他自然神转达其愿望。对这一现象，常玉芝等人说："上帝与君王并无血统关系。""上帝高高在上，虚无缥缈，凡人对它看不着，摸不着，它的意志都是通过它的使臣来实现的，所以要祭祀贿赂好它的使臣。""祖先神对他们来说，是亲切、看得见摸得着的神灵，祈求它们转达自己的意愿是比较可靠的。"[④] 然而，既然上帝掌控一切，直接向上帝祈求应该是最简便的途径。商人为什么会选择"看得见摸得着的代理人"而不直接向上帝祈求呢？

无论是古代的父亲祭祀自然神，还是今天的父亲去烧香拜佛，算命求卦，其行为准则都是一样的：付出代价（投资），求得回报；力求回报大于代价。因此，这时的祭祀可以被看作是一种人与神之间以死亡、失败、灾难等带来的精神恐惧

---

① 常玉芝：《商代宗教祭祀》，中国社会科学出版社 2010 年版，92 页、284 页、487 页、541～542 页、544 页。

② 常玉芝：《商代宗教祭祀》，中国社会科学出版社 2010 年版，544 页。

③ ［英］弗雷泽：《金枝》，徐育新等译，大众文艺出版社 1998 年版。

④ 常玉芝：《商代宗教祭祀》，中国社会科学出版社 2010 年版，91 页、541 页。

为对象并事先付费的交易活动。这种交易活动近似于投资，常常面临"较小、或根本没有回报"的风险。为了解决这个问题，人们想出了一些办法，比如，设立庙宇让神灵住在里面而不让它离去，选出专门的祭司来负责等等。寻找一个"看得见摸得着的代理人"，进而更偏好让血缘者来作为代理人转达其愿望，也是办法之一。也就是说，为了回避风险，商人才放弃了直接祈求抽象的上帝，让较亲近的祖先神取而代之，长此以往，也就不用为自然神专门设立庙宇，也逐渐不再祭祀自然神了。但这并不意味着商人不与上帝交易，而是一种近似于今天人们通过金融机构、基金等进行能够保本的投资交易或"刚性兑付"的交易。

并且，前面已经说过，中国从祖先神向自然神发展的过程中，就君王来说，以祖先神为中介是其祭祀发展历程中的必然产物。

②对祖先神的祭祀。

由于以上原因，在整个商朝崇拜的诸多神灵中，最受重视的不是天神，也不是其他自然神，而是商人的祖先神。对祖先神的祭祀也越来越规范化和制度化。[①]商人祭祀先公、先王、先妣的宗庙及祭祀场所共有 14 种。商人根据祖先的不同地位设立祭祀场所。只有直系先王才有自己独自的宗庙；对近世直系祖先还设立亲庙；对近世直系祖先的配偶（上二代之妣，上一代之母）也设立独自的宗庙。集合的宗庙可以分为大宗（大庙）和小宗（小庙），大庙的庙主自上甲起，小庙的庙主有自上甲起的，也有自大乙起的。在大庙合祭直系先祖，在小庙既祭祀旁系先祖，也合祭直系先王。某些先王集合成为若干示。"大示"指所有直系先王；"小示"指所有旁系先王。从祭祀所用牺牲来看，商人对大示是比较重视的。贯穿于商朝始末，商人对祖先神实行逐渐淘汰的祭祀制度。比如，在早期对一些远世的高祖先公进行祭祀，但到商代末期对他们都不再祭祀了。又比如，到帝乙时代对较远世的武丁、祖甲、康丁三王和武乙之配都不祭祀了，而是祭祀更近世的武乙、文丁二王。由祭祀文丁的卜辞来看，帝乙时期尤其重视对父辈的祭祀。[②]

祖先神的祭祀被分为单独祭祀和集合祭祀，这意味着商人对祖先神是区别对

---

① 常玉芝：《商代宗教祭祀》，中国社会科学出版社 2010 年版，545 页。

② 常玉芝：《商代宗教祭祀》，中国社会科学出版社 2010 年版，343 页、360～361 页、375 页、510～512 页、556～557 页。

待的。这种筛选淘汰性祭祀的实施"显示出商代已经有了初级宗法制度"。① 宗法制度的产生，虽然可以被说成是出于君王的政治需要，但这把庶民阶层对祖先神的祭祀活动置之度外，而初级宗法制度"在各家族都普遍适用"。② 因此，这里也需要为庶民阶层讨个新说法。

《史记》所记载的商王朝男性就有 45 人，③ 没有登位的商王朝男性家族成员应该难以数计。从侍奉先人的角度来看，这些人无论登位与否都应该被祭祀。只祭祀登位的祖先，这意味着他们是被筛选出来的。按照儒家的说法，筛选标准是看他对王朝的建立和发展是否有重大贡献。④ 但这难以解释为什么会发生"重近世、轻远世、重直系、轻旁系"的现象，因为不是所有近世和直系祖先对商朝都有重大贡献。

商朝从汤（前 1600 年）到帝辛（前 1046 年）经历了 500 多年。⑤ 如果没有什么特殊事情，即便帝辛想要记住所有祖先，对几百年前的祖先都应该记忆模糊，由此自然表现为对他们的轻视。而更值得考虑的问题是，面对头上代代增多的祖先神，如何分配有限的祭祀资源（财力、精力）是一个更加棘手的问题。解决办法之一就是对祖先神进行筛选。筛选的标准，就如同对待自然神一样，偏好"看得见摸得着"的。基于这种偏好，商人逐渐重点祭祀养育过自己的父母以及接触过的祖父母，从而表现出轻视久远祖先神和旁系祖先神的倾向。也就是说，为了解决现实问题，商族人承袭了母系社会"侍奉上三代"的制度。

由此可知，商人在远古华夏祖先之上，发展出宗法。那么，后来的周人又是怎样的呢？

（2）周代的祭祀。

根据儒家经典，周朝也搞祭祀。儒家经典把周代的祭祀对象分为神和鬼，并对神和鬼作出区分："山林川谷丘陵能出云，能兴起风雨，能出现怪物，都叫作神。人死了叫作鬼。"（《礼记·祭法》）这里的神可以看作自然神，但鬼是否被看

---

① 常玉芝：《商代宗教祭祀》，中国社会科学出版社 2010 年版，511 页。不过王国维认为，宗法制度是周代以后才产生的［《殷商制度论》，载《观堂集林（二）》，中华书局 1959 年版］。
② 王宇信、徐文华：《商代国家与社会》，中国社会科学出版社 2011 年版，374 页。
③ 参见《史记·殷本纪》。
④ 参见《礼记·祭法》。
⑤ 夏商周断代工程专家组：《夏商周断代工程》，世界图书出版公司 2000 年版，87～88 页。

作祖先神却要依据祭祀方法而定。"在天子和诸侯的祭祀对象中，不再设坛来祭祀的祖先被叫作鬼。大夫和上士也是这样。在中士和下士的祭祀对象中，不再设立父母庙来祭祀的先人被叫作鬼。而庶士和庶民的祖先不能设立庙来祭祀，所以，他们的先人都被叫作鬼。"（《礼记·祭法》）也就是说，不拥有专门固定祭祀场所（墠、坛、庙）的亡灵被看作鬼。如"天子亲自耕种千亩田，诸侯亲自耕种百亩田，用收获的谷物，祭祀天、地、山、河、社稷和祖先之神"（《礼记·祭义》）所说，天子和诸侯所祭祀的对象就包括自然神和与之相并列的祖先神。而如"庶民在家里祭祀"（《礼记·王制》）所说，百姓对不拥有专门固定祭祀场所的先人进行祭祀，这时的对象被看作鬼而不被当作神。至于非得祭祀这些鬼的理由，如"天子祭祀那些没有后代的古代帝王，以免这些鬼魂为民作害，诸侯祭祀那些没有后代的古代诸侯，以免这些鬼魂为民作害，大夫祭祀那些没有后代的古代大夫，以免这些鬼魂为民作害"（《礼记·祭法》）所说，是因为不祭祀那些没有归属的鬼，他们就会出来祸害社会。①

由此可见，就周人所祭祀的祖先亡灵来说，人、神、鬼之间是没有区别的，可以说"祭祀某个人（鬼）"，也可以说"祭祀某个祖先（鬼）"，同时也可以说"祭祀某个祖先神"。区别仅在于人们的重视程度，是"主动性地"（崇敬地）祭祀还是"被动性地"（无可奈何地）祭祀。因此，这里把"人""鬼""神"都略称为"祖先"。

①对自然神的祭祀。

那么，周人是怎样祭祀自然神的呢？在天坛上架柴火焚烧牺牲，这是祭天。把牺牲埋在地坛中，这是祭地。把猪羊埋在祭坛中，这是祭四季。在祭坛上迎接祖先，是为了祭祀寒暑。在日坛祭祀太阳，在月坛祭祀月亮。在星坛祭祀星星，在水坛祈祷避免旱涝之灾。四方各设一坛用来祭祀四方的山林川谷丘陵之神。君王要祭祀天下各种神。诸侯要祭祀在封地内的神，丧失封地的就不能祭祀了。周人在圆丘祭祀昊天并让黄帝的曾孙高辛来配合，在郊外祭祀上帝并让周族人的始祖后稷来配合。为了祭祀地神，天子为天下各族立神社，叫作太社，为自己立神

---

① "（2）周代的祭祀"参考的是儒家经典的释意参考资料：杨天宇：《礼记译注》，上海古籍出版社2004年版；沈玉成：《左传译文》，中华书局1981年版；周秉钧：《白话尚书》，岳麓书社1990年版。

社，叫作王社。诸侯为封地上各族立神社，叫作国社，为自己立神社，叫作侯社。大夫以下的人聚成百家就立一神社，叫作置社。庶士和庶民设立户神或灶神来祭祀神。（《礼记·祭法》）

周人对自然神的祭祀名目繁多，但祭祀参加者大都限定于周王和诸侯的家族，庶民的家族只能举行对土地神和自家的户神或灶神的祭祀。这种限定祭祀参加者的制度，是中国古代祭祀的基本特征之一，并一直延续到近代。有人说："在华夏初期，不论贵族或平民，都有祭天的权利，后来由于封建的等级制的出现，贵族剥夺了平民祭天的权利，祭天成了封建君主的专利。"① 外国研究者也倾向这个说法："只有国王的祖先才能向上帝说情，统治者凭借祖先的襄助加强其权威。"②

真是这样吗？周人祈求天时，采用尊祖配天，这实际上是用祖先对上帝进行了某种程度的代替，与商人求雨时用祖先代替上帝有相似之处。周灭商后的第二年，武王（姬发）生了重病，身体不安。太公、召公说："我们要为王卜问吉凶。"周公（姬旦，武王的弟弟）说："那可否向我们先王祷告？"周公就把自身作为抵押，清除一块土地，在上面筑起三座祭坛。又在三坛的南方筑起一座台子。周公面向北方站在台上，放着玉，拿着圭，向太王、王季、文王祷告，说："你们的长孙姬发遇到险恶的病。假若你们三位先王这时在天上有助祭的职责，就用我姬旦代替哥哥姬发的身子吧！我柔顺巧能，多才多艺，能侍奉鬼神。你们的长孙不如我多才多艺，不能侍奉鬼神。而且他在天帝那里接受了任命，取得了四方，因此能够在人间安定你们的子孙，天下的老百姓也无不敬畏他。"（《尚书·周书·金縢》）因此，在周公看来，上帝仍然是最高统治者，三位先王是助祭者，周公通过他们向上帝转达祈求，这与商代传统相似。商周时期，官方和民间把自然神和祖宗神融为一体来祭祀的范例莫过于腊祭。如果追溯更远，以前就有以共工之子句龙来配祭社（土地神）的情况。③ 因此可以说，周人沿袭了商人回避风险的传统办法，把自家祖先当作某些威力巨大自然神的代理人来祭祀。着眼于这种自然神与祖先的一体化，有人甚至说，周人的上帝观念，以及天帝、土地

---

① 傅亚庶：《中国上古祭祀文化》，东北师范大学出版社 1999 年版，237 页。
② ［美］米尔恰·伊利亚德：《宗教思想史》（第二卷），晏可佳译，上海科学出版社 2011 年版，464 页。
③ 傅亚庶：《中国上古祭祀文化》，东北师范大学出版社 1999 年版，135 页、195～196 页。

神都是由祖先分化出来的，①"中国古代的上帝，本来是帝王家的祖先"。②

如果自然神和祖先融为一体，那么，基于"不是同族，心念必然不同"（《左传·成公四年》）、"神灵不享受别族的祭品，百姓也不祭祀别族。"（《左传·僖公十年》）等血缘主义的祭祀原则，当某个家族把某些威力巨大的自然神也当作自家祖先一样供奉起来之时，这个家族就会利用势力禁止其他家族对这些自然神进行祭祀。以此而论，家族血缘的排他性，是导致帝王将相取缔庶民对这些自然神祭祀的原因之一，即，这种"剥夺他人祭祀权利"的现象首先起源于血缘主义。如果把祭祀看作是以物易物活动，那么，这就是某些具有垄断地位的家族压抑庶民自由交易的情况。这种情况，在远古已经发生过，"绝地天通"的故事就是证据。

不过，庶民还是能够偷偷地通过自己的祖先与这些自然神进行交易，而民间的"黑市交易"也从未间断。在庶民阶层普遍存在私立社的情况，这种祭祀被统治阶层称为"淫祀"。这种私立社以后发展为各地的庙会。③

虽然君王出于政治需要，也让官僚等异姓异族参加某些一般性祭祀，比如商朝就有"非其鬼而祭之"④，但这些都是在形成"家族垄断"之后才衍生出来的现象。

②对祖先的祭祀。

周人当然也祭祀祖先。守丧期间不能做其他事，从天子到庶民都一样。丧礼规格依照死者的级别，祭礼规格依照孝子的级别。支子不能主持宗庙祭祀。（《礼记·王制》）天子设立一个坛、一个墠、父庙、祖庙、曾祖庙、高祖庙、高祖的父庙。对这些庙中的祖先，每月祭祀一次。超越高祖父亲的远祖庙被称为祧庙，有两座祧庙，每季度祭祀他们一次。对那些被从祧庙转移出来在坛墠祭祀的远祖，需要祈祷保佑时就去祭祀，没有需求时就不祭祀。在宗庙举行祭祀时，以文王为祖，以武王为宗。（《礼记·祭法》）

所以，周人祭祖的制度是，长子主持祭祀；为父亲等设庙，每月单独祭祀一

---

① 傅亚庶：《中国上古祭祀文化》，东北师范大学出版社1999年版，149页、240页。
② 李申：《宗教论》（第一卷），中国社会科学出版社2006年版，292页。
③ 傅亚庶：《中国上古祭祀文化》，东北师范大学出版社1999年版，145~146页。
④ 王宇信、徐文华：《商代国家与社会》，中国社会科学出版社2011年版，347页。

次，对较远的祖先则在庙中实行季度性合祀，对更远的祖先则不设庙，需要祈求保佑时才祭祀；对文王和武王设立永久性宗庙，把他们当作固定神单独祭祀。

周人在祭祖方面承袭和细化了商人的近远、亲疏等原则。对其理由，儒家提出了以下解释：天子划分土地给诸侯建立各国，各国设立都城，并建立庙祧坛墠，以此来确定与天子的亲疏关系，规定祭祀礼仪的频度。（《礼记·祭法》）为圣人制定尊名是不够的，还需要建立宫室，设立宗庙和祧庙，以此确定亲疏远近关系。祭祀的频度不要太高，次数太多会让献祭的人烦，人烦了就会没有敬意。次数也不能太少，太少了就会怠慢，最后忘掉祖先。（《礼记·祭义》）

把以上的解释归纳起来就是，在分封治国的方针下，建立亲疏尊卑秩序，对祖先既要感到亲近又要保持敬畏而疏远。

基于祭祀来管理社会是儒家学说的核心。不过，就祭祀本身而言，这项活动耗费资源，当时祭祀费用的金额竟要占财政开支的十分之一。（《礼记·王制》）如果祖先数量无限扩大，那么对祭祀者来说，财力、精力上最终都会达到一个不可跨越的极限。所以，无论采取什么样的方针来管理，都必须对祖先们加以排序并淘汰。这是在祭祖活动中发生"近远"（与各代祖先的距离）的结构性原因。而偏好"看得见摸得着"的人类习性，是导致"亲疏"（与直系旁系的距离）的自然成因。而近远亲疏原则的实施必然带来"新鬼大旧鬼小"问题：入秋后的八月十三日，鲁国文公在太庙祭祀，把僖公的神位升到僖公父亲之上，以便让僖公在他父亲之前享受祭品。这是不按顺序的祭祀。当时，夏父弗忌担任宗伯，他尊崇僖公，而且他还公开说："我见到新鬼大，旧鬼小，先大后小，这是顺序。使圣人升位，这是明智。明智、顺序，这是合乎礼的。"于是有人站出来反对说："礼应该合乎顺序。祭祀是国家大事，不按顺序，怎么能说合乎礼？"（《左传·文公二年》）

对这种现象发生的原因，一般认为，是因祭祀中"庙次与世次的矛盾"。[①] 而前面已经说过，在母系社会，由于"脑子不够使""时间精力有限"，一直都发生着"数典忘祖"的现象。那么，中国式父系制度是否对此增添新的变数呢？

---

① 傅亚庶：《中国上古祭祀文化》，东北师范大学出版社 1999 年版，176 页。

2. 古希腊的祭祀

与古代中国父亲一样，古希腊父亲也祭祀自然神和祖先神，但通过希腊的历史可以直观感觉得到，古希腊父亲的行为方式与古代华夏父亲有很大不同。这种行为方式的不同，首先源于他们祭祀方式的不同。

（1）对祖先的祭祀。

先讲古希腊对祖先的祭祀。每个家族都有一个家神。这个神具有无可争辩的主权。每家对自己家神的信仰根深蒂固。家神以家火的形式出现，祖先和家神没有区别。于是，供圣火的祭坛也具有了人格特征，被称为赫斯提亚（罗马神话中被称为维斯塔）。它被设想为女神，以后人们还为这个女神造了像。父亲在家族中的地位次于家火。父亲是家火的主持者、大祭司，在祭祀时，他宰杀牺牲，口诵保佑全家的祝词。父亲使祭坛上的炭火夜以继日：每天晚上往火中添置炭块，每天早上添加木材，使火重新燃烧。只有一家人都死绝时，这家中之火才熄灭。在祭家火时，用花、果、香、酒这些家神所喜欢的东西。为了使家神的身体得以滋养和壮大，在祭坛上烧酒、油、香精、牺牲的油脂。家神接受这些祭品并食用，当它酒足饭饱后，就站立于祭坛之上，发出光亮来照耀祭祀它的人。父亲是家族的长子，家祭都由他得以永远相传。等他死了以后，他就成了子孙应该祈求祭祀的家神了。家族原则亦非天然的亲人关系。对家神敬礼将家族中的生者与死者结合为一个整体。无血缘关系的人，因加入了家族祭祀，反成了家族的真正成员。一个奴隶如果信奉这个家庭祭祀，便可以成为这个家庭的一员。家神保佑这个奴隶，奴隶也可以葬入主人家的祖墓里。每天早上全家人一起祷告于圣神前，到了晚上，他们又做最后一次祷告。吃饭时，他们聚集在那里，先进行祈祷和祭奠。①

古希腊人对祖先的祭祀比古代中国人更加热心，他们不是每季也不是每月，而是时时处处祭祀。这是因为生活动荡不安而时时需要祖先保佑，还是因为在残酷的生存条件之下祖先对生活资源异常饥渴而要求酒肉不断，这些都不可而知。但通过直观可以察觉，古希腊父亲耗费在家神身上的祭祀资源远远多于古代中国父亲对某一位祖先的祭祀。除了他们的"热心"之外，还有许多令人费解的

---

① ［法］库朗热：《古代城邦》，谭立铸等译，华东师范大学出版社 2006 年版，15~17 页、20~21 页、31~32 页、72~73 页、76 页、102 页、112 页、111~116 页。

地方。

第一，在希腊神话中，赫斯提亚是宙斯的姐姐，称为灶神，[1] 掌管万民的家事，属于自然神。她被作为某个家族的祖先来祭祀，这反映了古希腊的祖先被抽象化的倾向，而这与古代中国商周的情况恰恰相反。难道古希腊人不偏好"看得见摸得着"？从古希腊热衷于精美的神像雕塑来看，这个结论似乎难以成立。

第二，父亲（家长）死后被子孙祭祀，但他的地位在家神之下。希腊人不会为死亡的家长设立神坛、庙宇进行单独祭祀，更不会分别对各代祖宗家长的亡灵进行祭祀。这些亡灵都是附随家神才被祭祀的。这样一来，古希腊的祖先们实际上被"浓缩"为一个固定的神，因此不会产生"新鬼大旧鬼小"的问题。那么，为什么希腊会出现固定的祖先神，而中国却倾向于变动的祖先神？

第三，在古希腊，人们只要承认某家的神，都可能加入这家的祭祀，成为祭祀参加者，成为家族成员。因此，在希腊人的祖先祭祀参加者中包含非血缘者。然而，尽管非血缘者也会受到家神的保护，但仅仅是受到保护而已。因为在正常家族中，除了作为家长的长子死后能附随着家神受到后代家人的祭祀外，余子、女性、奴隶等家庭成员们，即便结婚生子，也不会受到他们自己子女的祭祀，子女也更不会为他们设立祭坛、牌位等。这样一来，这些家族成员死后就只能成为孤魂野鬼。这对"非洲夏娃"的子孙来说，是不是太残忍了？与之相比，在中国，无论死后成为神还是成为鬼，无论社会地位如何，也无论性别如何，人们只要结婚生子，死后就会受到自己子女的祭祀。那么，在希腊，为什么会发生祭祀参加者的超血缘化、一般家族成员死后得不到祭祀的现象呢？

（2）对自然神的祭祀。

带着这些疑问，来继续看古希腊父亲对自然神的祭祀。

古希腊各个历史时期都对自然神举行盛大的祭祀。在克里特时期（前2000－前1450年，希腊本土的变形母系社会时期），室内祭祀活动已经开始，同时也存在大规模的公共献祭仪式。克诺索斯王宫（前2000年修建）的壁画表现了这样的场景：游行者身着盛装，手持各种祭祀物品，祭祀者手握圣物，队伍中并有手持乐器者相伴。在迈锡尼时代（前1600－前1200年，雅利安人父系社会时期）

---

[1] ［古希腊］赫西俄德：《工作与时日神谱》，张竹明、蒋平译，商务印书馆1991年版，40页。

和黑暗时代（前1200－前800年，多利安人父系社会时期），出现并形成了奥林匹斯神系（宙斯为家长，包括赫拉、雅典娜等在内共12位家族成员）。古希腊父亲根据自己的需求，随时在河海之滨、航行途中、山麓峰顶、路边宅旁以及居室之中举行祭祀活动，向神灵诉说心中的愿望，请求神助，并做出下次将奉献更为丰厚的祭品的许诺，同时也有了大型的献祭仪式。进入城邦时期（前800－前400年）之后，政府为自然神们分别建立大型神庙。对一个新城邦而言，建立神庙是其首务；而一个城邦的灭亡，也以其神庙被毁为标志。所有的公共活动都是从某种对神表示敬意及虔诚的仪式中得以展开的，公共活动都在神的"关注"下举行。因此对自然神的祭祀成为官方仪式，成为由城邦认可主办或由地区组织的公共活动。①

这些古代神灵由何而来？库朗热风趣地说：人们对于强大的自然界，既爱又惧，敬而远之。人们按照自身想象外界，以为土地、树木、云雾、河水、太阳等，个个都有思想，有意志，有行动。人们既然感觉到自然界的威力，感受到它的管理，也就服从它，祷告它，认自然的各种力量为神。这种信仰开始时，人们尚处在家族组织中，每家自造其神，把神当作不欲降福外人的保护者。人们把神与家火联系起来，古人念诵下面的句子说：位于我家火旁的神，我家火的宙斯（罗马神话中被称为朱庇特），我祖先的阿波罗。然而，祖先的亡灵在本质上只为少数人所奉祀，它使各家族之间产生了永久不能跨越的篱障。与之相比，从自然神的本性来说，它并不限于某家而拒绝外人的祭拜。最后人们终于发现，比如某家信奉的宙斯，与另一家所信奉的在根本上并没有什么两样。于是，自然神离开了家火，在城邦中有了自己的神庙，成为以雕像形式立在神座中的新神。②

与古代中国父亲一样，古希腊父亲认为，各种自然现象都由一个自然神掌管，他们之间也分为领导者和被领导者。这些自然神被纳入各家之中，成为只保佑自己家族的成员的神，其结果就是，自然神与各家的祖先结合在一起。然而，在后来的历史阶段，希腊的自然神走向了公共，成为市民共同祭祀的对象。与之相比，在中国，威力巨大的自然神却一直被某个家族所垄断，以至于到了19世纪

---

① 吴晓群：《古代希腊仪式文化研究》，上海社会科学出版社，23页、27页、34页、37～38页、40页、44页、52页、57页、63页。

② ［法］库朗热：《古代城邦》，谭立铸等译，华东师范大学出版社2006年版，111～116页。

的戊戌变法时期，儒者们为了自强，仿照基督教改革儒教，才呼吁人人都可以祭天。[1]

很显然，同样是自然神，古代中国和古希腊父亲的祭拜方式大相径庭。中国父亲似乎显示出更强的占有欲。

3. 要求祭祀的人，获得被祭祀

古代父亲们祭祀自然神，起源于古人为回避自然灾难、取得与同类争斗中的胜利等等所抱的希望，而祖先祭祀却是另外一回事，两者"在学说上不但不同，在仪式和实践上也是风马牛不相及"。[2]

先说祭祖。古代中国父亲设想，去世者和现世者一样，要吃饭、穿衣、娶老婆。祭祀是帮助他们满足欲望的唯一途径。如果亡者得不到祭祀，就必然出来祸害社会。即便在今天人们讨论古代中国贵族娶三妻四妾来"保证自己家族的祭祀不致断绝"时，依然把其理由归结为"使自己和祖宗的鬼不致挨饿"。[3] 在古代中国，所供奉的酒肉食品，要让活着的代理人真实地食用掉。[4]

古希腊父亲也同出一辙：古人是那样深信人死后的生命。无坟墓的亡灵意味着无居可住，成为孤魂野鬼。下葬时决不会忘记殉以衣服、碗罐、兵器，诸如此类的生活用品；也决不会忘记将酒水祭奠于墓前以止死者之渴，供奉食物以使他不会饥饿。孤魂野鬼得不到他所需要的食物供品，就会困苦而变成厉鬼，到处去扰袭活人，带去疾病，破坏庄稼，还用鬼影来吓人。古人畏不葬更甚于畏死，因为这与永乐及永远的幸福有关。地下的亡灵尚不能完全脱离人类的需要，仍然需要饮食，因此得将供品奠基于坟墓前。死者家属给他送来的祭品，确确实实是给他的，而且只给他一人受用。酒及乳都祭奠于墓上，并掘开一个孔道，以便使固体食物能达于地下死者那里。人们将所有的肉都焚烧，以避免给活人留下可乘之机。如果以为祭礼只是一种纪念典礼，那就大错特错了。若死者断了供品，就会从坟墓中出来，降下疬病，或降下饥馑，以示惩罚。甚至在开始实行焚化尸体以

---

① 李申：《宗教论》（第三卷），中国社会科学出版社 2006 年版，366 页。

② ［法］库朗热：《古代城邦》，谭立铸等译，华东师范大学出版社 2006 年版，112 页。

③ 李申：《宗教论》（第三卷），中国社会科学出版社 2006 年版，287 页。

④ 参见：《礼记·祭统》，《仪礼》之《士虞礼》《特牲馈食礼》《少牢馈食礼》《有司彻》。

后，人们仍相信死者居住于地下。①

很明显，古代中国和古希腊父亲都知道，人必有一死，因此似乎可以坦然面对。但坦然面对的前提是，有后人来供养。所以，他们最惧怕的是，"没有人来为自己烧香"。对此，今天活在世界的所有人，都没有任何资格来嘲笑他们愚昧，因为只要是"非洲夏娃"的子孙都会这样想。即便在今天，相信死后生命世界的人群比例，在中国台湾占 47.3%（1995 年），在希腊占 47.4%（2000 年）。②

既然有这么多人都相信人死后需要被供养，那么，亡灵世界也就和现世一样，怎样分配和占有资源便成为一个问题。还有，在古代中国和古希腊，某个家族的后代只会把通过劳动而创造出的成果（牺牲、食物、酒水）奉献给自己的祖先，而不会奉献给别人家的祖先。于是，祭祀活动也就必然蕴涵着复杂的社会经济原理。

仅从现世者的资源（土地和生产工具等）来看，这些资源本属于亡者，这个亡者为了自己死后不挨饿受冻，能够在冥界永乐，他在生前把资源移交给指定的祭祀者。这样，亡者便成为祭祀的投资方。而作为投资受益方的祭祀者，对所继承的资源具有特别支配权，同时又负有特别义务，他应该通过祭祀把一部分资源（食物和酒水等）回报给亡者。亡者生前进行投资并要求后人履行祭祀义务，两者相互交换，就是祭祖的经济原理。正因为包括祭祀所需财物在内的资源本属于亡者，人们才强调继承人的义务，而中国古代祭祀礼仪也才规定，活人穿的衣服不能比祭服好，住宅不能比宗庙好，举行祭祀时才能沾腥（打牙祭）。（《礼记·王制》）

更进一步站在祭祖连锁中的现世者的角度来说，祭祖活动一方面体现了履行对亡灵的义务，同时也体现了祭祀者为自己来世做准备。在子孙正常繁衍的家族中，就现世者的上一代与下一代的关系而言，祭祖的本质就可以概括为"要求祭祀的人，获得被祭祀"。祖先（鬼）是亡灵，同时又是我们自己为追求死后永乐而从"非洲夏娃"那里继承来的精神遗产。祭祖活动既是履行对亡灵的义务，又是为自己的亡灵所做的准备工作，用俗语表达就是"葬礼和祭祀都是做给活人看

① ［法］库朗热：《古代城邦》，谭立铸等译，华东师范大学出版社 2006 年版，4~8 页、12 页。
② 《世界价值观问卷调查》，1995 年版、2000 年版。

的"。也就是说，现世者竭力想办法"逃避对死后生活困苦的恐惧"，在这种精神作用下，他通过代代传承下来的祭祖活动表达出自己也需要被下一代人祭祀的愿望。满足这种永恒的精神需求的过程以及对满足手段的代代传承，便构成了连绵不断的祭祖活动。

前面说到，远古华夏父亲承接了母亲手中的支配权，负起养育后代和祭祀祖先的责任，从而从祖先那里获得成功的信心。在这里可以发现，导致他们这种行为的最深层次的动机是，自己死后要得到儿子们的祭祀。

就这样，古代中国父亲，在上一代和下一代之间，把对死后生活困苦的恐惧作为交易对象而不断进行着的交易（投资活动）。这显然与通常使用的"信仰对象是超自然力量"的说法有天壤之别。从交易双方的性质来看，一个是人与人之间的交易，另一个却是人与神之间的交易。而迄今为止，人们都把祭祀看作是人与神的交易。① 既然祭祖是人与人的交易，具有权利和义务，就必然涉及对资源的所有权问题，就必然引发一整套经济制度的建立。而这就是我们的经济制度的起源。这个经济制度一方面衔接祭祀活动的延续，另一方面衔接着现世者的经济活动和经济发展。而这也是经济活动和经济发展的起源。当然，作为"非洲夏娃"的子孙，其经济制度、经济活动、经济发展，本来应该随"侍奉先人"而始动，这里只是为了强调父系社会的特征，才仅仅追溯到"祭祖"而已。

上面的说法是不是过于荒唐，有宣传"封建迷信"的嫌疑？死人怎么能左右活人？一点都不荒唐。重点不是死人、活人，重点是昨天、今天和明天。怎么讲？小学老师教诲我们："好好学习，天天向上。"中学老师告诫我们："少年不努力，老大徒伤悲。"没有错啊。既然如此，如果现在成人了，今天的道路难道不是少年时的选择所决定的吗？孩子是我们的明天，那么，孩子的路不是今天的你所决定的吗？好像是这么个理。但昨天的死人如何决定今天的我呢？要理解这个道理，需要站在亡者的角度上来想事。死人是投资者，活人是受益者，过去的死人不投资，今天的活人会怎么样？今天的你不投资，明天的孩子会怎么样？前人栽树，后人乘凉。以下从宏观层面来继续讲这个道理。

---

① ［美］基辛：《当代文化人类学》，于嘉云等译，巨流图书1980年版，568页。

4. 中国分割家产，希腊长子继承

亡者生前投资方式的不同会带来交易双方（祭祀对象和参加者）范围的不同，从而带来社会经济制度的不同。尝试做一个简单的推演。

假如祭祀活动要耗费社会总资源的十分之一。如果一个家族收入的十分之一相当于儿子（第二代）被要求回报给父亲亡灵（第一代）的一个份额，而儿子也需要孙子（第三代）回报给自己（第二代）同样份额，那么，儿子（第二代）在活着的时候，要么再创造出一个新份额的资源来，否则就只能要求孙子（第三代）只祭祀自己（第二代）而不再理会对父亲（第一代）的祭祀。反过来说，如果各代的后人都利用继承下来的资源顺利创造出一个新的份额来，那么，即便祖先的数量不断增多，至少在资源方面，也能对各代祖先无差别地祭祀下去，而不会对他们实行淘汰性祭祀。也就是说，当社会经济能够顺利发展，每一代的祖先都能获得同样数量的祭祀资源时，至少在物资保障上不会引发祭祀上的"远近"区别。

祖先崇拜这种父系思想与经济发展关系就这样体现出来。亡灵也要吃饭，他们一代一代积累在一起，形成巨大规模的"人口"压力，而现世者靠仅有的"一亩三分地"，除了提高生产力（通过技术创新提高生产率）之外，是无法给亡灵们供给足够"口粮"的。如果说，在母亲面前，父亲们"非得成功"是父系社会（中国式祖先崇拜）的创新和经济发展的内在动力，那么，在这之上，因为祭祖而让父亲们面临交易制度的压力，便是搞祖宗崇拜的古代中国和古希腊社会的创新和经济发展的更强烈的内在动力。为什么呢？因为古代父亲不能像远古母亲一样，轻易自然地忘掉那些"记不住的"祖先。把摩梭人只侍奉上三代和商周人一年四季忙碌于祭祀"祖宗十八代"做一个比较就昭然若揭了。

接着说。如果祖父（第一代）把资源分别投资（分配）给三个儿子（第二代），三个儿子又再把资源分别投资（分配）给各自的三个儿子（第三代），情况又会怎么样呢？

父亲把资源投资给三个儿子，父亲死后三个儿子各自拿出三分之一，那么，父亲便能得到一个份额的回报。可是，如果这三个儿子利用继承下来的资源创造新份额时，由于土地资源有限等缘故，合计最多也就是一个份额，而他们各自的三个后代（孙子，第三代）也处于同样状况之下，那么，这九个后代能够祭祀他

们各自三个父辈（第二代）的份额也就只能是每人三分之一，这远远低于父亲（第一代）所获得的回报（一个份额）。这时，儿子们（第二代）会怎么对待这种局面？如果儿子们关心自己的死后永乐更甚于他们自己的父亲（第一代），就会要求他们的后辈（第三代）首先满足自己（第二代）而不是父亲（第一代），这时，轻视祖先的现象就必然发生。因此，在通过技术创新提高生产力这种同样条件下，在土地等资源有限的情况下，家族财产的单独继承或分割继承，即不同经济制度，会带来对各代祖先重视程度的差异。而古代中国是属于分割继承的。虽然在周代，王、诸侯、卿大夫等统治阶层实行长子继承，但余子也会得到分封，更多的是"分析家产"，① 这实际上是对经济资源的分割继承。在庶民阶层，由于没有官位继承，也就没有区分长子和余子的必要，资源的分割继承更为明显。即便家族财产在表面形式下没有被分割，但长子和余子都会得到各自后代祭祀本身就意味着，家产必须分割继承。与之相比，"单独继承"，实际上意味着其他两个儿子被赶出家门，不让他们继承祭祀资源，让他们成为没有资源的劳动者，让他们成不了祖先，让他们死后得不到祭祀，其客观效果就是，不会引发祭祀上的远近区别。由此可知，古代中国的分割继承以及由此引发的祭祀资源差别配置的制度，是导致古代中国在祭祀上产生"近远"关系的原因之一。当然，这样的经济制度也就带来了古代中国式经济发展。

另外，在各代祖先所得到的祭祀资源（回报）处于均衡化（都同样是一个份额）的条件下，不用筛选而用一个象征性的东西来代替所有的祖先，比如古希腊的家神，成为可能。也就是说，资源的同一配置是古希腊固定祖先产生的基础，因为，抽象地看，在古希腊，由于各代祖先的回报在数量上没有差别，祭祀者可以把回报一并"打包"交给家神，让他平均分配给各代祖先就行了。可是古代中国不能这么办，因为各代祖先应该得到的回报在数量上多少不一，非得祭祀者亲自分配给他们，所以祭祀对象永远是相互独立的、具体的、有名有姓的。在中国，很多家族都有家谱。这家谱，虽然表面上看来是让我们记住各代祖先、各个祖先的名字，但重点在于，对这些祖先来说，"榜上有名"就意味着，后人侍奉祭品时，自己的亡灵会占有其中一份，而不在这个名单上的，就得不到"伙食"。

---

① 谢维扬：《周代家庭形态》，中国社会科学出版社1990年版，315~316页。

仰韶时期的鱼祭、涂色的人头，意味着这种经济制度在母系社会就开始实施了。古代中国父亲只是承袭、发展了这种制度。以此而论，入侵希腊的库尔干人有背叛母系制度的嫌疑。所以，古代中国不可能像古希腊一样，用一个象征符号或偶像来抽象表示被祭祀的对象。于是，古希腊的祭祀规则为古希腊的自然神走出家门成为市民共同祭祀的对象做好了准备，而中国则难以把自然神放出家门，即便在寺庙里求菩萨保佑，也是各求各的，不会形成公共祭祀，也难以发展出教会这样的中介组织。

无论是古代中国还是古希腊，上一代人都希望自己能够被"看得见摸得着"的人祭祀，进而偏好被自己的血缘后代来祭祀。但他们同时也面临数代之后，因为资源不足而不能被祭祀的风险。古代父亲必须在这两者之间进行选择。

现世者都会为自己死后的生活做出慎重投资，而他们的选择之一就是"分散投资"，即，把资源分别投资（分配）给几个后代。这种选择的好处在于，如果几个儿子中有人夭折或出现"背叛者"（比如不孝之子），还会有其他儿子来祭祀自己，这相当于一种保本投资，就如同商人让血缘祖先作为自然神的代理人一样。从回报的数额来看，这种投资方式具有追求温饱和细水长流、"只要不被饿着就行"的特征。不过，投资者还是会面临数代之后由于可分配的资源越来越少、最终被从祭祀名单中淘汰掉的局面。这正是古代中国的情况，必然的趋势就是"新鬼大旧鬼小"，同时，土地等祭祀资源也永远在血缘者之间流动，非血缘者自然被排斥在外。因此可以说，"分散投资"决定了古代中国祭祀团体中的祭祀对象和祭祀参加者的范围，而家庭、家族是以祭祀为纽带的组织，当然也就决定了古代中国父系家庭、家族的构成。

与之相反的选择是"集中投资"，即把资源只投资（分配）给一人（比如长子）而排斥多余者。这种选择虽然提高了在经过无数代之后也有足够的土地等资源来祭祀自己的保险系数，但自己死亡后，长子一旦夭折，资源就有可能落入"背叛者"的手中，或者落入非血缘者手中。比如，在古希腊，为了保持仪式的延续，没有子嗣的家长，会收养非血缘者的成年人作为养子。[①] 这种选择带来的趋势就是，既然都甘愿冒"断血缘香火"的风险，"要求祭祀参加者都是血缘者"

---

① ［英］基托：《希腊人》，徐卫翔、黄韬译，上海人民出版社1998年版，289页。

的偏好便成为次要的东西，从而允许非血缘者参加家族祭祀，也就不足为奇了。最不济的时候，让非血缘者来祭祀自己，这正是古希腊的情况。因此，"集中投资"决定了古希腊的家庭祭祀中的祭祀对象和祭祀参加者的范围，也决定了古希腊父系家庭、家族构成。而且，在古希腊家族中的非血缘者眼中，祭祀对象都是掌握资源的"专制家长"，对他们来说，用象征性的固定神，比如用自然神赫斯提亚来代替家族的各代祖先的做法也无多少妨碍。

二、古代父亲各自的道路

古代经济制度和祭祀活动（精神文化活动）的关系，归结起来就是：祭祖本身具有付出代价、求得回报的特性。因此，祖先祭祀可以被看作上一代人为避免自己亡灵的生活困苦而与下一代人所进行的交易。其原理是，死亡者为了死后永乐，把生前所拥有的资源投在祭祀方面，并要求投资受益者履行其祭祀义务。由于祭祀资源有限，同时，人们普遍对血缘者也具有偏好，因此，古代中国和古希腊基于这些条件选择了不同的投资（分配）方式。这不同的方式决定了交易双方（祭祀对象和祭祀参加者）的范围，并衍生出古代中国和古希腊在祭祀方面的各自特征：在中国，祖先祭祀具有宗法性，某个血缘家族垄断着对自然神的祭祀；在古希腊，各代祖先浓缩为一个固定神，非血缘者也能参加祖先祭祀，市民参加对自然神的公共祭祀。

不过，虽然古代中国和古希腊在祭祀上有鲜明的差异，但毕竟都是基于侍奉先人发展出来的父系信仰，所以，我们自然也很好奇，想知道导致这种差异发生的原因。

1. 希望孩子有出息

先看一看有关祭祖发生的意义所在。

母系社会中的侍奉先人也是一种交易，但更接近家庭内日常生活的性质，就像吃饭、穿衣一样，因此，也就不需要特别关注。为了让先人与自己永远在一起生活，摩梭人延续火塘（祭锅桩），阿美人的火塘之火亦终年不灭。这种活动的现实意义在于，如果不这样，我们的三代组织将不复存在，整个社会便坍塌下去。这反映在经济活动中就是，为了侍奉先人，需要储藏粮食，也就是我们常说的"积谷防饥",但也仅此而已。

可是,当人口的增加带来土地、牧场等资源的再分配,古代父亲在母亲面前充当资源再分配的主力军,但他们所面临的迫切问题之一,就是如何有效施展其本领,这包括如何用有效的武器和组织方式去掠夺或防卫。如同大禹治水一样,对效率追求成为基本特征之一。在这之上,还产生了男人对自身的神化,对自己组织的神化。同时,他们还面临组织内部的再分配问题,即,自己所拥有的资源在家族或组织内被再分配。解决问题的方法之一,就是扩大自己所拥有的资源,把蛋糕做大,由此,财富积累的概念产生出来,祭祀的功利性也越来越露骨。从此,成功与失败,成为人们生存的外在目标。"可上而不可下""贪得无厌""向上""挑战""冒险""反随波逐流"等等也成为祖先崇拜社会的常态。而父系道德和法律成为调节这种功利行为与母系功能之间互动的基本手段。也就是说,祖先崇拜更注重功利性,从而带来古代社会生产力的提高、经济的发展。然而,对功利的不断追求和刷新,最终可能破坏"非洲夏娃"创立的三代组织从而带来父系社会的毁灭。因此,为了解决这个问题,父系社会通过创立道德和法律,来维持母系信仰的功能,比如提倡孝敬父母、尊老爱幼,教育人们追求平等、正义等等。

这样,追求功利与对追求功利的压抑,两者互动,便把原始社会的我们一步步引到了今天科技发达的我们,令我们也因此都拥有复杂的、难以理清的精神纠葛。最简单的模型就是,今天的我们在心理上有三个层次。比如,当婴儿或孩子哭泣的时候,牵动人心的是生物本能层次,动物的父母是这样,人类的父母也是这样。孩子长大后出外自立活动,一般动物以及其他人类对此不会有什么牵挂,而我们的父母却时刻惦记着孩子的健康和安危,这是母系思想层次。在这之上,孩子是否有出息,特别牵动父亲的神经,孩子的不成功直接使父亲感到懊恼和丧气,因为这直接体现了他在资源再分配(人力资源投资)上的失败,这便是以祭祖为特征的父系思想层次的表象,既区别于生物本能层次,也区别于母系思想层次。由于我们同时生活在这三个层次之中,对同一事情常常感到各层次之间的矛盾冲突,于是便感到纠结、烦恼,更感到命运支配的巨大力量。

就祭祖观念本身来看,比如古希腊人祭祀家火的活动,除非一家都死绝时,家中之火才熄灭。这与母系社会有着相似性,但两者之间有本质区别。因为,古代父亲一方面承袭了为先人供食的习俗，但另一方面又增添了祈福、求功利的内容。明显的例子就是对"鬼魂"这一观念的创造。如果不把亡者埋入土地中，如果不用酒肉、食物祭祀他们，他们的鬼魂就会出来祸害人们。这个观念，在尼安德特人那里，在"非洲夏娃"那里，都是不存在的。它是古代父亲基于对成功、幸福的追求，对失败、灾害的回避而创造出来的。

虽然说，资源再分配为古代父亲创造出祭祖观念带来了契机，但以后还因为其他理由发展出了一些父系社会的独特的观念。也就是说，迫于母亲的压力和供养越来越多的祖先的压力，古代中国父亲不得不去追求成功（古希腊父亲没有来自母亲的压力）。就是在今天的家庭中，无论中国或是欧美，母亲都常常教诲男孩子："男人要有担当、男子汉要有责任。"而儿子对此不知所云，诚惶诚恐。同时还呈现出一些荒诞的行为：在祭祀祖灵时诚与不诚的说道，抄祖坟的习俗，鞭尸三百的传说，悬头颅于城楼上三日、不让敌人和罪人的尸首入土等暴虐行径，扎小人行为，等等。

这些行为意味着什么？古代父亲为了挑战、为了成功而要祖先保佑。但就一般百姓而言，父亲为了逃避悲惨命运，为了对抗不公正待遇、不公正法律等，想要反抗时同样需要祖先保佑。这时，祖先是保佑弱者的护身符，是让自己由弱变强的精神支柱。"非洲亚当"的子孙从来就是弱者，他们原来没有家，后来在母系社会有了家之后，但又被排斥在家庭之外。要改变这种现状，要起来革命，需要精神支柱。这个支柱，在古代中国和古希腊父亲那里，就是祖先。祖先崇拜鼓励着他们去追求公平和正义。

2. 手心手背都是肉与余子净身出户

现在知道了，基于想由弱变强而产生的功利心，是驱动祭祖观念和行为的发生、发展的动力之一。不过，它们在表现形式上却各不相同。同样为了确保后人对自己的祭祀，同样具有强烈功利性，中国古人选择了"分散投资"，而希腊古人选择了"集中投资"。为什么同样是祭祖，却会产生不同的发展方向，呈现出多样性来呢？

导致多样性发生的因素有很多。所谓"分散投资"和"集中投资"，只是分析模型。在具体的历史进程中，具体到某个时期或某一区域，由于条件不同，也存在相反或两者相混杂的情况。就古代中国来说，我们可以把"分散投资"看作是远古华夏父亲在祭祖模型方面传承"非洲夏娃"的选择。华夏集团的男性在中国男性基因中占57%，具有绝对地位。即便是这样，这种模型在当时的长江地区、黄河下游地区、燕辽地区是否能得到推广也还是一个不能确定的问题。即便在今天的父亲中，一些人游手好闲，一些人拼命赚钱，由此带来家庭之间、地区之间的经济差异，也是实事。因此，这种父系思想或多或少存在着在地区上的多样性。就古希腊来说，库尔干人分两次入侵，其男性基因中也就只占28%，所以，"集中投资"这样的祭祖模型是否能够占据支配地位都成问题，这种思想在地区上的多样性就成为必然。

然而，这里特别关注的是，这两种模型本身所呈现出来的多样性。

古人对模式作出选择的动机都一样：让"看得见摸得着"的后代来祭祀自己，由此需要向子孙投资。就这一点来说，父系思想类似于母系思想。因为"非洲夏娃"组成三代家庭的动机也是为了让子孙来侍奉自己，所体现的也是一种先人与后代之间的交易行为。在母系社会，三代以上的先人只能被忘却，分支家庭在三代之后也只侍奉自家的直系先人，这与祭祖中把一些祖先淘汰出去的行为也是相似的。

但与母系不同的是，父系会创造条件，比如发明文字和姓氏，尽可能祭祀更多的祖先，在必要的时候，会把祖先追溯到几十、几百代以上，这是祭祀的功利性的表现。这种源于"不能忘记"的压力而产生的功利性，让祖先崇拜社会的古代经济领先于当时世界其他地区。

祭祖要有主持人、祭司，选择年长的儿子也是非常自然的。然而，中国的长子主持祭祀和希腊的长子主持祭祀，却有着完全不同的意义。在中国，虽然余子没有主持祭祀的权利，但他们被祭祀的权利并没有被剥夺。这与母系制度完全相同，所以，古代中国父亲在分配自己的"胜利成果"时，对家庭内的男性子孙是公平对待的，追根溯源，这是继承了母系制度而来的。手心手背都是肉，这是中国母亲们的常用语。而从养老送终的角度，中国老百姓更爱的却是末子。可是，在古希腊，只要不净身出户、另起炉灶、组成自己新的家族祭祀，余子是没有被祭祀的资格的。这里体现出，古希腊父亲是背叛了母系制度的。以此而论，父系在继承母系方面，因环境条件的不同，各个群体选择继承哪些、不继承哪些，是千差万别的。那么，古代中国和古希腊的父亲又是在什么样的环境下做出各自的制度性选择的呢？

3. 成年儿子留在家中

就商朝的祭祀来说，王朝存续了 500 多年，以 25 年为一代，就是 20 多代。王朝的每一代男性先人，有很多妻妾，给自己留下两个儿子这种假设不算过分。如果是这样，到了 20 代后的帝辛的时候，他头顶上就会有 2^{20} 的先人，即百万以上的先人。对这些多得简直无法想象的先人，神都应付不了，更别说作为凡人的帝辛了。这种情况，在母系社会也同样发生。当然，其处理问题的方式，母系更加顺从自然遗忘，只侍奉三代以内的母系先人。商人也必须忘记绝大部分有真实血缘关系的先人。首先是去掉姻族系列的先人，然后是去掉姐妹系列，接下来是去掉余子系列，最后是采用合祭的形式来侍奉那 20 代的直系父母的先人、重点分别侍奉上三代的先人。当然，帝辛不一定按照这种方式来筛选，但原则应该与之相去不远。不过，在这之上，古人还增添了功利特色，比如祭祀自己的亲近者和对王朝有功者等等。

以上是从后代的角度来看的。如果从祖先要求后代祭祀的角度来看，这便是祖先如何筛选祭祀者的过程。而在这一点上，古希腊人与商人、周人的最大区别，是选择了长子而抛弃余子。这是为什么呢？

我们可以推测，即便前 3000 年之后，远古华夏父亲进行了无数次扩张、战争，但毕竟是以定居农耕为基础的，稳扎稳打，有田大家种似乎也很自然，因此在祭祀、家族构成及经济制度方面，从母系那里继承的东西比较多。与之相比，前 2000 年向欧洲南部扩张的库尔干人，是骑马长驱入侵"敌人"腹地的小集团。这种以快速移动征服为特征的父系组织，也许更强调首领的功能，因此，家长、长子在资源再分配上占有特殊的位置。这样就表现出，古希腊父亲选择"集中投资"，而古代中国父亲选择"分散投资"。也就是说，相比远古华夏父亲或其他分支的库尔干人（比如凯尔特人、日耳曼人），侵入希腊的那两支库尔干人在维持家族发展的目的性更强。

结论是，在母系制度的熏陶下，古代中国父亲和古希腊父亲，都学到了克服精神危机的方式：通过让儿子与自己在精神上的一体化，来支撑自己活下去。具体说，就是把成年的儿子捆绑到自己的战车之上。只不过，由于所处的自然生活环境或其他外在条件的不同，古代中国父亲和古希腊父亲在捆绑对象的筛选上有所不同罢了。

以上说法有证据吗？也许可以找到一些吧。

李亦园说："一般而言，上下世代的关系包括两种。第一是抚养、疼爱和保护为主的亲子关系，第二是家系传承、财产继承的权利义务关系。这对母系社会的父亲来说，两者是分开的，但在父系社会，两者却是合为一体的。"①照此推论，在父系社会中，偏重强调对儿子感情的，就会采用诸子继承财产，偏重强调家系传承这样的功利心的，就采用长子继承财产。但问题并不是这么简单。

感情是一种本能层次上的东西，天鹅、鸭子等，孵化出来第一眼所看到的移动的物体，便会与之产生感情，跟随其后，直至成年离开。但是，这些有感情的动物都不可能形成三代人组织。就常识上说，分离会使感情淡化，直至遗忘，无论是血缘者还是两性关系。因此，弄清把三代成人连接在一起，从而让他们相互之间产生出感情的东西，才是核心所在。这个核心正是侍奉、祭祀。

父亲对儿子的感情不是儿子继承财产的基础，至少福特斯在对包括阿散蒂人在内的母系社会调查之后得出了这样的结论。②而弗洛伊德的理论更是如此：达尔文说，人类原先是共同生活在一个部落里，受一个强大和粗暴的男人统治。所以，我们社会是起源于父系社会的。又因为性欲是人的本能，孩童早期在与父亲一起争夺母亲的过程中，由于受到父亲权威的压制，因此对父亲既有喜爱也有敬畏，这时就会通过寻求一个父亲的替代物来发泄自己内心的感情，这个替代物就常常由一种动物来扮演，这就是原始社会图腾的起源。在初期社会，人类以小群体生活，每个群体有一个统治的男人，把部落所有的女人据为己有，而他又害怕他的儿子们威胁到他，所以儿子们遭受到或被放逐或被诛杀的艰难命运。以后，儿子们就联合起来打败了父亲。可是，为了继承父亲的地位，儿子们又发生了互相冲突。于是，弟兄们经过了争夺继承权后就开始结成同盟，达成了某种社会契约，放弃了部落的女人而开始实行族外通婚，于是有了制度、道德、法律，乱伦受到禁忌，动物图腾继而出现，它被当成了父亲的替代物，也被当成了保护整个

---

① 李亦园：《中国家族与仪式》，载《中央研究院民族学研究所集刊》，1985（59），48 页。

② ［英］Meyer Fortes, Religion, morolity and the persong: Essays on Tallensi religion, Cambridge University Press, 1987, pp.66～83。

家族的精灵。①

依据弗洛伊德的想法，父子之间的关系，因为对异性的竞争，实际上是相互对立的。在关于中国传统社会的文学作品中，成年男孩子背着父亲与别的姨太发生暧昧关系是常有的事情。既然父子天生对立，那么为什么父亲会与动物世界完全相反，竟然会把成年的儿子留在有成年女性的家庭内呢？父亲应该知道其恶果，但又非得这样做不可。原因何在？根据祭祀原理可以知道，父亲不是因为对儿子的感情，而是因为需要儿子来祭祀自己，需要儿子来维持土地财产、家族企业等祭祀资源。他为了自己的永生，需要把既存的、与祭祀相关的男性组织（家族以及基于家族的氏族和部落）维持下去，才不得不把儿子留在自己身边。

如果维持男性组织是父亲把儿子留在家庭内部的原因，那么，对不能完成这一任务的儿子，比如无能的儿子、反抗自己的儿子，或者只需要一个儿子等等情况下，父亲都可能只留下一个对自己有用的儿子，并把其余儿子驱逐出去，至少可以不予以继承资源的资格。因此说，基于祭祀这个核心，男性组织的目的性越强，对儿子继承资源的资格管理就越强。由此带来的行为差异，不仅表现在古代中国和古希腊的父亲之间，也表现在古代中国的帝王将相和老百姓之间。一般老百姓没有什么大业，也没有什么组织机能需要维持，只要儿子祭祀自己就行了，所以，对资源继承资格不需要管理，平均分配资源成为一般趋势。但帝王将相却不同，他们负有维持男性社会组织的重要责任，所以，也就非得对继承人实行严格的管理。君王一会儿立太子，一会儿又废太子，其道理也在这里。

所以说，在母系这样松散的组织状态，没什么需要刻意维护，因而家庭内部的资源分配是见人有份。母系演变为父系之后，资源的继承状况发生变化。维持家族、家业等需求压力越大，其资源继承的倾斜也就越大。由此产生出古代中国和古希腊在选择后继人时的差别。

---

① ［奥］弗洛伊德：《图腾与禁忌》，文良文化译，中央编译出版社 2009 年版；《浅析弗洛伊德的宗教起源论》，见 http://bbs.tianya.cn/post-worldlook-385627-1.shtml。

三、我们拥有祭祀、婚姻，然后面向死亡

1. 超自然力与依赖后人而永生

这里对前面所讲的做一个总结。

动物们为了捕获食物，在本能上都要对事物的因果关系进行判断。而由于条件变化，因果关系已经消失，但时常仍旧保持原来的习惯行为。这种盲目取信并支配自己的行为，可以说是本能层次上包括人在内的动物们身上发生的"迷信"现象。[①] 然而，我们的信仰却是远远超越本能层次的东西。

在动物的生存竞争世界里，人类具有以下特征。与动物相比，人类都没有从娘胎那里得到特殊专业能力，生存压力非常大，从而形成不安和恐惧的心理特征。在这种压力下，人类只能模仿其他动物的捕食行为，由此强化了识别能力和记忆能力，随之带来了学习和智力方面的进化。模仿动物的捕食行为解决生活问题，必然进行推理、判断，必然带有预测性。达到预期效果的叫成功，反之叫失败。成功让人从原有的不安和恐惧中解放出来，会欣喜若狂，失败会带来情绪低落。[②]

让自己从不安和恐惧中解放出来，就像被压在五指山下的孙悟空，期盼有人来解救自己一样，人类对获得成功和逃逸失败的期盼便导致了崇拜的发生。所以，这可以被定义为"依赖超自然力量，达到所期待的效果"，即，人们常说的自然崇拜。这时的祭祀资源交易是在人与神之间进行的。狩猎是这样，采集是这样，作战是这样，管理部下、统合社会是这样，找到称心的配偶、生孩子也是这样，当然也包括避免天灾人祸，逃避命运支配。然而，由于人类精神的起点是观察和模仿，自然也铸造出"发现规律"的能力。其结果，就正如涂尔干所指出的一样，"人们在了解事物（包括社会组织、集团本身）性质之后，这种崇拜便不可能继续存在下去"，即，弗雷泽所说的"从宗教走向科学"。进一步说，这种

---

① 《动物也迷信》《带来好运的秘诀》，载《信报》，2013 年 4 月 8 日、9 日。

② Brsnko Bokun, Man: The Fallen Ape（A starting new the evolution of man），Doubleday Company，Inc，1977；任大川：《道德的困境与超越》，江西人民出版社 2011 年版，243～246 页。

"宗教"存在的前提是对事物的不了解，无法操作其诱因，因而失败和灾难呈概率性发生状态。随着人们对事物的理解和操作能力增强，其发生的概率就会逐渐接近于人们的意志。比如说生孩子，当人类掌控一切因素时，这就变为了一种机械似的生产方式，不可能再有什么神秘或迷信，更不用说"生殖崇拜"了。再比如说赌博，当你了解一切所需要的信息时，一定会百战百胜，也就不会有什么"祈求老天保佑"的需要了。这就是前面所提到的，"当人类完全掌握了自己的命运的时候，一切都归顺于自我时，这种现象便自然会消失"。因此可以说，在人们的智力发展，科学信息技术水平提高的状况下，成败只是一个相对概率的问题，长期来说，都是可以解决的，这便决定了自然崇拜的短命性。这时，即便还是无法掌控命运，但也难以相信有什么神可以来改变命运，命运在自己的选择之中，在自己的脚下。

然而，比如今天人们生孩子，在医学上来说都没有什么太大问题了。可是，就在孩子诞生之际，老一代人都会感到一块石头落了地。这块压在心上的石头，是因为他们不信任现代医学吗？表面上看是这样，但实质是，对这种命运的恐惧以及自我死亡的临近带来的精神危机随孩子的诞生而得到缓解。也就是说，无论我们怎么发现规律，都会面临一个永远无法改变、永远无法在现实中操作、也永远无法逃脱的命运，那就是死亡。我们生下来就向着死亡行进，孩子们到达一定年龄时，就会好奇地计算自己还能活多少天，希望能像孙悟空一样，不用忧愁死亡。死亡以百分之百的绝对概率发生，永远不会随人类的意志而转移。而实际上，人类从动物进化而来，意味着人类好歹还能生存下去，对生活危机多少还是能够对付的，只是常常有点自然崇拜这样的小心事。但是，死亡却不同，自己有朝一日不会在这个世上，尸骨随别人任意摆布，对这种命运的恐惧，相比"超自然力量"所带来的恐惧，更加身临其境。理论上说，如果一个人不会死亡，那么，成功与否对自己是形不成压力的，比如来自各种竞争（包括找不到媳妇）和各种权威（包括上级领导）的压力都与你无关，因为你永远会有机会成功，而不是一次或两次。剥夺你成功机会的，不是因为没有获得"超自然力量"，而是因为注定要死亡的命运。死亡规定了你所拥有的时间和机会。无法成功地逃逸死亡的恐惧，更甚于无法成功地逃逸贫困等命运的恐惧。从这个意义上说，为了解决这种精神危机而由"非洲夏娃"所创立"追求永生"的信仰，比自然崇拜应该更加原始，并且会发生在任何人身上，永远不会消失。

尼安德特人在前10万年开始挖穴埋葬死者，这意味着人类已经意识到死亡，已经有了精神危机，并开始了痛苦的精神历程。他们盼望死后在另外一个世界好好活下去，由此创造出彼世的观念。即便如此，自己该怎么办，尼安德特人并没有找到让自己从对命运的不安和恐惧中解放出来的办法。可是，就在非洲的树林中的那一天，"非洲夏娃"突然问"我的孩子是谁，他们在哪里"，她顿然醒悟了孩子对自己的意义。由此，与尼安德特人不同，她为我们找到了使自己从不安和恐惧中解放出来的方法，并作为信仰，被代代传承下来。在这种信仰的框架内，性行为不再是单纯为了后代繁殖的行为，而是信仰行为，孩子也不单单是后代，而是信仰工具。而实践这种信仰的平台就是组建三代人家族。三代人家族的运作以及人力资源的积累，也就成为我们的核心竞争力，让我们从动物界和其他人类中脱颖而出，打败了强大的对手。这种"非洲夏娃"发明的、逃脱死亡恐吓的精神武器可以被定义为"依赖后人而永生"的信仰。其生活现象就是，老人看到自己的孙子诞生，或欣喜若狂，或不动声色，感到一块石头落地，乐呵呵为婴儿忙前忙后。当然，你也可以把老人与孙子的关系，看作是天然的感情，或者是自然的召唤和安排，但孙子对老人的真正意义在于，后来人延绵不断，家族祭祀可以被延续下去，自己永生的愿望可以得到实现。

那么，这种信仰与自然崇拜有什么关系？这需要再次回到"非洲夏娃"和宗族母亲的基因延续的故事中去。

赛克斯说：10多万年前的宗族母亲，如同今天的我们一样，非常普通，只是生活在不同的环境中。作为宗族母亲而延续自己线粒体基因的条件有两个，一个是必须生女儿，另外一个是必须生两个以上的女儿。她并不是时间长河里的唯一女性，与她处于同一时代的很多人也有自己的女儿和孙女。不过，她只是唯一把这不曾间断的母系血统延续至今的人，而其他的女性许多后代，由于没有孩子，或者只有儿子，所以母系谱系就中断了。无论怎样，每个宗族只有一位母亲是逻辑的必然性。"非洲夏娃"也是一样，她只是一个群体中唯一把母系血缘保存至今的女性。在这个群体中，各自都有母系祖先，因此，存在着一个更为久远的人是"非洲夏娃"和群体中其他人的共同母系祖先，以此类推，这个共同母系祖先也不会是单独一个，另外一个共同的母系祖先的存在成了逻辑上的必然，由此类推，直到把我们与其他人类连接在一起。①

在我们能幸免活到今天这个问题上，赛克斯首先强调了母亲非要生两个以上的女儿。理由是，如果连续只生一个女儿，分支、分家就不会发生，"非洲夏娃"子孙也不可能遍布世界。

赛克斯并没有把"非洲夏娃"的线粒体基因延续至今当作一个特殊现象来看待，而采取了近似于"选民思想"的立场。通过自然淘汰，这一切似乎偶然，也似乎必然。赛克斯的说法，犹如玩扑克牌魔术一样，对观众来说是一个奇迹，对魔术师来说，却是一种必然，因为他手中所捏的牌都是同一花点。也就是说，无论大自然是选择"非洲夏娃"或是群体中的其他人，其结果都完全一样，因为与"非洲夏娃"生活在一起的群体，都拥有与"非洲夏娃"相同的线粒体基因。所以，无论谁被选中，她都可以被称为"非洲夏娃"。因此可以说，母亲能够像魔术师一样对自然淘汰泰然处之的理由在于，她有无数的分支，就算自己不能生育，或者自己的孩子夭折，如同摩梭人一样，姐妹的孩子也是自己的孩子，过继的孩子也可以是自己的孩子，他们都拥有自己的共同基因。

当然，赛克斯的逻辑仍旧是大自然对基因库的淘汰理论，而不是对个体的淘汰理论。实际上，现代人的发展就如同漏沙斗壶的形状一样，原来是与各类物种的人共存，也包括一个现代人的基因库。但到了"非洲夏娃"与"非洲亚当"相结合之际，便来到了瓶颈，再向下就只剩下他们俩的后代所组成的家族了。也就是说，包括其他现代人在内的其他人类家族的线粒体基因、Y基因都被淘汰掉，而不只是他们的线粒体基因或Y基因被淘汰掉。因此，对"非洲夏娃"与"非洲亚当"相结合的家族的淘汰，一定是对个体的淘汰，而与瓶颈上方的其他人类以及其他现代人家族的基因库没有关系。我们之所以能通过这个瓶颈渗透下来，从而形成无限向下扩大的三角图，其根本原因在于，母亲们推行内婚并对孩子负责到底，从而创建了三代人家族的社会基本组织。通过这样的组织革命，形成了一

---

① [英]赛克斯：《夏娃的七个女儿》，金力等译，上海科技出版社2005年版，193～197页、278页。

种应付淘汰的机制。有了这种机制，母亲们可以获得巨大精神力量去挑战一切而不需要倚赖自然神的力量，也不需要神化。因此说，在母系社会，具体到女性个人，面临一般的自然灾难、生老病死（非人为的灾难）时，也许偶然会发生对神灵的祈祷或其他自然崇拜的行为，但就整体来说，母亲们因得到了后代的侍奉而安然自得。从"非洲夏娃"的行为特征来看，也就是创造出了"对后代的永恒关心"。这些都与自然神没有任何关系。

然而，在母系社会，不能安然自得、不能从容不迫、无法摆脱制度性宿命的，恰好是远古父亲。在母系社会，男人虽然侍奉自己的母亲，但自己却得不到自己孩子的侍奉。虽然他们也受到侄儿、侄女的侍奉，但一切都是外生的，而不是内生的。他们的基因能够流传至今，完全是托福于"非洲夏娃"所创建的信仰，而不是他们自己的创新。如果没有"非洲夏娃"家族来托底，他们的基因也就如同尼安德特人一样，早就消失在历史之中。也就是说，虽然男人身置于侍奉关系中，但这种侍奉关系是服从母亲意志的结果，男人自身在很大程度上是局外人。所以，他们并没有因此获得多少精神力量。这样，生活在母系家族中的他们，逐渐开始对苍天祈祷，期望改变这一现状，期望事事如愿。这些都促使他们走出家门去创造神灵、崇拜自然神。也就是说，男人创造出自然神的原因，正如涂尔干所说，是他们"在社会生活中对权威力的服从"。只不过这个权威，首先就是他们的母亲。母亲决定着他们的命运。对母亲威慑力的反映之一，就是那些在洞穴中的壁画，那些维纳斯神的雕像，那幅充分展示现代女性美和时尚的《塔萨利女郎》，以及被冠名为"生殖崇拜""女性崇拜""女神崇拜"等的行为。这些东西，一方面显示了男人的创造性，另一方面却显示出他们还没有找到解决死亡问题的方式，他们仍旧像乌鸦印第安男人一样，被精神危机所困扰，并需要情绪宣泄。以后，随着资源再分配压力增加，父亲开始占支配地位，并得到儿子祭祀，如此终于获得了解决死亡问题的方法。

随着进入父系社会，我们的道德观、价值观也发生了很大的变化。就信仰所赋予的对象来说，在尼安德特人那里，安葬只反映意识，没有对象可言，在"非洲夏娃"那里，孩子被组织到自己的身旁，让他们承担起安葬和侍奉自己的义务，由此开始了超越死亡的实践。而从下一代来看就是，先人成为侍奉对象，家人要永远与先人生活在一起。与之相比，在父系社会，基于对福利、功利的追求，把死者分类，区别出"好"与"坏"，"善"与"恶"，筛选出特定的祭祀对象。

以上是笼统的说法。具体到远古、古代的中国和古希腊，其变化过程大体如下。

前5000年左右，由于人口的增加，资源再分配问题逐渐突显出来，如同摩梭人一样的母系社会，逐渐向阿美人、萨塔瓦尔人一样的变形母系社会转化，男性组织开始插足于资源再分配。而反映这种男性组织的威慑力的，便是被创立出来的部落神。在一些地区，男性组织的公共权威得到强化，从而发展出"既骗自己又骗大家"的图腾崇拜，而在远古华夏父亲扩张地区和在库尔干父亲集团入侵地区，家族或个人在男性组织中的权威得到强化，由此发展出"欺骗自己"的祖先崇拜。以后随统合社会需求的增加，在祖先崇拜的基础上，又发展出"欺骗大家"的自然神。同时，祭祀触发了父系分配制度，而在不同分配制度的作用下，古希腊的祖先和自然神慢慢融为一体，变为"既骗自己又骗大家"的独特信仰，而古代中国却维持了原状。再后来，虽然"欺骗自己"的自然神（私人层面的祭祀）依然如故，但由于统合社会力量结构的变化，"欺骗大家"的自然神（公共、官方层面的祭祀）趋于消亡，其统合社会的功能逐渐让位于法律和行政。再以后，中国依然维持着祖先崇拜，而古希腊的祖先却逐渐被新的神灵所代替。

基于以上历史过程，可以说，今天一般人的信仰和人生想法，都是承袭了母系信仰之后而发展起来的东西。把"宗教"定义为"对超自然力量的信仰"，这本身没有错，但却无法使用这个概念去追溯其起源和发展，无法解释人类精神发展，当然，也无法说明在今天这样的高科技时代的一些精神现象。因此，这里才对这种概念进行了再定义。不过，无论采用什么样的定义，信仰都依然是解决精神危机的一种手段。

2. 创新和分工的平台

接下来简单讲一下侍奉、祭祀（精神文化）与我们今天的现实生活的关系。首先来看经济生活。

我们今天生活在非常便利的时代，但又非常繁忙，压力很大。这些与远古母亲和古代父亲的故事，远离十万八千里，一点都不沾边。不过，只要稍为停下来想一下就会明白，事实并不是这样。

今天生活的繁忙和压力，大部分都来自市场经济。那么，市场经济从何而来？

经济组织来源于两个东西，一个是基于分工合作的市场，一个是基于权威的行政。在人类初期社会，行政还没有出现，所以，也就只有市场。但市场的基础是分工合作。所谓分工合作就是各自生产自己的专业产品然后相互交换。人类初期社会先后发生了两次大分工，一次是男女分工，另一次是农业和手工业的分工。

先来看男女分工。两性在一起养育儿女，为此各司其职，这是动物界和人类的普遍现象。但是，儿女成年后，远走高飞，不再与原有的家庭发生关系，而在别的地方再次循环为了养育后代的男女分工。这种各对夫妇的男女分工，能够自然演化为今天我们所看到的男女社会分工吗？这显然太牵强附会了。因为，人类即便为了养育儿女形成了组织，但由于这个组织不可能延续下去，男女各自的专业化也就不可能向深度发展。也就是说，在上下两代分离的状况中，经验和知识的积累、人力资源积累非常缓慢，甚至停滞。到了我们初期社会，经验和知识积累的唯一平台、文化传递的唯一手段，也只有三代人组织，这与我们今天的社会充满着各种组织的状况完全不同。打猎亲兄弟，上阵父子兵，说的不仅仅是家族内部的团结，也包括技术知识方面的文化传递。所以，家族是文化传递和发展的前提。把这个问题反过来看就是，正是因为"非洲夏娃"创立了三代人组织这个平台，在这个组织内，男人才有强烈的目的意识去追求狩猎工具和技术的改进，女人也才可能追求采集技术、服装等家庭生活技术、生活方式的改进，在这之上，也才有男女各自产品的相互交换。养育后代仅仅是组织发生的契机，而"非洲夏娃"的思想，才是把男女长期组织在一起的黏合剂。而几万年前那些男人在洞穴里所搞出的艺术杰作，就是在家族平台之上所形成的男女分工后的成果之一。

"非洲夏娃"让孩子与自己同在，这导致了我们多元化基因群体的发生，从而战胜了其他人类。虽然说，分工合作是我们社会发展的基本机制，但分工合作的基础却是"非洲夏娃"建立起来由古代父亲所继承下来的东西。因为有各具秉性、情感、特长的人，就像梁山泊的一百单八将一样，家族内部非得分工合作、相互取长补短不可。但所谓取长补短，实际上就是生活压力。进入父系社会后，通过各种社会和经济制度以"专业化"的形式表现出来，给人带来的压力更大。没有长处，没有专业，会遭人白眼，找媳妇会碰壁。

再来看农业和手工业的分工，这种分工是以所有制为前提的。[①] 而所有制的成立，在不可能继续直接向自然索取资源确立自己的所有权的情况下，是以资源的继承为前提的。而家族资源的继承是以家族祭祀为前提的。因此，祖先崇拜是农业与手工业分工深化的前提。

因此宏观地说，如果没有"非洲夏娃"的制度和组织革命，男女分工、农业和手工业的分工就不可能发生。也就是说，母系思想以及后来发展出来的父系思想都是把人们组织起来的黏合剂。

3. 孩子是祭祀的工具

接下来看今天的家庭生活。

今天的我们，大多数人都无法逃逸恋爱、婚姻、婆媳、亲家以及上一代与下一代之间的矛盾所编织的陷阱。网上有一个段子说，媳妇给婆婆写了一封信，申述道："我不明白，为何结婚后，我活了二三十年的岁月全部必须归零？变成你家的人，我无异议，可是要听从你家的话，说真的，我心里不能平衡。我的父母养育了我二三十年，而你是捡了他们辛苦二三十年的结晶。照理来说，你是不劳而获，捡现成的。你应该感激，而不能得了便宜还卖乖。"婆婆回信反驳说："我把毕生心力奉献给我的儿子，为何你一嫁进我家之后，我养了二十多年的心血全都付之一炬，然后变成必须做个没有抱怨、没有脾气的婆婆，欣然接受你存在的事实。我儿子养了这么多年，却要拱手送给另一个女人，说真的，我心里很不平衡。你才是得了便宜还卖乖。现代女性要大胆地声张女权，但是我要反驳的是，你不是我女儿，我对你也没任何亏欠。"

谁能讲清楚上面的是非？讲不清楚。但为什么都会怒火中烧，这是可以讲清

---

① 任大川：《国富新论》，山东人民出版社 2008 年版，28～31 页。

楚的。简单说，这是祭祀与外婚制度所带来的必然悲剧，是我们只能承受历史命运的真实写照。这里只讲一下婚姻，余下的其他问题，自己去琢磨。

自从"非洲夏娃"建立自己的信仰之后，孩子成了信仰的工具，两性关系也或多或少与侍奉、祭祀相关联。但是，两性的社会关系是否采取婚姻这种形式，母系和父系之间的差别巨大。

婚姻社会关系是一种社会安排，但婚姻的定义问题一直困扰着人们。① 有一句名言叫"没有爱情的婚姻是不道德的婚姻"。两情相悦，应该是婚姻社会关系的基础。然而，中国对婚姻的定义是，"被社会制度所认可的，男女两性互为配偶的结合"。所谓社会制度，应该是规范两性结合的风俗、伦理和法律，而现代社会主要依据法律。外国的定义也是这样。比如，英国的定义是，"由两个人一起生活而组成的合法结合或契约"。既然需要法律认可，那么一对情人自主到婚姻登记处办手续也就行了。可是，中国的现状不是这样，父母对不认可的两性关系百般阻挠，这是中国文学作品、影视作品的一个永恒主题。父母为什么有这样的权力？因为中国自从步入父系社会之后就一直是这样。《礼记·婚义》说："婿曰婚，妻曰姻。婚姻者合二姓之好，上以事宗庙，下以继承后世。"也就是说，婚姻是合二姓之好、事宗庙、继承后世的手段，父母是实施这个手段的代表者。可是，对情侣来说，这些都是父母的想法，与自己有什么关系？

抬一下杠。为什么要合法？一般的答案是，给两性关系予以社会法律的保护，给后代予以社会法律的保护。可是，情侣的自然想法是，我们自己保护自己，我们自己保护自己的孩子，这与社会法律有什么关系？确实，因为大家都处在相互竞争状态，成者为王，败者为寇，社会法律怎么来保护？难道能够分配给我一个如意的对象不成？

再说了，所谓"合二姓之好"，可以理解为"社会集团之间以女性作为交换对象而结盟，从而形成统一社会"。② 在这种意识下发展起来的法律制度，夫妻成

---

① 施传刚：《永宁摩梭：中国西南一个异居制母系社会的性联盟、家户组织与文化认同》，云南大学出版社 2008 年版，199～200 页。

② ［日］大林大良：《母权制之谜》，评论社 1975 年版，144 页。

了丈夫一人说了算，而"婚姻制度实际上成了奴隶制度"。① 对于这样的社会安排，为什么要让女人接受？

非常明显，就情侣当事人的立场来说，以上都是难以接受的说教。这说明，关于婚姻既存的定义和看法是一厢情愿，因而可能是非常错误的。为什么呢？因为这些定义都是"从二到一"，而情侣当事人是站在"从一到二"来看待问题的。

首先来看一看对婚姻概念最宏观的说法。

这种说法的起点是，从"动物性群体"到人类社会的进程，并把澳洲原始部落的"婚级制"作为最早的社会组织（以性为基础的社会组织）和通婚规则。澳洲部落社会组织一般分为三个层级：部落、半族（胞族）和氏族。一个部落一般有10~30个氏族，这些氏族对等分属两个半族，部落内部通婚。这时，两个半族成为两个"单系继嗣群"，各自统属若干氏族，结为世代通婚的"婚姻联盟"。在"原始群"水平上，单纯采用暴力手段无法完成任何有效和稳定的社会整合。"婚姻联盟"是解决这个问题唯一有效的途径。这种婚姻制度，是以女人为交换对象，以求部落之间的友谊和团结为目的的。②

我们是从动物群体进化而来，这是假设前提。由于是从群体到群体，所以，个体的女性便自然成了"牺牲品"。而这些"牺牲品"成了一个社会能够成立的基础。这里不去评价这种说法对解释我们社会发展的意义所在，只从女性个人角度来看，即便是事实，为什么女人就必须成为社会的"牺牲品"的道理，是非追究不可的。这种看法的出发点是"从二到一"，也就是说，从动物群体社会到今天的人类社会，天生如此，谁也没有办法，无从解释。

然而，人类社会的进程与之完全相反。

在摩梭人那里，"性行为及其子女的产生、子女的供养等后果，都与经济不发生关系。从社会角度看，两性关系是为妇女而存在的，男配偶仅仅是一个不可缺少的角色"。③ 对摩梭人来说，"生母对孩子来说是命中注定、无可取代的，生

---

① ［日］江守五夫：《母权和父权》，弘文堂1973年版，32页。
② 张岩：《外婚制与人类社会起源》，载《社会学研究》，2006（6）；［日］榛叶丰，Diachronic Study for Exogamy System with Cross Cousin Marriage，载《静冈理工科大学纪要》，2011（19）。
③ 阎家胤主编：《阳刚与阴柔的变奏——两性关系和社会模式》，中国社会科学出版社1995年版，50页。

父则是偶然出现，可以替换的"。① 在摩梭人看来，"母亲及其兄弟姐妹、同母兄弟姐妹和姨兄弟姐妹等母系成员才是最亲近的人；姻亲是嫁娶的产物，由于在摩梭社会中总体上不存在着嫁娶，所以它对于摩梭人的亲属词分类也就无显著的影响"。② 因此，在摩梭人那里，性行为及其子女的产生、子女的供养等，既然不与部落的政治发生关系，也就与道德和法律是否承认、是否给予保护没有多少关系。这种事例，在文学作品中有关吉卜赛人的两性关系的描写中也都看到。就摩梭人的侍奉关系而论，两性关系与"事宗庙、继承后世"没有关系，也就与父母的意志没有关系，当然也就根本没有婚姻和相关说教，当然也就没有网上段子中所抱怨的婆媳关系。

4. 婚姻源于父系

由此，我们可以知道，今天的"婚姻"是一种相当特殊的东西，它起源于父系思想。

母系思想是把自己的孩子（无论男女）都纳入自己的怀中，以侍奉自己。而父系思想是把妻子和儿子一起纳入自己手中，让儿子侍奉自己。为什么会有这样的变化呢？金芭塔丝说：史前时期男人并不是与女人共同生活的，这样一来，男人无法知道哪个男人才是孩子的生身父亲。母亲一方的亲属关系成为家庭的轴心，这样的家庭自然就成为母系家庭。以后，把女人的生殖行为纳入父亲的控制之下，由此确认父子关系，这是父系制度文化赖以成立的基础。③

也就是说，随着进入父系社会，丈夫为了实现与自己亲生儿子融为一体的梦想，非要把妻子作为实现这种梦想的工具，从此，两性关系才与父母的干涉、法律的保护、政治的牺牲品挂上钩。

母系社会并不把两性的社会关系纳入侍奉之中，只要有后代就行，而父系社会把两性的社会关系纳入祭祀之中，孩子要祭祀自己的祖先，妻子也要祭祀与自己没有血缘关系的祖先。这里为了区别这两种不同的两性关系，不把母系社会的

---

① 施传刚：《永宁摩梭：中国西南一个异居制母系社会的性联盟、家户组织与文化认同》，云南大学出版社 2008 年版，88 页。

② 肖二平等：《摩梭人亲属词的概念结构：兼与汉族、纳西族亲属词的概念结构比较》，载《心理学报》，2010，42（10），955～969 页。

③ ［美］马丽加·金芭塔丝：《活着的女神》，叶舒宪等译，广西师范大学出版社 2008 年版，120 页。

两性关系予以特别称呼，只把父系社会的两性关系称之为婚姻。其核心内容就是丈夫把妻子、孩子纳入自己的行政管理范围，以示主权。因而，缔结婚姻、举行婚礼成为重要的仪式，而女人的贞操、对父母等先人的祭祀、对婆婆的孝顺也通过道德、法律被确定下来。在这种婚姻关系之中，"婚姻的意义只是为父系继嗣群制造母亲"，而母系的侍奉是其底线，"作为女人，她一生最重要的角色，不是女儿，也不是妻子，而是母亲"。①

说到底，结婚是什么？是父系社会用习俗或法律手段，把母子纳入父亲手中的"神圣而庄严"的仪式或手续。由于婚姻的发生也不过 7000 年，所以，本书也就没有把婚姻作为主要话题。

再来看今天的现实社会。正因今天大部分社会都处于父系思想的控制之下，媳妇对父系婚姻制度的不满，由衷地怒火中烧。而婆婆为了保证对自己的祭祀，对想要独立的媳妇也怒火中烧。为了防止或减少这些情况发生，父母才不得不干涉儿女婚姻，而法律也要站出来保护合法婚姻。也就是说，"从一到二"的结果，导致了"二"对"一"的干涉和阻碍。婚前情侣站在"一"的立场，去与社会说理，没法说得通。

不过这里要进一步追问：如果情侣当事者并不在乎婚姻，那么，当他们成为社会主体力量时，把约束两性关系的道德、法律都废除掉，把那种仪式或手续都废除掉，不干那些"神圣、庄严"而没有意义的事不就行了吗？然而，事情发生了变化。这些情侣当事者成为社会体力量时，他们结婚、生子，为人父母，已经从原来祭祀资源的受益者变为祭祀资源的投资者，从原来再分配的从动者变为再分配的指导者，用通俗的话说就是开始为家庭、儿女负责（人生历程上的"成熟"）。那么，同样是负责，难道摩梭人就不对家庭负责了吗？像摩梭人一样生活，不就把约束两性关系的道德、法律都废除掉了吗？但事实相反，一旦结婚，他们宁可忘记当年道德、法律对自己的折磨，也要循规蹈矩。为什么？因为他们生活在父系社会。实际上，情侣当事者的想法接近于母系社会的自然组织原理。而父系意味着要把母子关进一个牢笼里，驱使人们向功利方向行事。情侣当事者

---

① 林美容：《中国亲属结构》，载《中央研究院民族学研究所集刊》，1983（55），49～103 页。

结婚、生子，为人父母的过程，意味着传承功利的父系思想、体现我们从母系演化为父系的过程，这就像婴儿在娘胎中的发育过程体现人类整个生物进化过程一样。驱动这个过程的原动力，就是情侣当事者之一的男性精神世界的变化。当男人成为父亲，离死亡更进一步，他自然会更注重为自己寻求来世永生的方法，即，通过既有的父系制度，把母子关入父系家庭、家族、宗族的"牢房"之中。不过，男人能够轻易完成这种转变的条件，只能是在父系社会。

5. 中国精神文化的主线

最后来讲一下那个不吉利的话题：死亡。

前面讲过，今天的祭祀（精神文化活动）包含的内容十分复杂，既有从尼安德特人起源的丧葬，又有从"非洲夏娃"起源的侍奉，还有古代父亲的祭祀。然而，对"非洲夏娃"的后代来说，无论是死者的骨骸还是想象出来的亡灵，都是先人存在于家族日常生活中的一种表现形式。死去的先人有实物需求，所以产生侍奉或祭祀。中国数万年的历史证实，无论政治和经济制度，以及信仰形式发生什么变化，从前3万年的山顶洞人的丧葬到今天为父母烧纸钱、汽车、房子等，后人对先人的侍奉或祭祀，都是中国人在精神文化（信仰）方面的一条粗黑笔直的主线。中国继承了"非洲夏娃"的精神遗产并加以发展，形成了中国特有的精神世界和社会文化而屹立于东方。

从物质不灭定理来看，人的死，意味着肉体进入分解过程。肉体中的蛋白质开始分解为氨基酸，更进一步分解为氢、氧、炭、氮等组成的分子，失去生命特征。然而，这些分子经过种种渠道、媒介、植物、动物，化为食物，再次进入亡者后代的躯体，形成他们肉体的聚合过程。我们手抱婴儿，看到他稚嫩的身体，能感觉到他欣欣向荣的生机，但他肌体的原料其实是来自古人残留之物。自从我们诞生以来，有千万亿个体的人死亡了，但整体的人类却没有死亡。①

明白这样道理的人，也许会"看破红尘"，坦然面对死亡。但"非洲夏娃"采取的却是"精神胜利法"：因为有孩子做后盾，知道自己会在自己的血脉之中永生，所以无所畏惧。中国人继承了这个法术，有想象空间，以至可以随便拿死

---

① 顾小培：《蛋白质之分解》，载《信报》，2016年12月22日。

亡来开玩笑。

与之相比，在西方，似乎难以有心情来开这样的玩笑。松涛弘道说，现代的人们依靠医疗技术，逃避自己以及亲戚朋友的死亡所带来的不安和恐惧，感到好像自己永远不死一样，以此来满足永生的潜在愿望。一旦有人死亡，医院就会来接走，死后，殡仪馆的人就会把遗体接走，经过整容化妆，放入整洁美观的棺材中，就好像真的去了天国。因此，人们很少直接体验死亡，死亡也被美化。其结果就是，一旦自己临近死亡，便哑然或号啕大哭。如果人们相信来世天国的回报，期望死亡会把自己从人生痛苦中解救出来，那么，也就能充满勇气，心存善良，高贵而尊严。可是，随科技日新月异，很多西方人都不相信天国和地狱了。这些人在失去对死亡价值追求的同时，也自然丧失了对生活价值的追求。今天的人们，一旦自己的死亡迫在眉睫，第一反应是否认：不会有这种事情。然后就是愤怒：事情怎么成了这样？接下来就是请求医生一定要让自己活下去。当知道活下去已经是不可能时，便陷入忧郁的精神状态。最后是接受死亡的事实，于是开始对来世报以希望，以让自己平静下来。①

简而言之，无论是什么形式，在什么社会，面对死亡，人们最终都只能采取追求某种信仰来让自己从不安和恐惧中解脱出来，而不同的死亡观，直接规定了人们的侍奉或祭祀方式、组织方式、在现实生活中的态度和行为方式，而这就是祭祀与某个家族、某个地区、某个社会的文化、政治、经济的内在联系。

死亡，是大家都不愿意面对的事情，因此非常不吉利，都想逃得远远的。想各种办法来逃逸死亡，是我们社会经济发展的根本动力。就初期社会的发展来说，为寻找永生的各种活动，对形成今天全球各民族社会发挥了决定性作用。

前6万年，我们祖先的一部分离开了非洲，然后又匆匆赶往欧洲、亚洲、大洋洲、美洲。对此，韦尔斯说，包括直立人在内的人类，因为有"思想火花"，走出森林来到草原并踏上欧亚大陆。也有人说，逃避冰河期的艰苦环境，是人类走出非洲的因素。然而，这些内在或外在的因素，都无法解释相比其他人类，为什么我们祖先的旅行显得如此匆忙？与其说这是人类的日常生活行为，还不如说

---

① ［日］松涛弘道：《世界丧葬词典》，雄山阁出版社2000年版，228页、273~274页、284~291页。

是我们祖先独特的探险行为。他们匆匆忙忙到底要去寻找什么呢?

　　15 世纪欧洲人发现新大陆的动机有很多,寻找地球上的天国是非常重要的原因之一,结果是基督教信徒向世界扩散,形成了新的民族社会、国家。在中国的历史上,从来就有寻找"蓬莱仙境",获取"长生不老"的医术、药方的行为。即便是《西游记》中进行各种冒险活动的妖怪和唐僧四人,最终目的仍旧是"在苦难中永生"。同样的动机也是促使我们祖先走出原始森林,踏入陌生大地的原因,而这种动机,在原始艺术遗迹中时隐时现。于是,匆匆探险的祖先们,最终走出非洲,衍化成了亚洲人、欧洲人、大洋洲人、美洲人。

第二部　亚当后裔的世界

第六章

各自的剧本，各自的角色

因为我们是"非洲夏娃"的子孙，所以不仅能从前 10 万年延续至今，而且我们的一切也被决定下来。第一部讲了截至前 1600 年这个历史阶段中我们的命运和历程，第二部将继续讲那之后所发生的事情。不过，第一部的主角是远古母亲，而第二部的主角将是古代（前 2000 – 1300 年）和近代（1300 – 1900 年）的父亲。

总的说来，古代和近代的父亲立于母亲所提供的平台之上，不断刷新历史，不仅让某个社会中人们的行为发生了巨大变化，也让各个社会之间人们的行为产生出巨大差异。这些变化和差异延续到我们身上，也就决定了我们生活命运中的很大一部分。

要讲述这些变化和差异，需要一个比较基准。这里用远古母亲的行为这一历史性基准，来与古代和近代的父亲的行为进行比较。

另外，上一章讲到，父亲对父系祖先解决精神危机方式的传承，使精神文化传递到我们身上。但远古父亲如何传承远古母亲的精神文化，却因各社会而异。因此，在第二部中特意加上了"继承和背叛"这个主题。这个主题的现实意义在于，如果一些父亲较多地传承了远古母亲的精神文化，而另一些则有所背叛，并由此形成两个各自独立生活的群体，那么，当各自传承古代父亲的精神文化的子孙们再相逢时，即便在同一天空下生活，其行为方式一定是龃龉不合的。这种不合已经成为我们跨入 21 世纪后的生活矛盾之一，而这样的宿命性现象，在今天的全球一体化的现实生活中随处可见。

比如在中国社会和美国社会之间。2015 年有一部电视剧《虎妈猫爸》，讲述了母亲如何教育孩子去血拼，父亲如何为了让孩子有快乐童年而与母亲争吵的故事。母亲的逻辑是，成人世界的竞争非常残酷，孩子从小就必须做好准备，习惯于这种竞争。而父亲的逻辑是，父母应该为孩子遮挡风雨，而不是把他们推到前台，应该让他们自由成长。母亲的想法是因为她父亲从小就这样对待她而形成的，所以，"虎妈"的含义并不是中国母亲独特逻辑的代名词，而是中国人的独特逻辑的代名词。父亲的想法与他初恋女友共鸣，而她对教育孩子的看法完全是美国式的，所以，"猫爸"的含义也并不是中国父亲独特逻辑的代名词，而是近似于欧美人的独特逻辑的代名词。

当中国文化和欧美文化面对面交锋时，出现了非常有趣的现象：欧美文化想让中国文化理解自己，变得不那么功利。中国文化倾听欧美文化传授"真经"时，频频点头，若有所悟，可一出门就又回到了自己，"现实太严酷，没有办法啊！"就这样，欧美文化在中国大地上水土不服。不过，它还是努力去理解中国文化，但怎么也想不通："一个女人，结婚生子，然后像打了鸡血似的，全心扑在孩子的教育上。可是，孩子长大之后，总是要离开的，这时，她们还剩下什么？女人当然应该有属于自己的世界，两性关系应该大于亲子关系。"而中国文化却反驳说："你没有生养过孩子，没有体会，一旦生养了孩子，也会和我们一样。"

谁对了，谁错了？为什么中国文化在面对"先进的"欧美文化时会"虚心接受，坚决不改"？两者之间似乎有一道不可跨越的鸿沟。"虎妈"只是今天现实生活中的一个例子，还有成千上万的生活实例都可以说明在中西方之间确实存在着鸿沟。然而细想起来，这些鸿沟却都源于"继承者"和"背叛者"的历史。

如果欧美人能够仔细聆听第一部中所讲的故事，他们就会明白中国精神文化发展历程与西方完全不同：在母系社会转化为父系社会之际，一方面母亲同意嫁入父亲家族中并让孩子也祭祀他和他的祖先，但同时要求父亲承担起家庭和社会责任。就这样，古代父亲一方面解决了自己的精神危机，建立了自己的信仰，但同时也就面临着母亲所带来的"非得成功"的压力。在这之上，供养头上无限增多的祖先的担子越来越重，"不能忘记"的压力越来越大，父亲除了给自己打鸡血外，没有别的办法。不仅如此，父亲还希望孩子能够主动给他幼小的生命中也注入鸡血。

不过，由于今天的世界是以全球一体化为特征的，所以我们不可能只希望欧美人来听中国人的故事，我们也应该听一听欧美人的故事。那么，欧美人有什么样的故事？能讲透彻吗？

简单说，欧美人的故事，比今天人们所能讲述、人们所能想象的要复杂而曲折得多。因为，就像讲述中国父亲的故事一样，要讲欧美父亲的故事就得从他们的远古父亲说起，需要讲述他们的精神文化、家庭以及经济制度。通过讲述这样的故事，一幅历史画卷会清晰展现在我们的眼前：两个世界，两种命运。

因此，以下将沿第一部的思路，主要关注于中国和欧美父亲的历史性变化和相互之间的差异。其切入点，用黄仁宇的话，简述如下。

陶尼曾说，欧洲中世纪的思想是以人类各种活动与利害构成的一种价值层级系统，在这之中，有经济等，但最高端则为宗教（精神文化）。对这种提法，人们不免感到茫然。我自己年轻时忽视中国人的宗教性格，后来领略到儒家思想和习惯也是一种宗教（精神文化）。在民间，即便到了民国二十多年，人们的房檐上仍旧供奉者"天地君亲师之神位"。成婚时男方仍用红纸大书"文王典礼"。在官方，嘉靖帝因不承认自己继承了弘治，要遵奉本身亲生父母，而引起群臣反对。明清刑法，以五服亲疏作为判断标准。民国初年军阀通电全国，其文辞仍以"全国各父老"开始。即便是西方人描写中国人的文学作品如《大地》《夏威夷》等，也是以子承父业，在血缘关系中得到永生的不朽作为题材。尼克松曾说，中国人动则设想数千年（昨天、今天、明天），西方人只顾及几十年（仅仅是今天）。①

不过，像这样着眼于古代到近代的父亲们精神世界中的历史逻辑来讲述故事，似乎有千军万马过独木桥的感觉，让人难以置信。因为，把我们带到今天来的有无限的因素，也有千万条道路，父亲们怎么会单单就把我们带到了这唯一的路上来了呢？

简单说，这就是命运。看过《三国演义》的都知道，诸葛亮谋划火烧赤壁，然后坐收渔利，最后派关云长去守华容道。他明知关云长会放走曹操，留下隐

_____

① 黄仁宇：《资本主义与二十一世纪》，三联书店 1997 年版，148～149 页。

患，但还是要这么做。历史的必然性就让他这么做了。用诸葛亮的话来说这是"天意"。小时候，对这个"天意"既彷徨，又惆怅。实际上，这种"天意"反映的正是一种在传承下来的精神文化指导下的历史性行为逻辑。由于这种逻辑往往披着神秘外衣，才让人难以置信。

生物的基因积累带来了历史。基因遗传学揭示，大自然对"非洲夏娃"和"非洲亚当"这对夫妇以及他们的后代情有独钟，而让其他人类子孙都消失了。其他人类的消失，犹如拿破仑兵败滑铁卢一样，既让人惋惜，又感到不可思议，但这也是反映人类精神世界的历史逻辑所至。既然在历史逻辑的支配下，自然界都发生了这种过独木桥的奇迹，那么，古代和近代的中国父亲、欧美父亲过了独木桥而延续到今天，虽然说也是一种奇迹，但也是可以理解的。

一、父亲世界种种

要讲父系精神指导下的不同行为的历史逻辑，就首先需要对他们的精神世界进行分类。在第一部中，父亲和母亲的故事已经进入到前 1600 年。依据古代父亲当时的精神世界，他们的社会大概可以分为三大类，一类是中国式祖先崇拜社会，另一类是希腊式祖先崇拜社会，还有一类是自然崇拜（图腾崇拜）社会。这三类不同精神文化社会之间父亲们的行为的历史逻辑是什么？迄今为止的人类社会发展理论、历史教科书以及历史博物馆解说词，都反复讲述了第三类和第二类之间的关系，但对第一类的存在却视而不见。这让人意外和失望，也让中国人在理解自己的历史时大费周章。

还原古代中国父亲在古代世界历史中的位置，是这里要讲的重点。为此，也就需要关注古代社会发展理论和说词。这一章以此为主要内容。

在第一部中，讲到古代中国和古希腊的父亲，但并没详细讲述崇拜自然（图腾崇拜）的古代父亲。其原因是，古代中国和古希腊进步而文明，有文字记载，有资料依据，而搞图腾崇拜的社会至今都没有自己的文字，也就没有关于他们古老社会的资料依据。而要讲那些理论和说词，是需要知道崇拜图腾的古代父亲情况的。没有别的办法，这里只好把今天还生活在原始父系社会中的父亲们的琐事，当作崇拜图腾的古代父亲的故事来讲述。

1. 大洋洲密克罗尼西亚联邦雅浦岛原住民①

先来看大洋洲上的几个原始父系社会的情况。

雅浦岛人的生活单位是家屋，这里住着父母儿女以及成婚儿子们的家庭。家屋不仅指住所，还包括房屋宅基地以及家屋所拥有的芋头田、红薯地、渔场、椰树林、山坡。父亲死后家屋的一切由年长的儿子继承代管，长子死亡后由年长的兄弟继承代管。当兄弟辈都死亡之后，由年长的孙子继承代管。土地的管理和耕种，由家屋中各家庭承包负责。这些财产不能随意处置，更不能转让给家族以外的人。因为他们相信，土地有特殊的魔力，一片土地与特定的一群人紧密相连。在家屋中最老的房屋宅基地下面，有一个用石头垒起来的台子，这被认为是祖灵居住的地方。祖灵拥有土地等全部资源。分家后新建房屋时，也都会尽量靠近这个石头台子。

2. 大洋洲美拉尼西亚的原住民

（1）巴布亚新几内亚酷图布人②。

酷图布居民有 400 人，分为 5 个聚落，各个聚落之间有清楚的界线。一个聚落里有一个长屋（最长的有 63 米），居住着成年男性。在长屋周围，有许多小屋子，居住各家女性和孩子。结婚男性随时可以回到各自家中，过家庭生活。一个聚落里至少有两个以上的父系氏族（最多的有 11 个），实行外婚和嫁娶，并依靠共有图腾来团结在各个聚落中的世系群。在土地管理上，以聚落为单位，但世系群是土地占有单位。在土地占有上，各世系群之间存在着巨大的差异。比如，某个创始者世系群占有的土地为聚落中全部土地的 63%，其他 9 个世系群只占37%。这 9 个世系群所属的氏族是稍后来到这里，他们用珍珠、工具等从创始者手中换来土地。不过，也有聚落成员共同耕种一部分土地的情况。另外，在成人仪式、大型宴会、修建长屋时，大家都一起参加，这时没有世系群之间的差别。

（2）巴布亚新几内亚瓦巴格人③。

瓦巴格人的每个聚落大约有 100 人，各个家庭独自居住在山腰的森林和山下

---

① ［日］有道纯子：《密克罗尼西亚联邦的土地所有体系和出身集团的关系》，见 web. cla. kobe - u. ac. jp/staff/yoshioka/yoshioka - sub3 - arimichi. htm。

②③ ［日］石川荣吉：《美拉尼西亚的村落构造》，载立教大学《史苑》，1969，29（2）：56～81 页。

的耕地之间。实行外婚和嫁娶，一个父系氏族形成一个聚落。聚落里有一个广场，用于举行男性全体会议和各种仪式。聚落的土地分为两种：森林和山下河谷的耕地为聚落所有，其开垦和耕地分配，由男性全体会议决定，耕作由各个世系群进行；山坡上的土地归各世系群所有，并由每家的男性子孙继承。

（3）美拉尼西亚整体情况。

追根溯源，前6万～前5万年，我们祖先的一部分从菲律宾来到巴布亚新几内亚，然后进入澳大利亚，分散到美拉尼西亚。前1500年另一部分也通过东南亚进入美拉尼西亚和澳大利亚，与澳大利亚居民通婚的后代，扩散到波利尼西亚。美拉尼西亚原住民的特征是，几十上百的人组成一个聚落，形成独立的政治单位。一个聚落包含几个世系群，有的是母系，有的是父系。这里盛行图腾制度，与澳洲的土著居民类似。①

在美拉尼西亚的巴布亚新几内亚，前7000年人们开始开垦林地，在山谷地沼泽修建排水道，形成定居农业。可是，直至今日，他们仍住在草棚里，衣不蔽体。他们没有金属工具，用石斧砍树，用木棍挖掘沟渠、开辟农田，用木制弓箭和竹刀做武器。他们也没有文字，没有任何政治统一，没有国王或酋长，村子里也都没有村长，只有比较有威信的人，被称为"大人"，不过"大人"和其他人一样住茅屋，干农活。如果村里要商议决策，所有人都坐在一起进行讨论。"大人"不能下达命令，有时也不一定能说服别人采纳自己的提议。相邻村子之间常有战事。②

3. 大洋洲波利尼西亚的原住民

（1）蒂科皮亚人③

蒂科皮亚人居住在西南太平洋上一个孤立的热带小岛上。这个岛的面积只有1.8平方英里，人口不过1200人，农地的人口密度却是每平方英里800人。几个

---

① ［日］石川荣吉：《詹姆斯·库克时代的波利尼西亚：民族学研究》，载《日本国立民族学博物馆调查报告》，2005（2）。

② ［美］贾雷德·戴蒙德：《崩溃：社会如何选择成败兴亡》，上海译文出版社2008年版。

③ Raymond Firth, We, the Tikopia, Allen and Unwin, 1936, pp. 356～371; Raymond Firth, "The Sacredness of Tikopia Chiefs," in William A. Shack and Percy S. Cohen, eds., Politics in Leadership: A Comparative Perspective, Oxford: Clarendon Press, 1979, pp. 139～153; ［美］贾雷德·戴蒙德：《崩溃：社会如何选择成败兴亡》，上海译文出版社2008年版。

家庭住宅互为邻居，组成一个家族，被称为家屋，以家族创始人命名。通过世代分家，离开原有血统越远，自治和独立的要求就越高。人们依据家屋的名称和家屋年代的长短来判断一个家庭的社会地位。氏族由分裂出去的多个家屋构成，以创始人家庭命名，氏族成员的名称通过父系世袭传承。相比家屋，氏族虽然高一级，但其组织更加松散。而无论是家屋还是氏族，既有外婚也有内婚。内婚所生子女通过父母双亲归属于家屋或氏族。

如同波利尼西亚其他地区一样，蒂科皮亚岛社会被分为三级，第一级是世袭神权政治的酋长家庭，长子继承权位。余子从原来的家庭分离出去，建立自己的家庭，这些家庭形成第二级，世袭主持仪典特权等。在这两个级别中，实施父系长幼官位传递制度。第三级是不能举行祭祀的家庭。不过，三个级别之间的差别仅仅限于祭祀和政治权利方面，并没有形成经济差别。

岛民可分为四个部落，每一个部落酋长都采取世袭制。这四个酋长之间有亲戚关系，他们之间按照年龄确定上下关系。酋长负责分配资源。蒂科皮亚的酋长要比新几内亚的非世袭的"大人"来得有权力，但以波利尼西亚的标准来看，蒂科皮亚岛的阶级属于最不分明，酋长的权力也最小。酋长一家与普通岛民无异，也在自己的园地或果园里耕种或栽植。酋长和普通岛民有着相同的价值观，不过他被视为神圣，死后灵魂归化为神，受到大家的祭祀。

蒂科皮亚岛面积很小，只需半天时间，就可以沿着海岸走完一圈。岛上每块地都有名称，归某个家庭所有，每一户人家在岛上都有各自的土地。如果有一块园地无人使用，那么任何人都可以利用这块土地种植作物，无须征得土地所有者的同意。谁都能在岛上任何一个礁石区捕鱼，哪怕正对着某户人家的房屋也没有关系。如果飓风或干旱来袭，整个岛屿都会受到影响。因此，虽然岛民各自属于不同部落，拥有各自土地，但是所面临的危险和问题完全一致。因此全岛从一开始就采取集体决策方式。

（2）波利尼西亚整体情况①。

波利尼西亚人是从哪里来的呢？波利尼西亚是太平洋三大岛群之一，分布于

<hr/>

① 《关于大洋洲土著民族》，见 http：//blog. sina. com. cn/s/blog_ 7027ba6301012gfe. html；http：//lanx-icy. com/read/1b29791516a212091495974c. html；［日］石川荣吉：《詹姆斯·库克时代的波利尼西亚：民族学研究》，载《日本国立民族学博物馆调查报告》，2005（2）。

太平洋中东部的一个巨大的三角形地带，主要包括社会群岛、夏威夷群岛、萨摩亚群岛、复活节岛等。其陆地总面积 2.7 万平方公里。前 3300 年之后，我们祖先的一部分陆续从东南亚迁到这一地区，途经美拉尼西亚或密克罗尼西亚，最初定居于社会群岛，尔后向北散布到夏威夷，向东抵复活节岛，向西南到达新西兰，由此发展为毛利人、萨摩亚人、夏威夷人、复活节岛人等 10 多个支系，共有 90 多万人（1978 年）。

一般情况下，波利尼西亚人的聚落由 30 座左右的房舍所组成，果园、芋头园、椰子树和面包树环绕在房舍的旁边，四周有一道石墙或木栅所环绕，形成家屋。这里采用父系制和男方居住的原则。聚落首领的继嗣权往往传给长子。一个岛屿的酋长被视为第一个占领或征服这块土地居民的直接嫡裔。酋长是整个岛屿神圣力量的代表，酋长家庭形成一个阶级，地位是世袭的。酋长家庭的谱系可以追溯到一些创造神，而创造神又是玛那（一种超自然的力量）所生的神祇。岛屿上有一套严格的禁忌以保护酋长，防范那些不同血统、不同地位的人接触，触犯禁忌的人被判以死刑。夏威夷、塔希提和汤加等地的等级制度最为严格。另一方面，在社会下层，人们并不考虑个人在父方继嗣系统中的位置，也不考虑与别的继嗣家系的谱系关系。不过，全岛通过创造神把酋长和氏族成员联系在一起，形成亲属之间相互帮助的观念。

波利尼西亚人相信万事万物来自玛那。这里有很多神，有些属于万神殿的神，曾参与宇宙的创造，有些则是非常地方性的神，由不同种类的祭司主祭。

鲁鲁土岛的汤加罗河神像带有崇拜男性生殖器和图腾的象征意义。散乱的遗址中有人形图腾祖先雕像。毛利人用木头和石头来雕刻人形图腾，它们的舌头从嘴里边挂出来，也有两个舌头的，还有作为祭祀用品的干头颅。在马克萨斯群岛上，人形图腾的主题到处可见，特征是阔大面孔。人们还相信通过文身可以获取精神营养，得到神的庇佑。文身是一种神圣化的仪式，图案和位置取决于一个人的家族谱系、社会地位和个人成就，社会层次最低下的人不能文身。

我们祖先的一部分后来通过社会群岛来到复活节岛，是在公元 400 年左右的事情。最初，复活节岛上的 12 个氏族和平相处，但从公元 700 年开始建造祭坛，到公元 1000 年，有的酋长开始在祭坛上竖立石刻雕像人，祭祀时用石灰给石刻雕像画上眼睛。在以后的 600 年里，岛上人口增长到 1 万人，酋长们争相比较，攀比谁的石像更巨大、更壮观。有人竖起 5 个平排巨像，随即有人竖了 10 个；有人雕出一座最高的人像，随后对手就在自家人像头上加个 12 吨的大石冠。完成这么浩大的工程，要砍伐无数巨木当搬运工具，还得拼命伐林造田养活劳动力。岛上的石像一代大过一代，砍伐树木的速度也胜过了树木的生长速度，成片的树林被毁灭掉。燃料和野生食物的缺乏，导致饥荒和氏族之间争夺灌木丛的战争。到了1872 年，复活节岛的人口降到 111 人，但给我们留下的巨石像多达 700 多个，它们背向一望无垠的海洋，一般高 4～5 米，重 4～5 吨；最大的高 20 米，最重的达80 吨。还有数千块刻有象形文字的小木牌。

4. 澳洲的原住民

以下再来介绍一些有关澳洲"原始父系社会"的情况。

（1）澳洲阿纳姆地的 Djinang 人①。

澳洲北部阿纳姆地的居民有 1 万人，60% 居住在大型聚落里。狩猎日趋困难，只能提供 50% 的食物。

在 Djinang 有 200 人，他们在阿纳姆地东侧方圆 1800 平方公里湿地内狩猎和游荡。这里的最低气温在 17 度以上。12 月至 5 月集中降雨（雨季），低洼地区被大水淹没。Djinang 人分为 4 个父系世系群（狩猎采集的生活群），各世系群内部不能通婚，各自有固定的活动区域：A 世系群活动在北部，B 世系群活动在西部，C 世系群活动在南部，D 世系群活动在东部。A 世系群与 C 世系群组成一个半族，B 世系群与 D 世系群组成一个半族，半族内部不能通婚，而半族之间保持稳定的通婚关系。

B 世系群把女性提供给 A 世系群中同一辈分的男性，同样，C 世系群对 B 世系群，D 世系群对 C 世系群，A 世系群对 D 世系群各自提供女性。A 世系群中的首领最先从 B 世系群中娶进一位同辈分的年长女性做妻子，这个妻子后来死掉了。他从 B 世系群中选取婚姻对象，这是第一顺序婚姻。但同时，他还从 D 世系群中娶进一位同辈分的年轻女性做妻子。他从 D 世系群中选取婚姻对象，是第二顺序婚姻。另外，他还通过娃娃亲，从 B 世系群中娶进一位同辈分的年幼女性做

① ［日］松山利夫：《澳洲阿纳姆地 Djinang 人的狩猎和食物限制》，日本国立民族博物馆调查报告，1988 年。

妻子。所谓娃娃亲，就是男性与自己母亲的兄弟的女儿之间，在她还没有出生前就定下婚事。一般来说，女婿一直要予以岳父母家庭在经济方面的援助，直到他们死亡。如果岳母生的是男孩子，其婚约就算解除。

A 世系群的一部分成员在远离大型聚落的野外地，自建了一个小型聚落，并以此为根据地，在方圆 282 平方公里的区域内活动。如果其他族群的人要到这里狩猎采集，需要得到 A 世系群首领的许可，或者有 A 世系群成员的陪同。根据地的居住成员的数量每天都在变化。以狩猎采集活动活跃的旱季（6 ~ 11 月）为例，1977 年的居住成员为 23 人，1980 年为 8 人，1982 年为 19 人，1984 年为 7 人，1986 年为 11 人。常年居住在根据地的是首领一家 4 人（A 世系群首领本人，2 个妻子，1 个女儿）。到了旱季，首领的姐姐的家庭 3 人（首领的姐姐，作为上门女婿的丈夫，1 个儿子），首领出嫁妹妹的夫妇 2 人会到这里居住。所以，支撑小聚落的成员实际上只有 9 人。而属于这个血缘群体三等亲之内的其他家庭，包括首领与一个前妻（已死亡）所生的儿子夫妇家庭（4 人），首领的母亲的弟弟家族（8 人），来往于大型聚落和小型聚落之间的旅途上，白天狩猎采集，晚上居住在临时户棚之中，只是在旱季时，才到小型聚落来住上 1 周到 1 个月。每年 9 月举行图腾礼仪时，世系群全体成员都聚集到这里。在 1984 年 9 月的葬礼期间，这里的居住人口增加到 150 人。

狩猎所获得的主要食物是鱼、雁、龟、袋鼠。人们在举行图腾礼仪、葬礼等时，会唱这样的歌："我们走啊走，看到了白鹤一边啼叫一边筑巢，旱季到来了，它们开始孵化幼雏。幼雏们爬起来了，幼雏们站起来了。傍晚来临了，它们相互交谈，飞翔在天空。我们走啊走，看到了它们在湿地里寻找慈姑，羽毛在空中飘摇。"而在捕鱼时，他们会唱这样的歌："赶快过来吧，我想钓的鱼儿，精灵啊，快把大鱼赶过来。我已经饿了，精灵啊，快让我早点钓上鱼吧。"他们相信精灵会帮他们成功捕获猎物和钓到大鱼，他们还相信，精灵化身于祖先，并作为图腾，给他们带来了猎物和食物。

他们的图腾分为两种。第一种是从父亲继承而来并由兄弟姐妹们所共有的图腾，比如袋鼠和某些植物。这些动植物是死亡的祖父母、父母的化身，食用他们，就意味着食用先人的肉体。另一种是 A 世系群和 C 世系群（同一半族）共有的图腾，比如启明星（他们诞生的祖先）、蚁塚等，合计有 17 种之多，主要来自创世神话、祖先神话，以及居住区域的生态系统。他们每年举行图腾仪式来祈祷精灵。而葬礼、日常绘制木皮画等也是祈祷精灵活动的一部分。

半族中发生死亡，就需要通过葬礼把死者的灵魂送回到精灵世界去，在丧葬期间禁止食用被认为是死者（先人）化身的图腾动植物。解禁则需要通过仪式。精灵世界往往被认作一个泉水洞穴，用泉水洗身后，就可以解禁食用图腾的动植物了。死者的远亲在死亡发生后不久就可以用泉水洗身，而世系群体的成员，有的要在 2 ~ 3 年举行了葬礼后，才能用泉水洗身。

（2）澳洲阿纳姆地的雍古族人①。

阿纳姆地的历史可追溯到前 5 万年，该地区的雍古族人，以独自的语言、神话、祈祷以及社会组织等为一体，狩猎采集，随雨季和旱季变化而移动，过着游荡生活。父系世系群是生活基本单位和外婚单位，也是神话和圣地的共有单位。现在这一地区有 50 个这样的单位。一年中也有相当的时间，许多世系群集聚在一起，形成大型聚落。

据传说，这些世系群来自共同的神话祖先（精灵）。在创世时代，神话祖先在各地一边唱歌跳舞一边旅行，创造出了大地、河川、动植物、人，因此各地的人们至今都模仿精灵的唱歌跳舞，产生出各自的语言和仪式。各个被创造出来的大地上都有一块圣地，居民对此有膜拜义务。这种膜拜被称为图腾崇拜。共同在圣地举行图腾仪式的世系群被称为半族。据说，两个神话祖先在各自旅行中创造出来的两个自然地区及人群，就形成两个半族。

聚落中死了人，家属除了痛哭，还有自残行为。人们会搭建一间小屋子来放置尸体，并围着小屋子唱一夜神话之歌，然后置之不理。其间，人们会长期讨论这人为什么会死亡，回忆死者生前的奇怪举动，因为，他们否认人会自然死亡，认为死亡都是因巫术所致。之后，随着季节变动，各个世系群迁移，离开聚落。几个月后，世系群回到这里，在新的地方搭建篱林住所，并从小屋子中取出骸骨，用树皮包上。当再次迁移时，携带着骸骨一起离开。也有把尸体放置数年的

---

① ［日］洼田辛子：《澳洲土著居民社会的女性人类学》，世界思想社 2005 年版，24 ~ 28 页、39 页、40 ~ 42 页、73 ~ 75 页、79 ~ 80 页、95 ~ 96 页、113 页、114 页、116 页、171 页；［日］窪田幸子：《基督教和澳洲土著人的葬礼》，杉本良男编：《基督教与文明化的人类学研究》，日本国立民族博物馆调查报告，2006 年；http：//art. china. cn/tslz/2011 - 09/14/content_ 4479302. htm。

情况，这时，人们会把尸体埋葬起来，等待回到聚落时，再从土中回收骸骨，然后带着骸骨一起离开。在迁移中携带骸骨的人是妻子或者是被称为"母亲"的女性。这些女性，会剪掉头发，脸上身上涂上白色，禁食，特别是母亲死亡时更为严格。在这期间，人们开始讨论葬礼问题，有时会讨论上几年。在决定葬礼日期之后，各世系群的人们又聚在一起，唱上几天歌，跳上几天舞，最后把骸骨放入空心圆木棺中，并屹立在聚落外边的空地上。

最古老的太平洋艺术作品是土著的原始岩刻，其中有一部分的年代可以追溯到前3万年。更晚近的澳洲艺术与一种名为"梦幻时代"的信仰密切相关。澳洲人认为梦幻时代既包括精灵刚刚出现在地球上的时期，也包括当下。年纪越大，人就越接近精灵祖先的国度。人死后，灵魂就会被"梦幻"重新接收。这时，人们会举行帮助灵魂返回"梦幻"的仪式。这种帮助返回"梦幻"之旅的仪式表现这样一种想法：亡者的灵魂被一股水流带走，就像一条必须避免被潜鸟吃掉的鲶鱼。所以，空心圆木棺上都画有鲶鱼和潜鸟的形象。

（3）澳洲整体情况①。

我们祖先的一部分在5万年前进入澳洲北部，随后扩散到全澳洲，发展出500个聚落。1788年英国殖民者进入前，有30万人，讲500种语言，无文字。欧洲人进入后，澳洲人口迅速下降，1931年只剩下6.6万人。以后由于政府的保护政策，1960年恢复到25万人，2000年达到42万人。他们没有固定住所，以30~50人的世系群为单位，依照祖先所定立下来的路线，随着季节的变化，在特定方圆500公里的范围内移动，利用石器和木器来狩猎采集食物，过着旅行者般的生活。他们之中，有的知道怎样种植山药，但仍旧不愿意定居在小块土地上。男人猎捕袋鼠等大型动物，妇女挖掘采集山药、野果、野菜、做面包的野草籽，捕获小型动物、鱼贝。家庭食物中的60%以上都由女性提供，女性成为家庭食物主要

---

① 张岩：《外婚制与人类社会起源》，载《社会学研究》，2006（6）；张秋生：《艰难的里程——澳大利亚土著人的历史与现状》，载《世界知识》，1993（13）；张建新：《澳洲土著社会非行政性秩序的建构》，载《湛江师范学院学报》，1998（1）；刘丽君：《亚土著文化及其滞后原因》，载《汕头大学学报》（人文科学版），1997（6）；阮西湖：《澳大利亚民族志》，民族出版社2004年版，28~36页、65页、67页；石发林：《澳大利亚土著人研究》，四川大学出版社2010年版，11页、116~117页、129~230页、143~145页、225页、245页；[美]马文·哈里斯：《文化的起源》，黄晴译，华夏出版社出版1988年版，27页；许博渊：《灵魂安驻何方——澳大利亚土著人世纪悲情》，见http：//www.xys.org/xys/ebooks/others/history/foreign/australia_native.txt；《澳大利亚土著的奇特婚俗——相岳母》，见http：//www.itravelqq.com/2009/0526/4977.html。

的供给者。

他们在觅食条件许可时，便聚集在一起。每个世系群以一个水源为中心地而活动。水源是先人最初活动的地方。因此，水源被认为是先人灵魂逗留过的地方，也成了死亡亲人的灵魂等待转世或再转世的地方。世系群分家后的子孙，永远是原有世系群的亲属，不管年代、地点以及风俗相差有多么遥远。澳洲东部、西部和东南部大多数聚落的传承世系从母系计，西北的聚落从父系计。

当某一地区的资源不能维持成员生活时，新婚夫妇便移动到新的活动地区。在这一新的活动地区，随着其他地区家庭的迁入，不同血缘的人们便凑成一个群体。在这里，他们以家庭为单位搭篷过夜，各个家庭共同寻找食物，共同狩猎，从而形成一个新的村落。村落长老指导经济活动，处理村落的内部事务。村落是超世系群、半族、部落的社会组织。而塔斯马尼亚人连世系群组织都没有，家庭直接构成村落，婚姻在不同村落之间实行。狩猎区、采集区、捕鱼区都是公有财产，只有劳动工具和武器归属个人。狩猎、捕鱼的成果也由长老来分配给全体村落成员。

澳洲人实行世系群之间的外婚制，婚后女性移居丈夫氏族。与流行于世界各民族中的"族外无限制婚姻"相比，澳洲是"有限制的族外婚姻"，也被称为"族外指定""级别婚""婚级制"等。级别婚姻不但规定两个世系群之间的婚姻，而且规定两个世系群中的某两个辈分等级之间的婚姻。父亲的兄弟被称为父亲，母亲的姐妹被称为母亲，堂兄弟姐妹被称为兄弟姐妹。没有专门的名词来区分近亲和远亲。

澳洲人的婚姻模式也被称为半族通婚制。由于两半族内的世系群数量乃至人口数量相同或相近，故称"半族"，也被称为部落内"两个外婚的半边"。澳洲一些"血亲复仇"的族群冲突，其参战者是以半族为单位召集和组织的。在大型聚落，两个半族是重要的社会组织，相互结为世代通婚的"婚姻联盟"，成为"军事单元"。在战争中有很多人死亡，其人数占死去成年男子中的28%。

澳洲有"梦幻时代"的神话传说。许多出现于梦中的道路地标被视为一种来自造物主的指引，被称为"歌之途"或"梦之径"。造物主走过大地，不仅留下脚印，同时也留下语言和音乐。澳洲共有5条主要的"歌之途"。其中，澳洲北端阿纳姆地的雍古族人认为与金星相关联的造物主由东向西地重塑了大陆的地貌，并为许多动植物命名。这也是距离最长的一条"歌之途"。"歌之途"会带领灵魂去神界。因此，生命不属于自身，而是"梦幻时代"体现出来的人形，并通过代代繁衍、轮回。个体的生与死不重要，生命通过仪式与"梦幻"生命力相联系，死亡借助"梦幻"生命力而继续存在。也就是说，人就如同动物、岩石一样，是从一个精灵开始生存，母亲只是赋予肉体，死亡后，再通过葬礼仪式回到本族的图腾中。更具体说，万物祖先的精灵在大地上旅行，这精灵附身于女性，便产生孩子，精灵离开，人便死亡。同样，精灵附身于万物，所以图腾成为崇拜对象。与此相关联，家族不仅包括男人和妇女，也包括几个物种，并以一个物种命名，这个物种成为全族的图腾。这样一来，人的灵魂也同时附于自己家园里的树、石、动物身上，他自己不过是灵魂的"肉化"，他死之后，要回到灵魂那里去，等待再次"肉化"。如果被迫离开家园，他们就会惶惶不可终日。

以上的神话传说和仪式由男性掌管，其中只有年长者才拥有"梦幻时代"的全部知识，他们是举行仪式的权威，也是社会行为规范的宗师。由此也就形成以长老们为中心的政治机构。

聚落成员被分为男女两类，男性对事务拥有发言权，行使着管理职能，领导核心是部落中的年长者。男性群体再被分为入族者和未入族者，男子需要经历一系列残酷的入族仪式的考验，比如穿鼻礼（刺穿鼻膈）、割礼（即切割包皮），才被认为合格成员。男孩子到了 13 岁左右举行成人仪式。父辈兄长会把他带到集会所过夜。然后，在父亲的带领下，拜访聚落各家。日落后实行割礼。此后，男孩子离开聚落独自去狩猎，直到伤口长好，才能回到聚落。这时，聚落举行仪式，由自己世系群的首领在男孩子背后刻画数条伤痕。因此，聚落实际上被划分为成年男子、成年女子和儿童三个层次。在大型聚落，来自各个世系群的首领组成长老阶层。长老议事会决定部落内一切事务，中年男子可以参加会议，但没有发言权。除此之外，女性则明显处于社会的边缘。在信仰活动中，她们被排除在仪式之外。女性还被当作某个世系群给予另一个世系群的馈赠物，以确保世系群之间、半族之间、聚落之间的连带关系。女人和男性老人组成了澳洲社会生活的两极，男人高于女人，入族者高于未入族者，神圣高于凡俗。

5. 墨西哥阿兹特克的原住民①

最后来看一下美洲的原始父系社会的情况。

印第安人的一些聚落以母系为主（如易洛魁人、霍皮人及亚马孙河流域部落），另一些是父系（北美西北部和西南部部落及南美许多聚落）。中美洲的父系印第安人分布在墨西哥、危地马拉和洪都拉斯西境。创造中美洲文化的居民是印第安人中的玛雅人、萨波特克人、米斯特克人、托尔特克人、阿兹特克人等，中心在墨西哥境内。在位于墨西哥的特诺奇蒂特兰古城，前2万年就有人居住了。前2000年，印第安人建立了制作陶器的农业聚落，逐渐栽培玉米、豆类、南瓜等。从女性的塑像形状来看，当时人们实行生殖崇拜。300～900年，农业村落已发展为城市，出现了巨型金字塔式台庙建筑群、宫殿、球场、天文观象台等，阿兹特克人、玛雅人和印加人在这里建立了早期国家。900～1520年，各国之间战争频繁。16世纪被西班牙殖民者所征服。

阿兹特克人的经济生活以农业为基础，主要种植物是玉米。父系世系群成员聚集一处，形成一个家屋。家屋是一个大屋子，用土砖或石头建成，上面涂上石膏，使房屋白得耀眼。这些大房子最多能包容200个家庭。家屋是政治组织单位，也是土地承包的单位。聚落的土地，除保留一部分公地外，大部分都承包给各个家屋，进一步在家屋中各家庭之间进行承包。这些承包给已婚男子家庭的土地，不能转让，不能出卖，但可以出租。如果迁移他乡或土地荒废2年，那么这块土地要交还给聚落。血统按男性计算，继承限定于男性后代。各个家屋的事务由选出的长老负责，长老也只能分得他自己承包的份地。长老们组成聚落会议。会议选出一个执行官，登记管理各家屋的人口、土地的变化情况。如果变化导致争议，由聚落会议来解决。聚落中的公职都不世袭，但也有军事首长的职位由父亲传给儿子的情况。一个聚落在征服其他聚落后，不会兼并对方土地，只是让被征服聚落上贡。

---

① ［美］摩尔根：《美洲土著的房屋和家庭生活》，李培茱译，中国社会科学出版社1985年版，87～95页、233页；《墨西哥古代印第安人文化》，见http://www.chinabaike.com/article/316/327/2007/20070221576 99.html；《墨西哥亡灵节过出狂欢味儿》，载《文汇报》，2014年4月6日；《墨西哥人运尸回国成产业》，载《青年参考》，2007年6月16日，见http://www.sina.com.cn；http://www.baike.com/wiki/% E9% 98% BF% E5% 85% 9% E7% 89% 9% E5% 85% 8B；http://www.douban.com/group/topic/1069675/。

特诺奇蒂特兰古城，是阿兹特克帝国首都。阿兹特克帝国是建立在聚落间的军事联盟之上，而不是政治联盟之上的。在西班牙入侵之前，有 20 万～30 万人口。盟主阿兹特克酋长为最高军事统帅，指导向外扩张，征服的目的不是霸占领土，而是增加税收。

人们相信灵魂永存，死亡不是生命的终点，而是新的生活方式的起点。死亡分三个层次。第一层次的死亡是心脏停止跳动，生命迹象的消失；第二层次的死亡是尸体腐烂，重返大地母亲；第三层次才是最根本的死亡，那就是世界上再也没有人记得他。每年的 7 月、8 月间，在经历了好几个月青黄不接的粮荒后，人们欢天喜地与自己故去的亲人分享丰收的喜悦，由此产生出亡灵节。今天的墨西哥人，一般在亡灵节（11 月 1 日和 2 日）前就在家里搭好祭台，并使用万寿菊装饰祭台和家里其他地方。祭台上放着去世亲人的照片和甜饼等供品。也有家庭把供品、食品连同炊具、餐具和乐器等一起带到墓地，扫完墓后，一家人在祖坟前吃喝说笑、唱歌跳舞，他们称之为"与亡灵同乐"。他们非常注重落叶归根，家庭成员无论在何处，死后都一定要埋葬在一起。

6. 父亲无法神化自己

今天还生活在原始社会中的父亲们的情况介绍完了。这里把他们与古代中国和古希腊的父亲做一个比较。

我们祖先的一部分在 5 万年前便来到澳洲，留下最古老的文化遗迹是前 3 万年的原始岩刻，这成为母系社会的远古父亲在澳洲的杰作。到了近晚期发生了名为"梦幻时代"的父系信仰，这成为其他父系社会实行图腾崇拜的典型代表。这种公共信仰活动由古代父亲所把持，母亲被排斥在外，并且乱伦也作为一种罪名而遭受处罚。这些特征说明，澳洲的母系社会，由于人口的增加、资源竞争的加剧，在近晚期转化成了变形母系社会（非典型父系社会）或典型父系社会，并产生了古代父系信仰。

在澳洲，男人在 13 岁以后就被送到集会所，成为男性组织的一员。在长老的指导下，男性组织举行公共性的丧葬（个人的生命轮换仪式）、公共性的图腾崇拜，并管理一切公共事务。由于男性组织在母系社会就早已存在，因此说，男性组织公共权威的强化，是促使澳洲母系社会向父系社会转化的主要原因。这意味着，在追求成功的压力推动下，古代澳洲父亲，在母系向父系转化之际，走了一条与古代中国和古希腊的父亲不同的道路：比起依托家庭、家族来，更多的是依托公共性的男性组织。

正因为如此，与古代中国和古希腊的父亲相比，古代澳洲父亲有着不同的特征。这首先反映在信仰方式上。

古代中国和古希腊的父亲崇拜祖先，而澳洲等社会的古代父亲崇拜自然。但在波利尼西亚社会，似乎也有"崇拜祖先"的影子。比如，蒂科皮亚人的酋长被视为神圣，死后灵魂归化为神，受到与神相类似的崇拜，这种待遇还会由他的长子继续享受。复活节岛上的巨大祖先头像雕塑也被认为是"崇拜祖先"的象征。

即便如此，涂尔干还是毫不含糊地说，他们没有祖先崇拜。澳洲确实存在着丧葬仪式和悼念仪式，但并没有构成崇拜："比如美拉尼西亚人相信，人不仅有灵魂，而且灵魂在人死的时候会离开身体；随后灵魂改变了自己的称呼，变成了廷达鲁。除此之外，他们还对死者的灵魂进行膜拜：向死者祝祷、祈求。然而，并非每个廷达鲁都会成为崇拜对象；只有那些在整个生命过程中被舆论认定拥有特殊品性的廷达鲁才具有这样的荣誉，而这种特殊品性被称为玛那。也就是说，人们所崇拜的廷达鲁，在其宿主还活着的时候，就已经具有了神圣性。相反，对于那些来自普通人和凡俗群众的灵魂来说，生前死后都同样无足轻重。"[1]

涂尔干的观察接近实际情况。比如在蒂科皮亚，与美拉尼西亚的现象相似，受到崇拜的只是酋长以及他的长子，而占社会绝大多数的一般百姓，既没有祖先崇拜的习俗，也没有长子继承的制度。而在复活节岛所竖立的巨石头像也只是酋长家族的东西，与一般百姓家族毫无关系。与中国遍地都是坟头，每家都有祖先牌位相比，这些社会的古代父亲确实难以被看作具有崇拜祖先信仰的人们。

从祭祖的角度，很容易区别崇拜自然与崇拜祖先的不同之处。一般说来，祭祀是交易，付出才有回报。你可以付钱，也可以宰杀牲口，送上一坛酒，或者什么都没有，只是用虔诚之心、高尚之德对社会做出贡献以换来好运。那么，崇拜祖先的父亲们搞的是什么交易呢？是祖先（包括上帝）用他自己所拥有的资源来交换后人的回报。所以，后人的回报也就不能仅仅停留在口头上、心上，而要有具体的物质。后人必须利用祖先所交付的祭祀资源去劳动、去努力创新、去向大

---

[1]　［法］涂尔干：《宗教生活的基本形式》，渠东等译，上海人民出版社1999年版，76～77页。

自然索取东西才能完成交易。那么，以生物、植物、自然物、男性先人、女性先人为崇拜对象的父亲又搞些什么呢？他们只是跳跳舞、唱唱歌，然后就想得到回报。祖先崇拜是还债，附带受到祖先的鼓励和保佑，图腾崇拜是索取，希望能够在"分食图腾的肉体"中获得成功。祖先崇拜必须立足于自己在现实生活中的劳动、努力创新才能成立，图腾崇拜则仅仅动动嘴皮子就够了。这样一来，蒂科皮亚酋长的膜拜仪式以及复活节岛的巨石头像，都不可能给父亲们带来开拓精神。

　　另外，在祖先崇拜社会，祖灵与每个献祭的父亲是一对一的血缘追溯关系，祖先只眷顾自己的血缘关系者，祭祖也就是为了获得自己家族人的福祉。后来，由于要把各个家族的父亲组织起来，他们才需要祭祀共同的自然神。这时的自然神所眷顾的是聚落中全部成员，因此，聚落中的每一个人才都可以祈求自然神保佑自己的成功。然而，这仅仅是一种说道。实际上，君王为了平服其他血缘家族，虽然会把自然神说成高于自家的祖先神，但内心说的却是，我家祖先高于你家祖先，因而，在逻辑上就是，自家祖先高于社会层面的自然神。为了调和由此带来的古代社会矛盾，才产生出各种统合办法，比如古代的礼、法、人治、法治。

　　与之相比，崇拜自然的父亲们，死后成不了被祭祀的对象，成不了祖灵。他们的亡灵，也就与母系社会相似，被子孙在没有神秘的氛围中侍奉着，比如阿兹克特人那样。因此，即便这些社会中有神圣酋长和祖先巨石像，但也和精灵、图腾一样，仅仅是为了统合古代聚落中父亲们的集合性权威的象征。也就是说，它们是为了让聚落男性组织充满神圣而被塑造出来的共同信仰对象，而不是某个家族战胜其他家族的标志。因此也就没有谁家在上谁家在下的问题，也不存在家族共有图腾高于半族共有图腾等问题。

　　为什么会出现这样的差别呢？在祖先崇拜社会，父亲出于对成功的渴望，都会神化自己，鼓励自己去努力。在自然崇拜社会，父亲们选择了用男性组织的权威来管理一切的方式，而这种权威又由集团中长老所把持。虽然崇拜自然的父亲们也向往成功，但却没有神化自己的工具。这样，家庭、家族之间的攀比也就无法显现出来。

　　其次，澳洲的不同特征也反映在经济制度上。

　　在祖先崇拜社会，土地资源继承就是对"老子们所取得的胜利成果"的分配，而在自然崇拜社会，土地资源继承并不能包含神化父亲的内容。因为，土地所有权不归属于个别父亲，而归属于聚落的行政组织。父亲有的只是暂时使用权，当然也就不可能把这种权利拿到市场上去交换。这种所有制剥夺了各个父亲向子孙分配胜利成果的权利，大大削弱了父亲们自我神化的基础，同时，也大大压抑了这些父亲追求功利的倾向。而这就是这些社会经济停滞的重要原因。

因此说，崇拜自然的古代父亲的特征应该是，集团支配着祈祷仪式，支配着资源，支配着母亲。也就是说，当男性组织（不是父亲个人）具有强大的再分配功能时，在母系向变形母系、父系转化之际，最终向母亲承诺侍奉先人、养育后代的，不是具体的哪一个父亲，而是集团。虽然各个父亲在具体生活中要对妻子、岳母娘、后代负责，但最终的责任都由男性组织来承担。比如，在密克罗尼西亚，当被确认为同血缘者的外来人到聚落永久居住时，所在聚落就有割让出一些土地的义务，在美拉尼西亚，这一义务通过共同图腾关系来确定。即便在阶级森严的波利尼西亚，也同样如此。在澳洲，广泛实行图腾制度，只要证明有共同血缘，外来者都会被允许在氏族所拥有的土地上狩猎采集，而那些新形成的村落也实行公有制。土地公有制在阿兹特克人那里得到更加鲜明的体现。家族从聚落那里承包土地，自家耕种，如果有家族人员减少就要把土地退还给聚落，如果家族人员增加就可以向聚落要求增加土地。

这样一来，比起崇拜祖先的古代父亲来，崇拜自然的古代父亲们最终来说，既没有来自母亲的压力，也没有来自供养先人、后代的压力，一切都可以向集团组织伸手讨要，压力很小，创造力自然不足。当然，由于搞的是财产公有制，即便在波利尼西亚存在着祭祀和政治权利方面的阶级差别，各个家族在经济分配方面却没有差别。

二、父亲世界的演化

上面的故事说明，在母系社会转化为父系社会之际，中国的原始父系社会的父亲，与上面这些原始社会的父亲相比，早就走上了不同之路。但是，人们似乎不这么来理解问题，总是说有那么一条各个社会都会走的共同道路，比如，各类社会必然如此"进化""转化"。于是，在"那是一条什么样的共同道路"的问题上，论战了上百年。下面就来讲一下这场论战的具体情形。

1. 摩尔根的假说

在关于人类古代社会发展的共同道路问题上，摩尔根的理论最为著名。他以自然崇拜社会为根据，建立了自己的模型。

第一，人类最初处于无组织状态，群体内乱婚。原因是，在这蒙昧阶段（前10万—前6万年），人们抽象推理的能力很差。以后，人类为了生存，分化为更小的团体，从而打破了男女群婚状态，产生出血婚制家族（婚级制），排除了母子、父女之间的通婚，开始形成组织。然而，内婚的弊害被人类觉察到，所以，通过逐渐排除亲兄弟姊妹间的婚姻关系，由此产生出伙婚制家族组织。同时，由于是外婚，也就产生出了氏族组织（前5万—前4万年）。以后，生活技术得到改善，并缩小了通婚的范围，于是产生出偶婚制家族组织，有较为固定的性伴侣。这时，父亲开始稍有把握确认自己的亲生子女了（前3万—前1.5万年）。当财产开始大量产生和父亲想把财产传给子女时，父权的真正基础才第一次确立起来（前1.4万—前5000年）。于是产生出直系继承法的专偶制家族组织，排他性的婚姻成为特征。

第二，在婚级之上产生出来的氏族，并没有改变婚级制而只是把它原封不动包括于其内。以后，两个以上的氏族联合为胞族。同一胞族（半族）内的成员不许相互通婚。在这基础上发展出部落，其所有的成员都因通婚而混合，说同一种方言。在氏族制度下，民族尚未兴起；要等到同一个政府所联合的各部落已经合并为一体，才有民族兴起，发展为以地域为基础的社会组织，即民族国家（前5000年）。

第三，当子女的父方尚无法确定而只有母方才能作为识别世系的标准时，母系氏族就是氏族的最古老形式。当财产大量出现、专偶制兴起而父亲身份得以确定以后，女性世系转变为男性世系（前5000年）。转变的方法很简单：人们根据预先的决议在指定的时间完成这一转变，只需要约定，氏族内的一切现有成员仍然保留为本氏族成员，但此后只允许本氏族男子所生之子女保留为本氏族成员和使用本氏族的姓氏，而女性成员所生子女一律被排除出去。这并不会破坏或改变现存氏族成员之间的血缘关系或亲戚关系。

第四，在女性世系下传时，以氏族为基础的公共家宅的主权在母方氏族。这时的家庭由一对结婚的配偶及其子女组成。土地公有，共同耕种，因而产生公共住宅和共同分配的生活。以后，世系从女系转变为男系，专偶制家族兴起，公共住宅被取消了，母亲与她的本氏族亲属被隔绝开来，土地仍旧是团体共有。[①]

在摩尔根的模型中，人类有这样几条平行的共同发展路线：从群体内乱婚到一夫一妻，从无组织到国家，从母系到父系。

在第一部中已经说过，我们社会的出发点是一对夫妇，而不是集团。内婚转化为外婚的时期是在定居农业后前1万年左右发生的。氏族部落的发生是在男性组织发生、父亲逐步取代母亲的支配地位时才产生的，最早的时期也是在前7000年之后。在这些方面，本书与摩尔根的模型都有很大的差异。

2. 亚里士多德的假说

在关于人类古代社会发展的共同道路问题上，还有另外一种说法。这是以搞祖先崇拜的古希腊、古罗马父亲为原型根据建立起来的模型。

在摩尔根的著作问世之前，"社会进化论"还没有流行，而"君权神授论"未被推翻之前（18世纪之前），西方学术界普遍接受亚里士多德（前384－前322年）的社会起源和演变理论。这一理论认为，社会是从自然单位家庭开始的。父亲是家长，他的长子继承他。在连续不断的继承和繁衍过程中，形成有关联家庭的联合。这个群体被称为氏族，并受到最初家长的长子后代的指挥。随着人口一代代增加，较远的亲戚便分出去组成新的氏族。这些氏族通过亲属感情组成一个部落。这一进程不断持续下去，就是将有亲属关系的部落联合在一个国王的指挥之下，而这个国王就是最初的创始家庭的长子的后代。在这所有的阶段中，自然单位家庭一直是基本的建筑材料。被排除在外的余子的家庭因亲属关系纽带逐渐减弱而与其他家庭相互联合在了一起，形成民族。[②]

后来，随着近代欧洲对其他地区的扩张和殖民统治，来自殖民地的原始民族社会组织的资料受到欧美学者的关注。他们发现这些民族并不是从父系家庭经过中间阶段发展到王权社会的。[③]

---

① ［美］路易斯·亨利·摩尔根：《古代社会》，杨东莼等译，商务印书馆1981年版。
② ［美］埃尔曼·R·瑟维斯：《人类学百年争论：1860－1960》，贺志雄等译，云南大学出版社1997年版，19~20页。
③ ［美］埃尔曼·R·瑟维斯：《人类学百年争论：1860－1960》，贺志雄等译，云南大学出版社1997年版，20页。

生活在美国的摩尔根，相信人是被神圣地创造出来的，而不相信人与动物具有亲族关系。同时，他坚信理性，承认物质进步和社会改革。在与美洲印第安人接触之后，摩尔根创立了一个秘密的兄弟会，想把模仿希腊神话的美国社会，变为以易洛魁人的习俗为基础的社会。而易洛魁人中的一位传教士，最先认为，印第安人的亲属称谓会使《旧约》中"部落"的社会组织明白易懂。于是，摩尔根产生了这样的想法：美洲印第安人的亲属组织中，旁系与直系融为一体，因此，无数世代之后，整个部落仍旧以血亲关系为基础，而在印欧语系地区（古希腊、古罗马），从共同的祖先那里每离开一步旁系就从直系中分开一步，几代以后，直系与旁系之间的实际亲属关系便停止了，而只能靠民族这条纽带来维系。在古代，与印第安人存在着联系的民族和区域，被认为是东亚地区的民族，因此，找出与亚洲地区相关的资料非常重要。由于当时有还人认为，在古代，雅利安人、闪米特人社会优越于亚洲及部落社会，而雅利安人、闪米特人是以一夫一妻制为基础，亚洲及部落社会则是以乱交为基础的。所以，摩尔根假设，要是所有人类都曾一度生活在这种状态中，并因级别制度而不能辨别儿子与侄子、侄子与陌生人，那么，财产的权利和财产的继承就会确保它被推翻。最后，摩尔根得出结论，氏族是从一个共同祖先那里传下来、以一个族名著称，由血缘关系结合在一起的团体。在远古时期，血缘关系按母系计入，并实行外婚制度。在这之后，才产生古代父权制家庭。摩尔根并不认为父权家庭的家户是人类最初的基本组织，这一结论完全颠倒了亚里士多德的图式。①

摩尔根的要点首先在于，以性为基础的组织（乱婚群体）比以亲属为基础的氏族更早出现。在"从乱婚演变为血婚制家族"的阶段中，人类是以道德规范为基础，把乱交只限制在本群体内部。这个群体是基于几个男人在生计活动和防卫上相互合作的"协议"而组成。这些男人也共有他们的女人。因此到后来，他们的子孙彼此之间都有血缘关系，某一代的成员都是兄弟和姐妹。即，血婚制家族是以群体内的兄弟和姐妹通婚为基础的，这样，在亲属称谓上就表示为任何一个被称作"父亲"的男人，都与任何一个被称作"母亲"的女人结了婚。而卡米拉

①　［美］埃尔曼·R·瑟维斯：《人类学百年争论：1860－1960》，贺志雄等译，云南大学出版社1997年版，18页、21页、23~30页、47~49页、62~63页。

罗依语的澳洲土著之中的某一个称谓所代表的男性和女性，无论他们属于什么氏族，或者是陌生人，都代表他们之间的兄弟姐妹关系。这种称谓可以忽视氏族成员资格，成为古老群婚的证据。①

摩尔根的另一个要点在于，原始社会中出现非一夫一妻的血缘，是因为婚姻规则还有待发展。而一夫一妻婚姻规则的建立，主要原因是私有财产的影响。财产继承需要确立父子关系。古希腊、古罗马的父子关系，适应于一夫一妻制和财产的个人占有和继承。也就是说，摩尔根设想了级别制变化为叙述式制度的过程。所有人类都曾一度生活在群婚状态中，并因级别制父亲不能辨别出谁是儿子、侄子、远血缘者。这就足以说明，财产的权利和继承就会确保它会被推翻。同时，摩尔根观察到易洛魁人的氏族组织特点，母系血统宗亲为一个居住单位，都住在一个长房里面，而氏族是母系亲属血统更为分散的组织单位。易洛魁人的氏族组织充满了才智、果断坚决，完全可以与世人钦佩的古希腊人的氏族组织媲美，因此，摩尔根也把易洛魁人的氏族组织称为罗马氏族，并提出，"无论何处的氏族社会，其结构组织和行为原则都是相同的"。②

摩尔根颠覆了亚里士多德，建立了"社会进化论"。不过，仍旧有许多人坚持亚里士多德的观点，并通过古典研究发展出新的理论。他们的说法当然与摩尔根完全不同。

比如库朗热说，父亲并不像全是一个家系用语，而是用于主神朱庇特、阿波罗等诸神的称号。狄安娜、维斯塔等女神也不是家系意义上的母亲。在印欧语言中的父亲用来指称任何一个他们想要尊重的男人，本身所包含的不是父亲之意，而是权威、权力、崇高的尊严之意。因此，在古老的雅利安社会，祭祀不仅支配着政治，而且支配着人们日常生活。父系祭祀家庭繁殖成为氏族，一些氏族相互结合为部族，最后成了城市。城市社会，与由亲属群体繁殖组成的社会不同，不得不尊重成员的独立性。③

---

① ［美］埃尔曼·R·瑟维斯：《人类学百年争论：1860－1960》，贺志雄等译，云南大学出版社 1997 年版，50 页、52 页、57 页、58 页。

② ［美］埃尔曼·R·瑟维斯：《人类学百年争论：1860－1960》，贺志雄等译，云南大学出版社 1997 年版，6 页、30 页、54 页、147～148 页。

③ ［法］库朗热：《古代城邦》，谭立铸等译，华东师范大学出版社 2006 年版，78～79 页、101 页、107～110 页、117 页、219～220 页。

又比如，梅因说，罗马家庭的最初形式是父系制。父系亲属关系的基础不是父母婚姻，而是父亲的权利，即，父亲或祖先对于后代（包括母亲）的人身、财产都拥有终身权利。除了一个家族的自身繁衍外，这个家族还通过收养和联合，发展成为氏族、部落，然后又发展成为联邦、国家。国家是建立在一个初始家庭的后裔这个前提之上的。因此，亲属关系的基础，并不像摩尔根所认为的那样，"夫妇的血统这种生物事实才是真正的亲属关系"，继承、收养、权利与义务、私法等法律上的假设才是亲属关系可变的决定因素。而那些婚姻的级别制是由于野蛮人在智力上不成熟所致。以此而论，古希腊和古罗马氏族与易洛魁氏族根本不同。在易洛魁氏族中，家庭都是共同祖先的共同血统，在氏族内部有同等的权利，部落中的氏族之间也是平等的。在古希腊和古罗马氏族中，成员家庭、家族是围绕着世袭的神权祭司、家长这个中央核心按等级排列的。部落中的各个不同氏族又是围绕着一个贵族氏族按照等级排列的。在古希腊和古罗马，基本组织是亲属组织，个人关系的性质是身份，而在文明社会阶段，基本组织是地区性组织，个人关系的性质是契约。迈向文明，就是前者向后者的转变。而血缘则是建立在父权基础上的一种政治组织，是古代社会的组织原则。组织的成员资格就是血缘亲属身份。随着国家的发展，成员资格由血缘界限改变为地域界限，由此，基于父系组织的亲属关系开始衰退，变得更小，更核心化。[①]

除了与摩尔根相对立的理论之外，还有一些基于实地调查研究，直接对摩尔根的研究结果提出质疑。

比如，瑟维斯认为，摩尔根的社会进化序列是，从最初以性为基础、随之以血缘为基础、最后以地域为基础的社会组织。但实际上，澳洲婚级制社会并非以性为基础的社会组织。澳洲婚级的各级别的名称，是"总结亲属"的一种方式，在社会中，包括陌生人之间，标明辈分（父母与子女的辈分差别）以及姻亲的地位，以让人被尊重或尊重别人。即，个人婚姻不仅使双方亲属更亲近，而且形成两个群体不断联姻，加强姻亲的地位。这些与群婚毫不相干。[②] 费思所描述的蒂

---

① ［美］埃尔曼·R·瑟维斯：《人类学百年争论：1860－1960》，贺志雄等译，云南大学出版社 1997年版，6～7 页、12 页、30 页、145 页。

② ［美］埃尔曼·R·瑟维斯：《人类学百年争论：1860－1960》，贺志雄等译，云南大学出版社 1997年版，59～60 页。

科皮亚岛的情况是，一个集团由家庭、世系群、首领和头人组成，其传承等级按阶级排列。利奇所描述的克钦人的情况是，这个社会是传承世袭，由首领、贵族阶层、平民组成的典型等级社会。等级以最初世系在历史上兴起或分化后的年资为依据。这些都与摩尔根的"构成氏族的家庭是平等的"研究结论完全不同。在氏族这一概念上，摩尔根把印第安人的外婚群体称为氏族，弗思把最大的亲缘关系的分支称为氏族。[①]

三、中国父亲就是中国父亲

1. 中国父亲不适用以上任何一种说法

以上各种说法，让人眩晕。简单说就是，摩尔根和欧洲思想家们相互论战，打成一团。然而，这里最关心的问题，不是在这场旷日持久的论战中谁输谁赢，而是古代中国的父亲应该放在哪里。从摩尔根的意图来说，东亚地区应该是揭示原始社会状态的一个案例，而不是文明社会的案例，古代中国属于澳洲等古代自然崇拜社会，而不属于古希腊、古罗马的祖先崇拜社会。这种说法显然违背古代历史事实。

摩尔根说："一切古代政治形态都可归纳为两种基本方式。第一种方式以人身、以纯人身关系为基础，基本单位是氏族，在这之上产生胞族、部落以及部落联盟。第二种方式以地域和财产为基础，基本单位是用界碑划定范围的乡或区及其所辖之财产。古希腊人和古罗马人在进入文明（有标音字母和使用文字的社会）以后便创建了第二种方式。"[②] 所谓古代政治，就是组织管理古代父亲们的方式，统合各个组织的方式，其基础，摩尔根认为是技术进步、财产等物质积累。而文明是技术进步、财产等物质积累达到一定程度的标志。因此，也有人说，"中国文明起源的标准是氏族制度解体而进入国家组织阶段"[③]；还有人说，"文明是一个社会在具有这些成分时在物质上或精神上的一种质量的表现，而它的关键

---

① ［美］埃尔曼·R·瑟维斯：《人类学百年争论：1860－1960》，贺志雄等译，云南大学出版社1997年版，156~157页、167~168页。

② ［美］路易斯·亨利·摩尔根：《古代社会》，杨东苑等译，商务印书馆1981年版，6~7页。

③ 李学勤：《中国古代文明十讲》，复旦大学出版社2003年版，36页。

是在于财富的积累、集中与炫示，考古发掘的证据充分证明了远古中国的这种文明进程"。①

从中国考古遗址可以看到，中国在社会初期阶段发展是非常迅速的。比如，在黄河中上游，裴李岗文化（前5850年）的墓葬中陪葬品是生产工具或生活用具，仰韶文化（前4000年）的墓葬中陪葬品是生活用陶器等。而到了中原龙山文化（前2200年）时期，有墓葬极为丰富的大型墓葬，也有数量庞大却一无所有的平民小墓。以上墓葬中陪葬品的变化，一方面反映了中国社会的技术进步、物资积累，向文明的迈进，但另一方面也反映了资源再分配的急剧变化。而这一事实说明，至少前2000年之后的中国古代社会不应该被扣上原始社会状态的帽子，因为它并不属于古代澳洲等自然崇拜社会，其古代经济的发展途径也明显不同。

比如，在黄河中上游的华夏文化圈，从母系社会的仰韶文化到父系社会的中原龙山文化，一共经历了1800年，在这期间，从没有贫富差距的社会发展成了巨大贫富差距的社会。然而，比如在墨西哥的印第安人，从前2000年的女性生殖崇拜到西班牙征服前的1520年的父系氏族公社，一共经历了3500年，同一聚落成员之间仍旧没有形成经济差别。太平洋地区的父系聚落更是如此，在经济方面似乎会永远平等下去，其社会统合方式（政治），从古至今都没有变化。所以，虽然世界上各个社会的父亲都经历着相同的时空，但自远古起，中国父亲所走出的道路，与大洋洲、美洲的父亲明显不同，也与希腊、罗马的父亲不同。要解释他们为什么走上了各自不同道路，就必须超越原有的古代社会发展理论。

2. 欧美人从不认为女性曾有支配权

简单说，摩尔根拿古代自然崇拜社会来说事，欧洲思想家拿古希腊、古罗马式祖先崇拜社会来说事，各说各的，当然也就不会有交集点。但既然是历史，那就一定有各自的轨迹。如何看待这些轨迹，需要视点。这里提出两点：第一，我们的初期社会是母系社会吗？即是否存在摩尔根模型中的那条从母系到父系的历史路线。第二，在历史上，原始父系社会是怎样发展到今天的？即摩尔根模型中的那条从无组织到国家的历史路线。这里以中国式祖先崇拜社会为依据来讲这两

---

① 张光直：《论"中国文明的起源"》，载《文物》，2004（1），73~82页。

点。然后发现，摩尔根和欧洲思想家的说法是大有问题的。

首先来关注母系、父系问题。

摩尔根的中心议题是政治组织的形成和发展。从微观层面来说，这种政治组织中的主导权问题，至少在母系社会向父系社会转化时会突显出来。然而，在这一点上，摩尔根的理论与中国学者的理解差异巨大。

比如，中国历史教科书说："随着社会生产力水平的提高，男子在农业、畜牧业和手工业等主要的生产领域中，逐渐取代了女子的主要地位，取得了对经济的支配权，在社会上占据重要地位，母系氏族社会变为父系氏族社会，这是人类社会历史上最激进的革命之一，然而又是不流血、和平的革命。"这里采用了"主要地位""支配权""最激进的革命"等词汇，反映了中国自古以来的传统理论构架：初期女人支配男人，后期男人夺了权，于是，男人支配女人。

可是，在摩尔根看来，"男人通过在生计活动和防卫方面的合作协议"，便使人类从乱婚转变到婚级制。从母系到父系的转变，也是通过同样的协议来完成的。而男人在乱婚时代之所以没有实行父系，仅仅是因为远古父亲没有足够的抽象推理的能力，或者确认不了自己的子女。某天，当他们集聚了财富，恰巧同时智力也突然发达起来，于是他们便建立了父系社会。在他看来，自人类社会诞生以来，母亲实际上就从来没有占据过主导权，父亲从来就是真正的支配者，所以根本就不存在"夺权"问题。也就是说，他的母系社会理论或氏族理论，归根到底是被置于"男人始终支配社会"的欧洲传统理论构架之中的。这与中国学术界的理论框架相对立。仅这一点来说，摩尔根的理论框架就不可能吻合古代中国社会状况。因此说，"男人是否一直支配社会"这一问题，实际上反映了中国和西方在认识我们社会发展问题上的根本分歧，而这种分歧根植于中国和西方的古代历史发展的不同轨迹。

摩尔根虽然承认母系社会，但他的"男性支配"的潜在意识，与"否认母系社会曾经存在"的欧洲传统理论在本质上是同一的，并且这也成为"交换女性论"的理论平台。

"交换女性论"，是今天人们对古代社会的形成所持有的流行看法。比如，列维-斯特劳斯说："社会的团结是由交换所创始并维持的。为使互惠继续进行，例如在婚姻交换中起作用的心理的结构原则，就是联合，它强调互惠的有取有给，互让互利。"①"澳洲图腾制度和等级制度之下的女人交换和食物交换，都是保障和表现社会集团彼此结合的手段。"② 列维-斯特劳斯还说："婚姻是男人之间交换女人，而在历史上男人们交换女人，而女人从未交换过男人。"③

这便提出了一个非常尖锐的问题。本书第一部中所提到的资源再分配概念，是上一辈占有完毕资源之后，下一辈只能从上一辈那里分得资源。其再分配的对象是土地和牧场等，而再分配的主人翁，就历史进程来看，首先是女人，然后才加入男人。而列维-斯特劳斯等却把女性也算入"资源"中，女人自身不仅不是再分配的主人翁，而且还成了被再分配的对象。同时，他们还说，这是我们最古老的习俗。所以他们的理论框架与摩尔根一样，始终认为，无论自然或人类社会，从一开始就是雄性支配着一切，并且把女人拿去交换，从而形成古代社会。

中国的初期社会是这样的吗？中国学者能够同意这种说法吗？大概没有多少人会同意。为什么不会同意，根据是什么？难道仅仅是中国学者的主观意识吗？

这个问题留到后面去说，这里仅仅指出这种说法在逻辑上的错误。如果依据摩尔根的说法承认我们社会首先是母系社会，那么，依据交换理论，就自然会提出疑问，在母系社会，女人把男人拿来交换过吗？如果在母系社会，女人没有理由或动机把男人拿来交换，也没有交换过男人，那么就只能说，"把人、性当作交换对象"的机制，是进入父系社会之后，由男人创造发明出来的东西。因此，交换理论也就只能解释父系社会，而根本不能解释初期社会，更不可能成为母系社会的政治组织的基础理论，从而也就不可能解释母系氏族社会的基础。如果是这样，摩尔根的母系社会理论也就难以成立。其根本理由是，他潜在认为，即便在母系社会，男人也企图把女人拿来交换。

那么，为什么进入父系社会之后男人就开始交换女人呢？马文·哈里斯做了这样的说明：

所有这些男女不平等的习俗实际上是战争和男子垄断兵器造成的副产品。战争使得社会形成以父亲、兄弟、儿子为核心的组织。这就导致了父亲兄弟利益集

---

① ［美］埃尔曼·R·瑟维斯：《人类学百年争论：1860－1960》，贺志雄等译，云南大学出版社 1997 年版，119 页。
② ［法］列维-斯特劳斯：《野性的思维》，李幼蒸译，商务印书馆 1987 年版，124 页。
③ ［美］马文·哈里斯：《文化的起源》，黄晴译，华夏出版社 1988 年版，53 页。

团对资源财富的控制以及这些集团之间交换姐妹和女儿的行为，导致了把妇女作为男子勇敢的报酬的分配制度以及由此引起的一夫多妻制。①

如果这是事实，那么，摩尔根的"由于古代父亲智力已经提高到可以识别自己的后代"之后由母系转化为父系的说法，就完全违背了"母系社会因战争而向以交换女性为特征的父系社会转化"的历史事实。因此说，摩尔根和欧洲思想家的说法，都是违背古代历史事实的。

3. 古代中国父亲从不改变

接下来关注的是父系社会发展问题。

考古学家说，前4000～前2000年之间，远古中国社会从母系社会变为父系社会的同时，也产生出上下级社会关系、权威，发生了显富行为，产生了"私有制"。于是，具有侍奉意义上的生活用具和装饰等随葬品变为了金玉等财富。随着男人在资源再分配中的主导地位的确立，作为各个男性社会地位高低和成功程度的象征，其财富积累的多少，便在陪葬品的差别中反映出来。这样一来，就涉及经济制度的变化问题。

以土地所有制为例，如同大洋洲、墨西哥的古代父系聚落一样，在分田到户的生产责任的承包制度下，如果你家增加了人口，就再分给你一份地，如果你家减少了人口，就收回一份地。这里把这种制度定义为古代公有制。如果你家增加了人口，不会再追加一份土地，你家人口减少，也不会收回一份土地。这里把这种制度叫作古代共同所有制。为什么呢？即便这份土地是固定分给你家的，具有私人所有制性质，但潜台词是，你家成员都有权从中分割到一小块，谁也不能剥夺这种权利。这既区别于大洋洲、墨西哥的古代父系聚落土地所有制，也区别于古希腊、古罗马（库尔干人）的土地所有制。那么，古希腊、古罗马（库尔干人）的土地所有制是什么呢？简单说就是，聚落的全部土地都属于家长一个人，家长死亡后都属于长子一个人。其他弟兄都是没有土地所有权的劳动者，靠给长子打工维生。这里把其称为古代个人所有制，以区别于人们常说的"私有制"，潜台词是，除了长子，包括血缘者在内的家族成员都被排除在所有权之外。

按照摩尔根的说法，跨入文明之后，人们实行的是古希腊、古罗马式的古代

---

① ［美］马文·哈里斯：《文化的起源》，黄晴译，华夏出版社1988年版，53页。

政治组织，其经济基础也只能是古希腊、古罗马那样的古代个人所有制。那么，中国大约在前 2000 年跨入文明后，也都一直是古代土地共同所有制度。为什么古代中国父亲没走古希腊、古罗马的道路呢？因为在古代中国社会，如果你有两个儿子，难道你敢偏心，让小儿子净身出户吗？首先，你的老婆就会把你"劈成两半"。而恰恰正是这位老婆大人成为古代中国历史进程中至关重要的人物。另一方面，因为在古代中国，各家都要祭祀各家的祖先，古代父亲也就没有走古代墨西哥等父亲的道路。

如果经济制度并不能随意按照摩尔根和欧洲思想家所指引的方向变化，那么古代的政治组织制度又能怎么"进化"呢？所以说，他们的理论是一厢情愿的，并且在这一点上也是违背古代历史事实的。

4. 重组一，形成新的二

如果原有的古代社会发展理论无法解释古代社会发展的多样性，那么，还有没有其他方法论可寻呢？这里还是基于摩尔根的说法来演绎本书想说的道理。

摩尔根说，人类最先是群体内婚，没有形成组织，然后发展出以性为基础的婚级组织，然后是氏族组织（其中包括母系家庭、家族）以及基于这之上的部落、部落联盟，最后是希腊、罗马的家父长制以及基于这之上的民族国家。如果摩尔根对政治组织发生、发展的设想真实可信，那么，根据他的进化论，古代社会就应该按照以下的历史逻辑发生变化。

男人有政治活动的本能并支配着社会。由于社会初期是群体内婚，男人无法分辨谁是自己的母亲，谁是自己的孩子。由于不分你我，在男人的眼中，只是一个庞大的整体。由于群体不能分割，也就没有各小群体利益，所以也就没有政治和政治组织可言。到了以性为基础的婚级阶段，原来那个庞大的整体被划分为各个小群体，产生出各小群体（家庭、家族）的各自利益，于是，在婚级组织这个平台上，政治开始了，比如聚落间对抗、联合等。这时，聚落男人们所捍卫的利益本来应该是各自家族三代人的利益，但在婚级阶段，依旧是群婚，同时还是族外指定婚和母系制度，所以，男人实际上能够捍卫的就只能是家族中自己头上的一群不分彼此的母亲，与自己同辈的一群不分彼此的姊妹，以及外婚指定男性群体到自家来与那群不分彼此的姊妹通婚后离开、让她们生下的一群不分彼此的侄儿、侄女，还附带着外婚指定的对方集团（同一半族群）的利益。为了捍卫这种群体利益，氏族等组织也随之产生。可是，男人自己拼命所捍卫得来的利益，最终都要交给那群与自己无关的不分彼此的侄儿、侄女，同时聚落财产的所有者无法落实到个人。所以，就男人来讲，无论从主观意愿来说，还是从客观条件来说，对自己拼命所捍卫得来的利益也就只能采取古代公有制的再分配形式。以后，由于氏族缩小了婚姻范围，男人智力也得到提高，能识别自己子女，所以，男人开始实行对偶婚的父系继承制度，但仍然承袭了原有的古代公有制，聚落的资源由长老代理管理。以后随着财富积累，这些长老把公家财产占据为私有，并只传给他的长子，于是就像古希腊、古罗马一样，产生出家父长制以及民族国家。

　　以上的逻辑，能够贯穿于我们社会历史吗？即便在父系社会，内婚都是常常可以看见的现象。更重要的是，在我们的社会初期阶段，任何一对夫妇到了一个荒无人烟的地方生活，都只能把内婚作为扩大人群的基本手段（从一到二），这与古代政治组织的发生与否没有关系。即便到了后期，"肥水不流外人田"的想法，也常常导致内婚的发生。也就是说，内婚或外婚，与古代政治组织的发生没有内在联系。所以，摩尔根以婚姻作为纽带的古代政治组织论难以站住脚。

　　不仅如此，摩尔根关于氏族的看法，受到了更多的挑战。墨菲说，从理论上看，氏族的创始者常常被当成生活在本氏族的神话时代，即使人们赋予他们人形，也根本不把他们看成凡人。在澳洲，标明氏族创建者的最常见的方法是把祖先和群体与某种植物、动物等同起来。并且，许多氏族中并没有世系，氏族血统和世系血统并没有必然联系。计算亲疏和分支，是世系运作的关键，但不是氏族运作的关键。氏族的本质就是所有成员的亲属关系只被输入，而不被显现出来。有的氏族压制家谱，无视世系，但却有父系家族。所以，氏族内部的关系是信赖和合意的问题。[1] 另外，前面也提到，虽然摩尔根把外婚群体称为氏族，但弗思却把最大的亲缘关系的分支称为氏族。

　　摩尔根要说的是进化。社会进化的程式是，群婚、婚级、外婚、氏族、部落、部落联盟、超血缘个体为基础的民族国家。这个程式的逻辑起点是，世界各地存在各自的人类群体。这些群体当然是从各地的动物、猿人群体进化而来的。以后

---

　　① 　[美]罗伯特·F·墨菲：《文化与社会人类学引论》，正卓君等译，商务印书馆1991年版，133页、135页。

的社会各阶段的进化，当然也是从群体到群体的。文化人类学也说，世系群是指可以从一个始祖经由已知的谱系联系推溯其继嗣关系的群体；氏族是指谱系关系并不清楚，但却追溯共同始祖，推测其继嗣关系的群体；男系继嗣的群体为父系，女系继嗣的群体为母系；由世系群或氏族为基本生产单位的、以生计为主的生产体系（农业、畜牧业）称为世系群生活模式。①

如果我们天生就是过着群体生活，因此也就用不着再探究人们为什么会在一起的问题。由于个体只是这个群体的一员，个体发生了变化，群体自然也就随之变化。基于这个逻辑，摩尔根才会说，随着各个男人的智力增长以及由此带来的工具改善、财富的积累，各个地区的人类群体便从最初的无组织演化为民族国家。所以，他探究的重点就是各个男人的变化，比如从愚昧到聪明，从冲动到理智等，也就是人类进化原理。

然而，如果我们社会的起点是"一"，那么，探究的重点就是社会如何"从一到二"的。既不会提出在各个社会"我们从愚昧到聪明、从冲动到理智，是否进化"的问题，更不会认同"个人财富增加后，集体就崩溃，随之就会进入阶级社会、市民社会"的历史发展逻辑。同时，如果"从一到二"是由于某种"黏合剂"而引起的，那么，"黏合剂"发生变化，重组就会发生，形成另外一种"二"，结果也就是社会的历史变化或演化。并且，这种变化或演化仅仅是一种客观事实，绝不意味着"从愚昧到聪明，从冲动到理智"的人类进化。也就是说，今天，无论是在太平洋诸岛处于原始社会状态生活的人们，还是在中国偏僻山沟中种田的农民，还是在现代化城市中领军世界潮流的人物，都是生活在同一时空下的我们，从"非洲夏娃"算起，辈数也大体相同，没有谁进化了，谁还没有进化的问题。而从智力角度，也不可能承认那些在现代化城市中的领军人物的智力一定会超过"非洲夏娃"，也不承认今天的我们就一定比数万年前的先人聪明。今天我们所看到的社会发展的多样性、"文化先进性"，就像基因变异积累的客观效果一样，只是最初的随机选择所造成的"没有回头箭"的积累效果。因此，探究包括初期社会在内的古代社会发展问题的重点在于：是什么样的"黏合剂"形成了具有不同社会结构（组织）的社会群体；面临相同的现实问题时，各社会选择

---

① ［美］基辛：《当代文化人类学》，于嘉云等译，巨流图书1980年版，820页、838页。

了怎样不同的解决方法。

因此，这里在理解古代社会的形成和发展方面，不采取自然进化论，而是选择论。促使我们选择的主要因素，这里列举两个：第一是对永生的精神层面上的追求（"黏合剂"），第二是人口的增加所带来的资源再分配的压力。今天，各个社会发展所呈现出来的多样性正是人们面临这两个问题时做出不同选择后所得到的不同结果。

库朗热、梅恩所说的，从原理上看是"从一到二"的，其社会组织的黏合剂是祭祀（精神文化）和在祭祀之下发展出来的制度法律。但这是基于古希腊、古罗马父亲的信仰、行为所建立的，不可能囊括他们之前的远古父亲。具体说，他们的模型排除了母系社会。正因为如此，它只反映了在远古父系社会基础上发展出来的古希腊、古罗马人这一个父系社会分支的情况，不可能解释基于母系社会发展出来的远古欧洲、大洋洲、美洲、非洲、中国父亲的祭祀（精神文化）和制度。与之相比，摩尔根的理论框架，虽然有从母系到父系的远古历史阶段，但却把古希腊、古罗马父亲这个分支的历史命运，强加在古代欧洲、大洋洲、美洲、非洲、中国父亲的头上，并说古希腊、古罗马父亲的发展模式是古代欧洲、大洋洲、美洲、非洲、中国父亲的未来方向。本书将在以下各章，清晰展示这种古代社会发展理论的错误性。

好吧，就算古代各个社会都各有不同的精神文化、制度，那么，从远古那同一起跑点出发，后来又怎样形成了如此的多样性呢？这里关键的问题是，从母系社会中所发展出来的远古不同的男性组织。

在母系社会，虽然通过母系信仰，可以形成女性世系群（母系家族），但不能形成母系氏族。因为，母系社会只侍奉上三代的先人，然后忘掉更早的先人。没有记住"非洲夏娃"，证明没有始祖的概念。所以，我们今天所看到的始祖概念，都是变形母系社会和父系社会的男性组织所创造出来的东西。没有始祖的概念，不仅意味着在纵向没有"永不忘记"而追溯先人的固执意念，更意味着，根本就没有横向扩大社会集团，建立其他组织的意念。因此，母系亲属组织也就没有为氏族提供必需的社会基础。"始祖"作为历史概念是客观存在的，但作为社会关系的概念，却是男性组织所创造出来的东西，氏族也就成为这些男性组织的代名词。

就古代男性组织的发生和发展来看，在母系社会，由于男人在各家族之间、各聚落之间一去一回，在自然状态下很难形成自己的组织，而女人，无论是内婚、群婚、婚级、对偶婚，都会形成三代人组织。只要她们愿意，不需要强迫非血缘者加入就能形成。但男人不行，他们要形成三代人组织，就非得强迫女人的意志，非得逼她们"嫁人"不可，而外婚的女人并不是他们的同血缘者。从这个意义上来说，摩尔根基于性别来谈组织，逻辑的起点是错误的。因为，如果性只是一种本能，那么，女人可以基于这种本能在母系信仰的指导下建立起自己的组织。由于母系社会中的组织是在较为"自然状态"下产生出来的，所以在组织行为方面很少有功利性，在仪式方面也就很少有神圣性，也没有什么结婚仪式。与之相比，男人基于性什么都不能建立。只有到了能够强迫女人意志的历史阶段，他们才能建立三代人组织。这时，他们必然有强烈的目的性、功利性，而在崇拜祖先的古代社会中，为了"永不忘记"，祖先成为被祭祀的神圣对象，于是也才有为了让女人"守约"，举行神圣的结婚仪式等社会行为。

从我们远古祖先的组织发展来看，男人也可能通过共同生活目标，在男人之间建立男性组织，比如氏族，但这些都需要外在条件。因此，"男人以性、婚姻为基础来组织社会，其组织早于氏族"的假设，根本不能成立。

因此，在父亲一去一回的母系社会，社会的基本组织只能是以三代人家庭为基础的各自独立的家族，人们凑在一起形成聚落。在母子一去一回的变形母系社会，聚落中可能形成男性组织，但男人不具有支配力量。在母子一去不回的状态下，女人迫于男人的意志，被纳入男性家族之中，这时聚落中才可能因父子关系而形成紧密的男性组织，从而才可能产生氏族。并且，无论在任何社会，随人口的增加，家庭都会向下分支，必然形成同一血缘的分散。所以，迫于某种压力，需要把这些分散的家族团结起来，这才是古代政治组织发生的基本前提。在母系阶段，人口稀少，资源再分配压力小，因此人们顺从自然，没有动机去把各个家庭、家族组织在一起。以后随着人口的增加、资源再分配压力的增大，男性组织参与资源再分配活动，也就开始着手组织这些分散的家庭、家族。结论是，以血缘为基础的母系世系群，只有三代人组织，这些母系世系群之间没有紧密联系，不会形成更大的组织。当父亲取代母亲的地位后，强求母亲一去不回，才有可能形成男性绝对支配的氏族形式，否则，如同易洛魁人的母系社会一样，表面上有男性组织，但幕后都是女性掌握。

就这样，母系社会逐渐转化为父系社会。但远古父亲为了管理这些远古父系社会，却依据各自的环境状况选择了不同的古代社会制度，由此，各古代社会父亲走上了各自不同的道路。就古代氏族来说，可能来源于两种演化。一种是在变形母系社会的基础上，强化男性组织。这些就是大洋洲和美洲的远古父系社会。另一种是从这群人中分裂出去以后，个别父系家庭发展出来的氏族聚落。这时可能产生两种情况，一种是农耕社会，依靠父子兄弟的力量从根据地向外扩展，比如远古华夏社会。另外一种是远古父亲骑马奔驰，依靠个人能力，指挥其他成员向外扩展。这对男性组织的紧密性要求很高，所以，在这里形成氏族、氏族联盟的同时，个别父系家庭为核心的血缘家庭具有强权性，后来形成古希腊、古罗马社会。

那么，支撑这种社会组织多样性的经济制度又会是怎样呢？

假设一对夫妇来到一个新的地方，他们的后代子孙发展成一个聚落，那么，这些子孙对这个聚落的土地资源会有什么样的分割形式呢？第一种，不进行任何分割，各家族对土地暂时承包。第二种，进行纵向分割，把非长子的后代从所有权中排除出去。第三种，进行横向分割，各代人都可以从上一代所拥有的土地中平均分割一部分所有权。

在第一种形式下，这个聚落的后代，无论是谁，无论离创业夫妇在辈数上有多远，都有权在聚落的土地中要求一份承包土地，即，具有永恒的追溯权。在第二种形式下，这个聚落只有长子系列的子孙具有永恒的追溯权。在第三种形式下，除了向父母索取之外，没法向更上面的先人索取，更没有永恒的追溯权。

那么，相对于以上土地所有制度，土地所有者是谁呢？本书在第一部中提到，由于家族外婚，在侍奉时，必须把姻族的先人裁减掉，同时为了让姻族的先人也得到侍奉，就必须把儿子或女儿送给姻族的家庭，从而形成母系或父系。首先可以想象，在古代父系社会，裁减掉姻族，以父亲为顶点，实行嫁娶，驱赶走余子，形成家族柱形。这时，长子系列家庭垄断土地，这就是古希腊、古罗马的经济制度。在这样的社会，进而还可能驱赶走子孙，形成点状的核心家庭的财产所有制度。其次，可以想象裁减掉姻族，以夫妇为顶点，实行嫁娶，形成家族三角形，家族内部的每个男人都平均拥有土地，这就是古代中国的家族财产制度。

以上这些不同的家族组织结构和财产制度，最终决定了各古代社会走上不同的古代政治经济发展道路。

5. 儒家精神与经济发展

那么，支撑上述各种古代经济制度的信仰（精神文化）又是什么呢？

在摩尔根的古代社会发展理论框架中，信仰没有多少位置。然而，这里要说的，正是它与古代社会发展之间的关系。

如果把我们社会看作一个巨大的三角形，那么母系社会的各个家族是这个巨大三角形中的各自独立向下延伸的小三角形，并共同拥有家族土地。当跨入父系之际，人们在何种信仰的指导下，怎样从母系社会状态中制造出以上三种古代土地所有制形态的呢？

如果变形母系社会中原有的男性组织，通过兄弟情、同志情共同捍卫了聚落的利益，那么，强化男性组织的资源再分配功能的结果，就是消灭母系时代的家庭共同所有，形成第一种形式，即，古代公有制。指导这种公共组织的精神理念是，聚落中的任何人都直接来源于共同始祖（图腾、精灵），其信仰也就是图腾等自然崇拜。在这里，古代公共组织的权威性和古代公有制相互强化，让各家的父亲并没有多大的权威。

如果变形母系社会中，出现男性个人通过独自的力量捍卫自己的利益，并征服原有男性组织中的其他成员，其支配权也由自己的长子系列的子孙来继承，那么，土地资源的再分配始终都只对一个人，于是产生出第二种形式，即，古代个人所有。导致这种所有制形式的信仰是祖先崇拜。在这里，父亲个人权威与古代个人所有制相辅相成。

那么，第三种形式又是怎么发生的呢？前面曾经提到，在母系社会中，聚落中的男性们虽然被驱逐在外，而在变形母系社会中原有男性组织的男人们产生出兄弟情、同志情，但他们捍卫的利益本来应该是各自家族三代人的利益。如果男人们延续这一传统，那么就不会去强化男性组织，社会结构也不会因母系变为父系就发生多少变化。需要捍卫聚落整体利益时，各家族的男人凑在一起形成男性组织，不需要时就各自分散回家。这时，驱使男人去捍卫三代人家族利益的是祖先崇拜。同时，为了捍卫聚落的利益、团结各个家族的力量，便产生了自然崇拜。不过，这里的男性组织不严密，氏族特征不明显，男人活动的中心多为三代人家族组织，自然也就更多地继承母系社会的所有制，从而形成了第三种形式，即，古代共同所有。在这里父亲和母亲的权威几乎并列，这与古代共同所有相得益彰。

把社会基本组织、所有制、信仰放在一起来看，其图形就是，第一种是没有被分割的聚落三角形和图腾崇拜，属于古代澳洲、古代美洲社会的情况。第二种是把聚落纵向分割为长条形和祖先崇拜，属于古希腊、古罗马的情况。第三种仍旧是在聚落这个大三角形囊括着各个家族小三角形和祖先崇拜，在形式上，与母系社会没有太大区别，这正是古代中国社会的情况。

古代的父系信仰不仅"黏合"了血缘者而组成家族，还"黏合"了各个古代家族中的父亲们而形成各种社会组织，在这之上，当然也会衍生出各种哲学思想来自圆其说。这些思想也会影响各个社会的经济发展。下面就以古代中国为例，讲一下这方面的事情。

从澳洲人那里，母亲在孩子还没有成熟之前，就带着孩子去相亲。而在死亡者没有入葬之前必须禁食，特别对母亲的去世更加严格。在墨西哥印第安人那里，死亡以及尸体腐烂都不可怕，真正可怕的是没有人记得你。这些情况都说明，在澳洲、美洲，当母系社会演化为父系社会之后，母系思想和习俗依然明显存在：母亲为儿子负责到底，把自己的寄托永远放在儿子身上、儿子对母亲的真诚侍奉。这些思想和习俗，与古代中国父系社会的母亲对儿子的奉献，儿子为父母的逝世披麻戴孝、守孝三年所表现的东西都是同一的。从这些现象来推测，古代中国社会与古代澳洲、古代美洲社会，在侍奉先人方面，其重视程度不相上下。

然而，古代中国父系社会与古代澳洲、古代美洲的父系社会相比，还是显示出了巨大的差异。因为，古代中国父亲不仅侍奉先人，同时还崇拜祖先。甲骨文卜辞显示，商人的后代为高祖夒、高祖王亥、上甲、大乙、大丁、大甲、祖乙等，杀人牲，取其血进行祭祀。祭祀那些做出过重大贡献的先公先王，是为了祈求这些神灵在农业生产和战争胜利等重大问题上给予护佑；祭祀那些没有贡献的先王是为了祈求在自身的疾病和祸福等方面给予护佑。[1] 古代中国父亲不仅为祖先们供食，同时还需要祖先们的神性来保佑成功或回避血光之灾，以此来鼓励自己奋

---

① 常玉芝：《商代宗教祭祀》，中国社会科学出版社 2010 年版，193～345 页。

发努力，这是不同于古代澳洲、古代美洲父亲的地方。

这种差异，在古代父亲的精神世界中意味着什么呢？列维-斯特劳斯说：属于北美印第安人的奥撒格人的传说认为，当他们的祖先从地心中冒出来之后，他们就被分成两个组：一组是爱好和平和吃素的，与左边相联系；另一组则是酷爱战争和吃肉的，与右边相联系。这两组人各自分解，以便再重新联合，并交换各自的食物。北澳大利亚海岸的阿尔海姆岛的孟金人确立了一些同态关系。男人，纯、神圣、施肥、雨等这些较高地位的东西为一方，与雨季同类；女人，不纯、凡俗、受肥、土地等这些较低地位的东西为另一方，与旱季同类。男人高于女人，入族者高于未入族者，神圣高于凡俗。在他们的思想中，一年分为两个季节，正如分为两个性别、两个社群、两种文化一样。而贫瘠不育必须归结于世俗和女人的因素。因为，社会性力量属于男人，自然繁殖力属于女人。也就是，把社群分为男女，又把男人群体分为老和少，入族者和未入族者，最终形成女人和男性老人这两极，分别作为幸福的手段和主人。而青年男子为达到十足的男性，必须暂时放弃幸福的手段，永远服从男性老人。于是，老年男子享有的性特权，他们对秘传文化的控制，以及凶残的入族仪式，成为澳洲各社群的一般特征。而雨季吞没旱季，就像男人占有女人，入族者吞没未入族者一样，仪式就是用来表演前者克服后者的。尼日利亚的约鲁巴人的"吃"和"结婚"都是同一个动词，即表示"赢得，获得"，也表示"消费"。把男人比作食者，把女人比作被食者。[①]

这些地区的古代父亲们基于他们的图腾制度，从某一形式系统中任意抽离出一些程式来，把历史与上述分类系统对立起来。在古代欧洲和古代中国不存在任何与图腾制有关的东西，哪怕是其遗迹。原因在于，这类文明用历史本身来说明现实生活，而图腾分类把自然和社会进行集团分类，划分为原始的和派生的两个系列，前者被断言存在于后者之先，并以某种方式产生了后者。原始的系列总存在那里，成为准备对发生于派生系列中的变化进行解释和调整的参照系统。在这些古代父亲看，历史从属于系统。这种"无历史的种族"，并不否认历史过程，而是把其过程当作一个无内容的形式。他们承认在前事件、在后事件，但历史的

---

① ［法］列维-斯特劳斯：《野性的思维》，李幼蒸译，商务印书馆 1987 年版，81 页、107～109 页、110 页、120～121 页。

唯一意义在于交互反映，于是北阿兰达族的一切活动都重复着他们图腾祖先始终在做的那些事情，他们坚持使用祖辈使用过的原始武器，从未想到过对它们加以改善。与之相反，在采用历史来看待问题的古代欧洲、古代中国父亲们那里，派生的系列不是重复原始的系列，而是与其混合以构成一个独一无二的系列，现实生活中的每一项相对于前项都是派生的，而相对于其后项则都是原始的。①

　　基于不同信仰、思考方式而建立的各种制度，必然导致古代父亲不同程度的权威性、功利性。对此，这里先按下不讲，继续讲古代父亲们的思考方式对社会经济发展的影响。

　　列维-斯特劳斯说，古代中国社会没有图腾崇拜。这当然不是事实。至少，古代中国在某些地区存在着。而在涂尔干看来，古代中国父亲多少都有这样的东西。他说："世界上都有过与澳洲人相似的原始分类，比如，古代中国把万物都根据阴和阳这两大基本原则来分类。这种分类，在保持外婚制度方面，具有严格意义上的图腾氏族的鲜明特点。"②

　　如果说古代中国父亲也有自然崇拜并衍生出了原始分类思考的倾向，那么，在古代中国也可能出现图腾崇拜逐渐占据主导地位的情况。可是，为什么古代中国父亲又没有走古代澳洲、美洲、非洲的道路呢？这个答案，在中国几千年的思想发展史中昭然若揭：儒家思想排斥了其他思想。儒家思想不外乎就是祖先崇拜，所以，古代中国历史给出的结论就是，因为远古华夏父亲在进入父系社会之际，在精神支柱方面选择了祖先崇拜。

　　那么，这与古代中国的经济发展有什么关系？

　　如果阴阳哲学占主导地位，顺从永久循环的道理，实际上就意味着自然崇拜成为古代中国人的信仰，那么中国古人的生活水平也许就会与古代非洲人、澳洲人、美洲差不多。但考古证据证明，是差得太多了。那么，这其中的道理是什么呢？

　　比如，澳洲人是把事物分为两组，永远用前者（原始）来解释后者（派生）。古代中国的阴阳也把事物分为两组，相互循环，永不消亡。与之相对立，儒家思

① ［法］列维-斯特劳斯：《野性的思维》，李幼蒸译，商务印书馆1987年版，87页、265～268页。
② 涂尔干：《原始分类》，汲喆等译，上海人民出版社2000年版，73～85页。

想用的是三段论逻辑，是一种直线思维。逻辑和因果是两个不同概念。比如，所谓因为果、果为因的辩证法，最终只能形成循环，而不是逻辑。既然事物之间都相互影响、相互循环，就没有比较，也就无所谓效率。人都是要死的，无论男人生前如何健壮如山，也无论女人生前如何美丽如水，死后都是一堆白骨。人生都在上一代和下一代的循环之中，因此，没有价值和意义。但古代中国的主流意识选择的是祖先崇拜。这首先反映古代父亲的自我神化，其结果就是延续到今天中西方文化中所能找到的共同特征："人主宰万物。"比如，在今天的中国现实生活中，老百姓常说，"我就是死了，变成鬼也不会饶恕你"，自我神化，处处可见。孙悟空、超人等等，这些人物在循环思想的社会中是不可想象的。如果你担心自己下一辈子会变为猪，那么，在你这一生之中，还有神化自己的可能吗？其次，祖先崇拜要求自己为后人做出榜样。这在现实生活中就是，你必须成功。如果不成功，怎么能够神化自己？如果不成功，用什么来对后代进行再分配，怎么对得起后代？这种对人生的历史性定位（价值观），给自己打鸡血，在中国就表现为"儒家精神与经济发展"的命题。因此说，祖先崇拜至少让古代中国父亲在现实生活中形成一条历史直线，对得起祖宗，至少自己不要太堕落。就这样，在上一代和下一代的业绩比较之中彰显祖先以及自己的神性，唤起自己对下一代的榜样性，从而逼着自己去努力。这种由逻辑思辨所唤起的精神作用正是古代中国和古代西方都拥有的社会发展动力。与之相比，在古代自然崇拜社会中，主要的都是阴阳循环论、东风西风论，这些都让人去追求其循环中意义，其精神作用的结果就是，无法直线向前，经济也就会停滞不前。

在古代经济发展理论中，财富积累的机制一般都被认为是生产工具、技术的改进和剩余产品的发生等。然而在这些机制的后面，如同"古代中国和古希腊父亲祈求祖灵保佑成功"这种现象所暗示，事实上存在着一种自我激励机制。这种激励以及与之相对应的精神作用，才是古代财富积累、财富炫耀的内在动力，也是改进生产工具、技术的内在动力。因此，就中国考古发掘出来的墓葬来看，祖先崇拜的重视程度，一方面反映了古代父亲在资源再分配以及行政管理方面的参与程度，另一方面又反映了追求功利的驱动力的强弱程度，而作为结果，也就反映了财富积累和集中、财富炫耀的程度，最终，也就反映了向文明迈进的程度。那么，古代中国父亲的财富积累和财富炫耀是否必然带来古希腊、古罗马父亲的以地域和财产为基础的政治组织呢？要弄清这个问题，就需要继续讲述从古代到近代的中西方父亲们的故事。

以上讲了很多有关古代中国父亲的特殊性，这些都被人们长期忽视着。正视这些特殊性，就会发现，至少在经济制度上，古代中国区别于古希腊和古罗马，也区别于古代的澳洲、美洲、非洲。在祭祀观念上，古代中国父亲区别于古代的澳洲、美洲、非洲父亲，但同于古希腊、古罗马的父亲。

古代社会发展理论几乎都来自欧美，讲的都是古代欧洲、澳洲、美洲、非洲，而没有古代中国。在一般古代社会理论中，讲古代中国与西方的相同和不同之处的也很少。其原因之一，也许是在欧美人眼中，古代中国依然被归纳在"原始分类"之中，与古代澳洲、美洲、非洲是同一类，所以一带而过，不用多讲。而中国也似乎乐意接受这种分类。比如，在西方的影视作品中，中国父亲的典型形象就是，羸弱矮小，麻木不仁，吃着养生汤，掐指算着八卦，嘴里说些莫名其妙道理的一种人。那么，在中国的古典小说、武侠小说和古装戏中呢？即便是孙悟空或者那些武功高手、仙人贤者，一方面他们的英雄气概让人振奋，但另一方面，谁能理解他们看破红尘、吸进仙气、不食人间烟火而能够获得"神功"并在现实中生活下去的道理？而他们的哲理当然也就更高深莫测了。

所以，这里需要做的就是，通过讲述从古代到近代的中国父亲的故事，还原各历史阶段中的中国父亲的真实形象。

第七章

商周与希腊（一）

以下沿着第一部的思路，来继续讲述古代中国父亲和古希腊父亲的故事。

古代中国父亲和古希腊父亲都在各自的舞台上叱咤风云。就他们留下的文化遗迹来看，中国父亲显得内向，古希腊父亲显得外向。

亚里士多德说："古希腊社会是从自然单位家庭开始的。父亲是家长，他的长子继承他。"而梅恩说，在古代文明阶段，"希腊的基本组织是地区性组织，个人关系的性质是契约，成员资格由血缘界限改变为地域界限"。那么，在这同一历史阶段，古代中国父亲的基本组织又是什么样的呢？总不会像古代澳洲一样吧？就算与古希腊不同，是怎么个不同法？以下就来详细讲述两者在同一历史阶段时的不同情况，时间段大体从远古中国的黄帝到商周时期，古希腊则大体截至公元元年之前。

一、古代中国与希腊城邦

1. 做善事会达到安治

在母系社会转化为父系社会之后的这个阶段，远古中国父亲似乎苦心于如何统合这个新诞生的社会，并进行了各种各样的探索。不过，有关他们最初2000年的历史故事，都来自一些八卦传说。对这些八卦，钱穆说："仰韶文化等的考古发掘，使中国的古史观念渐渐脱离了三皇五帝之旧传说，转移到有物可稽之新研寻。五帝之系统虽出战国后人之编造，而五帝之个别传说，则各有渊源，绝非后人所捏造。尧、舜、禹之禅让，只是古代一种君位推选制，经后人之传述而理想化。"① 所以，不管你信不信这些八卦，这里都只能通过回顾其中一些经典部分，来讲他们最初2000年的故事。②

黄帝（前2717－前2599年，母系向父系转化阶段）姓公孙，名叫轩辕。这时神农氏的后代已经衰败，各诸侯互相攻战。轩辕习兵练武，征讨那些不服从、不来朝贡的诸侯。黄帝与炎帝在阪泉的郊野交战，如愿得胜。蚩尤发动叛乱，于是黄帝在涿鹿郊野与蚩尤交战，并杀死了他。黄帝祭祀鬼神山川获得上天赐给的宝鼎，用占卜的蓍草推算历法，推测阴阳的变化，并用来解释生死和存亡。

黄帝死后，他的孙子颛顼（前2514－前2437年，父系确立阶段）即位。颛顼依顺鬼神以制定礼义，理顺四时五行之气以教化万民。颛顼死后，他的侄子喾即位。喾死后，挚接替帝位，但没有干出什么政绩，于是他的弟弟尧（前2357－前2259年）登位。尧尊敬有善德的人，使同族九代相亲相爱。尧在位70年后，想要让位，人们前后推荐了共工、鲧以及尧的儿子丹朱，但尧却说："丹朱愚顽、凶恶。共工好讲漂亮话，用心不正，貌似恭敬，欺骗上天。鲧违背天命，毁败同族。你们从同姓异姓远近大臣及隐居者当中推举吧。"大家都对尧说："有一个单身汉流寓在民间，叫虞舜（前2277－前2178年）。他的父亲愚昧，母亲顽固，弟弟傲慢，而舜却能尽孝悌之道，把家治理好。"尧说："那我就试试他吧。"于是尧把两个女儿嫁给他，从他们相互生活中观察他的德行。尧让舜试任司徒之职。舜谨慎地理顺父义、母慈、兄友、弟恭、子孝这五种伦理道德，并每五年巡视全国一次，到泰山时，用烧柴的仪式祭祀东岳，巡视回来后，告祭祖庙和父庙，用一头牛做祭品。舜还把天下划分为12个州，疏浚河川。最后，尧把舜叫来说："你做事周密，说了的话都能做到。现在你就登临天子位吧。"正月初一，舜在太祖庙接受了尧的禅让。

舜的儿子商均不成材，舜就事先把禹（前2029－前1978年）立为后继人。禹发动诸侯百官驱使那些被罚服劳役的罪人各自去开垦九州土地。他在外面生活了13年，几次从家门前路过都没敢进去。他节衣缩食，尽力孝敬鬼神。以后，禹

---

① 钱穆：《国史大纲》（修订本上册），商务印书馆1996年版，4页、11页、25页。
② 《白话史记》，吉林文史出版社2008年版；周秉钧：《白话尚书》，岳麓书社1990年版。

登临了天子之位，建立了夏王朝（前2070－前1600年）。尧的儿子丹朱、舜的儿子商均分别在唐和虞得到封地，来奉祀祖先。

禹的儿子启（前1978－前1963年在位）即位后，有扈氏不来归从，启前往征伐，在甘地大战一场。战斗开始之前，启召集将领训诫说："有扈氏蔑视仁、义、礼、智、信五常的规范，背离天、地、人的正道，因此上天要断绝他的大命。如今我恭敬地执行上天对他的惩罚。谁不听从命令，就在社神面前杀掉他，而且要把他们的家属收为奴婢。"

殷的始祖是契（前2096年），他的母亲叫简狄。契帮助禹治水有功，舜于是命令契说："你去担任司徒，认真地施行五伦教育。施行五伦教育，要本着宽厚的原则。"契被封在商地，赐姓子。契的后代成汤（前1617－前1588年，契的第14代子孙）修行德业，诸侯都来归附。夏朝的桀（前1589－前1559年）登位后，大兴徭役，百官不堪忍受。成汤在夏朝为方伯（一方诸侯之长），有权征讨邻近的诸侯。葛伯不祭祀鬼神，成汤首先征讨他，转而又去讨伐桀，并对士兵说："我畏惧上天，不是我个人敢于兴兵作乱。桀犯下了那么多的罪行，是上天命令我去惩罚他。"桀逃到鸣条，最后被放逐而死。这样，成汤就登上了天子之位，取代了夏朝，建立了商朝（前1617－前1046年）。成汤封了夏的后代（周朝时成为杞国）。成汤想换掉夏的社神，可是社神是共公的儿子句龙。共公能平水土，谁也比不上他，所以成汤没有换成。

成汤的第10代子孙盘庚（前1300－前1273年），想把商都从山东曲阜（奄）迁往河南安阳（殷），遭到了臣民的反对。于是他先后三次告喻臣民说："不要凭借小民的谏诫，反对迁都！过去我们的先王同你们的祖辈父辈共同勤劳。现在我要祭祀我们的先王，你们的祖先也将跟着享受祭祀。你们都作为我养育的臣民，你们内心却又怀着恶念！我们的先王将会告诉你们的祖先和父辈，你们的祖先和父辈就会断然抛弃你们，不会挽救你们的死亡。假如有人不善良，胡作非为，我就要断绝他们的后代。"

商朝的纣王（帝辛，前1075－前1046年）非常淫乱，他的同母庶兄微子屡次进谏，但纣王不听。前1068年，微子认为纣王不可谏阻了，对是否离走拿不定主意，便与太师商量。太师说："老天重降大灾要灭亡我们殷商，而君臣上下沉醉在酒中，却不惧怕老天的威力。现在，臣民偷盗祭祀天地神灵的牺牲和祭器竟然都没有罪。快出走吧。"

　　周的始祖后稷，名叫弃。他的母亲是有邰氏部族的女儿，名叫姜原。弃喜欢观察什么样的土地适宜种什么，民众都来向他学习。尧帝听说了这情况，就举任弃担任农师的官，赐以姬姓，让他教给民众种植庄稼。后稷死后，他的儿子不窋即位。不窋晚年因夏朝政治衰败，废弃农师，因而失了官职，流浪到戎狄地区。他的孙子公刘生活在戎狄地区，因治理后稷的基业从事农业生产，民众的生活好起来，很多人迁来归附他。公刘去世后，儿子庆节即位，在豳地建立了国都。再后来，到亶父时重修后稷、公刘的大业，积累德行。戎狄的薰育族来侵扰，想要夺取财物，亶父就主动给他们。后来薰育族又来侵扰，想要夺取土地和人口。人民都很愤怒，想奋起反击。亶父说："民众拥立君主，是想让他给大家谋利益。现在戎狄前来侵犯，目的是为了夺取我的土地和民众。民众跟着我或跟着他们，有什么区别呢？民众为了我的缘故去打仗，我牺牲人家的父子兄弟却做他们的君主，我实在不忍心这样干。"于是带领家众离开豳地，渡过漆水、沮水，翻越梁山，到岐山脚下居住。豳邑的人全城上下扶老携幼，又都跟着亶父来到岐山。其他邻国听说亶父这么仁爱，也有很多来归从他。于是亶父就废除戎狄的风俗，营造城郭，建筑房舍，把民众分成邑落定居下来。

　　前1066年2月，周武王（姬发，前1050－前1045年）在商都朝歌（河南淇县）南70里，同纣王的军队进行决战。战前，武王勉励诸侯和军士勇往直前，说："纣王只听信妇人的话，遗弃他的祖先宗庙而不祭祀，轻视并遗弃他的同祖兄弟不用，竟然只用重罪逃亡的人，而他的大夫、卿士残暴对待老百姓，在商国作乱。他却说：'我有人民有天命！'现在，我姬发奉行老天对他惩罚。"武王得胜，建立了周朝（前1066－前256年）。

　　战胜商朝后第二年，武王向纣王的亲属和大臣箕子询问商朝灭亡的原因。箕子不忍心说商朝的坏话，就向武王讲述了国家存亡道理，陈述了治国的大法（洪范）。他说："上帝赐给了禹九种大法。这九种大法中，其一是五行：水、火、木、金、土。水向下润湿，火向上燃烧，木可以弯曲、伸直，金属可以顺从人意改变形状，土壤可以种植百谷。向下润湿的水产生咸味，向上燃烧的火产生苦味，可曲可直的木产生酸味，顺从人意而改变形状的金属产生辣味，种植的百谷产生甜味。其七是用卜决疑：选出掌管卜筮的官员，教导他们卜筮的方法。龟卜用五种：雨、霁、蒙、驿、克；卦象有贞、悔，占筮用这两种。根据这些推演变化，决定吉凶。官员三个人占卜，占卜决定采用少数服从多数。重大疑难时，要自己考虑，再与卿士商量，再与庶民商量，再与卜筮官员商量。你的想法与龟卜、蓍筮、卿士、庶民都一致的话，这叫大同。服从大同的意见，自身会康强，子孙会昌盛，很吉利。只有卿士、庶民反对，算作吉利。只有你、庶民反对，算作吉利。只有你、卿士反对，算作吉利。只有蓍筮、卿士、庶民反对，这在国内行事算作吉利，在国外行事算作不吉利。龟卜、蓍筮都与人意相违，不做事就吉利，做事就凶险。其九是福祸顺序：福的顺序是长寿、富贵、健康、美德、善终；祸的顺序是早死、疾病、忧愁、贫穷、邪恶、壮毅。"

武王去世后，太子诵继承了王位，这就是成王（前1044－前1008年）。成王年纪小，周公（前1100年，姬发的弟弟）就代理成王管理政务。管叔、蔡叔等弟兄（姬发的弟弟）怀疑周公篡位，联合武庚发动叛乱。周公奉成王的命令，平复叛乱，诛杀了武庚、管叔，流放了蔡叔。以后，他让蔡叔的儿子做蔡国的国君，并告诉他："上天无亲无疏，只辅助有德的人；民心没有常主，只是怀念仁爱之主。做善事虽然各不相同，都会达到安治；做恶事虽然各不相同，都会走向动乱。"他还让微子继承商朝的后嗣，在宋地建国。又收集了商朝的全部遗民，封给武王的小弟，让他做了卫康叔。

2. 夏朝开始家天下

上面讲的是八卦传说，下面再讲一些考古、历史者学者们的看法作为证据。

前1.1万年之后，随冰期结束，人类开始进入定居聚落阶段。① 中国黄土高原有着比较肥沃的土壤，只要有足够的雨水，即便是采用原始的农具和方法，也能够种出庄稼来。② 在这片土地上定居的古人情况，古代文献有所记载：有巢氏时代，"构木为巢，以避群害"；燧人氏时代，"钻燧取火，以化腥臊"；伏羲时代，"作结绳而为网罟，以佃以渔"；神农时代，"断木为耜，揉木为耒""日中为市""男女杂游，不媒不聘娶""但知其母，不知其父"。③

① 宋镇豪：《夏商社会生活史》（上），中国社会科学出版社2005年版，13页。
② ［日］尾形勇、平势隆郎：《中华文明的诞生》，中公文库2009年版，19页。
③ 范文澜：《中国通史简编》（第一编），人民出版社1965年版，83页。

前 3000～前 2000 年，已经出现人口在百人以上的聚落。① 在华北大地上人们开始建筑有城墙的村子和城市，被称为"邑"。邑和邑之间相互帮助，共同对抗外来攻击，于是作为协调管理各个邑的机构，产生出大邑（都市），大邑的首领管辖各个小邑，由此形成各个部族。大邑拥有财富和军队，首领成为各部族的支配者，由此形成"都市国家"。在考古上能够确认的最早的"都市国家"是殷商。②

传说，在华北东部的部族被称为夷族，太皞是其中一族的著名代表。在中部是戎羌族，姜姓是其中一支，首领是炎帝。在西北的人被统称为戎狄，黄帝也居住在这里，两个集团间常常发生冲突。在南方的人被称为蛮族。其中九黎族最早进入中部地区，蚩尤是首领。蚩尤被杀后，九黎族一部分退回南方，一部分留在北方，建立黎国，被称为黎民。原先居住在西北的黄帝，打败九黎族后，定居中原，中国一切文化制度都追溯到黄帝。③

到了颛顼时代，形成各族大联盟，并以名山大川的崇封和祭祀为标志，显示出华夏族的"疆域"观念。盟主对名山大川的祭祀垄断转化为"封禅"大典。因为第一次涿鹿之战后，以黄帝为始祖的部落与颛顼的部落会盟于泰山，从此泰山便成为"王者受命易姓，报功告成"的地方。这时，神职与民职开始分离，以"绝地天通"为契机，原始历法得以推广。到尧、舜时代大联盟得到长足的发展。"四岳"是大联盟的决策机构议事会的主要成员，"十二牧"是羌夏等部族的代表，他们也参加议事会，有表决权。各部族虽然保持着某种平等的关系，但已经呈现出核心力量，如禹是夏后氏的代表，其基础则是一个强大的混合型的姒姓集团。契是商部族的代表，背后也有一个以子姓宗族为核心的势力集团。舜为盟主的时期，西夏有夏后氏的禹和姜姓的伯夷；北狄有姬姓的后稷，而契、皋陶、垂、益、夔、龙均出自东夷。可见这时东夷势力仍然大盛，占据大联盟的主导地位，舜本亦为东夷之人。不过到舜在位末年，西部族群已然崛起，到禹为盟主时，已渐开西部族群的夏王朝建立的先声。④

① 宋镇豪：《夏商社会生活史》（上），中国社会科学出版社 2005 年版，172 页。
② ［日］尾形勇、平势隆郎：《中华文明的诞生》，中公文库 2009 年版，274～275 页。
③ 范文澜：《中国通史简编》（第一编），人民出版社 1965 年版，88～90 页。
④ 张富祥：《由东夷古史探讨"绝地天通"》，载《齐鲁文化研究》（第三辑），2004（12）。

在大禹之前，这个联盟的盟主采用禅让制度，不世袭。[1] 以后便采用家族盟主世袭，从而开创了夏朝，开始了家天下。夏人本是姒姓氏族。以后分出了夏后氏、有扈氏等13个氏。[2] 而这个族群为了保持政治的垄断地位，控制了祭祀仪式、艺术、文字等知识和预言能力。大禹和儿子启铸造九鼎，通过这个礼器，证明帝王统治的合法化。这样，青铜礼器，一方面是为了炫耀财富，另一方面象征着祭祀仪式，表现与神沟通的垄断。为此，帝王对山川矿藏也实行垄断。[3]

3. 商朝加速向外扩展[4]

商朝的二里岗考古遗址（前1600－前1300年，成汤至盘庚迁殷之前的20位商王）显示，夏朝的文化中心在河南省中西部。夏朝农业发达，粮食有余，一部分人从事工商业，因而用黏高粱做原料的酿酒业发达，有了"夏后氏尚匠"的说法。

商族人起源于辽河流域。齐鲁地区是商人早期活动中心。二里岗文化遗址分为上层和下层。下层早期分布范围比较小，主要在河南省中西部的郑州到伊洛一线，兼及晋西南和陕西的关中东部地区。商在灭夏之后的一段时间里，战略重点在夏的范围内，而位于二里头遗址附近的偃师商城，是为统治夏遗民所专设的一处别都。下层晚期分布范围有所扩大，向北达到了河南省的最北部，向东占有了豫东和江淮地区西部，向南则到达了鄂东北长江沿岸，而江淮地区和鄂东北相邻的皖南至赣东北地区是铜矿一大产地。

到二里岗上层时，商人分布范围进一步扩大。向北直到太行山以北的壶流河流域，向东又延伸到了山东省的西半部和江淮地区的东部。在北方的扩展与其先前向西部渭河流域的突入，形成了面对晋陕高原的钳形包围之势，这显示出武丁时期与西北方异族之间的频繁战争，商人想遏制西北部族的意图。在偏晚阶段，商人向外扩张有所减弱，只是向山东腹地有所纵深。此时东方蓝夷、班方等夷人不断侵扰商王朝，商王朝对其采用了征伐的手段，其势力才深入到潍河以西之地。

① 范文澜：《中国通史简编》（第一编），人民出版社1965年版，95～96页。
② 黎虎：《夏商周史话》，北京出版社1984年版，23页。
③ 张光直：《美术、神话与祭祀》，郭净译，民族出版社1999年版，79～81页。
④ 张光直：《论"中国文明的起源"》，载《文物》，2004（1）：73～82页；黎虎：《夏商周史话》，北京出版社1984年版，32～33页、40页；宋镇豪：《夏商社会生活史》（上），中国社会科学出版社2005年版，35页。

4. 从古代王政到古代民主

古代中国父亲是这样，那么古希腊父亲最初 2000 年又是怎么度过的呢？虽然古代中国的故事已经非常复杂了，可比起古希腊来，是小巫见大巫。

在从铜器时代转入铁器时代时，古希腊父亲变得残暴、贪婪。他们没有礼貌，不敬重神。法律和人们的权利再也得不到尊重。[①] 他们堕落、败坏，充满着痛苦和罪孽；父亲反对儿子，儿子敌视父亲。白发苍苍的父母得不到怜悯和尊敬，老人备受虐待。[②] 前 8～前 6 世纪，希腊各地建立了许多城邦。城邦一般由一个城市和附近的若干村落组成，面积不过百里，人口不过数万，最多的也只有数十万。城邦都有贵族会议、公民大会等政权机构，实行贵族专政，相继采用了贵族共和、贵族寡头等政体。在工商业较为发达的城邦，工商业主领导和依靠自由民来反对贵族，通过政变推翻贵族的统治，以具有个人独裁色彩的僭主政治取代贵族统治。以后，寡头政治或古代民主政治代替了僭主政治。[③]

希腊的雅典城邦本身也有许多故事。优西比乌（260 – 339 年）说，刻克洛普斯（前 1556 – 前 1506 年）是第一位雅典城邦王政时期的国王。这种王政一直延续到科德鲁斯（前 1089 – 前 1068 年）。[④] 亚里士多德在《雅典政制》中说，后来雅典经历了一场废除王权的运动。[⑤] 由于被国王管辖的部落的首领不顺从国王，国王又想扩大权限，所以双方发生争斗，结果是国王失败了。[⑥] 比如在阿提卡地区，忒修斯（前 1213 年）想统一雅典，但部落首领不愿意。他们希望独立，不愿失去自己的权力。最后同意统一的条件是，可以设立国王，但要设立首领议会，重要事情须得征求议会的同意。然而，忒修斯想摧毁各部落的神庙，由此，民众起来反抗，忒修斯失败了，被驱逐出雅典，由忒修斯的后人继续当国王，维持了三代。科德鲁斯以后，国王的政治权力被解除，国王得听命于元老院（首领议会）。再过了 300 年，开始从元老院选出长官，管理行政事务，国王只是举行公

---

① 《经典古希腊神话（英文版）》，第 11 节《大洪水》，见 http：//www. google. com/url？sa = t&rct = j&q = &esrc = s&source = web&cd = 62&ved = 0CCMQFjABODw&url。

② ［德］施瓦布：《希腊神话故事》，刘超之、艾英译，宗教文化出版社 1996 年版。

③ http：//hanyu. iciba. com/wiki/37506. shtml。

④ http：//zh. wikipedia. org/wiki/% E9% 9B% 85% E5% 85% B8% E5% 9C% 8B% E7% 8E% 8B。

⑤ http：//baike. baidu. com/view/1859120. htm。

⑥ ［法］库朗热：《古代城邦》，谭立铸等译，华东师范大学出版社 2006 年版，228～229 页。

共祭祀。①

所以，雅典在前 8 世纪中叶便进入贵族统治时期，贵族议会成为当时城邦的真正权力机构。这个议会的前身是王政时期国王召集的由显赫家族首领组成的建议机构。王政末期，贵族分割了国王的权力。首先是由执政官接管国王的行政权，然后是剥夺国王的军事权力，产生出军事执政官，最后是结束世袭王权，国王自身成为三执政之一，只保留着祭祀特权。贵族执掌政权时期，公民分成贵族、农民、手工业者三个等级，唯有贵族才能担任官职。前 594 年，执政官梭伦实行改革，按财产多寡把公民划分为四个等级。第一、二等级的公民有资格当选为执政官，第三等级的公民可担任普通官吏，第四等级的公民无权担任官职。梭伦还设立 400 人会议和陪审会。前 560 年，庇西特拉图用武力夺取政权，建立僭主政治。前 527 年，庇西特拉图之子希庇亚斯即位，因骄奢和暴政被驱逐，从而结束僭主政治。前 508 年，在平民与贵族的斗争中，执政官克利斯提尼在梭伦改革的基础上又一次改革，用 500 人会议代替 400 人会议，实行贝壳放逐法（也称陶片放逐法），规定公民大会可以通过投票决定放逐危害国家的人，以防僭主再起，由此确立了雅典的民主政治。希波战争（前 500 - 前 449 年）以后，伯里克利连任首席将军 15 年（前 443 - 前 429 年），再次实行改革，将执政官及其他所有官职对每个等级的公民开放，用抽签的办法产生执政官，制订"公职津贴"制，为贫困公民担任公职提供条件，发给公民"观剧津贴"，以吸引他们参加社会活动。以后发生伯罗奔尼撒战争（前 431 - 前 404 年），雅典在战争中失败。再以后，位于希腊北部的马其顿王国崛起，腓力二世出兵打败雅典，前 322 年雅典民主政治制度在被马其顿人征服后废除，开始了波斯帝国的统治机构和政治制度。②

5. 再建城市

第一次入侵希腊的库尔干人分支的雅利安人，建立了迈锡尼文明（前 1600 - 前 1200 年），随后第二次入侵希腊的库尔干人分支的多利安人却大肆破坏了迈锡尼文明。

---

① ［法］库朗热：《古代城邦》，谭立铸等译，华东师范大学出版社 2006 年版，231～233 页。
② http://baike.baidu.com/view/1859120.htm。

从考古发掘来看，由于多利安人的入侵，原有的神灵没能保存下来。迈锡尼的线形文字 B 随着迈锡尼宫廷官僚制度的崩溃，也一起被埋葬了。此后很长一个时期，希腊没有使用任何文字的迹象，缺乏书信手段。直到前 750 年，希腊人才借鉴腓尼基文字，重新创造了希腊文，这为古典时代（前 510 – 前 323 年）使用的希腊文字打下了基础。考古发掘还证明，迈锡尼文明崩溃之后，希腊大陆出现了人口下降，生产衰退，在伯罗奔尼撒等地区，一个世纪的时间里几乎无人居住。前 10 世纪前后，多利安人来到这里定居，才重新有了村落。在前 9 世纪阿提卡定居的村落只有 15 个，到了前 8 世纪达到 50 个，发掘到墓葬的数量也从每年 1 例增加到 2.5 例。这时正好是从铜器时代向铁器时代的转化时期。随着人口和村落的增加，希腊人把相邻地区统一在一个城市周围。一些城邦开始修建城墙，希腊出现了城市化热潮（最初的城邦建立于前 750 年左右）。在人口过多的地区，则通过对外扩张殖民的方式，把多余的人口外迁，这样公民权与土地占有联系在一起。为增强城邦凝聚力，城邦确立自己的保护神，修建公共神庙。在前 8 世纪中期的萨摩斯出现了第一座神庙。神庙一般为木结构，模仿房屋。神庙内设有祭坛和牺牲沟，庙内有神像。神庙的发展分为三个阶段，最初只是献纳供品，献祭的场所很不固定，后来修建祭坛，最后才修建神庙。在雅典，随着公共神庙的兴建，个人墓葬增加，但陪葬数量逐渐减少，金器仅仅在几个墓葬中出现，前 800 年以后，火葬代替了土葬。前 675 年以后，大多数城邦遗址中都有巨大、统一的墓地，它们位于城外的大道边，没有豪华的遗迹，陪葬很少，金器消失了，而乡村的墓葬也都集中到居住村落的野外地区。①

6. 王中之王并不重要

在希腊的古典文献中，《荷马史诗》是反映古希腊社会的最早史料之一。格罗特说，希腊的信史只能从前 776 年的第一次奥林匹克算起。因此，作为《荷马史诗》的《伊利亚特》《奥德赛》等长期被认为只是诗人的想象。但随着考古资料的出现，人们逐渐也把《荷马史诗》看作古希腊历史的反映。它所描述的世界

---

① 晏绍祥：《荷马社会研究》，上海三联书店 2006 年版，48 页、114 ~ 117 页、302 ~ 303 页、306 页；薛强：《迈锡尼文明、"黑暗时代"与希腊城邦的兴起》，载《世界历史》，2010（3）。

既不同于迈锡尼时代，也不是前 6 世纪已经形成城邦以后的希腊，而是介于两者之间的某一个时期。

《伊利亚特》讲的是，特洛伊王子帕里斯拐走了斯巴达王后海伦，于是斯巴达国王麦涅拉俄斯向兄长、迈锡尼国王阿伽门农申述，结果，阿伽门农组织了 10 万大军讨伐特洛伊。奥德修斯帮助阿伽门农取得了胜利。《伊利亚特》详细讲述了特洛伊战争（前 1193 – 前 1183 年）最后一年中 46 天的故事。

《奥德赛》讲的是，伊大卡国王奥德修斯在特洛伊战争结束后 10 年没有回国。于是，伊大卡及周围岛屿的贵族 108 人向他妻子帕涅罗帕求婚。奥德修斯回国后杀掉了求婚者。《奥德赛》详细讲述了奥德修斯在外漂泊的最后一年中 42 天的故事。

在这些故事中，没有发达的官僚制度，谁也控制不住社会，其政治系统完全不能与迈锡尼时代的国王相提并论。荷马世界完全是迈锡尼文明崩溃之后，希腊人开始结束迁徙不定，进入农业定居时代的社会状况。

《奥德赛》所描述的故事正是在梭伦改革（前594 年）之前，贵族（元老院）掌握政权下的政治状况。几个大家族的家长，管理自家的众多仆役，让他们种田、畜牧。家长与仆役同桌共餐，生活简朴。这些家长被习惯称为氏族首领，被荷马称为神圣之王，不可侵犯。他们中间有一位王中之王，但他在具体的政治生活中也并不是什么特别重要的人物，只是一个担任各氏族首领所组成的议会的主席。当王中之王奥德修斯回到祖国时，只有他自己的仆役才属于他，主持议会的并不是他，相反，议会给他下达命令。他杀了其他氏族的几个首领，这些首领家的仆役就会奋起反抗。① 在关于战士民主制度方面，荷马描述道："我们阿开奥斯人不能人人做国王；多头政治不是好制度，应当让一个人称君主。"当奥德修斯"看见一个普通兵士在叫嚷，他就用权杖打他，拿凶恶的话责骂，你安静坐下，听那些比你强大的人说话；你没有战斗精神，没有力量，战斗和议事你都没分量"。②

① ［法］库朗热：《古代城邦》，谭立铸等译，华东师范大学出版社 2006 年版，238～240 页。
② ［古希腊］荷马：《伊利亚特》，罗念生译，上海人民出版社 2004 年版，37～38 页。

7. 政治时空相差巨大

以上这些历史故事说明，古代中国父亲和古希腊父亲在最初的 2000 年，就已经走上了不同的道路，这宏观地表现在古代父亲如何处理社会整体事务方面。

在古代中国，即便占支配地位的华夏集团，截至前 2000 年，还是处在各部族的联盟状态。前 2000 年之后，形成了家族世袭制，虽然也有兄终弟及，相互争夺的情况，但也都是家天下。而自从走上家天下这条道路之后，古代中国一点都没有想去尝试其他的道路，即便在以后蒙古族和满族君王时期也是如此，直到 20 世纪初共和政治为止，一共走了 4000 年左右。

而在古希腊，以雅典为例，在前 1556 年之前，也是处在各部族联盟状态之下，以后也发生了一个家族的家长成为国王的家天下的格局。然而，这种家天下只维持了不到 500 年，便换成了有势力的家长轮流掌权的贵族统治。再过 500 年，竟然开始了一人一票的古代民主政治。

古代中国和古希腊在政治时空上的差距如此之大，很难用古希腊父亲爱折腾、古希腊的工商业经济发达等理由来解释清楚。因为，古代中国父亲也喜欢折腾，古代中国的工商业经济也曾经是世界第一的。

二、父兄组建宗族封国，家长统领氏族城邦

为了理解古代中国和古希腊在社会发展时空上所形成的巨大差异，以下讲一下这两个古代社会的父亲们在最初 2000 年中都在什么样的家族、宗族（社会基本组织）中度日。

1. 商朝宗族

商朝的甲骨文中有"田猎"的记载。田猎是狩猎，也是商王的军事演习，捕获的猎物用于祭祀。进行田猎的区域以殷墟为中心，方圆 20 公里，田猎一般要行进 4 天。这个区域中包括商王所分封的各个诸侯国。商王利用军事和祭祀，来控制这些诸侯国。除了商王直接控制的这个狭小地区，在更大的范围内，通过建立军事据点，用联盟各国来维持统治。因此，商朝是以大邑（大城）和小邑（小城）相连接，控制农村区域的"城市国家"，这与后来的春秋战国和秦朝的"领

域国家"形成对比。[①] 受封领主居住在大邑。田野间农夫居住在小邑，小邑住 10 家，称为 10 室之邑，田在邑外，一邑有 10 田。一邑 10 家出车一乘，车夫 10 人，兵役 10 人（两伍）。一邑有一井，同井人相互帮助（井田制）。[②]

在商朝，血缘性家族是社会的基层单位。统治阶级成员的地位及政治作用取决于所在家族，庶民阶级也生活在各自的家族共同体内。最基本的家族形态是，依靠婚姻与血缘关系而在一个家屋，或几个家屋聚集在一起形成亲属组织，被看作世系群。宗族则是更大型世系群，它的结构是，本家（居住大邑的受封领主）以及分出来的各个分家（居住小邑）虽然并不聚集居住在一起，但通过祭祀来保持统一性，从而构成的亲属集团。[③]

商朝是以河南北部为中心建立起来的一个比较封闭的社会，贵族（商族人）的同血缘者聚集居住，排外心理严重，不与其他异姓族群通婚。商人中的外族人只能是些奴隶。商王为子姓，多子族是与王室有血缘关系但稍微疏远的家族。同姓同宗的宗族长管辖若干同族的家族（分族），这些姓氏宗族与商王形成宗法关系，构成百姓的主体。商王把土地和奴隶分配给王族、多子族、百姓。因此，商人官僚组织的层次分为，子姓王室管辖条氏、徐氏、萧氏、索氏、长勺氏、尾下勺氏；各氏为大宗（长房，居住大邑），管辖各分族（小宗，分房，居住小邑）。[④]

1950 年后，考古学家在河南的琉璃阁、后冈、大司空村、殷墟西区、殷墟梅园庄，河北的藁城台西等地进行了发掘，其中殷墟西区发掘了 939 座墓葬，属于商晚期。根据这些墓葬发掘可以知道，商族人的基本社会组织是二、三代人的家族。墓葬属于分族下的各个分支。他们以分族长为核心集聚居住在一起。这些家族的墓葬反映各家族之间没有经济差异（墓葬的大小，随葬品的规格），但与分族长（小宗）的墓葬相比，便有明显的经济差异。另一方面，居住在大邑之中的大宗本家，有宗庙，由宗子主持祭祀。在大邑四郊是农田，散布着小邑，是各分族集聚生活的地方。各分族长的职位实行长子继承。从分族长到商王室，都是这

---

① ［日］尾形勇、平势隆郎：《中华文明的诞生》，中公文库 2009 年版，140～143 页。
② 范文澜：《中国通史简编》（第一编），人民出版社 1965 年版，143 页。
③ 朱凤瀚：《商周家族形态研究》，天津古籍出版社 2004 年版，2 页、9 页、12 页。
④ 黎虎：《夏商周史话》，北京出版社 1984 年版，122～123 页；朱凤瀚：《商周家族形态研究》，天津古籍出版社 2004 年版，88 页、227 页、315 页、234 页。

种组织结构。①

2. 西周宗族

（1）本家、分家分别居住。

黄帝战胜蚩尤之后，汉语族的各部族控制了整个黄河流域，他们建立了数量众多的方国，即便商朝成立之后，这种状态依然持续，直到前1100年，一支小部落从甘肃天水迁徙到了陕西周原，这就是周人。他们在周武王的带领下，消灭了商朝，然后用了3年时间，消灭了99个方国，征服了652个方国。西土小邦的周，为了统治被征服的广大土地，采用了分封亲戚、盟友为诸侯国君的办法。在此后100多年间，西周分封了大量诸侯国，周人也随着分封扩散到全国。另外，对易守难攻的偏远之地，比如山东的东部地区，周王始终都未能控制。在这些地区，若干古国分布其间，周王只能与这类国家结盟。这些结盟国，直到秦汉时期才被真正纳入区域政体之下。②

周朝的封建制有两种，一是受到周王分封的各地诸侯（上级贵族），拥有采邑（分封的土地）、庶民，被称为领主；二是在以洛邑为中心的直辖地区（王畿）内被周王分封的下级贵族，以及在诸侯国内被诸侯（父亲，长子）分封的下级贵族（余子，兄弟）。这些下级周人贵族是军队主力，被称为武士。随着世代交替，家族向下衍生，余子系列的家族逐渐失去贵族身份，转化为平民。1967年在陕西沣水西安张家坡遗址发掘了42座西周墓地中的下级贵族墓葬，有32座属于同一家族，8座属于分家。下级贵族的家族群体，伴随分家，规模都不大。③

这些周人，生活在宗族组织之中。这时的宗族组织的主要的特征是，有明确的父系祖先与谱系，同时包括若干分支家族。"五家为比，五比为闾，四闾为族，五族为党""党，五百家"。"父之党"为宗族。诸侯（国君）的宗族的本家（长子系列家族）被称为"大宗"，分家（余子系列家族）被称为"小宗"。宗族长

---

① 朱凤瀚：《商周家族形态研究》，天津古籍出版社2004年版，101页、107页、210页、211页。

② 方辉等：《鲁东南沿海地区聚落形态变迁与社会复杂化进程研究》，载《中华文明探源工程文集·社会与精神文明卷（1）》（上卷），社会科学出版社2009年版，263～268页；黎虎：《夏商周史话》，北京出版社1984年版，168页；《从基因图谱看汉人基因的纯洁性》，见http://blog.sina.com.cn/s/blog_5853453e0101dev2.html。

③ 朱凤瀚：《商周家族形态研究》，天津古籍出版社2004年版，238页、291页、304～306页。

（长子）被称为"宗子"，而"小宗"的宗族也是一个相对独立的群体。[①]

因此，诸侯的宗族分为两个集团。一个是诸侯和四代之内没有分封（没有另立新氏）的儿孙所构成的国氏集团（本家）。另一个是被诸侯分封（已立新氏）的儿孙和旁系亲戚所构成的公族集团（分家）。由于周王初期分封时，并不包括旁系兄弟，所以那时在分封地区的公族的家族人口很少。但是到了西周末期，由于旁系大量增加，公族旺盛起来。公族的大宗（本家）率领小宗（分家），小宗率领群弟。公族的长子所在的大宗对其同胞兄弟称为宗子。其兄弟的长子，对他的同胞兄弟也称为宗子。由于人口增多，各分支都分别居住在自己的领地，在经济上各自独立。不过，各公族成员的居住地之间的距离不远，也保持着祭祀上的关系，这在古代文献中被称为"朋友"。本家为了维持自己与分家之间的地位差别，长子家族对余子家族一方面采用等级森严的君臣制度，一方面又强调"朋友"间的和睦，合居、共祭、聚宴。[②]

（2）异姓之间累世联姻。

姬姓的周人从其形成之时起即与姜、姞等异姓亲族同居共处，累世联姻，结成部落。周朝规定，同姓百世不同婚姻，这样，各诸侯国间同姓既是兄弟，异姓多是舅甥，彼此都有血缘关系。其结果，周天子称同姓诸侯为伯父叔父，称异姓诸侯为伯舅叔舅。诸侯在国内称异姓卿大夫为舅。有宗的庶民与无宗的庶民也互相婚姻，同样也保有舅甥关系。[③]

（3）周人武士与当地居民打成一片。

初期分封时，周人数量不多，只有15万人，入主中原后，获得大量土地，这些土地已够周人耕种了，没有必要把亲戚分封到边远的落后地区去。因此说，周王只是为了维护政权，建立军事基地，才封建齐、鲁、燕、晋以遏制东方与北方的夷狄之族，封建卫国遏制商人故都之顽民，封建汉阳诸姬之国，以屏障南淮夷。由于进行频繁分封，除去需要在王畿留下相当数量的周人之后，能够被分配

---

① 朱凤瀚：《商周家族形态研究》，天津古籍出版社2004年版，12页。
② 朱凤瀚：《商周家族形态研究》，天津古籍出版社2004年版，291～302页、321页；谢维扬：《周代家庭形态》，中国社会科学出版社1990年版，167～168页、240～241页。
③ 朱凤瀚：《商周家族形态研究》，天津古籍出版社2004年版，234页；范文澜：《中国通史简编》（第一编），人民出版社1965年版，136页。

到各个分封国的周人的数量非常少。于是，分配到各个分封国的周人，倾向于与其他异族杂居。1932 年发掘的卫国遗址（河南省浚县辛村）显示，在 64 座墓葬中，男性墓主人身份多是武士，属于卫国公族（周人、贵族）的一支，家族男性成员有一定的政治地位和财产，当地居民成为他们的役使。1977 年发掘的曲阜故城的西周墓地也显示，周人家族中主要成员是武士。他们与当地居民住在一起，但仍保留本族的生活习俗，社会地位也高于当地居民。[①] 根据陕西凤雏西周早期遗址发掘，当时居住的是坐北朝南的四合院。在四合院中央部分是殿堂，是祭祀、举行婚礼葬礼的地方。[②]

另一方面，在有些周人家中，外来血缘者成为家族管理者，形成家臣制度。这些外族人的管理职位相当稳定，但主仆等级关系森严。他们不仅治理周家人的奴隶，还管理下级贵族的家室（余子系列家族）。他们依附于家主，其管理职位父子相继，累世供职于一个周人家，成为周人治理家族的依靠力量。他们称供职的家主为君，供奉的家室为公室，以对家主的效忠为准则。他们可以受封而拥有采邑、人民、奴仆，从而变为新兴贵族（非周人）。同时，这些家臣的家族也有自己独立的祭祀活动，组成自己的宗法团体。这些家臣起源于周朝初期的分封。由于异族人远远多于周人，周人必须利用异族中的贵族来补充自己的实力不足。比如许多商人的遗民就寄身于周人的家族内。[③]

3. 前 1068 年以前的希腊

相比古代中国的家族、宗族的复杂情况，古希腊的家族、宗族似乎要简单得多。

由于历史学家们把古希腊和古罗马看作同样结构特征的社会，他们所提供的有关古希腊资料中也常常夹杂着古罗马的情况，所以，以下有关古希腊父亲的故事，同时也是古罗马父亲的故事。

在刻克洛普斯治理雅典之前（前 1556 年之前），阿提卡最初由各个家族分割占有，雅典城邦尚不存在。每个家族各占一块地方，长子家庭由非长子和保护人

---

① 朱凤瀚：《商周家族形态研究》，天津古籍出版社 2004 年版，227 ~ 228 页、238 ~ 243 页、247 页、252 页、257 ~ 259 页。

② 傅亚庶：《中国上古祭祀文化》，东北师范大学出版社 1999 年版，188 ~ 189 页。

③ 朱凤瀚：《商周家族形态研究》，天津古籍出版社 2004 年版，315 ~ 320 页。

的家庭围绕着，过着自给自足的生活。每个家族各有私家保护神：爱谋庇德族敬奉弥忒耳；西克娄庇德族住在山巅，即后来的雅典，以波寒冬及雅典娜为保护神。每个家族集团所构成的聚落都有自身的王。聚落之间没有祭祀联系，各据一方，常常彼此战争，联姻十分困难。但相互需要使这些聚落越来越接近，几个聚落合成了小团体。在马拉松平原上由四个聚落所形成的团体奉阿波罗为保护神。①

（1）家庭、家族②。

古希腊的长子家庭中有父母、子女和奴隶。家庭的主权属于祖神或家火，家火之后便是父亲（长子、家长）。家长主持每天日常对家火的祭祀。非长子家庭（家长的兄弟家庭），以长子家中的家火、祖墓为中心，围绕着长子家庭而生活。嫁给家长的女性，继而接受一个素不相识的神的保护，这位妻子将以辅助家长的方式而参与到祭礼之中，但死后在祭祀上无法与她丈夫相当。由于这位妻子不是她丈夫祖先所生的女性，所以，她也不能成为丈夫家中的祖先，死后在坟墓里，也不享受格外的祭礼（侍奉）。奴隶也参与祷告，家火将保佑他们。奴隶也可葬入家族集团的祖墓里。作为家族集团的自由人和被保护人，他们必须承认家长的权威，他们结婚时须得到家长的同意，所生子女也须服从家长并成为被保护人。因此，家族是在世袭首领之下，由长子家庭和非长子家庭、仆役和被保护人的家庭构成的人口众多的家族。这个家族，因祭祀而维持统一，因个人权利而不能分财产，因保护人制度而至仆役不至分散。而各家族之间，既无祭祀的关系，也无政治的联合，各自占地为营，各自有自家的首领和私家神，自给自足，无所依求，老死不相往来。在漫长的世纪中，雅利安人就是这样生活在这样的社会中的。

（2）氏族③。

随着家族人口增多、向下分支，长子家庭扩大为长子系列家族，余子家庭扩大为余子家族，这些家族形成集团，进而成为氏族。随家族集团进一步增加，最终会形成分家，一部分人脱离原氏族，形成新的家庭、家族、氏族。同属一氏族

① ［法］库朗热：《古代城邦》，谭立铸等译，华东师范大学出版社2006年版，118页。

② ［法］库朗热：《古代城邦》，谭立铸等译，华东师范大学出版社2006年版，25页、34页、48页、75～76页、102页、103页；［英］基托：《希腊人》，徐卫国、黄韬译，上海人民出版社1998年版，289页。

③ ［法］库朗热：《古代城邦》，谭立铸等译，华东师范大学出版社2006年版，42页、92～98页、108页。

的人参与氏族的共同祭祀。氏族的神祇保佑他的本族人。氏族内部是父子关系，而不是诸多家族的联合体。它可以有一支，也可以有数支，但无论如何，他们仍是一家一族，族人围绕着不熄的家火和永远受供奉的祖墓，即便各支派人口众多，也还是聚集同一地方生活。因为这里有共同的家火、坟墓。为弟的是不能离开长兄的。家产也不可分开。这个不可分开的氏族，不会改变家祭与姓氏。在史书能记载的时代以前，氏族是唯一的社会组织，其人口可达数千人之多。

（3）族盟、部落①。

家庭祭祀禁止两家人混为一谈和不分你我，但这并不妨碍各氏族首领聚在一起，举行一种他们共同信奉的祭祀。若干氏族组成的团体，希腊人称为族盟，罗马人称为胞族。在这种团体形成的时候，各氏族都认识到，存在着一位比私家神要大、为他们共有、降福于整个团体的神。于是他们筑祭坛，燃圣火，立新祭。

族盟有自己的族长，他的要务就是主持祭礼的举行；有自己的全体大会和议会，可发布命令。在希腊，少年随他的父亲一起到族盟，由他父亲指证为亲子。待族盟人聚集齐后，炙肉于祭坛上，人们分而食之后，则少年即被宣告正式加入。

许多族盟合在一起，组成了部落。这个新的团体又有它自己的祭祀；每个部落都有它的保护神。部落神是一个神化了的人，一个英雄。部落的名称与这个神化了的人有关。

在刻克洛普斯时代，阿提卡地区被分为 12 个领区。这些行政区的划分是为了适应 4 个部落。每个部落有 4 个族盟（phratry），每个族盟有 90 个氏族（gent），但作为军事行政组织，每个部落分为 4 个特里提斯（trittys），每个特里提斯有 12 个瑙克拉瑞（naukrary）。所以，一个部落有 360 个氏族，48 个瑙克拉瑞。每个氏族有 30 家，也就是每个部落有 10800 家人。特里提斯和瑙克拉瑞隶属于部落，部落是它们的上级行政组织。瑙克拉瑞由瑙克拉（naukrar）组成，瑙克拉负责完成各地区被分配的征税额，提供士兵和领导干部以及两个骑兵、一条船。所以，48 个瑙克拉瑞系统性地成为 4 个部落的基层组织。

4. 前 1068 年以后的希腊

（1）不守法律的人充斥天下。

---

① ［法］库朗热：《古代城邦》，谭立铸等译，华东师范大学出版社 2006 年版，108 ~ 110 页；George Grote, History of Greece, Vol. II, London, 1854, pp. 68、71 ~ 74。

基于古希腊的家庭、家族等社会基础，从刻克洛普斯时代到前1068年，古希腊进入王权时代，形成了以国王为顶端的阶级社会，国王住在王宫里，通过官僚控制整个王国。这种社会状况在迈锡尼考古中有所反映。但到了黑暗时期（前1200—前800年，从多利安人入侵、迈锡尼文明覆灭至《荷马史诗》时代、前750年希腊第一个城邦崛起），根据考古遗址，希腊人墓葬，不管是竖坑墓、圆顶墓，古墓都没有一个是连续长期使用的。一具以上尸体的墓葬中，埋葬方式也不相同。而《荷马史诗》中复仇的义务都由个人或朋友承担。当奥德修斯杀害求婚者之后，向奥德修斯寻仇的是死者亲属。帕特克罗斯死后，为他复仇的是阿喀琉斯。① 族盟（胞族）在《荷马史诗》中提到过两次。两次都是作为迈锡尼时代的旧组织形式被提到。"一个喜欢在自己的队伍中挑起可怕争斗的人，是一个没有加入族盟，没有加入氏族，不守法律的人。"② 随多利安人的入侵，族盟、部落的功能趋于瓦解，起而代之的是城邦及它的军队。

（2）兴建城市③。

前750年之后，希腊重新以氏族为基础，开始形成城邦，并燃起圣火，建立了公共祭祀。但城邦不是个体之间的结合，而是氏族之间的结合。

在城邦制度之下，在人没出生之前，他的阶级成分就已经定下来了。祭祀早已在家庭内立下了等级。长子是父亲的继承人，他集祭司、产业、权力于一身。只有他一人配称为父亲（家长）。这个父亲（长子）表示权力，他的兄弟、长子、余子、仆役都称他为父亲。这些父亲就是氏族中的贵族。城邦贵族会议由这些父亲（家长）组成。开会的时候，氏族成员随家长参加会议，家长可以咨询他们，但投票的是家长，只有家长是城邦公民。父亲还活着的时候，长子成为不了公民，余子、被保护人就更不用说了。只有被称为父亲的人能够参加城邦会议，这些父亲（元老）都是氏族的首领。每年只有那么几天，为了参加城邦会议、公共祭祀，家长才进城。若战争打响，家长便率领氏族成员，组成城邦军队。

以后通过数次革命，公民权得以扩大。雅典人生后10日，儿童通过仪式加入

---

① 晏绍祥：《荷马社会研究》，上海三联书店2006年版，71页。
② 晏绍祥：《荷马社会研究》，上海三联书店2006年版，72页。
③ ［法］库朗热：《古代城邦》，谭立铸等译，华东师范大学出版社2006年版，117～119页、180页、181页、183页、185页、213页、219～222页。

家庭。至 16 岁或 18 岁，申请加入城邦。加入城邦的行礼之日，他在放着牺牲的祭坛前宣誓，表示遵守城邦祭祀等等。由此，他便加入公共祭祀，获得了公民资格。公民资格出自他对城邦祭祀的参与。公民是与城邦共奉一神的人。自被登记为公民那日开始，他就得信奉城邦的神（参加公共祭祀），为保护城邦的神而战。城邦要求公民必须参加祭祀的所有节庆。未参与公共祷告及祭祀的人，一直到下次节庆以前，没有公民的权利。属于某家的奴隶，参与这家的祭祀，他也因主人的中间作用而属于城邦，城邦神也保佑他。外邦人不能参与城邦的祭祀，因此，希腊祭祀让公民与外邦人之间建立了一道不可变更的区别。

5. 中国和希腊的宗族成员

古希腊的家族、氏族，比古代中国简单，其理由何在？

世界上的一般家庭的平均人数都不会有太大的差异，如同中国商朝、西周的家庭一样，由二三代人组成。但是，各个社会如何组织这些家庭，差异就非常大了。

比如，若用"与祖先的谱系关系"来作为判断标准，那么，由此形成的家族集团，在中国被称作宗族，在希腊则被称作氏族。

西周的一个宗族有 500 家，一家按照平均 5 人计算，就是 2500 人。而希腊的一个氏族只有 30 家，按 5 人计算是 150 人。希腊的氏族要在一些偶然因素作用下才会拥有上千人的成员。同样是运用祖先崇拜原理来组织宗族、氏族，为什么会形成这样大的差异呢？

中国宗族的宗子（长子）家族分化出兄弟几人（小宗），小宗的长子作为小宗的宗子再分化出兄弟几人（分族）。按照古代中国的制度，五服之内都为宗族成员，五服之外的成员不算宗族成员，他们形成自己新的宗族。那么，假设一个家族向下延伸第五代而形成一个宗族，以一家有 3 人兄弟来单纯计算，在第五代就会有一个 243 人（3^5）的同辈男性集团，而对这个同辈男性集团成员来说，宗子（长子）的权威不是延伸到每一个男人身上，而仅仅停留在原有的 3 个小宗的宗子家族身上。与之相比，如果希腊也发展出了由 243 人同辈男人所组成的氏族，那么，其首领（家长、父亲、长子）会完全掌控他们。这就形成两个古代社会在组织方面的各自特征。

在古代中国，一个宗族要发展五代之后，才允许产生新的宗族。而在这个宗族制度之下，一个宗族内，无论人数增加多少，只要是五代之内的人，都无法把他们踢出宗族。为了管理这些众多的人口，古代中国父亲只能采用上述管理办法。这种管理办法的好处是，宗子可以对众多人口做到放任自流，需要的时候通过层层代理者传达命令，让大家聚集在一起，平时各自在三代人家庭中过日子。这就是井田制下遇到战争时，"一邑 10 家出车一乘，车夫 10 人，兵役 10 人"的组织方式，众多人口和组织松懈成其特征。这一特征，自母系社会转化为父系社会之后的黄帝，就已经形成。与之相比，古希腊（包括古罗马）家长（氏族首领）把 243 个男人时时掌控在手中，组织非常严密，但由于家长（氏族首领）精力有限，最多只能应付 150 人，超出这个人数，便自然分出去，另起炉灶，不再与原来的氏族发生什么关系。这一特征，在库尔干人前 2000 年骑马南下侵入希腊之时就开始形成。

同样是祖先崇拜的父系社会，为什么古代中国不采取古希腊的方式呢？比如，通过西周的情况可以知道，为了控制全国，周人被作为武士分配到各地。他们这种深入敌人腹部去作战的情况，与雅利安人、多利安人所面临的强化男性组织机能的问题是同一的，在这种压力下，古代中国也可以转化为长子继承，不允许财产分割给兄弟，从而形成古希腊的组织方式。但事实是，即便在同样的外在条件下，古代中国仍旧走了不同的道路。

三、母亲手遮半边天，父亲独占全家产

为了寻求答案，接下来讲古代中国父亲和古希腊父亲在最初 2000 年的经济制度，特别是有关土地的故事。

1. 西周的所有制

关于西周（前 1059 – 前 771 年）的土地所有制，有三种说法。

（1）有人说是古代公有制。

许多人说，在早期，周人所实行的是古代土地公有制度。周人居于陕西枸邑县地域，初期的所有制度是土地公有，农民的生活所需由部落提供。以后，土地归氏族首领所有，农民成为奴隶。亶父时代，被戎狄侵犯，迁于陕西省岐山县地域，开始采用商朝的土地制度——井田制。《孟子·梁惠王》说："周文王分割田

地，大小官都分有地，子孙继承，作为公禄。农民分地百亩，助耕公田。纳九分之一的租税。"农民的户主所分田地，是从周王或领主那里领来的，户主再把土地分给其下血缘所属的其他农民，田地不许典当。俘虏等也男女相配，给予田地。①

西周的井田制还保留着定期平均分配的遗风。一夫受田 100 亩（周亩），三年换土易居。西周的一尺约为 0.23 公尺，100 亩约为 31.2 亩，相当于一个劳力所能耕种的标准，为一田。9 夫为井，4 井为邑，4 邑为丘。一个邑含 4 个井，有 36 户，为古代的一个农村公社，成为有土有民的社会基层单位。② 井田制一方里为一井，一井有 900 亩，中间 100 亩为公田，周围 8 家拥有 800 亩，为私田，但这 900 亩土地的所有权归贵族封君，其他的都是佃户，私田的归还和授予都很容易，不会形成这家受田多，那家受田少的状况。③

集聚共处的宗族成员是不分财产的。家族经济的主管权归于大宗，由大宗通过家臣对庶民管理。小宗家族的日常生活虽然相对独立，但不是独立的经济单位。他们的经济事务由大宗的家臣管理。虽然有的宗子会赐予家臣土地，但不会赐予小宗土地。因此，在大小同居的宗族内，小宗没有独立经营的土地。④

庶民指农业生产者。他们是周人以外的族群，分封时划给各地周人管辖。他们形成较大的父系家族，除了有义务在公田集体劳动之外，还拥有私田。私田由家族集体所有，集体生产的成果由集体分配给各家庭。这种集体所有、集体生产、共同居住的形式由农业生产力水平所决定。1956 年在陕西省张家坡的西周遗址中，居住的是挖在地面下土窑式的房屋，45 个墓中，农业生产工具仍旧是骨、石质的农业工具。只有一个墓中有铜礼器和兵器。至于古代诗词文献中所说的各家庭受田，应该是随生产工具的改进，农业生产力发展，建立起个体经济之后的事情。⑤

（2）有人说是国有制。

---

① 范文澜：《中国通史简编》（第一编），人民出版社 1965 年版，126～129 页。
② 黎虎：《夏商周史话》，北京出版社 1984 年版，186～195 页。
③ 钱穆：《国史大纲》（修订本上册），商务印书馆，84～92 页。
④ 朱凤瀚：《商周家族形态研究》，天津古籍出版社 2004 年版，329～330 页。
⑤ 朱凤瀚：《商周家族形态研究》，天津古籍出版社 2004 年版，412～427 页。

侯外庐说，"普天之下，莫非王土"反映了西周的土地国有制度。"受土"是周朝的特征，这在商朝是没有的，受土就是西周土地所有制的表现，这"土"是先王（文王）从"天"那里得来的，是受天命的证明，失土就算周王朝毁灭。天子向下封土（下向上受土），只是因为"天子有田处其子孙，诸侯有国处其子孙，大夫有采处其子孙"。因此，在土地国有国营的状态下，周朝的赋税和地租无法分离，形成"公食贡，大夫食邑，士食田，庶人食力"。而井田制，也只是这种受田（封田）制度中的一环，四边虽然有树木封的界限，但土地不能自由买卖。"营国，左祖右社"，社稷即是土地国有制的证明。①

（3）有人说是私有制。

范文澜说西周王朝的土地所有制是私有制，他讲了以下几点。

第一，初期分封（前 1099 – 前 982 年）：西周的封建制度萌芽于太王王季，在文王（前 1099 – 前 1061 年）时逐渐形成，武王、周公时推行到广大地区。天子是土地和臣民的最高所有者。但天子无法管理所有土地，所以，他以最高所有者的地位，在王畿内分封许多卿大夫采邑，在王畿外分封许多诸侯国。卿大夫在采邑内，也立侧室和贰宗。诸侯国也分封许多卿大夫采邑。由此武王、周公、成王先后建立 71 国，其中周公的兄弟 16 人，同姓诸侯 40 人。分封意味着上级对下级授封授民，要举行仪式。上级取一块土，放在白茅上，赐给下级。同时，原住民也被授予下级。赐予的时候，指明民的身份和数目。

第二，夏朝已经是私有制，而商周朝只是在这之上有所发展而已。授土授民以后，土地臣民名义上仍旧是王土王臣的一部分，事实上受土受命的人有权割让或交换，等于私有了。对大小领主的所有权，天子是不应该无故侵犯的。农夫作为户主，从领主受私田 100 亩（周亩），死后由长子长孙承袭户主地位成为宗子。其余儿子如果从领主受私田 20 亩，死后也由他们各自的长子长孙承袭。没能受田的人被称为闲民，帮人耕田或从事工商业。这种"农宗"，与"尊祖敬宗"的观念一致，是宗法制度的一部分。

第三，初次分封之后，便发生了宗族兼并，强宗夺得土地的情况。旁系子孙，五世后便脱离原宗族，从贵族下降为庶民，大部分只能种宗子的土地。封建

---

① 侯外庐：《中国古代社会史论》，人民出版社 1955 年版，77 ~ 78 页、109 ~ 111 页。

制度在成王（前 1044 – 前 1008 年）、康王（前 1007 – 前 982 年）时发展到顶峰，在随后的昭王、穆王便开始发生了变化。在周国，农户增加，私田数量扩大。天子指定 30 里的荒地，让农夫们开辟私田，农夫家的余子可以得到分地。这样私田的面积越来越大，租税的收入越来越多，公田的收入逐渐变得不重要。公田管理繁杂，因此，公田制被实物地租所代替，公田制被废除。而齐国、鲁国等，在春秋初年（前 770 年）虽还保留公田，但也仅仅是名存实亡。农夫耕种公田，不能同时提供军役，在战争频频的春秋，公田随时都有荒芜的危险。然而，实行租税制，废除公田制以后，领主可以不问何人耕种，只是向有田者按亩数收税，不再干涉有田人相互间买卖。田地的公开兼并被允许，有人占田多，有人占田少，形成了地主和农民阶级。[①]

2. 前 1068 年以前的希腊

相比中国土地的复杂故事，希腊在王政时期（截至前 1068 年）要简单得多：祖先神与土地之间存在着密切的联系。建立圣火时，人们总希望能够永远居于此地。因为，祖先神愿他的家族永远居住在那里，永远有祭供燃火的后人。家火是土地的主人，土地是它的私有财产。除非外力的强迫，否则它决不应该有搬家之想。坟墓既不准倒毁，也不准迁移。每块宅地都由家神保护和监督。家火不能分，家产也不能分。由此产生儿子不能与父亲的家火分离，儿子必须服从父亲的法律规定。产业不能分开，每家只能有一个业主，这就是家庭本身，而拥有这份产业使用权的，就是父亲。家产、家火与坟墓关联，有着不可移动性。长子做继承人，并非他父亲个人的主意。为父的不必立遗嘱，长子是当然的继承人。在他们之间，既无所谓的赠予，也无财产的转移与更改之说。[②]

古代祭祀将长子与其余诸子做了分别。长子在他父亲死后，将负责主持家祭的一切仪式，行供奉的是他，读祷词的是他，因而摇身一变成为家族的家长，成为所有家族成员的父亲。由这种信仰产生出一条法律来：长子独自继承财产。长子制度并不是强夺余子的利益。长子是家庭统一的标志，也是家业统一的标志。

---

① 范文澜：《中国通史简编》（第一编），人民出版社 1965 年版，36～38 页、133～137 页、145 页、156～158、161 页、184 页、185 页。
② ［法］库朗热：《古代城邦》，谭立铸等译，华东师范大学出版社 2006 年版，52 页、53 页、55 页、57 页、63 页、71 页、77～78 页、80 页。

父母简史：人类母亲和父亲的十万年

余子可能出继给另一个家庭，也就成了那家人的遗产继承者。余子与某家独生女结婚，有时获得某一绝门家庭的地产。无法找到这些出路时，他们就会被派到殖民地去。①

余子与妇人的情形相同，一无所有。他不能有财产；他工作的收入、经商的权利，都归父亲（长子）所有。罗马法禁止父亲（长子）与儿子（余子）订立买卖契约。罗马与雅典法规定，父亲（长子）有卖儿子（余子）的权利。儿子（余子）被视为父亲（长子）的财产。②

就希腊各城邦的古代法来看，在斯巴达（前855年城邦法），田产是不可分的，非长子不能染指家产。亚里士多德研究过的许多古代法律其情形也都是这样。虽然雅典到了德谟斯提尼时代，长子权的制度已经形同虚设，遗产长久以来已经在兄弟之间共享，但那时长子尚有特权。长子继承父亲的屋宅，同时得到家火以及坟墓，其余诸子则另燃新火，只有长子才能用父姓。③

3. 前1068年以后的希腊

（1）荷马时代、梭伦改革前后（前594年）。

然而，在王政时期崩溃后（前1068年之后），希腊有关土地的故事一下子变得非常复杂起来。

古希腊人习惯将垣圈内的住宅分为两个相等的方块；前部为庭院，后部为房屋。家火居于全院的正中，设在庭院的后部和居室的入口处。死者或葬于田边，或葬于田的中央。坟墓使家庭与土地密切相连，使土地变为家庭的私产。在田垄上，田地的主人每隔一定的距离就放置一块大石头或打下一个树桩，其名为界石。立界石也属于家祭的一种。为了使界石的神圣性得以继续，每年都要重新祭奠酒水并祷告于界石处。家长主祭，其他人可以列席其中，但不能献牺牲。家长死后，田产依然如故。其他兄弟之于长子（家长、父亲），就像当初儿子之于父亲。不过，在长子家后嗣无人的情况下，余子的家族也可能升为产业的主人。兄弟们的家族都生活在长子的保护之下，要服从长子的支配。仆役是被保护人。他们称家庭中的长子为父亲或老爷，他们的后代也属于长子所有。阶级上的分别带

---

① ［法］库朗热：《古代城邦》，谭立铸等译，华东师范大学出版社2006年版，73页、74页。
② ［法］库朗热：《古代城邦》，谭立铸等译，华东师范大学出版社2006年版，77~81页。
③ ［法］库朗热：《古代城邦》，谭立铸等译，华东师范大学出版社2006年版，72~73页。

来物质利益上的分别。余子和仆役耕种的田地，都是暂时借用，死后要归还长子。被征服者和投诚者，通常被称为平民，与民众（包括仆役在内的氏族成员）相区别，因为他们没有祭祀和家庭（家族）。民众打杀平民也不会受到法律制裁，平民是最底层的被统治者。希腊城邦建立在山上，这些平民住在山坡脚下，没有田地。平民家的父子关系不是祭祀关系，而是自然感情关系，父亲也没有父权。①

由于多利安人的入侵，希腊进入黑暗时代。而《荷马史诗》中只有一处提到过所有制的情况，其描述道："两个农人为地界发生争执，他们手握丈杆站在公共地段，相距咫尺争吵着争取相等的一份。"②

不过，到了前7世纪的前半期，比如雅典已经完成了统一，埃琉西斯、马拉松，或修尼阿姆的农民，已经认为自己是雅典人了。雅典有一个中央政府，政府可以征召人们入伍作战，或者征集黄牛做祭神的牺牲。不过，政府是贵族的政府，农民（余子、仆役）只埋头于种田，或者忙于学种橄榄树。他们耕种的较大部分的土地是瘠地，难获一饱。好地多半分布在城市后面的平原上，属于贵族。③

城邦时代（前750年以后），各家族的仆役有了相互见面，相互表达欲望和怨恨的机会。家长为了缓和他们的不满，给他们一块特别的田地，由此他们从以前大家共同居住、共同劳动的状况下解放出来。以后，仆役又通过缴纳收获的六分之一的地租，来占有土地。随后，他们因不能成为土地的主人而痛苦。这种情绪在各地表现不同。在平原地区，贵族的田产集中在这里，管得很严格，仆役只能忍气吞声，表现得忠于主人。在山坡贫瘠地带，离主人较远，仆役决心摆脱目前的命运。在海滨的人，可以做商业和工业，对土地所有权不太关心，只想维持现状。④

在梭伦当政前的贵族社会，各个家长（长子、氏族首领）为了争夺城邦权位，对自己的小地方不再关心，而被统治阶级的人数越来越多，希望改革原有制度的人越来越多、越来越大胆。于是，长子特权开始被动摇，开始了法律变迁。

---

① ［法］库朗热：《古代城邦》，谭立铸等译，华东师范大学出版社2006年版，54~57页、219~220页、223~226页。
② 晏绍祥：《荷马社会研究》，上海三联书店2006年版，58页。
③ 顾准：《希腊城邦制度》，见http://tieba.baidu.com/p/1419184058? pn=2。
④ ［法］库朗热：《古代城邦》，谭立铸等译，华东师范大学出版社2006年版，249~252页。

先是准许父亲（长子）给少许家产与余子，后来又规定长子至少分得双份，再后来改为平分家产，最后，这形成法律。所以，梭伦立法规定了只给予长子一些特权。从此，家庭四分五裂，各个分支都有自己的田产、住宅、私人利益和自主权。兄弟们分家，余子从长子家取来家火，自立家火，有的把这家火带到殖民地，成为那里的主人。在某个日子，兄弟们聚集在长子家的家火旁边祭祖，除此之外，他们互相独立。兄弟们也都成了贵族成员，希腊的元老院成员也由原来的 100 余人增至 600 人。[1]

原来仆役一无所有，为主人种田和工作。而梭伦立法消除了缴租的义务，也就不再有奴隶的田地。梭伦在自己的诗句中说："我用灵巧的手除去了界石，受奴役的土地现在终于自由了。"亚里士多德说，"梭伦废除了奴役民众的制度"，他被称为受压迫者的救星。[2]

不过，从同时期的文艺作品《伊索寓言》（前 620 - 前 560 年）来看，当时社会有许多问题。比如，《狼与老太婆》的故事描述了在"万人对万人的战争"的状态下，人们都是"说的是一套，做的又是另一套"，反复无常。而《农夫与争吵的儿子们》的故事说明，家产平分制度已非常普遍，但这个制度所带来的家庭矛盾和社会问题也非常多。

（2）雅典民主政治时期（前 443 - 前 322 年）。

在贵族政权时期，富人新兴贵族开始出现。他们出自各种劳动行业，尊重劳动和勤奋，推动了工商业的发展。梭伦认为，废除基于世袭祭祀的旧等级之后，只能应用财富来建立新的等级。他把民众分为四级，中等阶级以上的才能在元老院任职。因此，政权爱上了财富。富人贵族一心想要跻身于政权，他们要管理，要保护城邦。他们模仿旧贵族（长子、氏族首领）阶级，组建骑兵，在战场上出生入死。在希腊各城邦之间的战争中，富人们作为军队的前锋，损失最大。当他们回来时，已经是强弩之末，没有力量抵抗贫穷的民众了，民众都获得了公民权。于是，穷人可以参加选举，做法庭审判官和政府官员。这让穷人有所依，富人有所惧。革命使民众得到了平等，从此，民众不必再为原则及权利而斗争，而

---

① ［法］库朗热：《古代城邦》，谭立铸等译，华东师范大学出版社 2006 年版，242～245 页。
② ［法］库朗热：《古代城邦》，谭立铸等译，华东师范大学出版社 2006 年版，246～254 页。

为利益而斗争。因为小的罪过，他们将富人的财产充公。许多富人被驱逐出城邦，他们的财富被分给了穷人。穷人利用手中的选举权宣布取消债务，大举充公。这些被驱逐和充公的富人的人数可以组成一支军队。在叙拉古，当民众摆脱富人贵族狄奥尼西奥斯（僭主，前343年）之后，便宣布分田地。在这场从富人手中夺权的内乱中，富人成了一派，穷人是另一派，穷人想夺取富人的财产，每次内战都使财产权发生了改变。[1]

4. 纳税的起源

上面讲了古代中国父亲和古希腊父亲最初2000年的故事。这些故事说明，古代中国父亲和古希腊所选择的政治、家族形式、经济制度大不相同。但这里要问的是，古人的信仰是如何引导出这两个古代社会父亲走上不同道路的呢？

有关土地的故事告诉我们，古代中国父亲和古希腊父亲从一开始就选择了不同道路。先讲古代中国。

就西周"公有"制理论来看，周朝早期，人们定期更换土地，增加了人口，可以向上级请求更多的土地，减少了人口，就必须把多余土地归还给上级。这实际上意味着，任何人都天生具有向上级索取土地资源的权利，是古代公有制。然而，有人详细考察了西周时期的农业状况，得出结论说，"刚刚从熟荒耕作制中脱胎出来的休耕作制决定了严格意义上的土地分授只存在于抛荒以后迁徙他地的初期，在定居一地之后，不存在土地的定期分配"。[2] 另外，古代公有制在西周祖先开拓荒野、人口稀少、统治领域狭小的情况下，可能实行了一个时期，但在周王统治全国之后，要在全国范围内实施这种制度，就需要全国性的支持系统，不管是硬件（丈量、登记）还是软件（人员机构、组织），其技术水平远远达不到要求，即便有意愿也无法实施，至少难以长期实施。

就西周的"国有"制理论来看，周王绝不同于权力极为有限的古希腊国王，周王是整个家国的大家长，具有绝对的权威。继承王位，就意味着继承天下的全部土地、人民和财产。可是，为了处理好与诸弟的关系，作为嫡长子的周王分别将若干土地连同居民封给诸弟，并允许诸弟享有对这一部分土地、居民的统治特

---

① ［法］库朗热：《古代城邦》，谭立铸等译，华东师范大学出版社2006年版，297～316页。
② 李朝远：《西周土地关系论》，上海人民出版社1997年版，247～267页。

权和宗主地位。然而，就任何社会（小从聚落大到国家）来看，统合社会的机构，为了维持其机能，都会向各家庭征收一定的费用。比如，阿美人的母系社会，是通过聚落成员在公有土地的劳动收获来实现的。所以，如果从具有征收费用的权力来看，任何被组织化的社会都含有"国有"的性质。因此，"是否有收取赋税、地租的权力"不能成为区分各社会经济制度的标准。是否有索取土地的权力才是重要的判别指标。把古代公有制上升到更高程度、更广泛的区域，实际上就转化为古代国有制。但如前面所说，从历史性的技术条件来看，古代公有制的长期实施都非常困难，更不用说上升为古代国有制了。

就西周"私有"制理论来看，周王为了处理好与诸弟的关系不得不给他们分封土地资源，这个"不得不"是处理问题的一种方法，还是一种义务？诸弟是否生来具有索取土地的权力？西周私有理论的看法是，因为周王一人"无法管理"，所以需要分封；分封实际上就形成了古代土地私有制。显然，这种私有理论并不是立足于"索取资源权力"来看待问题的，因此，与古代土地国有制理论没有本质区别。

那么，西周的土地所有制，是公有，是国有，还是私有？问题的关键是祭祀（精神文化）。

司马迁在《史记》里详细讲述了古代中国有关纳税的故事：禹登位之后，下令规定天子国都以外500百里的地区为甸服，即为天子服田役纳谷税的地区。甸服以外500里的地区为侯服，即为天子侦察顺逆和服侍王命的地区：靠近甸服100里以内是国都的卿大夫的采邑，往外200里以内为小的封国，再往外200里为诸侯的封地。侯服以外500里的地区为绥服，即受天子安抚，推行教化的地区：靠近侯服300里以内视情况来推行礼乐法度、文章教化，往外200里以内要振兴武威，保卫天子。绥服以外500里的地区为要服，即受天子约束服从天子的地区：靠近绥服300里以内要遵守教化，和平相处；往外200里以内要遵守王法。要服以外500里的地区为荒服，即为天子守卫远边的荒远地区：靠近要服300里以内荒凉落后，那里的人来去不受限制；再往外200里以内可以随意居处，不受约束。到了周朝，也依然实施这个制度：国都近郊500里内地区是甸服，甸服以外500里的地区是侯服，侯服至卫服共2500里内地区总称为宾服，蛮夷地区为要服，戎狄地区为荒服。甸服地区要提供日祭品，让天子每天能祭祀祖父、父亲；侯服地区要提供月祀品，以便使天子每月祭祀高祖、曾祖；宾服地区要提供时享品，以便使天子每季祭祀远祖；要服地区要提供岁贡品，以便使天子每年祭神。有不供日祭的，就检查自己的思想；有不供月祀的，就检查自己的言论；有不供时享的，就检查自己的法律制度；有不供岁贡的，就检查上下尊卑的名分。为了保证以上制度的实施，就要惩罚不祭的，攻伐不祀的，征讨不享的，谴责不贡的，因此也就产生了惩罚的法律、攻伐的军队、征讨的装备、严厉谴责的命令。[①]

而《孟子·藤文公篇》记载说："夏后氏五十而贡，殷人七十而助，周人百亩而彻，其实皆什一也。"夏时候，按照一人耕种 50 亩为标准，自由人的税按照若干年的平均收成抽 10% 的实物上贡。殷时候按照一人耕种 70 亩为标准，在公田上干完了之后，才能去私田干（耕种公田的数量为 7 亩）。周朝在共和（前 841年）以后，改为实物地租。[②]

在古代，纳税的目的很简单：首领需要祭祀祖先（尽孝）。自舜帝开始，政府就在全国推行孝道，以此来教化官员和庶民，并建立起来了纳税制度，对不纳税的人、族群进行惩罚、征伐。这种精神信仰和制度，应该经历了一个从局部地区到全国，逐步推广开来的过程。这某个局部地区所采用的信仰，也不可能凭空想象出来，应该是对更古老信仰的继承。这里的结论是，孝道是在黄帝领导下的地区中基于母系传统而逐渐形成的一种信仰。这里把父母通过儿女追求死后永生的期待和信念看作为古代华夏父亲的精神信仰。孝道是子女继承这种精神信仰在现实生活中的表现形式。

5. 中国父亲都要尽孝

好了，故事进入古代中国父亲和古希腊父亲的核心部分。

什么是孝道？孝道最基本的地方在于，按时侍奉过世的父母，竭心尽力养育后代。父亲要后代祭祀自己，便从母亲手中接过了担子，每天拷问自己，用什么侍奉父母，养育后代？用酒肉。如何获得酒肉？在属于自己的森林、牧场和田地里狩猎、养殖和耕种。如果君王需要尽孝，官员需要尽孝，庶民也同样需要尽孝，那么这个社会（无论大小）所捍卫、征服得来的资源，"就一定会分给各个成员，而被分配的资源会具有相互独立，不能收回，同时也不能向政府要求调整

---

① 《白话史记》，吉林文史出版社 2008 年版。
② 范文澜：《中国通史简编》（第一编），人民出版社 1965 年版，113 页。

别人家的资源来补足自己"。这样一些性质，除非像古代澳洲人或古代希腊人一样不理会孝道。因为，各自有各自的父母并且永远需要侍奉，我不可能把侍奉我父母的资源交给你，让你去侍奉你的父母，当然更不用说养育别人的孩子了。那么，上一代人要尽孝，下一代人呢？所以，为了让下一代人也维持孝道，各家还必须把初次所分配得到的资源，再次分配给下一代人。这种以孝道为基本理念所形成的财产制度，就是古代共同所有。这个立足于中国式祭祀（古代中国精神文化）的经济制度，决定了古代中国式经济发展。

因此，周王掌握全国土地，让全天下的人上贡，是为了侍奉自己的父母、祖先，这时便具有古代"公有""国有"的一面，周王为了让下面的人也能够侍奉他们自己的父母而分封土地，这时便具有古代"私有"的一面。既强调自己的利益，同时又必须平衡他人为了尽孝而产生的家族利益（民意），就是古代共同所有经济制度的特征。

然而，为了祭祀自己的父母、祖先，以及头上累积起来的各代先人，作为祭祀者，当然总会追求更多、更精良的祭品。同时，他也希望，自己过世后不被后人忘记，也希望得到更多、更精良的祭品，当然也就非得让孩子有孝心，有出息。这些便是中国式祖先崇拜的功利性所在。这驱使人们去当首领、去当王，拥有更多的资源。而反映这种功利性的社会关系就是，在冥界和现世中，我的父母和祖先最伟大、最显赫，所谓光宗耀祖，就是由此而来。因此，当禹把王位传给自己的儿子启时，同一血缘集团的有扈氏会起兵反抗。而盘庚迁都时威胁反对者说："我要祭祀我们的先王，我们的先王将会告诉你们的祖先和父辈，你们的祖先和父辈就会断然抛弃你们，不会挽救你们的死亡。"商王的祖先在其他人的祖先面前也是高高在上的。

6. 中国与希腊分道扬镳

基于孝道来观察古代中国与古希腊的财产制度，两者的区别一目了然。

同样是祖先崇拜，希腊的家长和长子族，为了祭祀自己的父亲和男性祖先，占有家族集团（氏族）的全部财产，不会把财产分割给非长子族、仆役家族、平民家族。这些被统治者可以加入长子家的祭祀，受到长子族的男性祖先神的保护，但他们自己没有财产，没有权威，死后当然不可能作为神去保护自己的子孙，所以也就被排斥在被祭祀的范围外。因此，古希腊便出现了这样的情况：

"父亲不是血缘父亲，家长不是生活家长，父亲和家长这一词汇，仅仅用来指称任何一个他们想要尊重的男人。他本身所包含的不是父亲之意。"

那么，同是基于母系信仰发展起来的祖先崇拜，为什么古代中国和古希腊会有这么大的差异呢？

在古代中国，对于族人来说，宗子的配偶，即宗妇，有相当的地位。她是唯一能参与对祖先祭祀礼仪的人。儿子对母亲非常尊重，在有的家族，儿子对母亲的尊重甚至超过父亲。[①] 她们被子孙永远祭祀。可是在古希腊，"嫁给家长的女性，继而接受一个素不相识的神的保护。这位妻子将以辅助丈夫的方式而参与到祭礼之中。她死后在祭祀上无法与男子相当。在丈夫家中，这位妻子不是她丈夫祖先所生的女性，所以，她自己也不能成为丈夫家中的祖先，死后在坟墓里，也不享受格外的祭礼（侍奉）"。这里反映出来的是，在母系转化为父系之际，古代中国父亲进入母系的三代人的家族之中，许诺祭祀母亲家祖先和养育后代的责任，从母亲手中交换到自己受到子女祭祀的权利，同时尽量更好祭祀先人，更好养育自己的后代。之后再逐渐演化娶妻进门，祭祀自己的父母和祖先。也就是说，到了父亲能够强迫母亲意志的历史阶段（资源再分配的需求增强的阶段），远古中国父亲依托原有的三代人组织，逐渐取代了母亲的位置，进行了一场"没有流血的革命"。与之相比，前3500年转化为父系社会的库尔干人的两支队伍，从前2000年开始骑马南下，前后入侵了希腊、罗马。他们长驱直入原住民的领地，征服其族群，掠夺女性，强行娶妻入门，自立三代人家族，进行了一场"充满血腥的革命"。古罗马父亲抢妻的故事就是一个缩影。因此，古希腊父亲无视母亲的存在，强调只祭祀自己的男性祖先，让这种祭祀与女人无关。这样一来，驱使古希腊父亲功利行为的，也都是来自祖先的那强大压力。因此，古希腊父亲每天都祭祀祖先，酒肉不断。

在祖先崇拜中，母亲是否被祭祀，是古代中国和希腊的根本区别。在古代中国，由于母亲也被祭祀，她便具有了相当的权威，并牵制着父亲的独断性。同时，母亲出于母系思想，她的唯一想法就是得到儿子们的侍奉，而往往不会区别对待她的孩子们。所以，在祭祀资源分配方面，她不会让父亲不公平对待儿子

---

① 朱凤瀚：《商周家族形态研究》，天津古籍出版社2004年版，314页。

们。即便父亲从强化男性组织功能出发，想要让长子或者有才能的儿子单独继承财产，或者从是否有能力，是否能够继承产业的角度，想要把自己不喜欢的儿子驱逐出去，让没有血缘的他人成为养子来祭祀自己，都无法实现。也就是说，在古代中国，父亲对母亲的承诺是，只要是血缘后代，父亲就有供养义务和责任。与之相反，在古希腊，父亲对祖先的承诺是，只供养长子长孙，其供养的压力也比中国小得多。因此，在古代中国，儿子之间的财产分割因祭祀而成了历史的必然。在古希腊，长子继承也因祭祀成了历史的必然。让古希腊父亲走古代中国父亲的道路是不可想象的。

从历史表象来看，在远古中国，由于继承了母系思想，在祖先崇拜发端之际，孝道观念便横空出世，成为远古华夏父亲处理万物的精神文化的核心（信仰）。于是，禹登位之后，并没忘记给没有才能的丹朱（尧的儿子）、商均（舜的儿子）封地，让他们奉祀祖先。这种做法，在背叛母系思想的古希腊人那里，是难以想象的。

在西周的初次分封时期，周人军队被派往各地。用今天的话来说，他们就是戍边部队的战士，他们所得到的各种爵位称号，就是这些军事骨干领取军饷的凭证。他们是军人，不可能从事农业生产，他们必须靠分封得来的军饷来祭祀父母、祖先。同时，他们也不可能因为要强化战斗组织而实行排除余子的财产继承制度，更不可能一人控制那些庶民和仆役家族生活。恰好相反，余子、庶民、外族人、奴仆，都分割到了自己所需的土地，在井田制这种经济制度之下，各自安稳地孝敬自己的父母，侍奉自己的先人。既然如此，异姓贵族以及被统治地区庶民为什么还要造周王朝的反呢？既然没有强烈的反叛势力，周人的部队可以更安心生儿育女，在扩大自己的组织的同时，也和老百姓打成一片，共同居住在一起。而在组织上，所反映出来的就是，层层"承包"的巨大宗族。要让古希腊父亲来走这样的道路，也是不可想象的。

在古希腊，以一个家长和他的男性祖先为核心，发展出100多个成员的氏族。因此，希腊的氏族（相当于西周的宗族），不是几个亲戚家族的联合体，而是核心家庭吸收外部人员而来的混合体。这里想强调的是，这种"非联合"原理在后来的组织发展中，比如形成族盟（胞族）、王国、城邦时，也是一贯性的。也就是说，各氏族相互征服，直到一个氏族首领（家长）剥夺另一个氏族首领（家长）的被祭祀权，才可能形成族盟（胞族）。虽然在形成胞族时各氏族首领聚集在一起，"筑祭坛，燃圣火，立新祭"，组成部落时各氏族首领聚集在一起祭祀他们的部落神（英雄），但那圣火、那部落神，恰恰像征服胜利者氏族的祖先神。这圣火、这部落神，如同家火一样，保护所有的下属成员，从而受到下属成员的公共祭祀，但能成为被公共祭祀对象的，只有这个征服胜利者氏族的祖先。

本书第一部中已经提到，由于古希腊家族中各代家长都是长子，祭祀这些亡灵时，不需要对他们指名点姓，由此，各代祖先可以被抽象出来，聚集为一个抽象的固定神，然后化为城邦圣火，当然也可以化为一个固定的英雄形象。而这在以孝道为核心、各家父母都能成为被祭祀对象的古代中国是不可能办得到的。

概括说，在初期社会，是否侍奉先人，这让我们与其他人类分道扬镳；在母系社会转化为父系社会之际，是否把祖先纳入祭祀对象，这让祖先崇拜的古代中国、古希腊与古代图腾崇拜的澳洲等社会分道扬镳；在祖先崇拜社会，是否把母亲纳入祭祀对象，又让古代中国与古希腊分道扬镳。因此，各古代社会所选择的不同形式的祭祀（精神文化），最终决定了古代各社会的祭祀原理、家庭和社会结构、财产制度以社会经济发展的道路。显而易见，不同的祭祀通过基因传递、文化积累，赋予了我们不同的社会张力。

7. 4000 年与 500 年

故事讲到这里，便开始从核心部分向整体社会辐射了。

在古希腊，相互对抗组织越是庞大，征服对手会变得更加困难，一个氏族首领控制族盟（胞族）、部族乃至整个王国的能力，或者一个贵族要控制城邦的能力，会随被控制成员的大量增加而大幅下降。

更要命的是，所属贵族首领的叛变会使政权被颠覆。"希腊王权不是被庶民推翻的，而是被贵族们（氏族首领们）推翻的。"[①] 那么，因为贵族的构成不同，中国的王权被维持了 4000 年，而希腊只维持了 500 年吗？

从中国西周的情况来看，所谓贵族，就是周人。什么是周人呢？就是以周王为宗子的那 15 万人。既然都姓姬，都是血缘同胞，一笔写不出两个周字，他们当然会自觉去维护周王的统治。但古希腊王权下的贵族是姓氏不同的各个氏族集团

---

① ［法］库朗热：《古代城邦》，谭立铸等译，华东师范大学出版社 2006 年版，242 页。

的首领，他们相互没有同祖同宗关系，谁都想推翻王权。所以，古希腊的王权无法长期维护。

这样来理解问题非常简单、合理，但又会觉得什么地方有些奇怪。这奇怪的地方是什么呢？如果站在"从一到二"的立场，那么，从"非洲夏娃"延续下来的子孙，无论姓姬、姓李、姓王，都是血缘同胞，古代中国和古希腊都是如此。那么，为何本来同样构造的社会却出现了这样的不同，起点在什么地方呢？

赋予姓名，是为了区分你我。而区分你我的目的在于，这片土地是我的，那片土地是你的。而区分土地所有权的目的在于，我祭祀我的父母，供养我的后代；你祭祀你的父母，供养你的后代。因此说，从古代大三角形社会中，分割出大小不同，包括几个、几十个三代人家庭在内的集团，这就是宗族或氏族。而这种分割的根本目的在于祭祀。祭祀对象不同，分割出来的贵族集团大小也会不同。古代中国宗族的祭祀对象是各家庭的父母和祖先，这些祖先向上追溯就会去向与周王相同的一个祖先，由此也就划定了周王手下各个贵族集团下的血缘同胞范畴。古希腊氏族的祭祀对象是长子系列的祖先，这个祖先在现世的代表就是古希腊的王。然而，在古希腊，由于无论是否有血缘关系，只要祭祀这个家长系列祖先，就都算作为"血缘同胞"，相反，分裂出去的人，即便是亲兄弟，也不算作"血缘同胞"，姓名也不相同。所以，古希腊贵族们的祖先与古希腊王的祖先并不同宗。也就是说，虽然从"非洲夏娃"那里，古代中国和古希腊所得到的社会结构都是同样的，可是，在进入父系社会之际，由于古代父亲选择的祭祀对象不同，也就决定了古代中国和古希腊的贵族构成的不同。

从是否有推翻王权动机的角度来看，不仅姓姬的贵族都认同周王的始祖，而且各个家庭成员都能够祭祀自己的父母（孝顺），从而保证了这些贵族自己死后也会被祭祀。贵族们不担心自己死后没有归宿，由此感恩周王，也就没有去推翻周王权的动机。而周王即便也想干一些类似古希腊父亲的专横独断的事情，但由于母亲的牵制，无法办得到，所以只好寻找其他组织贵族们的办法。这个办法就是，"你们有被祭祀的权利，但要以服从我为条件"，这就是"一人之下，万人之上"。周王通过恐吓和怀柔，演化成贵族们精神上的权威。"武王既克殷，未及下车而封黄帝之后于蓟，封帝尧之后于祝，帝舜之后于陈，封夏之后于杞，封殷之后于宋。周人不能尽灭之，以与周之诸侯并存。而此诸邦亦力不敌周人，认为共主，以天子礼奉事之。"也就是说，在古代中国，行政命令是把父亲们组织起来的重要手段。因此，古代中国的贵族和下面的父亲们，除去那些热血青年，或者是一心想报杀父之仇的个别人以外，没有去推翻君王的足够动机。于是，家天下从古代到近代，一共维持了4000年。

而古希腊的情况完全不同。前面提到，想统一雅典的忒修斯被贵族们驱逐雅典的理由是，他要摧毁各部落的神庙。这些为英雄所设立的神庙，正是各氏族首领的宗庙。摧毁这些神庙，意味着"抄这些首领的祖坟"，因此，忒修斯被打倒是理所当然的。在古希腊，组织的统一需要祭祀的统一，这种统一的直接后果就是，权势者总是企图剥夺其他家族父亲被祭祀的权利。由此，引申出两个重要的逻辑。第一，由于相互不可能真正融为一体，组织只能是临时协作、联邦性的，永远也不可能真正统一。第二，在这个组织中，每人都必须维护自己独立"通天"的权利，否则，自己就会被"抄祖坟"，所以，组织中的权威只是形式上的，而不可能是精神上的。更具体地说，在古代中国可以是"一人之下，万人之上"，但在古希腊只能是"万人对万人的战争"。如果是这样，雅典的王权只能维持500年，也就是一个历史宿命。

8. 古希腊的经济社会

从精神文化向整体社会的辐射，当然也会涉及我们最关心的古人的社会经济生活。这里只讲一下古希腊。

长子继承制，从现象上看，仅仅是上一代人把财产转移给下一代人的一种方式，没有什么大惊小怪的。然而，这种制度却蕴藏着一种机制，这对古希腊社会变化，有着不可低估的作用。

首先从经济活动领域来看，我们说，资本主义给世界带来了很大变化，这是一个共识。这里把早期的资本主义称为"古典资本主义"（非现代资本主义）。那么，这种"古典资本主义"的核心内容是什么呢？马克思的《资本论》阐述得很清楚：有两个阶级，一个是富人阶级，一个是被雇佣劳动者阶级；富人获取被雇佣劳动者的剩余价值。那么，富人是如何发生的？亚当·斯密做了明确的回答，是上一辈传下来的资产所引起的。[①] 于是，家族的财产分配制度就与"古典资本

---

① ［英］亚当·斯密：《国富论》，郭大力、王亚南译，商务印书馆1981年版，14页。

主义"有着历史渊源。这个逻辑，在古希腊也成立。也就是说，长子继承制一方面带来了资本的积累，另一方面把一部分人变成没有财产的劳动者。资本的积累是古希腊工商业繁荣的基础，而通过劳动者的再生形成"雇佣劳动"（不是自给自足的劳动）被长期维持的趋势也是希腊工商业繁荣的基础。① 同时由于各经济组织必然把"剩余劳动者"排除到社会上，这也成为对外殖民战争的原动力之一。② 另外，长子继承制度建立了一个以发展祖产（资本）为目标的法人组织，它超越了一般的日常生活的生产和消费，超越了血缘关系，把事业（家业）发展作为最终目标，从而形成历史上最早的"现代企业"。因此，就这几方面来看，古希腊（包括采用同样经济制度的古罗马），不能不说是在上述机制支撑下的社会经济形态。同时，为了解决上述机制所带来的各种社会问题，出现了社会科学的萌芽。作为亚当·斯密和马克思的经济学研究基础之一的亚里士多德的理论，也应运而生。现代的政治学、哲学、经济学等都源于在这种机制支撑下的古希腊社会。

因此说，古代祭祀（精神文化核心）决定了古代政治制度、财产制度，而政治制度、财产制度决定了古代父亲的行为以及古代社会经济的发展程度。

再来说精神活动领域。

由于古希腊一部分劳动者没有财产，也就没有神性，至少成为不了后代的楷模，最终也不会被敬仰，不被自己的后代所祭祀。如果"追求永生、需要被祭祀"是"非洲夏娃"子孙的精神特征，那么，这些没有财产的古代希腊劳动者会因无法解决死亡之后的永生问题而像乌鸦印第安父亲一样，时常都有类似"神经病"的行为发生。这种不断爆发的行为给古希腊社会带来了不断变化。与之相比，古代中国没有这样的问题来搅局，也就会千年如一日，不会像古希腊那样发生巨变。

---

① 古典时代（前510－前323年）希腊工商业发展达到历史最高水平，而在工商业比较发达的几个城邦中，雅典发展得最充分，是全希腊最大的工商业中心（http：//bbs. lzszg. com/thread－892658－1－1. html）。

② 前8～前6世纪，希腊人在城邦形成的同时，进行了广泛的海外殖民运动。殖民的范围扩展到地中海大部分地区和整个黑海沿岸，因此在历史上称为"大殖民"（http：//baike. baidu. com/view/1306658. htm）。

任大川

著

父母简史

人类母亲和父亲的十万年

下

中国发展出版社

CHINA DEVELOPMENT PRESS

第八章

商周与希腊（二）

就在古代中国父亲还在搞分封土地、家天下的时候，古希腊父亲却搞起了类似"古典资本主义"的东西，然后劫富济贫，搞一人一票的古代民主政治，好像已经跨入了近代社会。并且，在古希腊父亲中，英雄、哲学家、科学家等如雨后春笋到处涌现，其英名和影响流传至今。奇怪吧？而作为古希腊的历史进程，虽然由于古希腊的贵族构成，王权不可能长期维持下去，但这并不能成为古希腊父亲搞一人一票的古代民主政治的理由。古希腊父亲的故事完结不了。

因此，接下来继续讲古代中国和古希腊的父亲最初 2000 年的故事，侧重讲两个古代社会精神领域中的英雄父亲、哲人父亲，搞各种科研和学术的父亲，以及百姓父亲，看看他们都是怎么想的，是什么支撑着他们，各自都有什么不同。看点是，古代社会中到底有多少"神经病人"。

一、民意为天

1. 天、王、民三角关系

先说周王、周公等这些打天下的古代英雄父亲。

周武王了解到，商王用卜决疑，避祸求福。周武王还知道，"商人强调财富，只要取得财物，不顾什么廉耻、亲疏。纣王为了追求财富，还凭借势力，吸收逃亡奴隶"。[①] 于是，武王乘机替天行道，推翻商朝。前 1066 年 2 月在与纣王的军

---

① 范文澜：《中国通史简编》（第一编），人民出版社 1965 年版，107～120 页。

队进行决战前，他号召大家说："商王纣只听信妇人的话，遗弃他的祖先宗庙而不祭祀。现在，我姬发奉行老天对他惩罚。"纣王怠慢神，而武王敬重神，白脸红脸、好人坏人，跃然纸上。

很明显，支撑这位英雄的是"天命"：商周交替是上帝的意志，伟大的天把古代中国的父亲和疆土交付周天子。因此，"周王在敬天的同时，也加进了民德的内容，对神权思想做了重大改造。天威并不可信，民情才是实实在在的东西。小人是难以治理的，为此，需要德，德成为天命的补充和保民的手段"。① 具体说就是，"众民是天生下来的，皇天是众民的宗主。皇天选择有德的国君做天的元子，把古代中国父亲和疆土交给他，让他代天保民。而天视自我民视，天听自我民听。民心是政治好坏的镜子。武王死后，周公摄政七年，参酌殷礼，制定出了礼乐制度"。② 就考古资料来看，"周代文献中最重要的是民，民和德这两个字是文武周王的大法。而'德'字是和'孝'字同时出现的，德是对天说，孝是对祖说"。③

最终，周王从敬天转化为敬民。对此，有人说，周王祭祀的对象是死去的周先王（太王、王季、文王）和天。死去的先王乃是天之宾，其职责是侍奉天，周王欲与天进行沟通必须通过先王才可以。不过，对天的信仰乃是延续了殷商对帝的崇拜。天能降下灾祸或者赐福，周人只不过用"天"取代了商人的"帝"。实际上，《汤誓》中有"我后不恤我众，舍我墙事而割正夏"，《盘庚》中有"罔不惟民之承"。因此，在商朝，民之地位已经开始凸显。不过，民之地位提升是缓慢的，没有理论上的说明。正是周公，使得民之地位在理论上得以说明。他拟定了天、王者、民的三角关系：天命靡常，通过民情呈现；王者通过民情领会天命；天则通过王者的行为来判定王者是否领会了天命。这个架构的最大特征是对君王的制衡。天命所归之处，即为民心安顿之处，王者欲获得合法性，则必须从民情处领会天命，然后修德保民。这与商朝的从天到王、从王到民的直线下贯的天命

---

① 黎虎：《夏商周史话》，北京出版社 1984 年版，217～219 页。
② 范文澜：《中国通史简编》（第一编），人民出版社 1965 年版，151 页。
③ 侯外庐：《中国古代社会史论》，人民出版社 1955 年版，103～105 页。

观相比，周公的天命观无疑凸显了民意。①

2. 公共仪式成为过场，投票才是全部事实

周王有了这样的转变，那么古希腊的王者们又如何呢？

在古希腊，各地区、城邦和氏族都有神话谱系。这些谱系常常把氏族的始祖追溯到一位地母之子。雅典人（雅利安人）声称他们的始祖是雅典第一位国王刻克洛普斯，而他是地母之子。以后那些原住民也逐渐忘记了自己的祖先，于是这些雅典人便成了真正的古希腊公民，并把后来入侵的那些多利安人都看作是外来者，是混有外邦人血统的乌合之众。"地生人"神话为外来入侵者霸占土地提供了合法性，为解决领土争端和对外扩张提供了根据。②

这种祖先和土地一体化的现象也发生在建立古代城邦的过程中。筑城之日，筑城的首领先行祭礼。他撅出一条环形小沟，并将从故乡带来的土块投进沟里。被安置土块的沟，被称为冥界。他在那里立祭坛，燃圣火，使之成为城邦之火，由此表示故乡被葬的祖先和家火，城邦建立者不能离开家火及祖先坟墓。为了避免对祖先的不敬，就举行这样的仪式，用携带来的土块代表埋葬祖先的土地。他要走，就得带上故土及祖先一同上路。在这种礼仪之后，他才能说，这块新的地方也是我祖先的土地，是我的故土，因为这里有我祖先的亡灵。每年死者的亡灵都要从那里出来三次，看一看光明世界的景象。凡建城者都举行同样的典礼。③

这样一来，对筑城者的敬仰也随之产生。在筑城者死后，他也将被列为后人的共同祖先，以他为城邦的守护者。在他的墓前，人们每年都去举行供奉和节日庆典。因此，城邦祭祀的大祭司是政治首领，而点燃城邦圣火的建城人就是城邦第一任祭司，然后父子相传。既然教权是这样，政权也不例外。古希腊法律规定，王位属于建立城邦祭坛的人。当人们在举行公共祭祀时，包括对宙斯及雅典娜的祭祀在内，首先得向圣火祈祷一番。无论它是哪路神灵，凡在向它祈祷之前，都须先向圣火行致敬礼。在奥林匹亚城，希腊各国聚祭时，他们也是先向圣火敬礼，次祭宙斯。古罗马也是这样，他们最先拜的是维斯塔，而这是圣火演变

① 龚传星：《"民本"观念彰显——周公对颛顼"绝地天通"观念的修正》，载《社会科学论坛》，2011（3）。
② 王以欣：《古希腊神话与土地占有权》，载《世界历史》，2002（4）。
③ ［法］库朗热：《古代城邦》，谭立铸等译，华东师范大学出版社2006年版，125～126页。

后的别名。圣火占据着祭祀的首位，后来的神，纵然比它新，比它大，也未能取其位而代之。①

因此说，在古希腊的王权时代，首领由他的出生而定。国王在人们的心目中不是神，但却是平息神怒的大能人。越过他，任何祷告都被宣布无效，任何祭祀都不会灵验。② 即便建立城邦、发生了平民革命以后，在区别身份时，祭祀权还是起着决定性作用。比如，"有一次，平民要通过一条法律，一个贵族便说：'你们有什么权力制定新法或改变旧法？你们既没有占卜，又没有祭礼。法律是一件神圣的事物，你们与祭祀及这些神圣事物有什么关系？'"③

前6世纪梭伦改革之后，仆役得到了解放，自成一体。他们没有首领，是一群乌合之众。这时，银币诞生。民众的一部分利用它而致富，在民众中出现了一个类似贵族的阶级。他们自设家火，依照贵族的样子，建立自己的祭祀、保佑神。前509年，克里斯提尼联合民众推翻贵族统治，并当选为执政官。他把4个部落改为6个部落，每个部落分为若干区。以500人会议代替梭伦创立的400人会议；创立将军委员会和陶片放逐法。而那些原来的仆役有了属于自己的祭祀。民众按住处分配到各区，一律平等，没有按出生得来的特权。前469年以后，公共祭祀不再是旧家庭世袭的祭祀，不再以贵族的家火为中心，被祭祀的祖先再也不是贵族的先人，而是在民间留有好感的古人，即英雄。在这之前，作为社会秩序基础的最高原则，不是公众利益而是祭祀。一切事务的决定都通过占卜。由于旧祭祀已无能为力，必须找出一种可以代替旧原则的新原则来。这种组织政府的新原则，就是公众利益。要知道公众利益是什么，最简单的办法就是召集民众，咨询他们的意见，也就不再需要占卜。以前，百人会选举执行官只是一种过场，长官的选定实际上是在神的授意下前任将占卜权交给后任。现在，祭祀典礼只不过是一种过场，投票才是全部事实。政府的性质也改变了。它的主要职务不再是按时举行祭祀典礼，而在于对内维持秩序，对外维持尊严与强盛。④

① ［法］库朗热：《古代城邦》，谭立铸等译，华东师范大学出版社2006年版，19页、20页、125～130页、164～166页。
② ［法］库朗热：《古代城邦》，谭立铸等译，华东师范大学出版社2006年版，166页、170页。
③ ［法］库朗热：《古代城邦》，谭立铸等译，华东师范大学出版社2006年版，176页。
④ ［法］库朗热：《古代城邦》，谭立铸等译，华东师范大学出版社2006年版，258～268页、279～300页。

3. 追求天人合一，继续家天下

以上的故事说明，在古代中国和古希腊，君王、贵族为统合社会的自然崇拜（听从天意、卜卦）都逐渐走向了衰亡。

就古代中国而言，从黄帝到颛顼，政治的重心在敬重上帝和通过卜卦来获得天意。从尧到禹，政治的重心转移到孝顺（五常、五伦理）。而到了商朝初期，政治的重心再次转移到敬重上帝和通过卜卦来获得天意。而到了商朝末期和周朝，则重新回到了孝顺（五常、五伦理）。这种循环所反映出来的道理是什么？

有人说："随着周王朝在全国的统治稳定下来，天神能够展现它统合社会功能的地方越来越少。即便天神依然存在，也是一种管理大自然活动的抽象机能，到了 12 世纪便已经演化为一种抽象的法则，成为宋朝朱子学中的天理。"① 王国维也说，殷以前，天子、诸侯君臣之分未定也，天子不过是诸侯的盟主而已。但西周之后，天子诸侯形成了君臣关系，天子之尊，非复诸侯之长而为诸侯之君。②

从当时政局的角度，比较容易理解上述的循环变化。公共性自然崇拜是某个血缘家族（一个祖宗谱系子孙）的王者为了统合其他血缘家族（各个祖宗谱系子孙）而祈祷天帝赐福于大家（不分祖先谱系）的祭祀活动。由于这仅仅是一种"欺骗大家"的手段，所以，在家族集团联盟时期，或政权还没有稳定期间，公共性自然崇拜成为一种趋势。可是，一旦政权牢固掌握在王者手中，"我家祖先高于你家祖先"的功利心便会显现出来，天帝（自然神）也就会被抛在脑后。反映这段历史的现象就是，黄帝期间，远古华夏本身以及与其他地区势力之间，只是一种联盟，所以联盟首领们共同祭拜天地。尧以后，远古华夏政权用武力控制了政局，通过道德来强化统治成为一种必然。而到了商王要联合各路诸侯来夺取夏朝政权时，又回到了共拜天地。

就商朝和周朝的具体情况来看，当时有一个经典的故事：商王祖庚（前 1200－前 1190 年）祭高宗的时候，忽有一只野鸡飞到鼎耳上鸣叫，祖庚为此恐惧，他的大臣祖己趁此机会开导祖庚说："先王继承帝位被百姓敬重，无非因为你是老天的后代，在祭祀的时候，给近亲的祭品不要过于丰厚啦。"③ 商朝的上帝崇拜和祖

---

① ［日］森三树三郎：《中国思想史》（上），第三文明社 2008 年版，32～35 页。

② 王国维：《殷商制度论》，载《观堂集林》（二），中华书局 1959 年版。

③ 《高宗肜日》，载《白话尚书》，岳麓书社 1990 年版。

先崇拜是紧密地结合在一起的。商王是上帝的元子，他受命于天，代表上帝行使权力。商王死后，他会回到上帝的左右，两者合而为一。对上帝和先王的祭祀，都是国家的大事。[①] 如果商王的亡灵紧跟天帝，那么，祭祀天帝就意味着祭祀祖先，所以，商人重视天帝，也没有错。然而，随着政局的安稳，到了祖庚以后，特别是纣王更重视对自己父母、近亲的祭祀，于是被周王抓到把柄，说他不敬神。周王的这种借口，实际上是对孝顺父母行为的一种攻击。因为，就我们大三角的社会结构来说，祭祀的祖先越向上追溯，比如追溯到"非洲夏娃"，那么，祈福的对象就是全人类。如果君王把对全人类的祭祀当作政治理念，那么，他的行为一定可以冠以"忠""公"等褒义词。相反，君王只顾孝顺父母，自然就会被看作"不忠"和"自私"，并以此来批判君王只顾及自己的小家，不理朝政大事。

周王正是利用这一点，强调自己敬天，接受了天命，从而结成诸侯同盟，夺取了政权。虽然，为了统合异姓部族，欺骗大家，需要敬天，但当以武力征服天下，不需要同盟者支持，甚至兔死狗烹时，周王就可以不敬天了，于是自然神又衰退下去。从这以后，君臣关系在后来的政治格局中已经毋庸置疑，所需要决定的只是谁来当皇帝，谁来当臣民而已，自然神在政治中也就随之退出了历史舞台。直到清朝，虽然皇宫内还有主管天象、卜卦的官员，但他们对政治决策几乎没有什么影响。不过，改朝换代时，仍旧要利用"天"这个自然神的别称，来强调君王的正当性。

虽然随古代历史延伸，"天"在统合社会方面的意义逐渐消失，但为了个人或家族的利益，君王还是会去祈祷自然神，就如普通老百姓去卜卦、看相一样。因为他也需要用神鼓励自己，进行"自我欺骗"。比如，患上重病时求神治愈，在奔赴战场时祈祷保佑。这时的需求方都是现世者，而供给方是抽象的自然神或者作为代表的庙宇以及祭司。当供给方违约，需求方没有得到相应回报时，就会发生诅咒自然神、斥责祭司、捣毁庙宇等现象。这种祭祀（"欺骗自己"）与公共祭祀（"欺骗大家"），虽然祭祀对象都是同一的，但导致祭祀变化的理由却不相同。在个人层面的自然神祭祀，随着科学进步，人们不断对概率分布加深理解而

---

① 黎虎：《夏商周史话》，北京出版社 1984 年版，104 页。

逐渐消失，即，我们常说的"破除迷信"。但古代公共祭祀的变化，却与政治形势本身有密切关系。

　　然而，相比一般老百姓，君王还面临一个无法回避的问题。从为祈求保佑个人成功的角度来看，比如周王真的敬天，以此来神化自己，确信统治天下是上天赋予的使命，那么，在现实生活中，君王的失败就意味着被上天凡人化，被打回原形。因此，在信念与现实之间，周王必然随时都要解决"自己是否做到了天人合一"这样一个维护政权方面的命题。通俗说，这是做贼心虚。因为如果你真相信自己是"龙种"，那么，当你在现实中失败时，自然就会产生一种被上天抛弃的挫败感。为了避免这种"信心丧失"，"龙种"们就必须执着于对"天人合一"的追求。其结果就是，在统合异姓部族时期采用卜卦，在以武力征服天下之后便面临如何获取民心的问题。

　　这样一来，周公的理论便具备了两个核心内容。第一，"我即天"，这意味着周王基于自己的家族祭祀来治理社会。所以，自然会以治家之道，扩大为治国之道。这样必然会降低自然神的位置。第二，以治我家之道，推广为治他家之道。其实际内容就是，照顾天下所有儿女对父母的祭祀。这也就是照顾到"民意"的"德"的实质。

　　如果以上的看法符合古代中国的历史逻辑，我们就面临一个非常尖锐的问题：由于周王等都依据"民意为天"的原则来检测自己的正当性，"天聪明，自我民聪明，天明威，自我民明威"，那就应该像古希腊一样，让大家投票来清楚地显示出民意。但古代中国的家天下持续了4000年，仍旧没有看到这样的征兆。对此，钱穆说："古代中国与古希腊、古罗马不同。他们国土小，人口寡。如希腊，在一个小小半岛上，已包括有一百几十个国家。他们所谓的国，仅是一个城市。每一城市的人口，也不过几万。他们的领袖，当然可以由市民选举。只要城市居民到广场一集合，那就可以表现人民的公意。"[1] 这样的解释难以让人释怀。因为古代世界有许许多多的小国，从来就没有自发地实行一人一票的古代民主社会。很明显，促使古希腊、古罗马用投票来表示民意的特殊理由，不仅古代中国没有，古代世界的其他社会也没有。这个特殊理由是什么呢？

---

　　[1]　钱穆：《中国历史政治得失》，三联书店2009年版，2页。

除此之外，就古代中国的君王政治而言，似乎还可以提出一个让人忐忑不安的疑问：是君王们没有足够的智慧想到古希腊人的那种方法，还是君王们的"民意为天"也仅仅是一种欺骗大家的幌子？

二、崇拜英雄

1. 混沌，古希腊史

先抛开那个让人揪心的疑问，只抱着对那个充满奥秘的特殊理由的好奇心，来看一看古希腊的英雄们。

古希腊人的祖先，在中欧大草原时期，是三代人母系家庭的聚落。由于人口的增加，一部分人被排斥到新的地方，前3500年，在与其他原住民的争斗过程中，形成了初期的库尔干父系社会。其中一部分父亲，在前2000年左右骑马向欧洲西南部入侵过程中，抢劫女人，建立了具有父亲绝对权威的家庭，并且以自己和长子为核心，形成家族（氏族）。作为这些父亲的精神支柱的祖先也被抽象出来，有了家火。这些家族（氏族）的人口超过150人左右时，便向蚂蚁、蜜蜂分巢一样，一部分余子系列的家族净身出户，另立家火。这些家族后来入侵希腊，被称为雅利安人。侵入希腊后，这些英雄父亲又开始了各氏族相互征服，结盟，并产生了以英雄为保护神的共同祭祀。前1600年以后，在希腊这狭小的土地上展开更激烈的战争，形成部落，开始有了共同祭祀自然神，并产生了锡迈尼、雅典等许多古代小王国，开始了"家天下"的王权统治。前1200年，又一支库尔干父亲侵入希腊，他们被称为多利安人。由于他们的入侵，古希腊遭到破坏，由此进入黑暗时期。直到前750年，古希腊才重新复活，以氏族为基础，进入大量建立城邦的阶段。

就古希腊英雄父亲们的精神支柱而言，有人基于《荷马史诗》这最早的第一手资料，提出疑问：第一，在《荷马史诗》里中祖先崇拜或家神崇拜并不占据显著位置，奥林匹亚诸神主宰着一切人事。英雄崇拜不具有塑造家庭制度与产权的意义。第二，在《荷马史诗》里没有发现亡灵的安葬与生者福报的关系。第三，半神半人的英雄崇拜是古希腊文明的一个奇特的现象。然而，在考古发现中并没有找到英雄崇拜源自迈锡尼时期的亡灵崇拜。①

　　除了以上的质疑外，关于希腊远古历史的描述本身也呈现出许多矛盾的地方。比如，就雅典而言，神话传说中前1556年就出现了国王，具有了雅典统一的标志，雅典人也认为其他许多地方都是乌合之众的多利安人城邦。但另一方面，雅典的历史又被表述为，前7世纪半时期才有雅典城邦和雅典人。而考古发掘表明，进入黑暗时期，迈锡尼的制度被摧毁，以后的城邦制度都是被摧毁后重新建立的东西。

　　如何理解这些矛盾性和不连续性呢？先详细讲一下《荷马史诗》中的古希腊英雄。

2. 草莽英雄，害怕阴间

　　一般都认为，古希腊文化的特征是强调理性，通过在自由意志状态下进行思考，达到人生的最善。在古希腊的政治动乱中，人们都有追求私利的倾向，为了建立秩序，产生了一大批道德哲学家。比如，苏格拉底认为，与动物相比，人的特征在于理性。如果人的行为中存在着恶善，那么，由恶到善的过程，就是一个从无知到理性的过程。因为，你对恶善没有认识的话，你就不会知道什么是恶什么是善。所以，理解自我，认识到自己的无知，人就自然会求善避恶了。那么，恶善的标准是什么呢？古希腊通过对理想的英雄人物塑造，把欢乐、友爱、名誉、正义等作为善。

　　《荷马史诗》可以被看作创立这种标准原始根据之一。《伊利亚特》所提出的问题是，人生是有限性的，在这有限的生命中应该确立什么样的人生观。按照荷马的观点，有的英雄本身是神的后裔，是神与凡人生的孩子，因此英雄也是半神。英雄的主要特点是尚武，忠于战神。英雄们追求的是不朽的名声，荣誉和尊严比生命更重要，代表着"神圣的自我"。

　　《荷马史诗》着力描述了阿伽门农、奥德修斯等英雄人物。阿伽门农（意为"坚定不移"）是阿特柔斯之子，从父亲那里继承了迈锡尼国王的王位。特洛伊战争是因为他想称霸爱琴海，他的弟弟墨涅拉俄斯的妻子海伦被特洛伊的王子帕里

---

① 郑文龙：《古希腊城邦与宗教：〈荷马史诗〉与库朗热的〈古代城邦〉》，赵明：《法意》（第二辑），商务印书馆2008年版。

斯拐走只是导火线。在战争中，阿伽门农成为希腊联合远征军统帅。战争胜利后，他顺利回到家乡，然而他的妻子与情人将他谋害。他在《荷马史诗》中，并没有像其他人一样，发出"宁在凡间为奴，不在冥界为王"的感慨。[①]

阿喀琉斯是阿尔戈英雄珀琉斯和海洋女神忒提斯的儿子。他的女神母亲想使他也成为神，便提着他的脚踵把他放在天火上，想把人类父亲的遗传成分烧掉。有一次，珀琉斯暗中偷看，不禁吓得大叫起来，这一来妨碍了忒提斯，因此阿喀琉斯除了脚踵之外全身刀枪不入。阿喀琉斯在奥德修斯的诱导下参加特洛伊战争，在战斗中杀敌无数，数次使希腊军反败为胜，后来被特洛伊的保护神阿波罗用太阳箭射中脚踵而死。[②]

奥德修斯是拉埃尔忒斯的儿子，是伊大卡的国王。他在儿子出生不久，就去特洛伊远征。在特洛伊城下，他表现得机智勇敢。战争的第 10 年，他说服希腊人继续围困特洛伊。他几次与其他英雄结伴，去敌人营垒中侦察。特洛伊人进攻得势时，他制止了希腊人的溃退，很多著名英雄先后受伤离开战场，他独自坚持战斗，直到带伤后被同伴救出。特洛伊战争结束后，他在海上漂流 10 年，历尽种种艰险，回到故里，杀死了那些要夺走他妻子的求婚者。[③]

《荷马史诗》中的这三位英雄，各自展现出不同的性格。"阿伽门农在争夺战利品中非常骄横。但冲锋陷阵他不如阿喀琉斯，足智多谋他不如奥德修斯。不过因为他提供了最多军队，所以仍旧是希腊联盟军的统帅。阿喀琉斯虽然因阿伽门农夺走女俘而愤愤不平，但也不敢挑战他的权威。其他英雄对阿伽门农都很尊重，不敢与他平起平坐。阿伽门农是一个有相当权威的古希腊王。"[④]

"在诗人看来，当时更多的人显然是喜欢干农活并以家庭琐事为乐。奥德修斯的父亲费了很大的力气，把农场中的一块荒坡地开垦成耕地。在奥德修斯离家的岁月中，他的土地财产由妻子、儿子管理，可儿子并没有得到自己的土地。在奥德修斯的仓库中，有黄金、青铜、一箱箱衣服、橄榄油、陈酒。为了尽可能得到礼物，他四处周游，乞求礼物。奥德修斯在得到礼品后，把它们藏在山洞里。"[⑤]

---

①② http://baike.baidu.com/subview/122159/13876180.htm。

③ http://www.baike.com/wiki/%E5%A5%A5%E5%BE%B7%E4%BF%AE%E6%96%AF。

④ 晏绍祥：《荷马社会研究》，上海三联书店 2006 年版，63 页。

⑤ 晏绍祥：《荷马社会研究》，上海三联书店 2006 年版，40~41 页、43 页、47 页、55 页。

奥德修斯被描述为亲切、和蔼、正义，像一位慈父英雄。然而，当基克尔女神让他去找冥府神哈得斯以及哈得斯的妻子、农神德墨忒尔的女儿珀耳塞福涅（chthonian，提坦神）时，他望着灿烂阳光，伤心哭泣，担心自己不能生还。他在冥府见到了自己的母亲，母亲告诉他，人死之后，筋腱、肌肉会腐烂，骨头会松散，不再有力量，而灵魂会从身体飞离开。她还告诉他，他的王位还没有被篡夺，他的儿子管理着田产，他的父亲一直住在乡下庄园里，穿着褴褛的衣衫，从来不进城。他见到了阿伽门农忧伤的灵魂，阿伽门农警告他不要相信女人。他还见到了阿喀琉斯的灵魂，阿喀琉斯在这里管理着众亡灵，但阿喀琉斯告诉他，宁愿为他人耕种田地，被雇受役使，纵然没有祖传地产，家财微薄度日难，也不想到这里来管理亡灵。他看见英雄亡灵们在哈得斯的宽阔院落里坐着或站着，等待克里特的王弥诺斯向他们宣判。他还看见许多有罪的亡灵正在接受惩罚。[①]

当奥德修斯回到家乡时，他装扮成外邦人去他自己的乡下庄园见到了牧猪奴。牧猪奴问他的身世，他回答说，他是克里特王卡斯托尔的儿子，他有许多兄长，但因为他的母亲是被买的奴妾，父亲死后，兄长们只给了他很少一点财产和一处住所。所以，他喜欢战争，不喜欢干农活做家务。他袭击了许多外邦人，获得了许多战利品，聚集了很多财富，由此成为暴发户，受到克里特人的羡慕和畏惧。[②]

那么，从荷马所讲的英雄父亲们的故事中，能看到什么呢？

首先是土地财产。考古发掘证明，在荷马时代，没有一个古墓是连续长期使用的。在葬有几具尸骨的墓中，埋葬方式也不相同。这意味着，在考古发掘地区，多利安父亲还在迁徙，没有完全进入农业定居状态。同时，他们都相互争斗，不肯让出一寸土地。这种状况，在前1200年的迈锡尼时代难以想象，应该是多利安人南下，侵占原住民土地，相互争夺战利品的历史现状。在《荷马史诗》中，抢占女人、财宝，因分赃不平而争斗的场面处处皆是。这意味着，在多利安人侵入地区，原来确立下来的财产权被破坏得非常厉害。而在《奥德赛》中，求婚者们没有瓜分奥德修斯的儿子管理的财产，只因畏惧奥德修斯还活着。所以，无视法律，用武力侵占土地成为一般现象。在阿喀琉斯和其他的事例中，虽然有

---

① ［古希腊］荷马：《奥德赛》，王焕生译，人民文学出版社2003年版，85页、190页、197～202页、209～218页。

② ［古希腊］荷马：《奥德赛》，王焕生译，人民文学出版社2003年版，261～265页。

家族世袭的例子，但通过个人的能力来保持世袭，是多利安社会的一般倾向。因此，荷马的史诗反映了当时遭到多利安人入侵的地区的社会秩序。这个时代一般被称为"英雄时代"，实际上也就是"万人对万人的战争"。如果是这样，首领们为了统合军事组织和军事同盟而祭祀奥林匹克神，就显得非常必要。因此，在描述古希腊当时政治、祭祀状况的《荷马史诗》中，"祖先崇拜并不占据显著位置，奥林匹亚诸神崇拜主宰着一切人事"是必然的。

其次是英雄父亲们的性格差异。这反映了前荷马时代和荷马时代之间的差异，反映了多利安人入侵地区和雅利安人统治地区之间的差异。

奥德修斯在捏造他的身世时说，他与大部分人不一样，喜欢战争，掠夺别人的财产，并不希望干农活。尽管如此，他也会干农活。这种捏造证明了他本人出身于贫困家庭。正因为他曾是个卑微的劳动者，所以他提出了与那些求婚者进行干农活方面的打赌。而那些求婚者游手好闲每天待在他家吃喝，本来就是贵族出身，不会农活，所以，才不会接受这样的打赌。因此说，奥德修斯是普通人出身的英雄典范。他的父亲是一位农夫，所以，他的权位并不是从他父亲那里继承来的，而是靠自己用武力挣来的。他完全就是一个从外乡流入的"草莽英雄"。阿喀琉斯也有同样的特征。如果这两人都是多利安人氏族中分裂出来的余子系列家族的后代，则古希腊英雄父亲们的精神支柱便比较清晰了。

与奥德修斯和阿喀琉斯这两个普通人出身的军事首长相比，阿伽门农是通过长子继承而得来的王位，骄横的态度显而易见。更重要的是，阿伽门农并不在乎生活在阴间，因为他是家长，他能够得到后人祭祀。而奥德修斯听到要去拜访阴间就痛哭流涕，阿喀琉斯也更愿意人间的生活，都说明这些余子系列家族的英雄父亲，因为还不知道在现实生活中怎样确立与儿子间的祭祀关系，或者找到其他摆脱精神危机的方法，精神很容易崩溃，有"精神病人"的特征。

不过，古希腊的历史故事在这里出现了一个奇怪的转折。虽然"草莽英雄"对阴间如此胆怯，但"随着《荷马史诗》在古希腊的流传，人们除了崇拜奥林匹斯山的神灵之外，前800年人们在伊大卡为奥德修斯修建了圣地。阿伽门农本来与多利安人没有血缘关系，也受到多利安人祭祀。前750年以后，人们对规模宏大的迈锡尼陵墓产生了敬畏，给迈锡尼陵墓的供品最为丰富"。[①] 这里反映出来的

---

① 晏绍祥：《荷马社会研究》，上海三联书店2006年版，304页。

是，无论英雄父亲对死亡的切身感受如何，古希腊人都仍旧热衷于崇拜英雄父亲。也就是说，古希腊父亲还有一种区别于家族祭祀的精神信仰，它并不因多利安人破坏原有的产权制度，草莽英雄对阴间充满恐惧，荷马把英雄们的亡灵描写得虚弱无力，而被中断。这种精神信仰是什么呢？这需要重新追溯古希腊父亲信仰发生、变化的历史过程。

3. 对永生的追求

（1）祝你在地下活得舒坦。

古希腊人原有的习俗是将死人葬在屋内。在葬礼结束时，人们要呼应死者名字三次，以示招死者之魂，并重复三次说道："多多保重吧。"又说："祝你在地下活得舒坦。"地下的亡灵尚不能完全脱离人类的需要，仍然需要饮食。满足他们的需要是生者义不容辞的义务。无子之死者，便得不到供祭，他永远忍饥挨渴。当长子的有向其父及祖父的亡灵行祭奠的职责。祖先受到子孙后代的祭祀，这是他们在地下能享受得到的唯一幸福。在饭前人们要向家神祈祷。食物在食用前须先供于祭坛上；饮酒时也得先在祭坛前奠一些酒，表示给家神一份。人人都相信家神必会来到他们当中又吃又喝。人与家神分而食之，感应交流。希腊人在攻下特洛伊城之后，各携其美丽女俘一同返回家乡，而阿喀琉斯也在地下索要属于他的女俘，于是，人们将波吕克塞涅给了他。由于将死人葬在屋内这种古代习惯，祭户神及祖先也在屋内。① 古希腊父亲亡灵、英雄亡灵需要吃、喝、女人。尽管古希腊只允许祭祀长子系列的先人，在这一点上背叛了母系信仰，但祭祀本身无疑是对母系侍奉的模仿。

（2）子孙需要祖先的保佑。

家长的亡灵是神圣的。他们是神，坟墓都在家庭能及的范围内。这样一来，祖先虽然不见形体，却仍能与家人们生活在一起。他仍是家族中的一员，仍做他们的家长，鼓励他们。在世上生活的人都是没有完全成熟的人，所以需要祖先的帮助和指导。困难时，求助祖先的高见，悲苦时，求祖先的安慰，危难时，求祖先的帮助，过错时，求他的宽恕。古罗马人说，祖先是养育我们的神；他们给我

---

① ［法］库朗热：《古代城邦》，谭立铸等译，华东师范大学出版社 2006 年版，4 页、5 页、7 页、10 页、17 页、22 页、24～25 页。

们食粮，还指导我们的灵魂。由此产生出了同一家庭中各代血肉相连，彼此结成一个永远不可分离的整体。也正因为如此，对死者不祭不祀必有灾祸降来，有祭有祀则伴随着降福，死者会继续插手阳间事物。① 古希腊父亲的这种信仰与古代中国父亲的不忘祖先遗愿、祈求祖先保佑，是一模一样的。

（3）固定的祖先神。

所以说，古希腊人的祭祀明显带有母系信仰和父系信仰的特征，比如在安土重迁，以至于建立城邦时的礼仪方面都反映了母系的侍奉行为，只是使用的道具不同。在祖先们急行军阶段，人们使用的是骸骨，在古城邦时代，希腊罗马的家长、祭司使用的是故乡土壤、亡灵。这些行为在古代中国的祭祀中也能够看到。尽管如此，古希腊父亲还是展现出与古代中国父亲不同的一面，那就是抽象出来的固定祖先神。

圣火崇拜始自远古。阿尔刻提斯要代她丈夫去死，来到家火前祷告说："求你给我的儿子一个温柔的妻子，给我女儿一个高贵的丈夫。"圣火与祖先，祖先与户神，没有什么区别。对圣火的敬礼就是对家长亡灵们的敬礼。埃涅阿斯祷告圣火时，时而叫它祖先，时而叫它户神，还叫它维斯塔。②

古希腊的家族通过圣火，把祖先神抽象出来，形成一个接近自然神的固定神，这是与古代中国完全不同的地方。

（4）英雄是人而不是神。

不仅如此，古希腊父亲还祭祀英雄亡灵，形成了一种更为特殊的祭祀。那么，这种祭祀是怎么回事呢？

希腊人把死者的亡灵，有的称为祖先，有的称为鬼，还有的称为英雄。只要在人们的心目中留下深刻印象，就能成为英雄，成为一个既敬又畏的亡灵。这也包括预言家、先知、美男子等。③ 英雄有三种来源。一是史诗传说中的人物，包括征服者、打劫者、胜利者。二是民间神话中与怪兽战斗的人物。三是为人们做

① 〔法〕库朗热：《古代城邦》，谭立铸等译，华东师范大学出版社2006年版，10页、13页、24页、25页、54页、85页。
② 〔法〕库朗热：《古代城邦》，谭立铸等译，华东师范大学出版社2006年版，16页、19~21页。
③ 〔法〕库朗热：《古代城邦》，谭立铸等译，华东师范大学出版社2006年版，137页。

过有益之事的人物。① 那么，古希腊的英雄神明来自何方？格思里对此做了认真的解读。

在古希腊，关于人和神的关系，有两种哲理。一种是不要想变成宙斯，过平凡人的生活就足够了。凡人的理智必须去弄清楚神的手中掌握着什么，自己的脚下是什么路，人生来的命运是什么，千万不要去追求神的生命。另一种，比如柏拉图认为，人的目标就是完全与神融为一体。亚里士多德也认为，人的主要目标就是尽量摆脱凡人的命运。而在前6～前4世纪，希腊人中至少存在这样的观念：如果相信灵魂是神圣的，这就等于相信灵魂永生；人如果神圣，那么他就是神。

古希腊人共同崇拜的神中分为两种，一种是住在奥林匹克山的神（天上之神、自然神、公共祭祀的对象），一种是住在冥府（土地中）的神（chthonian，提坦神，其中包括哈得斯和他的妻子、农神德墨忒尔的女儿珀耳塞福涅）。然而，宙斯原来也只是土地之神，只不过他住在离天很近的高山上，行动往返于天地之间，如同超人一样。在荷马时代之前，宙斯等也是这样与凡人交往的超人。正是荷马才创建了区别于冥府的奥林匹克神，以后，这种二分法控制了古希腊人。因此，奥林匹克神和冥府神表示人和神的两种关系。前者表示人在他面前只能卑躬屈膝，而后者所表示人有参与神圣和不朽的希望。

古希腊人认为，人死之后去哈得斯，接受另外一个宙斯的审判是否有罪。这意味着住在冥府的神的权威来自另一种古希腊人的祭祀概念，这种概念区别于奥林匹斯众神，也不被荷马所重视。住在冥府的神有两个功能，一个是管理死后的灵魂，一个是管理农业丰收。既然与死后灵魂有关，冥府神就只能是一种地方神，不可能对天下所有人都具有威力。而奥林匹斯众神原来也是冥府神。后来，通过荷马的手，他们被升华出来。而那些没有被升华的，仍旧是某个地方的灵魂之王。因此，在今天的希腊，一些村庄人仍旧可以找到只是当地人所崇拜的、冠以宙斯名字的冥府神。

因此说，在荷马时代之前，古希腊就既有对崇高的祖先的祭祀，也有对英雄的崇拜。这些英雄亡灵居住在地下，聆听后人所报告的业绩。因此，这些居住在地下的英雄亡灵，后来便转化为冥府神，而这是荷马根本没有告诉我们的地方。

---

① ［英］ W. K. C. Guthrie, *The Greeks and Their Gods*, Beacon Press, 1950, pp. 238。

在荷马看来，第一代提坦神伊阿珀托斯的儿子厄庇墨透斯没有不朽的地方，阿伽门农也没被称为宙斯，但在古希腊人的祭祀中，厄庇墨透斯是不朽的，阿伽门农也被称为宙斯。

英雄是人而不是神。有的英雄留名青史，有的英雄则默默无名。然而，古希腊人相信，在坟墓中的英雄仍旧具有威力，影响人们的生活。没有人会去祭祀那些荷马所描述的软弱无力、轻飘飘的亡灵。被人们祭祀的英雄，是完全不同于荷马笔下的英雄人物，他们居住在地下宫殿内，拥有金银财宝和权威。人们祭祀他们，看着鲜血或红酒被吸入土地之中。正因为如此，《荷马史诗》关于软弱无力的亡灵的描述，并不能削弱英雄崇拜，并且，在后荷马时代流行起了全城邦性的英雄崇拜。①

现在我们知道了，宙斯起源很早，起始只是一种地方性的土地神（冥府神），专门管理人死后的报应和应有惩罚。以后，其中一部分被荷马提升到天上，成为奥林匹斯众神。与之相对应，一直受到地区性居民共同祭祀的亡灵（冥府神）就可以称为英雄神明。这些居民心中的英雄形象，区别于荷马笔下的英雄形象。因此，古希腊历史上的英雄崇拜热潮，是多利安人入侵希腊后的前 8 世纪左右，在某些因素的推动下，逐渐搞起来的公共祭祀。而祖先崇拜和英雄崇拜，是库尔干人跨入父系社会后（前 3500 年之后），入侵希腊的族群一直延续着的信仰。那么，在这些族群中，既然已经有了被祭拜的祖先亡灵，还拿英雄亡灵来干什么？

毫无疑问，这样的英雄之神，不仅在古代中国，就是在古代其他社会都是不存在的。这种特殊信仰引导着古希腊父亲走上了一条特殊道路。

（5）奥林匹克诸神与英雄。

那么，是不是可以推测，古希腊早期的英雄崇拜近似于自然崇拜，是统合局部地区父亲的一种工具？

首先，前 8 世纪末以前的英雄崇拜与对奥林匹亚山上诸神的崇拜毫无相似之处。自然神信仰开始时，具有家神的性质。一旦家庭将某种自然力量神化之后，就将这神与家火联系起来，把它当作祖先中的一员：我家火的朱庇特，我祖先的

---

① ［英］W. K. C. Guthrie, The Greeks and Their Gods, Beacon Press, 1950, pp. 113~115、206~213、217、218~220、223、231~235。

阿波罗。经过了很长的时间，某家的自然神为这一家人招财进宝，于是，他家人为了自己的好处都去信奉它，产生了公共祭礼。但即使允许他人也来祭祀这家的神，这家仍旧保留主祭的职务，祭职有世袭性，不会落入别家之手。渐渐地新神对人产生的权威日增，不再想过寄人篱下的生活，于是它离开了家火，有了自己的居处。因为，这种神的本性来说，它并不限于某家而拒绝外人的祭祀。与之相比，祖先、英雄在本性上只为极少数人所祭祀。①

其次，对奥林匹斯众神的祭祀和对冥府神（英雄）的祭祀，在方法上也有很大的区别。对奥林匹斯众神的祭祀要在清晨的神庙里，把白色的牛仰放在高高的祭台上，祭祀者要双手高举，手掌向上；而对冥府神（英雄）的祭祀，要在晚上的洞穴里，把黑色的公羊或猪仆放在低低的祭台上，祭祀者要双手矮矮抬起，手掌向下。②

如果英雄崇拜与宙斯等自然神崇拜具有不同的祭祀礼仪，那么，哪一种祭祀率先发生呢？应该说，冥府神（英雄）崇拜要早得多。因为，"上古时代希腊的文化大体分为两个阶段：第一阶段是克里特岛的文化，史称米诺斯－迈锡尼文明，其中迈锡尼人居住在希腊半岛南部和克里特岛上；第二阶段是希腊半岛的荷马时代的文化"。③ 而"洞穴祭拜是克里特的一个显著特征。考古学家已经确认，克里特岛上石灰石的群山中，至少有 15 处山洞曾被用作祭祀的场所。洞内遗存的物品包括武器、泥陶器皿、动物及人像。而《奥德赛》中所提到的祭拜洞穴也被考古发掘所证实"。④

因此，与古代中国祭祀相比较，古希腊早期的英雄崇拜，既独立于祖先崇拜，又不同于自然崇拜，是古希腊父亲精神世界中一个非常特殊的东西。那个特殊东西是什么呢？

先来总结一下古希腊祭祀中那个特殊东西发生的历史过程。

首先是古希腊氏族的祖先亡灵被抽象化，成为圣火或固定的神。然后，在吞并其他几个氏族，组建部落，统合部落，建立君权等一系列过程中，胜利者家族

---

① ［法］库朗热：《古代城邦》，谭立铸等译，华东师范大学出版社 2006 年版，112 页、114 页、115 页。

② ［英］W. K. C. Guthrie, The Greeks and Their Gods, Beacon Press, 1950, pp. 221~222。

③ 赵建文：《世界古代前期宗教史》，中国国际广播出版社 1996 年版，85 页。

④ 吴晓群：《古代希腊仪式文化研究》，上海社会科学出版社 2000 年版，19 页。

集团的圣火成为大家共同祭祀的对象，同时也推出部族神。这个部族神可能是获胜家族的祖先，也可能是新兴"草莽英雄"的祖先。以后，随着雅利安人地区的君权被剥夺以及多利安人地区发生大规模抢掠和征服，贵族为了统合政治力量，新入侵者为了统合武装力量，便推出更加抽象的奥林匹克神（公共祭祀）。这就是荷马时代的特征。前5世纪以后，随着平民参与政治，贵族势力衰退，自然崇拜退出了历史舞台，但英雄崇拜却兴旺起来（新的公共祭祀）。"前469年，雅典城邦领袖客蒙把忒修斯的尸骨从斯基罗斯岛带回到雅典重新安葬，因为来自德尔斐神庙的神谕说这样会给雅典带来昌盛。在这以后，英雄的遗骨被埋在城里，他们甚至被允许进入圣所。英雄的坟墓和纪念碑是英雄崇拜的中心。给英雄的献祭与供奉冥府神的仪式是相同的。在洞穴或坟墓密室之中，牺牲应该是黑色的，喉头向下，并且必须焚烧干净，不让活人食用（而献给奥林匹克神的牺牲是可以大家一起分而食之的）。另外，如果城邦发生瘟疫等灾难，政府就会向神谕求助，寻找出何方伟人的灵魂在抱怨，于是，历史上的许多亡灵都被作为英雄供奉起来。"[①] 同时，"英雄亡灵赫拉克勒斯还通过神谕托梦告诉民众什么是美德：过勤劳的日子，才吃得香、睡得稳。这样的人招神的喜欢，被朋友热爱，受政府嘉奖，从而得到真正的幸福"。[②]

纵观这个历史过程，不禁会产生出这样的疑惑：随着推崇自然崇拜的贵族势力衰退，自然崇拜当然会退出历史舞台。这意味着，随投票这种古代民主政治的推进，参加公共祭祀的人会越来越少。但如果英雄崇拜也是一种公共祭祀，为什么反而兴旺起来了呢？平民参与政治之后，虽然也需要统合社会，为什么非要在废除卜卦问天意的公共祭祀的同时又举行另一种类似公共祭祀的英雄崇拜不可呢？除非，在古代民主政治阶段，官方的自然崇拜被一种新的大众崇拜所代替，而这种新的大众崇拜，自古以来一直存在，只因没有机会上升为官方祭祀罢了。

看来，要得到答案，要弄清那个特殊东西，还得继续讲述希腊人崇拜英雄父亲的故事。

---

① [英] W. K. C. Guthrie, The Greeks and Their Gods, Beacon Press, 1950, pp. 233、235；[美] 米尔恰·伊利亚德：《宗教思想史》（第一卷），吴晓群译，上海科学出版社2011年版，244页。

② [英] W. K. C. Guthrie, The Greeks and Their Gods, Beacon Press, 1950, pp. 241。

　　而另一方面，与古代中国君王从尊重天帝转向重视民意的变化相比较，古希腊也由贵族政治转化为古代民主政治。在古代中国，民意最根本所在是各自对自己父母和三代祖先的祭祀。这与古希腊用投票所反映的民意是同一内容吗？这也需要从后续的故事中得到答案。

　　因此，为了弄清古希腊实施古代民主政治的原因，为了弄清古希腊崇拜英雄父亲的本来面目，需要再次回到古希腊社会之中去探索，并在后续的故事中把主人公换一下，让新的角色登场亮相。

三、祭祖怜孙与向往天国

1. 古希腊大众探索新途径

　　祖先祭祀是古代中国、古希腊、古罗马的父亲在上一代和下一代之间，把对死后生活困苦的精神恐惧作为对象所进行的一种交易活动。其交易原理是，来世者为了追求死后永生，生前把所占有的资源投资（分配）给祭祀者，并要求投资受益者履行祭祀义务，而祭祀活动仅仅是履行义务的一种表现形式。按照社会经济活动分类，祭祀是服务性行业。就常规来看，只有双方都能得到好处的情况下交易才可能发生，而按照现代经济学的观点来看，需求带来供给。以此而论，在祭祀这一行业中不仅有需求和供给方，而且需求方起决定性作用，而现今的"宗教经济学"都仅仅局限于对供给方的分析。以下就从需求方的角度来讲有关古希腊祭祀的故事。

　　迄今为止希腊故事中的主角都是家长、长子、征服者、国王、贵族等，讲的也都是有关他们的信仰，也就是说，只是从帝王将相的精神支柱来讲古希腊英雄父亲的故事，而根本没有涉及被剥夺了"被祭祀权利"的广大古希腊民众。而且，对古希腊英雄来说，他们"只能成名或光荣去死，才能保障不朽，对光荣的追求会使他们超越哈得斯的冥府。不是长生不老，而是永垂不朽的光荣才是为之牺牲的价值所在"。[1] 可是，即便古希腊英雄行为被年轻男人追捧，那么，古希腊女人呢？古希腊儿童和老年男人呢？他们又追捧什么？他们不可能像英雄一样去

---

[1]　［英］W. K. C. Guthrie, The Greeks and Their Gods, Beacon Press, 1950, pp. 260～261。

寻死觅活。即便古希腊年轻男人都争当英雄，但"奥林匹斯众神的特征是，有威力，有个性，充满了意志力，让人只能在他们面前卑恭，因为当人死亡之后什么都不是，只能成为影子"。[①]因此，对广大民众来说，奥林匹斯众神的祭祀仅仅是官方祭祀，而包括古希腊年轻男人在内的广大民众，一定还需要一种自身的信仰。这种信仰就是对冥府的祭祀。因为"通过对冥府的祭祀，人们会被带到神秘的世界，并获得永生的希望。通过吃圣餐，人们感到与神融为一体。其神的代表为酒神狄奥尼索斯"。[②]由此看来，古希腊人在洞穴中对冥府神的祭祀，独立于家长的祖先崇拜，并超越了祖先崇拜。为什么这么说呢？因为家长有家族信仰，受到长子的祭祀，没有必要加入这种祭祀。所以，参加冥府祭祀的，都是死后无法得到后代祭祀的人们。他们的祭祀目的，不是为了祈求成功，因此也就与自然崇拜和祖先崇拜有所不同。更重要的是，这些民众由此所获得的永生，与来自后代的侍奉也没有关系，所以，与母系信仰也有所不同。

在古希腊，除了长子，其他家族成员都是不掌握资源的被监护者，所以他们没有留给自己后代继承的资源，无法实现上一代和下一代之间的正常交易，也无法神化自己，其结果就是，他们死后虽然也被葬入家族墓中，但得不到自己血缘后代的祭祀。这些连母系信仰的命也被革掉的人们，被置于对来世生活绝望的处境中，就像乌鸦印第安父亲一样，处于精神危机之中，"神经病症"常常爆发出来。

这种状况首先发生在入侵希腊的库尔干父亲征服他族，掠夺女人，成立三代人父系家庭，支配一切，甚至让母亲死亡后也得不到儿子的祭祀之时。这时的母亲，如同母系社会的父亲一样，处于精神危机之中，非得寻求其他的发泄方式，寻求新的抚慰灵魂的方式不可。

其次，当库尔干父亲做出把资源只移交给长子的决定之际，精神危机便已经发生在余子、奴隶身上。后来余子、奴隶后代的数量逐渐增多，远远超过长子后代的数量，对他们来说，"工作的意义在于是否能使你成为自家的主人"。[③]

因此，在古希腊社会中，虽然人们都在家火的保护下生活着，但其中的大多

①② ［英］W. K. C. Guthrie, The Greeks and Their Gods, Beacon Press, 1950, pp. 256~257。

③ ［英］基托：《希腊人》，徐卫国、黄韬译，上海人民出版社1998年版，315页。

数却因自己死后得不到祭祀而恐惧不安。这与古代中国父亲、母亲都有血缘后代祭祀自己，虽然有生活危机，但少有精神危机的状况形成鲜明对照。也就是说，在有关大众的精神支柱方面，古代中国百姓不需要探索，不需要信仰创新就能安心生活下去，但古希腊大众不行。由于他们都不能进行正常交易，而"非洲夏娃"的子孙又存在对这种交易的精神需求，于是他们不得不探索交易对手。而当时社会上所发生的疬病、饥馑都可以被认为是大量的孤魂野鬼所至，也需要以一种新的方式让它们得到归宿。

古希腊大众的信仰，一般被归纳为"希腊神话中的自然神崇拜，正是希腊的诗人、艺术家们创造出有关自然神的文学、雕塑等，这才建立起了希腊信仰"。[1] 然而，这些信仰创建者们，虽然对自然神充满了激情，但对人类本身却很悲观。荷马将人类比作被风吹落到地上的树叶，《神谱》等都宣称，人类最好的命运便是不要出生，或一出生就尽可能快地死去。[2] 古希腊父亲对人生如此悲观的原因在于，"他们意识到，人并非神的创造物，因此，他们不敢奢望通过他们的祈祷能与自然神建立起某种亲密的关系"。[3] 也就是说，那些被剥夺了"被祭祀权利"的古希腊大众可以通过官方祭祀得到自然神的保护，但他们并不是神的血缘后代，所以也就不敢期望从神那里得到死后永生的承诺，因而也不能解除精神上的饥渴。既然古希腊大众认识到生命已经为命运所决定，人的时间是有限的，死亡在出生之时便已经确定了，那么，在没有寻找到死后永生的道路之前，只能采取"今朝有酒今朝醉"的人生态度，"人要做的便是利用当下提供给他的每一件东西：年轻，健康，肉体的享乐，或偶尔表现出美德。荷马给人的教训是，高贵而完整地活着，就在当下"。[4] 所以，荷马给年轻男人指明的英雄道路：吃肉、喝酒、竞技、追女人，享受欢乐，但身体是快乐的本钱，老年如同死亡一样是带来恐惧的恶魔，而通过战争的掠夺是带来快乐的现实手段。[5] 这完全就是另一个版

---

① ［美］伊迪斯·汉密尔顿：《希腊方式》，徐齐平译，浙江人民出版社 1988 年版，27 页。
② ［美］米尔恰·伊利亚德：《宗教思想史》（第一卷），吴晓群译，上海科学出版社 2011 年版，220 ~ 221 页。
③ ［美］米尔恰·伊利亚德：《宗教思想史》（第一卷），吴晓群译，上海科学出版社 2011 年版，221 页。
④ ［美］米尔恰·伊利亚德：《宗教思想史》（第一卷），吴晓群译，上海科学出版社 2011 年版，222 ~ 223 页。
⑤ ［英］W. K. C. Guthrie, The Greeks and Their Gods, Beacon Press, 1950, pp. 122。

本的乌鸦印第安父亲的故事。

探索死后永生道路的古希腊大众，虽然通过自然神祭祀的公共化而被统合在一起，也希望以此来消除因没有血缘后代来祭祀自己而引发的不安，但"荷马的著作不能负担这一使命"，① 而只能提供激情人生的榜样。于是，在年轻男人之间，如同乌鸦印第安父亲一样，争当英雄成了一种普遍趋势，为战争而献身的行为会得到赞赏和鼓励，牺牲的战士受到公众纪念、祭祀。以至于流行着"在死之前，无人可称幸福"的格言。② 英雄享受公共祭祀，这意味着，虽然年轻男人得不到自己后代的供奉，但能够得到万人的供奉，由此也就能了却对死后生活的担忧。然而，就除此之外的大部分民众来说，他们依然"缺乏一种对死后生命的关注以及灵魂不灭的意识"。③ 因此，荷马的英雄主义，并不能消除古希腊大众所忍受着的死后成为孤魂野鬼的精神折磨，也无法消除孤魂野鬼所带来的疾病、饥馑。为了摆脱这种折磨，他们还得在早已开始的探索路上继续走下去。

就古代希腊祭祀形式的变化过程来看，在城邦时期，以祭祀奥林匹斯诸神为中心的官方正统仪式一直持续着，但到了前 4 世纪中叶以后，官方祭祀失去了以往的那种对人们的全权控制，而民间的神秘祭祀出现兴盛的势头，普及全希腊。其中，厄琉西斯秘仪的影响最大。④

希腊人到雅典附近的厄琉西斯地区殖民大约是在前 1580 ～ 前 1500 年。而从前 15 世纪起，这一地区广泛展开了一种叫厄琉西斯秘仪的神秘祭祀。厄琉西斯秘仪强调农业以及死后的幸福。以后在庇西特拉图（前 605 – 前 527 年，雅典僭主）的神庙建设高潮时期，创建了厄琉西斯秘仪祭典。从此这个祭典逐渐成为雅典人的三大庆典之一，前 4 世纪后期，它还吸引了许多来自其他城邦的参加者，成为除奥林匹克赛会以外最著名的庆典。这种盛况一直持续到罗马统治时期。因此，厄琉西斯秘仪祭典在希腊信仰中占有核心的地位，被视为与奥林匹克斯崇拜以及公共祭典互为补充的民间祭祀体系。⑤

---

① 吴晓群：《古代希腊仪式文化研究》，上海社会科学出版社 2000 年版，138 页。
② ［英］基托：《希腊人》，徐卫国、黄韬译，上海人民出版社 1998 年版，279 页。
③ 吴晓群：《古代希腊仪式文化研究》，上海社会科学出版社 2000 年版，138 页。
④ 吴晓群：《古代希腊仪式文化研究》，上海社会科学出版社 2000 年版，132 页、136 页。
⑤ ［美］米尔恰·伊利亚德：《宗教思想史》（第一卷），吴晓群译，上海科学出版社 2011 年版，249 ～ 250 页；吴晓群：《古代希腊仪式文化研究》，上海社会科学出版社 2000 年版，145 页。

厄琉西斯秘仪搞些什么呢？

首先，祭祀的主要对象是农神德墨忒尔及其女儿珀耳塞福涅。前 6 世纪酒神狄奥尼索斯也加入其中。参加神祇降临仪式能使无法永生的人们得到改变。在那些终将去冥府的凡人之中，入会者们的灵魂在死后会享受一种至福的存在，死后将不会成为一种悲伤的阴影，不会失去记忆和力量，也不像荷马式的英雄们所害怕的那样。[①] 他们能得到这样的体验：在他们死后，自己的灵魂先在黑暗之中徘徊，突然被一道神奇的光芒击中，便发现了绿草如茵的净土。由此，自己成为纯洁、神圣的人，同时也看见那些不相信死后至福而没有入会的人们蜷缩在污泥与瘴气之中，沉溺在死亡恐惧的悲伤里。[②]

其次，祭祀参加者的身份没有限制，妇女、奴隶、外侨都能入会。[③]

再次，厄琉西斯秘仪祭典一年举行一次（在 9～10 月之间），祭典持续 8 天。入会者们并不由此而形成一个教会。他们回家后，继续参加官方祭祀。直到死后，这些入会者才又重新聚在一起，而与未入会者区分开。[④]

这样一来，古希腊大众通过秘仪被厄琉西斯的神祇们所"收养"，产生出人与神祇的亲近关系，以及生死之间的连续性。这种连续性使得他们能够安身于不可逃避的死亡。[⑤] 所以说，秘仪活动消除了古希腊大众因缺乏血缘后代祭祀自己而产生的精神饥渴。也就是说，秘仪作为祭祀服务行业中所出现的新的供给方，客观上消除了古希腊大众的欲求不满。而这种民间交易活动的兴起，不仅使古希腊社会的祭祀经济实现了从传统的"家族自给自足"向"市场经济"的转化，而且还给古希腊人的精神支柱带来了巨大的改观。

2. 新型祭祀

先来看古希腊祭祀向"市场经济"转化的情况。

秘仪包含了地狱与天堂、肉体与灵魂的信仰以及仪式化行为。而这些都直接

---

① ［美］米尔恰·伊利亚德：《宗教思想史》（第一卷），吴晓群译，上海科学出版社 2011 年版，247～249 页。

② ［美］米尔恰·伊利亚德：《宗教思想史》（第一卷），吴晓群译，上海科学出版社 2011 年版，252 页。

③ ［美］米尔恰·伊利亚德：《宗教思想史》（第一卷），吴晓群译，上海科学出版社 2011 年版，251 页；吴晓群：《古代希腊仪式文化研究》，上海社会科学出版社 2000 年版，140 页。

④ ［美］米尔恰·伊利亚德：《宗教思想史》（第一卷），吴晓群译，上海科学出版社 2011 年版，251 页、255 页。

⑤ ［美］米尔恰·伊利亚德：《宗教思想史》（第一卷），吴晓群译，上海科学出版社 2011 年版，255 页。

或间接地影响了基督教。① 并且与官方祭祀（早期的奥林匹克神崇拜，后来的英雄崇拜）相比，秘仪追求的是死后永生，所以祭祀不是为了从神灵那里讨回立时可见的好处。这使神从外在的神坛上回到了人心。② 这种外在向内在的转化，为后来古希腊哲学确立信则灵的道德模式提供了社会基础。

在民间信仰方面，虽然长子族仍旧祭祀祖先亡灵，家庭祭祀和家族主义依然被保持着，但对社会大众来说，秘仪中的神祇成为他们不得不祭祀的对象。同时，有关资源的权利和义务关系也随之改变。比如，在古希腊，人们为了赢得殖民战争，向阿波罗等保护神承诺，把战利品的十分之一分配给保护神。③ 在古罗马，有一次获胜后，在分配战利品的时候，竟然忘记了给朱比特献祭。当被祭司指出后，元老院命令那些分得战利品的人拿出十分之一来酬谢神恩。④ 因此，这种状况下的权利和义务关系，源于"瓜分"而产生的分配。然而，就如同《圣经》所称，土地等财产源于上帝的赐予，人们有义务把十分之一所得交纳给神庙管理者，人们也应该尽量捐献出自己的财产。这时的分配是基于原本就属于创世者的上帝（人类的祖先）的祭祀资源而进行的，其权利和义务关系完全不同。也就是说，如果上帝（祖先）是人类的始祖，是全球祭祀资源的所有者，并向人们（现世者）投资，那么对上帝（祖先）的祭祀，就是对上帝的投资所做的一种回报，理所当然。正因为如此，在后来的历史中，通过某些信仰中介组织，比如教会实施个人资源（资本）社会化，也俨然成为信徒（大众）的一种使命，从而使祭祀经济与社会经济紧密结合在一起。这种基于社会资本的社会经济发展过程，在古代西方社会的公共交通、医院、学校、社会救济等各方面都可以看到。

从祭祀的视角来看，希腊人加入秘仪的根本理由是，自己作为被神祇所接受并紧跟其后的一员，在所属秘仪团体的信徒们供奉神祇时，自己也就附带着被供奉，从而也就消除了对他们死后挨饿受冻之苦的担忧。这实际上与古希腊家族祭祀中的家长跟随家火被家族成员所供奉的情况相似，因此可以说，古希腊大众通过探索，发掘出一种社会性的、非家族性的新型祭祀。而英雄崇拜，由于祭祀者

① 吴晓群：《古代希腊仪式文化研究》，上海社会科学出版社 2000 年版，155 页。
② 吴晓群：《古代希腊仪式文化研究》，上海社会科学出版社 2000 年版，153～154 页。
③ ［英］基托，《希腊人》，徐卫国、黄韬译，上海人民出版社 1998 年版，266～268 页。
④ ［古罗马］阿庇安：《罗马史》（上卷），谢德风译，商务印书馆 1979 年版，第二卷，Ⅷ。

和被祭祀者之间没有血缘关系，因此也属于这种新型祭祀的类型之一。

从历史发展角度来看，新型祭祀的特征是，传统的母子祭祀关系和父子祭祀关系、三代人家庭组织，转化成为一种同志间的相互祭祀关系和新型祭祀组织。母子、父子一起"得救"以及由此产生的公共社会关系，则是最为引人注目的地方。以后基督教还发展出了非血缘关系的圣母、女神的形象，所有教徒都是她们的孩子。

古希腊家庭祭祀是排他性的，参加者都在同一家族集团中生活。与之相比，在新型祭祀集团中，参加者来自五湖四海。其集团规模越大，人数越多，自己死后附随神祇而被祭祀的安全系数也就越大，这就这给人类社会带来了几个新事物。

第一，由于自己死后得救与公共参加者及其人数密切相关，公共性社会活动成为人生活动的重要内容。而后来在这之上建立的各种教会、协会、团体等中介服务组织，成为管理旧信徒和新信徒之间的"资产负债表"的机构。

第二，无论与神祇是否有关，某一项社会事业的参加者，比如在"追求真理和美"的旗帜之下进行自然或社会科学研究、哲学探讨、绘画雕塑艺术、文学剧作艺术和音乐创作艺术的人们，只要能得到他人响应，有大量后续的学生、徒弟、爱好者、仰慕者加入，也就有了死后被追随者供奉的可能。这一点有些近似于今天大家都时时看着手机，期待能够争取到更多的"粉丝"的行为。这实际上是期待能让自己的亡灵融化在永不干枯的"追求真理和美"的事业长河之中。这就开创了一条既不要神，又不要子孙，同时又能获得死后得救的第三条道路。

第三，由此，在祭祀发展之后的古希腊社会，一部分人依旧保持家族祭祀、相信奥林匹克神，另一部分人加入追求灵魂得救的相信上帝的祭祀，还有一部分人奉行以企业经营、学术研究、艺术创作等事业的发展壮大为人生目标，由此造就出这样学派、那样主义，从而带来信仰的多样化。

3. 为孩子活着

在古希腊广大民众的特殊精神需求的推动下，他们实现了祭祀的发展。与之相比，古代中国一直遵循侍奉、孝顺的祭祀原理，不但没有发生古希腊式的根本性变化，反而强化了传统祭祀。

古代中国对祖先的祭祀有这样的规定："祭祀时，要用孙子充当祖父的尸首，也就是说，主持祭祀人的下一代人充当尸首，这样，下一代的父亲面向北来侍奉充当尸首的儿子。这也就体现了父子之间的关系。"(《礼记·祭统》) 让活人代替亡灵接受后人供奉的牺牲、食物、酒水，这是古老的习俗，在其他社会也发生过。在周代早期，也有女性为尸的情况。以后便发展为要求这个代理人最好是孙子。即，"大夫、士以及庶民，由于下一代没有官位，要求孙子为尸，而天子以卿（天子的孙子被授予卿的爵位）为尸，诸侯以大夫（诸侯的孙子被授予大夫的爵位）为尸。在祭祀天地、社稷、山川、四方、百物等自然神时，不要求血缘关系者为尸"。① 通过这样的仪式，除了确定祭祀参加者的血缘关系，使孙子成人之后也难以忘记对祖父的祭祀之外，还能组建在血缘连锁中"祖父、父亲、孙子一体化"的三代人独立单位，为宗法制度提供了社会基础。在这种活动的影响下，拥有血缘子孙成为古代中国人家族生活的最重要目标，子孙与祭祀牢牢结合在一起。这无疑更强化了母系思想在古代中国的地位。

另外，对祭祀还有这样的规定："天子祭祀下五代未成年而死的子孙：嫡系的子、孙、曾孙、玄孙、来孙。诸侯祭祀下三代，大夫祭祀下二代，士和庶民只祭祀嫡子。"(《礼记·祭法》) 孩子夭折，作为家族成员感到悲伤并举行相应的仪式，这是人之常情。担心他们的亡灵饥渴出来扰乱人们正常生活而给以祭祀，也是父系社会的一贯习俗。可是，占有较多资源的统治阶层应该把祭祀对象的代数向下延伸，这反映了中国在祭祀方面的变化。

如果"要求祭祀的人，获得被祭祀"的话，那么，资源越多的祖先，数代之后也会被祭祀。但对夭折子孙的祭祀也采取同样阶梯形式，这就意味着向不拥有资源的夭折子孙"白白分配"更多的祭祀资源。

这种"白白分配"的意图之一，是要加强"祖父、父亲、孙子在祭祀上的一体化"这样的信念，以获得"活着的血缘后代永远延续祭祀下去（等于香火延绵不断）"的保障。古代中国说"不孝有三，无后为大"，这正是古代中国的信念的具体表现。母系思想的具体表现是，孩子是实现侍奉的唯一手段，孩子比母亲本人的生命、祖先亡灵还要重要，这在古代中国父系社会得到延续。

古代中国庶民阶层是这样，统治阶层也是这样。《左传》记载：鲁国僖公去

---

① 傅亚庶：《中国上古祭祀文化》，东北师范大学出版社 1999 年版，253 页、271 页。

世，文公即位。周天子派遣内史叔服前来参加葬礼。文公的堂弟公孙傲听说叔服会看相，就让自己的两个儿子难和谷来见他。叔服说："谷可以祭祀供养您，难可以安葬您。谷的下颚丰满，后嗣必然在鲁国昌大。"（《左传·文公元年》）这个故事正是贵族们内心意愿的真实写照。

于是，古代中国整个社会的资源分配都向下一代倾斜，一切都是为了儿孙，这一直延续下来，也是当今虎妈横行天下、挥之不去的历史渊源。2016 年 6 月，汇丰发布了一个调查报告说，中国父母在面临家庭财务困境需要取舍时，相比房贷还款、保险支出、投资理财、退休储备，子女教育支出最为刚性。有 59% 的家庭都认为，即便牺牲其他，教育经费也不可能被削减，这远远超出世界平均水平的 32%。其他国家是，印度 34%，美国 26%，阿联酋 22%，英国 12%，埃及 9%。①

4. 不同的父亲世界

以上的故事揭示了古代中国和古希腊的英雄父亲在精神文化中最核心的部分。这个核心当然会辐射到整个社会。接下来的故事，会让我们感触到更多的社会现实。

（1）同志与同族。

有人对《荷马史诗》中所反映的古希腊英雄作了如下的分析：《荷马史诗》展示的社会结构是一个由亲属关系和家庭所构成的结构。一个履行社会指派给他们的职责的人就具有德性。国王的德性是治理的才能，武士的德性是勇敢。如果一个人具有德性，他就是善。英勇之所以具有重要地位，是因为它是维系一个家庭和一个共同体所需的品质。《荷马史诗》中，英雄早已把自己的生命置之度外。格劳科斯对他父亲说："我英勇作战，以求出人头地，不至辱没我的前辈。最勇敢的英壮，便是我的宗谱，我的血统。"这里所反映的古希腊人的基本观念是，要永远成为杰出的人，不可辱没祖先的宗族。这即是英雄的目标。对于英雄们来说，在生命和荣誉两者选择时，他们会毫不犹豫地选择荣誉。②

不过，这里并不赞同这种把家族看作是引发古希腊英雄父亲行为的说法，而

---

① 财新网，2016 年 6 月 21 日。
② 胡祎赟：《荷马史诗中的英雄德性解读》，载《道德与文明》，2008（3）。

更倾向于别的说法。有人将《荷马史诗》和《诗经》中的父亲做了比较分析，把是否超越家族关系，看作是引发古希腊英雄父亲的根本所在。

希腊的奥林匹克和公共祭祀，一方面反映古希腊人的竞争精神，又反映了控制个人欲望的团队精神，以及男性同胞爱。武士们为了获得团队荣誉而献身。"男性俱乐部"一词非常适合描述古希腊城邦，因为它反映了古希腊父亲的"武士的英勇和同志的忠诚"观念。古希腊的男性同志关系来源于公共生活和各种社会团体。与之相比，西周的家族价值观念体现了周人的行为规范。西周的家族制度是，长子作为统治者，由他的叔叔、兄弟、堂兄弟、表兄弟和家臣支撑着。家族祭祀是这些规范和制度的起源，而祖先崇拜是其核心。因此，在古希腊和西周这两个社会的行动规范是不同或对立的：平等主义对君臣关系，个人能力主义对集体协调，追求自由对既定的个人角色，男性同志对亲属的休戚相关。相对于古希腊的勇敢武士和忠诚同志，西周的形象是孝子，他不仅要服从父母，也要对祖先行孝。《荷马史诗》中，在面临家和同志的选择上，古希腊英雄们毫不犹豫地选择了同志。家庭不能给他们带来兴趣和兴奋，而同志可以。而在西周的诗歌中，怀恋家庭和家乡成为主题。家族关系对古希腊人来说也非常重要，但就最高价值的追求来说，古代中国父亲追求的是家族，而"朋友"也只是亲属关系的一部分，近似于同胞，居于次要的位置；古希腊父亲追求的是没有血缘关系的同志，如果为了孝顺而放弃同志，就不可能成为英雄和圣人。在《荷马史诗》中，我们也看到母亲哭泣着眼睁睁地看着她的英雄儿子为了同志而去牺牲，但在西周的故事中，我们则看到母亲在儿子做出选择时的核心地位。[①]

古代中国和古希腊父亲的差异，从入侵希腊的库尔干人抢劫女人、选择长子继承，远古华夏民族选择尊重母亲、分割继承之日便开始了。以上的比较分析是一种实证研究。不过，虽然从现象上看，古希腊父亲为了追求英勇之美而把家族列为次要的东西，古代中国父亲为了追求和谐之美而把家族列为首要的东西，但如果我们考虑到，父亲们都会追求成功，那么就可以推测，不同信仰以及立足于信仰上的不同制度是导致这种差异的基本原因。

---

① Zhou, Yiqun. 2004. Kin and Companions: Gender and Sociability in Ancient China and Greece. Ph. D. Dissertation, the University of Chicago, pp. 22、35、26～29、46、50、59～60。

　　勇士之间的同志关系和俱乐部（法人）的组织形式，在母系思想的乌鸦族印第安社会中那些被赶出"家屋"的年轻男人身上可以看到，在古希腊被剥夺了"被祭祀权利"的余子身上也可以找到的。对他们来说，追求在战场和奥林匹克运动会上的成功，变成了他们的精神支柱。而在古代中国，进入父系社会之后，没有不被祭祀的母亲和父亲，所以人们不需要勇士行为，更不需要同志关系和俱乐部（法人）等组织形式，也产生不出来奥运会。古代中国父亲养育儿子，让自己的事业发扬光大，并让儿子孝顺、祭祀自己，这就是最大的成功。所以，古代中国讲的不是"同志"，而是"同胞"。

　　如果把古希腊父亲之间的同志团结、古代中国父亲之间的同族团结作为两个比较标准的话，那么，从统合他们的方式来看，似乎可以得出古代中国王朝倾向于古代专制，古希腊倾向于古代民主的结论。① 但问题没有这么简单。

　　（2）首例个人主义社会。

　　如同《荷马史诗》所说，古希腊的英雄在死亡面前都苍白无力，不可能持续下去。要延续下去，就需要克服死亡所带来的苍白无力，而古希腊父亲找到了新的克服方法，这就是希腊的新型祭祀。

　　这种新型祭祀究竟产生出怎样的辐射作用呢？

　　自从"非洲夏娃"的那一次深思，创立家庭以来，我们就被固定在一个集体生活之中。由于我们的精力和财力有限，每个人都生活在三代人组织中，因此向上追溯三代以上先人们的旁支所繁殖的后代，在现实生活中都被称为他人。为他人而行动、而献身，被称为"为公"，为了自己所属的三代人家庭而行动、而献身被称为"为私"。在希腊普鲁塔克时代（公元46年），人们会对自私自利的人说："你是在祭家火。"这句话的意思是说：你不亲近公民，你没有朋友，对别人视而不见，你的眼中只有你自己的家人。② 很显然，为了自己的父母和孩子而行动或献身，这叫孝顺，而只有为了他人的父母和孩子而行动或献身，这才可能被称为英雄。

　　然而，无论为公还是为私，自从我们诞生起，人们便被固定在祭祀的连环

---

① Zhou，Yiqun. 2004. Kin and Companions：Gender and Sociability in Ancient China and Greece. Ph. D. Dissertation，the University of Chicago。

② ［法］库朗热：《古代城邦》，谭立铸等译，华东师范大学出版社2006年版，84页。

中，其行为准则都是同一的，不能由此判断出人们是为了集体，还是为了私人而行动。

如果仅仅从"局部服从整体""私服从于公"的角度来理解古希腊英雄行为，是没有多大历史意义的。而真正能够判断是凡人还是英雄的地方在于，是服从传统观念还是反抗传统观念。而所谓反抗传统观念的意义在于，我可以服从也可以不服从。也就是说，有个人的自由意志。你可以选择为"公"，也可以选择为"私"，这种自由选择，可以被称为"个人主义"。

自从"非洲夏娃"之后，远古、古代的行为基本上就固定在三代人组织之中，人们应该为这个组织行事或献身，除此之外，没有什么自由选择。因此，为他人的利益而行动或献身，就必须与自己家的三代人组织进行某种程度上的割裂。这种割裂，在古代社会中，具有大逆不道的性质，往往遭到周围人白眼，被认为是"傻帽"。但希腊新型祭祀却趋于这个"叛逆"方向而发展。由此，在人类历史上第一次带来了这种割裂的可能性，而古希腊英雄主义则是这种割裂的表现形式之一。

就古希腊大众而言，在传统的祭祀社会中，他们从未设想过能与宙斯、雅典娜或阿波罗等神祇合为一体。而秘仪中的神祇，通过分食神的身体、与神交合、再次诞生、净化涤罪等象征性仪式，给信徒带来了这种结合的可能。[1] 这种结合，意味着那些被家长"监护"的母亲、余子、奴隶们彻底放弃了长期以来一直希望得到血缘后代来祭祀自己的期待，在精神寄托方面不再依靠自己的血缘后代，从而使他们在精神上从"非洲夏娃"以来源源流畅的血缘之河中脱颖而出，成为一个独立的个体，这给古希腊人个人主义、自由主义的滋生提供了温床。而这些独立个体所组成的公共性社会团体，成为古希腊人生活动的重要场所，在这种状况下，古希腊呈现出了人类首例个人主义社会的特征。不过，这里需要说明的是，人们一直都说，古希腊因传统血缘纽带松懈，古代个人主义思潮开始增长，这为秘仪的兴盛提供了条件；从前5世纪末，城邦国家逐渐走向衰亡，最后被马其顿所征服，原有的集体合作精神宣告失败，个人主义成长起来。[2] 这些说法都是本

---

① 吴晓群：《古代希腊仪式文化研究》，上海社会科学出版社2000年版，144页。
② 吴晓群：《古代希腊仪式文化研究》，上海社会科学出版社2000年版，136页；［英］W. K. C. Guthrie, The Greeks and Their Gods, Beacon Press, 1950, pp. 256。

末倒置。

把祭祀发生变化之后的古希腊与没有变化的古代中国做一个比较就会看到，古希腊大众建立了自己与神的"血统"，放弃了自己与后代的"血统"，因此为了来世生活，希腊大众必须祭祀（孝敬）神，而对后代仅仅只能是感情维持。因此，婚姻不再是祭祀行为，而是恋爱的自然结果，孩子也不再为侍奉而存在。与之相比，古代中国依然维持着要血缘后代祭祀（孝敬）的传统，与神没有"血统"，与自然神也仅仅是"贿赂"关系，这些都成为中国自古以来的精神文化核心。因此，即便在今天的中国，无论信仰什么，也都依然保持着对自家的人（鬼）祭祀这种习俗（无论自愿还是被迫）。范文澜说："祖宗崇拜，把孝道公认为最高道德，这是任何崇拜的神都不能代替的。这是汉族的特征之一，使其他信仰在汉民族不能生深根。"① 这正是对古代中国信仰源远流长的另一种表述。

（3）人死不可能一了百了。

现在知道了为什么古希腊与古代世界其他地区不同的根本原因了吧？这种不同也会给古希腊带来新的社会思潮和对人类历史的新反思。以下就来讲一下这方面的情况。

如果说，新型祭祀给古希腊带来了以自由选择为特征的古代个人主义，那么，如何统合由这些人所组成的社会，便成为一个必须解决的问题。这便是前5世纪之后追求道德的希腊人生哲学、社会哲学的兴盛，最后演变为社会理性主义（国家主义）占主导地位的社会思潮的原因。比如柏拉图（前347年）明显意识到祖宗崇拜与国家精神的对立，私法（宗法）与公法（"社会法"）的对立，富人与没有财产的劳动者的对立，而主张国家至上。

那时，在生死方面，各有说道。有的希腊哲学家说，生存于墓中的死人，是仍需供养的神圣祖先，对此让人做何感想呢？自从前5世纪，有思想的人开始从中解脱出来。有些人认为，人死如灯灭，一了百了。还有人相信，人死后会有来生，他将生存在一个完全精神的世界中。他们对神有更高的观念。邦火和家火，不再为人所信。英雄不再受到人们的崇拜。虽然人们依旧举行祭祀，邦火依然点

① 范文澜：《中国通史简编》（第一编），人民出版社1965年版，39页。

着。^① 同时，古希腊人产生了一种新观念，灵魂不朽，灵魂上天，肉体回归土壤。^② 柏拉图说，凡人都追求永生。永生的唯一方式就是从孩子那里找到自己的延续。这种逻辑催生了男人去追求荣誉，不仅给予孩子肉身，还给予他灵魂。^③在现实生活中，古希腊对英雄主义也开始怀疑起来。《伊索寓言》中的《英雄》描写说，有人在家里供奉着英雄，经常不断地把昂贵的物品祭献给英雄，所用的祭品花去了他许多钱财。英雄在夜里对他说："喂，朋友，不要再浪费你的钱财了。你若都花完了，就会变为穷人，那时你就会怨恨我。"

在统合社会方面，毕达哥拉斯（前 500 年）看不起地方性的祭祀，想用至高无上的观念来组织社会。阿那克萨哥拉（前 428 年）说智慧的上帝统治一切人及一切物。智者派的普罗泰戈拉（前 410 年）说，古人都是亲戚关系，在没有法律的情况下，自然使他们成为同胞。苏格拉底（前 399 年）希望在良心里找到正义和行善的义务。他以为真理高于习俗，正义高于法律。义务的原则在人心中，而不是来自神的命令。他创立新信仰，要使道德脱离祭祀。柏拉图确信，国家才是主人，才可拥有自由，才可有自己的意志，才可有信仰。谁要有不同的思想，该死。道德及政治的准则在我们的身体内，我们应归于理性，正义的法律必然合乎人类天性。亚里士多德（前 322 年）说，理性就是法律。人类祖先，无论出自大地还是洪水中的余生者，又俗又蠢，相信他们的话是非常荒唐的。他不承认人类社会的祭祀根源，不谈神庙，不理会地方祭祀曾是国家的基础。他认为，国家不过是平等人的联合，以便共同达到一种幸福和便利的生活，所以，他要寻找一种可作为社会法律和国家的观念的新基础。犬儒派（愤世嫉俗者）的第欧根尼（前 323 年）说，不应该有任何公民权利。人是世界的公民，祖国不限于城邦。通过这些哲学家的启蒙，古希腊人开始认识到，人应该成为一个有道德的人并为神所喜爱的人。个人因此而成长壮大，个人美德渐渐为世人所知。人性的美德深入人心，成为政府必须重视的力量，政治就是要让个人的美德在社会制度中拥有一个自由的地位。^④ 而这种美德，自前 5 世纪英雄祭祀之后源远流长：善良人往往贫

① ［法］库朗热：《古代城邦》，谭立铸等译，华东师范大学出版社 2006 年版，330 页。
② ［英］W. K. C. Guthrie, The Greeks and Their Gods, Beacon Ptess, 1950, pp. 260~263。
③ ［英］W. K. C. Guthrie, The Greeks and Their Gods, Beacon Ptess, 1950, pp. 260~262。
④ ［法］库朗热：《古代城邦》，谭立铸等译，华东师范大学出版社 2006 年版，331~335 页。

穷，但死后会得到好报，恶人占据了世上的美好东西，但死后会得到恶报。①

以上这些纷繁的人生哲学、社会哲学反映出当时的古希腊是一个多元、复杂的社会。

首先是有家火的与没有家火的对立，得到家族成员祭祀的与得不到祭祀的对立。没有家火的人随着人口增加而占绝大部分，他们联合起来对付有家火的人的联合统治。有家火的人鄙视没有家火的人，认为他们没有传统，没有道德，没有文化。没有家火的人认为有家火的人自私、冷血、孤单，进不了天堂。天堂无疑是希腊新型祭祀发展所衍生出来的一个道德概念，但由于家父长们能够得到后代祭祀，对天堂根本就不屑一顾。

对古希腊人生哲学代替传统家庭祭祀的原因，人们都说，这是由于人的思想进步，智力提高。用库朗热的话来说就是，"拥有神、祭礼（供食）、教士、官长的古代家庭非常牢固。拥有祭祀、保护神、祭礼的城邦也管理人们的精神和肉体。这种制度，自前 7 世纪开始受到抨击，过了几个世纪之后，便在革命的洪流中倒下。毁灭的原因概括为两种。第一种是人类思想的自然进展。第二种是被压迫阶级为了自身的利益而发动抗争"。② 库朗热的逻辑就是，在前 2000 年，入侵希腊的库尔干人开始相信亡灵会出来作祟，构成了家庭和城邦祭祀的基础。但过了 1300 年，他们的子孙们智力有所提高，不再相信什么亡灵作祟，对死亡不再恐惧，其家庭祭祀和城邦祭祀也就会由此而消亡。

这种逻辑难以站住脚，因为亡灵作祟只是父系功利思想的反映。然而，只要是"非洲夏娃"的子孙，就必然在精神上有被祭祀的需求。其理由是，死亡并不因为他人的死亡而可怕，而是因为自己的消亡而可怕。所以，无论是否相信亡灵有威力，对每个人而言，自身灭亡永远都是最可怕的事情。如果古希腊在前 5 世纪左右，人生哲学等新的信仰代替旧的信仰是一个历史事实的话，那么，这一定是古希腊人针对死亡这一不可回避的问题，用新的解决办法代替了旧的办法。就家长来说，虽然家火从城邦圣火退位下来，但原来的家火祭祀依然如故。对没有被祭祀权利的大众来说，尽管成了公民，不再对主人家的家火祈祷，不再相信家

① ［英］W. K. C. Guthrie, The Greeks and Their Gods, Beacon Press, 1950, pp. 248.
② ［法］库朗热：《古代城邦》，谭立铸等译，华东师范大学出版社 2006 年版，217 页。

火，但自己怎样得到祭祀，仍旧是需要得到解决的问题。人死不可能一了百了，这不会因为思想进步、科学进步而有任何变化。古希腊大众从前 2000 年就逐渐开始探索，由此开始的希腊民间秘仪，正是他们解决生死问题的方法之一。至于阶级斗争，当然是具有新型祭祀的大众与传统祭祀家长较量的表现形式。如果没有另一种新型祭祀来支撑被压迫阶级，那么，由于精神状态不安，其斗争不能持续下去，更不用说取得胜利。

回顾入侵希腊的库尔干人的历史故事，能够看到一幅有关希腊历史的广阔画卷：他们之中只有一小部分人生活在长子系列家族中，土地等资源在长子家族系列之间传递，形成古代个人所有的经济制度。这促使资本迅速积累，成为古希腊经济发展原动力的一部分。同时，大部分人在母系转化为父系之际，就如同母系社会中的父亲一样，就成为孤单一代（余子、奴隶等无法得到儿女祭祀），通过"雇佣关系"（不是自给自足）被组织在家父长周围，形成仆役或穷人，这实际上形成了"原子个人"社会，成为核心家庭，而他们的存在是古希腊经济发展原动力的另一部分。虽然这些核心家庭仍旧有发展为祖先崇拜三代人父系家庭的欲望（父母对儿女祭祀的期待），但家父长把持家庭祭祀的长期化（长达 1300 年）使他们的期待终究无法实现。追求死后永生的精神需求，迫使古希腊大众去祭祀冥府之神、祭祀英雄，去加入秘仪。由此他们获得了单个人与神的交易的机会，不再受家庭祭祀和自己的血缘关系者的干扰，由此产生出自主选择的精神，也就是古代个人主义的人生观。在自由自主选择的精神支撑下，即便是家父长统治下的奴仆也不再是盲从的，而是现实主义的。他们意识到，他们仅仅是为了生活，而并不是为了从家父长的祖先神那里得到保佑，这才维持着加入家父长所把持的家庭祭祀的现状。因此，在家父长管理严格的地区他们"忍气吞声，表现得忠于主人"；在远离家父长的山坡地带他们便"决心摆脱"被统治的命运；而在海滨地区，他们便"热衷"于商业和工业。因此说，古希腊人生哲学的发生，旧有制度的崩溃，是古希腊民间祭祀发展的结果，这与古代父亲的精神进步、智力发展没有关系。

在梭伦改革之后，原来被"关押"在家族集团（氏族）中的"原子个人"被释放到社会中，由此，亚里士多德产生了"国家不过是平等人的联合"的说法，为了使这些"原子个人"共同达到一种幸福和便利的生活，他创立了经济学。而以"原子个人"为行为主体、"自由选择"为基本行为的假说，追求个人幸福和便利生活的假说，被18世纪英国的亚当·斯密所继承，成为今天现代经济学理论的基石。

由于古希腊大众都从"非洲夏娃"所创立的信仰脱离出来，男女关系演变为追求热恋为目的，爱情至上，这就为以后柏拉图的恋爱观念的成立提供了基础。这种追求浪漫的恋爱观，在鸦片战争之后的封建中国逐渐时兴起来，后来成为新文化运动的一面旗帜。然而，这是没有理解到古希腊文化而产生出的一种阴阳倒错现象。

本书第一部中提到，对情侣来说，"合二姓之好、事宗庙、继承后世"与自己没有关系。今天的年轻人更侧重于追求浪漫。然而这并不是今天年轻人才特有的"非理性的冲动"行为。从中国古代的《诗经》到清朝的《红楼梦》，追求自由恋爱一直是中国年轻人所共有的东西。文学理论家们把它称为"普世价值""永恒真理"，但实际上，这是进入青春期的男女在本能层次上的特征，不分历史远近，也不分国内国外，当然也就会成为艺术作品的永恒主题。然而一旦进入精神层次，就有差异了。因为，即便在今天中国，年轻人的脑子中，无疑留有另外一个古老的烙印：如果没有结果，浪漫的恋爱显得缥缈和空虚，所以，最理想的是白头偕老，儿孙满堂。这种固执的追求，是一种超越本能层次的精神现象，发源于"非洲夏娃"，而与柏拉图提出的精神观念相对立。于是，今天中国的年轻人，随着年龄的增长，最终会走上与西方不同的道路。中国年轻人当然有冲动，但逐渐更趋向于"理性"。他们幻想兼得鱼和熊掌，但最终都会放弃冲动。理由是，在古代，中国文化就与希腊文化已分道扬镳，所以，中国的年轻男女害怕离婚，害怕当后妈后爸。在过去的中国，媒婆大行其道，而在今天的中国，各个公园里"相亲角"大行其道。

（4）萝卜白菜各有所爱。

总结以上所说，库朗热对古希腊、古罗马历史进程的结论基本能够成立："信仰成立：人类社会形成；信仰演变：人类社会经历一系列革命；信仰消失：人类社会改头换颜。信仰作为社会关系的创建因素不再存在，与此同时，通过信仰建立起来的社会也随之解体。信仰造就历史。没有什么比信仰更能影响心灵的了。它出自人，而我们却以它为神。它是我们自身力量的反映，但它却比我们更有威力。人固然可以降服自然，但却总是他自己信仰的奴隶。"① 就古希腊、古罗马而言，可以说，基于入侵希腊、罗马的库尔干人的初期信仰，建立了古代王国和城邦，随后，在新型祭祀的推动下，产生出人类首例古代个人主义社会。

不过这里特别需要强调的有两点。第一点，人类社会的改头换面，不是因为原有信仰的消失，而是被另一种新信仰所代替。第二点，古代个人主义并没有发生在那些拥有古代个人所有权的富人身上，而是发生在那些连精神支柱也被剥夺的劳动者身上。与之相比，古代中国以及其他地区，既没有这样的劳动者，原有信仰也一直延续下来。

以上通过对古希腊英雄、大众的信仰以及社会思潮的讲述，基本上可以弄清了为什么古希腊社会实行一人一票的古代民主制度的特殊理由。

随多利安人入侵，古希腊在前10世纪左右，王权倒台，贵族联盟掌握政权，作为统合手段，都必须抬出自然神加以崇拜。前509年的克里斯提尼改革之后，虽然古希腊民众参与了政治，但自然神崇拜并不能帮助他们实现死后永生的愿望。所以，他们在形式上一方面参加公共祭祀，另一方面更加热衷于民间祭祀。同时，自然崇拜已经无法通过贵族家的祖先崇拜这条管道起到统合社会的作用，最后逐渐退出政治舞台，仅仅局限于贵族个人生活层面继续发挥作用。那么，用什么样的方法来统合社会呢？可以想到的就是当政为民。那么，用什么来反映这些大众的意愿呢？

中国老百姓有一句俗语叫作"萝卜白菜各有所爱"。正是因为各有各的喜好，并有自由选择的权利，以自由选择为特征的市场经济才可能成立，否则就只能出现集团内部的自给自足经济等。统合社会的方式也同样如此。在古希腊，由于新型祭祀，产生出古代个人主义，信仰多元化成其为特征，而反映不同信仰的现实生活和意愿，没有谁能够一目了然，更不知道这种主义、那种学派的真正主张。对于这些各不相同、说不清道不明的民意，只能通过投票，才能知道。你爱萝卜，他爱白菜。也正因为如此，在后来随着基督教对欧洲社会的信仰构成"收敛"趋势之后，希腊、罗马发生了倒退，用投票反映民意的古代民主制度消失了。直到17世纪后，强调信仰自由、市场经济的思想成为主流之后，希腊、罗马

---

① ［法］库朗热：《古代城邦》，谭立铸等译，华东师范大学出版社2006年版，1984年版前言、121页。

才重新采纳了民主主义制度。

由此，这里也可以回答那个让人揪心的疑问了。

在古代中国，无论君王的家族，还是老百姓的家族，美好愿望都是自己孝顺父母，孩子孝顺自己，并以此为人生目标。古代中国的民意所反映的是单一的祭祀需求，即信仰的单一化。因此，无论谁来当君王，以自家生活来度量他家生活，民意就会一目了然，根本就不需要什么投票。在这样的古代社会基础之上，即便有人别出心裁，要搞古代民主投票，过几天也就似是而非。为什么呢？是因为古代民主投票不正确？不是，是因为它在古代中国是非理智的东西，也是低效率的东西。怎么会有这样荒唐的结论？一点也不荒唐。因为，人是偷懒和追求效率的动物。对一目了然的东西，还劳神费力通过投票来征求民意，这不是多此一举吗？从这个意义上说，古代中国的统合方式，合情合理。君王独裁是有效实施民意为天的统合古代社会的方式。

这种单一信仰的外在表现形式，就是古代中国三代人家庭（古希腊、古罗马大众趋于核心家庭）、政治权利的层层承包形式（古希腊、古罗马是扁平式）。在这个平台上，在古代中国，有德老人喜欢萝卜，晚辈也就心甘情愿喜欢萝卜，即便并不喜欢；君王有德、是好人，那么他们喜欢萝卜，下面的老百姓自然也愿意喜欢萝卜，以求和谐。

也就是说，古希腊在信仰方面的"发散"特征，决定了需要用投票来反映民意；古代中国在信仰方面的"收敛"特征，决定了君王用体谅民情来琢磨民意。

（5）金字塔与平面。

以下再用假设的数字简述一下古代中国、古希腊父亲的故事。

前面提到，古代中国宗族的宗子家族分化出几个小宗（长兄带兄弟几人），小宗的宗子家族再分化出几个分族（长兄带兄弟几人），这样向下延伸到第五代，以一家有兄弟 3 人简单计算就会有一个 243 人（3^5）的同辈男性集团。如果仅向下延伸到第三代，就是 27 人（3^3）。现在，反过来设想问题。假设这 27 个同辈男人一字排开，他们虽然居住在同一个聚落里，但相互并没有上下区别，也没有大宗、小宗，也没有本家、分家的区别。这就是母系社会的组织情况。相互分散独立，没有行政管理，他们都仅仅侍奉自己的母亲和更上一代的人。后来，在人口的增加、资源的不足，必须捍卫自己聚落或夺取其他聚落的资源的压力下，这些男人必须被组织起来。那么，在选择祖先崇拜的社会可能用什么方式来统合呢？

假设其中有这么一个人，他、他的父亲、他的祖父都是长子。他首先意识到组织起来的重要性并且他也具备组织才能，他可能首先说服自己的两个兄弟做副手，听从他的指挥。人员不够怎么办？他为了要把聚落里的同辈男人都组织在自己的手下，也许他偶然想到了利用血缘关系。由于他的父亲和祖父是长子，所以着眼于祖父三兄弟，找到继承祖父的另外两个兄弟血脉的孙子，从中任命两个长子为手下干将，直接听从他的指挥。于是这两个人把他作为自己的首领，并接受委命同样再去寻找各自的下属。结果，这个本来是一字排开的27人，便构成了以首领（2名兄弟做副手）为顶端，继承祖辈血脉的长子2人（各有2名兄弟做副手）为第二层，继承父辈血脉的长子6人为第三层，这6人各自管辖兄弟2人的"宗族组织"。祖先崇拜原理在母系迈入父系之际就这样发挥了组织作用。再假设，他们的曾祖辈三兄弟分家后，另外两个兄弟的曾孙们现在分别也组成了另外两个聚落，并被那位首领组织起来的聚落所征服，于是，获得胜利聚落中的这27人都成为贵族（支配性宗族），通过设立一个中间管理层，统治其他两个聚落的54个庶民。按照同样道理再向上追溯一代，这27名贵族所领导的集团再征服其他聚落，再增设一个中间管理层，结果就会形成有5层权威机构的243人的社会，那27名贵族统治216人庶民。首领为了获得在权威方面的正当性，会说，我们都是同一个血缘，我会有德，会让你们都一如既往地孝顺你们的父母。这就是古代中国的情况。

与之相比，也可以假设那个有能力的首领可能采取另外一种方式来组织这243人。他首先与同聚落的26个同辈男人展开角逐，就像开奥运会一样，成为这26人的王。这个王在征服这些人之后，强迫他们的意志，让他们都祭祀这个王的祖先，从而形成一个祭祀家族集团。在这里，祖先崇拜原理发挥了不同的组织作用。再假设在其他聚落内部、在聚落之间也展开同样的组织方式。当这个首领征服了所有242人以后，便暂时得到了对所有聚落的独裁权（希腊王权）。然而，由于他的精力有限，只能直接管理150人，于是，这个曾被统合的242人的社会，自然分裂为两个祭祀家族集团（氏族）。于是，两个集团的首领是贵族，其他241人都是劳动者，由此形成两个贵族联合起来统治的社会（希腊城邦），最先的那个征服者的家火变为城邦圣火，被共同祭祀。以后这241人摆脱了这两个贵族的统治，各自具有自由意志，于是，这个社会又不得不开始探索新的统合方式。顺便提一下，即便在今天信息化时代，企业老板如果不想采用阶梯式组织，而想直接控制员工，那么，这个企业员工的最佳人数是150人，超过300人，企业就会陷入混乱。而在实现老板意图方面，老板直接控制员工时的效率是最高的。

在摩梭人的侍奉习惯中，各个家族在侍奉自己的先人时，需要说出三代先人的名字，由上到下，但不包括与说话人平辈中的死亡者。把先人按照辈数分开，形成侍奉中的家族成员的上下秩序应该是一个传统的做法。因此，假设古代中国在跨入父系之际，人们在组织同一辈男人时参考了这种上下秩序关系，这应当说得通。不过，在跨入父系之际，同样是面对一字排开的243人同辈男人的社会，古希腊却不同于古代中国，选择了另外一种统合方式。其结果就是，古代中国最终形成宗法社会，古希腊最终形成市民社会。两种社会的特征可以归纳如下。

第一，古代中国社会是一个多层次的金字塔式的立体权威体，古希腊是近乎以权威者为圆心的圆形平面体。

第二，古代中国的贵族数量多，古希腊的贵族数量少。古代中国通过血缘关系者层层传达君王的命令，古希腊则通过家神、圣火或上帝之口，也就是通过祭祀来直接传达命令。更具体地说，古代中国的贵族因为要获取租税被组织在一起，老百姓因要提供租税而被组织在一起，相互之间没有祭祀关系。古希腊的贵族因为要实现对自己的祭祀而征服他人，大众也就成为被绑架在贵族的祭祀家族集团之中的劳动者。

第三，在以后的发展形式中，由于内在或外在的原因，古代中国可以改变各种形式来传达征收租税的行政命令。由于古代信仰没改变、统合的目的没改变，统合社会的权威结构没发生改变，古代中国社会也就从来没有发生过根本性的改头换面。而古希腊，随大众从被绑架中解放出来，旧祭祀被新型祭祀所代替，神或上帝不断改头换面，新的组织不断产生，古希腊的统合社会的权威结构也就不断改头换面。

第九章

春秋战国与罗马

古代社会并不是死水一潭。古代中国父亲，坚忍不拔地继承祖先遗愿，古代希腊父亲不屈不挠地探索新思想，他们靠着意志，一方面把祖先的血脉传递下去，另一方面又带出了一系列戏剧般的故事。

不过，从功利的角度我们可以问，古希腊的市民社会、古希腊的个人自由意志选择，其运作结果是否就一定好，其优越性就一定超过古代中国宗法社会吗？不一定，因为谁都不能保证，通过投票来显示自由意志的选择，就一定会带来好的生活。当客观上已经证实原来的选择很错误时，是否有机制来保证重新选择，修正原来的错误，则是决定这个社会经济生活好坏的关键。这个机制就是法治。以下继续讲古代社会那些故事，这里的主人公是春秋战国父亲和古罗马父亲，时间段大约到公元前后。随着社会规模越来越大，祭祀（精神文化）、哲学、法律在管理社会方面的作用也就越来越重要，在这方面的继承与创新，是这里要讲的重点。

一、奔向帝国，走向集权

1. 法治让罗马安然无恙

先讲古罗马父亲。

前 2000 年，库尔干人的一支部队骑马南下，从北部进入意大利半岛，带来了青铜器文化。[1] 不过，在今天的意大利西部的撒丁岛，考古学家发现了奥泽瑞文

---

① ［英］纳撒尼尔·哈里斯：《古罗马生活》，李广琴译，希望出版社 2007 年版，9 页。

化时期（前 5000 年，早于库尔干人）的地下墓葬。35 具尸骨散乱无序，表明尸体是二次葬，与西欧其他地方前 4000 年的公共墓地相同，没有任何个体享受特殊待遇。另外，早于库尔干人居住在罗马北部的伊特鲁里亚人，保存了古代欧洲安纳托利传统文化。他们在前 8 ~ 前 6 世纪处于鼎盛时期，虽然被周边的印欧语言的族群所包围，吸收了印欧社会的制度因素，对外进行贸易，并在南部意大利建立了许多殖民地，但仍旧保持着自己的语言和母系制度的遗风。妇女在这个社会中享有很高地位。不管孩子的父亲是谁，她们都自己抚养孩子，孩子必须随母亲的姓氏命名。和古罗马的情况相反，她们作为祭司在社会中具有崇高的地位。①

　　至于古罗马城邦的起源，根据传说，当特洛伊城遭到希腊人进攻的时候（前1300 – 前 1190 年），维纳斯女神的儿子埃涅阿斯正当壮年。特洛伊城失陷后，他和一些追随者逃出来，到了意大利海滨劳林敦。这一地区当时由土著居民统治，埃涅阿斯通过婚姻关系，成为原住民的统治者。他的后代努米托，通过长子即位，成为罗马东南部阿尔伯人的国王。可是他的弟弟阿穆利乌斯用武力夺取了王位，将他驱逐出境，还让他的女儿西尔维娅做贞女，不让她生儿育女。但她与战神马耳斯相爱并生下了一对双胞胎。这对双胞胎被遗弃在台伯河畔，一只母狼哺育了他们，后来一位牧羊人发现了他们，并将其带回家由他妻子抚养。这对孪生兄弟长大后成为绿林首领。兄弟俩杀死了阿穆利乌斯，让他们的外祖父努米托恢复了王位。后来，兄弟俩离开外祖父，在被牧羊人发现的地方建立了城市。由于兄弟俩发生了争斗，罗穆卢斯最终杀死瑞摩斯，成为国王。罗穆卢斯死后被接纳到诸神中，成为受古罗马父亲祭祀的保护神奎里纳斯，所建城市就是古罗马城邦，建城日期在前 753 年。罗穆卢斯开创了古罗马王政时代，先后经历了 7 个国王，前 510 年，最后一个国王被驱逐，由此进入贵族政治的共和阶段。这 7 个国王分别是罗穆卢斯（前 753 – 前 715 年，来自拉丁族部落的阿尔伯族），庞皮留斯（前 715 – 前 673 年，来自萨宾族），奥斯蒂吕斯（前 673 – 前 641 年，来自拉丁族部落的阿尔伯族），玛尔提乌斯（前 641 – 前 616 年，来自萨宾族），布里斯库（前 616 – 前 578 年，来自伊特鲁里亚族），图利乌斯（前 578 – 前 534 年，来自伊

---

　　① ［美］马丽加·金芭塔丝：《活着的女神》，叶舒宪等译，广西师范大学出版社 2008 年版，69 页、130 ~ 131 页、176 ~ 177 页。

特鲁里亚族），苏佩布（前534－前510年，来自伊特鲁里亚族）。在王政时代，统治阶层包括国王、元老院、胞族会议，每10个氏族组成一个胞族，国王掌握绝对的权力，他是立法官、军队首领、祭祀长。元老院由不同氏族首领组成。前578年，图利乌斯当政后，推行改革：将能服兵役的公民按财产划分为5个等级，每个等级提供数目不等的军事百人队，并让百人队大会取代胞族会议的宣战、选举、审判权力。百人队中每队有一票表决权。前534年，苏佩布当政后，推翻了改革。前510年，苏佩布被罗马平民驱逐出罗马。王权废除后，选出两名执政官，任期一年。第一任是布鲁特斯和柯拉汀。[①]

驱逐国王后的最初16年，古罗马陷入了动乱。前494年，罗马与邻近部落发生战争，而罗马平民拒绝作战，带武器离开罗马，史称"平民运动"。在这种情况下，贵族被迫承认了平民选举保民官和召开平民大会的权利，平民所选的保民官，负责保护平民的权利不受贵族侵犯。前454年罗马成立一个由贵族和平民构成的十人立法委员会，并在前451年订立十二铜表法。前367年塞克斯提亚法成立，规定每年必须有一位执政官由平民担任。前326年，债务奴隶制被取消。前264～前146年，罗马和迦太基之间为争夺地中海沿岸霸权发生了三次战争，被称为布匿战争。在第三次布匿战争（前149－前146年）中，罗马战胜了迦太基。前148年罗马征服了马其顿并把希腊纳入殖民地。以后通过叙利亚战争和外交手段，控制了西亚的部分地区，建成一个横跨非洲、欧洲、亚洲，称霸地中海的大国。这一时期，罗马推行募兵制，大批无地或少地公民涌入军队。[②]

在家族生活方面，古罗马庶民的父亲和古希腊庶民的父亲一样，生了孩子，将他们抚养成人，但并不拥有他们。只有经过家长同意，所生的孩子才被家族所拥有。因此，遗弃孩子和收养孩子，成为古罗马人的特征。而私生子只能随母姓，他们没有法律认可的父亲（家长）。[③]"在罗马，唯有父亲才能敬拜祖先，只有他的长子才能够继续维持家庭的传统。因此，这种祭祀规定了家庭成员之间的

---

① http：//baike. baidu. com/view/48726. htm。

② ［古罗马］阿庇安：《罗马史》（上卷），谢德风译，商务印书馆1979年版，序言、第一卷Ⅰ；http：//baike. baidu. com/view/48726. htm。

③ ［法］阿利埃斯：《古代人的私生活》，李群等译，三环出版社2006年版，19～22页。

关系。"① "古罗马人并不崇拜自然的血缘关系"，因此"大量收养"非血缘者。"家族姓氏比起血缘关系要重要得多。" "一个男人会小心选择有资格继承他姓氏的人作为养子，并且立遗嘱确定下来。"②

自罗马城邦建成以来，就一直在推行希腊化，共经历了 5 个世纪的文化适应过程。罗马的文化、艺术和公共祭祀等几乎全部源自希腊。不过，罗马统治者认为，希腊文明不是外来的，也不是希腊的，而是他们自己的。虽然他们决不把这一文明的专有权让给希腊，也并不在乎因希腊化而"丢失自己的民族特性"，但最高层的皇帝和元老院中有势力的议员，一直远离希腊化，而在罗马帝国的无数自治城邦的生活层面上，则全部是希腊式的。③

事实上，古罗马与古希腊在历史进程中有许多相似之处。

古希腊在前 11 世纪，发生了王权崩溃。而古罗马 7 个国王的历史（前 753 – 前 509 年）也充满了血腥味。第一位国王欲扩大自己的权限，摆脱贵族的权利，但遭到家父长们的反对，被暗杀。贵族决定用选举方式选出君主。元老院提出人选，胞族会核对，最后再由贵族占卦，证明神的意愿。庞皮留斯（前 715 年）就是由这种方式选举出来的罗马城邦君主，他的权威仅限于公共祭祀。④

古希腊在前 6 世纪左右，发生了解放仆役、平民以及土地改革运动。古罗马也经历了这样的运动。由于罗马城邦处于拉丁人、沙宾人、伊特鲁里亚人中间，一直受到战争威胁，因此须有众多的士兵和民众。历代君主都为此广招外邦人，俘虏也被带回罗马，其中，如果原来是贵族的，便被纳入罗马贵族会，如果不是贵族的，便一部分纳入各家族集团中作为被保护人，一部分作为平民。图利乌斯（前 575 年）把氏族首领率的家族集团奴仆士兵们改编为百人队，把部队按照财富的程度编队，从而被保护人（奴仆）在作战时不受家父长指挥，逐渐形成独立的习惯。家父长最先给被保护人（奴仆）一块土地，让他耕种。不久，被保护人（奴仆）开始负担主人的所有开支，由此逐渐成为土地的占用人，并开始有些自己的钱财。十二铜表法（前 415 年）说："民众的最新决议就是法律。"由此，法

---

① 雷立柏：《古希腊罗马与基督教》，社会科学文献出版社 2002 年版，164 页。
② ［法］阿利埃斯：《古代人的私生活》，李群等译，三环出版社 2006 年版，22 页、27 页。
③ ［法］阿利埃斯：《古代人的私生活》，李群等译，三环出版社 2006 年版，11 页。
④ ［法］库朗热：《古代城邦》，谭立铸等译，华东师范大学出版社 2006 年版，234～235 页。

律不再是神的传统，而是出自人的意志，人的意志可以改变法律。法律不再是家庭祭祀的一部分，不再是家族集团的家产，而为公民所有，平民也可以利用法律。十二铜表法还规定，遗产由兄弟分享。虽然父亲还有处死儿子的权力，父亲在世时，儿子不算成人，但对儿子的人身买卖，父亲只能有三次，由此削减了父权；家业不再属于氏族（家长、长子支配的家族集团）。因此，在十二铜表法之后，非长子系列家族、奴仆可以将自己的财产留给自己的儿子，没有儿子便可以立遗嘱。最后，被保护人要求完全独立，希望脱离家族集团而成为平民。①

古希腊在前5世纪左右，平民参与政治，官方祭祀逐渐消失，用投票表示民意的统合方式基本形成。古罗马在同一时期也完成了这种转变。由于罗马城邦适合于商业，大批工商业者涌入罗马。一些拉丁、沙宾、伊特鲁里亚的异议者也到罗马避难，这些人都加入平民阶级。以后，脱离家族集团（氏族）的被保护人、因犯罪而落难的家族集团的成员、因家庭祭祀不被承认的私生子，也加入平民阶级。② 图利乌斯（前575年）将被征服城邦的田地分给平民，让这些以前只能耕种贵族田地的平民家庭拥有了土地。他还公布平民的法律，规定平民与贵族的契约关系。从此，有了超阶级的公共法律。他在原有的三个由家族集团（氏族）组成的部族之外，创立了一个由平民构成的部族。这个部族按住宅区分单位，并建立圣火和户神，让这些因出身而无神可奉的人有了神，有了自己的祭祀。在平民组织的基础上，设立了平民护民官制度（前450年）。护民官本人与神有关，任何人都不能冲撞他。但护民官不主持祭祀，选举时不需要占卜，任命时不需要征求神的意思。不久，平民建立了自己的议会，在议会中，座位按住址而不是祭祀和贫富排定，开会时不举行祭礼（对圣火等的侍奉），不承认占卦，卜人或教主不能命令他们散会。③

然而，古罗马和古希腊毕竟还是走上了不同的历史发展道路。这主要表现在前4世纪左右，古希腊的新兴贵族势力衰败之后，古希腊的穷人通过手中的权力，

① ［法］库朗热：《古代城邦》，谭立铸等译，华东师范大学出版社2006年版，255～257页、269页、289页、290页。
② ［法］库朗热：《古代城邦》，谭立铸等译，华东师范大学出版社2006年版，269～270页。
③ ［法］库朗热：《古代城邦》，谭立铸等译，华东师范大学出版社2006年版，270页、276～277页、279页。

宣布分田地，夺取富人的财产。而在古罗马并没有发生这样的事情。对此，库朗热说，当雅典进入财富支配时期，贵族便陷入贫困。人们通过投票可以把新兴富人财产拿来充公，这没有什么不合法，财富不再具有神圣不可侵犯的地位。与之相反，罗马贵族（家族集团的家长、长子）仍不放松农业、商业和工业。他们最关心的就是财富增值。工作、俭朴和精打细算是他们的美德。因此，罗马贵族不轻视富人，哪怕他们是平民出身。富裕的罗马人希望罗马兴旺发达，希望大家团结一致。贫穷的罗马人没有利用投票选举来劫富济贫，他们也敬重财富，并让贵族骑在自己的头上。富裕的平民走近贵族，让贵族了解自己的希望和权利，贵族相信了他们。于是，罗马建立了新的立法制度。贵族担任立法者，但法典在定稿和公布之前，先征求大众意见，并得到各阶层认可。以后，平民与贵族出现在同一个法庭，履行同样的手续，按照同样的法律进行审判。在法律框架下，罗马尊重人权，内部没有出现混乱。①

2. 异族通婚，投票计票

古罗马和古希腊的父亲最终走上了不同道路。这在罗马建城之初，便已经显示出一些端倪，由此对他们起到了分道扬镳的作用。

在古希腊，城邦之间一切都不相同。城邦之间的民众不能（合法）通婚，如果通婚，那么，所生子女均被视为私生子，没有公民权，不能继承父亲的遗产。祭祀让各城邦自为一体，不能混合于一体中，希腊在被罗马人征服之前，从来没有合为一国。一个城邦征服另一个城邦，比联合它更容易。战胜一方将被征服的城邦居民变为奴隶，而不是公民。胜利者要么将被征服者杀戮，要么取消城邦的主权，摧毁它的城邦祭祀和各家的家火。于是这些城邦建立在祭祀上的法律、民权、家庭、田产等一切都随被征服而俱尽。因此，在希腊，外邦人不得成为（合法）业主，所缔结的契约也没有法律效应。外邦人为了便于经商，定契约，维护财产安全，只能寻求一个希腊公民作为保护人。

与之相比，古罗马父亲建城之初，拉丁部落阿尔伯族的罗穆卢斯便带人抢夺了沙宾部落女性，并引发了与沙宾部落的抗争，然而，被掠夺结婚成为拉丁男人

①［法］库朗热：《古代城邦》，谭立铸等译，华东师范大学出版社2006年版，281~283页、315页、346页。

妻子的沙宾女性们介入其中，让双方达成协议：两个族群的人都可以当罗马国王，两个部族的部队战士享受同样待遇，沙宾人适用于罗马法律，可以在罗马居住，成为罗马公民。从此，阿尔伯人与沙宾人确立了相互的通婚权，这样，罗马人把他们与邻族分隔开的信仰栅栏推倒了。于是罗马城邦的祭礼集合了不同信仰，它的圣火对所有民族开放。罗马人从被征服地带回异邦的神：从卫易城取来朱诺神，从普莱内斯特城取来朱庇特神，从法里斯哥取来米涅瓦神，从拉奴文取来朱诺神，从萨姆尼取来维纳斯神。这些神，有的被列入罗马人家族祭祀中，有的被列入罗马城邦祭祀中。这样，虽然罗马人有自己的保护神，但那些被征服迁往罗马的民众仍旧可以信奉他们原有的神灵。

在古罗马，以财富为标准的划分都被禁止，古代民主政治获得很大胜利。不过，在选举投票时，没有什么比开会更安静的了，除主席或主席所指定的人外，没有人上台发言。人们听不到演说，也很少讨论，他们最经常做的事就是投票和计票。计票手续复杂，既费时，又须安静。而罗马以外的城邦政府往往三十年河东，三十年河西，城邦制度及法律常常变化。由于这些城邦社会秩序动荡，自愿迁入罗马的人越来越多。结果，由各种民族组成的罗马，不再是因为信仰和神，而是因为法律、制度所带来的权利和安全，而受到追捧。特别是其他城邦的贵族，都期待罗马，尊认它为保护者。前 199 年，罗马军队出现在希腊时希腊贵族便立即投诚。①

总结一下上面讲的古罗马历史。前 2000 年骑马南下并入侵罗马的库尔干子孙，在长子家长的指挥下，各家族集团（男性组织）相互争斗，逐渐扩大自己的势力，终于在前 753 年建立了自己的城邦。前 494 年发生平民革命，长子继承制被动摇，但家长和大众在追求财富积累方面依然如故。以后，随着对外战争和扩展，形成罗马帝国，持有不同信仰的民族和阶层被囊括于同一社会之中，超信仰、超民族、超血缘的古代法律成为统合这个社会的有效工具。这一直维持到公元元年左右。

这里做个比较。几乎在同一时空之下，古代中国是井田制下的自给自足经济

---

① ［法］库朗热：《古代城邦》，谭立铸等译，华东师范大学出版社 2006 年版，182～183 页、189～191 页、195 页、339 页、341～343 页、345 页、347～348 页。

体制、家天下和传统宗法制度，而古希腊和古罗马呈现的是近似于资本和劳动分离的生产方式、一人一票的古代民主选举和法律制度，并且还有古代信仰多元化、自由意志选择、核心家庭、富人和穷人的斗争、要求平等权利的思想以及各种各样的人生哲学和社会哲学等。然而，就古罗马与古希腊比较而言，古罗马的法律保障了原有经济机制的运行，使财富积累继续下去。与之相比，古希腊本来就有一种倾向，那就是把被征服者或敌人的祭祀、法律、民权、家庭、田产全部毁掉，一点不考虑对他人的产权保护。而后来产生出来的古代民主选举，不仅没能修正这一倾向，反而劫富济贫，破坏了原有的生产方式，最终让罗马给征服了。所以说，拿古希腊与古代中国的政治经济发展做比较的话，古希腊并没有什么优势。那么，拿古罗马来与古代中国做比较又会怎么样？这便是一个需要继续讲下去的故事。

3. 中央集权

首先来看春秋战国时期的中国父亲。

商朝有 29 个王，平均每个王在位 16 年。而周朝每个王在位平均 21 年。商朝的王位由几个氏族集团相互交替选出，"兄终弟及"为其主流。因此，即位时王的年龄很高，在位时间自然就短。周朝是父子继承，在位时间自然就很长。由于商代后期实行了嫡长子继承制，家族中便产生了大宗、小宗（"大示""小示"）。"示"是祖先神。直系先王的庙主为"大示"，旁系先王的庙主为"小示"。商王的嫡子继承王权，次子、庶子则有分封权。商人分封，形成殷氏、来氏、宋氏、空桐氏、稚氏、北殷氏、目夷氏等诸侯国，通过分封制和宗法制度，国和家紧密结合在一起。这种制度起源于夏朝，商朝有所继承，而周朝达到巅峰。武王克殷后实行封建，其兄弟之国 15 人，姬姓之国者 40 人。周公立 71 国，姬姓独居 53 人。同时，为了控制商朝曾统治过的中心地区，封纣之子武庚于殷，让他以族长的身份继续统率殷商遗民，并整修了比干的墓，释放了被囚禁的"百姓"，还表彰了商朝贤臣闾里。在周朝的官僚制度中，爵位用来确定位次尊卑，有公、侯、伯、子、男五等爵位。服，用来确定贡赋的轻重，有侯、甸、男、卫用于周（京城）以外的正式国家，称为外服。比如，晋国侯爵，列在甸服。各国的诸侯，在本国被称为国君。采，也是用来确定贡赋的，适用于周（京城）以及各诸侯国国内，比如卿大夫的食邑，被称为内服。①

前 771 年，国人（住在大邑的工商业者）暴动动摇了西周的统治基础，周幽王被犬戎杀死，西周灭亡。前 770 年，申侯和其他一些诸侯立周平王，建立东周。平王即位第二年，见镐京被战火破坏，又受到犬戎侵扰，便迁都洛邑。东周时期，周王势力远不如西周，近 200 个诸侯国互相攻伐和兼并，边境的外族又乘机入侵，天子不能担负共主的责任，经常要向一些强大的诸侯求助。于是，强大的诸侯便自居霸主。前 685 年，齐国齐桓公即位，以管仲为相，废除井田制度，按土地的肥瘠确定赋税，设盐、铁官，铸钱，增加财政收入，寓兵于农，将基层行政组织和军事组织合为一体，增加了兵源和作战能力，迅速成为华夏各国中最富强的国家。然后就打起"尊王攘夷"的口号，帮助或干涉其他国家，抗击夷狄。齐晋两国先后霸诸夏，秦霸西戎，楚霸诸蛮，霸主在自己势力圈内有最大权威。诸侯相互兼并的结果，形成了楚、齐、晋、秦、吴、越六国，它们为一等国。兼并较少的鲁、宋、郑为二等国，陈、蔡、曹为三等国。这些国家有权参与霸主召集的大盟会，通称诸侯列国。其余小国只能做列国的私属，给宗主国服役，不得参与大盟会。这种状况持续了 200 多年，称为"春秋时代"。前 434 年，晋哀公死，晋幽公即位。韩、赵、魏瓜分晋国，前 403 年，由周威烈王册封韩、赵、魏与晋侯并列，由此奠定了战国七雄的格局（齐、楚、韩、赵、魏、燕、秦），成为春秋和战国的历史分界点。以后，周天子地位渐失，各诸侯相互征伐，诸侯的土地人民逐渐被少数强宗夺取。强宗依靠的力量主要是士。士是战车上的甲士（战士），其中有的偏重在文事方面。士大抵都受过六艺（礼、乐、射、御、书、数），在卿大夫（诸侯赐予爵位的公臣）家里任职的，也被叫作家臣。家臣对家主效忠，不知道有国君。这种状态持续了 200 多年，称为"战国时代"。前 256 年，东周被秦所灭，进入秦王朝时期。家臣制度也演变为中央集权的官僚制度。②

在战国时期，各诸侯国的国君所居住的地方是都邑，其他地方有的称为邑，有的称为县。县是直属国君的行政区域。县行政长官被称为大夫，都不是世袭

---

① ［日］尾形勇、平势隆郎：《中华文明的诞生》，中公文库 2009 年版，122 页；黎虎：《夏商周史话》，北京出版社 1984 年版，109 页、160 页、166～167 页；钱穆：《国史大纲》（修订本上册），商务印书馆 1996 年版，35 页、42 页、45 页、46 页；范文澜：《中国通史简编》（第一编），人民出版社 1965 年版，134～135 页。

② 范文澜：《中国通史简编》（第一编），人民出版社 1965 年版，154 页、159 页、160 页、173 页、187 页。

的，随时可以调动。楚灭九国，改设九县。秦国、齐国，把能出兵车100乘的地区划分为一个县（约5000人）；离国都远的地方设立郡，也由大夫管理，大夫再派士去管理下面的具体事务，这些管理者被称为邑宰。郡县制加速了分封制的崩溃，春秋时期还讲周礼，论宗姓氏族，但到了战国，一切都不讲了。[①]

在西周时期，农夫住在小邑被称为野人。周土地法以一田为单位，由100亩（周亩）构成，约等于营造亩（民国时期度量衡）24.6亩。天子有籍田千田，诸侯有公田百田。庶民提供劳役在籍田、公田耕种。西周晚期，公田制被废之后，田地有粟米之征，人户有布缕之征。战争爆发时，农夫还要承担兵役。前841年以后开始实行实物地租，按一人耕种100亩（周亩）计算。一家分一田，休耕为一半，可获得10来亩营造田的粮食。平均每亩营造田收1.5石，得粟150石。除十分之一地租，余135石。一人每月平均食1.5石，一家5人以一年共食90石，余40石。每石卖钱30，得钱1350。除祭祀，赛会用钱300，余钱1050，每人衣服用钱300，5人共1500，不足450。加上纺织，全家收入大体相抵。如果遇上天灾人祸、疾病等，便入不敷出。前827年之后，一户只能一田（100周亩）的规定被打破，农户的余子自力开垦荒地，所开荒地成为非分封地。战国时期，战争越来越激烈，为奖励军功，士可得赏田。赏田是私产，可以买卖。另外，从周幽王开始，许多贵族（周人）破产流落，而富有的庶民却可以做官受爵，过贵族式的生活。如郑桓公与工商业者订立互助盟约，请他们建立新郑国，工商者地位的提高引起了贵族的怨恨。[②]

4. 郡县制

中国封建初期的国家，只限于一个城圈，到了春秋，通过分封，建立了近200个侯国。这些侯国人口极少，荒地极多。以后人口逐渐繁殖，国家规模日益扩大。春秋之后，随着对小国的兼并，开始建筑更大规模的城池。于是列国各自分封卿大夫作为自己的公臣。侯国的国君之子为大夫者称"公子"，公子之子为大夫者称"公孙"。春秋初，大夫尚无世爵，其后渐有赐氏，给予卿的爵位。于是原先的侯国，俨然如一新中央，而卿大夫采邑俨然成一小诸侯。当时联盟各

① 范文澜：《中国通史简编》（第一编），人民出版社1965年版，188～190页。
② 范文澜：《中国通史简编》（第一编），人民出版社1965年版，113页、142页、144页、148～150页、160页、185页、250页、252页。

国，会聘频仍，诸侯畏劳，常使卿大夫代行。随霸政衰微，变为卿大夫执政。卿大夫通过外交，往往互相援结，诸侯渐渐形成大权旁落之势，于是卿大夫篡位，造成此后战国之新局面。①

钱穆说了几点关于战国与春秋的不同之处。

第一，郡县制度下，郡县官吏受制于国君，视业绩为任免进退，渐变为官僚统治之政府，这与宗法封建不同。同时，军民渐趋分治。将军与守臣之分职特派，由于没有采邑，食禄者必受职，而封建时代贵族即军长，无此分别。

第二，由于推行郡县制，分封地被渐渐取消，国君直接掌管的土地增多，井田地也就化为整块大地。商鞅废井田、开阡陌封疆，把格子线打开，化成一片土地。废除井田制还有其他几个原因，如生产工具改进，灌溉系统发展，征收租税方法改变。人口增多也是其中一个原因。比如郑国由于人多地少，不得不整顿土地，废弃格子线。

第三，"宗"的本意是在庙宇下祭祀，"族"的本意是在同一旗帜下作战。封建时代，农民只为军队中之附随，并无正式编配入军队之权利和资格，贵族（周人）是作战主体。随战争扩大，农民军队之编制成为新需要。原来的车战逐渐进而为步战，至战国时期则全以农民步兵为主。为此，吴起在楚，商鞅在秦，亦履行以军功代贵族之新法。②

对以上的变化，有人解释说："诸侯的兼并战争消灭了许多亡国中的宗族，加强了本国的宗族。国内强宗兼并则消灭了国内失去地位和土地的宗族。"③ "周朝的制度是以血缘关系为基础的。所以，随着世代交替，血缘关系逐渐淡化，各诸侯国的独立倾向越来越强。在各诸侯国内部，由于非贵族出身的将领们指挥战斗的情况增多，获胜后他们作为镇守各征服地、据点的首领。他们虽然被"封为国君"，但与诸侯没有血缘关系。尽管如此，即便在以后的各领域国家（中央集权）朝代，下属至少在表面上要对天子的血缘者做出忠诚、奉献的样子。"④

① 钱穆：《国史大纲》（修订本上册），商务印书馆1996年版，66~67页、75页；朱凤瀚：《商周家族形态研究》，天津古籍出版社2004年版，458页。
② 钱穆：《国史大纲》（修订本上册），商务印书馆1996年版，84~92页、122页。
③ 范文澜：《中国通史简编》（第一编），人民出版社1965年版，174页。
④ ［日］尾形勇、平势隆郎：《中华文明的诞生》，中公文库2009年版，221页、213~219页、276页。

朱凤瀚也说了几点：

第一，西周经过二三百年后，天子的势力已经在大国诸侯之下。

第二，卿大夫多为公族（被长子所分封，取得新氏的余子），成为诸侯国君的公臣。大宗本家（宗子）不断分化出小宗分族（卿大夫）的结果，卿大夫代表这些小宗分支（余子系列家族）的利益，意欲取代宗子之位。于是，卿大夫们与诸侯（宗子）相抗争，把控制和削弱公室（宗子）作为政治目标，进行参政、干涉、揽权。到了春秋中晚期，这些卿大夫势力已经实际操纵了诸侯国的政治。

第三，以此为背景，贵族（宗子）不得不寻求新的统治方式。大凡新国君（宗子）即位总要灭掉卿大夫（族人），以武力铲除强宗，剥夺采邑，把分封采邑改为设立郡县，委派官吏进行管理。结果就是中央集权。

第四，《丧服》规定，士所服丧的亲属范围在直系上只及于向上至曾祖父，向下至曾孙，在旁系上至曾祖父兄弟的后代（昆弟）。卿大夫家族小宗的士族，过了五代（五服）便脱离了与卿大夫的亲属关系。作为初期公子、公孙的后代在经历长期的世代交替之后，与诸侯国君的直系（长子、宗子）家族之间的关系，不再具有共同祭祀，不再属于同一家族集团，只剩下名义上的小宗和大宗的关系，并且他们的家族内部也分为若干分支，各自独立。所以，到了战国时期，群体性家族的社会功能已经衰落。

第五，未获得君位的余子（作为诸公子的次子、庶子），要么受命为卿大夫，要么获得采邑、拥有私家财产。而他们的后代中的余子，由于土地不足分不到土地，便只能去依靠其他贵族，下降为下级贵族。因此，战国时期的士阶层很多出自农家或手工业，他们有的成为依靠自己的知识、才智、胆量或武艺服务于上层社会的特殊人群。他们与原贵族没有关系，苏秦是其代表。

第六，春秋以后的家臣也显示出新的特征：他们来源于本族人，有的升任为公臣（可以问国事），但不能世袭。德才成为选拔标准，报酬以谷禄形式支付。他们常常自行脱离家主，不再对家主尽忠。[1]

基于以上变化，战国早期，县已经成为各诸侯国的地域行政组织。郡统县，

① 朱凤瀚：《商周家族形态研究》，天津古籍出版社 2004 年版，431～432 页、435～437 页、441～442 页、447 页、453 页、459 页、473 页、481 页、482 页、486～487 页、515～517 页、532 页、570～571 页。

构成郡、县两级制度。在这些地区，非血缘关系的不同家族混居的情况很普遍，一里由一个血缘组织构成的情况已经罕见。宗法关系解体，亲族成员为钱财而彼此相争。父子不相亲，兄弟不相安，传统的宗族等级伦理（道德）已经泯灭。战国时期的农民家族人口在 5 ~ 7 口之间，老年人一般都要由子女赡养。为了组织这些家庭和确定赋税徭役，各国政府设立统一户籍制度，把农业生产者变为编户齐民。齐国管仲采取以下形式：对不服兵役的庶民下层居民，采取 30 家为邑（1 个聚落），10 邑为卒，10 卒为乡，3 乡为县，10 县为属的行政管理。对服兵役的士族下层和庶民中上层的居民采取 5 家为轨（每家出 1 人入伍，5 人为伍），10 轨为里（小戎，50 人），4 里为连（卒，200 人），10 连为乡（旅，2000 人），5 乡为县（军，万人）的行政管理。这种什伍制度以及附带的连坐制度被普遍用来维系社会稳定，防止居民的自由流动。①

有人生动地描绘了上述变化：②

周天子是天的嫡长子，所以他有天下。但是他还有弟弟、叔伯等，那怎么办呢？"封建。""封"就是指定疆域，"建"就是指定下封的国君。把天下分成多个"国"，把他的这些兄弟、叔伯分出去，也包括分给那些参加了他们推翻殷商政权的同盟军。比如楚国，它是同盟军，因此分到了一块地方。具体的动作就是在国界线上挖一条沟，两边种上树，这个动作叫作"封"，然后再派一个人去领导，这个动作叫"建"，合起来叫"封土建国"，简称"封建"。诸侯得到了"国"以后，再把国分封给若干个"家"，这个叫作"封土立家"，也叫"封建"。天下就好比是总公司，"天"是董事长，总公司的经理是"天子"，董事长授权"天子"管理天下。如果"天"觉得这个"天子"不行，要改朝换代怎么办呢？"革命"，革除天命。总公司下面还有诸多的分公司：齐、鲁、宋、郑、楚、随等分公司。天子是这些分公司的董事长，那分公司的总经理是谁？国君，也叫诸侯。家是子公司，子公司的董事长是诸侯，子公司的总经理是卿大夫。卿大夫也有嫡长子，那他的那些次子、庶子做什么呢？做士，也就是子公司的白领。那天

---

① 朱凤瀚：《商周家族形态研究》，天津古籍出版社 2004 年版，541 页、542 页、561 ~ 563 页、566 页、569 ~ 570 页、571 页、574 页。

② 《资产重组：春秋战国礼坏乐崩的实质》，见 http://history.sijiucn.com/a/huaxialishi/xianqin/17664.html。

下大乱是怎么一回事呢？子公司里面卿大夫说了不算，白领说了算；分公司里面诸侯说了不算，卿大夫说了算。这是什么原因呢？因为白领和子公司做大做强了。春秋战国时期礼坏乐崩的实质就是子公司要超过分公司，分公司要变成独立公司。所以，到了战国时候，分公司全部变成了独立公司，都称王了，而最后一家公司把其他的公司全吞并了。这家公司就是秦，天下变成了一家公司，这就是秦帝国。秦始皇一统天下以后，不再"封建"。换句话说，秦汉以后，中国的天下就只有一家公司了，下面只有部门，这就叫作"郡县制"，从而替代了"封建制"。

5. 变化的原因

堂堂的古代封建大国，怎么就这样七零八碎了呢？除了人人都想往上爬的欲望，还有别的原因吗？

比如"周天子得到天的授权，来管理诸侯和庶民百姓等，如果天觉得周天子不行，就要发生改朝换代的革命"，这是什么逻辑？如果天子的实力和德行不如诸侯贵族，那就让诸侯贵族来当权好了，如果"白领"做大、做强了，让他们当首领好了，为什么非要革命、重新洗牌不可？况且，起来革命的是谁，是诸侯，是卿大夫，是士臣，还是庶民百姓，或者是他们一起？其中的机制到底是什么？

（1）剩余劳动力积累。

关于古代中国时期的人口有各种推测：夏朝人口有1400万，东部地区的人口增长速度远居于中原地区之上。周成王时期，人口也有1400万。即便在战国时期，因战争人口大幅度减少，人口也有1000万。[1]

古代中国人口的大幅度增加，导致了土地不足。韩非子说："古者丈夫不耕，草木之实足食。人民少而财有余。今人有五子不为多，子又有五子，大父未死而有二十五孙，是以人民众而财货寡，事力劳而供养薄。"战国时期，木制工具改进为铁器和牛耕，土地生产力提高了29%，但人口也倍增，出现了依附于地主的农民。[2]前700年左右，耕种100周亩的农户的全家收支大体相抵，如果遇上天灾人祸、疾病等，便入不敷出。如果在这基础上，人口再增加，农户经济非破产不

---

① 李学勤：《中国古代文明十讲》，复旦大学出版社2003年版，76页；宋镇豪：《夏商社会生活史》（上），中国社会科学出版社2005年版，24页。
② 侯家驹：《中国经济史》（上），新星出版社2008年版，107～108页。

可。所以，为了不破产，或者为了生活宽裕一些，庶民百姓非要求增加土地不可。这就是剩余劳动理论，说明了周朝建立之后经过数十代的人口增加，打破了原有的稳定状态。而无论是老百姓起来革命，或是贵族官僚起来取代原来的君王，古代中国社会变动的最基本机制都是立足于这个剩余劳动原理的。要避免这种似乎不可抗拒的革命，除了通过提高生产效率、开发新兴产业，把国民经济这个饼做大之外，别无他法。不过，就是这样一个看起来非常简单的道理，也是经过 2000 多年的探索，在亚当·斯密以后的经济学普及之后才被弄明白的。所以，古代中国不能以此来制订相应的经济政策，也情有可原。

（2）命令系统加长。

以上是从经济的角度来讲的。那么，从组织形态和祭祀方面来讲又会怎么样？

上一章结尾设想的数字模型显示，同一辈 243 人的男人，被分为 5 层，通过权威和行政命令被统合在一起。如果，把这个假设按照辈数继续向下延伸，那么，就会出现同一辈人的男人数量成倍增长的情况，而按照原来的统合方式，就只能是权威层次无限增加，其命令链条长得难以置信。如此一来，原有统合方式出现问题的几率大增，一个环节断掉了，整个局面便陷入混乱。从现象上看就是"随着世代交替各诸侯国的独立倾向越来越强"，社会离心力大于社会向心力。从西周到春秋大约 500 年，以 20 年为一代，大约是 25 代。那么，随着年代推移，恐怕周朝建立 100 年之后，就已经产生分裂和不安稳现象。由于原有的组织形式渐渐失效，从而导致天子直接管不了诸侯，诸侯管不了卿大夫，中间层官僚独立，西周也就由此进入春秋战国状态。上一章还提到，27 人的贵族统治 216 人庶民，其比例是 1∶8。随着世代交替向下延伸和人口增加，其比例不会发生变化，但中、低级贵族的庶民化，会使政治力量对比发生巨大变化。如果只把周王和诸侯的五服之内的家族（近血缘者）算作贵族的话，很难想象 500 年后的贵族成员还能控制庞大的非贵族民众（远血缘者）。这些占社会绝大多数的远血缘者，稍有一点怨恨，随时都可能革命。还有，由于血缘的近远关系，构成不了全社会统一的阶层，比如，这个诸侯国的卿大夫不一定就与别国的卿大夫在支配地位上平等，贵族阶层内部的利益差别，也会带来革命。

综合以上所说，在原有统合方式之下，古代中国的人口增加导致了新土地的开垦、移民和城市的增加以及贵族的数量相对不足，这引发了兼并战争。人口迁移导致了各血缘氏族混为一体。面对这一新局面，古代政府逐渐采取超血缘性的管理方式，比如，军队由超血缘的士兵组成，要求超血缘的指挥官，制定律令等等现象。

（3）人们愤愤不平。

接下来看大家最关心的问题：导致古代中国民众不满和怨恨的原因是什么？

《诗经》（著于前 11 – 前 6 世纪）暗示，从封建宗法制度被建立之始，就已经蕴藏着革命的因素："有棵孤独棠梨树，绿叶茂密又繁盛。孤身一人在行走，难道没有人相依？不如同宗兄弟亲。""生死存亡重大时刻来临之际，兄弟之间总是互相深深牵挂。兄弟之间在家里有可能争斗，但是每遇外侮总能鼎力相助。死丧急难和杂乱之事平息，一切将归于安定井然有序。遗憾的是此时此刻亲兄弟，竟不如朋友那样感情默契。""既不耕种不收割，为何取稻三百束？又不上山去打猎，却见庭中挂貉肉？那些贵族大老爷，从来不会白吃饭。""身强力壮的士子，从早到晚忙不停。君王差事无休止，心中忧伤念父母。苍天之下的土地，没有不属于君王。四海之内的臣民，都是君王的臣仆。大夫派差不公平，派我差事真辛苦。有人安闲地休息，有人为公尽全力。有人终日床上躺，有人奔走不停息。有人辛苦不知叫，有人劳累多忧愁。有人优游又安闲，有人公事太繁忙。有人享乐沉于酒，有人忧心怕遭祸。有人信口夸夸谈，有人无事不动手。"[①]

对以上的《诗经》内容，有人评论说："一般的人都希望不干活或尽可能少干活而挣大钱、出名、享受荣华富贵，谁愿意劳而无获、劳而无功？但是，地位不一样，权力不一样，关系靠山不一样，就完全可能使人们偷奸耍滑、无功受禄的愿望得以实现，而另一些人则像牛马一般地辛苦劳累。古代中国的人治很难说有什么使社会按公平原则运行的严格标准，谁的权力大，谁的意志和所说的话就是标准，朝令夕改、出尔反尔。"[②]

先从大的方面说。在马克思的学说中，剩余价值理论是其核心之一。第一部提到，在摩梭人的母系社会中，没有追求剩余价值的倾向。同样，在美洲、澳洲等原始父系社会中也难以想象发生对剩余价值的追求。也就是说，在母系社会和

---

① 程俊英：《白话诗经》，岳麓书社 1900 年版，《杕杜》《伐木》《伐檀》《北山》。
② http://www.ifanshu.com/book/2946/89487.html。

古代自然崇拜的父系社会，剩余价值理论是不适用的。在这些社会，革命怎么可能发生？因此，在"我的祖先高于你的祖先"这种具有功利性的古代祖先崇拜社会，才有追求剩余价值行为发生的土壤，"一般的人都希望不干活或尽可能少干活而挣大钱、出名、享受荣华富贵"正说明古代祖先崇拜社会中本来就蕴藏着"革命火种"。

具体说来就是，剩余价值的最大化的条件，首先是统治更多的人。而古代社会中兄弟之间的相互控制，父子之间的相互控制，统治者对被统治者的控制，统治者内部之间的相互控制，都是剩余价值最大化行为的表现。正因为古代祖先崇拜这个基本特征，无论哪个集团或阶层，由于控制和被控制，获取剩余价值和被获取剩余价值，都必然导致不满和怨恨。不过，这种不满和怨恨，既是鼓动古代社会不安、革命的根本原因，也是导致古代社会组织变化（比如，从封建到中央集权）的动力。在另外一方面，由于人多地少、生产资料相对不足，导致剩余价值的衰减，所以，为了追求更多的剩余价值，想办法提供更多生产资料（土地）也是必然的。因此发生"国家直接掌管的土地增多""郑国由于人多地少，不得不整顿土地，废弃格子线"等现象。而对工商业的开发，也属于这种现象。

不过，在古代中国和古希腊，都发生过庶民代替贵族，地方贵族代替中央君王的革命，可同样是祖先崇拜的古罗马，却没有发生因不满而造成混乱的现象。"贫穷的罗马人也敬重财富，他们让贵族骑在自己的头上"。换句话说就是，古罗马的下级能够忍受上级控制自己、获取自己的剩余价值。为什么？也许古罗马庶民和下级贵族心里想，自己有朝一日也可能富有，也会骑在别人头上，由此求得一种心理平衡。那么，为什么古罗马人会有这样奇怪的想法，难道他们与众不同？有一句大家都非常熟悉的谚语叫作"不想当将军的士兵不是好士兵"。这句谚语意味着，只要有能力，你就会当上将军。这种事情发生的前提，就是"社会公平"。如果以上的逻辑成立，其推出来的结论就是，古罗马似乎是一个相对公平的社会，而古代中国和古希腊都不是。那么，在尔虞我诈、都想方设法获取别人剩余价值的社会之中，真的还有什么公平可言吗？如果有，具体含义是什么？

如果"地位不一样，权力不一样，关系靠山不一样"，最后导致饱受上级控制、责骂，虽有能力和功绩，但士兵却没能当上将军，那么，这就不能说是公平的。同样，有能力的强势地方贵族不能成为君王，有能力的庶民不能成为贵族，做大、做强了的"白领"不能当首领，也是不公平的。在这种状态下，古人除了革命别无他法。因此，在古罗马，虽然被他人控制和被获取剩余价值，但受到地位、权力、关系靠山、朝令夕改、出尔反尔等"人为因素"的影响可能少一些，在古代法律框架内，凭自己能力来决定自己的社会地位，庶民成为贵族权威者，地方新兴贵族登上天子宝座的情况可能多一些，这些都会让古罗马人感到心理平衡一些。用经济学的道理来说就是，生产成果由资本和劳动力决定。如果资本和劳动力对生产成果的贡献各占一定百分比，而生产成果的分配也按照这个百分比分配，这就叫作公平。当然，资本所得，无疑也就是剩余价值的一部分，是靠获取他人劳动成果而来的。但这没有办法，谁叫自己的祖先没有能力或没有努力，留给后人足够的祭祀资源呢？因此，被控制的人们，尽管一部分剩余价值被他人拿走，但只要能够保证有多大能力、有多大贡献，就可以获得相应的成果，那么，依然会产生出相对公平的社会。相反，如果利用"人为因素"来影响成果的分配，无论是贵族对庶民，还是庶民对贵族，都不会是公平的。

那么，古代中国是怎样排除"人为因素"的影响呢？战国时期，有功受禄、严明军纪等现象，也是发生过的。因此，有人说："宗子世系权利也逐渐消失""群体性家族的社会功能已经衰落""郡县守令不世袭，视业绩为任免进退，此为郡县制与宗法封建不同之处"。也就是说，由于血缘淡泊，宗子以及家族集团利用权威和势力来影响社会从而带来不公平的情况得到改善，郡县制取代了封建制，从而使古代中国走上公平社会的道路。

这些说法是错误的。这里重新回到数字模型来说事。

原来那些一字排开的243人，各自属于祖母、母亲指导下的三代人组织，相互独立，没有谁控制谁、谁获取谁的剩余价值的问题。这就是初期社会状态。可是，进入祖先崇拜社会之后，人们便被组织在了一起，形成了上级和下级关系，也就有了控制和被控制、获取和被获取的关系。那么，为什么人们非要吃这苦头不可呢？

《左传》讲了这样一个故事：晋国人问："为什么侵犯小国？"子产回答说："先王的命令，只要有罪过，就要分别给予刑罚。况且从前天子的土地有方圆1000里，诸侯的土地方圆100里，自此递降。如今大国的土地多到方圆数千里，如果没有侵占小国，怎么能到这个地步呢?"① 而《诗经》也抒发情怀说："延绵不绝大小瓜，就像周初的民众。又分田界治土地，开沟挖渠种田地。我有聚众好贤臣，我有引导好贤臣。我有奔走好贤臣，我有御敌好贤臣。"②

非常明白，古代战胜国的庶民在天子和贤臣的领导下，团结一致，去征服和侵占弱国的土地，然后大家又一起去捍卫自己的既得利益。庶民为了自身利益而组织起来，这便是庶民被上级控制、被获取剩余价值的理由。

那么，在古代，上下级、富人与穷人之间是如何确定的呢? 当然，最初的组织发起人是靠自己的能力，即武力。这是硬件。但作为整个组织系统软件的形成，靠的却是与这个组织发起人的祖先血缘的远近关系。在原始状态下，各自独立的家庭之间，不会涉及血缘的远近关系，所以，不存在血缘从浓厚变为淡薄的问题。血缘的远近或淡薄，都仅仅是因为远古中国父亲选择了依靠追溯血缘来作为组织原则而起的。古代中国父亲对远古中国父亲所做选择的传承，结果就有了"延绵不绝大小瓜"的组织形态。所以说，古代中国从封建到中央集权，也就仅仅是做了一种稍微的改变，即，在人口大幅度增加的条件下，把原来一个人控制两个人而造成中间层次急剧增多的情况，改变为一个人控制150人，尽量避免中间管理层当"甩手掌柜"的情况。但在确定上下级、富人与穷人的基本原理方面，并没有"背叛"远古父亲所做的选择。

由于古代父亲继承了远古父亲，古代中国的组织形态一直都没有改头换面过。那么，是否有血缘变淡薄的情况呢? 当然有，所谓"新鬼大旧鬼小""国君把五服之外的人排斥在亲戚之外"，这些都说明随着世代交替，旁系离权力中心越来越远的现象。对这些现象，摩尔根也有所察觉。为了减少由此产生的威胁，古代中国君王也煞费苦心。《左传》记载，文公七年，宋昭公接替国君之位，想去掉历代没即位的庶子的家族集团，乐豫说："公族，公室之枝叶也；若去之，则本根无所庇荫矣。"③

然而，旁系离权力中心越来越远的现象本身说明的问题是，上下级、富人与

① 杨伯峻：《白话左传》，岳麓书社1995年版，《襄公二十五年》。
② 程俊英：《白话诗经》，岳麓书社1900年版，《緜》。
③ 朱凤瀚：《商周家族形态研究》，天津古籍出版社2004年版，443页。

穷人关系深受"人为因素"影响而与个人能力没有多少关系。这样的情况，从古代中国父亲选择祖先崇拜之后就已经发生，并不可能因为从封建走向中央集权而有多少改变。既然如此，大小古代王朝如何能够改变最终被革命的命运？

所以，概括说，立足于古代中国式祖先崇拜的社会，即便废除了分封制度，采取了中央集权，要排除家族势力的影响还是很难做到的，其结果就是不公平社会的延续。

6. 罗马与中国分道扬镳

面对规模日益扩大、构成越来越复杂的社会，人们自然会想许多办法来管理。法律制度是其中之一。那么，古代中国父亲和古罗马父亲依据什么样的具体想法来建立各自的管理系统呢？

战国时期的中央集权，是皇帝直接管理各个郡守和县令，郡县直接管理乡长、里长，乡长、里长管理农户，这样一个四层架构。皇帝、官僚等上级管理机构的形成，多少都会受到祖先崇拜、家族血缘因素的影响。与之相反，庶民们各自孝敬各自的父母，隶属于各自的三代人组织，相互之间各自独立。通过什伍制、连座法，他们被组合在一起，犹如"一盘散沙"。与之相比，在古希腊，曾经被家族祭祀组织在一起的成员们，在几次革命后，走出家族集团只身来到社会，形成了原子人。古希腊如何组织这些具有个人主义倾向的庶民，也是一个挑战。古希腊在解决这个问题方面应该是一个失败的例子。

那么，经历了同样变革的古罗马又是怎样的情况呢？这里的结论是，与古希腊父亲不同，古罗马父亲从一开始就让婚姻跨越了祭祀，然后又让法律超越了祭祀所形成的障碍，

关于婚姻和社会统合的关系方面，列维-斯特劳斯对澳洲"原始"居民行为的分析，提供了一个总体想法：澳洲图腾制度和等级制度之下实行女人交换和食物交换。某一集团为其他集团生产女人，其方式正如某一职业等级为其他等级生产物品和劳务一样，后者只有通过前者的经营才能得到这些物品和劳务。职业等级与图腾团体确实都是"对外实行的"，前者是在交换商品和劳务方面，后者是在婚姻交换方面。但由于外婚制通常采取有限制的交换形式，这是在外婚制内部对内婚制的模仿，因为在有限制的交换中，诸团体认为自己对外部都是封闭的，

它们的交换可以在彼此之间进行。所以，比作为"开放"形式的一般化交换在逻辑上更接近于内婚制。①

在古代，不同的通婚范围，对一个社会的开放性和统合方式的选择都会带来很大的影响。中国周朝与商朝的区别之一就是，商朝同姓在一定限制之外就可以通婚，但周朝却规定凡是同姓，不管如何疏远，就是相隔许多代也不得通婚。"男女同姓，其生不蕃"，这个道理，商人也应该知道。所以，周人利用不同族群之间的通婚来构筑联盟，其婚姻制度的政治意义大于生育意义。② 同时，周朝不仅分封土地给亲戚、战友，还分封土地给被征服的商朝遗民。这显示，周王是尊重他人祖先，尊重他人家族祭祀的。这两点，是周朝建立一个庞大封建国的基础。而关于古罗马的情况，前面已经说过，与古代中国相同。因此，"罗马可以广招外邦人，不论他们的出身如何；拉丁、沙宾、伊特鲁里亚的异议者也到罗马避难"。在这样的基础上，古罗马建立了庞大帝国。而对古希腊人来说，"一个城邦征服另一个城邦，比联合它更容易"。所以，"希腊在被罗马人征服之前，从来没有合为一国"。

在采取通婚，让统治者的族群融入社会其他族群方面，古罗马不同于古希腊，而更近似于古代中国。尽管如此，古罗马和古代中国父亲所走道路有很大不同。其不同之处首先在于，古罗马的祭祀对象中没有母亲，因长子继承制度而不停对外排除剩余劳动力，从而形成新兴产业（工商业）以及对外殖民。也就是说，罗马社会的变动受到剩余劳动原理的影响较少，这与古代中国社会形成鲜明对比。其次，古代中国式祖先崇拜一成不变，没有发生变革，而古罗马则发生过精神革命。因此，古代中国走向中央集权后趋于又一次较长期安稳，而古罗马"因为法律、制度所带来的权利和安全，而受到追捧"。就这样，古代罗马与中国最后分道扬镳了。

二、万人争王论神法，百家诸子论祖先

与古代中国父亲相比，由于祭祀的不同，古罗马父亲在处理剩余劳动力，简

---

① ［法］列维-斯特劳斯：《野性的思维》，李幼蒸译，商务印书馆1987年版，124页、139～140页。
② 范文澜：《中国通史简编》（第一编），人民出版社1965年版，120页。

练行政命令系统，排除"人为"对分配的干扰等方面具有特色。以此而论，古罗马的法律制度当然也会具有特色。不过，在讲述古代中国和古罗马法律各自特征之前，先具体看看支撑那些制定、实施法律的古代父亲们的信仰和人生态度，讲一下他们的精神世界。

1. 民间盛行秘仪①

罗马的原始神由具有人性的男女诸神组成，他们形象模糊，具备超人能力，但职责有限。他们不结婚，没有子孙，也就不存在关于他们的神话故事。罗马人的神话开始于埃涅阿斯。罗马本土的公共祭祀的核心结构基于朱庇特、玛尔斯和奎里纳斯这三位神。朱庇特是天空与天象之神，拥有至高无上的权力，他的神庙位于卡彼托山，于前 509 年设立。玛尔斯是战神，人们祈求他保护财产，免受外部攻击。奎里纳斯是法庭的神圣守护者，也是在那里集会的民众以及市民活动的守护者。

从苏佩布王朝（前 534 – 前 510 年）起，罗马官方引进了一些神。比如，从希腊引入了阿波罗神。前 293 年，为消灭瘟疫又从希腊引入了医神阿斯克勒庇俄斯。前 217 年，为了在汉尼拔战争（前 247 – 前 183 年）中获胜，罗马官方并列供奉了希腊和罗马的 12 位大神。在这次祭神仪式上，神祇被罗马人用雕像代表，虽然表示着罗马的神祇，但神的等级和相互关系是按纯粹的希腊方式被安排的，表现了希腊神话中 12 位大神的典型形象。由此，罗马本土神和外来神的界线被打破，罗马官方祭祀被赋予了希腊神话的特征。罗马人非常尊崇被征服或毁灭的城邦的神，他们确信没有这些城邦神的赞同，他们不会取得胜利。他们祭奠这些神，邀请他们离开被围困中的城市而去罗马，在那里他们会受到非同一般的尊崇。因此，随着罗马城的扩张殖民和对其他民族及其习俗的兼容，意大利、希腊和埃特鲁斯坎人的神都走入了罗马人的祭祀领域。其结果，在罗马人的祭祀中，从未有过明确的神数目。

① 《罗马宗教》，见 http://art. china. cn/huodong/2009 – 07/29/content_ 3046470. htm；《古罗马的宗教》，见 http://hi. baidu. com/% CC% AB% CA% B7% CE% AC/blog/item/c0ec7c1aecd08addac6e7545. html；江华：《试论罗马宗教在过渡时期的嬗变》，见 http://iwr. cass. cn/zjxllyjs/lw/200911/t20091123_ 2205. html；《古罗马宗教及葬礼简述》，见 http://europe. ce. cn/hqbl/zt/glm/zj/200609/22/t20060922_ 8680299. shtml；《古罗马葬礼习俗》，见 http://hi. baidu. com/somnium_ scipio/item/93c67a8eb34469d45f0ec1e0；《古罗马葬礼仪式》，央视国际，2006 年 10 月 10 日。

但是，官方所信仰的伟大诸神，并不能满足下层民众的需求。从远古时期开始，罗马庶民们就在一些与特殊神有关的地方，如森林、岩洞和甘泉，举办一些其他的仪式。而东方祭祀更能迎合这种需求，因为通过参与某种神秘仪式能够获得永生。前204年罗马官方引进了弗里基亚的地母神，这是罗马官方对东方神祇的第一次承认。此后，埃及的伊西丝、赛拉皮斯，波斯的密特拉，叙利亚和小亚诸神及其秘仪也传入罗马。但东方的秘仪活动往往过于肆狂，与罗马家族和官方传统的严肃而又保守的生活方式背道而驰，致使罗马当局明令禁止。前186年，根据元老院颁布的禁止举行酒神节的法令，约有7000人受审，其中半数以上丧命。不久，又有3000人因参加酒神大祭而受惩罚。但东方的秘仪并没有因此而衰微，反而日趋繁盛。所以，罗马祭祀的希腊化时代，也是秘仪繁盛的时代。

在以家父长为中心的家族祭祀中，祭祀对象主要是护佑宅邸的各种私家神。这些神在正厅或走廊入口处受到供奉，因为这里最初是壁炉所在地，是祭祀维斯塔的地方。后来一个小的神龛矗立在正厅，用来祭献各种私家神：拉瑞斯是保护家庭不受外来侵略的神，杰尼乌斯是保护家庭男性成员的神，珀那忒斯是保护家庭食品贮藏处的神，梅尼兹是祖先灵魂。父亲作为一家之长主持祭祀仪式。一些与宅邸有关的古代最重要的神，比如灶神维斯塔，在城邦官方仪式中也占有一席之地。维斯塔是罗马国家官方的守护神。在罗马广场奉祀她的神庙里，燃烧着圣火，由女祭司专门看管，让它永不熄灭。

根据古罗马人的信仰，死去的人并没有消失，墓地成为他的新家。人们在那里举行仪式，与死者同在。对于尸体的处理，前5世纪罗马人既实行土葬，也实行火葬。从前4~2世纪初期，火葬占据主导地位。有人过世时，家长（户主）会站在床前用力吸气，将逝者呼出的最后一口气吸入。有人会戴上雕刻成死者祖先的蜡质面具来陪伴守灵，以此代替祖先前来陪伴亲人。人们还把属于死者的武器、衣服，以及香水、鲜花和食物，扔到焚烧堆上，以供死者在地下世界享用。然后也像今天一样将被烧剩下的骨头敲碎，盛敛在一个罐子或盒子里。骨灰瓮被埋在墓碑下，或放置在地下公共祭祀堂。公共祭祀堂由公共机构运营，能容纳数以千计的骨灰盒。选址在城墙外部或者远郊的道路附近。骨灰瓮放置在壁龛内，露出盖，便于取出以举行奠酒和奉献祭品。从阿德里亚诺时代（120年）开始，受基督教的影响，土葬开始流行，直到3世纪中叶成为主要的葬礼仪式。

2. 祭祀社神

与古罗马相比较，古代中国的君王在郊外的"圜丘"举行对郊禘的祭祀，以巫觋为媒介，礼器用玉。郊是天神与日神，禘是更远于祖先的神祇。与在郊外祭祀神灵不同，祖先祭祀在宗庙内进行。祖先祭祀起源于仰韶文化及其相关的灵魂信仰。"生死殊路，故敬鬼神而远之。缘生以事死，敬亡若事存，故欲立宗庙而祭之。此孝子之心所以追养继孝也。"为祖先立庙是从夏、商、周三代开始的。二里头的宫殿基址可能就是一座夏朝的宗庙建筑的遗址。"庙，尊先祖貌也。为神立庙，始三代以后。"① 因为祖灵是父祖的延伸，敬事祖先是日常孝道的延伸，是以事死如事生，祭祖于宗庙，犹如在家中的燕飨，所以，由子孙为媒介，礼器由日常用品转化。与之相比，郊禘的对象是神祇，奉祀他们，必须有他人作为中介。在历史上，商人每天都对先王先公及先姚献祭，礼仪之隆重，为祖先崇拜发展之极致，而神祇在祭典中不见突出的重要性，在祭祀先王先公的祀典中也不见巫司的角色。周人兼采神祇与祖灵信仰，合并为郊禘祖宗的大祭系统，一方面有奉祀天神的信仰，另一方面有奉祀祖先的信仰。直到明清，有太庙与天坛地坛两类遗存，神祇与人鬼两个系统各行其是。②

然而，与古希腊、古罗马的家族祭祀、官方祭祀相比较，古代中国官方还有一种特殊的祭祀，那就是对"社"的祭祀。"社者，土地之主。土地广博，不可敬遍，封五土以为社。"《周礼》记载说"25家为社"。从夏朝起，祀土时，各以其祖配之，夏以句龙，殷以相土，周以弃稷。在周朝，"为了祭祀地神，天子为天下各族立社，叫作太社。诸侯为封地上各族立社，叫作国社。大夫以下的人聚成百家以上就立一社，叫作置社"。社所祭祀的神与所拥有的土地成正比。太社是为群姓而立，由王朝下属官员共同祭祀。这个太社，祭祀九州之土，是一个露天的五色土坛，以此接受雨露风霜，天地正义之气，以告诫大家，要接受商朝灭亡的教训，同时也成为向诸侯分封各自疆土的象征。在民间，置社变化为祭祀五谷之神的稷，即田祖。从此，民间的社掌管乡村的疾病、祸福、雨水、人鬼、收获、诉讼之事。从置社还发展出祭祀高禖、专管婚姻和生育之事情，以后发展成

---

① 傅亚庶：《中国上古祭祀文化》，东北师范大学出版社1999年版，152~158页、161页。
② 许倬云：《神祇与祖灵》，载《许倬云自选集》，上海教育出版社2002年版，322~328页。

为祈求婚育性质的庙会。①

自周公以后，在基于祭祀的社会统合模型采用了天、王者、民的三角关系。这种关系到春秋中期，仍旧以各种形式展现出来。《左传》记载了许多关于这方面的故事，这里介绍其中两个。

故事一：周王把姬姓亲戚分封到淮水上游和汉水中游地带，建立起随国。春秋时期，随国与楚国对抗。前680年左右，随国将领要袭击楚军。随侯（随国国君）打算答应。季梁劝止这件事，说："老天爷正在帮助楚国，楚军疲弱，恐怕是诱惑我们。君急什么呢？我听说小国能够跟大国相抗衡，是因为小国有道而大国淫乱。所谓道，就是对人民忠心、对鬼神诚信。君上想着人民福利，就是忠；君王说话正直诚实，就是信。老百姓挨饿而君王却要追求自己的私欲，说假话来祭祀神灵，这是不行的啊！"随侯说："我用来祭祀的牲畜肥壮，谷物丰满齐全，怎么是不诚信呢？"季梁回答说："老百姓是神灵的主人，所以圣贤的君王会成全民事后才感恩神灵。因此进献牲畜时报告说：'博硕肥腯。'这是指老百姓的力量普遍存在，牲畜壮大繁殖，没有疾病瘦弱，各种毛色的肥壮牲畜都有。进献谷物时报告说：'洁粢丰盛。'这是指农事没有受到损害，因而百姓和乐五谷丰收。进献酒时报告说：'嘉栗旨酒。'这是指上下都有美好的德行，而没有邪恶的思想。所谓馨香，就是没有虚妄邪恶。所以致力农事，修讲五教，亲近九族，用这些行为来祭祀神灵。由于百姓和乐，神灵赐给他们福气，所以做什么事都能成功。现在老百姓各有异心，因而鬼神缺乏主人，君侯即使自己丰足，又有什么福气呢？君侯如能修治政教，亲近兄弟国家，说不定能避免祸难。"随侯害怕，就努力修治政教，楚国也不敢来讨伐。②

故事二：前662年，听说神来到晋国的莘地，于是周惠王问内史过："这是什么缘故？"内史过回答说："国家即将兴盛，明神降临，为的是要考察他们的德行；国家将要灭亡，神灵又降到，为的是想观察他们的罪恶。所以，有的国家得到神灵就兴盛，也有的国家得到神灵就灭亡。虞、夏、商各朝各代都有这种情况。"惠王说："对这神灵应该怎么办？"回答说："用相应的物品祭祀它。它来到

---

① 傅亚庶：《中国上古祭祀文化》，东北师范大学出版社1999年版，133~146页。

② 杨伯峻：《白话左传》，岳麓书社1995年版，《桓公六年》。

的是什么日子，也就用跟那日子相应的物品。"惠王听从了他。内史过前往虢国传达惠王的命令，但听说虢国已经向神灵请求赐予土田了，于是，内史过说："虢国一定会灭亡了。君主暴虐，却听命于神灵。"神在莘地居住了六个月。虢公派史嚚去祭神，求神赐给虢国土田。史嚚说："虢国恐怕要灭亡了！我听说过这样的话：国家将兴，听命于民；国家将亡，听命于神。神是聪明正直一心一意的。它根据人的品行而采取相应的行动。虢国德行浅薄，它能得到什么田土呢？"①

　　以上的故事说明，在古代中国官方的祭祀中都强调以民意推测神意的。可是，古代中国的老百姓都似乎从来就没有把官方祭祀放在眼里。比如，《诗经》说："上帝骄纵又放荡，他是下民的君王。上帝贪心又暴虐，政令邪僻太反常。上天生养众百姓，政令无信尽撒谎。万事开头讲得好，很少能有好收场。"②

3. 古代中国的哲学

　　除了以上的官方祭祀，春秋战国时期哲学也非常兴旺。卿大夫等新兴势力抬头，但因没有正统性而苦恼。所以，他们必须强调自己有德行，并为自己寻求理论根据。他们从经书等寻找到一个根据，即，只要有德，便应该成为王或辅佐者。也就是说，不在乎血缘关系，以德为重。前351年，魏国的惠成王自称夏王，给周公以圣人地位。这意味着，像周公一样的贤德之人，即便不遵循古代封建父子继承原理，也可以登上君王之位。而那些贤德者的建议之言就相当于天命。③以此为背景，古代中国出现了诸子百家。诸子百家各有各的想法，非常复杂，难以穷尽，这里只简单说一下有代表性的几家。

　　（1）阴阳五行学说及邹衍的历史循环论（前305－前240年）。

　　第一，气浮游于空中，构成天。气聚集在一起密度增大变重凝固，形成水、土、金等物质。生物也是由气所构成。人通过呼吸把空中的气息吸入，构成肉体和精神。所以孟子说要培养人的"浩然之气"。

　　第二，用单一的气不能解释不同的物质构成，所以，应该有阴阳两种气。而据此所展开的阴阳学说就是《易经》。

---

　　① 杨伯峻：《白话左传》，岳麓书社1995年版，《庄公三十二年》。
　　② 程俊英：《白话诗经》，岳麓书社1900年版，《荡》。
　　③ ［日］尾形勇、平势隆郎：《中华文明的诞生》，中公文库2009年版，58~59页、117页、151页、219~221页。

第三，由阴阳发展出五行，于是就构成了万物。这些万物通过一定的规律和法则，相互交替、循环。比如，阳极生阴。交替循环的规律法则有两种。一种是按照土、木、金、火、水顺序交替循环，即常说的后者克前者。另一种是按照木、火、土、金、水的顺序相生，前者生后者。

第四，阴阳五行原理可以应用于天文、地理，还可以运用于历史。比如在王朝交替方面，通过不同王朝的德行，形成虞（土）→夏（木）→殷（金）→周（火）→秦（水）→汉（土）的交替和连绵不断。①

（2）老子的学说（前571－前471年）。

第一，欲望，是由人的知识和智慧所诱导出来的，是反自然的。社会道德是出于区别善、恶的需求而发生的，也是反自然的。在欲望、道德产生之前的自然社会才有真正的"善"。以后，为了区别事物，人类产生出知识和智慧，因此，智慧是罪恶的根源之一。从这个角度来看，婴儿处于自然状态、女性的柔弱都含有"善"和"德"。人类自然状态的根源在于女性原理之中。

第二，在自然社会时代，人们都和睦相处，哪里还需要孝、悌？国家安定哪里又需要忠臣？由于人们后来荒废了自然这条大道，才不得不发明出仁义这样的道德来统合社会。所以，仁义是人为的东西，是导致春秋战国社会混乱的原因，只有否定这种道德，才能走上安稳的道路。

第三，现在社会已经陷入了混乱，要实现安稳，就只能采取"小国寡民"的组织形式，让人们逐渐适应没有人为的无为生活，从而逐渐依靠自然法则而生活。②

（3）庄子的学说（前369－前286年）。

第一，导致社会混乱的原因，是人们把事物二分化。比如，这个和那个，善和恶。如果没有区别，社会就处于"万物齐同"的状态。要回到自然社会状态，就必须去掉人为区分事物，采用无为。老子的"有从无而生"就是这个道理。为了达到这种状态，就不应该固执于某种追求，应该对失去的东西不去悔恨，对来到的东西也保持淡然。

---

① ［日］森三树三郎：《中国思想史》（上），第三文明社2008年版，188～197页。
② ［日］森三树三郎：《中国思想史》（上），第三文明社2008年版，118～144页。

第二，虽然人不能控制命运，但可以有意识去达到"万物齐同"的境界，这时人就不会因失去什么而感到害怕。承认死亡也就承认了新生。[①]

（4）儒教以及孔子（前551－前479年）、孟子（前372－前289年）的主张。

禹（前2029－前1978年）是大同时代最后的首领。小康时代（前1978－前1600年）从启之后开始。

大同社会是说："在施行大道的年代，天下公有，人们选出有贤德、有才能的人来为大家办事，讲求诚信，崇尚和睦。人们不单侍奉自己的父母养育自己的子女，也侍奉他家老人，养育他家幼童和残疾人，为此，所有人都为社会效力。男子有职业，女子及时婚配。人们攒钱不是为了独自享用；人们憎恶在共同劳动中不尽力的行为。因此，在那个时代，没有人搞阴谋，没有人盗窃，也没有人兴兵作乱，家家户户都不用关大门。"

小康社会是说："在远离实施大道的年代之后，天下成了一家一姓的财产。人们把自己的亲人当作亲人，把自己的儿女当作儿女，财物和劳力都为自家拥有。诸侯天子们的权力变成了世袭，修建城郭沟池作为坚固的防守，这些都变得名正言顺。于是，政府只好制定礼仪作为纲纪，用来确定君臣关系，使父子关系淳厚，使兄弟关系和睦，使夫妻关系和谐，使各种制度得以确立，划分田地和住宅。尊重有勇有智的人，鼓励人们建功立业。尽管如此，还是有人搞阴谋诡计，发动战争。夏禹、商汤、周文王、周武王、周成王和周公旦，是夏商周三个王朝中的杰出人物，他们都谨慎奉行礼制。他们彰显礼制的内涵，以此来考察人们的信用，揭露过错，树立讲求礼让的典范，为百姓昭示礼法的仪轨。如果有越轨行为，即便是有权势者也要被斥退，百姓也会把它看成祸害。"

孔子、孟子放弃了大同，只以实现小康社会为目标，并提出了以下的主张。

第一，实行大一统，天子治天下，诸侯治本国。以周公为榜样，复兴周道，推举贤士大儒做辅相。

第二，现实之中，血缘意识已经淡漠，家族主义精神已经丧失，封建制度已经崩溃。所以，要立足于孝这样的家族道德，重建道德国家，即，"修身、齐家、

---

① ［日］森三树三郎：《中国思想史》（上），第三文明社2008年版，149～183页。

父母简史：人类母亲和父亲的十万年

治国、平天下"。

第三，立足于道德治国，不承认法律。重点在于培养人们的羞耻心，把礼和德作为治理社会的原则。

第四，政治是为大家服务的。民为贵，社稷次之，君为轻。君王受命于天，并不是天独钟君王，而是天要让君王服务于人民。如果君王忘记了这个使命，人民可以起来推翻他。

第五，有恒产者有恒心，无恒产者无恒心，让人们拥有"恒产"，固定在土地上，安居乐业，他们就不会去触犯刑律。因此，反对任意占有耕地，应该实行均分田地的井田制。对工商业什一而税，去掉关市之征。①

（5）荀子的学说（前313－前238年）。

第一，要严格区分自然和人为。天是自然，人为是有意识的行为。虽然天生万物，但是天有自身的运行规则。虽然很多人谈论"天人合一"，但"天"是自然，与"人"的人为完全不同，不可能"天人合一"。因此，四季交替与人活动的规则完全没有关系，政治混乱与日食、月食、天灾等完全没有关系。所以，祭天祈求幸福，祭天祈求下雨是不可能有效果的。

第二，在自由放任的情况下，人的欲望没有止境。如果不加管理，欲望相互冲突，社会便会陷入混乱。

第三，为了治理现实中的社会混乱，要确定每个人的身份以此限定每个人的欲望。这就叫作礼。礼规定人与人的差别，确定每个人的权利和义务。当然，是否废除祭祀也应该尊重现实。因为要确立礼的话，就需要祭祀这个基础。况且，祭天已经形成了习俗，废除求雨、卜卦问天等，会给人们带来不安。

第四，政治的中心在于君王。因为君王才能确立礼。并且，礼自身对人的约束力很弱，如果没有君王的权威，礼就会变为一纸空文。有君王才能谈得上礼。因此，在现实中应该尊重君王。②

（6）墨子的学说（前468－前376年）。

第一，天希望任何人之间都相互关爱。天对于相互关爱的人予以幸福，对违

---

① 范文澜：《中国通史简编》（第一编），人民出版社1965年版，35页、97页、101页、206页、242页、249页；[日]森三树三郎：《中国思想史》（上），第三文明社2008年版，54~64页、66~73页。

② [日]森三树三郎：《中国思想史》（上），第三文明社2008年版，74页、86页。

反这种行为的人给予惩罚。

第二，天神不只上帝一人。山川的神，祖灵也都存在。祭祀这些神，会让大家团结，把社会统合起来。①

4. 精神与社会统合

（1）体贴民意，记住恩惠。

现在知道古代中国父亲和古罗马父亲都有什么样的精神世界，他们都在想什么了吧。

电视古装戏中常说"江山社稷"。一般解释是，江山社稷是国家的代名词。"社"指土地神，"稷"指五谷神，江山社稷就是让老百姓在万里山川的土地上种庄稼。社稷之福就是百姓之福，君王的江山社稷稳固，百姓就吃穿不愁，因此也代指祭祀。由于祭祀土地神、五谷神是国家的大事，所以渐渐成为国家的代名词。②

祭祖很好理解，就是给祖先供食，祈求保佑。祭社呢？是祭祀土地老爷，祈求五谷丰登。今天的人们对此可以这样来理解，但在古代，重点却在别的地方。天子祭社，惦记着全国是否能交纳租税，祈求不要动乱，让供奉祖先的财源不被断送掉。诸侯、大夫也是这样。下级贵族和庶民祭社，惦记的是土地不要被夺走，丰收纳税后有足够的粮食来供奉自己的祖先。这些才是"江山""土地"的意义。因此，祭社与维持传统秩序紧密相连。君王通过祭社相关的仪式和规矩，让各官僚不忘商朝灭亡的原因，体贴民意，同时也提醒庶民，不要忘记这土地是谁供给他们耕种的。在这之上才衍生出君王安危牵系天下百姓，有国才有家等古代社会统合理念。

上述形式的祭祀规则，你可以说是古代的礼，也可以说是古代的法律（民法），所起的作用都是通过内心命令促使人遵守现存秩序。而问题恰恰也就在这里。如果说，古代祭社让人们感觉既存秩序和既得利益的正当性，那么，无论下级有多大的能力和多好的德行，超越上级的行为都不会得到认可。利用"人为因素"制造不平等社会，也就被视为理所当然，这不仅对古代官僚父亲是这样，对

---

① ［日］森三树三郎：《中国思想史》（上），第三文明社 2008 年版，98～117 页。
② http://baike.sogou.com/v7927136.htm。

那些祭田祖、赶庙会的古代庶民父亲来说也是这样。

不过，那些古代穷人，当基本生活不能保障时，自然会想突破这种古代官方祭祀所带来的不利后果。他们的办法就是，直接诅咒上帝（天），或者借用上帝（天）来诅咒君王。这种现象反映出古代中国民间祭祀的两个特征。

第一，古代父亲们不敢骂君王，但可以骂上帝（天）。由此可知，上帝（天）的权威在君王之下，君王祖宗的权威也必然凌驾于上帝（天）之上。其延伸就是，古代法律权威实际上也只能被置于君王之下。

第二，如果古代庶民父亲会诅咒官方祭祀，那么他们自己的信仰、不得被侮辱的祭祀又是什么呢？孝敬各自的父母和祖先。也就是说，祭祀各家的祖先，这对形成古代天下统一祭祀（包括官方祭祀）是一个障碍。

（2）尊崇自然与推行仁义。

为统合持有以上想法的古代中国的父亲们，春秋战国时期的哲学家们提出了各自的主张。总的说来，他们仍旧围绕周公的"天人合一"的思想框架，展开哲学性探讨。

阴阳五行学说承接了《洪范》的理论，着重解释"天人合一"中"天"的逻辑含义，其理论更接近于古代澳洲自然崇拜中的循环论。老子则采用追溯历史的方法来解释"天"（道），而庄子则更进一步对此加以抽象化。然而，本书第一部已经说过，我们社会发源于"非洲夏娃"的母系思想。在这之前，不存在一个"我们社会"。因此，老子所说的"道""天""自然"的历史发展阶段，只存在于生物、动物社会之中，不会存在于"我们社会"之中。如果非要追溯"道""天""自然"状况下的"我们社会"，那就只能是周、商、夏之前的仰韶文化等系社会。这样一来，"道""天""自然"实际上就是指母系社会的精神文化和组织状态。以此而论，"仁义"便可以被看作父系社会的道德，老子尊崇"自然"，便可以被看作为主张恢复母系社会状态，并以此来代替父系这样的功利社会。因此说，老子所主张的"小国寡民"，实际上就是像摩梭人那样的三代人家庭各自独立的自然聚落社会，在那里，当然没有所谓仁义，也没有父系道德。如果是这样，那么，无论庄子对万物怎么抽象化、哲学化，一旦具体到人类社会，都不可能得出其他结论。更重要的是，我们社会如同基因变异积累一样，只会随时间推移向前变化而去，如同离弦之箭。脱离这个事实来思考问题，要么只能是

"自乐"，要么就是陷入对循环自身意义的追求。

与之相比，儒家立足于远古中国式祖先崇拜来考虑问题。儒家首先讨论了父系社会的两种所有制度，一种是近似于古代澳洲、墨西哥的基于图腾崇拜的古代公有制，一种是远古中国式的基于祖先崇拜的共同所有。儒家最终把目标锁定为后者，而不是前者。所以，儒家在讨论"天人合一"时，更注重对人的解释，强调"德"，以实现从古代封建到中央集权这样的组织改革。也就是说，他们并不主张恢复母系社会或走古代公有制道路，仅仅主张完善古代父系社会的秩序，仍旧依靠与君王血缘的亲疏远近关系，也就是用"人为因素"确定上下级、富人和穷人的关系。但是加上了一条："如果君王没有德，便应该被有德的人所取代。儒家通过这个方式对有能力者（贤人）成为当权者赋予了正当性。"①

值得注意的是，与儒家、道家不同，荀子否认了"天人合一"的框架，并强调"人为"凌驾于"自然"。墨子则否认古代中国式祖先崇拜，也否认母系思想。理由是，母系思想强调对母亲的祭祀，而不去管他人母亲的事情。所以，"仅限于母子的爱是狭隘的"。②

（3）各自起点。

商周、春秋战国所提出的"天人合一"，是统合社会的总方针。从观察事实发现规律这个哲学的根本任务来说，把"天人合一"作为一个哲学命题难以成立。荀子基于对事物的观察已经否定了这个命题。司马迁在《史记·伯夷列传》中，基于历史事实，也基本否认了这个命题：有人说："天道是没有偏私的，总是经常帮助好人。"像伯夷、叔齐应该说是好人呢，还是不该说是好人呢？他们如此地积累仁德，保持高洁的品行，却终于饿死！再说，孔子72名得意的学生里，只有颜渊被推重为好学，然而颜渊总是穷困缠身，连粗劣的食物都吃不饱，终于过早地死去了。天道对好人的报偿又是怎样的呢？盗跖成天杀无辜的人，烤人的心肝当肉吃，凶残放纵，聚集党徒几千人在天下横行，竟然长寿而终。这是遵循的什么道德呢？孔子说："君子所怕的是一直到死而名不被称述。"贾谊说："贪财的人为财而死，重义轻生的人为名而献身，矜夸而贪图权势的人为争权而

---

① ［日］树玄龙辉：《论语》，宝岛社 2008 年版，288～445 页。
② ［日］森三树三郎：《中国思想史》（上），第三文明社 2008 年版，74 页、86 页、98～117 页。

丧生，平民百姓则贪生而恶死。"伯夷、叔齐虽然有贤德，只因得到孔子的称赞，名声才愈加显赫。颜渊专心好学，也只因追随孔子，他的德行才更加显著。岩居穴处的隐士，或名声晓达，或湮没无闻。穷乡僻壤的士人要砥砺德行，树立名声，如果不依靠德隆望尊的人，怎么能扬名后世呢？倘若有所谓天道，那么这是天道呢，还是不是天道呢？①

古代历史事实既然如此昭然若揭，为什么"天人合一"会成为一个挥之不去的哲学主题呢？这与远古华夏的精神文化密切相关。

人生观、价值观、世界观，"是在哲学发生之前就已经成立的东西"，②来源于远古祭祀。因此，哲学必然以祭祀（精神文化的核心）为基础。在古代中国哲学中，类似儒家的思想长期占据主导地位。儒家的基础是古代中国式祖先崇拜，各家祭祀各家的父母、祖先。所以，民间的"孝"与君王的"德"相呼应，构成了"天人合一"中的"人"。也就是说，如果君王要统合社会，就需要体谅众人的"孝"，而这种体谅，就是人们常说的"德"。如果有人问，"为什么要'体谅'，为什么不'不体谅'？"，可能就会让古代哲学家们处于尴尬的局面，因为没有人能够回答，只是天生如此。所以，天意是最终答案。有趣的是，古希腊和古罗马父亲也遵守同样的逻辑，把天意作为解释"万物竞争"的最终答案。这里到底在绕什么口令？谜底是，在这些古代哲学（解释）产生之前，远古华夏父亲继承母系信仰，选择了中国式祖先崇拜，决定了强者在统合社会时要'体谅'，而不是'不体谅'。在这样的先决历史条件下，所以才找不出"为什么不这么做就不行"的理由，所以，就只能用"天意"来解释"万物和谐"，从而也带来"天人合一"这一挥之不去的哲学命题。与之相反，古希腊和古罗马父亲，作为入侵希腊和罗马的库尔干人的子孙，背叛了母系信仰，选择了只允许祭祀作为强者的自己以及自己的父亲、祖先，于是上帝成了决定人和人相争，非要决一雌雄的"天意"所在，即便是作为罗马城邦创立者的孪生两兄弟也会如此。"万物竞争"的哲学解释，也因此在西方源远流长。对此，最初获得直观理解的应该是严复。他把达尔文的进化论一书翻译为《天演论》，而梁启超借题发挥说："盖生存竞

① 《白话史记》，吉林文史出版社2008年版。
② ［日］森三树三郎：《中国思想史》（上），第三文明社2008年版，16~29页。

争，天下万物之公理也。既竞争则优者必胜，劣者必败，此又有生以来不可避免之公例也。""天"在这里也披上了神秘的外衣。揭掉这个神秘外衣，就会清楚地看到，由于远古华夏先人在跨入父系社会时继承了母系信仰，所以，在中国后来数千年的哲学中，传承这种思想的儒家一直都占据统治地位。也就是说，"天人合一"挥之不去的理由在于，古代中国父亲一直都维持了远古华夏祖先最初所选择的信仰。后来人们用抽象概念来描述那种远古先人的选择行为，就是"天意"的实际内容。这个道理，同样存在于古希腊、古罗马的社会中。因此，同是一个"天"，古代中国和古代西方的理解完全不同，并成为各自精神世界的最后堡垒，因为那是他们各自的父系信仰的起源。那么，这两种思想、两种哲学谁是谁非？对此，当然不会有答案，因为那都是各自远古先人们所做出的古老的选择，而后来的人们都仅仅是在这种选择结果之上延续自己的生活而已。

尽管如此，这却注定了中西方学者对某些问题注定具有根本性分歧。第六章提到，包括摩尔根在内的西方学者都说，无论自然或人类社会，从一开始，就是雄性、男人支配着一切。为什么他们会有这种潜在的主观意识？因为，在父系社会建立之初，古希腊和古罗马就背叛了母系信仰，而古代中国继承了母系信仰。传承远古精神文化的中国学者当然也就不会同意西方人关于"男人从来就支配一切"的观点。

在这里附带讲一下各种语境下的"天意"的含义。

以上所说的天意，都是人们在有目的意识下的选择行为。但只要是动物，就有一种无意识的选择行为，那就是本能层次上的天性。这两个"天"，在层次上是不一样的，不能混为一谈。《天演论》的"天"，是天性的"天"，而不是这里所讨论的天意的"天"。哲学所讨论的都是有目的意识下的选择问题，而不是本能层次上的选择问题。"万物和谐"与"万物竞争"都是指的本能层次的东西，与这里讨论的精神文化、社会统合方式选择没有关系。但由于中西方学者对相关问题找不到更合适的解释，便用了天性中的"天"来掩盖各自的最后精神堡垒，使之披上神秘外衣。关于"天性"与道德哲学中的"天意"之间的问题，在《道德困境与超越》①中已详尽讲解，就不在这里重复。这里只是提醒，"天下万物之

---

① 任大川：《道德困境与超越：精神秩序及私欲》，江西人民出版社 2011 年版。

公理"与这里要说的东西不是同一个对象，所以，即便所说的公理是客观事实，也不能成为这里所说的"天意"的依据。

因此，所谓"天人合一"，简单说就是，在"天"这件神秘外衣之下，古代中国强调遵循自己祖先遗愿行事的正当性，古代西方强调他们遵循自己祖先遗愿行事的正当性。如果要问人们为什么非要用"天"来掩盖不可，想来应该是"数典忘祖"的必然结果。如果我们并不知道我们的祖先是谁，当然也就不会去确认远古祖先的信仰（精神文化核心），结果，也就只能想出一些东西来"搪塞"了。

（4）大一统与法律圆心。

古代中国父亲们面对社会的大规模化、多民族化所想出来的应付办法是哲理，强调以德服人。因此，先秦诸子的思想创造有两个特点：第一，无论哪一派的思想家，都以济世安民为职志，差不多一切议论都归宿到政治；第二，所言的政治，都以"天下"为对象，并以"定于一"或"大一统"为最高目的。[1]

在古希腊，父亲们想出对付社会复杂化的办法也是哲学：希腊哲学家们都是鼓吹社会的重要性和权利的。公民没有丝毫的人身自主，身体属于国家，雅典人和斯巴达人终身都有服兵役的义务。财产受国家支配。城邦若需要钱，可令女人献出她们的珠宝装饰，令债权人让出他们的债券，令种植者无偿献出他们的橄榄油。私人生活也不能摆脱国家的支配。公民参加了公共祭礼后，才能参加集会和投票。柏拉图说："是祖国生我们，养我们，抚育了我们。"[2]

是不是很奇怪？古希腊大众信仰的多元化和个人选择的自由化带来的归宿，竟然是政府权威独大和国有化。不过，如果说这反映了古希腊劳动者的心声，也就在某种程度上说得通了。不管怎么说，"古希腊哲学家并没有发展出任何一种阐述政治统一的哲学体系，没有提出过任何一种关于统一帝国的政治理论"。[3]

但在古罗马，父亲们想出的办法却完全不同：与古希腊相比，古罗马是由各个民族和不同城市所形成的政治共同体，在那里找不到任何其他可行的团结纽带，不得不煞费苦心地创立并维持各种组织或制度，其中包括交通系统、行省

---

① 郭成望：《罗马帝国与希腊哲学家的思想》，见 http：//www.cawhi.com/plus/view.php？aid＝8553。

② ［法］库朗热：《古代城邦》，谭立铸等译，华东师范大学出版社 2006 年版，182 页、211 页、214 页、186 页。

③ 郭成望：《罗马帝国与希腊哲学家的思想》，见 http：//www.cawhi.com/plus/view.php？aid＝8553。

制、法律、常备军、文官制以及历法、语言和文字等等，这些组织不但没有涉及祭祀，甚至没有涉及哲学。古罗马社会团结既不靠哲学，也不靠古代的忠诚，而靠强力，最初靠军队的强力，后来则靠行政机构的强力，才获得保障的。为了团结，军队、道路、法与官吏被创立了。所以，古罗马社会中没有什么是可以归功于罗马哲学的。古希腊前 4 世纪末或亚里士多德死后最早出现的这些学派，有点像中国战国时期的先秦诸子那样，处于一种"百家争鸣"的状态。这些学派的不同哲学观点也在古罗马人中的传播，但这些哲学家被逐出了罗马。另外，按照柏拉图和亚里士多德已经阐述的政治理论，任何政治统治有三种不同的方式可供选择，即多数人统治、少数人统治和一个人统治。多数人统治意味着所有的公民都参与政治，少数人统治意味着少数的贵族将控制政府，很明显，它们都不适合古罗马。①

　　看来，古罗马父亲与古代中国父亲、古希腊父亲的思路完全不同。这种不同思路的起点在哪里？

　　入侵希腊的库尔干人父亲，最初是靠掠夺他人土地、财产、女人而起家的。这个社会的最初通婚模式，是氏族内部通婚。在"胜者为王"的"天意"支持下，氏族集团首领通过燃圣火，建立新祭祀，把氏族成员的通婚范围扩大到族盟、部族、城邦内部。但古希腊各城邦直至灭亡，至少在理念上都没能跨越这个通婚范畴。即便异邦人成为他们的奴仆、平民，两者通婚的后代也不被正式认可。这与西周的同姓百世不婚相比，是有很大差异的。

　　古罗马父亲也经历了古希腊父亲同样的历程。但在建立罗马城邦的前夕，各个族群之间，通过相互交换女人的方式，建立起政治同盟。因此，古罗马父亲从建立城邦开始，便把其他城邦的神纳入罗马城邦之中，通过信仰自由化方式，来达到迎娶不同信仰的女人、扩大通婚范围的目的。在这里，祭祀被降格为一种工具。把祭祀形式化、手段化，这里反映出来的是实用主义。这种实用主义至少表现在两个方面。第一，不论其信仰、出身，甚至采用掠夺手段，只要能增添人手、扩充军队就行，这表现为古罗马的广泛通婚和移民政策的实施。第二，彻底贯彻力求回报大于代价的祭祀自然神的原则，希腊神有用就引进希腊神，其实质是引

---

① 郭成望：《罗马帝国与希腊哲学家的思想》，见 http：//www.cawhi.com/plus/view.php? aid＝8553。

进来，走出去的国际投资政策的实施。

由于古罗马父亲的对外开放，所以，社会局面就比古希腊父亲要复杂得多。王权被推翻之后，统治者是贵族（家父长氏族首领）的联合体。他们以各自的家庭祭祀为基础。然而，这些家父长为了统合古罗马社会，必须面对具有各种信仰的人们。第一种，是原城邦中被剥夺了被祭祀权利的阶层，他们追求新型祭祀。第二种，是因被征服而失去祭祀权利的家长，他们不但有各自的家族祭祀，其公共祭祀也与古罗马人不同（这种情况是古希腊所没有的）。第三种，是被征服城市中那些被剥夺了被祭祀权利的人们（这也是古希腊所没有的）。他们也会追求新型祭祀。基于第一种关系，与古希腊相同，古罗马城邦内部发生各种革命。基于第二种关系，古罗马与古希腊不同，引进了各种文化。基于第三种关系，古罗马发展出了新的统合方式：法律制度。因为，这些外邦大众不但没有"被祭祀的权利"，还因自己的城邦被征服，一下子完全释放到古罗马社会之中，其中不乏大量通过新型祭祀而变为个人主义的自由者，为了统合他们，需要更加一视同仁的规则。而在法律制度下，他们人人都可以"通天"（进入法律诉讼），但人人都必须服从于"天"（法律）。于是，在古罗马，法律制度代替了祭祀和哲学的社会统合功能，祭祀和哲学被搁置起来。这种趋势，即便在平民革命、投票选举制度被建立之后，仍被保持下来。

也就是说，古希腊、古罗马在统合社会方面的关键问题，是不同层次、不同阶级、不同地区、不同集团之间的信仰差异。在探索统合方式方面，古希腊人用了哲学（即思辨），但失败了。古罗马人立足于程序（法律手续）而按部就班来统合社会，从而建立起了古代多民族国家。

在古罗马父亲那里，法律高于祭祀。这一特征，从立国之初，无论是来自拉丁部落的阿尔伯族，还是来自萨宾族，或来自伊特鲁里亚族的人都能当王的那一刻起，便开始形成，并为建立古代强大法治国度提供了基础。也就是说，虽然初期的古希腊父亲、古罗马父亲都一样，各自信仰各自的家神，各个家神相互争斗，拼得头破血流，胜利者的家神成为圣火，但后来，古罗马父亲为了政治同盟，实行了异族通婚，各个家神只能相互包容，让其都拥有同样的地位。于是，为统合各个家族、氏族的圣火变成了法律的象征。法律高于贵族，高于君王，超越血缘，是应有的逻辑。这个逻辑在原子个人、信仰多元化的社会形成之后，被广泛运用，古罗马的法治社会也就横空出世了。说到底，古希腊所没有的，正是这种因要推进国际化而必须包容外来者的心态。

与之相比，远古华夏在跨入父系之际，在婚姻制度上，在迎娶不同信仰（比如崇拜自然）的女人方面并没有严格的区别。只是到了西周更为开放，与古罗马非常相近，也具有包容心态。但在另一方面，古代中国不可能让异族人当君王，甚至不会让不同姓的人当君王，与古罗马形成反差。这个反差与古代中国父亲继承母系信仰和三代人家族，而古罗马父亲掠夺他族女人，独自创立连绵的家长、长子系列的血缘家族，背叛母系信仰，有密切关系。由于"背叛"了母系信仰，兄弟之间相互征服成为正当行为，更不用说其他男人之间了。以此为前提，要结成同盟，除了相互妥协，轮流做庄，别无他法，除非有超人的能力，用武力征服、维持天下，而不需要同盟。在古代中国，由于继承了母系思想，所以产生了"孝"，而"孝"和"德"是一个统一体，这意味着统治者和被统治者之间没有信仰分歧。这种统一性折射在现实生活中，便成为一种古代的共识：不让外人当君王是理所当然的。比如今天，难道家族企业不让外姓人当董事长有什么不应该吗？谁会抱怨？自己打下的江山，自己家人坐，人人如此。因此，在现实生活中，古代中国父亲忙于各自祭祀自己的祖先、父母，并不因祭祀问题而需要去关心谁当君王，于是，统合古代中国的关键因素，不是祭祀不同，而是剩余劳动原理的作用以及祖先崇拜所伴随的被压迫者的不满。因此，除了武力之外，还需要实行一些经济政策。而儒家所明白的道理就是，"不患寡而患不均，不患贫而患不安""财聚则民散，财散则民聚"。[①] 也就是说，君王让官僚、新兴贵族等尽量压抑祖先崇拜中的功利性，体谅民间疾苦，多让利。而祭社也就是为了达到这个目的的一种手段。所以，古代中国君王统合社会，可以不用法律，仅靠哲学、行政命令也能行得通。这样一来，君王高于法律，而基于血缘的信仰高于君王，是应有的逻辑。非常明显，在古代中国父亲那里，古代信仰的趋同性（单一化），与古代君权专制紧密相连，而在古罗马父亲那里，古代信仰的发散性（多元化），与古代法治紧密相连。然而，以古代多元化信仰为基础的古代民主投票是否必然带来古代法治，那却未必。古希腊就是一个案例。

---

① 范文澜：《中国通史简编》（第一编），人民出版社 1965 年版，201 页。

三、统合古代社会的法律历程

现在知道了，古代中国父亲倾向于用哲理和行政命令来统合社会，古罗马父亲倾向于用超血缘的规则来统合社会。知道了这些古代社会历史背景，接下来再讲古代中国和古罗马在制定、实施法律方面的不同之处。

1. 各自独立的法律①

在入侵希腊、罗马的库尔干人的社会中，古代的法律并不像今天，依据绝对权利与公正的情感来制定的。法律来源于祭祀。祭祀说，家火父子相传，因此房产便成世传的财产。父亲葬在田里，亡灵对田地有支配权并要求子孙后代在田里的坟墓前永远祭祀他，于是，田地成了不可变更的家庭产业。祭祀说，子承父祀，于是法律说，子承父业。法律就是这样产生出来的。在很长的时期里，教主是唯一的法学家。多数人通过投票制定法律的思想，只出现于城邦晚期，是经过城邦组织的两次革命之后的事。即便这时，新法律仍须请示于神，并得到它的同意。在希腊，这些新的法律也只适用于一部分人。当说到法律是公民的，不只是说每个城邦都有各自的法典，而且是说法律的价值与效力仅仅存在于城邦公民之间。法律对于奴隶无效，对于外邦人无效。两人间若有法律上的关系，那必定是因为他们之间有信仰上的关系。外邦人没有参加城邦祭祀，他们可以与公民共同生活多年，但不可能建立法律上的关系。

所以，在古希腊，始终没有建立起统一的帝国，一直没有统一的法律体系。古希腊法是各城邦多种法律的组合。各城邦早期的法律均为习惯法，带有神权法的特征。前 7 世纪后，各城邦普遍进入成文法阶段。主要的有前 621 年的德拉古法，前 594 年的梭伦立法，前 560 年的庇西特拉图立法。前 509 年，克里斯提尼当选为执政官，进一步推行立法改革。前 462 年，阿菲埃尔特出任雅典执政官，进行立法改革。以后还有前 440 年的伯里克利立法以及阿提卡地区的《阿提卡法典》《哥尔琴法典》和《罗得岛海商法》。

① ［法］库朗热：《古代城邦》，谭立铸等译，华东师范大学出版社 2006 年版，175 页、176 页、179 页；《古希腊法简介》，见 http：//baike. baidu. com/view/1004539. htm；《古希腊法》，见 http：//www. google. com/url？sa = t&rct = j&q = &esrc = s&source = web&cd = 1&ved = 0CBwQFjAA&url。

古希腊法律的主要内容是，第一，承认公民的平等权利。民众大会作为国家最高权力机关，享有广泛职权。国家公职人员均由选举产生，凡属于重大公务，均由集体决定，集体负责。第二，一切不动产（土地、房屋）和动产（牲畜、奴隶等）均可自由买卖。第三，在斯巴达，父亲的财产由长子继承；在雅典，则由所有儿子分配，长子所分到的财产比其他兄弟稍多。只有在没有合法子嗣的情况下准许遗嘱继承。

2. 万人同一

前454年，罗马元老院被迫承认人民大会制定法典的决议，设置法典编纂委员10人，并派人赴希腊考察法制，前451年制定法律十表，第二年又补充二表。因各表系由青铜铸成，故习惯上称作《十二铜表法》。这些法律条文后经森图里亚会议批准，公布于罗马广场。

《十二铜表法》的主要内容如下。

第一，不得为任何个人的利益制定特别的法律。

第二，如当事人不能和解，则双方应于午前到广场或会议厅进行诉讼，由长官审理。诉讼当事人一方过了午时仍不到庭的，长官应即判到庭的一方胜诉。日落为诉讼程序休止的时限。审判涉及外国人，则应延期审讯。对剥夺一人的生命、自由和国籍的判决，是专属百人团大会的权力。任何人非经审判，不得处死刑。对一切刑事判决不服的，有权上诉。

第三，家长支配家属，可以出卖或杀死，纵使子孙担任了国家高级公职的亦同。儿子被家长出卖三次，该子即脱离家长权而获得解放。

第四，可以用遗嘱处分财产。死者未立遗嘱又无当然继承人，其遗产由最近的族亲继承。浪费人（不善于保管和喜欢随意挥霍财物的人）不得管理其财产，应由其族亲为他的保佐人。获释奴隶未立遗嘱而死亡时，如无当然继承人，其遗产归恩主所有。遗产的分割，按遗产分析处理。

第五，外国人永远不能取得罗马市民财产的所有权，即便使用其财产。[①]

在父子关系方面，雅典很早就不再实行父子的规定了。罗马则不同，它被保

---

① 《罗马法的产生》，见 http://baike.baidu.com/subview/128936/5140663.htm；http://baike.baidu.com/view/60967.htm。

留了下来：儿子不能在父亲在世的时候另立家火，即便已婚或已有子女，他仍旧受父亲的管理。① 以后，由于儿子积极完成其对国家所负各种义务中最重要的义务，纵使不取消他父亲的权威，一定也会削弱这种权威。到帝国建立（前27年）时，主张松弛"家父权"的强有力的情绪，已成为确切不移的了。在东罗马帝国（395年以后）查士丁尼时代，法律规定，除非儿子的取得物是来自其父自己财产，父对这些取得物的权利不得超出在他生存期内享有出产物的范围。② 当"遗嘱权"在法律史上第一次出现时，适用对象成了贵族和平民间争论的焦点。《十二铜表法》使平民遗嘱合法化了。以后罗马市民法上又增加了许多规定以限制对子女的继承权的剥夺，其中之一被称为"遗嘱违反伦道之诉"，以便恢复儿子被父亲遗嘱所不公正地拒绝后的继承利益。③

罗马法的适用范围原本仅限于罗马公民，居住在罗马的异邦人不能享受此法的保护，被称为"公民法"或者"市民法"。随着罗马对外征服地区的扩大，罗马的社会政治和经济都发生了巨大变化，公民法不足以解决帝国疆域内出现的各种复杂的问题。因为涉外案件已极纷繁，须由专职处理，前242年设置了外事大法官。为解决外国人之间以及外国人和罗马公民之间因交换关系所产生的实际问题，逐渐形成了一套规范，则被称为"万民法"，大部分是在大法官告示中固定下来的。万民法既适用于罗马公民也适用于罗马的外国人。④

3. 古代中国的法律

（1）宗法、家法。

当然，古代中国也有自己的法律。周王为了祭祀自己的祖先，把封地划为内服、外服，并规定赋税的多少。因此，在古代中国看来，是否尊崇这样的中国式祭祀并纳税，被看作是否给予惩罚的一个原则。这就是礼的起源。比如，《左传》记载，虽然狄人有很多突出的才干，但他们有五大罪行，不祭祖先，这是第一罪。而依仗才能和人多，这是亡国之道。⑤ 因此，不遵从这样的礼，被认为不是

---

① ［法］库朗热：《古代城邦》，谭立铸等译，华东师范大学出版社2006年版，77～78页。
② ［英］梅因：《古代法》，沈景一译，商务印书馆2010年版，176～178页、180页。
③ ［英］梅因：《古代法》，沈景一译，商务印书馆2010年版，第六章、第七章。
④ ［古罗马］查士丁尼：《法学总论》，张企泰译，商务印书馆2011年版，第二篇自然法、万民法和市民法；《罗马法的产生》，见 http://baike.baidu.com/subview/128936/5140663.htm。
⑤ 杨伯峻：《白话左传》，岳麓书社1995年版，《宣公十五年年》。

文明人，是可以征伐的。"诸侯开始朝见周王，都会请求赐予法度典章。"① 于是，贵族封建，立足于宗法（礼）。国家是家族之扩大。参加宗庙祭祀的辈分亲疏，规定着这些贵族之间地位的高低。谱牒也是政治上的名分。天子大祭之前的会猎、祭礼，诸侯必定来助祭。② 宗法（礼）的典章就是中国早期的法律。

《礼记·王制》说："天子七庙，三昭三穆，与大祖之庙而七。诸侯五庙，二昭二穆，与大祖之庙而五。大夫三庙，一昭一穆，与大祖之庙而三。士一庙。庶人祭于寝。"郑玄注："殷则六庙，契及汤与二昭二穆。"周王室以后稷为大祖。诸侯不得立天子为大祖。只有周公帮助武王灭殷，他所分封的鲁国，被特赐立文王为大祖。诸侯死亡后可以成为他家的大祖。接任诸侯爵位的长子死亡后可以立为大祖。在宗庙数量被限制，祖先数量增多的情况下，只能对久远的亲戚亡灵逐渐淘汰，这被称为祧迁。③ 在周代，诸侯立国，大夫立家，首先便是在各自受封的领地上建立宗庙，表示自己的特权。周武王灭商后，把土地分封给纣王的儿子武庚，武庚立宗庙，表示商旧贵族保留部分封疆之权。④ 最先受封者死后，子孙奉他为始祖，立庙称为宗。他的嫡长子嫡长孙世世承袭封土，称为宗子。⑤ 但是，《礼记·丧服小记》说："庶子不祭祖。"

就这样，祭祀的典章规定说老百姓不能祭天，于是，只有天子一个人有资格祭上帝。你祭上帝就是僭越，别人就可以兴兵讨伐你，派军队来打你。祀的典章规定说大夫不能祭远祖，只能祭近祖，士只能祭更近的祖先，庶人祭于寝，于是，老百姓连庙都不能有，只能在家里睡觉的地方祭最近的祖先，不能祭远祖，要是父亲还在，就祭爷爷，父亲去世之后就祭父亲。⑥ 另外，对贵族而言，祭祀最高一级的祖先的场所为太庙，诸侯、卿大夫只能在宗庙祭祀自己的始祖，同时，庶子不能祭祖，只能通过服从宗子来表现敬祖。与嫡长子世代相袭相适应，大宗是永远不迁祖的。由本人往上推算，由父、祖、曾祖、高祖为五世，高祖以上的远祖神主便迁入祧庙，不再祭祀。也就是说，大宗和小宗的关系只维持五

---

① 程俊英：《白话诗经》，岳麓书社 1900 年版，《载见》。
② 钱穆：《国史大纲》（修订本上册），商务印书馆 1996 年版，93 页。
③ 傅亚庶：《中国上古祭祀文化》，东北师范大学出版社 1999 年版，171～177 页。
④ 傅亚庶：《中国上古祭祀文化》，东北师范大学出版社 1999 年版，189～190 页。
⑤ 范文澜：《中国通史简编》（第一编），人民出版社 1965 年版，37 页，135 页。
⑥ 何光沪：《牛津共识与当代思潮》，见 http://club.ebusinessreview.cn/blogArticle-243544.html。

世，五世之后，便成为疏远的族属。在血缘和政治之间，不允许利用血缘关系侵犯政权。即，不以亲亲害尊尊。① 基于这样的宗法，行政法规的适用对象也被确定下来。"虽然基于小宗都得受大宗约束的原则，人们要服从天子的国法，但天子的国法仅施行到宗子，而宗子对下属有实施独自法规的权力。宗子对同宗人有直接裁判权，从普通刑法到死刑。"② 所以说，虽然周朝的法律被称为礼，但实际上是调节各家族之间的法律，并不涉及宗族、家族内部的个人。管束这些个人的是家法（宗子独自的法规）。

（2）刑律。

周室东迁引起的第一个现象，是共主衰微，王命不行。在祭祀方面，只有那些宗庙的宰和掌礼的相（史官）懂祭礼。随着周天子王室的衰微，史官逐渐流散到列国，祭礼成为贵族的生活方式和习惯。祭礼的动摇，即表示着封建之崩溃。③从此，周朝的法律混乱起来。比如《左传》记载，天子死了七个月后才安葬，诸侯都来参加葬礼；诸侯五个月后下葬，同盟的诸侯参加葬礼；大夫三个月后下葬，官位相同的来参加葬礼；士一个月以后下葬，亲戚前来参加葬礼。向死者赠送东西没有赶上下葬，向生者吊丧没有赶上举哀的时间，预先赠送有关丧事的东西，这都不合于礼。④ 而在战国时期的县官等，是代替国君行事的管理者。他们要管理那些相互没有血缘关系的庶民，需要新的管理工具，于是，战国时期便产生了另外一种法律。⑤

前 689～前 677 年，楚文王效法西周"有亡荒阅"之法，"作仆区之法"，惩治"隐匿亡人"及窝藏赃物的违法行为。前 613～前 591 年，楚庄王又制定"茆门之法"，规定了宫廷警卫方面的法律内容。前 633 年，晋文公制定"被庐之法"。前 621 年，晋襄公又命赵宣子制定《常法》，亦名《夷蒐法》。前 554 年，范宣子依据《常法》制订了新的刑书。其中《常法》的内容相当广泛，包括刑事、民事、行政等多方面的法律规范。宋国也于前 564 年由乐遄制作"刑器"，

① 黎虎：《夏商周史话》，北京出版社 1984 年版，176～178 页。
② 范文澜：《中国通史简编》（第一编），人民出版社 1965 年版，37 页、135 页。
③ 钱穆：《国史大纲》（修订本上册），商务印书馆 1996 年版，54 页、55 页、59 页、93～95 页。
④ 杨伯峻：《白话左传》，岳麓书社 1995 年版，《隐公元年》。
⑤ ［日］尾形勇、平势隆郎：《中华文明的诞生》，中公文库 2009 年版，321 页。

即在器物上制作了成文"刑书"。前536年，郑国由子产主持，率先"铸刑书于鼎，以为国之常法"。前513年，晋国也由赵鞅、荀寅主持，"铸刑鼎，著范宣子所为刑书"。前501年，郑国邓析又将新订"刑书"抄于竹简，称为"竹刑"。魏文侯在位期间（前445－前396年），任用李悝为相，主持进行了变法改革。李悝（前455－前395年）制订的《法经》共有盗法、贼法、囚法、捕法、杂法、具法六篇。"盗"主要指对私有财产的侵犯；"贼"主要是指对人身的侵犯；"囚""捕"是刑事诉讼程度的规定；"杂"是维护封建的等级制度和统治秩序；"具"是根据具体情节有关加重或减轻刑罚的规定。秦国商鞅以《法经》为蓝本，制定《秦律》。汉《九章律》，则是在《秦律》的基础上"加悝所造户、兴、厩三篇，谓九章之律"。此后的《魏律》《晋律》乃至《唐律疏议》，虽然篇目增加，体例更加规范，但是始终是在由《法经》奠定的基础上发展的，可以说它们都是一脉相承的。这些古代中国立法者的观点是：第一，不论是谁，违法犯罪，都要依法律论罪处刑；第二，制定成文法，向百姓公布，使人人皆知法而又有法可依；第三，对轻罪适用重刑，发挥其杀一儆百的震慑作用，从而实现遏止犯罪和消灭刑罚的目的。①

　　拥护这些立法的人们被称为法家。他们的做法受到主张用礼来统合社会的儒家的反对。比如，郑国子产公布刑书时，遭到晋国以叔向为代表的旧贵族的反对。晋国铸刑鼎，遭到孔子的反对。② 而与法相对立的儒的基本理念，一直被维持着。比如，《论语·子路》中说："父为子隐、子为父隐，直在其中矣。"而朱熹（1130－1200年）被称为集诸儒之大成者，他提出存天理、灭人欲思想，主张义理决狱，说"凡有狱讼，必先论其尊卑上下，长幼亲疏之分，然后听其曲直之辞"（《朱文公文集》）。

　　在以后的中国历史上，由于儒家一直占据统治地位，尽管法家、法治的声音从未断绝，但基于中国式祖先祭祀（礼）、以与君王血缘的远近亲疏来确定上下级关系以及富人和穷人关系的做法，并没有任何改变。比如，司马光（1019－

---

　　① 董跃：《〈法经〉与〈十二铜表法〉之比较研究》，见 http：//article.chinalawinfo.com/Article_Detail.asp? ArticleId=22798；《春秋战国时期的法律制度》，见 http：//www.lwlm.com/FaShiXueLunWen/201309/706554.htm。

　　② 《春秋战国时期的法律制度》，见 http：//www.lwlm.com/FaShiXueLunWen/201309/706554.htm。

1086 年）说：我知道天子的职责中最重要的是维护礼，礼中最重要的是区分地位，区分地位中最重要的是匡正名分。什么是礼？就是法纪。什么是区分地位？就是君臣有别。什么是名分？就是公、侯、卿、大夫等官爵。四海之广，亿民之众，都受制于天子一人。就算是才能超群、智慧绝伦的人，他也必须在天子足下，为他奔走服务，这就是以礼作为礼纪朝纲的作用。所以，天子统率三公，三公督率诸侯国君，诸侯国君节制卿大夫，卿大夫又统治士人百姓。权贵支配贱民，贱民服从权贵。上层指挥下层就好像人的心腹控制四肢行动，树木的根和干支配枝和叶；下层服侍上层就好像人的四肢卫护心腹，树木的枝和叶遮护根和干，这样才能上下层互相保护，从而使国家得到长治久安。所以说，天子的职责没有比维护礼更重要的了。[①] 更有学者说："尽管礼崩乐坏在中国历史上常有发生，中国社会秩序理想模式仍旧保持着上古的礼治特点。在宋以前，庶民模仿宗法制夫祭祀五代以上的祖先是会被当成破坏礼制而被制裁的。宋代理学出现之后，产生庶民化的宗法制，它允许民间以贵族的礼制构筑自身的社会秩序，这在明代以后被统治者和一些社区所采用，这才出现了宗族村落。"[②] 而这些也都是基于中国式祖先祭祀（礼）的。

四、血缘超越法律与法律超越血缘

古希腊的城邦法律不仅非常不统一，并且朝夕令改，不能对社会起到很好的统合作用。在《伊索寓言》中有一个故事《狼与鹭鸶》说，"狼误吞下了一块骨头，十分难受，四处奔走，寻访医生。它遇见了鹭鸶，谈定酬金请他取出骨头，鹭鸶把自己的头伸进狼的喉咙里，叼出了骨头，便向狼要定好的酬金。狼回答说：'喂，朋友，你能从狼嘴里平安无事地收回头来，难道还不满足，怎么还要讲报酬？'"这个故事用一句话来说就是，"贼偷东西有什么不对的吗？"这充分反映了前 7 世纪以后的希腊社会状况：万人对万人的战争状态一直持续，劫富济贫也泛滥成灾。

---

① 《资治通鉴》（第一卷），周纪一，周威烈王二十三年（前 403 年）。
② 王铭铭：《从〈生育制度〉到实践理论》，载《社会科学战线》，1997（5）。

与之相比，古代中国和古罗马，无论是礼、律，还是法律，都起到了有效统合社会的作用。不过，这两个古代社会不仅在各自制定的法律方面有所不同，而且在法律的适用对象以及法律在立法者和执法者心中的位置方面也是大不相同的。

有人把《法经》与《十二铜表法》做了比较研究后说：首先，《法经》所代表的法律文化是建立在新兴封建的自然经济基础上的。而《十二铜表法》则是商品经济。其次，中国古代法的伦理化倾向特别突出，"礼"（伦理）与刑（法律）是两个体系。《法经》几乎不对民事法律关系做出调整而将其交由"礼"来规范。在《十二铜表法》中已然显示出法律和道德相分离的状况。如各种民事诉讼，即便是再小的事由，也由法庭处理。再次，中国古代始终处于"家天下"的政治结构。《法经》是为了"使其君生无废事，死无遗忧"，指导思想是"王者之政，莫急于盗贼"，反映了贵族及新兴的封建士大夫维护其地位的意志。《法经》提出"不别亲疏，不殊贵贱，一断于法"的"法治"原则，但又正式确认了与封建等级相适应的权利和义务关系，宣布"大夫之家有侯物"，是"逾制"，表现了封建等级制度的森严。此外，"丞相受金左右伏诛"，也是保护特权者的一项具体规定。按董说注云："刑不上大夫，故诛左右。"因此，"法"几乎就是"刑"的同义词，法律是以"礼"所确定的罪名为基础的刑法体系。"法治"观最终仍是为"人治"服务，毫无民主性、平等性可言。到了唐代"八议""上请""赎罪""官当"等制度的入律，标志着封建等级秩序的定型。与之相比，《十二铜表法》的立法完全是由下及上的，反映了平民在政治、经济、法律地位上的要求。法凌驾于社会之上，确定和保护不同社会集团的利益。法律体系具有诉讼程序发达、崇尚"公平""正义"原则、注意维护个人平等自由权等特点。自《十二铜表法》以后，每颁布一成文法典，法的民主性和平等性就得到了进一步的发展。《法经》和《十二铜表法》从相同的起跑线上出发，却划出了两条截然相反的轨迹，也划清了中西方法律文化传统中间那道清晰的界线。①

以后，随罗马法的向前发展，两者的区别也就更加明显：在罗马国家最早的

---

① 董跃：《〈法经〉与〈十二铜表法〉之比较研究》，见 http：//article. chinalawinfo. com/Article_ Detail. asp？ArticleId = 22798。

记录中，有大量外国人和归化者移入的现象。古意大利的族群，大半是由强盗部落所组成的，社会的不安定使得人们集居在有力量来保护自己并可以不受外界攻击的任何社会领土内，纵使这种保护要以负重税、以政治上权利的被剥夺、以忍受社会耻辱作为代价，也在所不惜。在古代世界中，一个社会的本地公民常常由于血统而结合在一起，他们反对外来人主张的平等权利，认为这是对于他们生来固有权利的一种篡夺。早期罗马共和国在"宪令"中规定有绝对排斥外国人的原则。然而，所有古代社会往往因为轻微的骚动就有被颠覆的危险，这迫使罗马人要想出某种方法来安排外国人的权利和义务。对当事人双方都是外国人或者一方是本国人一方是外国人的争议，有必要采用某种原则，以便据以解决提交审判的问题。罗马人采用的方法，是实施万民法。① 以至于到了 212 年，卡拉卡拉帝公布了安东尼尼安宪令，把罗马公民权赋予一切异邦人。万民法的理论含义是，由于人同此心，心同此理，所以这种法是全人类共同的。不过，致力解决实际问题的罗马法律专家们，只对万民法的实际含义感兴趣，其余一切都被认为都是哲学辞藻。② "每一个人自然是平等的"，这个规定对罗马法律实务者是有相当的重要性的，因为这使他们必须记着，凡在罗马法律学被推定为完全符合于"自然"法典的规定时，公民与外国人之间、人民与奴隶之间、"宗亲"与"血亲"之间的一切问题，都不应该有所区别。③

　　非常明显，自古罗马城邦开始，自各个族群都拥有当君王的资格起，"法律关系必须超越血缘关系、人脉关系"就成为古罗马法的发展方向。古罗马的法律专家们，虽然有很多人可能依然在以家父长为中心的家族集团中生活，但遇到立法、执法问题时，也只能越出自己的生活集团。这带来了在立法、执法上的历史性改变。

　　由于这种改变使古罗马法区别于在这之前的任何法律制度，当然也就与古代中国的法律制度完全不同。比如，法家集大成的韩非子对于建立新的法律制度提出了以下观点："立足于礼的政治，在人口稀少的历史前阶段是可行的。但是由

① ［英］梅因：《古代法》，沈景一译，商务印书馆 2010 年版，80～83 页。
② ［古罗马］查士丁尼：《法学总论》，张企泰译，商务印书馆 2011 年版，第二篇自然法、万民法和市民法。
③ ［英］梅因：《古代法》，沈景一译，商务印书馆 2010 年版，128～129 页。

于人口的增加，竞争的加剧，人们所处的环境发生巨大变化的情况下，就需要建立适用于大多数百姓的法律制度来代替原来只适用于少数官僚的礼。道德的个人性与国家的公共性是对立的，如果强调个人性的道德（孝），那么，作战时临阵脱逃就会必然发生。这种道德性是天生的，所以，必须把法律制度的建立提到最优先的位置。"①

韩非子似乎意识到"法律关系"与"超越血缘关系"之间的某种联系，但由于不可能明确建立"法律关系必须超越血缘关系"的原则，所以，在古代中国，法律都只能是礼制的一个辅助手段，没能独立出来变为统合社会的权威性方式。即，古代中国的法治永远屈居于人治之下，血缘远近亲疏依然是决定上下级关系、富人和穷人关系的重要因素。

五、小康父亲有小康之法，罗马父亲有罗马之法

1. 神与法

究其原因，古代中国的人治与信仰脱不了干系。因为，虽然古代的礼、律清晰而严厉，统合着庞大的古代中国，但这些清晰而严厉条款在立法者、执法者们心中却可能是另外一个东西。怎么讲？

比如，在现实世界中，对上进的一种表述方式是野心，另一种表述方式就是事业心，它区别于野心，看重尽职、献身。

假设这个世界上人人都在为传递自己的基因而活着，人人都为自己的私利而行动，那么，野心说得通，但尽职、献身就难以说得通。市场经济理论尝试解释这个问题："主观为自己，客观为大家"，你必须通过交换来实现自己利益的最大化，所以，你必须为了这个目的，对自己的产品或服务"尽职、献身"。这在一般状况下说得通，但在最关键的地方却难以说通。

我们社会进步的关键在生产力的提高。生产力提高的关键因素之一是研发、创新。就现实的市场经济来说，研发是一件费力不讨好的事情，否则就不会出现假冒伪劣。也就是说，搞研发的人，一般都难以实现自己应有的市场价值，所以

---

① ［日］森三树三郎：《中国思想史》（上），第三文明社2008年版，88~96页。

一般人都不会主动去搞。既然是这样，为什么还有许多"傻帽"去搞研发、创新呢？

马斯洛针对人类欲望进行研究，建立了需求五层次的发展理论：当人满足了基本生活需求之后，就会去追求自我实现价值。那么，这时所追求的个人价值是实现野心后的满足感，还是像做慈善事业的满足感？如果把赚的钱全部捐献给慈善机构，而不给自己孩子留下遗产，① 这难道不是"傻帽"透顶了吗？如果答案是肯定的，那么问题就来了：如果我们都不"傻帽"，就不可能有研发、创新，也就不可能有生产力的提高，那么，我们也就只能过原始人一样的生活。也就是说，如果不能解释"傻帽"行为，也就无法解释我们的进步，更无法解释为什么古代中国和古罗马在法律方面"从相同的起跑线上出发，却画出了两条截然相反的轨迹"。

先来看几个有关中国古代名人的故事。

庄子的故事：庄子的妻子死了，惠子前往表示吊唁，庄子却正在分开双腿像簸箕一样坐着，敲打着瓦缶唱歌。惠子说："你跟死去的妻子生活了一辈子，她生儿育女直至衰老而死，人死了你不伤心哭泣也就算了，还敲着瓦缶唱起歌来，太过分了吧！"庄子说："不对。她初死之时，我感慨伤心。然而仔细考察她开始原本就不曾出生，不只是不曾出生而且本来就不曾具有形体，不只是不曾具有形体而且原本就不曾形成元气。夹杂在恍恍惚惚的境域之中，变化而有了元气，元气变化而有了形体，形体变化而有了生命，如今变化又回到死亡，这就跟春夏秋冬四季运行一样。死去的那个人将安安稳稳地寝卧在天地之间，而我却呜呜地围着她啼哭，自认为这是不能通晓于天命，所以也就停止了哭泣。"②

孔子的故事："儒"字原来是对有关丧葬服务行业的简称。这个行道不仅为别人办丧事，还又歌又舞地装神弄鬼，跳大仙，在饥寒交迫时，还乞讨街头，盗掘坟墓中的财宝。孔子母亲的娘家就属于这个行道。孔子的父亲是军人，由于孔子是庶出（他母亲不是父亲的正妻而是妾），父亲死后，连给父亲上坟的资格也没有。孔子15岁时，发誓要摆脱卑微的出身，因此发奋钻研君王贵族的诗书礼

---

① 《比尔·盖茨夫妇：我们决定不给孩子们留财产》，人民网，2013年2月1日，见 http://news.qq.com/a/20130201/000326.htm。

② http://baike.baidu.com/view/2790606.htm。

乐，借此通往上层。在他的理论中，也一再强调出生卑微的贤者应该取代无德君王的理论。①

苏秦的故事：苏秦是东周雒阳人，他曾到齐国拜师求学，在鬼谷子门下学习。外出游历多年，弄得穷困潦倒，回到家里。兄嫂、弟妹、妻妾都私下讥笑他，说："周人都治理产业，追求盈利，您却丢掉本行而去干耍嘴皮子的事，穷困潦倒！"苏秦听了这些话，暗自惭愧，就闭门不出，把自己的藏书全部阅读了一遍，说："读书再多，不能凭借它获得荣华富贵，又有什么用呢？"于是找到一本周书《阴符》，伏案而钻研，下了一整年的功夫，找到与国君相合的门道，激动地说："凭这些就可以游说国君了。"苏秦始以连横游说秦惠王，失败，转而以合纵游说六国。整一年，他歃血于洹水之上，功成名就，佩带六国相印，煊赫一时。苏秦的兄弟、妻子、嫂子不敢抬头看他，恭敬服侍他用饭。苏秦笑着对嫂子说："你以前为什么对我那么傲慢，现在却对我这么恭顺呢？"他的嫂子赶紧伏俯在地上说："因为我看您地位显贵，钱财多啊。"苏秦感慨地叹息说："同样是我这个人，富贵了，亲戚就敬畏我，贫贱时，就轻视我。何况一般人呢！"当时他就散发了千金，赏赐给亲戚朋友。②

商鞅的故事：商鞅年轻时就喜欢刑名法术之学。孝公任用商鞅后不久，打算变更法度，又恐怕天下人议论自己。商鞅说："成就大业的人不与一般人共谋。"于是商鞅被任命为左庶长，制定法令。他下令把 10 家编成一什，5 家编成一伍，互相监视检举，一家犯法，10 家连带治罪。不告发奸恶的处以拦腰斩断的刑罚，告发奸恶的与斩敌首级的同样受赏，隐藏奸恶的人与投降敌人同样的惩罚。王族里没有军功的，不能列入家族的名册。过了 3 年，他又下令，禁止百姓父子兄弟同居一室；把零星的乡镇村庄合并成县，合并划分出 31 个县，设置了县令、县丞；废除井田重新划分田塍的界线，而使赋税平衡；统一全国的度量衡制度。商鞅出任秦相 10 年，很多皇亲国戚都怨恨他。秦孝公去世后，太子即位。公子虔一班人告发商鞅要造反，派人去逮捕他。商鞅逃跑到边境关口，想住旅店。旅店的主人不知道他就是商鞅，说："商鞅有令，住店的人没有证件店主要连带判罪。"

---

① ［日］树玄龙辉：《论语》，宝岛社 2008 年版，288～445 页。
② 《白话史记》，吉林文史出版社 2008 年版，《苏秦列传》。

商鞅长长地叹息说："哎呀！制定新法的贻害竟然到了这样的地步！"①

以上故事勾勒出服务于古代君王的官僚、学者的侧写图。他们为了孝敬父母和先人，为了传递自己的基因，在功利心的驱动下去奋斗。俗话说，成者为王，败者为寇，成败论英雄，所以为了成功，他们都得娴熟权术。

上面四个故事都说明，诸子百家都有野心。所以，他们的思想和政策提案，包括政策实施，可以被看作是跻身于政治、获得私利的一种权术。对此，一般人也许会这么说，这有什么奇怪，你为总公司搞策划，难道不是为了名誉和薪酬吗？在商言商嘛。不过，这会让人产生最朴实的疑问：搞学问、搞法律的人都是这样，他们搞出来的学问、法律还能统合庞大社会吗？怎么不能，秦律不是统合了秦朝，汉唐的律法不是统合了汉唐吗？儒家的学问不是一统天下，直到王朝结束吗？但如前面所说，古代是人治，主要是通过礼而不是法律。就算如此，又有什么不好？但以此而论，这样的人搞出来的法律确实适合人治社会，但却不适合非人治的社会。那么，什么是非人治的社会？像古罗马社会那样？如果可以这么认为，那么，古代中国的律法不可能统合古罗马，同样，古罗马法也不可能统合古代中国。既然如此，还说什么？

这里要说的不是谁是谁非的问题，而是要说，古代中国的法律为什么会是这样，而不是像古罗马那样。其结论就是，古代祭祀不同，古代法律制度也就不同。

商鞅在受到自己所制定的清晰、合理、严厉的法律制裁时发出了感叹。这一声感叹首先说明，他的法律制度是为别人制定的，而根本不会去想这也适用于自己。他在制定法律时，心里早就明白一个道理："只许州官放火，不许百姓点灯。"而这正是古代人治的一个特征。商鞅的叹息还说明，搞法律只是为了实现他的野心，与实现公平社会没有任何关系。也就是说，所谓法家，也并没抱有"要除掉那些以君王血缘远近决定上下级关系、富人和穷人关系的规则"的宗旨而参政，他们仅仅是想当官，而碰巧搞上了哲学、法律而已。商鞅的叹息最后说明，百家诸子并没有"准备去为了自己的事业而献身"。而在古希腊，几乎与诸子百家同一时代的哲学家却有所不同："柏拉图说，服从法律就是服从神。苏格

---

① 《白话史记》，吉林文史出版社2008年版，《商君列传》。

拉底从容赴死，因为这是法律的要求。"① 这不是"傻帽"吗？为了自己的哲学主张，服从"万恶的法律"，勇敢走向刑场。如果这种逻辑成立，那么就可以得出一个结论：古代人治适用于那些不是由"傻帽"所组成的古代社会，古代法治适用于那些由"傻帽"所组成的古代社会。

什么是"不是由'傻帽'所组成的古代社会"？在古希腊哲学家和古罗马法律家的心中，法律就是神的命令。而神在古代中国父亲心中就是天。天在诸子百家的心中是什么呢？是阴阳之气，或者是元气，这些气的运行就形成了天意。为了这种莫名其妙的天意走向刑场，不是"傻帽"是什么？相反，人应该吸收自己所欠缺的气，改变命运，延年益寿，这才是古代中国父亲正常的想法。正是这样，才发展出"仙气""仙丹"。那么，可以令古代中国父亲奋不顾身破坏"法律"走向刑场的是什么？是为了替父母报仇雪恨等。

2. 老子天下第一

就古罗马法律的制定和执行来看，他们似乎很有事业心。"投票选举时，人们听不到演说，也很少讨论，最经常做的事就是投票和计票。计票手续复杂，既费时，又须安静。"这种事业心与古罗马社会中的"同志间相互祭祀"是有关系的。

不过，古代中国的人治不仅与古代信仰、祭祀方式（古代中国精神文化）脱不了干系，与基于古代祭祀方式所建立的组织形态更有紧密关系。

古代中国原有的组织以君王为顶点，层层向下承包。维护君王和下层贵族之间秩序的是礼。随着人口的增加和中下层贵族的庶民化，中间层次无限增加，于是产生了礼崩乐坏。解决办法是中央集权，缩减中间层次。君王到郡县官吏的阶层，仍旧用礼，对庶民用律。所以，律只是一个辅助手段，在这样的构架之下，古代中国当然不可能实行法治。

在古罗马的家父长统治时代，家父长的祖先是被大家祭祀的对象，所形成的组织形态是以家长为圆心的平面结构。以后家父长扩大自己的势力建立了城邦，圣火成为各家父长贵族的象征，受到城邦人的敬礼，因此，也是一个以圣火为圆心的平面结构。再以后，经历数次革命，圣火的神圣性被推翻，贵族联合体便面

---

① ［法］库朗热：《古代城邦》，谭立铸等译，华东师范大学出版社2006年版，177页。

临具有各种信仰倾向的民众。为了统合这些民众，古罗马维持了原有的组织原理，把法律制度放在圆心的位置，让具有各种信仰的民众直接服从于法律，它的象征就是神。因此，在这个平面结构中，神是超越所有人各自的信仰的。这种超越个人信仰之上的便是古罗马法律制度的精神特征，其代名词就是事业，其表现形式就是默默无闻、独立自主按程序办事、具有超越个人价值观的立法者和执法者。

那么，相比古罗马，古代中国的情况并不是这样的。

商鞅的例子明确告诉人们，他之所以能够制定和实施法律是因为有君权为他撑腰，君权大于法律。显而易见，因为他与君权有特殊关系，法律就不适用于他。可是，一旦失去这种关系，一旦君王的影响力被屏蔽掉，他就会成为法律适用的对象。这种君王命令凌驾于法律制度之上的想法，可以从古代法律的起源和历史发展中去理解。

一般说来，法律被认为是调节两者（两个人、两个组织、两个社会等）之间利益的工具。比如说最简单的刑法，被看作是无论哪个社会或集团都会存在的东西，目前发现的最早的法律是前 2000 年左右西亚的《乌尔纳姆法典》。然而，阅读这些古老法律也难以理解法律的起源。

如果我们是从无数群猿人各自进化而来，群体内部个体之间的利益关系，群体之间的利益关系天然存在，那么法律也就天然存在，要么是"自然法则"，要么是人为的"社会法律"。但是，如果我们的血脉起源是从一到二的，那么，法律的起源就另当别论了。一对夫妇有了自己的孩子，孩子作为个体有各自的利益，这时的法律自然起源于父母的权威。对父母来说，最重要的问题是，如果孩子不祭祀自己该怎么办。解决问题的方法就是同辈之间互相监督，对不祭祀者实行处罚。这应该就是家族宗法的起源。如果孩子在这方面都没有问题，或者孩子作为个体向荒芜的大自然扩散，法律不会作为重要问题被提出来。在另一方面，由于各家相互独立，没有统合各家的需要，法律都是各家内部的事情，不会作为社会问题被提上日程。但是，如果人口持续增加，开始出现资源再分配问题时，法律就会作为重要的问题被提出来。那么，这种最初的"社会法律"又是怎样成立的呢？

依据"自然法则"，是不需要法律的。强者为王，弱者被征服。如果是这样，就没人惊呼偷、抢、杀人了，当然也就不会有惩罚罪犯的刑法，因为弱肉强食，理所当然。反过来说，在一个集团内部，承认弱者的权利（所有权和生存权），才会有刑法产生。也就是说，刑法产生的前提是反"自然法则"的。

那么，弱者的生存权和所有权，立足于什么而不倒呢？立足于"非洲夏娃"的信仰。

你是一个孩子，你手中有一个馒头，我是一个成年人，我饿了，但也不能抢孩子手中的东西，更不能杀死孩子。这种现象不会发生在孩子对成年人身上，往往只会发生在强者对弱者身上。作为成年人动物的本性，只受"自然法则"支配。但作为成年人的人类社会属性，会受到"反自然法则"约束。而"反自然法则"的根本所在是祭祀。孩子虽然弱小，但他是他父母一体化的对象，他的父母即便已经不在人世，也会变作"厉鬼"，成为这个弱者的后盾。所以说，我们的祭祀是"社会法律"成立的前提。通过对永生追求而建立起来的三代人家庭，便是"社会法律"实施的社会基础。因为你如果抢了孩子手上的馒头，他的家人就会报复你，然后你的家人也会再次报复他家，于是在这反复的较量中，双方损失严重，最后只好达成协议："不能抢孩子手上的馒头。"于是，承认弱者的权利（生存权和所有权），产生出惩罚违反规定的刑法。在这种法律面前，君王也不能随意侵犯下属某个家族集团的利益，也不能凌驾于其他家庭的父母权威之上。

如果上述法律成为社会秩序安定的统合方式，那么，古代中国、古希腊、古罗马进入父系社会之后，谁来立法，谁来执法？也就是说，构成一个统一社会，需要领导整个社会的权威，这个权威又基于什么呢？今天的社会把它归结于国民投票。但是从人类精神活动的层面来考虑，比如边沁就认为，法律是人类恐惧感的产物。① 根据儒家经典，中国古代是把它归结于上天（上帝）的。②

古希腊的大多数城邦是由强盗部落（万人对万人战争的群体）所组成。但即便在这些强盗社会，祖先崇拜和神（天、上帝）仍旧是法律制度产生的基础：在古希腊，有关凶杀等人命攸关的裁决，人们都仰仗阿波罗的权威。古希腊人认为，被谋杀的鬼魂在没有为他报仇之前，因不会瞑目，便一直会缠绕着他父母儿

① Jeremy Bentham, An Introduction to the Principles of Morals and Legisration, Clarendon Press Oxford, 1996。

② 周秉钧：《白话尚书》，岳麓书社1990年版，《周书·牧誓》。

子等亲属，并对凶手或没有完成复仇义务的亲属做出伤害。所以，对儿子来说，报仇雪恨如同继承土地财产一样，是一种天生的义务。而对这个家族周围的社会人群看来，未平息死者冤仇的家族就带有不吉利的邪气，并影响整个城邦社会。一个家族的复仇既是义务也是应有权利，而城邦政府出于社会安定的需要，会督促家族去完成这个义务。如果凶手长期逍遥法外，无法完成复仇义务，政府就会发表一个谴责凶手的声明，以此来消除阴魂给社会带来的不吉利影响。以后，政府的力量越来越强大，复仇也慢慢被法律所约束，被正义、公正、博爱等所代替，以防止城邦社会内部因复仇和相互报复带来流血事件的升级。但是，不吉利的概念依然存在，而为死者举行葬礼也就成为除去邪气的一环。①

那么，这在古代中国最初又是以什么方式体现出来的呢？有遵守法律的义务，那么就一定要有根据法律而来的权利。法律最初的体现，是血缘父母的权威。任何一个人不仅一定是某个父母的后代，更重要的是，因从父母那里得到其利益，当然也就有服从父母权威的义务。可是当这个后代成人，依靠自己的力量生活下去时，还有这种义务吗？如果还有义务，那么相应的权利又是什么？

本书第一部已经说过，就商周的祭祀祖先亡灵来看，在祭祀资源的有限性和"分散投资"作用下，呈现出偏重儿子对直系祖先、父亲（家庭中的"老子"）祭祀的倾向。这意味着，儿子是父亲的投资受益者，从父亲那里获得了对祭祀资源的所有权，当然也就有服从父亲权威的义务。而从父亲的角度来看，就是有分配给儿子祭祀资源的义务和支配儿子的权利。由这样的权威和义务所形成的、在形式上表现为血缘分支的家庭就是古代中国社会的基本单位。这种基本单位的纵向和横向的延伸形成了家族集团乃至古代中国社会的同时，其祭祀资源投资的作用也给集团乃至整个社会带来了某种特征：一方面是基于血缘父子关系的分层权威，另一方面是集团、社会的领导权威。在一般正常的生活状况下，人们依随家内分层权威（家族法律）进行活动，在需要动用社会力量来抵抗自然灾害、共同进行对外战争时，或要征收租税时，就可以使用对社会分层权威者的权威（"社会法律"）。

由于古代中国家族祭祀决定了古代中国父亲在家族法律中的地位，"老子"

---

① ［英］W. K. C. Guthrie, The Greeks and Their Gods, Beacon Press, 1950, pp. 189～192。

便具有特殊含义。"老子天下第一"在今天生活中的意思是自我膨胀，不把别人放在眼里。从祭祀的角度去看古代法律权威的形成时，这句俗语有更深意义。

第一，对古代家庭祭祀来说，"老子"是要被祭祀的人，会成为祖宗，所以"伟大"。这反映了古代中国的祭祀原理。对家族来说，"老子"比祖宗厉害，如果祭祀资源有限，"老子"是首先被祭祀的对象，这样就确立了在正常生活状况下的家内分层权威（"家族法律"）。而这种分权中的父母的权威性，是继承"非洲夏娃"思想的结果。

第二，在正常生活状况下，各家独立、老死不相往，只是在自然灾害威胁和外来势力威胁，或要征收租税的情况下，才需要动用社会分层权威（"社会法律"）。比如，前1066年2月，周武王率兵与纣王的军队进行决战前所列举纣王的罪行之一，是纣王轻视对远祖的祭祀。[①] 这是因为，周王意识到"老子天下第一"是引发商朝缺乏组织能力的因素之一，为了确保社会的统合，才着力于建立对远祖的祭祀系统，通过血缘追溯（强调都是最初投资受益者的后代）来调控这些"老子"。即便如此，在"我家神的威力大于你家神的威力"的功利心的作用下，古代家族内父母权威依然驾于"社会法律"之上。他们敢诅咒天。

第三，这样一来，古代中国的"社会法律"，就像初期社会一样，是立足于各个家族集团力量平衡之上的，是各个家族协商的后果，谁的家族势力强大，谁在立法、执法方面就有话语权（人治）。所以，力量平衡一旦被打破，就像春秋战国时代一样，原有的"社会法律"就会完全被否定，一切都重新洗牌，不管是礼，还是律。

因此说，古代中国立足于对父母祭祀的三代人一体化基本组织，决定了"老子第一"，从微观层面上引发出"法律都是为他人制定"的想法。总的一句话，因为是"老子天下第一"，古代中国的立法者、执法者才会自然而然地明白"法律都是适用于他人"这个潜规则。

反观古罗马，在"集中投资"作用下，家族集团是祭祀团体，除了长子系列祖先之外，内部不包含其他祭祀对象。即便出于经营管理需要，设立分权单位，这些分权领导者的权威与祭祀无关，也就与法律无关。在这样的家族、氏族中，

---

① 周秉钧：《白话尚书》，岳麓书社1990年版，《周书·牧誓》。

余子系列的血缘"老子""儿子""孙子"以及非血缘成员和他们的后代都直接受制于"家长"，而没有血缘"老子"与血缘"儿子"之间天生性的权利、义务结构。即便因家族的扩大需要一些管理人员，其权威都不像古代中国的"老子"一样是生来具有的，而是被委托的。这样一个"扁平管理结构"的家族集团，随规模扩大，当然也会发生裂变。这种裂变，也许往往由那些企图"另立山头，自以为王"的有能力之辈所引发，但带来的不是古代中国似的血缘家庭分支，而是如同蜜蜂分巢似的祭祀分离。因此，古罗马家族集团分裂时，都须举行新的仪式，分离出来的集团要点燃新火，不能沿用原有的父姓。这些相互独立的家族集团通过相互征服后，在对胜利者"圣火"的敬礼下，形成古罗马城邦。后来由于平民革命，外来族群增加，又形成了"社会法律"凌驾于整个国际化罗马之上的状态。在以上历程中，当然会发生各个权势者对社会挑战的现象，但都不存在血缘"老子"挑战家火、圣火、法律的现象。

总结以上所述，古代家族集团内部和家族集团之间，如果没有潜藏的、起源于祭祀的家内分层权威，那么，古代法治便容易得多。这在原子式的古代个人主义社会非常容易理解："老子"服从法律，"儿子"也服从法律。"儿子"一旦成年，"老子"对"儿子"便没有任何权威。如果不是这样，那么，无论是古代的人治还是古代的法治，最终都是上一级对这些家族内权威的调控，以及家族内权威对上一级行政权威的挑战。于是，统合成功与否，关键在于力量平衡。一旦不平衡，社会就四分五裂。因为在各自祭祀各自父母的古代社会，"儿子"必须首先属于"老子"，而这种关系却恰好又是管理古代家庭的基础，而管好古代家庭又成为统合古代社会的基础。当然，也可以看到古希腊和古罗马法明确规定着父亲对子女的权威，但这种规定暗示着，相比古代中国而言，这种父权是外在的、非常脆弱，随社会统合方式的改变，必将消亡。

3. 起点不同，法律也就不同

太长篇大论了。要说明什么？

无论是基于道德或行政命令的古代人治，还是基于神、事业的古代法治，都仅仅是对统合古代社会的方式的选择。既然是选择，就必然有合理性，有选择的理由。最简单、直观的设想就是，这种方式对社会来说行得通，而另一种方式行不通。这种设想，当然是对君王而言。而对古代老百姓来说，当然就有遵从这种方式"划算"，遵从另一种方式"不划算"之想。于是，大家都不遵从另一种方式，从而导致另一种方式行不通的结果。也就是说，古代社会实施人治或法治，有一个成本核算问题。如果人治划算，而你非要去搞法治，当然你就是"傻帽"了。

侍奉先人本身有组织功能，但并没有统合非血缘者的社会功能，所以在初期社会里原本并没有什么人治和法治的区别。以后基于侍奉之上的祖先崇拜却因其神圣性逐渐具有了统合古代社会的功能。基于这样的平台，古罗马才发展出古代法治。以此而论，古罗马法治的前提是，以同志式的相互祭祀为理念的大众信仰的形成，以及贵族为获得祭祀权而展开的相互争斗和妥协，而不是官民都以血缘者祭祀为理念的传统信仰的维持。如果硬要把古罗马的法治运用到自家祭祀自家祖先的古代中国社会中，一定是吃力不讨好的。所以，"祭祀不同，法律也就不同"。

"大同"有"大同"的法律，"小康"有"小康"的法律，古罗马当然也有古罗马的法律。

第十章

秦汉与犹太

前面讲了古代社会的民主与专制，讲了古代社会的法治与人治。这些东西并不神秘，仅仅是古代父亲在他们自己的信仰（精神文化核心）支撑下，拼命把血缘向下传递，以求永生而努力奋斗所形成的一幅幅古典画面。然而，在世界古代社会那些经典画面中，还有一幅更需要关注的画面。因为它不仅古老而神秘，并且与我们今天的现实生活密切相关。这幅画面就是古犹太父亲的世界。因此，接下来要讲秦汉和古犹太社会，讲佛教和犹太教、基督教。这里的侧重点是，秦汉的父亲和古犹太父亲们怎样在生活中煎熬，增添新的精神支柱的故事。

一、多灾多难

1. 出埃及，造神殿，耶稣诞生[①]

先讲古犹太父亲们的艰苦生活故事。

前4.5万年，一支队伍从非洲东部出发来到中东地区，4万年前到达伊朗，继续向东挺进的人群便成为中国先人的主要部分。留在中东两河流域的人群中，

---

① 张振：《人类六万年》，安徽人民出版社 2013 年版，284 页；《基因地理：人类的迁徙和分布》，见 http：//www. overreader. com/htm/05092013/24315996. html；王少辉：《西奈山十诫：一神教与帝国主义——〈圣经〉文化人类学解读之一》，见 http：//www. pacilution. com/ShowArticle. asp？ArticleID = 1679；苏三：《向东向东再向东：圣经与夏商周文明起源》，青海人民出版社 2004 年版；傅有德：《犹太教与儒学三题议》，载《哲学社会科学版》（双月刊），山东大学学报 2004（3）；《圣经》之《创世记》第 12 章 1～5、第 14 章 11～16，《民数记》第 1 章 45～51、第 2 章 1～32，《撒母耳记下》第 7 章 4～10；见 http：//zh. wikipedia. org/wiki/% E7% 8A% 9B% E5% A4% AA% E4% BA% BA；http：//baike. baidu. com/view/7542. htm。

前 1.5 万年产生了一个新的分支，这就是闪米特语族的祖先，也是后来犹太人的祖先。闪米特语族大约在前 5000 年与其他语族分离；前 4000 年中叶，分化为希伯来语、阿拉伯语等。《圣经》说，大洪水之后，这个分支只留下了挪亚夫妇（前 3287 年）。他们生了 3 个儿子：闪、含、雅弗。挪亚种植葡萄，酿葡萄酒。有一次他喝葡萄酒醉了，在帐篷里裸体睡觉。含看见他父亲赤身，就到外边告诉他两个兄弟。于是闪和雅弗拿件衣服搭在肩上，倒退着进去，给他父亲盖上，背着脸不看父亲的裸体。挪亚醒来知道这件事情说："含当受咒诅，必给他兄弟做奴仆。"（《圣经·创世记》第 9 章 18～25》）所以，这 3 个男性后裔种族中，"含族"在财产分配上受到不利影响，被驱远方，形成了古埃及人和地中海东岸一些民族。而留在两河流域的种族是"闪族（闪米特语族）"和"雅弗族"。

犹太人的始祖被认为是亚伯拉罕。他生活在前 1800 年（相当于中国的夏朝）。上帝耶和华曾指示他离开家乡和父老，承诺帮他建立一个大国。于是他带领妻子和侄儿罗得等以及积蓄的财物离开了家乡。后来他的侄儿遭到抢劫，于是，他率领他家里生养的精练壮丁 318 人夺回了侄儿、妇女、民众以及被掳掠的一切财物。

亚伯拉罕有儿子以撒，孙子雅各。雅各以后改名叫以色列。雅各生有 12 个儿子，他们的家族后来迁移到埃及，受到西克索斯人建立的埃及第 15、16 王朝的优待（前 15 世纪），寄居在尼罗河下游，转变为农业民族。可是好景不长，当西克索斯人被努比亚人暴动赶出埃及后，犹太人的地位急剧下降，沦为奴隶。前 1210 年（相当于中国的商朝），他们在摩西的带领下逃出埃及，回到巴勒斯坦定居，雅各的 12 个儿子的后代形成 12 个支派。《圣经》记载了这 12 个支派重新整编的情况：以血缘宗族关系为主干，20 岁以上的以色列男子被编为军队，共有 603500 人。利未支派（摩西的家族系列）的人不入编，直接掌管祭祀活动。于是，在东部地区，驻扎犹大支派军营（74600 人），萨迦支派军营（54400 人），西布伦支派军营（57400 人），3 个军营作为犹大纵队，共 186400 人。在南部地区，驻扎流便支派军营（46500 人），西缅支派军营（59300 人），迦得支派军营（45600 人），3 个军营作为流便纵队，共 151400 人。在西部地区，驻扎法莲支派军营（40500 人），玛拿西支派军营（32200 人），便雅悯支派军营（35400 人）3 个军营作为法莲纵队，共 108100 人。在北部地区，驻扎但支派军营（62700 人），亚设支派军营（41500人），拿弗他利支派军营（53400人）。3个军营作为但纵队，共157600人。

由此，犹太人统一成为一个国家，先由便雅悯支派中的扫罗为国王（前1030年）。之后由犹大支派中的大卫担任国王。前1010年，大卫王之子所罗门成为国王。据传说，上帝耶和华告诉大卫说："自从我领犹太人出埃及直到今日，我未曾住过殿宇，常在会幕和帐幕中行走，你们为何不给我建造香柏木的殿宇呢？我必为犹太人选定一个地方，栽培你们，使你们住自己的地方，不再迁移。"所以，所罗门为耶和华建造了第一座犹太圣殿（所罗门圣殿）。所罗门死后，前930年，北部的10个支族联合起来，独立于南方的2个支族，建立了以色列王国，犹大支族和便雅悯支族联合成立了犹太王国。前722年，亚述国击败以色列王国。前586年，巴比伦攻占犹太王国，烧毁了犹太人的神殿，把俘虏带到巴比伦，犹太人失去了自己的国土。以后巴比伦人被波斯人打败，波斯国王居鲁士于前538年释放了犹太俘虏。犹太人回耶路撒冷重建第二座犹太教圣殿，并重建了犹太教，修编了经典。前331年，亚历山大战胜波斯帝国，希腊人统治了犹太人。希腊人欲将耶路撒冷圣殿用于祭祀希腊主神宙斯，于是犹太人发动起义，保住了圣殿，前168年建立了犹太国。他们在耶路撒冷山城建筑防御工事，第一道工事为城墙，第二道工事为保卫王宫的墙，第三道工事为保卫圣殿的墙，只有犹太人可以走进圣殿。前63年，罗马帝国占领了巴勒斯坦，罗马人统治了犹太人。前6年，耶稣诞生。33年，耶稣遇难。66年，以色列地区发生饥荒，犹太人发动了第一次起义。70年，起义被罗马镇压。由于罗马人认为，虽然基督教和犹太教相互敌视，但基督教是从犹太人中产生出来的，为了肃清这两个教派，必须毁掉根，因此罗马军队破坏了耶路撒冷城的大部分建筑以及圣殿，只留下了圣殿的一部分基础，如今被称为西墙。以后，罗马重建耶路撒冷，允许犹太人保留自己的信仰。132年，犹太人再次发动起义。135年，罗马军团大批到达后，镇压了这次起义，并杀害了50万左右的犹太人，犹太人被禁止进入耶路撒冷，其信仰也被禁止。随着耶路撒冷的沦陷和犹太人的被放逐，犹太人结束了以圣殿为中心的组织形式。393年，狄奥多西一世登基后宣布基督教为罗马的国教，犹太教再次受到压抑。

旧约《圣经》是不同时代、不同作者的作品汇集，成书的过程历时近千年。仅《圣经》的前5篇，即《摩西五经》，就有不同时代的4个来源，其中最早的成书在前 950 年，最迟的在前 500 年。《先知书》部分大约完成于前 200 年，《圣著》部分最晚，约截止于 100 年。古犹太人实行一神教的神权政治，上帝直接参与统治。摩西是服务于上帝的人。即便到了君王时代，上帝仍然对国家起统治作用。古犹太人亡国后，把长远目标定义为在未来实现一个"神的国度"，把历代王朝及以后的灾难都作为历练、过渡阶段。

2. 共同所有

根据《圣经》可以知道，犹太人的父系家族在前 5523 年的"创世记"时开始萌芽。这种父系社会，如同古希腊、古罗马一样，父亲有很大的权力，可以让长子继承家业，驱逐余子或让余子成为长兄的奴仆。《圣经》记载，亚伯拉罕将一切所有都给了以撒，并打发庶出的众子离开以撒，往东方去。（《圣经·创世记》第 25 章 5~6）以撒年老后，眼睛昏花，不能看见，就叫了他大儿子以扫来，说，我如今老了，不知道哪一天死。你去打猎，做成美味给我吃，使我在未死之前给你祝福，以继承我的财产，让弟弟给你当奴仆。这话被他妻子利百加听到。她更喜欢以扫的弟弟雅各，于是就把羊羔做成美味，让雅各给父亲送去。父亲吃后就给他祝福，说，愿你做你弟兄的主，你母亲的儿子向你跪拜。以撒为雅各祝福已毕，哥哥以扫打猎回来，知道弟弟抢了先，就放声痛哭说，父亲啊，求你也为我祝福。以撒说，我已立弟弟为你的主，你必倚靠刀剑度日，侍奉你的弟弟。（《圣经·创世记》第 27 章 1~45）。不过，亚伯拉罕曾带领 318 名男人去营救侄儿。就家父长直接控制的家族祭祀集团成员数量看，多于希腊人的 150 人，因此，在组织方面，血缘的原理也起到了一定的组织作用。发展到后来，余子也开始拥有一定的财产分配权。据研究者的描述，在后来的犹太社会中，父亲死亡时，他的占有物，如牛羊，在一等卑亲属中平均分配。《圣经》没有提到书面遗嘱，父亲会口头吩咐家人如何办理后事，包括遗产的分配。但长子依然有特别的地位，应分得双倍的遗产，房屋应归于长子。①

关于保留长子特权的问题，唐崇怀说，犹太人拥有两个家：神的家（教会）和生活之家。在神的家中绝对没有小儿子，只有长子。但在生活之家中，长子最

① ［英］梅因：《古代法》，沈景一译，商务印书馆 2010 年版，161 页；萧永伦：《圣经中继承遗产的安排》，见 http：//www.carlo.org.sg/catholicnews/modules/news/article.php？storyid=1754。

多也就拥有双份的产业继承权。当耶和华对亚伯拉罕说："你要离开本地、本族、父家，往我所指示你的地方去。我必叫你成为大国，我必赐福给你，叫你的名为大。"这就是对长子名分的应许和确认。然而，《新约·路加福音》的"浪子回头"中说，一位父亲有两个儿子。有一天，小儿子对父亲说："父亲，请你把我应得的家业分给我。"原则上小儿子可以得到三分之一的产业。大儿子分得三分之二。在中国人的传统里，长子也有分得两份的情况，但其中的一份是归长孙的。在犹太社会中，长子多一份，并不是因为长孙的缘故，而是因为长子所得的另外一份，是代表父亲而拥有的。当父亲离世或不在家的时候，有一些事情长子要责无旁贷地替父亲完成，负有祭司性的职分，所以就留一份给他作为费用。①

也就是说，古代中国的长子并没有特殊位置。而古犹太人中，长子因为祭祀的缘故，有特殊地位，这与古希腊、古罗马遵循的原理同一。就财产分配和祭祀的关系来说，因为要祭祀，所以要发生费用，因此长子可以优先继承财产。那么，不限定长子祭祀，或者让其他儿子都来祭祀，财产是否就该平均继承呢？逻辑当然是这样。更进一步说，无论是古代中国还是古希腊、古罗马、古犹太社会，父子间关系的基石不是基因遗传关系、养育关系、感情关系，而是祭祀关系，财产继承关系仅仅是这种关系的一种表现形式。因此，在这些古代社会，土地等资源都是祭祀资源，是不能自由流转的，更不用说通过买卖形成市场了，而今天把土地等说成是生产资料，则是"古典资本主义"占支配地位之后的事情。

由于犹太人曾实行长子继承制，这就像古希腊、古罗马一样，蕴藏着巨大的社会矛盾。阿尔特说，长子在《创世记》中是失败者，长子继承这一铁的定律在那里被颠覆。② 于是，到了摩西时代（前1591－前1210年），为了克服社会内部矛盾，一致对外，不得不做出各种改革。摩西在犹太社会正式确立和推行官方祭祀（一神教）的同时，不仅让余子参与财产分配，还让女性也有继承权，由此形成的土地平均分配倾向非常明显。《圣经》有以下记载：耶和华晓谕摩西说，你要按着人数，将地分给这些人为业。人多的，你要把产业多分给他们。人少的，

---

① 唐崇怀：《长子与长子名分研究》，见 http：//www.google.com/url? sa = t&rct = j&q = &esrc = s&frm = 1&source = web&cd = 1&ved = 0CCkQFjAA&url。

② 金彩云：《1500 ~ 1800 年英国家庭财产继承研究》，见 http：//www.docin.com/p – 752638431.html，16 页。

你要把产业少分给他们。各家族要按照人数把产业分给子孙，要拈阄分地，并按着祖宗各支派的名字来继承。于是，诸族长来到摩西等首领面前，说按照耶和华的吩咐把土地分配给了包括女性在内的众人。只是，如果女性嫁给其他族群，祖宗所遗留的产业就会随她们转移到丈夫族群那里。这样一来，原有族群的产业就要减少。于是，耶和华吩咐说，女性必须嫁给同宗支派的人，这样，各支派就可以守住自己祖宗支派的产业。[1]

也就是说，在前 1210 年以后，犹太人社会的土地按照一次性抽签而分配完毕，各家土地由各家庭成员永久性继承。这与古代中国的土地分配制度非常相似。但与古代中国不相同的地方是，"女性得到的土地是可以随婚嫁而移动的，于是，为了防止土地外流，犹太人社会便设定了宗族内婚制度"。[2] 而这种内婚制，如同前面提到古希腊的情况一样，不仅妨碍了信仰的多元化，也割断了与其他族群政治联盟的可能性。《圣经》记载，以撒叫了雅各来，给他祝福，并嘱咐他说，你不要娶迦南的女子为妻。你起身往巴旦亚兰去，到你外祖彼土利家里，在你母舅拉班的女儿中娶一女为妻。（《圣经·创世记》第 28 章第 1～3）所以，犹太人的内婚制源于"肥水不流外人田"这一传统。

这种内婚和政治集团自我封闭的强化，与官方一神教也关系密切。在《圣经》中，上帝耶和华对摩西说，我领你进入要得的为业之地，赶走了赫人、革迦撒人、亚摩利人、迦南人、比利洗人、希未人、耶布斯人，你们要把他们灭绝净尽，不可与他们立约，不可将你的女儿嫁他们的儿子，也不可叫你的儿子娶他们的女儿。如果与他们发生嫁娶，就会使你儿子去侍奉别神。（《圣经·申命记》第 7 章 1～4）于是，在现实生活中，比如参孙（前 1100 年）是拿细耳人，拿细耳人许愿忠于耶和华，但参孙却选择了与非利士人通婚。最后，参孙与非利士人的结合失败了，这说明犹太人与外邦人的结合必然失败。向"敌对"的一方表示毫无保留的爱是危险的。[3]

因此说，摩西通过以上改革，把单一族群的犹太人土地所有制改变得更近似于古代中国的所有制，在家庭事务中，母亲有了一定的权威，诸子权利也逐渐平

---

① 《圣经·民数记》第 26 章 52～66，第 36 章 1～8。
② ［日］江守五夫：《母权与父权》，弘文堂 1973 年版，196～199 页。
③ 曾祥新：《天道圣经注释，士师记》，见 http://ccbiblestudy.net/Old%20Testament/07Judg/07GS15.htm。

等起来。由此，社会组织壮大发展，如同古代中国一样。在祖先血缘分支以及古代土地共同所有的原理作用下，一气呵成，组建起了由血缘长老为顶点、他的血缘子孙率领下的60多万人的军队，并向外扩张。在法律上，为了统合社会，除了确立对上帝耶和华的一神崇拜的官方祭祀之外，还增添了"孝"的伦理内容来统合各个宗族：孝敬父母，生活才能长久；咒骂、殴打父母的，被处以死刑。（《圣经·出埃及记》第20章12、第21章15~17）然而，由于内婚制度的阻碍，犹太国没能发展壮大为一个多民族的帝国。

二、东方帝国[①]

接下来讲秦汉时期中国父亲们的故事。

秦的始祖伯益曾辅助大禹治水有功，被舜赐了嬴姓。伯益的后裔非子曾为周孝王养马，周孝王把秦谷（甘肃省天水市西南面）一带分封给他。前770年，秦襄公护送周平王东迁至洛邑有功，被封为诸侯，秦始建国。前230~前221年，秦王嬴政先后灭掉六国，完成国家统一。他创立了皇帝制度、三公九卿的中央官制，以及郡县制。秦始皇死后，秦二世胡亥与赵高合谋篡改秦法，导致陈胜等大规模农民起义。前206年，秦王子婴向刘邦投降，秦朝灭亡。前202年，刘邦建立西汉，定都长安。西汉王朝在消灭异姓王和诸吕之乱后，趋于稳定。汉武帝时期（前157-前87年）达到极盛，与罗马帝国并列为当时世界上最强大的帝国。8年，王莽篡夺政权，建立新朝，西汉结束。不久之后发生了绿林和赤眉大起义。23年，新朝灭亡。25年，刘秀称帝，建立东汉，定都洛阳。后期发生了戚宦之争。184年，爆发黄巾起义，东汉名存实亡，各地军阀割据称雄。220年，曹丕篡汉，东汉灭亡。

---

① 范文澜：《中国通史简编》（第二编），人民出版社1965年版，10~11页、19页、27页、32页、34页、22页、50页、114页、140~142页、278~279页；钱穆：《国史大纲》（修订本上册），商务印书馆1996年版，138~140页、148~152页；钱穆：《中国历史政治得失》，三联书店2009年版，25~26页；尾形勇、平势隆郎：《中华文明的诞生》，中公文库2009年版，329页；[日]三树三郎：《中国思想史》（上、下），第三文明社2008年版，88~96页、206~208页、22~223页、225~226页、228~229页、258~259页；http：//baike.baidu.com/view/6586.htm；http：//baike.baidu.com/view/23861.htm。

1. 皇权与相权分离

秦国的中央官制有左右丞相辅佐皇帝，御史大夫辅佐丞相。太尉掌管全国军政，将军掌征伐，廷尉掌刑法，治粟内史掌财政经济，博士为顾问。地方官制有郡守掌一郡政事，郡尉辅佐郡守并掌军事。监御史监视郡守。县令长掌一县政事。一县方圆 100 里，万户以上称令，不满万户称长。县以下乡有三老掌教化。啬大掌狱讼，赋税。游檄掌捕盗贼。10 里为一亭，设亭长掌捕盗贼。郡县官僚不能在出生地区任职，并且每隔一段时间还要轮换。到了汉朝，实行年薪制，以粮食为计价单位，上级官僚年 2000 石，下级官僚月 1 斗，以实物和货币各占一半支付。

汉高祖得天下后，大封同姓及功臣，并明言"非刘姓不得王，非有功（军功）不得侯"。下面的官僚，则大半产生于郎、吏。郎官来源于阴任（皇帝身边的侍卫集团，变相的贵族世袭，家中有中等财产 10 万钱以上，自备车马服装生活费）以及新兴贵族（出钱买官）、皇帝的私人集团（有特殊技能者）。吏大都为富人。因此，从形式上看，自丞相以下各官府官员，不限资格，优者则荐于朝，郡县吏也不限资格，平民自愿者皆得之。但从真实的权威阶层来看，第一层是宗室，第二层是武人，第三层是富人，第四层是杂途。而从法理上看，皇权和相权是分开的，但中国看重不成文法，遇到关键时刻，就实行潜规则。一个有雄心的皇帝，常常侵夺宰相的职权，这时，皇帝私人秘书尚书便握有庞大权力。

2. 拒绝分封与大肆分封

前 221 年，秦丞相王绾等群臣（儒士），主张分封皇子在离秦较远的燕、齐、楚等地为王，遭到廷尉李斯反对。秦始皇从李斯议，确定实行郡县制。前 212 年，博士淳于越主张学古法，分封皇子功臣为诸侯。理由是，如果发生骚乱，这些有血缘关系的诸侯可以捍卫皇帝。周朝就因为采用分封制度而延续了近千年。对此，丞相李斯反对，建议禁私学，除了秦国史记、博士官所藏图书和医药书籍以外，各国史记、儒家经典、诸子书一概烧毁。聚谈诗书的人斩首，是古非今的人灭族。前 211 年，方士为秦始皇求仙不得，畏罪逃走，秦始皇便将儒生 460 余人活埋。

建立汉朝的刘邦是中农出身，自己当过亭长。陈胜起义后，刘邦聚众数十人，杀秦沛县令（江苏省沛县）。沛县吏萧何、曹参等推刘邦为沛公，征发沛县子弟，得兵 3000 人，以后把其势力扩大到全国。刘邦做皇帝时（汉高祖，前 202 - 前 195 年），朝廷直接统治的领土仅有 15 郡，其余土地都分封给了诸侯，几乎恢复了战国时期的状况。他分封儿子刘肥为齐王，刘长为淮南王，刘建为燕王，刘恢为梁王，刘恒为代王，刘友为淮阳王，又封弟刘交为楚王，侄刘濞为吴王。不过，这些侯国的重要官吏都由朝廷派遣，法令也是朝廷制定的。诸王都很年幼，没有实权。汉文帝时（前 180 - 前 157 年），诸侯都长大成人，开始图谋反叛。汉景帝（前 157 - 前 141 年）消灭 7 个叛国。以后，皇子虽可以被封王，但不可能拥兵割据。汉武帝（前 141 - 前 87 年）推行恩法，允许诸侯分城邑给自己的子弟。从此，诸侯国又分成许多小王国和侯国。而到了晋武帝（236 - 290 年）看到魏国（220 - 266 年）当年禁锢诸王，帝室孤立的事实，就废弃了秦汉以后虚封王侯的惯例，恢复周朝的分封制度，大封皇族为诸侯，以对抗士族中的野心家。265 年，他封皇族 27 人为诸侯。诸侯国内文武官员由诸侯自己选用。这些诸侯各自拥有大批徒党，有机会可以起兵作乱。晋武帝还分封异姓士族，实行分封土地，立诸侯国多至 500 余国。

3. 做官须学儒

西汉王朝成立后的 80 年间，道家思想兴盛，老子的无为思想成为共识。皇帝无为，便能旁观冷静；官僚无欲，便不怕反对势力兴风作浪。这样，法家和道家合为一体，形成"黄老"思想。刘邦出身卑微，无拘无束，做了皇帝后还用儒冠撒尿。虽然他本人不喜欢礼仪和道德约束，但对大臣和将军的无礼、在宴会的漫骂动武，还是非常反感。儒士叔孙通把这一切看在眼里，便对刘邦说："虽然儒生很难为您进攻夺权，但能帮您保守事业。"他把自己的弟子带到刘邦和朝官面前，让刘邦观看儒家礼仪，参加大典。大典顺利完成之后，刘邦感慨地说："今天我才知道做皇帝的尊严。"

汉武帝当政后，采用董仲舒（前 179 - 前 104 年）的建议，在京师设立学校，又令郡县推举孝廉人才，供朝廷选用。要做官非学儒不可，士人都变成了儒生。汉武帝召集全国文士，亲自出题考试、阅卷，选取董仲舒为首列，排斥非儒学的诸子百家，儒学从此取得了独尊地位。为了应试，聚集到京师的学生多达 3 万人。这是世界上最早的大学生制度。这些学生实行学校寄宿制，在顺帝时期（115 - 144 年），多达 1850 个学生宿舍。这些学生要么自学，要么寻找老师，没有年龄和学年的限制，从 13 岁到 60 岁，无论学到多大年纪，只要应试成功，便能当官。在这里，学生们相互交易物资形成物品市场，为人代笔形成服务市场，为了解决学生们的争吵斗殴，衙门和牢狱非常繁忙。有时学生们对官吏不满，数千人聚集在一起，向朝廷上书，掀起学生运动。

在另一方面，郡县推举的孝廉人才，一般都是高官或曾被推荐成为官吏者再推荐自己的门徒弟子。这样，便形成官吏背景的家族阶层，被称为名门、名族。为了成为孝廉人才，有的在兄弟分家时自己谦让，有的在墓道中居住 20 年勇当孝子。无法取得士的地主，通过捐赠贫穷士，让他们买官做，自己间接得些做官的好处。

与官僚制度变化相适应，董仲舒把战国以来的各家学说以及儒家各派统一在孔子的名义下，形成春秋公羊学。比如，他把儒家与阴阳五行、黄老刑名学统一起来：阳是天之德，阴是天之刑，刑主杀，德主生，天亲阳而疏阴，重德而不重刑；害民的王，天要夺去他的王位。另一方面，由于士人参政使他们在政治上逐渐得势，他们的政治思想也逐渐发挥作用。其观点主要有两点：第一点是让贤论。他们根据历史观，主张这样一套进程：圣人受命→天降符瑞→惟德定制→封禅告成功→王朝德衰→禅国让贤→新圣人受命。第二点是礼乐和教化。他们主张要使百姓遵循有秩序和有意义的生活。要达此境界，不仅朝廷应恭俭自守，还应对社会一般的经济不平等状态加以调整。

三、佛教兴国与上帝允诺

1. 祖孙同葬，十诫之约

那么，随着国家、社会的变化，古犹太父亲和秦汉父亲的精神世界又经历了什么样的变化呢？

在《圣经》时代，犹太父亲把埋葬故去的人的遗体看作大事。《圣经》提到亚伯拉罕（前 1800 年）付出一大笔银子，从赫人那里买下最好的洞穴来作为家族坟地。最先葬在那里的是他的妻子，接着是亚伯拉罕自己，然后是以撒、利百加、利亚（雅各的妻子）和雅各。雅各临终时，叮嘱儿子千万要把他葬在祖父的墓里，不要葬在埃及。买地作为家家，这样的做法很普遍。基甸、参孙（前 1100年）和亚撒黑（前 1010 年，大卫的外甥）都葬在各自父亲的坟地里。按当时的信仰，人在死后要埋葬在土中，否则在阴间就会不得安宁。死后得不到安葬被视为灾祸。① 而每一个家族成员都有自己家内神龛和守护神。②

在官方祭祀方面，犹太人信奉一神教。《圣经》记载，族长亚伯拉罕带领家族离开故乡去到迦南人住的地方后，马上给耶和华筑了一座坛（《圣经·创世纪》第 12 章 6 ~ 7）。而犹太人在摩西（前 1250 年）率领下离开埃及之后，便接受了耶和华上帝的十诫。有人说，为了使自己的家族能够保持这种信仰，不受周围其他信仰的影响，亚伯拉罕举族外迁，去到迦南地。以后，犹太人寄居在古埃及，那里是信奉多神教的社会。于是，为了同一目的，摩西也率领犹太人逃出了埃及。③ 还有人说，前 586 年，耶路撒冷和圣殿被摧毁，促使犹太父亲去反思，改进他们的教义。在这以后所编写的《先知书》，开始带有浓厚的道德说教。④ 然而，信奉耶和华与各家族内的家神，一点关系也没有。⑤

2. 佛教因果

反观秦汉父亲，虽然西汉时期董仲舒开始说神怪，搞求雨止雨仪式，东汉时期皇帝大力提倡迷信，鼓励神化孔子，但儒士们坚决反对，说孔子不是神或先知者，儒家应以孝为基本，人生之归宿在身、家、国、天下之融合与安全之中。不过，东汉以后，大一统政府趋于崩溃，儒家理想趋于毁灭，人们开始舍儒而归道。太平道教也以"善道教化"为宗旨，最后成为黄巾军用来发动起义的工具。西晋末期发生永嘉之乱（307 - 312 年）之后，佛教逐渐被中国知识界的人士所接受。佛教来中国后，最先依附于道家，以后回归佛教，而道教又反过来模仿佛教，造经典仪范而逐渐形成一种新道教。到了唐朝，唐皇帝姓李，与老子李耳同姓，所以，唐太宗以老子为祖先，为老子立庙，订立了道教居首、佛教次之的方针。这样，自魏晋起至隋唐止，儒教的统治地位逐渐被道教、佛教夺取。⑥

---

① 《埋葬，坟地》，见 http://wol.jw.org/de/wol/d/r23/lp - chs/1200000842。

② ［德］韦伯：《古犹太教》，康乐等译，广西师范大学出版 2007 年版，189 页。

③ 《从一神教与多神教冲突看出埃及记"十灾"的意义》，见 http://qkzz.net/article/5ed1f7af - 154d - 4190 - b912 - a86f4e01386e_ 2. htm。

④ 李申：《宗教论》（第二卷），中国社会科学出版社 2006 年版，102 页。

⑤ ［德］韦伯：《古犹太教》，康乐等译，广西师范大学出版社 2007 年版，189 页。

⑥ 范文澜：《中国通史简编》（第二编），人民出版社 1965 年版，240 页、293 页；钱穆：《国史大纲》（修订本上册），商务印书馆 1996 年版，354 ~ 355 页、365 ~ 366 页；［日］三树三郎：《中国思想史》（下），第三文明社 2008 年版，322 ~ 324 页、332 页。

在民间的自然神祭祀方面，实行郡县制以后，中央所派的官吏到县为止，而汉代的社都是国家所立，社也就以县为界。民间以里为单位而立社，相当于以前的置社。这些都是一个个单独的、彼此不发生关系、无系统的民间社。祭祀社时配食的神，不再是句龙、相土、弃稷，而变为杜公或杜鬼。以后在民间便产生了城隍、土地庙，专管祸福人鬼之事。这样，祭祀社，就成为祭祀那些在一城一地专管祸福人鬼的小神和土地神了。[①]

在教义方面，道教不信死后有鬼神，主张人生求乐，希望有长生不死之药。道教的支派魏晋玄学，发挥无鬼论，东晋（317－420年）以后，与佛教联合，提出既要生前享现世之乐，又愿死后享来世之乐。这种神仙理论，与民间祭祀的一部分相结合，形成了五斗米教。[②]

史书记载，前2年，佛教国大月氏使臣伊存来朝，博士子弟景卢接受了浮屠经，从此佛教得到合法地位。当时流传的主要是小乘佛教，其教义是：人死精神不灭，因果报应，轮回，布施。东汉和魏初期，传播佛教的都是胡僧。魏晋期间（220－420年），士族也开始有人出家学佛。僧徒不仅以空无与清谈家相呼应，而且还模仿清谈家的生活。清谈家也取佛学来扩充自己的玄学，胡僧依附玄学来推行自己的主张，把老庄与佛教结合起来。十六国时期（304－439年），黄河流域充满战争、灾祸、死亡、毁灭。受迫害的民众看不到出路，他们迫切需要一种神奇的法术来帮助自己，因而佛教得到广泛流传。其中，因果报应学说起到了让人们去安心受苦受难，从而解除人们精神痛苦和恐惧的作用。但汉人拜佛无非是想求富免灾，并不重视它的教义。[③]

随佛教的渗透，发生了教派之争。比如在东晋，僧徒不拜父母和皇帝，否认儒家伦理，而儒家要僧徒拜皇帝，否认弃俗出世，最终，儒家没能敌过玄佛两派的联合进攻。佛教的根本是神不灭论。齐梁（479－557年）时，学者范缜作神灭论，证明精神是附随肉体而存在的，儒家祭祀鬼神，只是教人孝悌，不是说真有鬼神来饮食。耕田吃饭，养蚕穿衣，才是人生真实的事业，他反驳佛教说："人死后变鬼，鬼又变人，这毫无根据。"佛教信徒王琰反驳说："不承认祖先神灵在

---

① 傅亚庶：《中国上古祭祀文化》，东北师范大学出版社1999年版，149～151页。

②③ 范文澜：《中国通史简编》（第二编），人民出版社1965年版，240～244页、298～299页、336～337页、434页；［日］三树三郎：《中国思想史》（下），第三文明社2008年版，291页。

天上，就是不孝。"范缜说："你既然知道你的祖先灵魂在那里，为什么不自杀去找他们。"最终范缜被定罪流放到广州。然而，儒家的反抗并没有停止。郭祖深抬着棺材到宫门，警告说，行佛法要亡国。理由是，佛教只拯救个人的灵魂，而不能治国。佛教会使人们对天下国家漠不关心。虽然儒士毫不后退，但由于知识界和官吏对国家大事不感兴趣，从六朝时代到隋唐的 700 年间，儒家都一直衰落。[①] 而随佛教兴盛，佛教寺主势力开始争夺朝廷利益。魏太武帝（423－452 年）认为佛寺谋反，大举灭佛。魏文成帝（452－465 年）恢复佛教，但限制每年出家的人数，大州 50 人，小州 40 人，允许民户赠送谷 60 石给佛寺。477 年，在平城（魏首都）佛寺有 100 所、僧尼 2000 人，在州郡的佛寺有 6400 所、僧尼 77000 人。492 年，魏孝文帝（471－499 年）更改出家人数限制，每年大州 200 人，小州 100 人。不过，由于佛教大兴，这些限制如同虚设。494 年，魏迁都洛阳，以后的 20 年中，洛阳民宅的三分之一成为佛寺所有。长安中兴寺有稻田 100 顷。佛寺还经营高利贷。长安僧人一次就贷出钱 20 万。515 年，魏境内有寺院 13700 多所，全国州郡有 3 万多所，僧尼 200 万人。[②]

3. 选择耶和华

现在可以详细讲一讲秦汉与古犹太父亲在精神支柱方面的异同了。这当然也是非常复杂的事情，因为这牵涉到"宗教"。

先来看古犹太父亲。有人着眼于神和人的关系，做出评论说：上帝耶和华处于世界之外，支配世界。上帝和人相互隔绝，上帝可以任意毁灭人类世界。人和生物虽然都是被上帝所造，但相互关系也是隔绝的，人可以任意虐杀动物来祭祀。因此，在这种精神世界中，一切都是相互对立、竞争的，而人类为了在竞争中生存下去，不得不努力去探索自然规律，这成为近代科学的原动力。而古代中国是泛神论，神存在于万物之中。"气"构成了天、人、自然，一切都相互交融。于是，古代中国父亲没有彻底探索自然规律的动力。比如，在古代，日食被认为是异常天象，预示灾害发生。在唐朝，有一次因计算错误，日食没有在所预测的

① 范文澜：《中国通史简编》（第二编），人民出版社 1965 年版，435 页、438 页；[日] 三树三郎：《中国思想史》（下），第三文明社 2008 年版，300～306 页、332 页。

② 范文澜：《中国通史简编》（第二编），人民出版社 1965 年版，502～504 页；钱穆：《国史大纲》（修订本上册），商务印书馆 1996 年版，369 页。

时间内发生。对此，人们不是去探究原因，找出计算错误问题，而是去祝贺皇帝说，由于皇帝治国有方，得到上天的肯定，所以没有让日食发生。①

还有的着眼于神的性质来说事：犹太教的神是人格神，具有人类的官能，有喜有怒。同时，犹太教是典型的一神教，上帝把犹太父亲从埃及的奴役下解救出来，与犹太父亲立约并使之成为"特选子民"，在世界末日会委派弥赛亚（希伯来语，最初指犹太人的王在加冕时受膏油，后来指基督）降临而建立上帝之王国。上帝是正义、仁慈、道德之源泉。神无所不在、无所不能、无所不知。而儒家则属于多神教。《论语》中与神相关的概念有三个：天、天命、神或鬼神。"天何言哉？四时行焉，百物生焉。""不怨天，不尤人，下学而上达，知我者其天乎！""五十而知天命。""不知命，无以为君子也。""祭如在，祭神如神在。"孟子有"天生民，作之君，作之师"的说法，但这时的天已经逐渐失去人格性而被抽象化为纯哲学意义上的道德根据。"尽其心者，知其性也，知其性则知天矣。存其心，养其性，所以事天也。"在这里，孟子将心、性、天联系起来，认为把握了人的本性也就是认识了天。这样的天是人推论出来的，不是人格神。宋儒程颢、程颐、陆象山以及明代的王阳明等发展了这一想法，强调内在的"性命"是人与天同一的方面。于是，天被更加哲学化和道德化。另外，儒学中，昊天上帝是最高的，但众多神灵与之并存，连社稷、土地和人鬼也各司其职，各有用场，没有绝对权威。②

再来说一些实事。

秦朝儒士淳于越倡议秦始皇分封皇子为诸侯但被拒绝。然而就汉朝以后的分封、推举孝廉人才、皇帝越权专制等情况来看，祖先崇拜仍是秦汉父亲的精神文化核心，血缘依旧受到极大的重视。即便是在儒家衰退、道教佛教昌盛的唐朝，唐太宗也因与老子同姓，才有理由为老子立庙，道教、佛教也无法逃逸祖先崇拜。道理很简单，古代中国父亲秉承母系思想，各家都如此，那么，无论你信仰什么别的东西，也就必须如此。汉朝以后，由于战乱和灾害，佛教开始流行。其理由是，在战乱这样的人为之灾，给人带来的创伤和恐惧比自然灾害更加强烈。

---

① ［日］三树三郎：《中国思想史》（上），第三文明社 2008 年版，35~41 页；［日］薮内清：《中国的科学文明》，岩波书店 1970 年版，38~39 页。

② 傅有德：《犹太教与儒学三题议》，载《山东大学学报》，2004（3）。

面对这样的灾难，人们感到祖先的神威不够，必须再增加一些更厉害的神，来约束人们的社会行为。所以，在传统家族中，既供奉祖先的牌位，同时也供奉其他神的牌位。

古犹太父亲也实行祖先崇拜。与秦汉父亲遇到的情况一样，当犹太人被沦为奴隶之时，当亡国之时，他们也需要在祖先神之外再找一个更有威力的神，而这个神就是上帝耶和华。因此，至少在个人的祭祀结构方面，汉朝以后的父亲与古犹太父亲在精神支柱方面是没有多大差别的。

那么个人与神的关系又有些什么说法呢？

在古希腊、古罗马的多神信仰世界，有一个三层阶梯的楼梯，在最低层是动物，第二层是人，第三层是神。要成为神，一个人不必爬得太高，因为神就在人的上面。因此，古希腊父亲常把神说成是超人。人仅仅向上移动一级便可成神。基于这种理念，斯多葛派和伊壁鸠鲁派可以让他们的信徒去渴望成为圣人。① 在犹太人那里，上帝耶和华和摩西常常"促膝谈心"，两者之间也仅仅是主仆关系。更重要的是，在《圣经》的世界中，神的儿子们看见人的女子美貌，就随意挑选，娶来为妻。耶和华说："人既属于血气，我的灵就不永远住在他里面。然而他的日子还可到 120 年。神的儿子们和人的女子们交合生子，那就是上古英武有名的伟人。"（《圣经·创世记》第 6 章 2~4）也就是说，由此出生的"上古英武有名的伟人"，与古希腊神话、《荷马史诗》中的阿喀琉斯等英雄一样，都是神与人通婚的产物。但是，我们已经知道，山顶洞人与北京猿人等之间都不可能有共同后代，人神之间为何可以通婚？这只能说明，在西方思想世界中，人神关系实际上被认为是亲属关系。还说明，从编造神话的思维方式看来，古希腊、古罗马的父亲和古犹太父亲之间，都没有本质区别。

只不过，在人与神的交易方面，有长期契约和短期契约的区别。《圣经》记载，亚伯拉罕 99 岁的时候，耶和华对他说，我就与你立约，使你的后裔极其繁多。我要做你和你后裔的神，你们所有的男子，都要受割礼来对此立约，受割礼就是我立在你们肉体上做永远的约。（《圣经·创世记》第 17 章 1~13）后来，雅各也许愿说，神若使我平平安安地回到我父亲的家，我就必以耶和华为我的神，

---

① ［法］阿利埃斯：《古代人的私生活》，李群等译，三环出版社 2006 年版，201~202 页。

将收获物的十分之一献给你。(《圣经·创世记》第 28 章 20～22) 与之相比，古希腊、古罗马父亲有临时抱佛脚的倾向。

另外，人们还往往都强调古希腊、古罗马父亲的交易对象是复数 (多神教)，犹太父亲的交易对象是单数 (一神教)，所以两种祭祀完全不同，并且前者向后者进化。那么，从祭祀的功能来看，到底有什么不同呢？实际上，交易对象数量上的差别，一方面反映了君王对社会统合强度的感受度 (君王都希望人们只与自己所尊重的神交易，或代替人们交易)，另一方面也反映了大众基于社会现实对交易对象的认同程度。比如，街坊邻居都买一家商店的菜，那么，这家商店的菜应该好于其他家，其社会效果是，大家都在这家商店交易，相互之间熟悉而亲热。同样，在对外战争的压力下，涣散的人们都选择同一神进行交易，反映出人们对团结、共鸣的社会需求。古犹太父亲经历了被驱赶、颠沛流离的历史，作为一种特定因素，决定了他们不同于古希腊、古罗马父亲选择多神教，而选择了神威超凡的上帝耶和华作为他们唯一的神。

亚伯拉罕家族离开故乡，流落他乡，寄人篱下，这迫使他除了延续以祖坟为象征的祖先崇拜之外，还在家族内引入了上帝耶和华，祈求更强有力的神来保佑家族发展壮大。当大批犹太人出走埃及，再次身居异地，需要团结涣散的大众对外抗争时，除了各家族的祖先崇拜之外，更需要确立一个民众共同祭祀的对象。在各家族的自然神相互竞争之后，亚伯拉罕家族的上帝耶和华脱颖而出，成为以利末支派为祭司阶层的犹太官方祭祀的对象。这时的犹太社会，其向心力也达到了历史最高程度。

好了，现在知道古犹太父亲与古希腊、古罗马父亲的精神支柱不同的成因了。那么，在人神关系方面，与古犹太父亲相比，古代中国父亲又有什么不同呢？

在古代中国父亲看来，通过呼吸把空中的"气"吸入，便构成人的肉体和精神。在古希腊人心中，奥林匹克神所居住的高山之巅的"气"也是构成人们的灵魂的原始要素。[①] 而《圣经》记载："耶和华用地上的尘土造人，将'气'吹进他鼻孔里，他就成了有灵的活人。"(《圣经·创世记》第 2 章 7)。因此，古代中国父亲和古犹太父亲都认为，因"气"才有人。所不同的是，中国人是因天之气

---

① [英] W. K. C. Guthrie, The Greeks and Their Gods, Beacon Press, 1950, pp. 137。

而"自然"产生，犹太人是因为上帝所吐之气而"人为"产生。这样一来，古犹太父亲的上帝的神威当然也就高于古代中国父亲的天的神威，因为上帝主管气，也就主管天。可是，在公元前后，中国父亲引入了佛教。佛管理一切，逻辑上也管理天和气。以此而论，因为佛教的引入，汉朝以后的中国父亲与古犹太父亲在自然崇拜方面的大部分差距（在多神和一神之间的差距，在人格和非人格方面的差距，在神威方面的差距）都被抹掉了。

接下来看在官方祭祀层面上的自然崇拜。

《圣经》说，在摩西带领古犹太父亲走出埃及，推行官方祭祀和组织改革之后，众百姓抱怨说，谁给我们肉吃呢？在埃及的时候不花钱就吃鱼，还有黄瓜等蔬菜可吃。现在我们什么都没有了。对此，耶和华怒气大发。于是，摩西对耶和华说，你为何苦待仆人我，竟把这管理百姓的重任加在我身上呢？这百姓岂是我怀的胎，岂是我生下来的呢？你竟对我说，把他们抱在怀里，如养育之父抱吃奶的孩子，直抱到你起誓应许给他们祖宗的地去。我从哪里得肉给这百姓吃呢？管理这百姓的责任太重了，我独自担当不起。（《圣经·民数记》第11章1~14）古犹太社会的基本组织，是基于祖先崇拜的家族祭祀集团，各家祭祀各家的祖先和自然神。现在耶和华要统合各家，可他又不显灵来帮助摩西。面对这个难题，摩西打算撂挑子不干了。所以说，耶和华是古犹太父亲们为了统合各家的自然崇拜象征。

与之相比，汉朝以后的父亲拜佛无非是想求富免灾，所以，佛教也就只能是祖先崇拜之上外加上的自然崇拜。虽然作为自然崇拜对象的古代中国的"天"劣于犹太的上帝，但由于汉朝以后的父亲接受了佛教，而佛也有人格神、威力无比，应该不亚于上帝。西晋以后，中国发生了"佛教兴国"，这也是汉朝以后的父亲为了统合社会进行自然崇拜的一种现象。

因此说，由于汉朝以后父亲的祖先崇拜与古犹太父亲的祖先崇拜没有多大区别，同时，前者在这之上引入佛教，后者在这之上引入上帝耶和华，这样，无论在个人祭祀层面还是官方祭祀层面都没有多大区别，由此，两个神所辐射出来的社会影响也不会有太大差别。

对汉朝以后的父亲来说，佛教的影响是轮回教义中的因果报应说。那么，接受这种说法，就真正担心自己下辈子会变为猪或狗吗？那一个个坟头立在大地之上，香火缭绕，满是水酒和食物，这些都会让这种担心不翼而飞。只要有后代，自己便会永生。既然如此，因果报应的社会效应又是什么呢？苦难是暂时的，即便自己这一辈子受苦难，但只要积德，下一代就会得到应有的幸福，孩子幸福了，自己还怕没有人来祭祀吗？接受佛教，一点不意味着他们在信仰上有什么变化，而仅仅意味着，通过佛教他们找到"人需要做好历练现实生活的心理准备"这样一种人生哲理，并坦然接受苦难人生。反观古犹太社会，在摩西确立官方祭祀时，上帝耶和华是用来统合社会的东西。然而随着古犹太父亲亡国，却出现了新的说法：在世界末日会委派弥赛亚降临而建立"神的国度"，历代王朝及以后的灾难都只是历练、过渡阶段。这意味着，面临亡国的灾难，古犹太父亲和汉朝以后的父亲一样，也在祖先崇拜的基础上，探索出"人需要做好历练现实生活的心理准备"的人生哲理。两个古代社会的父亲在遇到大规模社会劫难后都探索到同一个东西，这不仅意味着汉朝以后的父亲与古犹太父亲的共同之处，更意味着佛教或犹太教已经不再具有多么重要的社会意义，因为两个古代社会的父亲，又重新都聚焦在祖先崇拜中的功利性之上："积德"和"遵守十诫"都是为了子孙连绵和昌盛。

由此看来，汉朝以后的父亲与古犹太父亲的精神支柱相差无几。然而，值得注意的是，在儒家的牵制下，汉朝以后的父亲没有再向前弄出什么新玩意儿，但从古犹太父亲那里却延伸出了基督教。也正因为如此，世界上才诞生出一个在根本上既区别于古代中国父亲，又区别于古犹太父亲的东西来。

4. 不变的传统信仰

大家都知道生物进化论、社会进化论等，可能不知道还有一个"宗教进化论"。这又是一个复杂的说法。但为了理解为什么今天的中国有虎妈而西方没有，还得仔细将一下这方面的说法。

对"宗教"发展的历史，库朗热说：许多世纪以来，人类承认的"宗教"必须具有两个条件：第一是"宗教"必须信奉一个神；第二是所有人都能接受它，在"宗教"面前，各阶级各人种一律平等。然而，原始的祭祀与此二义都不相合。在原始祭祀中，每个神只由一家所祭祀，它是一种家庭性祭祀。远古希腊、远古罗马的信仰是，死者的亡灵仍旧在人间并居住在地下。转生之说从来不是古希腊人和古罗马人的信念。灵魂升天之说，出现在晚近的西方。祭祀户神与远古

父母简史：人类母亲和父亲的十万年

的雅利安族同时产生，所以，就是奥林匹亚崇拜也不能去其根芽，它的毁灭是基督教出现后的事。在印度，虽然祖先崇拜已经处于下风，轮回之说开始压倒了这种信仰，但依然不能对它的存在视而不见，祖先崇拜仍旧保留于《摩奴法典》中。① 而今天有些人所信奉的"天堂"，与鬼魂没有关系。但鬼魂的发生远远早于"天堂"的发生。②

如果早期的历史过程是这样的，那么"宗教"从何而来，又如何发展起来的呢？有人说：单是恐惧和无知不能产生神祇。动物有恐惧，比人类更无知，但是没有神祇。因为动物不会崇拜。要成为神祇，则必须成为社会崇拜。崇拜可以是没有目的的，只是为了满足自己的心理需要。就如今天的人们崇拜歌星、影星和球星。假如崇拜有了目的，那么，被崇拜者就存在被塑造为神祇的可能。人们讨好神的目的就是为了让神帮助自己解决问题。人和神之间只有利益关系，不管是奉献祭品还是奉献德行。一神教的功能又集中在一尊神身上，他也就不能不全知全能。基督教的上帝，其主要作用是拯救世人。世人遵照他的意志，勤勉于德行善举。③

因为神有威力，可以让其保佑获得成功，所以产生崇拜。但这与德行善举又有什么关系？难道被崇拜对象也会变得越来越远离物质回报、越来越伟大？德行善举实际上是公的概念，把它作为信仰发展的方向，是基于"宗教进化论"的。因此，这里需要讲一讲公与私。

崇拜球星、明星的现象非常普遍。当崇拜者们亲眼见到被崇拜者时，往往都很激动，有的甚至产生出终生有幸、不惜性命的冲动。这种现象被称为"司汤达综合征"。然而，经济学家赫希曼对此却做了冷静的分析：为公是包括对公共团体利益、美、知识、慈善等进行追求的集体活动。这种活动自身就是人生价值。比如，球迷们为了到外国去声援球星，不惜花钱去长距离跋涉。这时所发生的费用成为声援的一部分，成为旅行玩耍的一部分，成为团体活动义务的一部分，所需费用和精力并没有被球迷们认作为费用。在经济学中，把为了享乐（比如旅行）而必须忍受的痛苦（比如替别人打工挣钱）才看作是费用，但在这里，为了

---

① ［法］库朗热：《古代城邦》，谭立铸等译，华东师范大学出版社2006年版，3页、11页、22~24页。
② ［英］W. K. C. Guthrie, The Greeks and Their Gods, Beacon Press, 1950, pp. 276。
③ 李申：《宗教论》（第一卷），中国社会科学出版社2006年版，174页、176~177页。

414

慈善、声援等活动而必须忍受的痛苦与享乐浑然一体。挣钱和享受的界限被模糊掉，这是为公行为的特征。①

最为明显的例子，便是慈善事业，比如，比尔·盖茨把家产全部捐赠给社会。这里，捐赠的费用和捐赠的享受浑然一体，成为公行为。不过，虽然在球迷、追星族的行为中，确实没有私人消费特征，也很少有利益交换，但导致他们如此冲动的理由却是，他们急迫想释放出源于自我精神危机的压力。精神危机区别于生活危机，因此也就带来"公"与"私"的区别，带来德行善举与物质回报的区别。处理精神危机的手段和处理生活危机的手段，是完全不同的两个东西，相互不能代替，也就不可能发生"进化"。

那么，"宗教进化论"都有些什么说法呢？

霍尔巴赫说，最初人们崇拜的是自然力，从而形成拜物教；以后他们开始崇拜支配自然势力的实体，即强有力的神，比如低级的神、英雄伟人等，形成多神教；进一步，人们把这一崇拜体系简单化，使整个自然界服从于一个唯一的神。泰勒提出万物有灵论，说宗教从单个神崇拜到有组织的众神崇拜，再到唯一神崇拜。这个过程反映了人的认识从有限到无限不断提高的过程。具体说来，在原始时代未开化和半开化阶段，人们普遍实行的是巫术，这种巫术具有模糊的"超自然力"观念，但并没有特别的统治阶级。在具有稍好的生产工具的部落中，部落中剩余的食物足以养活一个不事生产的巫师阶级，巫术便过渡到多神教的宗教。进入文明之后，又相继产生了一神教。这里的一神教是指承认宇宙中只有一个至上神或主神，如犹太教、基督教的"上帝"。仅从地中海区域的宗教发展来看，人们先是意识到光是生命的源泉，于是关于太阳神的宗教产生出来。进入农业后，保证农业丰收的各种神产生出来。随着社会扩大，需要复杂的决策，便从幻听幻觉产生出神的声音，这个神是至高无上的。前1000年左右，有了文字，于是产生了经书，同时，由于语言的简略作用，产生出抽象、单一、排他的一神教，这种一神教最后扩大到罗马和欧洲世界。另外，犹太人面临民族危机，要求人们团结一致，绝对遵守命令，也为一神教的产生提供了社会环境。到了希腊化时代（从前323年亚历山大逝世，到前146年被罗马吞并为止），各独立城邦失去了官

---

① ［美］赫希曼：《转变参与：私人利益与公共行动》（日文版），法政大学出版局，96～97页、101页。

方祭祀，秘仪流行起来，奥菲士教、毕达哥拉斯学派、柏拉图、苏格拉底都基于此。而苏格拉底所说的心灵，在希腊化时代成为人们追求的东西（拯救）。人们开始蔑视肉体，于是，在秘仪的基础上产生出基督教，并且扩大到罗马帝国的世界。①

以上的说法能够成立吗？撇开原始祭祀如何"进化"不谈，就看汉朝以后的父亲接受佛教的事实，也难以证明他们在信仰上有所"进化"，因为，那时的父亲真正立足的还是祖先崇拜，并没有因为智力提高、生产力进步、科技发达而"进化"，也没有因为迷信神仙学说、佛教等而"退化"。再说古犹太父亲。人们都把古犹太父亲的基督教向世界的传播这一事实，看作世界所有民族都会向一神教进化的有力根据，但事实并不是这样。以下就来详细讲一下这个传播过程。

四、耶稣突发奇想

1. 祭拜恺撒

基督教的发生和传播，与古希腊、古罗马父亲有关系，更与公元以后的古罗马父亲有密切关系。先来讲古罗马父亲后续的故事。

在罗马文化发展方面，虽然早期主要使用的是拉丁语，但随着领土扩张至希腊、中东一带，希腊语变成了主要语言，就连当时成书的新约《圣经》也是用希腊语写成。在罗马政治发展方面，前 27 年，屋大维（前 27 - 14 年）被元老院封为"奥古斯都"（罗马皇帝），建立元首制，罗马共和国事实上被罗马帝国所取代。帝国前期经克劳狄王朝（前 27 - 68 年）、弗拉维王朝（69 - 96 年），至安敦尼王朝（96 - 192 年）达到全盛，被称之为罗马的黄金时期。3 世纪危机后，帝国在内忧外患中逐渐衰落，外加北方蛮族入侵和戴克里先实行的四帝共治（293 - 305 年）政策，帝国最终于 395 年东西分裂。410 年，罗马城被西哥特人攻陷，西

①　[日] 本村凌二：《多神教和一神教》，岩波新书 2005 年版；苏娜：《从巫术到一神教》，载《社会科学报》，1995 年 3 月 16 日第 3 版；傅有德：《犹太教与儒学三题议》，载《山东大学学报》，2004 (3)；《从一神教与多神教冲突看〈出埃及记〉"十灾"的意义》，见 http://qkzz.net/article/5ed1f7af - 154d - 4190 - b912 - a86f4e01386e_ 2.htm。

罗马帝国皇帝沦为傀儡。476年西罗马帝国被西哥特人消灭。[①]

在罗马帝国吞并各国的成长过程中，罗马人接管一个国家政权之后，公正的罗马司法便接踵而至，人们也就从反复无常的原统治者的魔爪下解放出来。人们生活中有了新的安全，这就是罗马和平。其结果是民众感激罗马精神，把罗马精神当作罗马女神。可是后来罗马精神和罗马女神却逐渐变成了罗马皇帝。前29年，为恺撒（罗马独裁官，前102－前44年，他编纂了自己与开创罗马的罗穆卢斯的神圣家谱，死后被列入众神行列）建立了第一座罗马帝王神庙，以后，恺撒的神庙分布在帝国的每个角落。到了德西乌斯时代（249－251年），恺撒崇拜成为帝国境内各个民族的义务。在一年中的某一天，每个公民要到恺撒神庙烧香，说："恺撒是主。"然后领到一份证书，证明他已经崇拜恺撒过了，之后就可以随意去崇拜其他神。所以，这种仪式只是对人们的政治忠诚的一种考验。拒绝这种仪式，便是叛国者。[②] 到了3世纪，罗马帝国统治进入了危机阶段，有30多位皇帝登基，还有许多人图谋皇位。当皇帝戴上皇冠的时候，恺撒家族的近亲会发现他们自己面临被处决的危险。屠杀恺撒家族成员成为罗马某些军队拥戴某位新皇帝的信号。[③] 211年，塞普第缪斯皇帝遇害之后，军人混战，罗马处于无政府状态。而军人扶持某皇帝登位的前提条件是金钱和永不参战。于是，罗马军队不再是罗马帝国的有效战斗力量。[④]

虽然罗马帝国内的各族遵行恺撒崇拜，但古犹太父亲却例外。他们狂热忠诚于耶和华，让他们承认其他任何神，他们就会浴血奋战。古犹太父亲认为世界中只有一个神，人们只有用心灵的眼才能看到这个神。用可以毁坏的物资把神像雕塑成人形，是对神的不敬。他们的城里没有神像，圣殿里也没有。因此，他们不能为恺撒立像表示崇拜。如果逼迫他们这样做，他们宁可诉诸武力。于是，从尼禄皇帝（54－68年）开始，犹太教受到迫害。66年，犹太人拒绝向罗马皇帝献

① 《古罗马》，见 http：//baike．baidu．com/view/48726．htm? fromtitle = % E5% 8F% A4% E7% BD% 97% E9% A9% AC% E5% B8% 9D% E5% 9B% BD&fromid = 2571317&type = syn。

② ［美］布鲁斯·L·雪莱：《基督教会史》，刘平译，上海人民出版社2012年版，43～45页。

③ ［美］布鲁斯·L·雪莱：《基督教会史》，刘平译，上海人民出版社2012年版，89～90页。

④ 汪琴：《基督教与罗马私法》，法律出版社2001年版，35页。

祭并起义反抗。70 年，罗马人攻克耶路撒冷，烧毁圣殿。①

2. 耶稣说自己就是弥赛亚

接下来讲耶稣诞生的故事。

就犹太社会而言，在耶稣生活的年代，罗马统治着 200 多万人口的巴勒斯坦，人们享受着罗马文明带来的舒适。但在官方祭祀方面，耶路撒冷的犹太祭司为耶和华献祭，相隔不到 30 公里的塞巴斯特，异教徒祭司为朱庇特献祭。犹太人只有100 多万人口，他们憎恨古希腊、古罗马文化和其生活方式。数世纪之前，犹太人众先知就预言，总有一天上帝会将他们从异教统治手中解放出来，并建立上帝的国家。在这个日子，上帝会派遣一位受膏（身上傅油，标志其引入了神圣的能力）的君王（弥赛亚，即后来的基督），建立永恒的天堂。他会让死去的人们复活过来，并审判他们生前的行为，做恶者被给予惩罚，做善者在上帝的国家中永生。这种说法在耶稣时代非常流行。当时犹太教分为几个派别。法利赛派严以律己，强调犹太传统以区分异教文化。撒都该派出身于贵族和祭司，控制着犹太公会，他们富有，喜好古希腊、古罗马文化中精致的生活方式和时尚。奋锐党派，组成游击队，用武力抵抗罗马统治和希腊异教文化。艾赛尼派在荒野过隐居生活，研究《圣经》，预备神的国度的来临。在这样的社会背景之下，6 年，耶稣出生于犹太人家庭，他研究犹太人法律，遵守犹太教。但耶稣着迷于即将来临的世界末日梦想，他选择加入在旷野中由一位名叫约翰的先知领导的运动。约翰站在约旦河岸，警告过路的人们说，为了复活，需要在约旦河中接受洗礼，借此悔改他们的罪，为即将来临的审判日做好准备。这种活动吸引了耶稣，他接受了洗礼，并在加利利（以色列北部地区）宣传这种洗礼活动（传道），说："日期满了，神的国近了，你们应当悔改，信福音。"耶稣教导的主题是神的国度，但他的特殊暗示在于，神的统治（国度）已经出现在耶稣自身所具有的拯救权能之中。耶稣力图让追随者忠诚，与其他教派划清界限。②

耶稣身边的人越来越多，并首先向法利赛派挑战。法利赛派通过禁食和缴纳什一税，将自己和其他派别的人的行为区别开来。由于法利赛派强调只有他们才

---

① ［美］布鲁斯·L·雪莱：《基督教会史》，刘平译，上海人民出版社 2012 年版，22 ~ 23 页、39 页、43 ~ 45 页。

② ［美］布鲁斯·L·雪莱：《基督教会史》，刘平译，上海人民出版社 2012 年版，3 ~ 7 页。

会得到上帝青睐，而其他人都会受到诅咒，使其他人倍受侮辱。有一个税吏官，看着法利赛派祈祷，非常愧疚，哭诉说："上帝啊，开恩可怜我这个罪人。"耶稣看到后说："这个人才会得到拯救。"法利赛派主张遵守上帝的成百上千条戒律，而耶稣主张否定自我，相信上帝。[①]

逾越节是犹太人纪念出埃及的日子。在 33 年的逾越节前一日晚上的宴席上，耶稣拿起一块饼，撒开说，这是我的身体，为你们舍的。他拿起杯说，这杯是用我的血所立的新约。他用自己的血来谈新约，用意在于，用写在人的心上与上帝的契约来代替摩西刻在石板上与上帝的契约，因此，他宣称新的时代到来了。而在仪式方面，约翰的洗礼表明对即将来临的神的国度的信心。分食面包和红酒（耶稣的身体和鲜血）意味着对将来死后能够得到复活的标志性确认，更新了使徒团成员与上帝的关系以及成员之间的盟约关系。[②] 虽然，一般认为耶稣被处死是一个事实，但也有传闻说，阿那努斯的儿子取名耶稣，在罗马军队围攻耶路撒冷城时，他不断在街上喊"让耶路撒冷受难吧！"人们认为他是一个无害的疯子，没有惩罚他。但后来他又叫嚷"让我自己受难吧！"最终他被一块石头砸死了。

耶稣死后，犹太公会一直不得安宁。耶稣教派不停谈论耶稣，谴责犹太公会杀害了弥赛亚。司提反公开否定摩西法律，攻击神殿，认为人们可以在神殿之外敬拜上帝。面对要施暴于他的犹太人，他说："你们的祖先怎样，你们也怎样；你们时常抗拒神灵。哪一个先知没有受到你们祖先逼迫呢？如今你们已经把耶稣出卖了，杀了。你们对接受的法律竟不遵守。"于是暴民用石头把他砸死。他成为第一位殉道者。司提反提出的问题不是《圣经》说了什么，而是如何解释。如果耶稣就是弥赛亚，那么就必须重新解释《圣经》，甚至完全推翻原来的解释。犹太教相信《圣经》是上帝为犹太人立下的法律，这以"十诫"为起点。而司提反认为，这些法律、神殿、制度都是暂时的，上帝的意图是用它们指向即将来临的弥赛亚。这位弥赛亚已经来了，名字就是耶稣。而耶稣从死里复活，就是弥赛亚到来的证据。耶稣的使徒彼得说："耶稣就是弥赛亚，上帝已经叫他复活，我们都为这事做见证。"[③]

---

① ［美］布鲁斯·L·雪莱：《基督教会史》，刘平译，上海人民出版社 2012 年版，7~8 页。
② ［美］布鲁斯·L·雪莱：《基督教会史》，刘平译，上海人民出版社 2012 年版，10 页、17 页。
③ ［美］布鲁斯·L·雪莱：《基督教会史》，刘平译，上海人民出版社 2012 年版，13~15 页。

3. 基督教传播的沃土

犹太教会中的耶稣信徒大多来自希腊化的犹太人。他们生活在独立的社团之中，他们讲希腊语，用希腊文版的《圣经》，他们更加容易与外邦人融合。他们最初受到犹太教会的欢迎，但他们抱怨犹太教会没有给予寡妇福利性帮助，并成立了7位希腊化门徒所组成的公会议，接受司提反的主张。36年，犹太人针对罗马发起骚乱，但希腊化犹太门徒却逃离耶路撒冷，在叙利亚省省会安提阿建立了基督教社团，称自己是基督徒（献身受膏者的人）。①

保罗（3-67年）接受了最严格的犹太传统，他是罗马公民，精通希腊语，可以进入上层社会。他曾纳闷基督徒怎么会追随耶稣，最后他醒悟了：上帝将法律赐予人是因为人不能遵守上帝的旨意，所以，按照或不按照法律行事来赢得上帝喜悦的人都会受到诅咒。耶稣为我们受了诅咒，赎人们脱离法律诅咒。人们也只有凭借耶稣的生命、死亡和复活，从原来不配受到上帝恩典（义）变为能去天国的人。真正爱上帝，就要按照这一旨意去做。以后，保罗归信基督，并开始传道，成为沟通犹太人和外邦人的桥梁。他不仅去了土耳其，还去了马其顿、雅典。他传道的对象大多数是卑贱的异教徒。这些异教徒都是神秘主义崇拜团体，他们崇拜赫拉克勒斯、狄奥尼索斯等春天会再生的神。这些祭祀追求的是灵魂不朽和复活，与基督教相似。② 所不同的地方在于，基督教打破了大自然的四季循环，也打破了人类出生、成长、收获、死亡的循环，用一种不可逆的直线发展的时间论清除了人们头脑中的循环理论。③

3世纪末，欧斯尔霍恩成为第一个基督教王国。以后，安提阿成为基督教会的第二个家园，50万人口中一半都是基督徒。250年，罗马有3万名基督徒，这些基督徒都是使用希腊语的穷人和奴隶，而罗马上层人使用的是拉丁语。2世纪，在法国里昂有一家教会。314年，有3位来自不列颠的教主参加了教会公会议。而在亚历山大，与保罗同时代的哲学家试图用希腊哲学来解释基督教。④

在最初的300年，大多数基督徒是士兵、商人、妇女和奴隶，基督徒说，让

---

① ［美］布鲁斯·L·雪莱：《基督教会史》，刘平译，上海人民出版社2012年版，17~19页。
② ［美］布鲁斯·L·雪莱：《基督教会史》，刘平译，上海人民出版社2012年版，19~21页。
③ ［法］阿利埃斯：《古代人的私生活》，李群等译，三环出版社2006年版，470页。
④ ［美］布鲁斯·L·雪莱：《基督教会史》，刘平译，上海人民出版社2012年版，27~32页。

拥有文化、智慧的人远离我们。到了2世纪末，许多心智最为敏锐的人正在成为基督徒。基督徒的彼此相爱是基督教取得成功的最有说服力的原因。这表现在关心穷人、寡妇和孤儿。教会常常为穷苦人提供葬礼服务。从基督教的教义来说，上帝依据自己的形象创造了人，这种神圣的被创造物不应该被扔给野兽成为食物，它必须归还到它从其所出的土地。基督徒感到，剥夺一个人的葬礼是一件可怕事情。2世纪后半叶，在罗马和迦太基，教会开始为教友建立墓地。① 殉道被称为用血洗礼，代表基督徒所能够获得的最大荣誉。殉道者的姓名被保存在教会档案之中，人们每年都要在他们的墓穴边举行庆典，纪念他们进入永生的生日。② 一些基督徒也拥有奴隶，但他们允许奴隶在教会里拥有和其他人一样的权利。一位曾经为奴的人成为罗马教主。如果一位女基督徒与异教徒生了一个女孩，丈夫会说："把她扔了。"但妻子会拒绝这么做。尊重生命的思想也应用到了性和婚姻。③

4. 关闭一扇门，打开另一扇大门

基督徒的活动最终导致了与犹太教的分道扬镳。70年，罗马人攻克耶路撒冷，烧毁圣殿。而基督徒逃离了耶路撒冷，这封死了基督教会在犹太世界中的命运，而忠于犹太教的犹太人再也不可能成为基督徒了。④

在基督徒与罗马帝国的关系方面，基督徒心中只有耶稣，与犹太教一样，不会到恺撒神庙烧香。但犹太教毕竟是一种封闭群体，用割礼记号与其他民族区分开，只顾自己的生活和崇拜。基督徒却不同，他们四处传道，动员全国人民都不到恺撒神庙烧香，并使整个罗马帝国都变成基督徒。所以罗马认为，他们是一伙"革命家"。64年，罗马发生大火，尼禄皇帝指控基督教纵火，逮捕了许多基督徒。在1世纪和2世纪，对基督徒的迫害随时都可能发生，因为法律上说基督徒是非法的。另外，虽然这时的罗马对神的崇拜几乎消失，但人们依然认为，如果神被忽略，那么灾难就会降临。因此，如果发生了干旱、饥荒、地震、瘟疫，马

---

① ［美］布鲁斯·L·雪莱：《基督教会史》，刘平译，上海人民出版社2012年版，32～35页。
② ［美］布鲁斯·L·雪莱：《基督教会史》，刘平译，上海人民出版社2012年版，74页。
③ ［美］布鲁斯·L·雪莱：《基督教会史》，刘平译，上海人民出版社2012年版，41页。
④ ［美］布鲁斯·L·雪莱：《基督教会史》，刘平译，上海人民出版社2012年版，22～23页。

上就有人喊，把基督徒扔给狮子。[①]

生在遥远的不列颠的君士坦丁·夏罗卢斯（250－306年）成为"奥古斯都"之后，在他管辖的高卢地区并没有迫害基督徒，而是向他们表示友善。他的儿子君士坦丁（306－337年）为了争皇权，312年率军穿过阿尔卑斯山准备将对手赶出意大利。当他来到罗马城外时，遇到了军事上占优势的敌人。于是，他求助于耶稣。他取得了胜利，证明了基督教的至高无上。313年，他颁布《米兰赦令》，承认基督教为合法信仰。321年，他规定星期日为公休日。337年，他就受了洗礼。[②]后来即位的罗马皇帝尤里安（361－363年），背叛了基督教，但还是深表感慨地说："无神论者（没有偶像崇拜的基督徒）通过向陌生人提供爱心服务、亡者葬礼而得到长足发展。他们关心我们中的穷人，而这些穷人本来应当由我们提供帮助。"他认识到，将古代信仰招引回来非常困难。[③]

就这样，基督徒成倍增长，最终迫使罗马帝国不得不和基督教信仰妥协。[④]

五、奇异历程

1. 扫地出门

好了，我们现在知道了耶稣因创新而获得成功的故事。不觉得这个故事很蹊跷吗？

弗洛伊德在《摩西与一神教》中解释古犹太父亲的历史和基督教的产生：摩西是埃及人。当他带领古犹太父亲离开埃及后，古犹太父亲谋杀了摩西，并抛弃了摩西传给他们的传统教义。古犹太父亲的谋杀和背叛，使他们产生负罪感。这使他们甘心忍受上帝的严酷，并将戒律制订得更加严厉苛刻，还通过书面记载历史的方式，抹杀谋杀和背叛摩西的事实。这种被压抑的负罪感被大家所知，于是保罗出来创立了新的教义，称这种负罪感为原罪，这个教义使得基督教从犹太教

---

① ［美］布鲁斯·L·雪莱：《基督教会史》，刘平译，上海人民出版社2012年版，39页、41～45页。

② ［美］布鲁斯·L·雪莱：《基督教会史》，刘平译，上海人民出版社2012年版，91～92页。

③④ ［美］布鲁斯·L·雪莱：《基督教会史》，刘平译，上海人民出版社2012年版，36页。

分离出来。① 因此，在弗洛伊德看来，古犹太父亲为了掩盖罪行，才拼命强调只崇拜上帝耶和华。这种说法与本书的说法异曲同工：古犹太父亲为了挺过艰难生活不得不在祖灵之外，再加上一个耶和华。如果根据弗洛伊德的想法，基督教是基于恢复摩西教义以求减轻负罪而建立起来的，那么，基督教从犹太教发展、进化而来的说法也就难以成立。不过这里要讲的，是另一个并不那么扭曲的故事。

基督教的特征之一，无论是教会还是教徒、民众，以至于学者，都几乎万众一口："博爱。"在今天，博爱的口号，与世界性救济活动、世界性环保倡议等紧紧结合在一起。但是，"人类爱（博爱），如同墨子所提倡的兼爱一样，是没有特定现实生活基础的，所以只能停留在观念上，仅仅成为理想概念，这在现实之中也就只能表现为对上帝的信仰。在用理想代替现实方面，基督教对此表现得非常鲜明，声称非要彻底破坏既存现实生活中对父母的个别的爱"。②

在《新约圣经》中可以看到这样一些记载：外面有人告诉耶稣说，你的母亲和兄弟来了，耶稣却对门徒说，谁是我的母亲，谁是我的弟兄？你们这些门徒才是我的母亲、我的弟兄。只要遵行上帝旨意的人，就是我的弟兄姐妹和母亲。（《新约圣经·马太福音》第 12 章 46～50）又有一个门徒对耶稣说，你容我先回去埋葬我的父亲。耶稣却说，任凭死人埋葬他们的死人，你跟我走吧。（《新约圣经·马太福音》第 8 章 21～22）。当耶稣的十二门徒要被带到官府去审讯时，他吩咐他们说，上帝会让你们这样回答，弟兄要把弟兄，父亲要把儿子送到死地。儿女要与父母为敌，害死他们。耶稣并且声明说，我来并不是叫地上太平，乃是叫地上动刀兵，叫儿子与父亲、女儿与母亲、媳妇与婆婆生疏。人的仇敌，就是自己家里的人。爱父母过于爱我的、爱儿女过于爱我的，不配做我的门徒。（《新约圣经·马太福音》第 10 章 5～39）耶稣对一个富二代的少年说，你去变卖你所有的家产，分给穷人，就必有财宝在天上。那少年人听见这话，就忧忧愁愁地走了。耶稣见此就对门徒说，财主进天国很难。（《新约圣经·马太福音》第 19 章 21～29）一个人对耶稣说，请你吩咐我的兄长和我分家。耶稣说，我怎么能当断事官给你们分家呢？你们以为我来，是叫地上太平吗？我告诉你们，不是，乃是

---

① ［奥］弗洛伊德：《摩西与一神教》，李展开译，三联书店 1989 年版；《浅析弗洛伊德的宗教起源论》，见 http://bbs.tianya.cn/post-worldlook-385627-1.shtml。
② ［日］三树三郎：《中国思想史》（上），第三文明社 2008 年版，98～117 页。

叫人纷争。从今以后，父亲和儿子相争，儿子和父亲相争。母亲和女儿相争，女儿和母亲相争。婆婆和媳妇相争，媳妇和婆婆相争。（《新约圣经·路加福音》第19章13~53）

如果遵循耶稣的教诲，在现实生活中，古代父亲就需要用斩断对红尘依恋的方式而献身于神，由此才能升华为对世界的爱（博爱）。这样一来，也就需要父亲把爱和感情的方式划分为尘世（现世）和来世。基督教强调的是后一种"博爱"。耶稣要富二代变卖家产救济穷人，基督教为穷苦人提供葬礼服务等等，都成为论述基督教博爱精神、基督教道德的坚实证据。不过，迄今为止，用这些证据来进行的各种论述，都忽视了以祖先崇拜为特征的社会中信仰的本质。这个本质是祭祀，是需要他人的供养而求得永生。感情和爱（博爱）的行为都仅仅是表象。

先来看《圣经》中所叙述的人的本质特征：上帝创造出人之后便警告他说，园中各种树上的果子，你可以随意吃。只是分别善恶树上的果子，你不可吃，因为你吃的日子必定死。（《圣经·创世记》第2章4~17）但是，蛇对女人说，你们不一定死。于是，女人就摘下果子来吃了。又给她丈夫，她丈夫也吃了。于是，上帝发怒说，你是从土而出的，仍要归于尘土。为了不让他俩又去摘生命树的果子吃而永远活着，便打发他们出了伊甸园。（《圣经·创世记》第3章4~23）作为人类后代的亚伯拉罕对上帝说，我没有儿子，只能让大马色人以利以谢继承家业。上帝安慰说，他们不会不成为你的后嗣。上帝领亚伯拉罕走到外边，说，你向天观看，数算众星，能数得过来吗？你的后裔将要如此。（《圣经·创世记》第15章2~5）

也就是说，在犹太教那里，人必定死亡。要解决死亡所带来的精神危机，只有靠传宗接代。这与"非洲夏娃"的母系信仰一模一样，当然也与秦汉父亲的信仰一模一样。那么，这种信仰到了基督教中，又变成了什么呢？《新约圣经》做了以下的叙述：耶稣的母亲马利亚已经许配了约瑟，还没有迎娶，马利亚就从圣灵怀了孕。她丈夫约瑟想要暗暗地把她休了。于是，上帝派遣使者在他梦中显现说，不要怕，只管娶过你的妻子马利亚来。因她所怀的孕，是从圣灵来的。她将要生一个儿子，你要给他起名叫耶稣。（《新约圣经·马太福音》第1章18~23）当人复活的时候，人不娶也不嫁，乃像天上的使者一样。（《新约圣经·马太福音》第22章30）耶稣在传道时对人们说，我就是生命的粮。你们的祖先在旷野吃过吗哪（一种坚果），还是死了。我是从天上降下来的粮食。人若吃这粮食，就会永远活着。我所要赐的粮食，就是我的肉，为世人之生命所赐的。吃我肉，喝我血的人就会永生。在末日我要叫他复活。（《新约圣经·约翰福音》第6章48～55）因此说，律法是借着摩西传的，恩典和真理（义）都是由耶稣基督来的。（《新约圣经·约翰福音》第8章17）从施洗约翰的时候到如今，进天国是靠努力，努力的人就会永生。（《新约圣经·马太福音》第11章12）

也就是说，基督徒是不靠通婚而诞生，也不会随肉体而死亡的。所以，成为基督徒理所当然的代价就是，背叛传统的母系信仰，其表现形式就是舍掉婚姻和儿女等"红尘"的感情。从逻辑上看也应该是这样，既然可以不依靠儿女、家庭而永生，还要结婚和繁衍后代来干什么？耶稣直接挑战了犹太社会中的母系信仰。

由于基督徒的教义直接否定古犹太父亲的传统信仰，所以，只会被古犹太父亲扫地出门。而在秦汉以后，基督教在635年传入，被称为景教，19世纪也传入，被称为基督教，但始终都没有进入中国主流精神文化的视野。① 其理由之一是，传教士要求中国父亲把祖先的牌位毁掉，这不是"抄祖坟"吗，谁会答应？因此，传统犹太父亲不要基督教，传统中国父亲也同样不要基督教。其理由很简单，古代中国父亲和古犹太父亲已经有了克服精神危机的方法，不需要别的方法。结果是，这两个社会的信仰都不可能"进化"。

那么，什么样的社会可以接受基督教思想呢？前面提到，人类爱（博爱）只能停留在观念上，仅仅成为理想概念。如果是这样，基督教又怎么能在世界上普及呢？

从基督教的发展历史来看，初期接受基督教的是古希腊、古罗马社会。而接受基督教的历史机遇在于，当时古希腊、古罗马社会蕴集起大量的没有财产的劳动者。这些人没有被祭祀的权利，挣扎在探索解决精神危机方式的过程之中，这就为基督教的普及提供了社会土壤。而柏拉图诱导人们从民间秘仪转换为建立一种以集团祭祀为基础的基因传递、财产分配的社会理想制度，这就为基督教的普及提供了现实社会制度方面的蓝图。于是，在世界历史上，古希腊、古罗马成为

---

① ［美］布鲁斯·L·雪莱：《基督教会史》，刘平译，上海人民出版社2012年版，1页。

传播基督教的中心。

不过，后来古随希腊、古罗马的社会基础逐渐变化，柏拉图的蓝图被滥用。在罗马皇帝把基督教奉为国教之后，这种变化和滥用便为他轻松抛弃古罗马的法治，进行专制创造了条件。在那之后，基督徒集团不再是为理想（博爱）而奋斗的群体，而是在罗马皇帝控制下的政治统治工具。

因此，如果说在古希腊、古罗马的信仰出现了什么"进化"的话，其内容就仅仅是，这一地区的民间秘仪改头换面为基督教，后来再转化为欧洲皇帝、国王们统合社会的手段，并被广泛运用于欧洲社会。在这个历史阶段，与其说是基督教在欧洲的普及，还不如说是君王专制（人治）和贵族争权的新方式在欧洲的普及。

2. 相互祭祀

那么，背叛传统祭祀的基督教是怎么从犹太教中分离出来的呢？"在传统的犹太教中，人们在上帝耶和华的庇护之下，子子孙孙繁衍昌盛，过着世所周知的幸福生活，丝毫没有'弥赛亚'的含义。耶和华从来就不是个死者之神或死者国度之神，他同样也未曾是个农耕之神或天体之神。就是与死者崇拜连接在一起的复活观念，也与耶和华祭司阶层无关。"① 然而，古犹太父亲亡国之后，为了安抚民众的失望，证明上帝耶和华仍旧英明伟大，祭司阶层发明了"弥赛亚"（基督），提出了世界末日之时在"上帝之国"永生的概念。尽管如此，在现实中，无所不能的上帝耶和华开始为了子子孙孙繁衍昌盛而含辛茹苦，成了古犹太父亲的真实生活信念。而在另外一方面，耶稣怀抱着它，宣布自己有实现"上帝之国"的能力，从而让大家知道，他有让大家得到永生的神威。在"新约"中，祭祀上帝耶和华之子不再单单是祈求保佑，而且还祈求永生。所需代价之一，是斩断红尘（放弃对来自儿女祭祀的依靠）。这样的精神性的牺牲，更进一步简化，就是无私的德行善举（博爱）。

然而，耶稣的引导并没有成功，反而招来杀身之祸。结果，他的信徒只能远离古犹太人社会，去另求发展。而古希腊、古罗马的民间祭祀，非常偶然地与基督教义一拍即合，这才有了基督教的发展和壮大。

---

① ［德］韦伯：《古犹太教》，康乐等译，广西师范大学出版 2007 年版，193 页、198 页。

前面已经说过，古希腊英雄之所以要为"公"而牺牲，是因为希腊大众要找另外一种信仰来解决精神危机，他们最后找到的是集团中的相互祭祀。而基督教会为穷苦人提供葬礼服务时，传达出来的信息明确无误：来吧，别担心，死后我们大家都会祭祀你。基督徒对殉道者的周年祭祀，正是集团祭祀的制度化。博爱就是在同志间相互祭祀活动中所散发出来的一种情绪表达方式。反观古代中国这样家族祭祀根深蒂固的社会，无论街坊邻居多么亲热，谁家也不会认为"这些陌生人"有祭祀自己的亲人的义务。在这样的古代社会，基督教当然不会有多少发展的机会。然而，依靠同志来祭祀自己，这对古希腊、古罗马的劳动者来说，却是他们的立命之本，基督教也就自然成为他们的福音。然而，在作为中介机构的教会法人代表、教会各层精英之中，耶稣、保罗、彼得等传教士，相信天国并且有极大的事业心。传教士的"博爱"行为，正是基督教发展壮大的原动力。

除了前面讲的劳动者、教会的作用之外，当然还有一些经历过精神毁灭、孤独索然的人们。他们为了解决自己的精神危机，会去尝试新的信仰，希望从群体活动之中或社会活动中求得永生。这也为基督教提供了一部分人力资源。

第十一章

宋元与诺曼英国（一）

　　沿着对祖先精神文化中的"继承与背叛"这一历史脉络，前面讲了早期、中期的古代社会的情况，包括民主与专制、法治与人治、自私与博爱。下面将要讲的有关晚期的古代社会的情况中，有些地方将更迫近于今天的现实生活。

　　就今天的中国和美国来看，比如美国没有虎妈而中国有，从个人生活层面来说，这显示出今天的中国精神文化与今天的英美精神文化是有差异的。这种差异是怎么来的呢？

　　直观来看，中国父亲从古至今没有太大的变化，所以虎妈折射出来的是"非洲夏娃"以来代代传承下来的精神文化。难道古希腊、古罗马、古犹太社会就没有传承吗？当然传承了。在他们那里，虽然没有虎妈，但一定有虎爸。既然如此，美国父母又是怎么一回事？

　　直观来看，英美父亲在他们的历史进程中，似乎发生了一种突变，这种突变折射出来的是另一种心灵的召唤。难道英美父亲来自外星人？太让人难以置信了！

　　别急，在接下来的故事中，真相会慢慢浮出水面。以下就来讲宋朝和元朝父亲，并追溯从古至今的欧美父亲。侧重点是英国父亲。

　　同时，这里还想展示一幅更广阔的历史画卷：我们的祖先在前5万年走出非洲之后，大体经历了一个对外扩散的过程。可是，到了近代却开始了一个相反的过程。祖先的子孙们在经过大约3980代之后，居然开始相互交融，一意要奔向全球一体化。这个一体化过程既包括经济也包括精神文化，并且欧美父亲似乎还占据着主导地位。那么，这个过程是从什么地方、什么时候又因什么而开始的呢？

这些在接下来的故事中也一并讲述。

一、相互征服的欧洲

先来讲欧洲各国的远古父亲。

前 3500 年，在欧洲产生了以库尔干父亲为先驱的父系社会。前 2000 年，一部分库尔干人骑马南下入侵希腊，成为古希腊父亲，另一部分库尔干父亲入侵意大利，成为古罗马父亲。这两支库尔干人创造了特殊的祭祀制度（精神文化）、经济制度以及法律制度。而就在此时，另一些库尔干父亲继续向西和北两个方向进军，演化成了西欧、中欧的远古凯尔特父亲和北欧的远古日耳曼父亲。这一时期的他们，与远古中国、希腊、罗马、犹太父亲相比，没有一点引人注目的地方，更谈不上与古希腊、古罗马、犹太父亲有什么历史渊源了。

1. 库尔干人（凯尔特人·高卢人）扩张①

今天的凯尔特人分布在爱尔兰、苏格兰、威尔士，以及法国的布列塔尼半岛。前 2000 ~ 前 100 年，凯尔特人相继活跃于欧洲和小亚细亚等地。凯尔特人得名于斧、锛，这些工具成为他们的象征。前 3 世纪以后，人们逐渐把凯尔特人称为高卢人。

前 6 世纪，凯尔特人从中欧来到高卢（法国），再向西北，横渡英吉利海峡，进入不列颠和爱尔兰，征服了岛上原居民皮克特人。皮克特人是前 3000 年来自比利牛斯半岛的伊比利亚人，他们在英国伦敦西南 100 多公里的索尔兹伯里平原上创造了巨石文化。在欧洲大陆，前 5 世纪，凯尔特人征服了北意大利波河流域，前 3 世纪初，侵入希腊。

凯尔特人的扩张，是武力侵掠的旧式举族迁徙，男女老幼结队伴行。每逢遇有湿润丰腴之地便定居下来。前 1100 ~ 前 450 年（哈尔施塔特文化），他们在奥

---

① 沈坚：《古凯尔特人初探》，载《历史研究》，1999（6）；［古罗马］恺撒：《高卢战记》，任炳湘译，商务印书馆 1979 年版，第二卷二八、第五卷一二至一四、第六卷一一至二三；［古罗马］塔西佗：《阿古利可拉传·日耳曼尼亚志》，马雍、傅正元译，商务印书馆 1959 年版；［法］阿利埃斯：《古代人的私生活》，李群等译，三环出版社 2006 年版，439 ~ 441 页、500 ~ 501 页；钱弘道：《英、美法讲座》，清华大学出版社 2004 年版，2 页；http://tieba.baidu.com/p/1135461918；http://www.baike.com/wiki/%E5%87%AF%E5%B0%94%E7%89%B9%E4%BA%BA。

地利建筑了不少设防寨堡，以木棚或土坯筑墙，并设有望楼、大门。前5世纪中叶至前1世纪末（拉登文化），他们在瑞士的寨堡更具规模，四周都是高墙深壕，大约已成为部落的行政、祭祀中心，后至罗马时期，不少发展为城市。像伦敦、日内瓦、维也纳皆起源于凯尔特人建立的设防据点。

凯尔特人的经济以农耕和牧畜为基础。他们征服新的土地后，集体占有土地，并在各部落间进行分配。他们善役马，会使用铁犁，懂得较先进的耕作方法。高卢北部的凯尔特人以灰泥做肥料施于农田。有的地方使用带犁刃和犁壁的轮式犁翻耕草地。他们种植大麦和小麦等。高卢的人口也从前1000年的70万人增加到前400年的300万人。从前5世纪起，他们开始定居生活，用木材和黏土建屋，室内无家具，仅在地面铺上干草或麦秆，覆以兽皮。住房边的院子内大多挖有储藏谷物的地窖。高卢人奉行同族婚姻，一夫多妻制。家族、部落，都从属于某个统治者。平民都要找一个人做依靠，借以抵抗比他强有力的人，因此，他们大多数都有租赋负担。

凯尔特人最终没能形成一个统一的国家。随着罗马帝国的强盛和扩张、日耳曼人的入侵，凯尔特人丧失了在欧洲的地位。前385年，凯尔特人洗劫了罗马城。前49年，恺撒大败高卢的凯尔特人，一雪前耻，斩杀了100万凯尔特人，并把100万凯尔特人掠为奴隶。比如纳尔维人的600个长老只剩下3个，能持武器作战的6万男子中，只剩下了500人。从此，作为凯尔特文化中心的高卢地区成为罗马帝国的一个行省。

在不列颠，住在内地的凯尔特人大多数都不种田，只靠乳和肉生活，用毛皮当作衣服。沿海地区的凯尔特人耕种田地，居民很多，房舍建得很密集，牲畜的数量也极多。这些都与高卢人没有多大差别。前55年，恺撒来到不列颠。那时，他的目的未必是想征服不列颠，而是想警告凯尔特人不要支持高卢人与罗马对抗。从43年开始，罗马皇帝克劳迪乌斯率领4万大军，用了3年时间征服了不列颠岛的中部和中南部，设置了行省，但爱尔兰、苏格兰、威尔士仍在凯尔特人的手中，他们时常起兵反抗罗马人的统治，罗马人为了防备他们，修建了"哈德良长城"。407年，罗马帝国因内外交困撤出不列颠，凯尔特人又重新恢复了统治。

2. 库尔干人（日耳曼人）战胜罗马[①]

前 2000～300 年，日耳曼人生活在欧洲北部和中部（现今瑞典的南部、丹麦半岛以及德国）。以后演化出斯堪的纳维亚民族、英格兰人、弗里斯兰人和德国人，从德国人中，再演化出荷兰人、瑞士的德意志人。

前 6 世纪，日耳曼各部落开始南迁，挤走了凯尔特人。前 2 世纪末，日耳曼人中的辛布里人和条顿人联合入侵高卢南部、意大利北部，但在前 101 年被罗马军所歼灭。而罗马帝国也无力派出足够的军队去占领整个日耳曼人居住区，只是让日耳曼部落向帝国称臣纳贡，建立强制性的条约依附关系。1 世纪初，罗马帝国正式把莱茵河与多瑙河上游划入帝国版图，建立了两个行省：上日耳曼行省（美因茨）和下日耳曼行省（科隆）。经过多年的斗争，日耳曼人逐渐意识到，要战胜罗马军队，必须改变各个部落各自为战的涣散状态。于是部落联盟开始出现。9 年，日耳曼各部落在条顿堡与罗马军队激战，日耳曼人取得了重大胜利，许多日耳曼部落获得独立。日耳曼人也因此被称为条顿人。

日耳曼人保持着宗族部落组织，以畜牧和打猎为主，兼用刀耕火种，一块地收获几次以后就得丢掉，换种新的土地。为了作战，比如苏威皮族有 100 个部，每年都从每个部落征召 1000 名武装人员到境外去作战，其余留在本土从事生产，维持生活。下一年轮到留守人员出去参加战争，再由上年服役的人回家生产。他们中间没有私有、划开的土地，也不允许停留在一个地方居住一年以上。所以，各家族没有数量明确、疆界分明的土地，首领们每年都把大小适当、地点合宜的田地分配给他们，一年之后又迁到别处去。首领们说，这是为了避免各家族追求大片土地从而形成强大势力把弱小家族逐出的事情发生，希望各家族都拥有同等数量的财产。日耳曼人的耕畜和住宅归各家所有。各部落外围由一圈荒地包围，各个家庭的住宅也不彼此毗连，零星散落在水泉、草地或树林间，房屋的周围都留着一片空地。

---

① ［法］阿利埃斯：《古代人的私生活》，李群等译，三环出版社 2006 年版，400～401 页；朱寰、马克垚：《世界史·古代史编》（下卷），高等教育出版社 2011 年版；［古罗马］恺撒：《高卢战记》，任炳湘译，商务印书馆 1979 年版，第四卷一至三、第六卷——至二三；［古罗马］塔西佗：《阿古利可拉传·日耳曼尼亚志》，马雍、傅正元译，商务印书馆 1959 年版；http://www.baike.com/wiki/% E6% 97% A5% E8% 80% B3% E6% 9B% BC% E4% BA% BA&prd = so_ 1_ doc。

在疆界以外抢劫，是光荣的事。各宗族部落的首领，只限于在同一宗族之内调解纠纷，没有超越宗族部落的仲裁机构，也没有权威部门，在战争时期才选出若干名联合指挥官。首领还保护那些愿意做自己随从的人，随从也将自己的牛群或谷物的一部分献给保护者，有时还献出精选的良马、厚重的盔甲、马饰及项链等。

当男人不打仗的时候，便狩猎，或无所事事，吃喝睡觉，并热心于赌博。赌本输光时，便把自己的身体自由当孤注。如果输光了，就去给赢家做奴隶。这些奴隶拥有房屋和家庭，只是向奴隶主交纳一定数量的谷物、牛和衣服。

前 2 世纪中叶后，日耳曼人停止流动，出现定居和村落，知道用木头盖房子，挖地窖，种谷物。假如有一个日耳曼人在一个地方定居，以后就会有其他亲戚家庭搬过来。其聚落很小，一般约有 200 个居民，平均寿命只有 35 年。这一时期，宗族部落里出现了负责掌管祭祀事务者与军事指挥者。他们任职终身，但不能世袭。同时，也产生了一种原始形式的司法机构。由部落武士大会选举若干领充任法官，法官们负责巡回各聚落，审理私人诉讼案件。但如杀人、伤害等，则由当事者所属的宗族权威人士予以裁决。

军阵也逐渐改为按照各个家庭和血缘关系编组。战争中，身旁的家人促使战士们去博得赞誉。他们把自己的创伤带给母亲和妻子们看。男人感到女人身上有一种神秘的力量，有事就和她们商量，并尊重她们的意见。他们实行一夫一妻制。妻子所抱的信念是，将自己所接受的结婚信物丝毫无损地传给她的儿媳妇，以便让它们传给她的孙辈。亲属和姻戚愈多，则老景愈佳。

376 年，日耳曼民族的西哥特人部落受匈奴人袭击，在获得罗马皇帝同意后，渡过多瑙河进入巴尔干半岛。到 4 世纪末，罗马军队实际上已是由被称为"蛮族"的日耳曼士兵组成。后来这些许多"蛮族"出身者得到晋升，至西罗马末期，有的甚至任全军统帅。395 年罗马帝国分裂，各个日耳曼族群入侵西罗马帝国。西哥特人在 410 年攻陷首都罗马，419 年进入高卢南部和西班牙，建立西哥特王国，711 年被阿拉伯帝国所灭。汪达尔人在 439 年攻陷迦太基城，建立汪达尔王国，455 年渡海攻入罗马，534 年为拜占庭所灭。勃艮第人在 457 年以里昂为中心建立了勃艮第王国，6 世纪初，为法兰克王国所灭。东哥特人在 476 年攻入意大利，493 年在意大利北部和中部建立东哥特王国，553 年为拜占庭所灭。伦巴第人在568年攻入意大利北部建立伦巴第王国，774年为法兰克所灭。法兰克王克洛维在486年率军大败罗马军队于苏瓦松，占领高卢大部分地区，以巴黎为首都建立了墨洛温王朝（481－751年）。

732年，法兰克的宫相马特率军在普瓦提埃击败进犯的阿拉伯人，掌握了实权。其子丕平（矮子）于751年篡夺王位，在苏瓦松的贵族集会上被公认为国王，墨洛温王朝灭亡，开始了加洛林王朝（8世纪中叶至10世纪）。754年教皇为丕平加冕。为了报答教皇，丕平率兵进攻威胁教皇的伦巴第人，由此确立了教皇对罗马附近及拉文那总督区的统治，奠定了教皇国的基础。丕平之子查理（768－814年），四处征伐，800年前后，他统治下的法兰克王国的版图大致与西罗马帝国的欧洲部分相当，史称"查理帝国"。在这一年的圣诞节，教皇利奥三世在罗马的圣彼得教堂为查理行加冕礼，他被称为"罗马人的皇帝"，被称为"查理曼"（意为"伟大的查理"）。

前2世纪，日耳曼人家族开始实行男丁均分土地，同时，男性已经形成听命于一位年长的或地位较高的人的习俗。在推荐受命仪式上，通过手的接触，主人将某种神圣的东西传给男性，男性就成了主人的男仆，受到主人保护，同时服务于主人。这种习俗在查理曼时期，被带进国家的政治生活之中，正式形成欧洲封建制度。比如，查理的近卫队都是由封臣、附属国或仆人组成。查理给每个臣仆一定的地产，臣仆再分封下去。这种封建制度，形成权力独立的基层机构。在这些基层机构里，指挥权和司法权都集中在一名首领身上。这些权力也被视为世袭家产。于是，法兰克王国便形成了金字塔式的统治机构。不过，虽然国王在塔尖，但各层机构的男仆都直接听命于自己的主人，而不是国王，于是，在内战中，"仆人背叛了查理曼"。

查理之子路易（814－840年）在位时，他的几个儿子多次叛乱。路易死后，长子罗退尔即位，他的兄弟路易和查理联合起来反对他，战争不断。843年三兄弟在凡尔登缔结条约，约定路易得莱茵河右岸地区和巴伐利亚，大致等于今天的德国西部，地理上称日耳曼（德意志）。查理所得地区大致等于今天的法国，地理上称法兰西。罗退尔得到意大利中部、北部等，得名为洛林。三人所统治地区独立发展，不相统属，这便形成意大利、德国和法国的雏形。

3. 盎格鲁撒克逊人（日耳曼人）征服不列颠凯尔特人①

在不列颠岛对面欧洲大陆上的日德兰半岛上，南部居住着盎格鲁人，北部居住着朱提人，在易北河与威悉河下游居住着撒克逊人，他们都是日耳曼人的分支。盎格鲁人与撒克逊人的关系密切，语言与风俗很难区分，历史上统称为盎格鲁撒克逊人。罗马人驻不列颠军队为了防备他们被不列颠的海盗骚扰，在东南海岸建立了要塞，称为"撒克逊海岸"。罗马人从不列颠撤军后，肯特地区的凯尔特人部落请朱提人帮助他们抵御皮克特人和斯克特人，朱提人于449年进入肯特。随后双方因薪饷问题起了争执，朱提人以武力占领了肯特，正式在当地定居下来。同时，撒克逊人进入泰晤士河流域；盎格鲁人则横渡北海进入英格兰中部。550年，进入南部的撒克逊人打败凯尔特人。613年，盎格鲁人在诺丁汉大胜，进入了爱尔兰海岸，这3个民族就此在不列颠定居下来，而凯尔特人退到了威尔士、苏格兰、爱尔兰等地，有的逃入山林，或沦为奴隶。这就是英国历史上发生的"日耳曼人征服"，亦称"条顿人征服"。7世纪，这3个日耳曼民族建立了诺森布里亚、麦西亚、东盎格利亚、埃塞克斯、肯特、苏塞克斯、威塞克斯7个王国。

盎格鲁撒克逊人由大陆入居不列颠时，在首领与亲兵集团之间，在宗族成员与族长之间，在需要保护的平民与保护者之间，形成了封君封臣关系。宗族关系与领主关系并存，并且结合在一起。各王国为了维持治安，也对宗族及领主关系加以提倡。这两种关系也时常混合在一起，族长也就是领主，他下面的许多依附者多半是族人，受他的控制和管辖。当他们违法时，按传统的全体集会裁决，而主持者即是族长兼领主。

4. 诺曼人（日耳曼人）袭击不列颠②

居住在欧洲大陆易北河口以北的另外一些日耳曼人被称为诺曼人（维京人），包括丹麦人、瑞典人和挪威人。4世纪以后，他们仍过着部落生活，信仰自己的部落神。到了9世纪，诺曼人开始四处侵掠，成为著名的海盗。丹麦人袭击英格

① 沈坚：《古凯尔特人初探》，载《历史研究》，1999（6）；马克垚：《英国封建社会研究》，北京大学出版社2005年版，3～5页；马克垚：《英国封建社会研究》，北京大学出版社2005年版，14页、15页、24～25页；《英国古代史》，见http：//tieba.baidu.com/p/1135461918；http：//www.baike.com/wiki/%E5%87%AF%E5%B0%94%E7%89%B9%E4%BA%BA。

② 朱寰、马克垚：《世界史·古代史编》（下卷），高等教育出版社2011年版。

兰和法国，挪威人袭击苏格兰、爱尔兰等地，瑞典人向东欧发展，862年，在诺夫哥罗德建立了政权。882年，他们又建立了基辅罗斯公国，后来他们被东斯拉夫人所同化，成为俄罗斯人的祖先。9世纪中期，丹麦人南下攻击伦敦，并在英国建筑越冬基地，不再返回丹麦。英格兰东北部渐形成丹麦人大片定居区。9世纪初，盎格鲁撒克逊人的威塞克斯国王兼并六国，统一全英格兰，但对丹麦人无可奈何。879年，英格兰国王阿尔弗雷德（871-899年）打败了丹麦人，与他们订立和约，规定以伦敦向西北延伸到彻斯特一线为界，北部、东北部为丹麦人统治，丹麦统治者向当地收取"丹麦金"，而南部仍属英格兰。11世纪初，丹麦王斯文（1013-1014年）率军入侵英国，1013年成为英国国王。后任的克努特国王（1016-1035年）出兵斯堪的纳维亚，夺取丹麦，进攻瑞典，一度成为挪威国王，建立了囊括北欧的克努特帝国。他死后，英格兰再归盎格鲁撒克逊森人国王的统治。

9世纪中期诺曼人还袭扰法兰克河口各地，巴黎曾两次遭受劫掠。在莱茵河口、斯凯尔特河口等地，诺曼人曾建立居民点。911年，罗洛率诺曼军占据了法兰西西北部一大片地区，称其为"诺曼底"（北方人的土地），法兰西国王查理三世与罗洛立约，封他为公爵，将塞纳河口一带地方划归他统治，以后这里有大批诺曼人前来定居，形成诺曼底公爵领地。11世纪，诺曼底已完全法国化，成为法国的一个大封建领地。

诺曼人的侵袭削弱了西欧的王权。在法兰西，987年，大贵族推举加佩为王，开始了加佩王朝（987-1328年）。法国被诺曼底公爵、佛兰德尔伯爵、勃艮第公爵、阿奎丹公爵等分割。加佩王室只占有塞纳河与卢瓦尔河之间地区，十分弱小，只保留国王名义而已。在德国，贵族们推选康拉德一世（911-918年）为王。919年，贵族们推选撒克逊公爵亨利为王（919-936年），开始了德国的撒克逊王朝（919-1024年）。亨利的儿子奥托一世（936-973年）进军罗马，帮助教皇平定内乱。教皇为奥托加冕，取得"神圣罗马皇帝"称号。

5. 诺曼人威廉征服盎格鲁撒克逊[①]

英格兰（威塞克斯）国王的后裔爱德华去世后，由于他无子嗣继承王位，贤

---

① 《英国古代史》，见 http://tieba.baidu.com/p/1135461918。

人会（咨议会）选举哈罗德继任英格兰国王。然而，诺曼底公国的威廉（1066 – 1087 年）为了获得英格兰王位，1066 年 9 月率军在英格兰的伯文西登陆。10 月，威廉一世与哈罗德在黑斯廷斯决战，威廉大胜，哈罗德战死。12 月 25 日，威廉在伦敦登上英格兰王位，称威廉一世，这就是"诺曼征服"。盎格鲁撒克逊人进行了长期的武装斗争反抗诺曼人的统治，但均未成功。1072 年威廉征服了全英格兰，大肆分封与他一起打江山的臣下。

亨利二世（1154 – 1189 年）即位后，严厉镇压英国内乱期间骚动的大封建主，拆除了他们建造的 300 多座城堡，又任命自己的亲信担任各地的郡守。他还改革了军制。当时的传统是封建附庸每年向国王服军役 40 天，这不利于长期作战，造成王权对于封建领主军事力量的依赖，所以他让领主缴纳盾牌钱，以金钱的形式代替军役，他再用这笔钱去募集军队。同时他还恢复民军，所有的自由民自选配备武器，随时准备出战。在司法方面，他规定自由民可以越过领主直接向国王法庭申诉（普通法）。

威廉一世征服英格兰后，法国诺曼底公国便成为英格兰的一部分。1199 年，约翰（1167 – 1216 年）继承英国王位。1204 年，法王腓力二世（1180 – 1223 年）对约翰进行缺席审判，剥夺了他在法国领地的一切权力，法军立即进入诺曼底地区。1204 ~ 1206 年，约翰与法国作战，企图夺回诺曼底。失败后回国，他受到了国内贵族的逼迫，与贵族们于 1215 年订立了《大宪章》。

亨利八世（1509 – 1547 年）因离婚问题，与罗马教廷决裂。亨利八世的女儿伊丽莎白一世（1558 – 1603 年）即位后，宣布自己"同国家结婚"，把终身献给英格兰。在她的领导下英格兰击败了西班牙无敌舰队，开辟了美洲殖民地，改良了货币，成立了东印度公司等特许公司，实施了国家对矿山、煤炭、玻璃、盐、铁的垄断，颁布了工匠法、救济法、流浪乞丐处罚法以促进就业。1603 年，伊丽莎白一世去世，因无嗣，由具有英王室血统的苏格兰国王詹姆斯一世（1603 – 1625 年）即位，英格兰与苏格兰两国形成共主联邦。1625 年，他的儿子查理一世（1625 – 1649 年）即位。1629 年，他解散了议会，导致了起义。1639 年，苏格兰军攻入英国北部。为了筹措军费，查理一世被迫于 1640 年重开议会，英国由此进入近代。

6. 凯尔特人的爱尔兰维持独立①

爱尔兰岛的凯尔特人一直保持着小股群居的习俗，9 世纪后，岛上的伦斯特、芒斯特、康诺特和阿尔斯特这 4 个地区才联合在一起。795 年，丹麦人（诺曼人、维京人）入侵爱尔兰，9 世纪中叶在都柏林等地建立永久定居点。1000 年，博罗成为爱尔兰人国王，1014 年，率军队在克朗塔夫击败丹麦人，并把都柏林作为爱尔兰首都。

居住在威尔士的凯尔特人一直处于分裂状态，常常被置于英格兰人的势力范围之内。1282 年，英格兰国王爱德华一世（1272 - 1307 年）发动入侵战争，把威尔士置于英格兰的统治之下。1536 年和 1542 年的联合法令把威尔士与英格兰在行政、政治和法律上统为一体。

自 407 年罗马人离开不列颠岛以后，岛北部的苏格兰成立了 4 个国家。第一个是被罗马人称为皮克特人的国家，占据着从福斯河到潘特兰湾之间的广大地区。第二个是苏格兰人国家。6 世纪，来自爱尔兰的一个名叫"苏格兰"的凯尔特人部落（斯各特人）侵入了苏格兰南部，并定居下来，用自己部落的名字来为这块新夺取的土地命名。他们向南扩张，并吸收了土著的皮克特人。第三个是不列颠人国家，主要居住在克莱德河流域。他们跟斯各特人属于同一个种族，也是凯尔特人。第四个是盎格鲁人国家。他们来自丹麦南部的一个叫斯勒斯威格的地方。此时基督徒到这里传道已久，深深影响着这 4 个国家的人们，使他们相互间有了共同的纽带，促成了 4 国联合。皮克特人和斯各特人联合为阿尔班王国。1018 年，阿尔班国王邓肯最终成功征服盎格鲁人的国家。同年，不列颠人的国王死亡，邓肯成了继承人，这 4 个国家终于在邓肯统治下联合到了一起。1034 年，麦克白起兵反抗邓肯并获胜，夺得王位。邓肯的儿子马尔康姆三世在 10 年后复仇成功，重新夺回王权。莎士比亚以此为素材创作出《王子复仇记》。1072 年，威廉一世入侵苏格兰，马尔康姆被迫投降，宣布臣服。1296 年，英格兰国王爱德华一世吞并了苏格兰。华莱士领导苏格兰人反抗，于 1297 年进行的斯特灵战役获胜后几乎为苏格兰赢得了独立。以次事件为素材创作出的电影就是《勇敢的心》。

---

① 沈坚：《古凯尔特人初探》，载《历史研究》，1999（6）；《苏格兰历史漫谈》，见 http：//movie. mtime. com/12493/reviews/4969948. html；《苏格兰历史》，见 http：//zh. wikipedia. org/wiki/% E8% 8B% 8F% E6% A0% BC% E5% 85% B0% E5% 8E% 86% E5% 8F% B2。

1314 年，苏格兰国王布鲁斯在班诺克本战役中大获全胜，驱逐了英格兰人。1332 年，英格兰再次进攻苏格兰，苏格兰人开始第二次独立战争。1603 年，伊丽莎白一世逝世，指定继承人正是苏格兰在位国王詹姆斯六世。英格兰王国与苏格兰王国从此形成共主联邦。光荣革命（1688 年）之后，英格兰和苏格兰的王位继承出现再度分化的可能，英格兰议会与苏格兰的议会达成协议，两个国家正式合并，改名为大不列颠联合王国。

二、共用一把菜刀的朝代①

接下来讲中国宋朝、元朝的父亲。

960 年，后周大将赵匡胤在陈桥发动兵变，黄袍加身，建立宋朝（960－1279 年），定都汴梁（河南开封）。1127 年，金兵南侵，造成了靖康之耻，北宋灭亡。随后，赵构在应天府南京（河南商丘）即位建立了南宋，之后南退杭州。金兵也一路南扑，直逼杭州。由于南方气候潮湿河道纵横，加上南宋军民的英勇抗战，金朝撤兵北上，但被宋将韩世忠断掉后路，最后金军用火攻才打开缺口，得以撤退。之后金军在建康又被岳飞打败，从此再不敢渡长江。1276 年，蒙古军队攻占杭州。1279 年，8 岁的小皇帝赵昺被大臣陆秀夫背着跳海而死，宋朝彻底灭亡。

宋朝是由兵变产生出来的王室。为了避免军人操纵政治，宋朝一方面加强中央集权，另一方面采取重文抑武的方针。宋朝的政治体制沿袭唐朝，但宰相不再由三省长官担任，而是另以同中书门下平章事为宰相，以此削弱相权，加强皇权。宋朝还规定，州郡长官不能兼任其他州郡的职务，州郡的兵权、财权和司法权归朝廷。州郡长官由文臣担任，这些官员都由中央官兼摄，县令也由朝官兼任，称为知县，三年一替换。宋太祖（960－976 年）为加强皇权和军事阶层的稳定，削去都点检这个重要的禁军职位。不久，通过杯酒释兵权解除武官的军权，设立枢密院来负责军务。枢密院直接对皇帝负责，其他任何官员都不得过问。战

---

① 钱穆：《国史大纲》（修订本下册），商务印书馆 1996 年版，525～527 页、541～542 页、545 页、638 页、652 页；http：//baike.baidu.com/subview/23604/5095152.htm；http：//www.baike.com/wiki/%E5%AE%8B%E6%9C%9D；http：//baike.baidu.com/subview/10783/13497984.htm；http：//www.baike.com/wiki/%E5%85%83%E6%9C%9D。

争时战区司令皆由文官或太监担任。由此，官吏、兵权、财赋都统一到中央。同时，优待大士夫，让文人地位高于武人。

与之相呼应，宋朝大兴科举，让知识分子参政。从宋太祖后期起，举人经礼部试之后，必须再通过皇帝亲自主持的"殿试"才算合格。这样，被录取的人便成为"天子门生"。进士应试，三年一次，宋太宗（976－997年）在位21年，通过科举而得官的将近1万人。宋仁宗（1022－1063年）在位41年，由进士而得官的就有4517人。宋朝对官僚们采取荫子荫孙的待遇，乃至于荫及异姓亲戚、门客。因此官僚机构日益庞大，到1063年，官吏"十倍于国初"。

宋朝户籍一般叫作"五等版籍"，列入其中的主户，占有田地、承担赋役。按照他们的财产（主要是田地）多少，分为五等。没有田地产业者被称为"客户"，租种地主的田地。在土地政策上，与以往朝代不同，采取"不抑兼并"和"田制不立"的政策，这纵容了土地兼并。政府控制的纳税土地日益减少，到宋英宗（1063－1067年）以后，纳税土地仅占全国耕地面积的十分之三。

1058年，王安石上万言书，主张废除科举制度，从基层（"乡党"）选拔官吏。他还认为，财政困难不是因为官吏多和俸禄厚，而是因为"理财未得其道"。他的变法内容有方田均税法：为了保证财政收入，需要解决土地税负担不均的问题，因此实行清丈土地。清丈后，将田地的亩数、主人姓名、土地肥瘠等级登记上册，并按照土地好坏分为五等，均定税额高低，由此减轻向政府纳税的自耕农的负担。还有青苗法：各地方政府每年分两次举行放款，由民户自愿借贷。

1206年，蒙古各部在斡难河畔召开大聚会，铁木真被拥戴为蒙古的"汗"，尊称为"成吉思汗"（1206－1227年）。成吉思汗建立了军事编制和领户分封制。按照十进制的办法，把蒙古各部牧民统一划分为十户、百户、千户、万户，重组了原来的氏族组织。在这个军事编制的基础上又建立了领户分封制。万户长和千户长由成吉思汗直接任命分封。万户长及千户长领有一定封地和封地内的住户。这些领主都是宗亲和异姓功臣。成吉思汗还把被征服国家分封给他的三个儿子。1271年，蒙古建立起元朝，定都大都（北京）。1368年，朱元璋领导的农民军攻占南京，改国号为大明。

蒙古族自恃武力优越，其疆土横跨欧亚，侵占中原也仅仅因为要掠夺中原的财富，所以并不重视文治，皇帝不懂汉文，官吏也不通文墨，只信奉草原的萨满教与佛教（特别是藏传佛教）。虽然元朝推行"汉法"，但保留了蒙古贵族特权，他们以军人和贵族的身份，利用特权经营财利，剥削生息。

元朝采用中国传统体制，设立中书省，上承天子，下总百司，领六部，为最高行政机关，行使宰相职权。元朝任用大批儒臣，建立儒户这个户籍来保护和优待读书人，但高级地方政府首长，全由蒙古人担任，汉人、南人只能充当副职。蒙古官员大多数是世袭的，每一个蒙古首长，如州长、县长管辖一州或一县，这一地区便成为他的封建采邑，汉人则是他的农奴。断理狱讼主要根据已断案例，类推解释，司法的随意性较显著。蒙古皇帝可以随时把农田，连同农田上的汉人，赏赐给皇亲国戚，而汉人没有地方可以申诉。元朝僧人有免税免役特权，致使一些不法之徒投机为僧，甚至干预诉讼，横行乡里。

为维护贵族专制，元朝把民众分为四等，一等蒙古人，二等色目人，三等汉人，四等南人。色目人是西域人。汉人，指淮河以北的汉族，四川、云南（大理）的汉族以及契丹、女真、高丽等族。南人是原南宋境内各族。元朝禁止汉人打猎、持有兵器，数家才被允许共用一把菜刀，也禁止集会拜神。汉人只能和汉人通婚，不能和蒙古、色目人通婚。

元朝把所属人口分为民户、站户、军户、匠户、冶金户、打捕户、姜户、葡萄户、畏兀户、也里可温户等，称为"诸色户计"，分别承担不同的赋税。

元仁宗初年（1311－1320年）恢复科举（名额很有限），分左（汉人、南人）右（蒙古人及色目人）榜，左榜考三场，试题较难，右榜考两场，试题较易。元人尊崇孔子，理学是元代科举的标准。朱学的后继者为了配合元朝皇帝的需求，更注重伦理道德学说。元朝没有统一的"官方思想"，对各种思想几乎一视同仁。

三、以孝道求和谐与"宇宙大爆炸"

看来，欧洲父亲和中国父亲生活得都不容易。从远古到古代，欧洲都长期处于相互征服的战乱之中，而在中国宋朝和元朝的大约400年间，这种"乱"也同样发生着。

就西欧的社会整体进程而言，有很多让人费解的地方。先来看一看安格斯·

麦迪森对历史上世界各社会的人均 GDP 的推算数据：[①]

以 1990 年的国际元做衡量单位，公元元年时，世界平均值是 467 元。中国是 450 元，接近世界平均水平。日本是 400 元，墨西哥是 400 元，低于世界平均水平。罗马帝国控制下的法国是 473 元，希腊是 550 元，意大利是 809 元，远远高于世界平均水平，而德国是 408 元，英国是 400 元。希腊、罗马在世界经济的主导优势非常明显。

1000 年时，世界平均值是 453 元。中国上升为 466 元，高于世界平均水平。日本是 425 元，墨西哥仍旧是 400 元，低于世界平均水平。东罗马帝国的希腊下降为 400 元。而在被日耳曼"蛮族"所取代的西欧，法国下降为 425 元，意大利下降为 450 元，英国保持了 400 元，德国上升为 410 元。中国在世界经济的主导优势非常明显。

1500 年时，世界平均值是 566 元。中国上升为 600 元，高于世界平均水平。日本是 500 元，低于世界平均水平。墨西哥是 425 元，希腊是 433 元，远远低于世界平均水平。德国是 688 元，英国是 714 元，法国是 727 元，意大利是 1100 元，都得到大幅度提升，远远高于世界平均值，西欧超越了中国。

1820 年时（鸦片战争前夕），世界平均值是 667 元。中国依然是 600 元，希腊上升为 641 元，但仍低于世界平均水平。日本上升为 669 元，超越了中国，也高于世界平均水平。德国是 1077 元，意大利是 1117 元，法国是 1135 元，英国是 1706 元，西欧把世界远远甩在后面，而英国又把西欧其他国家远远甩在后面。

1900 年时，以上趋势延续了下去。世界平均值是 1262 元，中国却下降为 540 元。日本大幅度上升为 1180 元，把中国远远甩在后面。英国大幅度上升为 4492 元，把世界远远甩在后面。

怎样来看待以上的数据呢？这里从古代经济制度来观察。

直至前 2 世纪，古日耳曼父亲的土地制度是古代公有制。在古日耳曼部落里，父亲不打仗的时候，便狩猎，而更多的则是无所事事，吃喝睡觉。由于这些父亲掠夺外族人财产理所当然，不同聚落之间凭借武力解决问题，超越聚落之上的统合组织几乎不存在。处于这种状态的古代欧洲父亲，被古希腊父亲和古罗马父亲

---

① Angus Maddison, Historical Statisitics for the World Economy：1 – 2006 AD。

称为蛮族。然而就是这样的蛮族社会，在占领了西罗马帝国的地盘之后，虽然让这些地区的经济水平大幅度下降，但并没有把古代欧洲拖回到原始状态。更令人难以置信的是，他们从原来的原始蛮族社会状态出发，只用了 1200 年的时间，在公元 1000 年之际，便让自己的社会挤入了古代世界前列。这种变化，与古代土地公有制的墨西哥阿兹特克人的长期停滞状态相比，可以说是神速，而在古代中国，从商朝前的状态算起达到宋朝的水平，也用了 2500 年。

也许正是基于以上的事实，纳粹德国才把古日耳曼人看作世界最优秀的民族。古日耳曼父亲、古希腊父亲、古罗马父亲同属库尔干人的子孙，到了前 2 世纪时，古希腊和古罗马的经济发展已经位居世界前列，但古日耳曼父亲依然生活在蛮族社会中。从远古到古代的欧洲历史发展来看，前 3500 年，库尔干人进入父系社会，但直到前 2 世纪的这 3300 年的日子中，古日耳曼父亲居住在原始森林中，除了抢劫、斗殴、赌博，什么都不干，根本就没有"优秀的遗传基因"的影子。因此，用民族差异解释不了古代中国和西欧的历史进程，当然也无法解释古代世界的历史进程。然而，这里必须强调的是，这些蛮族社会，在公元 1000 年以后的 500 年间中，依然保持着神速变化，逐渐超越了包括古代中国在内的古代世界其他社会的经济发展，到了近代之后更是把世界远远甩在后面。古代西欧父亲似乎走了一条与古代中国父亲完全不同的道路。

就欧洲来看，我们知道，古代社会应该是从蛮族的原始公有制度到古希腊、古罗马的奴隶制度，再到古代西欧的封建制度，然后进入近代西欧的资本主义制度的。从前 1556 年希腊的刻克洛普斯成为第一位国王开始，到 1688 年英国光荣革命为止，一共用了 3000 年。如果以这样的尺度来衡量，那么就可以说，古日耳曼父亲从前 2 世纪的蛮族社会出发，省略了古希腊、古罗马的漫长的奴隶社会，一下子直接跨入了古代封建社会，并迅速进入了近代资本主义社会。古代西欧经济发展的神速也许正体现在这种跨越式发展之中。那么，是什么带来了这种跨越呢？那也是古代西欧各国在近代成为发达国家的原动力吗？这是需要弄清楚的。从远古到古代的日耳曼父亲并没有多少引人注目的地方。所以，应该密切关注的是，古代欧洲封建主义是如何向"古典资本主义"转化的。为此，封建土地制度是无法避免的话题。以下就讲一下古代英国和宋元时期的封建土地制度。

1. 盎格鲁撒克逊人和宋朝的土地制度

（1）给自己留下一份遗产①。

盎格鲁撒克逊时期，英国农村中的父亲被称为刻尔，他们是自由人，有义务从军。从 8 世纪开始，他们负担修筑桥梁堡垒等力役，还对教会奉纳灵魂捐等。每个刻尔及其家族必定属于自己的宗族，并对宗族负有义务，宗族也有保护他们的责任。刻尔以户为单位拥有宅地及耕地，一户所拥有的份地被称为一海德。另外，牧场、草地、树林等，由大家共同使用。刻尔的家族耕地不能由女系继承。家长的财产分为三份，一份归自己处理，一份留给诸子，一份留给妻子，如妻子再外嫁，所得土地应归还丈夫的家族。留给诸子的土地都大体均等分配，长子要稍稍多一些。

爱德华一世（899－924 年）时期，英国土地分为民田与书田两大类，当时的国王、贵族都拥有书田和民田。家族、宗族所拥有的土地都是民田，是按部落、氏族习惯占有的，如继承时不得传给族外等，发生纠纷时由郡法庭处理。7 世纪以后英国建立了 7 个王国，国王便用文书来封赐土地给领主和教会。文书由教士起草，言明土地赐给某人作为可以继承、转移、出让的财产，这就是书田。这种以赐地文书为根据占有的土地，发生纠纷时由王室处理。尽管如此，当时农民之间贫富差别较小，大多数农民是独立自耕农民（刻尔、自由人）。只是在国王赐地上（书田），佃户向他领主纳贡、接受领主的司法审判。另外，盎格鲁撒克逊社会奴隶来源不少：外族战俘，本族的偷窃犯、通奸犯、引诱修女离开修院的恶人，违反教规而星期天去干活的劳动者，欠债不还的人等。

（2）共同所有。

与刻尔父亲所采用的土地制度相比，宋朝的父亲又是什么情况呢？古代中国的历史悠久，情况有些复杂。

周朝实行的是封建制，周人最低贵族的士也有一定数量的封地。这些田地的经营方式都是"井田制"，即把 100 亩田地分给 9 家臣民（非周人）耕种，每家 10 亩，被称为"私田"，收获农作物归臣民所有，剩余的 10 亩作为"公田"，是

---

① 马克垚：《英国封建社会研究》，北京大学出版社 2005 年版，18 页、32～37 页、39～41 页；陈志坚：《情与理的交锋》，首都师范大学出版社 2007 年，26 页；张新军：《中世纪英格兰农奴身份之演变》，载《宁夏大学学报》，2008（1）。

士的封地，臣民在公田上劳动，受管理者的监视，收获农作物归士所有。孟子说："殷助周彻。"周宣王（前827－前782年）开始实行彻法。在彻法下，8家共耕公田被征收田赋所取代，加上每人终身只受田一次，长期在这块土地上耕作，这样便很接近私有制度。以后，由于臣民在公田上劳动的积极性日益降低，私田越来越得到青睐，出现了买卖土地的行为。

秦汉时期，除了皇家园林和军队的屯田以外，绝大部分的土地都为私人所有。东汉末年至三国的战乱中，人口减少，田畴荒芜，赋税失去了来源，于是，曹魏政府实行屯田制度，政府招募编户百姓或逃户流浪者来当屯田客，让他们作为国家的佃户向国家缴纳租税。西晋推行占田制，男子一人占田70亩，女子占田30亩。北朝的北魏、东魏、西魏、北齐、北周都实行均田制。在均田制下，15岁以上的丁男受田40亩，妇人20亩。土地授受采用滚动式管理，到了15岁政府便授田，满了60岁便把田退还给政府。退田和受田的时间都在正月。授田的秩序是先贫后富，先近后远。隋代继续推行均田制，还增加了军人授田。唐代也继续实施均田制。所受之田分为园宅地（供居住和种植蔬菜）、永业田（农民的口粮地，不还不受，世代继承，还可以买卖处置）、口分田（有受有还，农民只能使用，向国家缴纳租税，不能随便处置买卖）。在耕地部分中，20%是永业田，80%是口分田。永业田买卖虽然合法，但也有一定限制，必须具备家人去世、贫穷无钱办丧事等条件。凡买卖土地，必须经过政府相关部门的批准。土地卖后不得再向政府申请土地。从唐代中期开始，农民因生活恶化而卖掉土地的人增多，随人口增加国有土地越来越少，唐德宗（742－805年）时期，均田制已彻底破产，完全被土地私有制度所取代。

进入宋代以后，政府采取了自由放任的政策。一是不立田制，二是不抑兼并，土地买卖不受任何限制。北宋时期，皇亲国戚、官僚贵族、豪绅巨商占总户口的6%，所占土地是总数的50%～70%（中数60%），全国寺院占田是总数的2.2%。自耕农占总户口的50%，所占土地是总数的34%～40%（中数37%）。南宋时期，自耕农所占土地比例下降到30%。屯田、营田、职田、官庄、学田、牧地是少数，占1%，其中一部分长期租佃给农民。宋朝之后，中国土地私有已为定制。虽然农民起义出身的明太祖朱元璋，在起义中支持农民夺取地主的土地，到处"给民户田"，但立国后，便推行土地私有，谁的土地国家不管，只要交租就行。①

另外，根据学者的推算，11 世纪之前，自耕农占据着主要地位。② 在宋朝，佃户占总户口的比例平均值为 35%，其中，1021 年佃户占总户口的比例最高达 50%，福建高达 70%。③ 北宋的租佃制有两种。一种是分成制，佃客用自己的耕牛或地主的耕牛耕种地主的土地，秋收后除留农业税和种子外，一般是佃客用自己耕牛的，产量对分；用地主耕牛的，只分得四成或三成。地主对其肥沃的土地多采取这种分成地租的方式，地主往往监督佃客劳动。一种是定额制，佃客向地主租种土地，一般交纳定额地租，数量大多在 50% 以上。地主对生产干预较少。④

这里做一个比较。

古日耳曼父亲原来实行古代土地公有制度。前 2 世纪以后，特别是 450 年入侵英国时，在古盎格鲁撒克逊父系社会中，部落土地分配方面的古代共同所有的特征已经非常明显。随着 7 世纪各王国的建立，出现了少量的国王分封的土地，由此也出现了少量的佃户。反观古代中国土地制度，其变化要复杂得多。从国家对农民直接实行土地分配的角度来看，周朝至秦汉不是古代国有，三国魏晋至唐朝是古代国有，宋朝不是古代国有。这种变化在盎格鲁撒克逊的英国没有任何体现。所以，在这方面古代中国和古代英国之间似乎没有什么可比性。

然而，从向上一代追溯土地所有权的角度来看，周朝至秦汉是古代共同所有，一次分配完毕，"不还不受"。三国魏晋至唐朝是古代公有，即，"有还有

① 赵冈、陈钟毅：《中国土地制度史》，新星出版社 2006 年版，1～50 页；赵云旗：《中国古代土地问题及启示》，见 http：//czs. cufe. edu. cn/html/_ caizhengshiyanjiu_ zhuanji/_ caizhengshiyanjiu_ diwujilunwen/_ caizhengshiyanjiu_ disijil/20131203/565. html。需要说明的是，有的研究者根据云梦秦简及其有关史料，认为秦朝实施的是国家授田制。商鞅实行改革（前 356 年），把国家的土地通过承包份地或租佃的形式让农户耕种（秦晖：《传统十论》，复旦大学出版社 2004 年版，81～82 页）。秦国的这项政策，可以被看作是为了富国强兵，打破原有的分封，实行土地国有化，把经济资源集中到政府手中。不过，这样的"社会军事化"政策，没能维持多久，便招致农民起义（前 209 年）而消失，起而代之的是大肆分封的汉朝。不过，也有研究者基于"阶级统治""为了统治需要"等角度提出，秦代以前一直实施的是公社集体劳动制度（奴隶制度），在商鞅改革后，秦国实行政府控制下的土地承包制度，这种制度也在魏国实施，并通过汉朝一直延续到唐朝（高敏：《云梦秦简初探》，河南人民出版社 1981 年版，133～154 页）。

② 赵冈、陈钟毅：《中国土地制度史》，新星出版社 2006 年版。

③ 邢铁：《中国家庭史》（第三卷），广东人民出版社 2007 年版，第二章第三节，见 http：//economy. guoxue. com/？ p＝568。

④ http：//baike. baidu. com/subview/23604/5095152. htm；http：//www. baike. com/wiki/% E5% AE% 8B% E6% 9C% 9D。

受"。宋朝又回到古代共同所有。而英国的古日耳曼父亲（古盎格鲁撒克逊父亲）也从原有的古代公有制变化为古代共同所有。从这个角度可以说，在土地制度方面，古代中国在魏晋之后与古盎格鲁撒克逊父亲在变化方向上是一致的，即，从古代公有转化为古代共同所有。并且，从自耕农和佃户的户数比例来看，宋朝的自耕农至少占 50%，盎格鲁撒克逊的自耕农也占大多数。因此，到了 10 世纪左右，古代中国和古代英国的土地所有制度已经非常近似了。

2. 诺曼人征服、蒙古人征服后的土地制度

（1）盎格鲁撒克逊人成为佃农[①]。

然而，1066 年，诺曼人征服英国以后，古代土地制度发生了巨大变。

从土地年收入的分配数据来估算，英国王室直接占有的土地（王田）为英国全部土地的 17%。全国其他土地（83%），也最终都是向国王领有的。其中某些封建主的土地直接领自国王，这些人称为总佃户。总佃户再把其中一部分土地分封给另一人，如此层层封受，形成多层阶梯，但所有权最终均上溯至国王，国王是全国土地的所有者。这一原则，是由威廉征服后实施土地调查时确定下来的。通过受封而领有的土地称之为封地。原来约 4000 人的盎格鲁撒克逊贵族（有封土者）被废除，由新的总佃户所取代。总佃户中，100 户主教和修院长占有土地为英国全部土地的 26%，170 户的世俗封臣占有土地为 49%（其中 10 个大领主占据了半数以上的土地），自由人（下层诺曼人）得到的封地为 8%。在 11 世纪末，分封地产一般只有 2 个阶梯，即国王封给总佃户，总佃户再分封给下属封臣。比如，这时 5 个郡中 54.6% 的耕地是总佃户直接掌握的，由他们再分封出去的占 45.4%。到 1279 年，再分封的阶梯延长为 5 级。其中总佃户占有的耕地面积为 31.8%，第二级封臣占有土地为 38.2%，第三级封臣占有土地面积为 21.2%，第四级为 7.2%，第五级为 1.6%。

王田由王室派管家（多数是各郡守）管理，采取包租的办法。可是为了维系

---

① 马克垚：《英国封建社会研究》，北京大学出版社 2005 年版，60～61 页、63～64 页、112～113 页、115 页、132～133 页、137 页、193～194 页、196～200 页；李彦雄：《中世纪英国自由农民的起源探析》，载《历史教学》（高校版），2008（7）；孙立田：《中世纪英国维兰土地权利考察》，载《世界历史》，2006（5）；王东良：《从诺曼征服至黑死病前夕的英国农民阶级》，见 http://biblioteca.universia.net/html_bura/ficha/params/title/。

封臣，取得军役，扩大势力，历代国王都不断把土地分封出去，从 12 世纪时北安普顿、林肯、累斯特 3 郡来看，全部或一半以上王田转封出去的占到 50%。

根据英国封臣制的原则，对于已分封出去的土地，特别是总佃户（封臣）的封地，国王仍享有许多权利。封臣死后无继承人，国王可以收回土地。如果有继承人，国王便向他们征收盾牌钱、协助金、继承金等。王室收入分为正常收入和额外收入两部分：正常收入包括下级封臣（即总佃户）所征收的协助金、继承金等；额外收入为另外对臣下所征的税，这是非封臣应尽义务，须由下级讨论通过，表示同意。

农民划分为 5 个等级：即自由人、索克曼、维兰、边农和茅舍农、奴隶。自由人集中在东盎格利亚，源于随威廉入侵英格兰的诺曼人。在日耳曼人习惯中，部落全体男性成员都是农民战士。当分封领地和庄园出现，国王向领主征收盾牌钱之后，便形成了骑士和准备加入骑士（长子）等专门军事武装。于是，原有的农民战士就变成专业农户，形成自由农民。自由农民有其特定的身份地位，他们的土地权利是有保障的，子子孙孙永久保有土地，而不是只保有若干年或依领主意志保有。当权利受到领主或其他人的侵害时，自由农民可以在王室法庭提起诉讼。索克曼也具有自由人身份，是居住在王田（老领地，一般认为是自爱德华时期的王室地产）上的农民。大都分布在原丹麦法区各郡内。维兰是原居住宗族部落中的人（原来的刻尔）。维兰原意是指村庄共同体成员，原本是自由农民（古代共同所有土地制度下的自耕农）。他们有房舍，有家庭，有土地，独立经营。但诺曼人征服之后，他们从自由人被变为了维兰（领主土地上的佃户、非自由人）。边农和茅舍农的身份与维兰相同，仅财产状况不同而已。他们居住茅屋、持有土地 1~10 英亩，多数为 5 英亩的人。法律上，他们属于维兰一部分，但在经济上与维兰有区别。他们原来都是被排斥于宗族部落之外的人。

维兰的人数最多，占总人口的 41%，租佃耕地的面积占总耕地面积的 45%。边农和茅舍农占总人口的 32%，占有 5% 的耕地。自由人和索克曼占总人口的 14%，占有 20% 的耕地。另外，还有奴隶，占总人口 10%，他们不占有土地。到了 13 世纪，自由农民（独立经营者）在农村中的比重扩大。亨廷顿、剑桥、贝德福德、白金汉、牛津 5 个郡共 9934 个农户，其中维兰 5814 户，占 58%，自由农民 4120 户，高达 42%。

（2）汉人成为佃农①。

同样遭受外族入侵的古代中国的土地制度又是怎样的呢？

中国元朝的土地分为官田和私田。官田用来作为军队屯田、官吏职田、赏赐王公贵族和寺观僧侣的地产，剩余的由政府直接招佃耕种。元代屯田总面积达17.5万顷，规模超过唐朝。贵族、官吏、寺院高僧以分田、赐田和职田方式占有土地，但除寺院外，这些得自朝廷的土地，不论其占有者的封建等级怎样高，他们都没有所有权，朝廷可以收回。各类官田，基本上都采用租佃制的生产形式。江南地区的一般官田中，包佃制也颇为流行。所谓"包佃"，即承佃者充当"二地主"，将租佃来的土地转手出租。元代的私田是蒙古贵族、各族地主和自耕农占有的土地。贵族和地主的土地，绝大部分是以佃耕的方式出租给农民。

元代有1300万户居民，6000万人口。元代有良民和贱民之分。良民是那些官员（3万人），护卫军（1.4万人），僧人（21.3万人），驿站差人（30万户），军户（30万户）。贱民是战争中被掳掠的人们（大部分被赐给功臣），以及因债务或无奈卖身者，他们占元朝人口的半数。官田和地主的一部分土地由"驱口"耕种。元律规定，主户打死佃客，依"良人殴死他人奴婢例断一百七下"。

3. 封建庄园及农奴

这里再做一个比较。

威廉征服英国之后，诺曼父亲成为封建领主，大约209万人的盎格鲁撒克逊父亲成为被统治的农奴，其中，佃户和奴隶相加起来占51%。这相比以前大多数人是自耕农的盎格鲁撒克逊社会来说，是一个巨大的变化。同样，蒙古父亲在中国成为统治者之后，大约有60%以上的中国父亲成为奴隶和佃户，自耕农只有10%。这相比宋朝时期自耕农户数占50%的社会来说，也同样是一个巨大的变化。所以说，元朝土地制度的变化方向也与威廉征服英国后的土地制度的变化方向是一致的。

---

① 史卫民：《元代社会生活史》，中国社会科学出版社1996年版，22~30页；邢铁：《中国家庭史》（第三卷），广东人民出版社2007年版，第二章第五节，见http://economy.guoxue.com/? p=1551；《元代的土地制度》，见http://zhongguoshi.boxueren.com/contents/1610/27394.html；《元朝的土地制度》，见http://wenku.baidu.com/view/1a675f13f18583d049645957.html；http://baike.baidu.com/subview/10783/13497984.htm；http://www.baike.com/wiki/%E5%85%83%E6%9C%9D。

尽管两个社会的异族统治者建立的古代土地制度几乎相同，但两个古代社会后来的发展方向完全不同。英国的外族统治一直持续下去。如果从英国王室来看，直至今日大约延续了 1000 年。更令人难以置信的是，英国基于上述的古代土地制度逐渐发展出"古典资本主义"。反观中国，蒙古父亲在中国的统治持续了不到 100 年，随后经历了汉族和满族王朝的统治，但在土地制度方面，依然循环着古代公有、古代共同所有。原因何在？

（1）"末日审判"。

1066 年 9 月，威廉在英格兰的黑斯廷斯镇附近登陆。圣诞节那天，威廉在伦敦威斯敏斯特教堂（西敏寺）被加冕为英格兰国王。从第二年起，反诺曼人的抗暴长年不断，战火遍及英格兰全境。威廉率领大军前往反抗最激烈的北方镇压叛乱。经过 3 年时间征讨，威廉镇压了所有的反叛者，1070 年，结束了军事活动。但是，征服者与盎格鲁撒克逊人的对立状态依然存在。威廉下令没收了盎格鲁撒克逊人的土地和财产，剥夺他们的反抗能力。然而，盎格鲁撒克逊有 209 万人，威廉在当地的军队人数却不到 1 万人。他不得不依靠这些随他渡海而来的 1 万诺曼人来维持自己的统治。他们兴建了 500 多个堡垒，其中最有名的就是伦敦塔。1085 年 12 月，威廉为了通过征收税款来维持他在英格兰的军队的运作，解决英格兰土地所有权问题，以使诺曼人在英格兰安家落户，与官员一起研究怎样进行详细的土地调查。通过调查，国王重新估价英国的地产，来作为收税的依据。威廉宣称，国王是一切土地唯一的和最终的所有者。根据这个原则，全国大多数自耕农的土地都被没收，都被变为佃户。因此，对被调查而丧失土地的盎格鲁撒克逊人而言，这犹如接受末日审判一样，所以，调查最终结果编辑而成的书，被称为《末日审判书》。在征服之前，英格兰有 4000 名领主，现在只保留了 2 名，其他都成为 1400 名诺曼人领主（总佃户）的从属或佃户。保留的 2 名是阿登郡的图尔基尔和科尔斯维思，他们继续侥幸保留了较多的土地，但必须承认威廉为最高领主，承认自己的土地是重新受封的。1086 年 8 月 1 日，威廉来到索尔华兹伯里（史前遗迹巨石阵），把所有因受封而成为贵族的诺曼人全部召集起来，举行了一个宣誓效忠大会，强迫所有的与会贵族直接向他行臣服礼宣誓效忠。他们一个一个脱帽下跪，把双手放在威廉合拢的手掌中宣誓。这个仪式与欧洲大陆日耳曼封建仪式非常不同。在欧洲大陆的日耳曼封建仪式传统中，臣服者只需要对直接赐予他土地的领主效忠，而对领主的领主则无此义务。然而，在这里，下层的臣仆除了要向自己的领主（总佃户）效忠，承诺租税、劳役、军役外，还要向威廉承诺租税等义务。威廉的这个仪式，把"我附庸的附庸，不是我的附庸"的欧洲封建传统，改成为"我附庸的附庸，还是我的附庸"。如此一来，在英国，即便因层层分封形成无数的大小领主，但他们都是威廉的直接附庸。①

那么，从比较古代中国和古代英国的社会经济发展的角度来看，末日审判到底具有什么样的历史意义呢？BBC 的《英国史》提出了这样的观点，《末日审判书》使英国成为一个真正的国家，国王对自己的王国究竟有多少土地和子民有了基本认识，实行直接的赋税，而不是依靠各地领主的供奉和捉摸不定的效忠，这是英格兰快速发展的重要保证。数据管理对英国社会发展起着基础性的重要作用。② 然而，古代中国早在汉代就有全国性"编户齐民"的户籍制度，元朝也利用了这种制度，但元朝依然在 100 年内崩溃了。因此说，编制古代社会经济数据，确保古代国家税收，对古代英国来说意义非凡，但从比较古代中国和古代英国的社会经济发展的角度来看，这并不是重要因素。

（2）诺曼领主庄园。

如果古代封建主义是"古典资本主义"的前阶段，那么，这一阶段基于古代土地所有制之上的古代社会生产关系是否能解释古代中国父亲和古代英国父亲走上不同发展道路的原因呢？

就古代英国的土地制度而言，诺曼人征服之后，把土地分为自由土地和不自由土地两大类，而土地像它的主人一样，具有门第、爵位，土地具有人的属性，被人格化。③ 也就是说，诺曼征服者等直接向威廉领取的土地被称为自由土地，领取人也是自由人，而被征服的盎格鲁撒克逊人再向这些人租借土地，成为佃户，所领取的土地是不自由土地，这些佃户也不是自由人（维兰）。"根据王室法院的法律，非自由土地保有人的土地属于领主所有，根据领主的意愿，非自由土

---

① 《嫡长子继承制与英国贵族制的沿革》，见 http：//wenku. baidu. com/view/f18179e86294dd88d0d26b53. html；《末日审判书》，见 http：//wol. jw. org/zh － Hans/wol/d/r23/lp － chs/102011330；《征服者威廉一世之末日审判书》，见 http：//blog. boxun. com/hero/200904/yunduanxingzhe/11_ 2. shtml；《末日审判书》，见 ht-tp：//www. archives. sh. cn/gjlw/201203/t20120312_ 4804. html。

② http：//mooc. guokr. com/note/10381/。

③ 马克垚：《英国封建社会研究》，北京大学出版社 2005 年版，112～113 页、181 页。

地保有人才占有了该土地。维兰之所以能保有土地，并非由·'臣民'权利或法律所规定，而是由领主法庭所解释的庄园惯例所决定。"① 从亨利一世时代（1100 – 1135 年）开始，维兰的法律人格下降比较明显，亨利二世（1154 – 1189 年）的改革再次确定"维兰排除在国王法庭之外"的原则。②

依据 1166 年确立的"土地新近被夺占有诉讼"，如果某自由人的自由土地被非法侵占或未经法律判决而被侵占，则可以按照王室令状得法律帮助，其标准化诉讼模式如下："国王向郡长 N 致以问候。A 向我诉称……B 不公正地且未经判决地侵夺了他位于 C 地自由土地。因此，我命令你，如果前述 A 向你保证进行他的诉讼，届时……你要召集该地附近 12 名自由且守法之人去查验该土地，并在此令状之上签名，同时，通过合适的传唤人通知他们于开庭之日到庭，准备进行查验结果的确认。同时责成 B 为此提供担保物和担保人，到庭听取确认结果……传唤人要到庭，本令状及担保人姓名亦应届时当庭出示。"1176 年，根据《北安普敦条例》而设立的"收回继承地令状"则是又一重要解决土地纠纷的程序。然而这些诉讼程序都不适用于维兰。维兰仅仅适用于领主法庭。③

因此，1170 年的《财政署对话集》说："维兰的居住耕作地不仅可以由他的主人从这里转移到那里，而且他的人身也可以出卖或用其他办法处置，因为他本身以及他为主人耕种的土地均被认为是领主领地的一部分。"到了 13 世纪，法学家勃拉克顿把维兰称为农奴，认为他们没有任何自由，是主人的物品，主人可以买卖他们。所以他们没有任何财产，他们的土地、财物均属于主人。没有主人的允许，他们不能离开土地，更不能出售其土地。当主人提高地租或夺佃时，王室法庭并不保护他们。由于他们没有自己的财产，所以也没有属于自己的任何东西可以传给后裔，维兰也就没有类似被征服之前状态下的继承人。并且，13 世纪王室法庭明确记载："伯爵、男爵们以及其他自由佃户可以合法地出卖他们的农奴，

---

①　孙立田：《中世纪英国维兰土地权利考察》，载《世界历史》，2006（5）。

②　王东良：《从诺曼征服至黑死病前夕的英国农民阶级》，见 http://biblioteca.universia.net/html_bura/ficha/params/title/。

③　孙立田：《中世纪英国维兰土地权利考察》，载《世界历史》，2006（5）；马克垚：《英国封建社会研究》，北京大学出版社 2005 年版，146～145 页。

像出卖公牛和母牛一样。"①

维兰归诺曼征服者的各个领主管辖，所以他们的诉讼也就归庄园法庭（非王法）审理。依据庄园法庭，维兰保有土地的前提是要向领主提供相应的维兰义务，如为领主的自营地提供周工劳役，缴纳实物地租或货币地租，还要承担其他有关符合农奴身份的义务，如缴纳婚姻捐、迁徙税、继承捐、进入税。在维兰履行完相关义务后，土地才可以完整世代传递（但与刻尔时代的自主性传递完全不同）。方法是，当维兰死亡后，其土地归还领主，领主在庄园法庭上按照严格的程序再次正式授地，让原来的家庭继续保有份地，即，先是由这个家庭将原有土地交还给领主，然后这个家庭的继承人向领主宣誓效忠，继续承担相应的维兰义务，当然还要交纳一笔必不可少的份地进入税，最后领主将土地交给该家庭。整个过程都要记入庄园法庭案卷，作为证明。一旦日后维兰的权利遭到领主的侵害，维兰也就可以据此向庄园法庭提起上诉，审讯人不是领主而是全体出席法庭的人。因此，在对领主效忠、履行义务的前提下，维兰土地权利得到相应的保护，他们依附领主而暂时获得了财产、土地，并且世代相传。以后，他们还可以用支付工资的办法雇佣另一个维兰代替他工作，可以赎买自由。圣阿尔比修道院院长就公开以 2 英镑的价格使一个维兰获得了自由。②

自爱德华一世（1272－1307 年）时起，英国农奴就已经开始频繁地将小块土地短期出租，收取货币租金。③ 由于领主对货币的渴求，常将维兰份地和自营地改为出租地让维兰经营，维兰则与领主签订契约。而货币地租所占比例明显增加，削弱了维兰人身依附关系。④ 到了 14 世纪，超过三分之一的人口成为这样的自由人（独立经营者）。15 世纪中叶，英国农村中的绝大多数人都已经是自由人。到 1600 年，整个英国已经没有一个农奴。⑤

（3）中国庄园。

---

① 马克垚：《英国封建社会研究》，北京大学出版社 2005 年版，1723～174 页；孙立田：《中世纪英国维兰土地权利考察》，载《世界历史》，2006（5）。

② 孙立田：《中世纪英国维兰土地权利考察》，载《世界历史》，2006（5）；［英］约翰·哈德森：《英国普通法的形成》，刘四新译，商务印书馆 2006 年版，109 页。

③ 孙立田：《中世纪英国维兰土地权利考察》，载《世界历史》，2006（5）。

④ 王东良：《从诺曼征服至黑死病前夕的英国农民阶级》，见 http：//biblioteca. universia. net/html＿ bura/ficha/params/title/。

⑤ 孙立田：《中世纪英国维兰土地权利考察》，载《世界历史》，2006（5）。

相比古代英国，中国秦汉以后形成的地主庄园，不是通过分封，而是来自赏赐或自置。春秋战国以后，赏赐土地是行政权的恩赐，大多数被赐予无条件支配，没有封建义务等附加条件。通过购买土地自置是中国地主庄园的主要来源。由于所购买的土地远近不同，土地不连接，不可能进行集中统一的经营管理。中国宋代的庄园按照经营方式分为依附制田庄和租佃制田庄，着重于生活生产功能，没有司法管理功能，更没有效忠义务。一般来说，庄园主也不把土地以份地的形式分给农民。从法律意义上说，他们之间的关系是纯粹的租佃契约关系，佃客是宋代农村中相当重要的劳动者，佃客被视为良人。地主打死佃客如同打死凡人一样会被治罪，1027 年又规定佃客每年收获完毕可以自由迁徙，不需取得主人的证明文书。即便一些庄园，比如孔府庄园里有衙门，但其司法权只限于对佃客之间的民事纠纷的调解权，凡枷责以上的民事案件，则归地方官府办理，因为这些佃客归于编户。当然，地主对佃客，也出现"鞭笞驱役，视以奴仆"，或者令"部曲擒捉欠债之人，绷吊拷讯，过于官法"的现象，但这是篡窃而来的司法权，中国法律体系并不承认这种私人司法权的合法性。但值得注意的是，在宗法外衣下，地主与佃客的关系上，人身依附关系会非常强。①

这里也可以做一个比较。

就古代地主和佃户的生产关系而言，威廉征服之后所形成的封建领主庄园，实际上是诺曼征服者管理那些被征服者的行政单位，领主在庄园上设有庄园法庭，由他本人或其管家主持，审理本庄园被征服者的有关案件，但对自由人则另设法庭审理。也就是说，古代英国的领主负有管理佃户的责任，有绕开王法去处置佃户的权力。与之相比，宋朝的地主庄园不是行政管理单位，最多只能是家族集团的管理单位，所以没有处置不属于家族成员的佃户的权力。从这个意义上说，宋朝地主和佃户的关系，更接近于契约关系，更具有"古典资本主义"性质。虽然英国到了 15 世纪之后再没有一个农奴，似乎值得为农奴都被解放出来而欢呼。但想要以此来证明，古代封建的生产关系被推翻，自然就会产生"古典资本主义"，是不可能的。因为，宋朝就没有这样的农奴，但也并没有由此发展出

---

① 马克垚：《中国和西欧封建制度比较研究》，载《北京大学学报》，2014（8）；罗文：《宋代私人田庄研究》，河北大学硕士论文，2014 年，见 http://cdmd.cnki.com.cn/Article/CDMD-10075-1014039690.htm；张平宇、邱永明：《从中西封建庄园的比较中看中国封建庄园的特点》，载《辽宁大学学报》，1986（6）。

"古典资本主义"来。这一事实说明，古代封建性人身依附，与"古典资本主义"是否发生，没有多大关系。

到了元代，形成了蒙古统治者和被统治奴隶之间的关系。参照《唐律疏义》，"奴婢贱人，律比畜产""同于资财"。他们身系于主人，由主人处分，无婚姻自由，其子女也永远为主人之奴婢。① 从这个意义上说，蒙古领主们对奴隶的支配权远远高于英国诺曼领主对盎格鲁撒克逊人（维兰、农奴）的支配权。然而，从这样更加恶劣的生产关系中，元朝也同样没有发展出"古典资本主义"来。

因此说，古代领主或地主对农民所持有的人身依附形式的封建生产关系，也不是决定宋朝、元朝和诺曼父亲走上不同道路的原因。

4. 土地继承制度

（1）长子继承制。

那么，除了古代封建性生产关系之外，宋朝、元朝和诺曼英国的土地制度方面还有什么不同之处呢？父与子的古代土地财产等继承关系。

根据当时英国封建土地法，在诺曼人之间分封时，其证书上规定了受地者应遵守的条件，说明这块土地是否继承、如何继承、是否归还封君等问题。13 世纪确立的有关诺曼人不同权利类型的土地，可分为无条件继承（无条件再次受地）和有条件继承（有条件再次受地）。无条件继承的内容是，该土地是给予领有者及其后人一起领有的。只要领有者有后人，领有者就可以把它传递下去。如继承人也死亡，则土地要交还。1290 年买地法通过后，这一限制也随之消失。有条件继承的内容是，在分封时说明赐给某人及其后人，再次受地的对象限定在直系卑亲属。②

然而，在另一方面，按照人类共同的习惯，土地的继承大都是诸子平分的。古盎格鲁撒克逊时期的土地大约仍是诸子平分。这种平分土地的习惯，是家庭财产古代共有原则的体现。后来英国的军事封建主推行了长子继承制。③

为什么诺曼英国要选择长子继承制呢？梅因对此也很困惑："领地在每一世

---

① 马克垚：《中国和西欧封建制度比较研究》，载《北京大学学报》，2014（8），见 http：//study. ccln. gov. cn/fenke/lishixue/lsjpwz/lssxll/99235 - 6. shtml。

② 马克垚：《英国封建社会研究》，北京大学出版社 2005 年版，126 ~ 127 页。

③ 马克垚：《英国封建社会研究》，北京大学出版社 2005 年版，124 ~ 125 页。

代的所有成员中平均分配，并且不专为长子或其支系保留任何特权，这是古日耳曼的部落法。这样，欧洲的长子继承权的产生，就成为历史上的难题了。当封建制度在形成的过程中，罗马人（公元元年以后的罗马）或蛮族（古日耳曼族）在财产继承中都不习惯于把任何优先权给予长子，因此，初看起来，我们感到迷惑不解。"①有人说，封臣要对封君尽义务并且向领主效忠，服兵役。若不实行长子继承制，封臣的骑士就会被分割成若干小部分，军队的战斗力会被削弱，无法保证对外的攻击和防卫。诺曼贵族是对上承受王恩王命、对下剥削农奴的封建特权阶级群体。其最主要的条件就是要拥有土地，长子继承制的实行可防止土地在下一代中分配的危险，保证大家庭不衰落。②对此，梅因说："据说，如果在封地持有人死亡时把它传给一个单一的人而不在多数人中间进行分配，封建主就可以对他所需要的军役有更好的保证。我不否认这种意见。但采用长子继承制的目的，并不是为了一个儿子而剥夺其余诸子的继承权。分裂封地要使每一个人受到损害。封地的巩固会使每一个人获得好处。'家族'可以因权力集中于一个人手中而更强大有力量。"③

　　在1086年威廉征服英国之前，土地继承实行诸子平分的原则。诺曼征服后，这个原则被边缘化。国王分封土地时，没有明确规定被赠予土地者（臣仆）以及继承人（臣仆的后代）的权利，只是区分了使用权的自由与不自由。自由使用权包括有关诺曼人的骑士使用权、农役租佃权（只纳税不服兵役）和教会使用权。不自由的使用权指有关盎格鲁撒克逊人的维兰使用权。12世纪以后，骑士使用权开始实行长子继承（再受封）制，1187年，亨利二世的儿子规定，骑士领地应该完整再授予长子。13世纪，这个制度得到确立。④同时，英国农民也采用长子继承制，这是西欧国家中唯一的现象。⑤就维兰的不自由地而言，有的实行长子继承（再受封）制，更多的实行幼子继承（再受封）制，即由家中最小的儿子继承份

　　①③　［英］梅因：《古代法》，沈景一译，商务印书馆2010年版，第七章"古今有关遗嘱与继承的各种思想"。

　　②　高婷：《浅析长子继承制对英国社会的影响》，载《考试周刊》，2008（27）。

　　④　金彩云：《1500～1800年英国家庭财产继承研究》，见http：//www.docin.com/p－752638431.html，20～21页。

　　⑤　金彩云：《1500～1800年英国家庭财产继承研究》，见http：//www.docin.com/p－752638431.html，21～23页。

地，份地的幼子继承制在法庭上成为证明是否是维兰土地性质的证据。没有土地继承权的兄长们外出另谋生路，或者在庄园边缘地带垦殖小块土地，大都只有 5 英亩或更小，以维持生活。在肯特和诺福克郡地区，在剑桥、累斯特、诺丁汉、林肯、萨福克、埃塞克斯、米德尔塞克斯诸郡中的一部分地区，仍实行着份地的分割继承（领主对几个儿子同时再交付土地）。在这些地区，较小规模的家庭实行不分割继承。①

　　16 世纪以后，英国长子继承制也依然很普及，1833 年还规定不动产实行长子继承制度。② 不过，各阶层各自实施土地继承制的状况不同，对此，金彩云说，17 世纪末，英国世袭贵族占有全国土地的 15% ~ 20%。贵族家庭仍旧坚持着长子继承制度。1617 年，一名贵族把白金汉郡的主要地产交给了长子继承。1673 年，一名贵族把价值 3000 英镑的所有地产交给长子继承。1500 ~ 1700 年，绝大多数贵族世袭地产都保存完整。相反，肯特郡存在着一部分贵族把地产平均分配给各个儿子的，即便这样，179 家贵族中，四分之三的贵族还保持着祖传地产。在贵族家庭非长子非常悲惨，不过，他们也可能继承家族购买来的土地。在英国，骑士、富裕自耕农、投资土地的商人构成农村的乡绅。1436 年，乡绅占有全国土地的 25%，由于 16 世纪宗教改革期间被剥夺的教会土地流入市场，乡绅占有土地的比例上升为 40% ~ 55%，1790 年仍旧为 50%。乡绅采用"古典资本主义"生产方式经营土地，参与谷物和羊毛贸易，参与地方行政和法律事务。在一个乡村所保留下来的 28 份遗嘱中，只有 4 位乡绅把主要地产交给长子继承。原有的自由农民、公薄持有农（原来的维兰）、佃户构成英国的农民。他们之中部分富裕者变为约曼。16 世纪以后，在约曼家庭，长子继承制被保存。在普通农民家庭，长子享有优先权。1540 年的《遗嘱法令》规定，包括公薄持有地在内的所有租借的土地都可以根据遗嘱处理。1520 ~ 1680 年在奇彭纳姆地区的 12 份遗嘱中，2 人将土地完全给一个儿子继承，7 人都给其他儿子一定的土地。另外，奥韦尔教区在所统计的 1543 ~ 1630 年的 50 份原始遗嘱中，有 22 份遗嘱涉及两个以上的儿子，其中有 10 份遗嘱人将全部土地交由一个儿子继承，但把现金等财物留给了其他子

---

　　① 马克垚：《英国封建社会研究》，北京大学出版社 2005 年版，204 ~ 206 页；陈志坚：《情与理的交锋》，首都师范大学出版社 2007 年版，6 页。

　　② 高婷：《浅析长子继承制对英国社会的影响》，载《考试周刊》，2008（27）。

女；其余 12 份遗嘱将大部分土地留给了长子，其余儿子只得到了能维持生计的小块土地。15 世纪的大商人财产中，地产占全部财富的三分之一到二分之一。以后商人财富大幅度增加，但不动产在全部财富中的比例有所下降。在不动产的继承方面，商人注重的是继承人的商业能力。他们为了买卖或收租购入土地，为了获得利润开办农场、牧场，从事矿业开采。所以，儿子的经营管理能力，是继承的先决条件。如果非长子有商业才能，也能继承不动产。手工业者和职员都是依靠技能和专业知识获得工资薪水维生，没有多少不动产。有些家庭在不动产继承时会优先考虑长子。[1]

（2）诸子平分制[2]。

与之相比，古代中国自从西周实行彻法之后，即便在古代国有、公有土地制度时期，一般说来，父亲死后，几个儿子向政府提出申请后，就能继承其土地。而在秦汉以后，就有了关于土地所有人将田产遗赠的记载。就家族成员对这些继承来的土地的分配情况来看，中国在秦朝以前，爵位和封地财产结为一体，嫡长继承制的适用范围为爵位等身份权利，但以井田制为代表，土地财产实行诸子平等均分。唐代已将"诸子均分"作为法定继承的基本原则。宋朝沿袭以往遗产兄弟均分制。在元朝，蒙古人与色目人依据本族习惯法进行财产继承，规定诸子按照身份等级的不同实行不同份额的财产继承权，但汉族人仍然依照财产诸子平分的方法。明朝遵守唐宋时的传统。清律规定诸子均分财产的权利。

在古代中国，分家析产并不是家长个人私事，诸子所分财产（古代共同所有财产）后所拥有的财产也不是儿子们的个人私有财产，即使是独子继承全部家业，也不能说他拥有"单纯的个人所有权"，只能说他作为唯一的子辈家长单独承担起传宗接代、光宗耀祖的重任。男性是一个家庭的代表，居家主地位。诸子均分制在析分家产时，虽然按儿子人数平均分配，但并非作为瓜分家

---

① 金彩云：《1500～1800 年英国家庭财产继承研究》，见 http://www.docin.com/p-752638431.html，32～41 页、53～54 页、63～66 页、78～81 页、89～90 页；柴晨清：《中世纪英国农民家庭土地继承与赡养协议》，见 http://www.eshistory.com/wencong/xizuo/wencong404.htm。

② 赵冈、陈钟毅：《中国土地制度史》，新星出版社 2006 年版，14～16 页；汪兵：《诸子均分与遗产继承——中西古代家产继承制起源与性质比较》，载《天津师范大学学报》，2005（6）；栾成显：《诸子均分制与家庭经济变动》，载《中国史研究》，2006（4）；栾成显：《家族制度与中国古代社会经济》，见 http://www.66wen.com/07lsx/lishixue/lishixue/20100514/100902_5.html；宋飞：《中国古代继承法律制度变迁概论》，见 http://www.lawtime.cn/info/hunyin/jichengfalunwen/2008101721235.html。

产的一个个人头，而被视为承继遗产的各个房（将来的各个家族祭祀集团）的代表。

诸子均分家庭财产的对象，主要是父辈遗留的祖产，并非整个家庭所有的全部财产，各房自己置买的产业，以及妻家带来的赀财等，均不在析分之列。而在现实中，分家的理由主要有两点，一是"家务繁剧，难以统理"，即一个家庭在经过若干年之后，首先是人丁繁衍，往往人口越来越多；而有的家庭土地赀财等也不断增加，达到一定规模，父亲若集中统一进行经营管理，实际上会带来很大的困难。二是因"人心弗古"，在家产不分割的情况下，往往会产生很多家庭纠纷，特别是财产方面的纠纷。

5. 英国个人主义

（1）英国个人主义不能凭空而出。

诺曼英国从 12 世纪开始在军事封建的背景下推行了土地长子继承制度，后来是自由遗嘱制度。也就是说，与宋朝、元朝父亲不同，诺曼父亲从 12 世纪开始，就已经背叛了古日耳曼人传统继承制度。这种背叛，与古希腊、古罗马曾背叛母系信仰的不同之处在于，其影响一直持续到今天，以至于在今天英美主流社会找不到虎妈。

没有虎妈，只是今天所看到的中西方之间的差异，这种差异实际上在早期英国的政治经济中已经显现出来。

古代长子继承制使英国大贵族的地产、财产越来越大，同时也使贵族数量稳定且只有少数，他们作为一个稳定的群体在国家政治中扮演核心角色。1859 年 2 月 21 日，《泰晤士报》发表评论说："我们英国人无法理解爵位与地产分离的现象。若没有大地产，英格兰根本无法存在。我们的政治、农业，我们作为公民的权利和国家的稳定，无一不是以长子继承制为根基的。"在这样的制度下，英国贵族家庭中的非长子，与欧洲大陆的贵族家庭非长子相比，地位低下，没有贵族封号，没有法律特权，不能在政府、军队、教会中任高级职位。他们依靠薪水生活，或者只好抢劫。从 12 世纪以后，平民家庭中的非长子，要么独身在家里从事劳作，要么出外当仆人，靠劳动维生。许多人晚婚，有的还终身未婚，这成为 12 世纪以后的普遍现象。到了 17 世纪中期，非长子的悲惨地位引起了社会的关注。1690 年，洛克质疑长子继承制，说长子继承制占据了英国政治的中心。1925 年，英国正式废除长子继承制度，但遗嘱自由却得到全面贯彻。[①]

更重要的是，这种差异的真实存在，直接推翻了有关古代社会发展的一般常识。

我们都知道，虽然古代英国农民父亲与其他任何地区的古代农民父亲并无区别，但1450～1650年之间，英国农民父亲神秘地从传统农民阶层中断裂出来，摇身变为一群"古典资本主义者"。这种由封建农奴到"古典资本主义自由农民"的过渡模式，在20世纪中期几乎是公认的常识。针对这种说法，1978年麦克法兰出版了《英国个人主义的起源》（商务印书馆2008年版），像异教徒一般跳出来声称，这种"革命"的程式是错误的。他说，13～18世纪的英国家庭财产是个体继承，而不是家庭继承，其原则是个人所有。这些农民与传统的、群体拥有财产的农民完全不同。因此，英国个人主义并非起源于古代封建社会向"古典资本主义"的转化，并非起源于"古典资本主义"的兴起，更不是工业经济的产物。早在13世纪或更早的英国，已经有了"个人主义的所有权"观念。斯通也说，近代早期，家庭财产继承在法律上的变化增强了父权制，家长按照自己意愿处置财产能力增强，非长子更加服从长兄。但他也提出疑问：如果依照麦克法兰的见解，那么，"个人主义好像是从日耳曼森林中凭空全副武装地蹦了出来，然后被盎格鲁撒克逊人用船舶运到了英格兰"。[②]

（2）不同的祭祀文化，不同的继承制度。

就世界范围内来看，英国经济制度的断裂带来了一个崭新的经济活动主体。这个经济主体后来发展壮大，成为近代世界经济的领军人物。因此，从近代世界的社会经济格局来看，英国12世纪的长子继承制的发生，导致了古代世界经济活动方面的"宇宙大爆炸"现象。如果没有这种古代制度的变化，就没有英国的土地资本与雇佣者的分离，也就没有英国工业革命，也就没有近代世界的社会经济格局。这对被诺曼人征服的盎格鲁撒克逊人来讲，也算是一个兵胜滑铁卢的故

---

① 金彩云：《1500～1800年英国家庭财产继承研究》，见http://www.docin.com/p-752638431.html，10～11页，101页；陈志坚：《情与理的交锋》，首都师范大学出版社2007年版，4页；《英国的长子继承制》，见http://www.kl800.com/read/536bd2d088dd9462e87981f1.html。

② 金彩云：《1500～1800年英国家庭财产继承研究》，见http://www.docin.com/p-752638431.html，13～14页；《约翰牛岛上的鲁滨孙》，见http://malingcat.blog.163.com/blog/static/11558509120096266438197/。

事：在盎格鲁撒克逊人被打败之后确立起来的古代土地继承制度，把他们中的大多数排除到佃农之外。于是，这些盎格鲁撒克逊农民成为靠工资维生的农业工人、手工业工人。因此，可以看到，即便是"英国农奴也频繁地将小块土地短期出租，收取货币租金"。其理由是，在这些农奴之外，还有更多连农奴也不是的人们，需要向农奴借土地来耕作，或干脆就为这些农奴打工。英国的"农奴"就这样被"解放"出来，成为在我们常识中没有找到的"非传统（近代）农民阶层"。最后，这个阶层居然战胜了整个世界。

然而，这里先要回答的是斯通提出的、迄今为止还没有人来回答的尖锐问题。那就是，站在古代、近代的世界经济发展的角度，必须追问，英国的"古典资本主义"、个人主义到底从何而来？也就是说，我们必须知道导致古代英国经济制度方面的断裂，从而带来在古代世界经济活动方面的"宇宙大爆炸"的原因是什么？

先从古希腊、古罗马的父亲说起。梅因对古日耳曼人的封建土地制度大惑不解。因为，"古罗马的社会组织历史中，第一次提到大地产，是在研究罗马的贵族财产时，其规模之大绝非一个家父连同其子嗣和奴隶全家所能耕种的。这些大财产的所有人似乎还不知道有自由佃农耕种的制度。他们的大地产一般都是由奴隶队在监工之下进行工作，监工本身可能是奴隶或自由人；当时试行的唯一组织，就是把低级奴隶分成为许多小团体，使他们成为较好的和较可信任的那些奴隶的特有地产。"① 也就是说，同样是库尔干人的子孙，古希腊、古罗马父亲采用的是奴隶制，而没有采用封建制，为什么古日耳曼父亲就采用了封建制？如果从传统的社会发展理论来看，封建制是优越于奴隶制的，那么，这是否意味着古日耳曼人父亲比古希腊、古罗马父亲更聪明，社会生产力也更先进？然而，古日耳曼父亲在古希腊、古罗马父亲的眼中却仅仅是蛮族。怎么来破解这个谜呢？

古希腊、古罗马的家族起源于家族祭祀。一个直系男性血缘长子始终是这个集团的祖先神。为了祭祀祖先神，家族成员、奴隶被捆绑在一起，这实际上就是奴隶制形成的精神文化基础。当这个集团成员人数发展到家长个人无法控制的程度，就发生分蘖，变为两个不相关联的集团。当这些集团在资源竞争中相遇，就

---

① ［英］梅因：《古代法》，沈景一译，商务印书馆 2010 年版，第八章"财产的早期史"。

会拼得你死我活，被吞并的集团成员有向征服者的祖先致敬的义务。后来通过对某些自然神的官方祭祀，把无数的家族集团黏接在一起，这就是古希腊、古罗马父亲的城邦。以后，古罗马在国际化的背景下发展出古代法律，以古代法律为圆心把各个集团和个人黏接在一起，这就是古罗马帝国。那么，为什么他们非要竞争，而不能水乳交融呢？因为一个家族集团祖先神是单一延续的，不能容忍家族成员在祭祀上有别的想法，哪怕是家中自己的兄弟们有了后代，也不容许其后代祭祀兄弟们。这种古代祭祀上的相互排斥，是古希腊、古罗马不可能产生出古代封建土地制度的精神文化。

反观古代中国，周王容许兄弟们受到他们自己后代的祭祀。所以，不仅周王拥有祭祀资源，也允许兄弟拥有祭祀资源。这种祭祀上的包容性，便是古代封建土地制度所能够立足的古代中国精神文化。为什么古代中国父亲有这样的包容性，古希腊、古罗马父亲却没有呢？因为，在最初选择祭祀对象时，古代中国把母亲也包括了进来，而古希腊、古罗马却没有。而古代中国母亲，比如周王的妻子，会运用自己的神威，威胁丈夫不要差别对待长子和诸子，至少在祭祀资源的分配上。

基于以上这两种古代祭祀模型，可以理解古日耳曼父亲为什么会采用与周朝一样的封建土地制度的问题。然而，这样来理解问题的前提是，古日耳曼父亲也是中国式信仰（古代中国精神文化），同样实行对土地所有权不可向上一代追溯的古代共同所有制度。但即便是这样，原本实行与古代中国同样土地制度的古盎格鲁撒克逊父亲，在经过几百年之后，怎么就采用了与古代中国和古日耳曼父亲完全不同的古代土地继承制度来呢？在诺曼人征服盎格鲁撒克逊人之前，刻尔父亲，与欧洲大陆的古日耳曼父亲、宋朝父亲没有多大区别。可是在诺曼人征服后便发生了天翻地覆的变化。这个变化是怎样发生的呢？以下从较为抽象的财产法来讲述这个颇为离奇的故事。

（3）非祭祀资源。

对欧洲的财产法，英国的法律学者蒂姆墨菲等说：在罗马法中，所有权与占有权是泾渭分明的，但在英国财产法之中，两者是模糊的。在英国，所有权是对物的较先占有情况下的归属权，占有权是较后占有情况下的归属权。法庭可以只对关于占有权的起诉做出判决，而不去询问所有权问题。同时，英国财产法具有很强的个人主义色彩，特别是在处理亡者的财产权委托转移时。首先，在英国，个人有完全的自由来处理遗产分配。与此相反，在欧洲大陆大部分社会，没有这种自由权，外部力量有干涉个人遗产分配的自由，以保护家庭后代的一定的继承权。其次，英国的土地法是围绕着土地继承建立起来的东西。英国财产权的核心内容是，权利的跨世代的延续性和转让性。而英国土地法调解的对象，往往都是有关租金方面地主和佃户之间的纠纷，而律师的视线是下行的而不是上行的。他们关注社会的焦点是，支付租金的普遍性。租金意味着地主和佃户（上层领主和下层领主、领主和佃户、佃户和租借土地耕种的佃户）的阶层性，这也意味着货币经济，更意味着英国已经进入了"古典资本主义"。①

　　李培锋在比较欧洲大陆和英国的财产权的研究中说，在《法国民法典》中，将所有权作为独立一章首先规定，之后才分别规定用益权、使用权、居住权、役权、地役权。在《德国民法典》中，也是先规定所有权，然后才分别规定役权、先买权、担保权、抵押权、动产质权等其他财产权利。在其他大陆法国家的财产法体系中，所有权概念的地位也大致如此。但在英美财产法体系中，所有权概念长期被认为无足轻重。英国可以不提到所有权而讨论财产权的法律问题。在英美财产法体系之中，与大陆法系的所有权概念地位相当，并长期占有重要地位的是"地产权"这一概念。地产权是在封建土地保有制基础上发展出来的，源于表示封建保有关系中土地保有人地位的词汇，后来演化成为一个民法上的术语，用来表示一个人在地产上享有的权益，包括自由继承地产权、限嗣继承地产权等不同类型的地产权利。"所有权"概念是罗马法及罗马法在欧洲大陆复兴的产物，具有绝对性和排他性的特征，只能"一物一权"，是一种永续性的完全物权，不能按权能与时间进行分割。而英国的地产权，是可按持续时间进行量化的一组权利，不带有绝对性、排他性特征，在实践中既可以"一物多权"，也可以按时间与权能自由分割。地产权作为插在土地保有人与土地之间的一个法律概念，表示地产权人在土地上享有的具体法律权利。在同一块土地上，几种不同的地产权可以同时并存，互不排斥。如贵族甲是一自由继承地产权人，他可以在自己的一块

---

① Tim Murphy, SimonRoberts&Tatiana Flessas, Understanding Property Law, Sweet&Maxwell, 2004, pp. 53、59、63、69、70、72。

土地上为乙设置一个终身地产权，再为丙设立一个剩余地产权，在这种情况下，该土地上就同时存在两种地产权，即乙的终身地产权和丙的剩余地产权。丙的地产权属于未来权益，必须等乙死后才能够实际占有土地并获取土地收益，但他的剩余地产权在时间上并不晚于乙的终身地产权，而是同时存在的。丙虽不实际占有地产，但可以随时转让剩余地产权，而不必等到实际占有土地以后。而终身地产权持续时间更短，只限于权利人自身一生的时间。①

直观来看，中世纪欧洲大陆以及罗马的财产权非常僵硬，而英国却非常灵活。这种灵活性，用蒂姆墨菲的话说，就是英国土地常常面临分散化、碎片化的压力。② 那么，这种僵硬性和灵活性所反映的东西是什么呢？应该是古代祭祀资源和非祭祀资源的区别。也就是说，作为"非洲夏娃"创造出来的所有权观念，反映的是祖先投资所形成的祭祀资源。进入父系社会以后，比如在古代中国因父亲对儿子们的祭祀资源投资、古希腊和古罗马因家长对长子的祭祀资源的投资，古代土地所有权才被确立下来，"一权一物"的原则也自然产生出来。所以说，在古代社会，无论是澳大利亚原住民、墨西哥印第安人的自然崇拜社会，还是中国和希腊、罗马的祖先崇拜社会，在万不得已的情况下，谁都不能将土地资源商业化，因为市场风险等可能使祖先对祭祀的需求得不到保障。这个原则，在古日耳曼父亲那里，在古盎格鲁撒克逊父亲那里，也同样如此。然而，在诺曼英国，事情似乎发生了变化，土地所有权被模糊掉了，取而代之，冒出来一个似乎与祭祀资源无关的"地产权"（使用权）。由于这个"地产权"的确立，英国人开始采用较为随意的态度去对待土地资源，把它变为一种生产资料，形成了与欧洲大陆法的差异。具体来说，虽然英国实行长子继承，但继承本身也还是祭祀资源的一种表现。如果盎格鲁撒克逊父亲要卖掉祖先留给他的地租受益权，他的儿子、孙子会同意吗？如果他断子绝孙了，祖先留给他的地租受益权本来应该被收回，让他兄弟的后代来继承的。现在盎格鲁撒克逊父亲把它卖了，他兄弟的后代会同意吗？然而，在土地的分散化、碎片化的压力之下，英国律师竟想方设法，找出

---

① 李培锋：《英、美信托财产权难以融入大陆法物权体系的根源》，载《环球法律评论》，2009（5）。
② Tim Murphy, SimonRoberts&Tatiana Flessas, Understanding Property Law, Sweet & Maxwell, 2004, pp. 80。

法律上的理由来把这些不同意见屏蔽掉，让人们能自由买卖土地。①

那么，是什么带来了英国土地的分散化、碎片化？是什么时候盎格鲁撒克逊父亲开始采用随意的态度对待土地资源的呢？对此，李培锋继续论述说：5～11世纪，英国与欧洲大陆国家的财产法都是日耳曼习惯法，并无二致。直到11世纪末通过诺曼在英国的征服与罗马法在欧洲大陆的复兴，才使英国与欧洲大陆的财产法分道扬镳，分别朝着"地产权法"和"所有权法"两个方向迈进。英国只有国王一人是土地所有人，其余都是土地保有人。国王名义上拥有全国的土地，但实际上只占有和使用一小部分土地，各级土地保有人虽然名义上不是土地所有人，但却是全国大部分土地的实际占有和使用者，是土地权利关系的真正主体。因此，英国土地法自诺曼征服以来所关注的重心不是土地所有人的权利，而是土地保有人的权利。正是这一点奠定了英国日后走向"地产权法"而不是"所有权法"的历史基石。②

蒂姆墨菲等也用资料证实了这一历史过程：诺曼在英国的征服，使英国从1066年起，就断绝了通过血缘这一传统的土地继承方式，让英国在土地上的原有的所有权转换为土地使用权。这样一来，英国财产法中的"佃户"与其他社会的"佃户"的含义就不同了。这些佃户，从逻辑上最终都要宣誓对英国皇室忠诚，提供劳役、租税，继承时还要缴纳一大笔费用。而领主对父辈佃户所使用的土地，可以选择不让子孙辈佃户继续使用。所以，血缘性土地继承制是不复存在的。也正因为如此，从理论上说，即便今天，英国的土地所有权都归属于英国皇室。③

也就是说，正是威廉的末日审判铸就了古代英国土地财产的非祭祀资源化。但是，威廉也是古日耳曼父亲的一员，所遵循的精神文化与欧洲大陆的古法兰西父亲、古德意志父亲相比，与英国的古盎格鲁撒克逊父亲相比也没有什么区别，但为什么他就做出了这样一个改变人类历史的决定来呢？

---

① Tim Murphy, SimonRoberts&Tatiana Flessas, Understanding Property Law, Sweet & Maxwell, 2004, pp. 74～80。

② 李培锋：《英、美信托财产权难以融入大陆法物权体系的根源》，载《环球法律评论》，2009（5）。

③ Tim Murphy, SimonRoberts & Tatiana Flessas, Understanding Property Law, Sweet&Maxwell, 2004, pp. 94～95。

设想一下当时的情况，就会有所感悟。威廉率领不到 1 万人的军队，深入到 200 万人的盎格鲁撒克逊人中去战斗，并要在敌群之中建立诺曼人政权。即便他在武力上取得了胜利，但维持政权也非常艰难。他必须想出一个办法来。最后他想到的办法就是断掉盎格鲁撒克逊人财路，措施之一就是没收盎格鲁撒克逊父亲的土地，让他们丧失对土地的所有权，并把他们变为佃户。而恰恰是这一措施，让盎格鲁撒克逊父亲的土地财产从祭祀资源变为了非祭祀资源，让英国的土地分散、破碎起来。

让威廉做出这样决定的环境条件，在古代欧洲大陆不存在，在古代中国也不存在。就周朝而言，周天子有自己的地盘和根据地，他派出周人将领和武士到全国各地去当诸侯和贵族，只是为了保证根据地的安全。只要全国各分封地的人按时交租进贡让周天子有足够资源来祭祀自己的祖先就行了，用不着去没收全国的土地。所以，他依然可以沿袭包容诸侯们祭祀各自祖先的习俗，把土地资源分封给他们，用不着没收这些土地资源的所有权。这些诸侯对下面，也同样层层分封，直至实行井田制阶层。这种一次分封完毕，不能追溯所有权的土地所有制，正是古代共同所有的特征。在蒙古人统治中国的元朝，情况同样如此。蒙古父亲的大本营不在北京，而是在他们的故乡。他们统治中国不是为了在中国生根，只是为了掠夺财富。蒙古贵族们虽然可以蛮横夺取农民的土地，并把农民变为奴隶或佃户，但统治者自身的土地财产继续实行血缘分割继承，也就没有理由不让农民也这样干。结果，虽然蒙古父亲建立了政权，但土地祭祀资源的性质一点也没有发生改变。

如果威廉的统治政策行之有效，那么，为了维持这种天下土地都为国王所有的政策，就必须在征服之后的二三十年内，考虑下一代如何继承土地的问题。如果要让诺曼贵族的后代乃至每一个盎格鲁撒克逊人的后代都明确意识到土地所有者是谁，解决问题的方法之一就是让诺曼人贵族实行长子继承，也让维兰（盎格鲁撒克逊人佃户）实行土地租借权的单独继承，而这个方式在土地归属权方面，要比分割继承简单明了得多。长此以往，几代人过去之后，那些没有继承权的子孙们，在对待土地财产问题上，便与祭祀完全脱钩；那些拥有继承权的子孙们，因只有使用权，土地作为祭祀资源的性质也很淡薄。同时，资产积累增多、继承人数量跨越几个世纪也不变，因而有了随意对待土地的"本钱"，于是倾向于把土地看作是一种生产资料，让其成为在市场上流转的资本。而这些就是"古典资本主义"生产方式的起源。

所以说，英国的古代土地个人所有制度，不是从日耳曼森林中凭空蹦出来的，也与乘船来的古盎格鲁撒克逊父亲毫无关系，而是威廉在一定历史环境条件下所做出的偶然选择带来的结果。古代英国的特殊历史，是古代英国经济制度与其他古代社会的经济制度相断裂的基本原因。也就是说，古代英国所特有的历史进程，在12世纪铸成了英国的特殊经济制度，与东罗马帝国、欧洲大陆的古代经济制度相断裂，也与宋朝、元朝的经济制度相断裂。

这样一说，就当然明白了，古代土地个人所有制，只是一种机制，与个人主义是没有直接关系的。不过，像古代英国的这种断裂，在我们历史上仅仅发生过一次。实际上，在历史上大规模的土地个人所有制度的产生，还发生过两次。一次是前2000年左右，古希腊、古罗马人采取家父长制、实行长子继承制度时所带来的土地制度。但那一次是各家族基于祖先祭祀所发生的，起因在于对祭祀对象的选择，尽管具有导致土地资本与劳动分离的功能，但土地作为祭祀资源的性质没有发生丝毫改变，从这个意义上说，与古代中国选择古代共同所有没有区别，两者藕断丝连。并且，古希腊、古罗马的这种经济制度，随社会变革和东罗马帝国的兴起，都逐渐消失了。另外一次是日本政府在1673年发布，后来的明治维新政府坚决维持的长子家督财产继承制度。这次选择是日本政府为了避免农村经济破产，尔后为了模仿"古典资本主义"、赶超欧美国家所采取的措施。与其说是历史环境的影响，还不如说是日本政府精英集团在反复考察、论证之后所做出的宏观性决策。这没有涉及日本父亲精神层面的东西，既不是因改变传统的祖先崇拜而来，也没有对普通百姓的祖先崇拜形成冲击，仅仅是设立一种解决问题的经济政策或经济制度。然而，古代英国个人所有制度的建立不是盎格鲁撒克逊父亲自己的选择，而是两种历史力量（征服与信仰）融合的结果。作为人类的主观选择，古希腊、古罗马和日本的方式是可以复制的，但英国的古代个人所有制度是不可复制的，因为那是一去不返的古代历史所造成的结果。这就是古代世界社会经济发展史上的"宇宙大爆炸"发生的历史环境，地点、时期是在英国的12世纪。

（4）中国推行孝道。

与古希腊、古罗马和近代日本父亲所实行的土地个人所有制度相比较，英国国王拥有全国土地所有权这一点是最为独特的。也正因为这种集全国土地为一人所有的特征，迄今为止的研究者们都说，古代英国的中央集权，是导致古代英国不同于古代欧洲大陆的基本原因。但值得注意的是，古代中国也是中央集权，但并没有发展出"古典资本主义"来。于是，又有人说，古代中国高度集权的"早熟"官僚体制，扼制了"古典资本主义"在古代中国的发生。然而，无论如何论证，逻辑上都是难以说得通的。但这里不妨也讲一下古代中国和诺曼英国的中央集权。

由于末日审判，威廉不仅把盎格鲁撒克逊父亲的土地财产进行了非祭祀资源化，还把诺曼贵族父亲的土地财产也非祭祀资源化了，国王随时都有权力没收贵族们（领主们）的土地。16世纪查理没收英国教会的土地正是基于这个法理。也就是说，不仅被征服的盎格鲁撒克逊父亲，就连作为征服者的诺曼贵族父亲的土地财产也与他们的祖先都不发生关系了。这实际上与古希腊的忒修斯想摧毁各部落的神庙一样，威廉"抄了所有英国人的祖坟"。而英国父亲竟容忍了被"抄祖坟"，于是古代英国的土地制度就注定成为古日耳曼传统土地制度中的一个另类，注定了与宋元的传统经济制度相断裂。也就是说，从保障国王的税收、军队支出的角度来理解末日审判所带来的中央集权，这没有错，但这是宏观经济主体的行为，而不是微观经济主体的行为。具体说就是，政府从管理者的角度而不是交易者本身，可以允许土地买卖，也可以允许税收制度方面的变更，只要交税就行。但从微观来看，土地交易的前提是，交易者自身没有"智障"去妨害土地买卖。因此，宏观和微观的相互作用，才使英国的土地作为生产要素（生产资料），迅速流转起来。1400年，在拉姆西庄园的土地交易中有87%在非家族之间进行。1464～1508年间，莱顿巴泽德的66%的土地都从一个家族集团转移到另外一个家族集团。①

相反，在古代的希腊、罗马、犹太、欧洲大陆、中国以及其他社会，土地财产是祖先为了祭祀自己而留给后代的资源，除非万不得已不得出卖。土地用益在

---

① A. Macfarlane, The Origins of English Indifidualism, pp. 9; A. Jones, 'Land and people at Leighton Buzzad in the later fifteenth century', Economic History Review, 25, 1972, pp. 20。

于保障祭祀的连续性和安全性，因此也不可能在时间、空间上被分割卖给那些不承诺祭祀义务的他人。这些都成为土地交易者自身的"障碍"。在现实生活中，土地买卖都会时常发生，比如在古代中国，从春秋战国以后，土地兼并从来都被认为是引起社会不安稳的因素。但是，无论这些古代社会的土地资源怎样流转或兼并，都无法与英国的"古典资本主义"经营相提并论。在古代中国的土地买卖的交易者心中，始终都存在一种内部的抑制机制，这种机制就是土地作为祭祀资源必须被永远掌握在血缘者的手中。在犹太人社会那里，土地也是祭祀资源，并通过上帝的诫律被固定下来。上帝说：我赐予你们土地之后的第 50 个年头是圣年。如果因为贫困出卖了土地，那么，他的亲属就要帮助他把土地赎回来。如果无力赎回，到了圣年，土地就应该回到原来的所有者手中。因为土地是我的，你们在我面前都是寄居者，所以，土地不能被永远被出卖给他人。（《圣经·利未记》第 25 章 1～28）。

那么，在这样的古代社会中，中央集权又是怎样一种情况呢？以古代中国的情况为例，从晋朝到唐朝，土地所有权归国家，有着高度的中央集权的性质。同样是为了保障皇帝的税收、军队支出，但却并没有实行皇帝对全国土地所有制度，也没有实施长子继承制度，而采用了古代公有制或古代共同所有制。也就是说，比如周王与威廉一样，是整个家国的大家长，具有绝对的权威。继承王位，就意味着继承天下的全部土地、全部人民和财产。但周王没走威廉的路，没去断掉被统治者的财路，而显得具有仁慈和德的胸怀。古代中国君王具有的这种仁慈和德，实际上证明，在古代中国土地财产并不单单是税收和赚钱的工具，而是具有祭祀资源功能的。简单来说，如果君王没收了被统治者的土地财产权，那么，"孝"便无法作为一种统合工具在古代中国社会实施。与之相比，在诺曼征服后，英国的土地已经不能起到祭祀资源的功能了。

因此，从形式上说尽管古代中国的土地制度变化多端，有时体现中央高度集权变为国有、公有，有时体现放任自流变为古代私有、古代共同所有，但土地财产权是人们对自己祖先祭祀的物质保障这一性质，一点都不能变。而不管是古代中国的中央集权还是古代欧洲大陆的非中央集权，这些古代社会的君王都是基于原有的古代精神文化，选择了传统的统合方式。与之相比，古代英国在威廉征服的特殊历史背景之下，选择了一种新的统合社会的方式，从而引发了古代土地个人所有制，以及"古典资本主义"的发生。英国父亲难以实行对下一代的祭祀投资，下一代也无法承诺对上一代人的祭祀，各自都以劳动维生，以赚钱维生的近代家庭（"古典资本主义"下的核心家庭）也由此而起。

话至于此，就会好奇地追问，被征服的盎格鲁撒克逊父亲以及征服者的诺曼贵族父亲怎么就容忍了土地财产被没收的政策呢？他们与宋元父亲一样，也需要考虑自己的死后永生，需要把土地作为祭祀自己的资源而传给他们的下一代。如果这种资源突然被没收，他们也就会像被剥夺祭祀权的古希腊大众一样，惶惶不可终日。他们怎么可能容忍威廉一世来"抄自己的祖坟"？如果是这样，就盎格鲁撒克逊父亲而言，凭借他们200万人的实力，迟早都会从诺曼人手中夺回土地以恢复其祭祀资源性质的。但事实却是，国王、诺曼征服者和盎格鲁撒克逊被征服者"友好"相处，王权竟一直维持到了今天，似乎英国人从来就未曾有过祖先崇拜一样，从来就这么不孝。

同样，那些拥有土地继承权的诺曼父亲们，怎么就能够随意对待土地资源，想方设法把土地卖掉，让土地分散化、碎片化，而不怕祖宗鬼魂的报复，不怕子孙抱怨？这至少在实施古代共同所有的宋元父亲看来，甚至在实施古代个人所有的古希腊、古罗马的家长看来都是大逆不道的。这意味着古代英国父亲在精神支柱上，也与宋元父亲乃至欧洲大陆父亲大不相同，并相互排斥。

因此，要解释为什么宋元父亲和诺曼英国父亲走上不同道路，就需要知道周王以来的古代君王没断掉被统治者的财路而威廉能这么干的道理。而这些都与古代英国父亲的祭祀方式以及显示出来的精神文化紧紧相连。

第十二章

宋元与诺曼英国（二）

古代中国父亲决不会允许任何人来"抄祖坟"，但古代英国父亲会。这是不是很奇怪？难道他们是外星人？难道古代英美父亲在内心深处有一种精神促使他们对自己的后代冷淡？他们一定与古代中国父亲在某些地方不一样。从都是"非洲夏娃"子孙的历史角度来推测，他们一定在某个历史阶段，用某种信仰取代了原有的"祖先崇拜"，并以此来支撑着他们去走"邪路"。所以，宋元父亲和古代英国父亲的故事还完结不了，还得继续讲下去。这里的重点是这些父亲的精神世界。

另一方面，在这些古代社会中，基于人们的精神文化，也就是当时的社会价值观（各自对人生的历史定位）而来制定、实施的古代法律，已经成为影响古代父亲们的个人行为和社会趋势的重要因素。关于这个时代的法律以及变化情况，这里也一并讲述。

一、天人合一与耶稣教诲

首先是关于古代欧洲父亲精神世界方面的情况。这需要从古罗马父亲的后续故事讲起。

1. 罗马帝国的祭拜

（1）要相信基督。

330 年，罗马皇帝君士坦丁（306 – 337 年）在古希腊移民城市拜占庭旧址新建了罗马帝国的首都君士坦丁堡。395 年，罗马皇帝狄奥多西死后，罗马帝国分为东西两部分，由其两个儿子分别进行统治。东罗马帝国因其首都君士坦丁堡旧名拜占庭，故亦称拜占庭帝国，包括欧洲的巴尔干半岛、爱琴海诸岛，亚洲的小亚细亚等地区。查士丁尼皇帝统治时期（527－565 年），设立了罗马法编纂委员会，审订哈德良皇帝（117 年至 138 年）以后的罗马历代元老院的决议和皇帝诏令，并于 529 年编成《查士丁尼法典》，共 10 卷。另外，又把历代法学家解释法律的论文汇总整理，于 533 年编成《学说汇纂》50 卷。同年还颁布《法理概要》，又称《法学家指南》，作为学习罗马法的教材。以后还把 534 年以后颁布的法令汇编成《新法典》，作为《查士丁尼法典》的续编，于 565 年颁布。上述法律文献统称《罗马民法大全》。这部法律文献肯定了皇帝的专制权力，把皇权视为至高无上。查士丁尼死后，拜占庭在西方的领土逐渐丧失。[①]

在罗马初期，古罗马父亲尽一切可能来增加他们的遗产，以便他们能为后代所称颂。这时的古罗马父亲在经济上有进取心，有商人头脑，通晓许多挣钱之道。而在早期基督教会中，归顺者大多来自社会下层的平民、奴隶、自由人、手工业者和商人，教会的性质纯粹是信仰性团体。公元后，古罗马家父长发现世俗生活不再有意义，开始渴望将自己模式化，而基督教会的终极理想满足了他们的渴望。因此，2 世纪后期，基督教开始向罗马社会的上层阶级发展，社会下层逐渐被排斥到次要的地位。一大批名利之徒拥进教会，许多有政治野心、对基督教毫无兴趣、一只脚踩在家族祭祀的家父长也挤入教会。由此教会从信仰性集团演变为官僚阶层式组织的团体。248 年，罗马教会已经拥有 155 名牧师。3 世纪末，他们成了中坚阶层，声望上已经与城市显贵中的中坚分子不分上下。随着君士坦丁归信基督教，基督教会变成了强有力的组织，成为罗马帝国的"国中之国"。教会集聚了大量的高级官吏、军人、地主和工商业者，拥有巨额资产。[②]

随 312 年基督教在罗马合法化以后，罗马皇帝开始干预教会事务，他们像统治国家一样主宰教会。他不仅负责召开全体主教会议，指定主教主持会议，幕后操纵会议，还以自己的名义发布信条，掌握了任命、调动和撤免主教和大主教的

---

① 朱寰、马克垚：《世界史·古代史编》（下卷），高等教育出版社 2011 年版。

② ［法］阿利埃斯：《古代人的私生活》，李群等译，三环出版社 2006 年版，156 页、256 页、384～385页；汪琴：《基督教与罗马私法》，法律出版社 2001 年版，2 页、38～40 页。

权限。查士丁尼把罗马帝国与基督教合为一体，认为自己既是一个罗马皇帝，同时还是一个彻底的基督徒。[①]

基督教皇帝对"真理"充满信心，唯我独尊，对"非真理"（异教）实行精神攻击。380 年，狄奥多西发布了基督教信仰的帝国命令，宣称："我们统治下的万民都应当遵守神圣使徒彼得传给罗马人的信仰。我们要相信独一的圣父、圣子和神灵。凡不追随这个准则的人，我们裁定他们是白痴和精神错乱。我们将根据神的审判施行制裁。"381 年，他在君士坦丁堡召集大公会议，但并没邀请西部教会主教和罗马主教。他以个人身份参加开幕式，声称因为君士坦丁堡是新罗马，君士坦丁堡主教的地位仅次于罗马主教，他想将帝国秩序带入他的基督教会。西部教会马上意识到他们之间的冲突。[②]

君士坦丁赋予了基督教许多特权：免除教职人员和牧师的公民义务，教会有接受公民遗产、接受公民赠送财产的权利，对攻击转信基督教的犹太人处以火刑。君士坦斯（337 - 350 年）禁止其他祭祀活动，限制犹太人拥有基督教奴隶，禁止犹太人与女基督教徒结婚，剥夺背教者的财产权。而拉丁教父奥古斯丁主张对负隅顽抗的异端分子采用武力，这为后来残忍的宗教裁判赋予正当化。在基督教成为国教之前，罗马人不会因信仰而发生法律人格的下降或权利受限。但在这之后，基督教身份成为法律人格构成因素，非基督徒的一些权利被剥夺，遭到惩罚，到了查士丁尼时代，所有异端分子被要求在 3 个月内改变信仰，否则将会失去一切，并被流放。[③]

（2）罗马皇帝成为神的代表。

380 年，狄奥多西皇帝（379 - 395 年）把基督教作为罗马帝国国教之后，基督教也开始影响罗马法，特别是在民法方面非常明显。2 世纪初，在殖民地区落户的人不再处于家父长的支配之下。而在罗马，一些儿子即便还处在家父长的支配之下，一旦成年，便会要求家父长让自己在外面另外租房子，取得独立的住所，或迁移到外地，建立自己的家庭。基督教鼓励成年子女离开父母家庭，夫妇独立组建自己的家庭。耶稣说，人应该离开自己的父母，依附自己的妻子，二人

[①] 汪琴：《基督教与罗马私法》，法律出版社 2001 年版，40 ~ 41 页。
[②] ［美］布鲁斯·L·雪莱：《基督教会史》，刘平译，上海人民出版社 2012 年版，94 页、136 页。
[③] 汪琴：《基督教与罗马私法》，法律出版社 2001 年版，77 页、113 页、115 页、124 ~ 133 页。

成为一体。随着基督教成为国教，基督教名义下的公权利介入罗马家庭，家父长完全丧失了家庭内的支配权，从法律身份的父亲演化为自然意义上的父亲。一直维持下来的家父权消失了。[①]

而在统合社会方面，罗马皇帝通过与基督教融合，企图用官方祭祀而不是法律来统合社会的倾向日益明显。对此，雪莱说：早期基督教会认为自己是一个身体，其他任何人或社团都不可与其比肩。帝国中所有的人都成为这个身体的肢体。不过即便这样，世界也不能成为教会，因为人们是在这个世界结束之后，在另一个世界中神的大家庭中与另一种生命融合。然而，当国家成为神法在世上的反映时，皇帝便成为连接神和世界之间的纽带（天人合一）。君士坦丁以后的专制主义自身反而成为基督教世界观的一个不可分割的部分。君士坦丁把国家作为基督教的承担者，把国家作为在人类社会中直接反映和表达神的旨意的存在。在君士坦丁为十二使徒建立的教堂中的衣冠冢之间，他为自己也准备了一座墓穴。[②]基督教的这种变化，一方面源于恺撒以来的罗马官方传统，另一方面源于希腊官方传统。在拜占庭官方教理中，国家可以比作一个身体，不是建立在上述早期基督教意义上的，也并非帝国臣民已经成为名副其实的教会成员。基督教的罗马帝国身体这个形象来自异教徒思想。国家自身被设想为由神建立的唯一社团，而且它囊括了人的整个生活。在国家之内，属神的有形代表就是皇帝，他履行神的旨意，分享神的福祉。因此，基督教会古老的边界被逐渐抹去，基督教社团日益和整个拜占庭社会黏合到一起。[③]

官方传统对基督教影响的另一个例子就是皇帝的圣像崇拜。"圣像崇拜有其先例。在古罗马，皇帝的肖像受人敬拜，就好像其本人一样。即使皇帝们成为基督徒以后，皇帝的肖像继续出现在军营、法庭和主要城市的显要地方、硬币上面。"[④] 而在民间祭祀方面，"当希腊人接受基督教时，他们面临一种非常微妙的选择：是遵循耶和华的戒律'不允许竖立偶像'，并维持对耶稣的崇拜方式，还

---

① 汪琴：《基督教与罗马私法》，法律出版社 2001 年版，33 页、77 页、85 页、109 页。
② ［美］布鲁斯·L·雪莱：《基督教会史》，刘平译，上海人民出版社 2012 年版，144～147 页。
③ ［美］布鲁斯·L·雪莱：《基督教会史》，刘平译，上海人民出版社 2012 年版，147～148 页。
④ ［美］布鲁斯·L·雪莱：《基督教会史》，刘平译，上海人民出版社 2012 年版，148 页。

是遵循希腊人的官方传统方式，崇拜偶像？希腊基督教徒选择了后者"。①

（3）洋葱穹顶指向天国。

上述变化，让基督教自身的信仰方式产生分歧。君士坦丁统治时期，从希腊基督教中就产生出了东正教的独特信仰。东正教徒认为耶稣和圣徒的肖像并不是人们所制作的东西，而是天国理想的显现。天国的存在通过圣像向举行崇拜的信徒显现自己。因为根据《圣经》，人是按照神的形象被造的，所以人的内心中携带有神的形象。这导致了与西罗马基督教的分歧。西罗马基督教仍旧认为，神和人的关系是基于法律的。东正教神学的主题是神的道成肉身以及人必须再次受造。当人犯罪时，他不是违抗神人之间的法律关系，而是让神所赐的形象遭受损害。而耶稣来到世上就是为了修复在人里面的圣像。东正教的独特信仰，还导致了希腊正教等用希腊语，西罗马基督教用拉丁语的分裂。② 于是，东西罗马帝国的分裂，也就意味着东罗马基督教（希腊正教）和西罗马基督教的分裂。这种分裂，决定了今天基督教派别的世界版图。

由于西罗马基督教会（天主教）自认是耶稣门徒彼得的继承者，坚持认为其在各宗主教区中拥有首席地位；东部的君士坦丁堡教会则在东罗马皇帝支持下与罗马教廷争夺势力范围，终于在1054年相互开除教籍，正式分裂为天主教和东正教。

保加利亚在9世纪、基辅和俄罗斯大公弗拉基米尔在10世纪归顺东正教。君士坦丁堡的礼仪感动了这些国家派来参加的外交使节。他们禀告他们的主人说："我们不知道我们是在天国中，还是在世界上，因为的确世上没有一处有如此的辉煌和优美。"以后，俄罗斯将东正教的优美和壮丽归为己有。1453年，君士坦丁堡落入奥斯曼土耳其人手中后，莫斯科便认为它自己是东正教的领袖：第一个罗马在意大利，已经落入"蛮族"和罗马天主教异端手中；第二个罗马在君士坦丁堡，已经落入土耳其人手中；第三个罗马自然就是俄罗斯。沙皇和恺撒同属一个词，与他从第二个罗马那里获得的信仰如出一辙。克里姆林宫标志着丰富而鼓励人心的过去，东正教壮丽的洋葱型穹顶依然耸立，指向天国。于是，今天的东

---

① BBC：《基督教历史》，2009年。

② ［美］布鲁斯·L·雪莱：《基督教会史》，刘平译，上海人民出版社2012年版，142～145页；BBC：《基督教历史》，2009年。

正教大多数都在东欧，其具体分布是 17 个自主正教：君士坦丁堡、亚历山大、耶路撒冷、安提阿、塞浦路斯、塞尔维亚、罗马尼亚、希腊、保加利亚、阿尔巴尼亚、波兰、捷克、斯洛伐克、格鲁吉亚、俄罗斯、乌克兰、美国。3 个自治正教：芬兰、日本、西奈。[①]

2. 凯尔特人成为基督的使徒[②]

以下来讲基督教在古代西欧传播的故事。

前 13～前 8 世纪，凯尔特人将死者遗体焚化后的骨灰盛入陶瓮，埋于集体群葬的墓地（瓮棺文化、骨灰瓮文化）。前 450 年后，这一习俗改变为火葬高冢（哈尔施塔特文化）。公元前后，他们将死者置于四轮战车上，并以武器、饰物、马具陪葬。

凯尔特人的祭司被称为德鲁伊德。德鲁伊德一词源于槲树或橡树。高大的橡树是凯尔特人天神的神像，被尊为圣树。凯尔特人在夜阑人静、满月高悬之际，在一片被称作圣所的小树林或林间空地中，祭司身着素服，在圣树下举行两头白牛的牺牲祭祀。林木之神埃苏斯被视为凯尔特人古老的唯一神。德鲁伊德教义的核心是灵魂转世说，主张人死后灵魂不灭，由一躯体转投另一躯体。要赎取一个人的生命，只有献上另一个人的生命，不朽的神灵才能俯允所请。所以，凡有人病危，或因战争带来生命危险时，德鲁伊德便举行献人祭，将活人置于人形柳条笼内燔烧。被献祭者多为罪犯、战俘。

到了高卢社会阶段，在正式的葬仪完毕时，他们会把死者生前喜爱的一切东西都投进火里，连活的牲畜在内。所有高卢人，一致承认自己是狄斯神的后裔。他们有了部落守护神，例如，高卢阿洛布罗基人的神称阿洛布罗克斯，不列颠布里甘特人的神称布里甘齐娅等。其后，由于部落之间的接触和交往日趋频繁，部分神的崇拜范围便随之超越了本部落，成为高卢乃至不列颠诸凯尔特部落所共同

---

① ［美］布鲁斯·L·雪莱：《基督教会史》，刘平译，上海人民出版社 2012 年版，142～144 页、150～152 页。

② 沈坚：《古凯尔特人初探》，载《历史研究》，1999（6）；［美］布鲁斯·L·雪莱：《基督教会史》，刘平译，上海人民出版社 2012 年版，157～158 页；［古罗马］恺撒：《高卢战记》，任炳湘译，商务印书馆 1979 年版，第六卷一至二三；［美］马丽加·金芭塔丝：《活着的女神》，叶舒宪等译，广西师范大学出版社 2008 年版；《英国古代史》，见 http://tieba.baidu.com/p/1135461918；《英国基督教的传入》，见 http://dg.youdao.com/index.php? app = mobile&ac = newtopic&ts = show&topicid = 101975&topicfrom = group。

敬奉的对象。这些共神包括贝莱诺斯等。当他们决定进行决战时，还对马斯神许下誓愿，把掠得的东西献给他。胜利之后，他们就将获得之物向他献祭，这些祭品堆积在他们的圣地上，以至于在许多地方，都可以看到这样一堆一堆的东西。这时的祭司除了专管有关神灵方面的事情、解释教义上的问题之外，还裁判公私纠纷。祭司中间有一个首领，每年于一个固定的日子，在圣地召集会议，一切有争执的人都从各地赶来，听候他们的决定和裁判。祭司们不纳税，免除了兵役和一切义务。很多人都去学习，有的是自动去的，有的是由父母或亲属送去的。他们要背诵许多诗篇，有人在那边学习达20年之久。

在罗马占领不列颠时代（43－407年），不列颠的凯尔特人开始接受基督教，390年建立了教堂。盎格鲁撒克逊人入侵后，凯尔特人退守威尔士，550年修建了圣大卫大教堂。另外，411年凯尔特人的传教士到爱尔兰传教，而爱尔兰和不列颠的传教士甚至离开故乡来到欧洲大陆的德国、瑞士、意大利北部传教，建立修道院。爱尔兰和不列颠修道士的独立精神，通过与欧洲大陆凯尔特人相共鸣，成为西罗马基督教中一个令人不安的因素。

3. 日耳曼人卦问天①

在德国的撒克逊，塞姆诺内斯人自称为斯维比人中最古老和声望最高的一支。每逢一定的时期，各部落都派代表聚集在一个丛林之中。在这座献给了神祇的丛林里，他们举行祭祀，杀一个人作为牺牲，然后进入丛林。人们都必须套上锁链，以表示对该处神力的皈依。如果不幸跌倒，不得站起或由人扶起，只许匍匐爬行出丛林。他们相信他们的种族就起源于此，万物之主的尊神就住在这里。他们认为有一位神祇常伴随他们，一旦战事发生，他们从树丛中将他们所崇奉的图腾标志取出来伴同作战。

歌谣是日耳曼人传述历史的唯一方式，在他们自古相传的歌谣中，颂赞着一位出生于大地的神祇隤士妥和他的儿子曼奴斯，并把他们奉为全族的始祖。曼奴斯的三个儿子，分别成为沿海的印盖窝内斯人（撒克逊人和伦巴底人）、中央部分的厄尔密诺内斯人和余下的伊斯泰窝内斯人（法兰克人）的祖先。"日耳曼"

① ［古罗马］塔西佗：《阿古利可拉传·日耳曼尼亚志》，马雍、傅正元译，商务印书馆1959年版；［古罗马］恺撒：《高卢战记》，任炳湘译，商务印书馆1979年版，第六卷一至二三。

是前 2 世纪以后增添的名称。在他们的葬礼中，没有什么繁文缛节；对于有名望的人，专用某几种木材来焚他的遗体，这就是他们唯一的仪节。在火葬的柴堆上，并不堆积寿衣和香料，而是将死者的甲胄、坐骑投入火中。坟墓就是一个小草坡。

他们重视卜筮。从核桃树上折下一条树枝，将树枝折成许多签，上面各标以不同的符号，然后胡乱地撒在一块白布上。如果所问的是公事，则由祭司主持；如果所问的是私事，则由一家之父主持。主持者先向诸神祈祷，然后两眼朝天，拿起一根签，这样连抽三次，再按照签上预先标好的符号求得占解：如所得的象为"不从"，则当日不得再就该事往下追卜；如所得的象为"从"，则还需要用卜的方法来问事。

4. 日耳曼人皈依基督教

（1）保留祖先崇拜信仰①。

3 世纪，南部日耳曼部落归信基督教。4 世纪中叶，哥特人中已有人皈依基督教，乌尔斐拉曾在哥特人中传教，并译《圣经》为哥特语。当时处于阿里乌斯派（主张耶稣是非神人同体的教派）的皇帝君士坦丁诸子统治之下（337－361 年），所以，哥特人也属阿里乌斯教派。但这些基督徒于 410 年举兵迫近罗马，突破罗马城门后，烧毁宫殿和神庙，仅留下基督教教堂。首领阿拉里克自称为基督徒，在检查战利品时，把教会的财产送还给了教堂。汪达尔人于 409～429 年在西班牙境内改宗基督教，但他们于 455 年也洗劫罗马，还掠抢了几座基督教会。勃艮第人于 412～436 年在高卢东部接受基督教，东哥特人于 456～472 年在潘诺尼亚省归信基督教。所有这些日耳曼人都是乌斯教派。

496 年，在克洛维的领导下，3000 名法兰克战士接受洗礼，正式宣布接受西罗马天主教教义（主张耶稣是神人同体的教派）。这标志着他与罗马天主教会以及信奉天主教的高卢罗马人在政治上的联合，并敌视阿里乌斯派的其他日耳曼部

---

① ［美］布鲁斯·L·雪莱：《基督教会史》，刘平译，上海人民出版社 2012 年版，124 页、139～140 页、153～155 页、179～181 页；［法］阿利埃斯：《古代人的私生活》，李群等译，三环出版社 2006 年版，400～406 页；朱寰、马克垚：《世界史·古代史编》（下卷），高等教育出版社 2011 年版；［美］马丽加·金芭塔丝：《活着的女神》，叶舒宪等译，广西师范大学出版社 2008 年版；http://www.baike.com/wiki/%E6%97%A5%E8%80%B3%E6%9B%BC%E4%BA%BA&prd＝so_1_doc。

落。在法兰克人早期扩张时期，就已经局部性地开始实行了封建制度。这种制度包含私人行使管理封臣和采邑的政府职能。这种领主和封臣之间的私人关系，也扩展到教会。为了求得保护，主教和修道院院长，与国王、领主建立密切的私人关系，成为封臣，接受采邑。而国王、领主也因此控制了教会人员的任命和就职。在另一方面，由于主教和修道院院长的要求，法兰克国王赐给教会、修道院一些土地，以让基督徒用这块土地的收入来建造房屋和救济贫困。这些地方可以拒绝任何来访、检查和税收，这促成了领主豁免权的诞生。

8 世纪后半叶，仍旧还居住在欧洲大陆的撒克逊人归信了基督教。10 世纪，斯堪的纳维亚人归信基督教。冰岛虽然在 10 世纪归信基督教，但到了 13 世纪仍旧公开保留着对祖先的崇拜。瑞典是印欧异教（祖先崇拜）的最后一个日耳曼族堡垒。

（2）日耳曼人集体改教。

让"蛮族"人皈依基督教的主要途径，是让基督徒去说服他们的首领，让"蛮族"集体改教。

法兰克人在与罗马高卢地区基督教文化的接触中发生了变化。法兰克氏族部落中，第一个称王的是希尔德里克。481 年他去世后，由儿子克洛维（481－511 年）继承。486 年，克洛维打败了罗马帝国在高卢的最后一任总督西格里乌斯，独占整个北高卢。493 年，克洛维与身为基督徒的勃艮第公主结婚。公主常向他谈论上帝创造天地和人，但他认为很荒谬。第一个儿子出生后被允许洗礼，婴儿死在了洗礼服中，但公主满怀喜悦地说："神已经将一个灵魂直接带回了天国。"第二个儿子也受洗礼，但生了病，在公主的祈祷下康复了。496 年，克洛维与进犯的阿勒曼人激战时，遭到前所未有的惨败。他向耶稣求援，发誓如果能转败为胜，他将带领法兰克人皈依基督教。于是，奇迹发生了，阿勒曼军中突然发生内乱，并杀死了自己的国王，全部向克洛维投降。回到家后，公主的主教劝克洛维抛弃他的神，克洛维说他要说服手下抛弃日耳曼神。这样，他像君士坦丁一样，带领 3000 士兵接受了洗礼，皈依了基督教。克洛维得到教会支持，使得法兰克王国在日耳曼部族中拥有统治权。509 年，统一了法兰克，建立了法兰克王国（墨洛温王朝）。714 年，马特成为法兰克王国的宫相。随着阿拉伯帝国控制了西班牙的大部分地区，他越过比利牛斯山发动进攻，重创了对手。751 年，他的儿子丕平取代了墨洛王朝的末代皇帝，成为法兰克的国王，教士为他加冕。768 年，马特的孙子查理继承王位，800 年圣诞，教宗为他加冕。他需要神圣的认可，同时他也为教宗提供可以依赖的对象。两者的结合，加速了罗马天主教和希腊正教的分裂。①

　　让"蛮族"人皈依基督教的另一重要途径，如同耶稣当年所为，就是向众人显示自己所信仰的神的威力。

　　"野蛮"部落在丛林中献动物祭，在溪流之畔崇拜自然神灵。直到 8 世纪，仍然有许多日耳曼人崇拜橡树。传说一位基督教教士去传道，要用斧子砍橡树，突然一阵风吹来，吹倒橡树。于是，日耳曼人大为惊讶，改信了基督教。这位传教士用橡树木头建立了一座小教堂。基督教通过神迹，让日耳曼人接受洗礼。以后入侵罗马的日耳曼人，虽然没有放弃他们的军队，但交出了他们的神。②

　　可是，就死后永生、灵魂得救方面，"蛮族"对福音的接受却经历了艰难和漫长的历程。

　　从墨洛温王朝到卡洛林王朝时期（509－880 年），日耳曼人建起了由荆棘围起来的村庄，被围起来的一块块地域成了一道独特的风景线。每个村庄的人口大幅度增加，平均寿命 45 岁，男人平均身高 5.5 英尺。除了祖父母、父母、孩子、奴隶和仆人之外，叔叔和阿姨，兄弟姐妹也都住在一起，有时形成数十人一起生活的大家族，与罗马的直系小家庭形成对比。一个人脱离家族，需要到法官面前宣誓放弃来自大家族的保护和遗产。法兰克人并不害怕死亡。他们为了生存，必须去杀人，战争对于宗族部落的生存十分重要。可是，在战争中被杀者的鬼魂，谁也不知道会对人有何害处，这引起他们的恐惧。于是，居民们倾向于为死者单独开辟出一个地方，建立公墓。公墓建立在离村庄很远的地方，而不像罗马人把死者埋在城墙外的路边。德意志人的乡村公墓尽可能选在山的南坡上，附近还有一口井。尸体常常赤裸裸被埋进土里。人们还在坟地周围种上灌木，围上竖石，打上木桩，将死者束缚在它自己的世界里。从 7 世纪开始，墓地移向村内。死者

　　① ［美］布鲁斯·L·雪莱：《基督教会史》，刘平译，上海人民出版社 2012 年版，158～159 页、175～178 页；汪丽红：《萨利克法典与法兰克早期社会》，载《历史教学问题》，2010（5）；http://baike.baidu.com/view/253674.htm。

　　② ［美］布鲁斯·L·雪莱：《基督教会史》，刘平译，上海人民出版社 2012 年版，153 页。

在埋葬前会穿上衣服，并有了工具、装饰等陪葬。考古学家说，这时欧洲的村庄距离墓地很近，在墓地发现了供奉的物品，更重要的是，画像上的祖先意味着后人得到祖先的保护，祖先的灵魂与画像合为一体，从而亡灵不再坐立不安四处游荡。另外，德文词汇后裔，是祖先祭品的派生辞。以祖先的名字为子女命名成为习俗。在日耳曼人社会中，祖先崇拜占统治地位。①

为了让日耳曼人放弃祖先崇拜、归信基督教，教会首先劝说让孩子进行洗礼。由于成人死亡率相当高，因母亲去世而孩子成为孤儿的现象很普遍。如果接受了洗礼，即便变为孤儿，也会得到教父照顾。所以洗礼被许多母亲所接受。洗礼如姻亲、臣属等亲戚关系一样，也是一种增强凝聚力的方式。洗礼意味着孩子被社会接受，将亲情从家庭里移植出来，这挑战了日耳曼传统宗族婚姻秩序。基督徒还推广小家庭，在基督教看来，理想家庭人数为 4 人。到了 9 世纪以后，原有的大家族开始减少，家庭平均人口下降到数人。同样，在基督教的推动下，10世纪，在欧洲大陆的凯尔特人（高卢人）放弃了同族婚姻，禁止与第二代旁系通婚。另外，在异教徒基督教化的例子中，26% 是涉及意外遭遇和疾病。当罪犯被处罚时，基督徒也会为他们治疗。②

其次，教会在努力廓清死亡的神秘感，让人们相信死亡的状态不过是死者通往另一生活的旅途。从 750 年开始，墓地逐渐移到了教会的牧区。人们将死者葬在圣坛和圣徒的遗体周围。这样，人们在祈祷时就站在他们所爱的人的身体上，生者的世界和死者的世界得到了统一。另一方面，到了 7 世纪晚期，由于伊斯兰教所带来的冲击，许多先知跳出来开始公开宣扬世界末日的观念。巴隆特修道士是一个归顺基督教的高卢贵族。他曾遵循一夫多妻制，但因良心发现而有了罪恶感。他时常幻觉自己在通往天国和地狱的途中，灵魂坠入地狱后，在天使的陪伴下通过三道大门来到了天国的大门，大门由彼得把守。他想用地狱的恐惧来劝人为善并获得拯救。③

---

① ［法］阿利埃斯：《古代人的私生活》，李群等译，三环出版社 2006 年版，400～406页、428～430页、461~462 页；［奥］迈克尔·米特罗尔、雷因哈德·西德尔：《欧洲家庭史》，赵世玲等译，华夏出版社 1987 年版，66~67 页。

② ［法］阿利埃斯：《古代人的私生活》，李群等译，三环出版社 2006 年版，428~430 页、439~441页、479~482 页、500~501 页。

③ ［法］阿利埃斯：《古代人的私生活》，李群等译，三环出版社 2006 年版，465~472 页。

同时，基督教也开始排斥异教。508 年的元老会和 511 年的奥尔良会议就将占星师和女祭司斥责为受魔鬼控制的人。到了 8 世纪中叶，异教的预言、魔药的配方、春药等，都被基督教归属于一个具体的形象：魔鬼。①

然而，尽管基督教取得了一些成功，但在驱逐祖先崇拜方面，效果并不理想。

日耳曼贵族们为了获得救赎，自己拥有教堂。传教士在高卢布道时，贵族出钱让他们把手下的农奴培养为牧师，并给传道士一些土地修建教堂，但贵族自己是教堂的主人，建筑和服务人员都归贵族所有。贵族们有了私人牧师来为自己祷告。而那些帮助建立修道院和主教管辖区的贵族们，也抱有同样动机。尤其在法国北部，牧师们被剥夺了个人尊严，被贵族当作管家、会计、仆人。为了解放神职人员，教皇格里高利在 10 世纪实行了改革。②

在日耳曼社会，祖先崇拜虽然被降格为迷信，但以家族为基地的祖先崇拜仍与基督教相对抗，其妥协结果便是家庭教堂的产生。由于贵族家族坚持家庭崇拜的传统形式，基督徒演变为家族教士，最后演变为宫廷主教、城堡及府第中的牧师。另外，国王、贵族还往往把自己的祖先尊为圣徒。比如波西米亚的圣·文策尔和圣·柳德米拉，匈牙利的圣·斯蒂文，挪威的圣·奥拉夫，英格兰的圣·爱德华，奥地利的圣·列奥波德。这意味着，统治者和贵族通过基督教化的形式来维持祖先崇拜。而这种祖先崇拜在后期以圣化家谱的画廊形式保持下来。③ 而在民间，被降格为迷信的自然崇拜，也还根深蒂固。即便在天主教支配之下，至今在希腊、罗马，还是崇拜自己的地方神，冠以马利亚的名称。

（3）建立起英国教会④。

盎格鲁撒克逊人也曾实行多神崇拜，北方神沃登和索就是英语里的星期三和星期四的辞源。当盎格鲁撒克逊人入侵英国后，和凯尔特人形成敌对关系，凯尔特人的基督徒无法向这批入侵的日耳曼人传布福音。

---

① ［法］阿利埃斯：《古代人的私生活》，李群等译，三环出版社 2006 年版，479~482 页、497 页。
② ［法］阿利埃斯：《古代人的私生活》，李群等译，三环出版社 2006 年版，496 页。
③ ［奥］迈克尔·米特罗尔、雷因哈德·西德尔：《欧洲家庭史》，赵世玲等译，华夏出版社 1987 年版，66~67 页。
④ ［美］布鲁斯·L·雪莱：《基督教会史》，刘平译，上海人民出版社 2012 年版，160 页；孙艳燕：《当代英国宣教状况概览》，中国宗教学术网，2012 年 1 月 31 日；《英国基督教的传入》，见 http://dg.youdao.com/index.php? app = mobile&ac = newtopic&ts = show&topicid = 101975&topicfrom = group。

格列高里（540－604年）当上教皇后，挑选了40名僧侣，由罗马的一所修道院院长奥古斯丁率领，于597年到达英国的肯特王国。肯特的王后是基督徒，她原是法国公主，法王当初让她嫁到异教国肯特的条件是肯特王必须准其女儿保留她原来的信仰，并准她带一位名叫马丁的神父。王后有一所小礼拜堂，马丁在那里主持礼拜。这样，奥古斯丁到肯特传教就有一定基础。不久奥古斯丁要给国王亲自布道，国王表示同意，但条件是必须在户外进行，因为国王害怕奥古斯丁对其施行巫术。当时的日耳曼人相信，大凡巫祝的那些奇能异禀，通常在屋子里才灵验，一旦出了四堵墙就难以施展其魔法了。于是国王在户外一张椅子上就座，奥古斯丁及其随从手持熠熠生辉的银十字架，边唱赞美诗边向国王走去，给他读经、做祷告、讲道，国王微微点头，若有所悟，但表示要认真考虑一番方能决定是否放弃原来的信仰，并允许奥古斯丁在国内自由传道。奥古斯丁一行苦身修行，除传道外还给当地百姓治病，故颇得民心；在奥古斯丁一行的感召下，国王最后也入了教，变成了基督徒。之后，英国其他诸王国也纷纷皈依基督教。

7世纪，肯特国王澳斯维信奉了来自北部爱尔兰凯尔特人的传道，而王后信奉了来自南部奥古斯丁的罗马传统。644年，为了解决两者在信条上的冲突，澳斯维同意遵循罗马的方式，这样，凯尔特人的信仰也移入了罗马的轨道。从此，英国完成了基督教化，建立起英国教会的组织机构。

5. 士当天下之忧而忧

如果说，古代西欧各社会从原有的信仰改为基督教信仰是一个"巨大变化"，那么，古代中国的信仰世界一如既往。即便到了宋朝，因外族入侵带来了长期战乱和各种信仰，老百姓依然遵循祭祀父母的原则。京剧《韩玉娘》所描述的故事便是生动写照。南宋时，金兵入侵，民女韩玉娘与书生程鹏举被金人掳去为奴，在患难中结为夫妇。玉娘鼓励鹏举南逃归宋，自己却被转卖瞿姓人家为妾。瞿家夫妇得知玉娘身世颇为同情，应允玉娘寄住尼姑庵避难。纨绔子弟胡为意欲霸占玉娘，玉娘借机逃走，投奔故国。她一路上饥寒交迫，病倒路旁。幸遇李氏相救，认为母女，得住李家将养。程鹏举从军转战，身授襄阳太守，命人寻访玉娘。当夫妻聚首后，玉娘已病体难支，溘然长逝。玉娘临死前的最后两个愿望是，希望丈夫再娶别的女性为妻，为程家传宗接代，还希望把自己葬入程家的祖坟。

然而，宋朝父亲思想的最大特征，不是家族祭祀的一贯性，而是人们对儒家学说的再理论化。对此，钱穆说，南北朝、隋唐的学者分为两种：一种是讲各种礼法和国家典章，以求建功立业保门第；一种信从佛教讲出世，信从道家讲长生。他们都脱离社会现实，超然独立。宋朝的学者则从平民现实生活出发来讲礼教和功绩，试图找出一种适用于宇宙、人生、国家、社会等方面的原则，即天理。他们认为，天理是公，人欲是私。因此，他们认为佛教、道教都是为私。他们还认为，汉、唐之后的君王官僚，也都是为私，没有为公。知识分子们要用为公的儒家理论来改革现实。①

儒家再理论化的主要代表如下：

程明道（程颢）（1032－1085年）。如《易经》所说，天地滋润万物，有着宏大的德。所以，天理就是仁。作为万物之一的人，应该感悟万物一体中的仁。作为万物的自然天理，既包含善，也包含恶。所谓恶，就是过度或者不足。因此，人应该通过修养，调节度，从而培养自己的美德。

程伊川（程颐）（1034－1108年）。人的本性是天理的体现，但气与理同在。气与理是不同的。气有阴阳和清浊之分，清为善，浊为恶。气也是构成人体的元素，浊气带来欲望，所以产生爱憎喜怒。由于气的活动蒙蔽了理，所以，人需要通过修养认知理。就社会而言，"上下之分，尊卑之义，理之当也，礼之本也"；"君臣父子，天下之定理，无所逃乎天地之间"。

朱熹（1130－1200年）。万物由阴阳二气所构成，气的变化带来万物的变化。人也是因气而存在，而家族成员所获得的气大体相通，所以，生者祭祀亡者时，亡者的气会感知祭祀者的至诚之气。理产生气，所以，理才是人的本性。由于浊气带来欲望，不加控制，就会失去本性。克服的方法有两个：一是反省内心，二是跳出自我去读书明理，除去浊气带来的蒙蔽。

陆象山（1139－1193年）。人的心就是理。只要把握住心中的理，就会明白万物之理，而经书等不过是一些注解罢了。②

把他们的想法归纳起来就是，理主导一切，但有人说理与气同在，有人说理产生气，还有的说理就是人的意识。这些说法与传统观点相比较，"六朝隋唐的

① 钱穆：《国史大纲》（修订本下册），商务印书馆1996年版，654页、659页、663页、794～796页。
② ［日］森三树三郎：《中国思想史》（下），第三文明社2008年版，337～339页、341～345页、367～368页。

知识分子（士），都是向老子、庄子或佛教寻求个人的人生意义，但宋朝的知识分子把个人的人生意义与仁义忠孝这样的政治道德结合在一起，认为天理既是个人生命的源头，也是治理社会的道德、治理政治的原理的源头"。① 因此说，理学就是从平民现实生活出发，归纳出来的一种新的哲学。

那么，从儒家发展的角度来看，这种思想的核心是什么呢？

宋朝产生出来的大儒，尽管学说在某些方面也有所不同，但在"天人合一"方面几乎都是相同的。程颐说："天、地、人，只一道也。"② 天人合一来源于春秋战国时代的理论，而宋朝掀起有关这方面的理论化新思潮，又与当时的社会背景紧密相关。余英时说，唐末五代以来，藩镇势力割据地方，武人横行中国。所以五代最后一位皇帝周世宗已感到必须制裁武将的跋扈，因此开始"延儒学文章之士"讲求文治。宋太祖继周而起，更是有计划地"偃武修文"。"士"在政治上的重要性也愈来愈高。六朝、隋、唐的门第传统至五代时已差不多完全断绝了。宋代的"士"绝大多数都从"四民"中产生。唐代科举仍受门第的控制，五代时的科举则在武人手中，考试由兵部执行。周世宗时才开始重视进士，考试严格，中进士后如才学不称，还会斥退。宋代朝廷对进士又特别尊重，故有"焚香礼进士"之说。从"民"而来的"进士"，自然会发展出对国家的认同感和责任感。这是宋代出现"士以天下为己任"意识的主要原因。换句话说，他们已自认为不仅是文化主体或道德主体，还是政治主体。宋代儒学一开始便提出"回向三代"，即重建政治秩序。这不但与朝廷的意图相合，而且也是一般人民的愿望。③

正因为如此，有人评论说，宋朝的读书人产生出一种"自觉精神"，认为自己应该担起天下责任。范仲淹不是贵族，在寺庙里自己读书，随后写下了"士当先天下之忧而忧，后天下之乐而乐"。他们重新抬出孔子儒学来矫正现实。他们的私人生活轨迹是，由科举发迹，进而出仕，退而为师。④

6. 天人合一与基督教使徒精神

（1）孝、德的神秘性和神圣性。

① ［日］森三树三郎：《中国思想史》（下），第三文明社 2008 年版，363～365 页。
② 《中国古代文化－古代哲学思想－天人合一》，见 http：//www.baike.com/wiki/%E5%A4%A9%E4%BA%BA%E5%90%88%E4%B8%80。
③ 余英时：《我与中国思想史研究》，载《思想》，2012（8）。
④ 钱穆：《国史大纲》（修订本下册），商务印书馆 1996 年版，558 页、560～561 页。

现在我们知道了，宋朝父亲依然传承"非洲夏娃"的信仰，把得到后代祭祀，看作整个人生的意义所在。本来，古代中国传统仅此而已，但在古代社会结构越来越复杂的情况下，如何统合社会成为宋朝、元朝父亲们需要面对的问题，于是需要自然（天）崇拜。可是，祖先崇拜和自然崇拜这两者所处理的问题是不同的。前者的对象是死后世界，后者的对象是现实世界；前者解决的是绝对概率问题，后者解决的是相对概率问题。如果"天"意味着掌握相对概率分布的冥冥之人（神），那么，在信息不足的情况下，无论在个人生活层面上的信命、算命、信佛、吃斋，或是在统合社会层面上，君王依靠自然神来自己证明统治的正当性，给自己增添神秘、神圣性，这些都是正常现象。可是，人们往往更有一种倾向，就是要把两者混在一起，为了让这种混在一起的理由成立，往往需要一种类似"天人合一"的理论。为什么非要把两者混在一起呢？因为古代父亲既是祭祀资源的分配者，也是积累祭祀资源的功利者，前者意味着死后世界，后者意味着现实生存世界。这么个两面性人物，在需要树立权威时，自然会脱口而出：我这个被你们祭祀的人，是战无不胜的。为支撑这个说法，就会去寻找一种类似天人合一的说法：因为我是上天之子。非常明显，权威越高，其混合型的理念就会越强，而失去权威的恐惧又会形成一种强迫观念，于是天人合一成为一种统合古代社会的思考模式。其结果就是，古代父亲倾向于否认事实，不承认失败。例如在古代中国，天人合一早就被旬子、司马迁等用事实和理论推翻了，但忘却历史依然盛行。这种倾向导致了人们忽视对孝、德真正起源的理解。

宋朝父亲的情况同样如此。一般老百姓依从"非洲夏娃"的信仰进行生活，但有人却非要把孝、德与天意挂上钩，从而渲染了古代孝、德行为和社会制度的神秘性、神圣性，并采用哲学理论探讨方式，让人们信服。当然，如果古代父亲们都信服了，君王也就可以千秋永恒了。

（2）罗马皇帝凌驾于法律之上。

同样，古希腊和古罗马父亲们也曾用过类似天人合一的方式来统合社会。但古希腊在前500年放弃了这种方式，用投票的方式来显示民意（天意），古罗马随后也实行投票，并用法律来统合社会。然而，自从公元左右恺撒把自己当作神并让大家崇拜之后，其他的罗马皇帝都相继模仿，特别是与基督教融合成为基督教皇帝之后，帝国也被当作了神的天国在地球上的再现。也就是说，天人合一通过新的形式又重新回到了古罗马、古希腊的父亲身上，然后扩展到古代中欧、东欧，以及西欧的父亲身上。

这种想法，明显破坏了古罗马以法治国的原有模式，让行政命令凌驾于法律之上。其后果是可以想象的。简单说就是，如果你要凌驾于法律之上，那么，法律也无法保护你，于是罗马帝国内乱四起，军人掌握一切，最后走向专制。即便在与基督教融合之后编纂出的罗马法中，皇帝仍然是凌驾于法律之上，并成为神在帝国的代理者。

因此说，基督教在古代欧洲大陆并没有"修成正果"，反而成为古代专制者的工具。

那么，在罗马帝国的人治之下，经济制度又发生了什么变化呢？是古代家父长制的废除，财产平均分配的确立。

如果把具有排除剩余劳动力、催生没有财产的劳动者的家父长制度，看作一种区别于传统社会的生产方式，那么，这个制度从前2000年开始，在希腊维持了1500年，在罗马维持了近2000年，从而带来了古希腊和古罗马的繁荣。随着这种制度的废除，古希腊、古罗马也走向崩溃。为什么会这样？

在古代家父长制度下，古罗马父亲原本是那样贪婪，对实业充满激情，但是到了后来，他们的家父长权威被废除，于是，便加入他们根本就不相信的基督教，通过基督教会来靠近权力中心。这种通过追求权力，而不是追求效率、实力来谋求最大利益的倾向带来了古代社会的不公平。于是在罗马帝国，不仅搞经济的人如此，士兵也无所事事，不想参战，最后干脆把防守任务交给了日耳曼人。经济制度方面的剧烈变化，使古罗马社会突然失去了原来的发展动力。而古希腊更是一败涂地，只是在东正教的指引下，默默地过日子。他们信仰耶稣，不是为了复活，而只是为了生活顺利，少灾少难，特别是极力想避免战乱、内乱等，所以，其信仰也就回到了自然崇拜的阶段上，而死后的祭祀，通过财产平均分配，又重新落在子女身上。在这样状况下的古代东罗马、古希腊以及中欧、东欧都长期处于这种状况中，这些社会的土地资源也不可能因改信基督教而变为非祭祀资源。

（3）非祭祀资源。

那么，在理、气、上帝的"天"与皇帝、王、父亲的"人"合二为一的思潮几乎覆盖整个中世纪社会的状态下，是否会有其他想法和统合方式呢？

先来看古代凯尔特人和日耳曼人的精神世界的历史变化过程。

虽然在前 3500～前 2000 年，作为库尔干人子孙的远古凯尔特人和日耳曼人也进入了父系社会，但他们与同属库尔干人子孙的远古希腊和罗马人不同，选择了更接近墨西哥阿兹特克人的自然崇拜，信奉灵魂转换，实行古代土地公有，男性组织管理权威偏高等信仰和制度。直到前 5 世纪以后，古凯尔特人才定居下来。为了与古日耳曼人、古罗马人争夺土地资源，古凯尔特人必须更有效地把父亲们组织起来。为了由弱者变为强者，他们逐渐转化为祖先崇拜。古日耳曼人的历程也大体如此，在前 2 世纪，转化为祖先崇拜。在他们的家庭生活中，父亲对母亲依赖而尊崇，女性成婚后想的是把结婚信物传给儿子再传给孙辈。这些都与古代中国父亲的想法没有多大区别，也就直观地排除了他们与古希腊、古罗马父亲在文化上的同一性。

就古日耳曼人的情况来看，在后来融合于基督教的过程中，他们交出了他们的自然神，但祖先神依旧被保留下来。他们祭祀祖先，生活在一个大家族中。由于长期迁徙和战乱，他们只能采取火葬，然后带着骨灰四处游荡。更为重要的是，处于迁徙和战争的古日耳曼人，不像中国古人，他们没有根据地，也就没有故乡。战争带来大量阵亡者。这些死者与古代中国的阵亡者不同，回不了故乡，得不到故乡亲人们的祭祀，因而成为饿鬼、冤鬼，四处游荡。这对进入这些地区暂时居住的古日耳曼人来说，非常恐惧。所以，他们在住宅四周留下空地，并把坟墓修在远离居住的地方。随着战乱的平息，亲人的坟墓离家越来越近，最后，随着归信基督教，儿女对父母的祭祀也就在牧区墓地中举行。因此祭祀关系（父子关系、母子关系）不是典型基督教的同志和朋友关系，而是作为血缘者的被祭祀和祭祀之间的关系。在加入了基督教的家族祭祀者心里仍旧是祖先崇拜，交易也仍旧在人与人之间进行，只是祭典礼仪、亡灵生活的地方、亡灵的领导者有所不同。这在贵族家庭更加明显，他们干脆就把教士当作祭祀家族祖先的助手。因此，在古日耳曼人支配的西欧，家族的土地资源的古代共同所有也被延续下来，土地财产的非祭祀资源化根本就无从发生。而在古代西欧各王国中，类似东罗马帝国的天人合一的社会统合方式、专制王朝也时隐时现。

不过，在某些方面也有所变化。比如，基督教为孩子洗礼，建立起与教父的关系，鼓励孩子离开大家庭组成小家庭等，在一定程度上推进了超血缘关系的建立，但并没能把祖先崇拜连根拔除。

然而，并不是所有的古代西欧父亲都生活在这样一片"天人合一"的天空之下的。

先来看有关祭祀财产分配方面的情况。在古希腊、古罗马时代，人们把战利品的十分之一献给保佑神。到了基督教时代，教会收取百分之十的税（什一税）。同样，古凯尔特人也对马斯神许愿答应把战争中掠得的东西献给他，英国盎格鲁撒克逊人的刻尔对教会也负有纳税义务。

但不可思议的是，当英国的刻尔父亲处理遗产时，除了一份留给诸子、一份留给妻子之外，还有一份要留给自己。如果问古代中国父亲为什么要在外面打拼，他会像今天中国父亲一样，叹气说，为了养活老婆和孩子呀，没有办法。如果再问积蓄起财产来干什么，他会坦然一笑，这些财产生不带来，死不带去，还不都给孩子吗。如果是这样，古代中国父亲的"大公无私""公私不分"显而易见，因为他们根本就没有想留给自己一点什么。于是自然得出结论，古英国父亲要给自己留下遗产，真是"自私自利"，怪不得英国是"古典资本主义"。因为从古代中国父亲的生活立场来看，人都死了，你留给自己又有什么用？如果非要留给自己，那就是不考虑老婆和孩子的利益，这当然算"自私自利"了。

事情真是这样吗？现象后面的答案揭示出古代社会在精神支柱上两分化和在精神文化方面断裂的现实。

在古代英国老百姓中有一种习惯，在获得个人收入时，都要存一个便士，被称为上帝的便士，积攒起来后捐给慈善机构。[①] 即便在今天，虔诚的英国家庭到了圣诞节，也会把税后年收入的十分之一捐献给教会。这种捐献，与纳税是没有关系的，是英国人真正需要为自己留下来的钱财。但这对古代中国父亲来说难以理解。中国父亲到寺庙上香、捐钱，家人是不会反对的，因为舍财免灾，是为了家人好。但如果临终前要把财产的三分之一捐献给寺庙，家人自然会反对。为什么会反对呢？因为忽视了老婆和孩子的利益。那么，为什么去寺庙上香、捐钱，家人不反对，而捐献财产给寺庙，家人就会反对呢？仅仅是钱多钱少的关系吗？

---

① 《基督教对英国法的影响》，31 页，见 http：//max. book118. com/html/2014/0103/5464568. shtm。

不是，是动机不纯。因为上香、捐钱的动机非常明白，捐献财产却会使人大惑不解。为什么要这么做？家里还有老婆孩子呀！如果这是古代中国父亲的道理，同样也应该是古代英国父亲的道理。那么，为什么在古代英国是理所当然的事，在古代中国就成了不可思议的事？

也许，嘲笑古代英国父亲"傻帽"行为的，不仅是古代中国父亲，还有那些信奉基督教的古代欧洲大陆父亲。

在古代欧洲大陆，教会也让信徒立遗嘱把财产交给教会。临近公元 1000 年时，教会宣扬末日审判就要到来，保留世间的财产毫无益处。通过世界末日将在 1000 年到来的恐怖使修道院和僧侣大大发了一笔财。但是，1000 年却在无灾无难中安然度过，恐怖消失了。人们懊悔为了赎罪而白白送掉的财产，开始发出抗议，拒绝遗嘱。对此，教会采取了诅咒的手段。在法国奥弗涅有以下记录："假如你的儿女决定要反抗这个文件并要用武力夺回已经献给上帝的财产，那就让他们在地狱的底层受苦受难。"① 如果欧洲大陆的信徒如同英国的信徒一样虔诚而不是与上帝做现世投机交易，他们应该不会因把财产捐献给教会而感到懊悔。

是因为古代中国父亲、欧洲大陆父亲与英国父亲之间，存在思想境界的高低、道德观的不同、公德心的有无等问题吗？这些也许是大多数人的说法，但这里讲的却是另一个版本。

前面说过，从成因方面来看，人们生活中所面临的危机分为两种性质，一部分关系到相对概率问题，一部分关系到绝对概率问题。为了解决相对概率问题，古代中国父亲可以求祖先保佑，也可以到寺庙去求老天神仙保佑，其代价就是捐出香火钱。同样，为了解决相对概率问题，在古代基督教社会中，包括古代英国在内的欧洲父亲会祈求上帝保佑，其代价就是缴纳什一税等。与此相反，为了解决绝对概率问题，古代中国父亲把财产作为祭祀资源托付给家人（下一代），并让其负有祭祀义务。因此，如果把遗产捐献给寺庙，就意味着寺庙必须负起祭祀义务，但寺庙从来就没有这种祭祀功能，结果就是，这种捐赠动机不明，让人怀疑为"自私自利"。古代祭祀主体在家庭，遗产也全部归家庭，这是古代中国和欧洲大陆的特征，所以，土地财产也就不可能被非祭祀资源化。

---

① ［法］拉法格：《财产的起源和进化》，杨伯凯译，辛垦书店 1932 年版，102～103 页。

如果是这样，那么观察古代英国父亲把三分之一的遗产交给教会的现象，就会得出古代英国的祭祀主体就是教会的结论。因为只有这样，把一部分土地财产作为祭祀资源托付给教会并让其负责祭祀义务，才顺理成章。因此，古代英国父亲的祭祀方式也就意味着，留给家人的三分之二土地财产是从祭祀资源分割出来的非祭祀资源，而资源的非祭祀化的发生，便是导致"古典资本主义"发生的一种社会制度性基础。同时，也可以发现，由于古代英国教会肩负人们的祭祀义务并拥有祭祀资源，基督教在英国才如此根深蒂固，与国王的瓜葛才难以理清。

这些都是古代英国父亲的信仰变化所带来的辐射作用。但在古代中国夫妇或儿子看来，古代英国父亲或夫妇由于皈依耶稣而发生的信仰变化，给他们带来了留下"私有财产"的动机，"自私自利"也就成为"古典资本主义"的本性。

值得注意的是，这里讲的并不是古代英国个人所有制度的建立，而是因古代英国父亲的信仰改变而对古代个人所有制度的容纳。古代英国个人所有制的发生，是英国独特历史所造成的，与古代英国父亲的信仰变化不是因果关系。但是，由于古代英国父亲从祖先崇拜改变为基督崇拜，这给生活在古代共同所有制的英国宗族村落中的父亲们提供了一种自由思想环境，让他们能够去接受古代个人所有制度。

（4）英国人连根拔掉祖先崇拜。

显而易见，在祭祀方面古代中国和欧洲大陆与古代英国形成的差异，通过经济制度的作用，带来了两种社会在近代经济发展方面的差异，但问题依然还没有得到完全说明。因为上面提到，古日耳曼人虽然交出了自然神，但并没有交出祖先神，所以其祭祀文化与古代中国没有多大差异，最多就是，他们去教堂求上帝保佑，缴纳十一税等，而古代中国父亲去寺庙求菩萨、神仙保佑，捐赠香火钱而已。那么，为什么同属古日耳曼民族的英国父亲却会把祭祀义务托付给教会呢？

古希腊、古罗马的民间祭祀的特征是，他们每年有那么几天到一些神秘的洞穴内举行仪式，确认自己死后复活和永生。而耶稣基督的起点是，怀疑犹太教遵守戒律就能得到上帝拯救，因而他要引导人们从内心去顺从上帝，求得拯救，表现形式就是与犹太教礼仪不同，要人们接受洗礼。这种洗礼意味着另外一种生活态度。

最早实行洗礼的是约翰，他是一位禁欲主义者。保罗认为，情欲与圣灵相对立。在天国里，两性爱被弃绝。所以，保罗劝导所有基督徒像他一样过独身生活。他说，没有娶妻的，挂虑如何让上帝喜悦。娶了妻的，挂虑如何让妻子喜悦。（《新约圣经·哥林多前书》第七章32）因此，对一个真正的基督徒而言，婚姻和家庭生活毫无价值。140年的《黑马牧人》书中，出现了道德高低的说道，列举了超乎普通基督徒所必备的条件。不久，一些基督徒唱起了赞美克己，弃绝婚姻，这些被当作了除罪、赎罪、忏悔的手段。250年出生的安东尼是第一位修士，他放弃财富，在一座坟墓中过着与世隔绝的生活。①

这里，把耶稣、修士的这种独自面对上帝而惶恐生活下去的态度称为基督教使徒精神。这些古代使徒，与祖先崇拜的古犹太父亲格格不入，最后只能出走，到那些追求个人复活永生的古希腊、古罗马的民间去传道。所以，在早期教会中，归顺基督教的信仰者大多来自那些被剥夺了被祭祀权的平民、奴隶、自由人、手工业者（劳动者）和商人，古代教会的性质是纯粹信仰性团体。

初期的基督徒都具有使徒精神，各自祈祷天国来临而自己得救，并相互鼓励成为同志，形成相互祭祀，从而获得在现实中生活的信念。所以，这些怀疑神的戒律功能的基督徒被当时的罗马统治者称为"无神论者"。基于此，产生出基督教的教会团体。然而，在这个团体中有许多不纯洁的人，他们在父系功利性的鼓动下，拼命去发展教民，力图得到一张很好的资产负债表，由此得到更多教民的祭祀。正因为如此，才有可能产生出基督教罗马帝国，也才有基督教会本身的扩张。在这个帝国中，希腊、罗马以至于欧洲的每个人都被看作是整体中的一分子，即便是希腊人也逐渐失去使徒精神。不过，使徒精神还是会被一些劳动者所继承，从而产生一些固执于个人主义态度、不向罗马帝国式的教会专制主义交出关于个人权利中"自留地"的人。

对此，雪莱说，无论君士坦丁接受基督教信仰的动机是什么，其结果都使委身于基督的精神呈下降趋势，曾经的坚定信徒被转信的异教徒所代替。主教的职位不是靠德性高低，而是靠权力大小来决定。隐士逃避的不是尘世，而是教会中的尘世。早期的修士让灵魂生命直接面对神，抗议腐败制度，这导致他们陷入个

① 汪琴：《基督教与罗马私法》，法律出版社2001年版，166~167页；[美]布鲁斯·L·雪莱：《基督教会史》，刘平译，上海人民出版社2012年版，116~123页。

人主义危险之中。4世纪初基督徒开始尝试把独身生活推广，有成千上万的传道士、模范基督徒是孤独的隐士。320年，帕科米乌组建了第一座修道院，修士们可以一起生活、劳动、崇拜。禁欲运动从埃及开始扩展到叙利亚、小亚细亚，最终遍布整个欧洲。这给罗马帝国的基督教（以社会统合为目的的官方祭祀）带来了前所未有的冲击。罗马帝国对修士充满敌意。不过，修士们开始稳定生活之后，修道院开始承担起有益于教会和世俗的任务。而当修道院接受赠礼，特别是土地之后，日益暴富起来，也开始了腐败。①

那么，固执于使徒精神的基督徒与追求发展教民的教士，在他们各自的传道活动中，给古凯尔特人和古日耳曼人的精神世界带来了什么样的不同影响呢？

基督徒到古代不列颠去传教要比去古日耳曼人社会中传教要早得多。罗马占领时代（43－407年），基督教就由罗马兵团传入大不列颠岛，岛上罗马化的凯尔特人开始接受基督教。390年，基督教在不列颠建立了教堂。而基督教自身的发展显示，310年基督教在罗马合法化之前，受到镇压的基督徒有着高昂的使徒精神，他们满怀发自内心的信仰，与罗马当局做殊死抗争。因此说，具有使徒精神也应该是古凯尔特人基督徒的鲜明特征。而到了后来大批日耳曼人归信时期，情况已经发生了很大的变化。

古日耳曼人归信基督教的主要方式，是教士去说服他们的首领，让"蛮族"集体性改教。那么，单个进行和集团进行的归信有什么不同吗？

当归信是单个进行时，强调个人心灵变化，要把他自身的传统文化连根拔掉，还被迫移入一个新的文化的飞地之中。但在古代欧洲，以克洛维为起点，后来欧洲人采用的是臣民追随国王的集体归信方式。这意味着属于这个团体的个人没有将这个团体的传统文化连根拔掉。归信者将会把他们（传统）的迷信和行为连同他们自己一起带进教会。而对克洛维来说，耶稣只是一位部落战神，而古日耳曼人也都找到自己相应的基督教圣徒来崇拜。②

对古日耳曼父亲来说，归信基督教一点也不意味着他们接受了"进步"思想，有了"智力提高"。他们都把祖先崇拜怀揣在心中，进入了基督教。而那些

---

① 汪琴：《基督教与罗马私法》，法律出版社2001年版，166~167页；[美] 布鲁斯·L·雪莱：《基督教会史》，刘平译，上海人民出版社2012年版，116~123页。

② [美] 布鲁斯·L·雪莱：《基督教会史》，刘平译，上海人民出版社2012年版，158~159页。

家族、村庄共同体中的老百姓，更因为领主拥有教堂，他们又是领主的臣民，也就只好归信基督教，以便在领主那里交差。他们只是在形式上选择了教堂，但心中依然遵循着自己的家、家族、宗族的传统祭祀文化。

然而，在1世纪古凯尔特父亲的归信时代，情况完全不同，那些具有使徒精神的基督徒与他们促膝谈心，形成同志间的友爱关系，最后引导他们发生触及灵魂的自我革命。在这个自我改造、自我革命的活动中，他们不仅抛弃了传统的自然崇拜，还扔掉了祖先崇拜。由此，他们具有独立精神，并把这种精神向外传播，在7世纪深深影响了入侵的古盎格鲁撒克逊人的刻尔父亲，以及11世纪入侵的诺曼父亲。因此，古代英国的基督徒与欧洲大陆的基督徒，在是否传承祖先崇拜方面有很大的区别。由于他们保存了古代使徒精神，铸造了一个与古代中国、欧洲大陆相断裂的古代英国社会。

如果古代英国父亲的祭祀寄寓于教会而不是家、家族，那么，当诺曼人没收盎格鲁撒克逊人的土地、断掉他们的财路时，一点也不能影响他们已经确立下来的祭祀方式。因为他们的祖先已经消失了，不畏惧威廉一世来"抄祖坟"；家产仅仅是家产，与他们的灵魂寄托不发生关系，与他们死后永生也没有关系。这种泰然处之的态度，是威廉所选择的统合方式在英国能够维持下去的精神基础。也就是说，威廉的没收土地政策以及由此发展出来的古代个人所有制度，让土地财产成为生产资料，成为资本。但其精神基础是，由于古代英国父亲把对自己祭祀的义务已经托付给了教会，土地财产在7世纪的刻尔父亲时代就早已转化为非祭祀资源，因此他们对家族的土地财产，也就可以报以随意处置的态度。这种古代精神文化和古代个人所有制度相辅相成，促使古英国父亲与古欧洲大陆父亲，也与古代中国父亲分道扬镳，走上了一条完全不同的道路。

因此说，基督教偶然传播到英伦三岛，终于"修成正果"，扎下根来，构成了今天英美父亲精神文化的核心。

带有这种精神文化的英美父亲，以相互祭祀为核心，以个人自主选择并要对自己负责、也只对自己个人负责为特征，与以家族祭祀为核心的古代传统精神文化相断裂。这引导他们的行为方式与古代传统社会大不相同。这主要表现为两个方面。

第一，基督鼓励成年子女离开父母家庭，夫妇独立组建自己家庭。耶稣说，人应该离开自己的父母，依附自己的妻子，二人成为一体。包括古罗马、古希腊在内的中世纪欧洲大陆父亲，与宋元父亲一样，实施着古代共同所有、财产平均分配，并没真正走上耶稣所指引的路。但英美父亲做到了。他们让孩子独自承担一切，即便相互都孤独一生。

第二，对基督的祭祀活动仍旧是对耶和华祭祀的一种延伸，其灵魂是鞭策自我去追求成功。这区别于古代澳洲、美洲的集团性自然崇拜。《圣经》说，进天国是靠努力，努力的人就会永生。不依靠家族遗产而独自到外面世界闯荡的英美信徒，立足于自我奋斗靠近天国，这为后来英美经济的快速发展提供了动力。

二、宗族家法下度年如日，神法戒律下度日如年

如果古代英国父亲有着独特的精神文化，那么，基于这种精神文化所产生的古代法律制度，也就具有鲜明的特征，而不同的法律制度会导致古代父亲们的不同行为。所以，接下来看一看诺曼英国和宋元时期的法律变化情况。

1. 日耳曼古代法

日耳曼语属于印欧语言，很晚才有文字。唯一的书籍是 4 世纪翻译为哥特语的《圣经》。因此，法兰克社会的法律条文由专职人员记诵，他们是法律的化身。日耳曼人占领西罗马之后，需要一部自己遵守的法律，也就开始制定成文法。[1]

比如，英格兰盎格鲁撒克逊的肯特国王埃塞尔伯特（587 – 618 年）颁布了《埃塞尔伯特法典》。这部法典以部族的司法习惯为本，通过设定对暴力伤害他人和侵害他人财产的犯法行为做出相对统一的赔偿标准，从而寻找制止暴力和实现秩序的途径。[2]

法兰克国王洛维也让部落的 4 位贤人对习惯法进行整理，于 496 年编辑成《萨利克法典》。当时的日耳曼社会规模不大，没有复杂的社会关系。这部法律只

---

① ［法］阿利埃斯：《古代人的私生活》，李群等译，三环出版社 2006 年版，392 ~ 394 页；杜文忠：《萨利克法典的法文化价值分析》，载《贵州师范大学学报》，2000（3）；http：//zh. wikipedia. org/wiki/% E6%97%A5% E8%80% B3% E6%9B% BC% E4% BA% BA。

② 《埃塞尔伯特法典》译注，见 http：//www. xzbu. com/4/view – 1553440. htm；《盎格鲁－撒克逊民族和文化》，见 http：//blog. sina. com. cn/s/blog_ 627c73e70101nh57. html；http：//baike. baidu. com/view/65103. htm。

是反映村庄共同体意识、价值观，宗旨是把个人维系在共同体中，而不是为了裁决。虽然施法时也指定地点组织审判人员，但法律执行更多依赖人们对共同体习惯的尊重。个人行为接受共同体的管辖，亲属关系是共同体的基本关系。①

　　就今天的民事、刑事案件审判来说，一般先是确定事实，然后再用法律解决争端。但村庄共同体中的审判截然不同，法庭关心的是选择何种方式来审判。这些方式包括誓证、神明裁判、决斗等，法庭只是依照结果宣判。所谓誓证法，是被告以一种特定的形式起誓，并且在共同体中寻找到一定数量的人与其发同样之誓言，即可胜诉；若未能符合固定格式或者未能达到规定人数，则败诉。在无法裁决事实时，把裁判权交给神明。沸水神判，是最常用的方法。犯罪嫌疑人将手伸入沸水中取石，若烫伤平整表示神明认为无罪，如果烫伤溃烂则表示神明判决有罪。因此，日耳曼人的习惯法是建立在对自然神的崇拜，对亲属关系的忠诚的基础上的。②

　　前面说过，在信息不足的情况下，把一切交给天（自然神），司法审判立足于天人合一，以巩固自然神对共同体统合功能的强化，这些都是无可非议的。同样情况也发生在其他古代社会。

　　《圣经》记载，丈夫怀疑妻子不贞而又没有证据时，妻子起誓：如有不贞，愿耶和华罚她肚腹发胀，大腿萎缩。祭司则备有一瓦器苦水，并从祭坛上取一点土放进苦水里，又将"如有不贞，愿耶和华罚她肚腹发胀，大腿萎缩"等咒语写在纸上，然后又用那碗苦水将写下的咒语洗去，洗字的水依然放回碗中，然后妇人将这碗水喝下去。妇人如果不贞的话，她便会肚腹发胀，大腿萎缩。否则，便是贞妇③。（《圣经·民数记》第5章11～31）在古希腊文明的初期，法律被认为是由神颁布的，人则是通过神意的启示才得知法律的，神判也被作为诉讼证明标准。希波战争期间，雅典的最高司法机关是陪审法庭，它的成员通过抽签而产

---

① 汪丽红：《萨利克法典与法兰克早期社会》，载《历史教学问题》，2010（5）；李秀清：《撒利克法典若干问题之探析》，载《比较法研究》，2005（1）。

② 汪丽红：《萨利克法典与法兰克早期社会》，载《历史教学问题》，2010（5）；杜文忠：《萨利克法典的法文化价值分析》，载《贵州师范大学学报》，2000（3）；《旧式审判方式》，载《英国法史札记》，见 http://freerain.fyfz.cn/art/322996.htm。

③ ［英］巴特莱特：《中世纪神判》，徐昕等译，浙江人民出版社2007年版，119页；杜闻：《论西方古代民事诉讼证明标准》，载《比较法研究》，2001（4）。

生，神判证明标准也由此消失了。在古罗马，前510年左右废除了国王，以祭司作为神判证明代言人的诉讼神判制度却生存了下来。在法律诉讼时，双方对神发誓。但到了共和制中期以后，神灵裁判也消失了。日耳曼人归信基督教后，神判依然被实行，只不过异教的神变成了上帝。除了原有的神判方式之外，又增加了祝福的面包审、吊面包审、圣诗卷审、十字审、圣餐审等具有基督教神判色彩的证明方式，英国也不例外。①

然而，到了中世纪，很多人提出了疑问并产生了类似"必遭报应"的思想倾向：一个以热铁洗刷了杀人指控嫌疑的人，却在他所指挥的战争中被杀。于是可以推测，虽然上帝宽恕了他参与谋杀的罪行，但由于他虐待下属，用超过对手的兵力围攻对手，漠视上帝的仁慈，忽视了上帝保佑过他性命的天意。不过把神判与上帝惩恶扬善的观念融合在一起并以此来解释天意的想法，是要付出其代价的。因为，如果承认神判在司法中变幻莫测，从而承认实际上神判不能成为有效验证，那么，其司法效用便终结了。②

1215年，在第四次拉特兰宗教会议上，英诺三世废除了神判，并对宗教礼仪进行确定，忏悔成为基督徒必须履行的义务。教会自身也形成了下层必须回应上层命令的管理机构。1216年，丹麦第一个废除了神判。1219年，英国也废除了神判。神判背后的核心信念是，上帝全知全能，上帝介入世界以实现正义。而人们按照适当的仪式和祈祷而被考验。基督徒反对神判，不是因为无所不在的正义之信仰衰落，而是因为神判本身可能会导致上帝的惩罚，继续神判会被视为非理性，而不是它本身非理性。③

神判废除后，英国迅速向审判陪审团发展，而欧洲大陆却随罗马法影响日益增长，刑讯迅速兴起。在古罗马法中，刑讯适用于奴隶，有时也适用于自由人。基于此，欧洲大陆的人们依据罗马古代的智者们的做法，把为榨取真相而实施刑

---

① 杜闻：《论西方古代民事诉讼证明标准》，载《比较法研究》，2001（4）。

② [英]巴特莱特：《中世纪神判》，徐昕等译，浙江人民出版社2007年版，104～105页；《英国神判法》，见 http://baike.baidu.com/view/411586.htm? fr = iciba。

③ [英]巴特莱特：《中世纪神判》，徐昕等译，浙江人民出版社2007年版，131页、167页、211页、213～214页；盛宏意：《中世纪欧洲神判法的历史考察》，28～33页，见 http://cdmd.cnki.com.cn/Article/CDMD - 10028 - 2005073715.htm。

讯看作是正当做法。①

2. 英王设立王室法庭（普通法）

英国普通法是英国王室法庭实施于全国的习惯法和判例法，显示了统一的王权的权威。亨利二世通过立法来打破世俗领主的独立性。克拉伦敦敕令规定，城市、堡垒等均不得阻止郡守前往调查，也不得阻止郡守入内逮捕重大刑事罪犯。1178 年，亨利二世命令组成永久性的 5 人法庭，包括 3 个俗人 2 个教士，固定在西敏寺审理有关案件，只有特别重大案件才到国王及其小会议上审理，这便是王室法庭或普通庭的开端。②

用令状进行诉讼是普通法的一大特点，这也是随着王室司法权的增大而逐渐形成的。令状本来只是一种公文形式，采取类似信件的叙述方式，由王室发出，命令郡守或其他官吏进行或不进行何种工作。后来在王室干预地方法庭或领主法庭（庄园法庭）时，也使用这种令状，例如命令郡守公正审判，或命令把有关案件转移到王室法庭等。令状本来只是一种行政命令，在发展过程中逐渐转变成为司法文件。由于令状剥夺了领主法庭审理自由人土地案件的权利，在《大宪章》运动中贵族曾反对它。尽管如此，它一直运用下去，并不断扩大影响。③

普通法产生的背景是，在诺曼人征服期间，诺曼人之间、诺曼人与盎格鲁撒克逊人之间产生了许多关于土地争端的问题。以后，修道院数目明显增加，王室近臣大量增加，他们都希望得到王室的保护，这些都导致了国王干预土地案件的增加。具体的做法是，王室用很便宜的价格向需求者提供申请令状的机会，为解决土地争端提供法律支持。比如，伦敦居民谁也不会去伦敦领主法庭，只要申明市民身份就可在伦敦市内的王室法庭受审，由此产生出在选择司法诉讼方面的独立性。④

然而，按照普通法制度，当事人在普通法法院提起诉讼，须先向大法官申请以国王的名义发出的令状。令状载明诉讼的条件和类别，法官只能在令状的范围

---

① 　[英] 巴特莱特：《中世纪神判》，徐昕等译，浙江人民出版社 2007 年版，128 页、177 页、181～183 页。
② 　马克垚：《英国封建社会研究》，北京大学出版社 2005 年版，97 页、94 页、99～101 页。
③ 　马克垚：《英国封建社会研究》，北京大学出版社 2005 年版，97 页、94 页、99～101 页。
④ 　[英] 约翰·哈德森：《英国普通法的形成》，刘四新译，商务印书馆 2006 年版，208 页、116～119页、126 页；[美] 泰格、利维：《法律与资本主义的兴起》，纪琨译，上海学林出版社 1996 年版，《城市文化的某些根源》。

内进行审判。但是令状的种类和范围都有限，因此，许多争议往往由于无适当令状可资依据，而不能在王室法庭提起诉讼。当事人为保护自己的权益，根据古老的习惯，便向国王提出请愿。国王被看成是"正义的源泉""公正的化身"，而国王本人也借机表示自己的"恩典和仁爱"，于是便通过王权进行直接干预。开始委托大法官根据国王的"公平正义"原则来审理。1349 年起，允许原告人直接向大法官提出申请，由大法官审理。15 世纪末又进一步设立衡平法院，专门负责审理衡平案件。①

3. 领主法庭

英国贵族分为 5 级：伯爵、子爵、大男爵、男爵、公爵。威廉发布末日审判书时，他的直属封臣共 1400 人。这些人必须根据自己领地的大小向国王提供骑士和所需装备。凭此，威廉一世组织起一支大约 5000~7000 人的骑士军队。在直属封臣中，270 人为高级封臣，其中有 170 名世俗贵族，他们多是威廉亲属、原诺曼底公爵的宠幸和军事要员。12 名伯爵、大男爵获地最多。伯爵管辖一郡，作为高级贵族，是男爵的领导人，负有对男爵、骑士的管理责任。12 世纪初国王的大部分高级世俗贵族都被封为男爵。其中少数与王室关系密切、封地较多者又被称作"大男爵"，其地位在伯爵和男爵之间。11~14 世纪，男爵的封号和封地可通过血缘和婚姻关系传递。公爵出现很晚，1337 年，爱德华三世将公爵爵号授予 7 岁的"黑太子"爱德华。以后多年里，除女王配偶和王子外，其他王亲均不许称王，最高可获公爵爵位。子爵称号源于法国，原为郡守，地位在伯爵之下，但有时可能是实力大的诸侯。在英国，1440 年比奥芒特的约翰被封为子爵，位居所有男爵之上。②

这些贵族领地上的封建庄园，是土地经营的单位，也是实现其领主权的单位。在庄园所设置的法庭是领主法庭。领主每 3 周举行一次，庄园中的农奴、自由佃户、小领主均须出席，主持者为领主本人或他的管家，依庄园习惯审理各种案件。③

---

① 《衡平法》，见 http://baike.baidu.com/view/139805.htm。

② 《嫡长子继承制与英国贵族制的沿革》，见 http://wenku.baidu.com/view/f18179e86294dd88d0d26b53.html。

③ 马克垚：《英国封建社会研究》，北京大学出版社 2005 年版，108~109 页。

新领主继承往往引发纷争。如果他被授权接管采邑，可能会寻求把现有的佃户赶走，或者对佃户的怠于职守行为进行追究。另一方面，佃户也可能疏远与新领主的关系，例如拒绝效忠和劳役。同时，佃户的死亡也可能引起土地争端，尤其是对土地占有只有一代时更是如此。任何租约的终止都可能引起争斗。大量的争斗都与征收的劳役有关，还有一些是关于进入他人土地、损坏围栏、搭建羊圈等事务。在土地流转方面，授予人有时撤销原来的授予，把土地重新授予其他人。而在佃户方面，有时是一个先前不曾为人所知晓的继承人突然现身，声称他应该继承的财产在他没有参与的情况下被转让出去。多数争端发生在法庭之外，但在英国土地争端中没有发生公然的暴力。以后，随普通法兴起及"非自由人"身份的消失，领主法庭对土地案件的审理渐被王室法庭取代，领主法庭多名存实亡。①

4. 教会与法

从 6 世纪起，在教会影响下，英国就出现了以立遗嘱的方式处理遗产的做法。教会把留遗嘱作为一种宗教行为来对待，目的是让死者灵魂得到拯救。当教士获悉某人将死的消息，便会赶去提醒他们对其罪孽的拯救义务，并提醒对其财产进行安排。遗嘱法执行需要教会确认。擅自处理遗产，教会将追究责任并给予惩罚。对无遗嘱继承案件，教会也具管辖权。一个人无遗嘱死去便如同他没有忏悔就死去。无遗嘱死者的财产应当用于他灵魂的幸福，因此，无遗嘱死者的财产要由教会法官的代理人加以处分。② 英国父亲祭祀的教会化在 6 世纪的英国就开始形成。教会也因此获得强大的力量来抗衡国王。

在威廉的直属封臣中，有 100 名教会贵族。其中，坎特伯雷大主教、温彻斯特主教、林肯主教和伍斯特修道院院长的地产与大男爵的地产不相上下。③ 教会所设立的法庭是教会法庭。教会法庭所审理的案件，可分为三大类。第一类包括教士所犯的刑事案，宗教犯罪如异端、巫术、渎神、酗酒、骂人、高利贷等，以

---

① ［英］约翰·哈德森：《英国普通法的形成》，刘四新译，商务印书馆 2006 年版，120 页；马克垚：《英国封建社会研究》，北京大学出版社 2005 年版，108～109 页。

② 《基督教对英国法的影响》，30 页，见 http://max.book118.com/html/2014/0103/5464568.shtm。

③ 《嫡长子继承制与英国贵族制的沿革》，见 http://wenku.baidu.com/view/f18179e86294dd88d0d26b53.html。

及宣誓订立契约、允诺等案件。第二类包括婚姻、遗嘱等。第三类是关于教会事务，如圣职授予、祝圣、教士身份问题，再如祭祀财产如土地、圣职推荐权，以及教会税收等。①

（1）三分之一的遗产捐给教会。

由于英国教会负有对信徒的祭祀义务，与欧洲大陆相比，教会对祭祀资源的占有呈现出鲜明特征。

1145 年的一位领主的确认状显示出英国的教会对遗产处置所持有的观念：拥有六名爵士的领主，应该将其中一名爵士的三分之一的土地献给教会，还应该将一名骑士的土地全部奉献出来，以求得自己和亲属的拯救。如果其继承人（儿子等）试图将供奉物拿走，那么，他就在剥夺他父亲通向天国的权利，犹如弑父，因此应该被剥夺继承权。把土地献给教会是为了救赎，这强调了土地流转的自主性、纯洁性和永久性，从而取代了原有的有关教会"继承"信徒们的土地的概念。②

12 世纪末，在一个教会土地的佃户临终之际，作为继承人的女婿要求他制定遗嘱并公开指定继承人。但在这位佃户死后，教会却声称，这位佃户在临终时说过，土地是上帝的仆人的遗产，他只被允许以支付地租的方式在有生之年占有它，而不是凭继承法占有它；死后应该把他自己以及土地还给那些教友。由于女婿强调岳父曾经世袭占有其土地，便向王室申请令状，要求恢复自己应该继承的土地权利。③

1180 年起，价格上涨使教会投入更大地精力以确保一代或更短时间的土地出租，并在租期届满时归还给教会。1191 年、1201 年的两个案例表明，教会的佃户声称对祖祖辈辈所占有的土地（祖产）享有继承权，教会对这一主张反驳说，除非你有权利剥夺修道院的一切财产，有权让国王命令我们这么做。④

（2）信托、股份有限公司。

11 世纪以后，农民去世后将自己全部或部分土地捐赠给教会的做法流行起

---

① 马克垚：《英国封建社会研究》，北京大学出版社 2005 年版，106～107 页。
② ［英］约翰·哈德森：《英国普通法的形成》，刘四新译，商务印书馆 2006 年版，98 页、102 页。
③ ［英］约翰·哈德森：《英国普通法的形成》，刘四新译，商务印书馆 2006 年版，126 页。
④ ［英］约翰·哈德森：《英国普通法的形成》，刘四新译，商务印书馆 2006 年版，201～203 页。

来。许多农民的土地都集中到教会手中。政府不能对捐赠给教会的土地征税。为维护领主利益，13 世纪，亨利三世（1216 – 1272 年）颁布了《没收条例》，规定凡把土地赠予教会团体的，要得到王室或领主的许可，凡擅自出让或赠予者，要没收其土地。为了规避《没收条例》，信徒们将土地流转给他人，并要求这个人把土地收益全部交给教会。被委托人有时背信弃义，损害用益权人（教会）的利益，而普通法对此不进行保护，由此在 15 世纪产生出土地收益制度。查理二世（1660 – 1685 年）立法对此制度禁止。于是信徒们为了规避禁止令，在用益上再设立一项用益。17 世纪，衡平法院承认这第二项用益权，并将它称为"信托"。这便是现代信托的起源。①

10 世纪中叶时，英国土地的 58% 属于教会。神父不能经营这些财产，便聘请"职业经理人"来经营。这样一来就产生出管理权与所有权的分离。选择"职业经理人"是教会不得已的选择。虽然教会法规定，对那些信徒们奉献给教会的财物，管理人应该按规定向信徒们报账。但如果经营真的出了问题，那些捐赠土地的农户，由于害怕上帝的处罚，不能去教会吵闹，只能放弃追诉权，由此产生出教会的有限责任。同时，"职业经理人"对上帝负有经营责任。这种以基督教为基础的经营责任，便是现代股份有限公司的起源。②

（3）陪审员制度。

12 陪审团制度起源于希腊基督 12 使徒。在村庄共同体中选出 12 个证人确认土地所有状况，曾被使用于 1086 年的末日审判。9 年后，盎格鲁撒克逊人的罗彻斯特大主教，竟公然对威廉的代理者司法长官提出起诉，说他在末日审判时期剥夺了属于教会的土地。法院发出令状，在郡法院进行审判，法庭主持人奥都大主教从郡民选出 12 个代表出庭作证。结果，代表们的证言推翻了末日审判时的说法。可是在司法长官的威胁下，这些代表又推翻了自己的证言，于是，法庭据此判决土地属于威廉。这时，一个教士指出 12 个证人中有一个人知道事实真相，法庭所做出的判决是错误的。以后通过再次审讯，法院裁定 12 个证人做伪证，要他

---

① 《基督教对英国法的影响》，32 页，见 http：//max. book118. com/html/2014/0103/5464568. shtm；徐卫：《遗产信托制度与罗马法中的信托思想》，见 http：//www. civillaw. com. cn/article/default. asp? id = 9182；《尤斯制》，见 http：//wiki. hexun. com/view/1785. html。

② 郎咸平：《教会：股份制的起源》，载《新世纪周刊》，2008（10）。

们交纳罚金 300 英镑，土地重新归属教会。这个事件对英国法律具有历史意义。在盎格鲁撒克逊人统治期间，参与审判的郡民自己宣读判决。此案之后，郡民（代表）只是证人，国王指定的法官作为法庭权威做出判决。而鉴于证人代表被收买和威胁做出伪证，奥都大主教建议从更高层次中抽选证人代表，并拟定 24 名骑士构成陪审团。100 年之后，亨利二世开始使用这种制度，原来只作为证人代表的功能消失，陪审团成为影响法官判断的机构。①

（4）上帝的奴仆②。

在盎格鲁撒克逊人统治时代，英国教会就介入 7 国之间的纠纷，作为中间人进行调解，使和平得到维持。教会也为王室提供管理人才。教会人士参加贤人会议，担任国家重要官职。地位较高的王室文书也由教会人士担任。他们参与法律制定，贤人会议发布法律。

1066 年诺曼征服之后，在王权神授的观念下，教士成为英王的得力助手。主教作为朝臣的地位十分显赫，负责拟定令文、执掌玉玺，还充当宰相。教士朝臣还负责大量司法性质的工作。亨利一世时，主教担任宰相，组建了财政署和巡回法庭。这时的财政署还管理行政、司法，12 世纪 90 年代，王室法庭从财政署派生出来。亨利二世时，教士成为专职法官的主要来源。

在法律实施方面，英国社会的道德标准与基督教的道德标准一致。负责法律事务的人都必须是虔诚的基督徒，履行十诫的誓言，成为英国父亲的行为基准和法庭判决依据。这些都为在 17 世纪以后合同法的成立和实施、商业和经济的发展提供了社会基础。

在人格方面，英国父亲显示出坚定的信仰。当亨利八世因为婚姻问题与罗马教廷决裂时，衡平法庭的最后一位教士法官站在罗马教皇一边，被判处死刑。随后，选出了衡平法的世俗法官莫尔，但莫尔（《乌托邦》的作者）作为天主教徒，拒绝宣誓承认英王是英国教会首领。莫尔也被判处死刑。莫尔临赴刑场时说，我首先是上帝的奴仆，然后才是国王的奴仆。在中世纪的欧洲大陆，基督教徒为信仰而殉道的事情很多，但不畏国王权威而殉道的却很少。

---

① 《基督教对英国法的影响》，36 页，见 http：//max. book118. com/html/2014/0103/5464568. shtm。

② 《基督教对英国法的影响》，5～6 页、7 页、14～15 页、32～33 页，见 http：//max. book118. com/html/2014/0103/5464568. shtm。

5.《大宪章》①

1066 年，威廉一世签署了《王冠宪章》，禁止各种掠抢、暴力和不公正审判。1100 年，亨利颁布了《亨利宪章》，保证教会自由和诺曼贵族的继承权。1199 年，英王约翰即位，其先祖留给他的法国领土大多被法王占领，为夺回被法王占去的领土，他穷兵黩武，因而大量开征各种税收捐助等。同时，他也无视原有的宪章规定。最终诺曼贵族为了保护自己的权利而起来反抗。1215 年初，北方各郡的贵族在斯坦福聚集，并推进到北安普顿，大贵族在伯拉克利公开拒绝向国王行效忠礼，战争开始。兰顿大主教在两者之间奔走疾呼，化解矛盾。由于教会的介入，双方倾向于通过妥协的方式来解决问题，并以法律的形式加以凝固。5 月 17 日，国王与 25 名男爵代表在兰尼德草地上签订了《大宪章》，规定除封建义务所规定的贡款赋税外，"王国内不可征收任何兵役免除税或捐助，除非得到全国一致同意"；"为了取得全国的同意，应召集大主教、主教、寺院长老、伯爵和大男爵等讨论研究"；"未经合法审判，不得将任何自由人逮捕囚禁、不得剥夺其财产、不得宣布其不受法律保护、不得处死、不得施加任何折磨"。不久约翰就公开否认了《大宪章》，内战重新开始。约翰很快战败，1216 年亨利三世即位，1258 年订立《牛津条例》，承认《大宪章》，并把国家权力交给"15 人会议"。1265 年，英国国王召开僧俗贵族大会，这个大会成为英国国会的雏形。到 13 世纪末，形成了每年召开两次的惯例，并在贵族之外吸收地方代表参加。这些郡、市的代表肩负乡绅和市民的利益，他们有权请愿，由此奠定了上下院议会的基础。1297 年，英国贵族又提出了"无同意课税法"，规定："凡贡税或补助金，如未经大主教、主教、伯爵、男爵、骑士、市民及平民中其他自由人之惠然同意，则国王或其嗣君不得于本王国内征课之。"1534 年，亨利八世颁布了《至尊法案》，宣布英国教会脱离罗马教皇制约，君主也逐渐成为议会的一部分，由此建立了有限君主制。1628 年，英国通过了《权利请愿书》，强调未经审判，国王

---

① 刘为：《英国宪政溯源》，见 http：//www. cuhk. edu. hk/ics/21c/issue/articles/131_ 1202037. pdf；《论英国大宪章人权思想的产生、发展及其世界影响》，见 http：//study. ccln. gov. cn/fenke/lishixue/lsjpwz/lssjs/61494. shtml；《基督教对英国法的影响》，10～14 页，见 http：//max. book118. com/html/2014/0103/5464568. shtm；《英国大宪章》，见 http：//www. baike. com/wiki/% E8% 8B% B1% E5% 9B% BD% E5% A4% A7% E5% AE% AA% E7% AB% A0。

"不得任意拘捕、监禁任何人；不得剥夺其管业权、各项自由及自由习惯，或置诸法外，或加以放逐，亦不得以任何方式加以毁伤"。《权利请愿书》还禁止军队强住民宅；禁止任意处人死刑和肉刑，强调通过审判程序进行审判。1689年的《权利法案》规定国王不能废止议会通过的法律，不经议会批准不能维持常备军，议员享有言论自由。

6. 中国宗法

古代英国伴随着法律方面的变化，逐渐步入近代国家。那么古代中国的情况又怎么呢？前面已经讲过从古代到近代的礼制、律令的情况，这里不再重述，只是关注宋元时期因祭祀而发生的宗法方面的变化，并把这种变化与英国所发生的变化做一些比较。

（1）庶民模仿宗法。

宋朝父亲是勇于创新的。这些创新与宋朝以及之后的祭祀形式有密切关系。对宋朝以后祭祀形式的变化，何淑宜等说：

第一，从周代起，宗法是贵族的组织和继承的基本法则。一般庶民，除了墓祭之外，是被置于这个法则之外的。宋朝廷曾试图恢复家庙制度，但建立家庙的士民寥寥可数。北宋时期，实施科举，让许多士大夫当官。这使得他们一生都辗转于各地，过着浮动的生活。同时，佛教进入中国后，寺院负担起协助庶民处理丧葬等事宜，从而渗入中国社会之中。因此，宋元时期，由于自己徙居在外无法祭祀父母，士民在墓地旁边建造坟庵或墓祠，把祭祀委托给僧人，或道士。最常见的是在寺庙边缘地带（钟楼、藏经楼的附近）修坟，建芦棚，让僧人看守，奉香火。修建坟庵的，除了儿子，也有女儿、媳妇、非直系子孙。

第二，财力充足的家族，往往一坟一庵，形成一个家族拥有数个坟庵的情况，祭祀对象一般都是父母，不涉及其他祖先。虽然还没有实施父母合葬，但为了便于祭祀，人们开始在坟墓边修建祠堂，合祭父母以尽孝道。虽然墓祠祭祀的对象以父母为主，但有时也设立牌位兼祭祀先祖和旁亲。如果几个坟头相距不远，子孙们则在最初设立的坟庵中共同祭祀诸祖先，其祖先上溯四代。塑像祭祖也开始流行，也有人安奉牌位，因为在中国祭祀观念中，死者的灵魂依附于具体东西之上，才能享受到祭品。南宋以后，祭祀逐渐摆脱寺庙系统，转向建立自家祠堂。士民遵循朱子的《家礼》，建立祠堂。

第三，墓祭是在埋葬先人体魄的墓地上设席，让亡者的魂气来依。由于古代士以下的人无法立庙，祭于墓前成为必然。可是，墓祠祭祀与墓祭不同，需要在远离坟墓的地方进行祭祀，这促使士人用气、理的学说来解释其合理性。同时，欧阳修致力于族谱编纂，以确认与祖先的关系。宋元交替之际，族谱编纂数量增加，这成为汉族确认自己与祖先的历史，促成族人团结的手段。

第四，元代后期的江南地区，因战乱、迁徙而经过数代荒废，人们开始修建始迁祖的墓地和墓祠，设共同的祭田族产，修族谱，并实行合族墓祭。到了明朝中后期，祠堂取代了坟庵。人们通过共祖关系，让远近亲疏血缘关系的人群得以有效的结合。而他们解释这种合族墓祭时，采用了理学的父祖子孙同气的理论。气不仅纵向连接父祖与子孙，更横向扩展于同祖子孙，将同血缘的人群也连接起来。迁葬后的祖先坟地的摆设方式为，始迁祖（第一个被埋葬者）居中，其余不论嫡庶按左右昭穆分列（第一列左设置第二代祖先，右边设置第三代祖先；第二列左边设置第四代祖先，右边设置第五代祖先……），妻子合葬于丈夫，后世的每代祖先层层排列，以出生年月从左到右设置。合族祭祀的祠堂，与坟庵、墓祠不同，不仅仅是为了尽孝，更在于突出以共祖为连接点来结合血缘群体之目的。从元代开始，人们强调不忘本始、防止宗系繁乱，从而祭祖礼仪逐渐普及起来。而相比家庙制度，祠堂制度没有政治身份等级的限制。同时，为了达到扩大合族的目的，即便有些人上溯四代服制已尽，不属于近亲的范围，但通过祭祀共祖活动，仍然可以被连接在一起。这与古代宗法相区别，显示出中国有了地域社会的特征。这时庶民阶层的家族、宗族，与在这之前的自然发生、无确切组织的家族相比，形成差异。[①]

依据这些变化，有人说："在宋以前，如果庶民模仿宗法制祭祀五代以上的祖先的就会被当成破坏礼制者而受到制裁。但是，宋代之后允许民间以贵族礼制构筑自身的社会秩序，这在明代以后被统治者和一些社区所采用，使中国一些地区出现了宗族村落现象。"[②] 以宋朝为界，把宗族的历史分为前后期成为学术界的

---

① 何淑宜：《士人与儒礼：元明时期祖先祭礼之研究》，见 https://ndltd.ncl.edu.tw/cgi‒bin/gs32/gsweb.cgi? o = dnclcdr&s = id = %22096NTNU5493001%22. &searchmode = basic；靳凤林：《窥视生死线：中国死亡文化研究》，中央民族大学出版社 1999 年版，233 页。

② 王铭铭：《从生育制度到实践理论》，载《社会科学战线》，1997（5）。

共识。在前期，原始社会末期实行"家父长家族"，商周时代实行"宗法式的宗族"，魏晋到唐代实行"名门望族式的宗族"。在后期，实行"祠堂、族长代表族权的近代宗族"。另外，有的学者把各时代的宗族性格进行了分别描述：秦代是"贵族宗族制"，汉唐是"士族宗族制"，宋元是"大官僚宗族制"，明清是"庶民化的宗族制"。① 家谱的产生和发展也成为研究者所关注的对象。家谱可追溯到先秦时代。上古时期的家谱，仅为君王诸侯和贵族所独有，家谱的作用仅为血统的证明，是为袭爵和继承财产服务的，其内容也比较单一，仅为世系的说明。魏晋以后，选官、婚姻以至社会交往都要看门第，这样一来，家谱在政治生活、经济生活和社会生活中的作用就大大增强，家谱的内容也比以往有所增加。到了宋代，官方修谱的传统禁例被打破，民间编撰家谱的风气兴盛，到了明清两代，家谱修撰的结构已基本定型，流传至今。②

本书是从祭祀的角度理解我们社会历史的：我们因祭祀而被组织起来，产生出家庭、家族、宗族、社会，而祭祀的变化必然波及社会组织，乃至法律制度。因此，祭祀的发生和变化，导致社会基本组织的发生和变化，从而产生出制度、法律的产生和变化。

在上述宋朝的变化中，重点是老百姓对父母尽孝的祭祀扩大为对共同祖先的祭祀，对各父母的祭祀反倒被纳入对共同祖先系统中的一个点的祭祀，不再是自己家庭的"私事"，而成为共祖系统组织的"公事"。于是，各家庭、家族在共同祭祀之下，成为宗族的一个单位，这样，在中国的行政管辖区之上，也就出现了各宗族组织与之重叠或跨越的现象。

再回到祭祀这个核心来讲宋朝的宗法变化。为此，先梳理一下祭祀中关于"孝"的法理。

在传统宗法中，祭祀父母和祭祀共祖的区别是什么呢？殷商甲骨卜辞之中已有"孝"字。商人的法律规定："刑法三百，罪莫重于不孝。"③ "孝"作为一个伦理观念正式提出是在西周。在民间社会，如同《诗经·小雅·蓼莪》所说：爹爹呀你生下我，妈妈呀你喂养我。你们护我疼爱我，培育我让我长大，想我而不

---

① ［日］官文娜：《日中亲族构造的比较研究》，思文阁出版 2005 年版，356 页。
② http：//www. baike. com/wiki/% E6% 97% 8F% E8% B0% B1。
③ 王宇信、徐文华：《商代国家与社会》，中国社会科学出版社 2011 年版，582 页。

愿离开我，出入家门拥抱我。想报爹妈大恩德，老天降祸难预测！对父母报恩，祭祀父母是孝的基本含义，反映了"非洲夏娃"的愿望。《易经》说：祖先是人类繁衍的根本，没有祖先怎么会有人类出现？因此可以说，无论是周王、诸侯的官方，还是庶民百姓，孝都具有传宗接代这一共同内容。不过，在官方，孝还有另一个内容：在宗庙通过奉献供品祭祀祖先。

于是，我们看到了孝在民间和官方的区别之处，这就是庶民只能"祭于寝"，不能设立家庙、宗庙来祭祀共祖。非常奇怪的是，人们谁都没有对此提出过质疑，而只是在既有的框架内发展自己的理论。比如，立足于民间的孝提出新的社会统合理论的孔子说："孝不仅是你要赡养父母。你养着你家的马和狗，能说对它们'孝'吗？若不尊敬父母，那与养牲口还有什么区别？"孟子也说："孝子之至，莫大于尊亲。"还说："不孝的行为有很多种，没有做到尽后代的责任最为不孝。舜没有告诉父母就娶妻，是没有做到尽后代的责任。结婚应该告诉父母。"而东汉许慎解释"孝"字说："儿女侍奉父母，对父母毕恭毕敬。'孝'字是由'老'字省去右下角的形体，和'子'字组合而成的一个会意字，如下之子搀扶上老者。"汉代赵岐解释是，于礼有不孝者三事，谓阿意曲从，陷亲不义，一不孝也；家穷亲老，不为禄仕，二不孝也；不娶无子，绝先祖祀，三不孝也。三者之中，无后为大。对这种解释，有人反驳说："无后，并不是指没有后代，是没有尽到后辈责任的意思。尧、舜、禹是远古的传说人物，孟子认为舜娶媳妇，没有事先征求父母的意见，属于失却了后辈应尽的告知义务。后代却把这句话视为儒家提倡的礼教的一个核心内容，从此引发出了两千多年的误解。"① 然而，无论是传宗接代，还是对祖先尽责，都是基于对父母的祭祀，都不涉及祭祀共祖的问题。

（2）祭祀父母与祭祀共祖。

好了，我们现在可以完整地勾勒出一幅关于"孝"的法理图画。

古代中国家庭的资源都是向下一代倾斜的。那么，对上一代的人来说，如何避免在祭祀方面"得不到回报"的风险，如何强制下一代履行其义务（管理"儿子"），就是一个与古代法律相关联的问题。强制履行义务，成为"孝"在宗法上

---

① 《刘心武以金瓶梅解释被误读千年的常识》，载《金陵晚报》，2016 年 8 月 1 日。

的一个基本内容。那么，如何强制古代人们去履行其义务呢？

首先，把孝定义为对父母供奉牺牲、食物、酒水，并真心诚意邀请父母的亡灵享用："于是，祝官把孝子的心意报告给神，孝子用他的思亲之心与神沟通：父母正在享用祭品吗？这就是孝子的心愿。"（《礼记·祭义》）

其次，强调和推广孝和上级权威的关系："用孝敬来侍奉双亲，用顺从来接受命令，把孝敬和顺从推广到天下，也就能统合社会了。"（《礼记·祭义》）

最后，顺从上级与孝敬父母的内在联系在于，为了向父母供奉牺牲、食物、酒水等物质，儿女必须从掌握资源的君王那里获得祭祀资源，为此，就应该顺从君王："父母死后，必须从仁君那里取得俸禄来祭祀，这才叫依据礼来彻底实行孝道。"（《礼记·祭义》）

归纳以上的做法就是，通过强调祭祀父母，形成一种顺从上级的规矩，然后把这种规矩上升为成为民间的礼制或法律（民法）。这样就建立了保证履行其义务的机制，即，用第三方的权威力量，把违约风险降到最低。对不孝之子，运用社会力量给予惩罚，这样自然就解决了以上所提到的问题，同时也建立起统合古代社会所需的古代经济制度。

在儒家理论中，无论是上一代的资源向下一代倾斜，还是下一代供奉出资源来孝敬上一代，也无论是诸侯还是庶民，资源的拥有都起源于上一级（从庶民到诸侯，从诸侯到周王，从周王到上帝），这就是古代中国封建制度。但就一般庶民阶层家庭的后代而言，土地等财产并不是从君王那里获得的，实际上依然是从父亲那里获得的，即，下一代的资源依然起源于上一代，这与古老时代没有什么区别。所不同的是，这需要君王在法律上的默认，君王有查封没收的权力。因此，古代中国的封建制度，从官方意图来说是保障每个家庭都有祭祀父母的资源，从宗法来说就是通过第三者的监督来保障祭祀（孝）的实施。正因为这样，土地财产也就不可能成为非祭祀资源，其结果是，古代自给自足的经济体系一直延续下来。

由于实施以上措施，本来仅仅是为了追求死后永乐而产生的古代祭祀，因为与古代法律、社会管理方式发生关系，于是就有了"百善孝为先"的概括性提法。不过以上只是解决了对"儿子"的管理问题。基于宗法和封建制度之上会衍生出"老子"这个家族内权威来，对这些"老子"如何管理成为问题。如果强调孝，那么不仅会产生"新鬼大旧鬼小"的问题，同时也会出现为了孝敬父母而临阵脱逃，或者为了父亲而枉法等问题。其问题的源头是，因"分散投资"而形成父亲的资源分割义务，从而产生出儿子们对父亲的服从义务，结果形成父亲在家族内部的法律权威，带来"老子天下第一"的局面。为了解决这方面的问题，儒家提出一种祭祀理论：圣王的祭祀制度规定，祭祀那些推广有益办法的人，祭祀那些为国家勤劳而死的人，祭祀那些为平定动乱而立功的人，祭祀那些为国家抵御大灾害的人，祭祀那些患难之际捍卫国家利益的人。（《礼记·祭法》）为圣人设立宫室，教育民众缅怀古代祖先，不忘本。民众服从天子之心由此产生，因此能听信教令，迅速服从。（《礼记·祭义》）

也就是说，通过设立固定神庙，祭祀圣贤、王朝开创者和功臣等祖先神，表明"全民都是同根生，在根本上没有亲疏之分和利害冲突"。这样一来，利用祭祀共祖来追溯血缘关系，就可以达到统合"老子"的目的。因此，就祭祀对象来看，便出现了天子祭祀数量有限的固定祖先神（比如周人的文王和武王），各级别贵族设立家庙、宗庙来祭祀共同祖先的方式。

因此说，要求庶民在坟墓前尽孝，是为了管理"儿子"；要求官僚在家庙、宗庙前祭祀共祖而尽孝是为了管理"老子"，同样是一个孝，法理、功能完全不同。

"孝"的法理形成过程，就这样清晰展现在眼前："非洲夏娃"创立母系信仰时，"孝"本意是履行对上一代死者的侍奉义务。后来，为了由弱势者变为强势者而产生出功利性，增添了尽孝能得到祖先保佑的内容。再后来又加入了"敬"的内容。"敬"最好的表达就是"顺"，"顺"就是趋向同一个方向，由此从"孝"衍生出"顺从"。"三年无改于父之道，也就是终身按照父亲的价值取向行事。被生育的人一定要对生育自己的人有所亏欠，并且一定要顺从、孝顺、赡养生育自己的人。"[1] 有了这种"敬""顺"，"老子""儿子"都容易被纳入社会管理之中。

在"孝"的法理形成过程中，祭祀也被逐渐理论化。在"非洲夏娃"的思想

---

[1]　http：//baike.baidu.com/view/476985.htm；http：//baike.baidu.com/item/%E5%AD%9D/16477743；http：//www.baike.com/wiki/%E5%AD%9D。

中，与亡者同吃同住，需要迁徙时带着先人的骸骨一起走。当人们长期定居之后，找一个地方安放亡者，形成坟墓，定期到坟前给亡者贡食就行了。可是，一旦远离坟墓，设立家庙，怎么才能说得通呢？这时，古代哲人父亲们发挥了理论建设作用。他们把人体分为体魄和魂气。死亡下葬后，体魄留在坟墓中，魂气却飞扬在宇宙之中。所以，无论在坟墓前祭祀，还是在家庙中祭祀，用音乐、舞蹈、酒气，把魂气召回来就行了。在"非洲夏娃"的母系思想中，不需要什么理论或逻辑的："我要让我的后代祭祀我，我也就要保护好我的后代"，仅此而已。但进入父系社会后，首先把功利性编织于"孝"的法理之中。到了宋朝，"理""气"的学说又把统合同祖子孙的功能编织于"孝"的法理之中。就这样，基于古代祭祀而产生出来的古代社会统合方式，以及对此方式的理论化，最终上升为天人合一的哲学思想。

再从横向比较的角度来看"孝"的法理所产生的环境条件。"孝"这个词，在西方也常常被提到，但其含义有的与古代中国相似，有的却大不相同。

古犹太社会实行长子继承制。到了摩西世代（前1591 – 前1210年），正式确立和推行官方祭祀（一神教）的同时，还进行了包括允诺在兄弟间平均分配土地在内的改革。"孝敬"也被正式列入法律条款《十诫》之中。关于这个法律条款的确立和内容，裴洛（公元前后）说：生活在埃及富裕城市里的犹太人染上了邪恶习惯。为此，摩西率领犹太人去到旷野深处，远离邪恶，并让他们生活必需品匮乏。然后，从耶和华那里受得《十诫》，并让犹太人从耶和华那里得到生活必需品。于是，犹太人自然会领悟到，法律不是某个人发明的，而是神谕，再也不会怀疑耶和华及其戒律的真实性。父母按其本性来说，位于必朽者和不朽者之间。父母之所以不朽，是因为养育孩子行为与耶和华养育人类行为是相似的。不孝敬父母是把自己变为了野兽。由于子女的身体和生活所需都来自父母，子女感恩是理所当然的，不需要法律来约束。但由于父母还是子女的导师，所以子女应该敬畏、服从父母。"各人都要敬畏自己的父母。"在戒律中，"畏"被放到"爱"之前。"打父母的，必须用石头把他打死。"通过戒律，规定了年轻人对老人、奴仆对主人、臣民对统治者的服从、敬畏（孝）。通过戒律，规定了老人对年轻人、主人对奴仆、统治者对臣民的关心爱护，确立了君王、主人、老人去提高人们福利的义务（德）。①

所以说，即便是公元前后的理论家，在理解犹太法律起源时，也认为是某个圣人、伟人所得，如同唐僧西天取经一样，为了拯救"罪恶社会"，扬善避恶，建立理想社会，经历千辛万苦从外部取来神秘的"真经"。在摩西取来的"真经"中，父母通过子女的孝敬而不朽，通过子女的顺从把子女统合在一个家族中，通过对耶和华的敬畏把父母统合在君王的意志之下。不过，这样的古代祭祀理论赋予了父母的法律权威，从而让古犹太社会在运用法律统合社会时，必然遇到"老子天下第一"的问题。

与之相比，"在古希腊，孝敬是从亲属感情及团结的角度来看待的"。②"斯多亚学派虽然也提倡孝敬父母，但前提是不给自我利益带来损害。"③近代西方的观念更加鲜明："父亲命令儿女的权力到成年而告结束；虽然在此之后，儿女对父母也应尊崇、赡养和保护，以报答养育之恩，但父亲对儿女的财产或行动并无统辖权，也没有任何拘束儿女意志的权力。"④追溯其根源，由于古希腊、古罗马和古代英国实行长子继承制，从而使"孝"不能作为社会整体的概念来推广。即便余子生自于父，被父亲养育大，但因为被剥夺了家产分配权利，所以也就没有孝敬父母的义务，"孝"也就只能仅仅停留在情感的层面。基于古代个人所有制的古希腊、古罗马和古代英国，"孝"难以成为统合社会的概念。反观古代中国和古犹太社会，由于采用古代共同所有制，"孝"才能成为统合社会的概念。但同时，由于在社会整体和个人之间存在着一个父母的法律权威，整个社会趋于结构性涣散。

三、新的历史长河

接下来讲中国宋元时期和古代英国法律制度的变化所带来的不同辐射作用。

---

① ［古罗马］裴洛：《论法律》，石敏敏译，中国社会科学出版社2007年版，1～3页、21～23页、31页、160～162页。

② ［古希腊］亚里士多德：《政治论》，商务印书馆1983年版，52页。

③ 汪琴：《基督教与罗马私法》，法律出版社2012年版，67页。

④ ［英］洛克：《政府论》（下篇），商务印书馆1996年版，43～44页。

1. "人格法"的废除

在古代中国传统宗法系统中，由于庶民不能设立家庙，孝也就往往限于父母，而贵族因设立家庙，实行着另外一套宗法系统，在这一点上，与古代英国普通法不能适用于维兰很相似。所以说，商周等的统治者用贵族和非贵族来区分不同宗法的适用范围，是一种民法，相当于古希腊、古罗马法律以及古代英国法律系统中的"人格法"。那么，对古代中国和诺曼英国君王来说，这种以区分阶层为目的的"人格法"在具体的历史环境中具有怎样的意义呢？

诺曼人要保住自己在英国的政权，在没收盎格鲁撒克逊人的土地财产的同时，还把他们划分到各个领主的管辖之下。这种管辖除了能够切实征得税收以外，还能分割盎格鲁撒克逊人，瓦解他们的民间组织，削弱他们反抗力量。同样如此，商周等的贵族要维持政权，除了封建之外，也须想办法让各个诸侯国的"老子"不团结起来抗衡其统治。而祭祀则是一切组织发生的起点，如同"非洲夏娃"创立了母系信仰以后便自然组建起我们的家庭一样。贵族只让庶民在家里或墓地旁祭祀父母或祖父母，而不允许他们建庙以祭祀更远的祖先，就是不让他们发展出超越于三代人组织之上的家族集团、宗族这样的大型组织。元朝禁止汉人集会拜神，其目的也是这样。

在英国，14世纪之后，普通法开始适用于维兰，"人格法"被废除，国家法律适用于整个国民。而在宋朝之后，古代传统宗法失效，"人格法"也被逐渐废除了。没有相关的资料来详细描述这个废除过程。就其废除的原因来说，根据学者们的叙述，似乎可以得到这样一些线索。第一，由于外族的入侵和支配，古代传统的宗法逐渐不再被当作什么神圣不可侵犯的东西，即，在外来民族支配下，"礼崩乐坏"不可避免。第二，佛教逐渐渗入庶民的生活之中，而佛教是不理会古代传统宗法下的祭祀方式的，在委托僧人供奉父母之时，捎带上几代前的祖先，也不会败露。那么，在这之外，是否还有一些内在因素呢？

宋朝的范仲淹写下了那句著名的词句。不仅如此，他还建立了自己的宗族，并在其下设立义庄，凭这个组织来实施救贫、公积和义务教育等。吕大钧兄弟建立乡约制度，设立了德业相劝、过失相规、礼俗相交等约定。① 宋朝的庄园在历

---

① 钱穆：《国史大纲》（修订本下册），商务印书馆1996年版，810～811页。

史上非常有名，《水浒传》也屡次提及。但是，宋朝庄园和诺曼英国庄园不同，因为宋朝法律体系并不承认庄园处罚佃户的私人司法权的合法性，即便有"鞭笞驱役，视以奴仆"，都是篡窃而来的司法权。但是，有一种例外，那就是庄园主与佃户是宗法性的依附关系。这意味着什么呢？

比如在西周，基于宗法，各诸侯对自己所管辖的庶民具有独立于周王的司法权。而在东周，卿大夫家里的士等家臣，对家主效忠而不知道有国君。宗法意味着对一个亲属集团组织具有独立于国家的司法权。所以，允许建立家庙，不仅仅意味着赋予了祭祀共祖的权利，也意味着赋予了组建超越三代人男性组织的权利，而祭祀共同祖先也就会演变为组织领导人自我神化的工具。正因为有这样的性质，所以春秋战国时代诸侯破坏祭祀礼仪，实际上就是"老子"率领血缘男性组织向中央政权挑战。从这个意义上来说，在古代传统宗法之下，如果庶民祭祀共祖，就是"不法分子企图建立非法组织"。

那么，在古代中国，县以下的乡村处于什么样的状况呢？出土的东汉末年长沙的走马楼吴简表明，一个村40户中，姓氏就有20多个。30户以上的村庄中，第一大姓所占比例只有21%。这样姓氏杂居的状况证明宗族不兴。同样，出土的敦煌文书记载，在5～10世纪河西乡村中，绝大多数都是核心家族，家庭联系只限于5世以内，没有家庙、宗子制度。这样的家庭状况与今天的发达国家也相差无几。同时，也不存在同姓同宗的共同组织，只有一种为了丧葬互助的"社邑"。所以说，从秦汉到唐宋，乡村只是自然村落，是一个没有宗法因素的"吏民"社会。然而，在县以上，宗法大族政治活动频繁。国权归大族，宗族不下县，县下唯编户，户失则国危。[①]

虽然宋朝之前的乡村中的庶民并没有形成宗族组织，但作为祖先崇拜的男人，在功利性的推动下，随时都有"组织起来"的企图，只是古代君王不给庶民阶层父亲这样的机会罢了。到了宋朝，外族支配，佛教渗透，再加上朝廷重视文人，士不仅在朝廷政治中得到势力扩张，在自己的家乡也开始着手组建男性组织，并把此作为自己的政治基础之一。特别是在对付地区性动乱、外族侵入等情况下，这样的组织还起到了血缘者集团的防御自卫的机能。所以说，祖宗崇拜的

---

① 秦晖：《传统十论》，复旦大学出版社2004年版，6～39页。

功利性，正是宋朝庶民阶层从祭祀父母转化为祭祀共祖的内在因素，而把宋朝知识分子的"自觉精神"说成是宋朝父亲的一种精神突变，是夸大其词。因为，这种精神从来就存在，只是宋朝有环境条件让它显现出来而已。

那么，宋朝父亲这么做有什么不对吗？当然没有什么不对。古代社会的发展需要这种功利性。问题在于，这会带来什么样的一种局面。

在近代英国，由于"人格法"的废除，产生出国家法律对所有人平等的局面。宋朝后废除古代传统宗法，让庶民有与贵族同样的权利，也是走向平等。但各自带来的局面却大相径庭。因为，如同宋朝的地主庄园一样，庄园主对于宗族成员具有独立司法的权利，那么，随着宗族组织的普及，所面临的问题就是，因家法、宗法大于国法，而产生出法律系统的分裂局面："这是我家的事，你管不着！"

那么，导致这种结构性差别的原因是什么呢？在诺曼英国，如同土地财产一样，权利和义务已经被非祭祀化了，而在宋朝却没有发生过非祭祀化。无论是哪一个古代社会，比如古希腊、古罗马、古代欧洲大陆、古代英国、古代中国，古代民法都是起源于祭祀，两者原本是天然结合在一起的。但在诺曼英国，由于个人的权利和义务被非祭祀化，变得与祖先无关，于是法律系统也就从祭祀需求中独立出来，专注于民事本身，就事论事。与之相反，在宋朝个人的权利和义务没有发生过非祭祀化，民事最终都与祖先有关，无处不表现出"我的祖先高于你的祖先"这样的寓意来。因而，在宋朝各自有各自的家法、宗族法，最后的结局就是，君王只能管军事、税收、外交以及与皇权利益休戚相关、社会稳定相关的事务。概括起来就是，"国权不下县，县下惟宗族，宗族皆自治"。[①] 同时，各个地方黑恶势力当道，一盘散沙。因此，从概念上说，虽然宋朝之后宗族村落出现，有了区域性地方组织，但宋朝依然是"以家（孝）为中心来构筑社会并由此推衍出的国家与社会形态（家天下）"，这与"超离于家（孝）和社会区位之上的集权国家有很大差异"。[②]

由于古代英国在土地财产以及法律的非祭祀化，有了让其摆脱古代统合方式

---

① 秦晖：《传统十论》，复旦大学出版社2004年版，3页。
② 王铭铭：《从生育制度到实践理论》，载《社会科学战线》，1997（5）。

的社会土壤，而诺曼人征服更促进了近代统合方式的形成，于是在这之上形成的集权国家，与宋朝自然大不相同。

2. 欧洲大陆与英国

诺曼英国随着法律制度的变化逐渐步入近代法治社会，而宋朝随宗法的变化却并没有步入近代法治。这是因为宋朝的父亲特殊，还是因为诺曼英国的父亲特殊？看来还得找一些其他古代社会来做比较。这里找来的是中世纪欧洲大陆的父亲们。

（1）欧洲大陆的亲属组成兄弟会，同吃，同劳动。

布洛赫在《封建社会》（张绪山等译，商务印书馆 2003 年版）说："在整个封建欧洲大陆，当时存在着以血缘关系为基础的群体。在法国和德国，当人们谈到亲属成员时，通常直接称之为朋友。一份写自 11 世纪法兰西岛的法律文献这样列数家族成员：'他们的朋友们，即他们的母亲、兄弟们、姐妹们以及以血缘和婚姻维系的亲属。'"这种情况与中国西周相差无几。在中世纪的欧洲大陆，贵族是家族制度的产物。大小领主的后人共同继承、共同使用公共遗产，共同居住在祖传的城堡里。平民百姓更是重视血缘关系。"在整个乡村，到处都是为数众多的'兄弟会'。这些'兄弟会'由若干个有亲属关系的家庭组成，他们共用一个炉灶、同桌进餐，耕种同一块共有地。"由于个人命运与宗族的发展捆绑在一起，宗族会干预个人和每个小家庭的生活。为了保持宗族的地位，长辈会以"父母之命，媒妁之言"干预孩子的婚姻，宗族也会干预其成员的财产继承。[①]

就法国土地制度的情况来看，日耳曼人建立王国之后，村庄的共同体成员组成议会、法庭，对村庄土地的公有部分进行分配管理和技术指导。这些公有地分配给各家庭使用，到了一定时期收回后再分配。村庄的另一部分土地是各家庭所有。孩子长大成婚时，就分割一块家产出去，建立新的家庭。这样，最后剩下末子和父母同住，获得一些能够维持生活程度的家产。13 世纪之后，国王加强封建统治，任命领主来管理村庄。这些领主霸占了村庄的公有部分土地（形成庄园），村民在领主的允许下有条件地使用这些土地。在领主的家族集团中，儿子从父亲

---

① 黄忠平：《包装出来的西方文明》，中国发展出版社 2012 年版，"欧洲的家族制度：族权"，http：//www. caogen. com/blog/Infor_ detail/46183. html。

那里受封土地，尽封建义务，但一般封地都不能被分割，实行长子代理继承制。在农民的家族集团中，家族长（父亲、首领）负有对领主的纳税义务，管理家族内部的劳动安排和利益分配，家族成员（包括家族长的兄弟在内）必须服从家族长，他们同吃、同住、同劳动。①

基于这样的社会基本组织，欧洲大陆的神圣罗马帝国连一个空壳也没有，大多数诸侯国的国王也是一个空架子。9世纪末，法兰西分裂为29个国家，10世纪末，又裂变为多达55个小国。数百个大小领主们，无不称孤道寡，自设朝廷，自封官员，自定税制，自铸货币，自建军队，成为事实的独立王国。② 查里曼死后，他的帝国就被子孙们分割，欧洲大陆也就没有共同法了。法国国王常受大领主欺凌；意大利一度变成各城市间竞争的舞台；德国皇帝由选举产生，甚至有很长时间没有皇帝在位；西班牙则遭到阿拉伯帝国的入侵，费了很大气力才把阿拉伯势力赶出伊比利亚半岛，却也因此分裂成几个小国。以后，国王们联合低级贵族，跟随在十字军后面，赢得了地中海东面许多重要贸易中心的控制权。他们坚决主张要保持各条商路畅通；为了建立全国性法律体系和法院体制，只好借助罗马法复兴，形成统一的法律。这种法律当然没有英国法律的"历史的共同性"。首先，他们依然承认领主裁判的支配地位。法国国王菲力普（1180－1223年）模仿早期的一份特许状，曾对昆坦市的市民许诺"不论是我们还是其他任何人，均不得在公社参事法庭之外，对公社之人提出诉讼"。其次，统一法律也不能解决现实问题。当时，土地所有权与直接政治控制权的分离成为主要问题。举例来说，勒冉岛上的修道院乃是法国海岸城市坎城内陆地区一大片土地的领主，当地的农民、小贵族和商人历来都向该修道院院长宣誓效忠，在领主法庭诉讼，向领主缴纳实物封建租，并生活在一个由僧侣及其武装扈从拥有、管理和保卫的社会里。实行中央集权后，各级法庭、治安职权以及军事防务，都转移到地方行政手中，但僧侣依然是地主，向农民和商人收取现金和商品租费，贵族世家则直到法国大革命

---

① ［法］德·拉沙瓦纳（Dareste de la Chavanne）：《法国农村社会史》，池本喜三夫译，东明社1973年版（日文版），106～263页。

② 黄忠平：《包装出来的西方文明》，中国发展出版社2012年版，"无货币时代"，http：//www. caogen. com/blog/infor_ detail. aspx？id＝509&articleId＝46051。

时为止，还继续行使全部封建领主权能。王家权力统一天下并未完全实现。①

到了近代，欧洲大陆开始追赶英国。在法国的路易十四时代，1661～1683年的财政大臣柯尔伯扮演了一个重要角色。柯尔伯毋须创新，他只消留意英国和荷兰的经济发展榜样并试行就够了。他的解决方案就是由国家赞助商人，以图既能使他们获利，又起到增强国家财政、政治和外汇地位的作用。② 他把国家的财力用于发展工业之上，还鼓励农民增加羊毛和家畜生产。③

为了实现经济发展，法国政府还着手改变农村的家族集团。比如贝里行省的议会在对农村的家族集团的调查报告中指出，农村的家族成员相互欺骗，牺牲家族共同利益谋私利。他们隐藏私人所有物，也不购置不动产等。家族长只是发命令、消费，不劳动，而手下大部分人也游手好闲，没有劳动积极性。由于家族集团中的各个家庭都住在一起，卫生条件非常差。他们早婚，由此形成的各个家庭，无视家族集团权威的存在。基于这种情况，贝里行省的议会向路易十六（1774 - 1792年）建议，撤销对土地等默认的所有权，限制共同财产制度。随后，法国政府开始了创立自耕农的活动。④ 1769年有一位主教由于管区劳动力向城镇流转导致居民日益减少，曾向总监察官提出申诉，抱怨引进新兴工业："农业需要牲口肥地，还要强壮的臂膀耕地。"对此，官方答复说："迫使种地的人离开本地去从事制造业劳动，根本不是什么坏事。"⑤

德国的乡村故事与法国相似。18～19世纪德国勃兰登堡乡村的调查报告说，在13世纪形成的村庄，有的属于国王的领地，有的属于从上级贵族分封而来的骑士的领地。在这些领地上，特别是在农民上一代人死亡时，领主有权考虑是否让他的下一代继续耕作。如果农民没有劳动欲望，让土地荒废或农民负债累累，就

---

① ［美］泰格、利维：《法律与资本主义的兴起》，纪琨译，上海学林出版社1996年版，《王室法》《城市文化的某些根源》；《普通法与衡平法》，《英国法史札记》，见 http://freerain.fyfz.cn/art/322996.htm。

② ［美］泰格、利维：《法律与资本主义的兴起》，纪琨译，上海学林出版社1996年版，"法国资产阶级意识形态通向1789的一些主要线索"。

③ ［法］德·拉沙瓦纳（Dareste de la Chavanne）：《法国农村社会史》，池本喜三夫译，东明社1973年版（日文版），498页。

④ ［法］德·拉沙瓦纳（Dareste de la Chavanne）：《法国农村社会史》，池本喜三夫译，东明社1973年版（日文版），265～266页，562页。

⑤ ［美］泰格、利维：《法律与资本主义的兴起》，纪琨译，上海学林出版社1996年版，"哲学与财政结盟"。

会被认定为没有经营能力而不让继续耕作。但实际上没有发生过不让继续耕作的情况。所以，农民实际上拥有住宅、菜园、牲口房、粮仓，还拥有耕地以及牧场，以及对公共土地的使用权。18世纪中期，德国开始推行新的农业政策（解放农奴），让农民对土地有固定的继承权。政府想通过这一政策，提高农业经营效率，增加人口，富国强兵。具体说就是通过土地继承制度的改革让懒散的农民勤奋起来，同时让农家青年服兵役，提高爱国、爱家的热情。1746年，农民获得对土地的固定继承权。然而，在家庭层面，土地由一个儿子继承经营，但离开家庭的子女也会分得相应的继承财产，父母年老后也会分得养老用的财产。具体说，当发生继承时，把包括耕地、建筑物、农具在内的家产进行折价后，在孩子之间平均分配。这种遗产分割常常使农家经营破产。为了解决这个问题，政府限制一些被分割的遗产对象，比如把农具、牧场列为非遗产，但同时又加强遗产分配的执行力度。18世纪中期，家族的平均人口为10～20人，还有近亲结婚现象，村内婚姻的比例为35%～50%。19世纪，家族的平均人口下降为7人左右。1729年之前，村庄每年的7月2日都要举行纪念马利亚的节日，许多在外边当官的亲戚朋友都会回来白吃白喝，成为各家族的一个经济负担。①

（2）经验主义者，不信任理性。

中世纪法国、德国的乡村故事说明，在欧洲大陆的日耳曼父亲那里，家族共同体一直都存在着，基于家族祭祀的平均继承制度也一直延续着，这与宋朝、元朝父亲非常相似。然而，随着近代英国的社会经济发展而产生出来的国际竞争压力，近代欧洲大陆各国为了提高竞争力，也被迫实行中央集权，制定法律，采取新的经济改革政策，以打破原有的分封割据，提高农民的生产积极性和效率。通过这一系列的模仿和改革，法国、德国等随后也逐渐步入了先进国家，但近代英国父亲和欧洲大陆父亲之间在思想和法律制度方面的差异还是非常明显的。

在哲学方面，德国、法国重先验，重建构理性，立法要编法典，哲学要成体系，黑格尔集其大成；英国重经验、好怀疑，而略显保守，如休谟、马赫。以社会契约论为例，卢梭强调在个人让渡出权利之后对国家的绝对服从。因为那是

---

① ［日］饭田恭：《农场、财产、家族：1700年至1820年的德国勃兰登堡两个乡村的比较》，载《成城大学经济研究》，1999（3）。

"公意"，服从它只不过是在服从自己，这与黑格尔一样，强调伟大的立法者。他们对于绝对真理毫不怀疑。而在洛克、霍布斯眼里，社会契约仅仅是普通的私人契约，个人权利是国家权力的来源和界限，政治契约里个人没有让渡，也决不让渡"自留地"，并由此发展出对立法的监督、对违宪的审查制度。在英国、美国，从来就没有国家至上的理念。这与发源于古希腊柏拉图的欧洲哲学思想忽视具体的个体，追求抽象的观念、精神代表的理性思想明显不同。①

在立法方面，欧洲大陆欣赏人为立法。拿破仑最看重的是他的民法典，认为它会"永世长存"。德国人也自豪于其民法典。英美的法律家对这种"立法者大笔一挥"的做法不以为然，他们天生就是经验主义者，不信任理性。11 世纪末，意大利的博洛尼亚设立了以教习罗马法为主的法律专科学校。该校在欧洲广招学生，直接促成了全欧研究罗马法的热潮，从而形成了罗马日耳曼法系。但是，罗马法却遭到英国的排斥，福特斯鸠甚至写了一本《英国法礼赞》。英国法上的很多制度，从来没有"正式废除"过，只是渐渐地淡出历史的舞台。没有人挖空心思地去创设一项制度，自然也就不会挖空心思地去废除一项制度。历史发展了，法律也跟着发展，没有大堆针对一般情况的修正案和法律解释，有的是大堆针对个案的判例。"国王不受制于人，但受制于上帝和法律！"柯克对詹姆斯一世说这句话的时候显得理直气壮，因为法律不是某个人定的，法律就是历史，国王也逃脱不了历史。因此，美国法学家霍姆斯说："法律的生命不是逻辑，而是经验。"②

在司法方面，阿尔贝尔在《资本主义反对资本主义》（杨祖功等译，社会科学文献出版社 1999 年版）一书中，提到两种西方模式的冲突。一种莱茵模式，以德国为首、北自瑞典、南到意大利大都囊括。一种是盎格鲁撒克逊模式，以英美为标本。后者免于受到罗马法复兴的冲击，形成了与欧陆迥异的法律传统。英美重判例，"法从例出"，显示出鲜明的经验论立场。用休谟的话讲：明天太阳一定会升起吗？对不起，我不知道！英美重程序，甚至认为权利只能存在于明确和正当的程序之中，程序之外没有真正可靠的权利可言。英美采用以当事人为主角的

① 王怡：《盎格鲁撒克逊的胜利》，载 http：//www. newsmth. net/bbstcon. php？board = Digest&gid = 3895；[英] W. K. C. Guthrie，The Greeks and Their Gods，Beacon Press，1950，pp. 343 ~ 345。

② 钱弘道：《英、美法讲座》，清华大学出版社 2004 年版，1 页；《英国法的历史性》，载《英国法史札记》，见 http：//freerain. fyfz. cn/art/322996. htm；《罗马法复兴》，见 http：//baike. baidu. com/view/1445634. htm。

对抗制诉讼；法官的角色只限于维持程序，法官并不对实体的对错负责。这等于承认理性有限。司法的公正性存在于游戏规则的正当和透明之上，是非曲直由双方当事人自己去扛，由他们的努力去导出最后的结果，"公道自在人心"。公正不仅要实现，而且要以看得见的方式实现。与之相比，欧洲大陆重威权，多用以法官为导演的纠问式诉讼，法官（君主）处于上帝代理人的位置，面向实体、面向真理，背负崇高使命，自认为真理在握。① 在经济制度方面，形成了以英美为代表的"盎格鲁撒克逊模式"，具有较低的市场监管、较低的税收标准、较少的政府权力的特征。而以德国、瑞士、挪威为代表的"莱茵模式"，核心则是国家干预、社会福利。②

非常明显，基于罗马法而形成的欧洲大陆法让法官有介入原告和被告之间谁是谁非的余地，从而法官的个人价值观就有可能凌驾于法律之上。其结果是法律（神、事业）也就可能屈居于法官个人的信仰之下。然而在古罗马，法律却是超越所有人的个人利益、个人价值观和信仰的。以此而论，从古罗马（平民革命后到公元前）到罗马帝国以及中世纪欧洲，再到 11 世纪以后的英国，欧洲地区的古代法律史无疑是断裂的。

如果在法律制度方面欧洲的历史是断裂的，那么在政治历史方面无疑也是断裂的。人们普遍认为，近代民主选举制度起源于古希腊、古罗马，通过 14 世纪的欧洲复兴运动被欧洲继承，最后成为今天所有资本主义国家政治制度的典范。然而，今天资本主义国家的民主选举制度最早真正得以实施的，是英国，而那时的英国在欧洲大陆看来，是一个偏僻的农村角落。因此说，近代民主选举制度的开端，与古希腊、古罗马，也与欧洲复兴运动没有历史渊源关系。

那么，诺曼英国不仅与宋朝、元朝，也与欧洲大陆在政治、经济、法律形成深刻断裂的原因是什么呢？是古代精神文化的断裂。

（3）一切都让"看不见的手"操纵。

英国普通法与大陆法相比，除全国适用性之外，更重要的还有经验和历史性。在取证审判方面，英国发展出陪审团制度，而欧洲大陆却采用了刑讯。刑讯

---

① 王怡：《盎格鲁撒克逊的胜利》，见 http：//www. newsmth. net/bbstcon. php？board = Digest&gid = 3895。
② 《文化传统影响经济发展模式：以"盎格鲁－撒克逊模式"为例》，见 http：//www. econ. sdu. edu. cn/xfjjx/content. php？id = 220；http：//www. dooo. cc/2014/09/31190. shtml。

意味着："我已经把握了你的命运，我已经真理在握，这里只需要配合我的意志，让你承认罪行，其证词也仅仅因为我需要它而已。"刑讯是真理在握的象征，同时也是权威的象征。因此，法律也就是伟人的代表。这个伟人如同罗马皇帝一样：来吧，我可以给你幸福，我就是真理。

那么，英国法律从欧洲大陆法律那里断裂出来的原因是什么呢？大多数人都说，是因为在欧洲大陆的罗马法复兴影响所致。但也有人说，英国是基督教国家，基督徒是英国法律的主要承担者，英国不可能不像欧洲大陆一样，不受到罗马法的影响。比如，"衡平法官（大法官），他们也是根据罗马法、教会法或对公平正义的理解来判案的。只不过，英国只是吸收罗马法的基本原则和思想，而没有单照全收"。[①] 如果事实是这样，那么只能说英国人比欧洲大陆人更加务实，较为因地制宜。比如，"1236 年，有些教会职员试图把允许私生子获得合法地位的教会法判例填充到普通法中去，但贵族们讨论了这个案例之后做出回答：我们不打算改变英格兰的法律。这种随时对法的效率进行比较的意识，是英国产生普通法的一个最终决定性因素"。[②]

务实、追求效率，虽然这能解释英国人与欧洲大陆人在处理具体的法律事务上的差异，但这无法解释在国家根本大法上的差异。有人说："在欧洲大陆类似英国《大宪章》的宪章都烟消云散了，只有英国《大宪章》独树一帜，成了英国的宪政宣言。英国确实特殊。一是绝对产权的确立；二是普通法的传统。"[③] 产权和普通法是英国法律制度的鲜明特征，但这两者却无法直接解释《大宪章》的产生和宪政制度的维持。就政治历史发展情况来看，"在盎格鲁撒克逊早期的英国，人们采用民众大会的形式选举首领。如果这种氏族部落的公选制往往最后都被世袭的垄断君主制或贵族共和政治所取代的话，那么法治如何最先在英格兰实现？1215 年，贵族反抗国王纳税而签订了《大宪章》。然而，英国贵族不同于欧洲大陆的贵族，他们虽然与英王对抗，但并没有对英王取而代之，而是要求国王受制于法律"。[④]

---

① 葛韵：《浅析英国衡平法对罗马法的继受》，载《法制与社会》，2010 (5)。
② ［英］约翰·哈德森：《英国普通法的形成》，刘四新译，商务印书馆 2006 年版，255～256 页。
③ 刘为：《英国宪政溯源》，见 http://www.cuhk.edu.hk/ics/21c/issue/articles/131_1202037.pdf。
④ 《基督教对英国法的影响》，10～14 页，见 http://max.book118.com/html/2014/0103/5464568.shtm。

　　贵族哗变不是为了王位，起义不准备推翻王朝，这在其他古代社会只能是天方夜谭。那么，是否可以从社会学的向心力和离心力的原理来解释诺曼英国这种特殊现象呢？由于诺曼贵族在入侵以后的较长一个时期内，都属于少数的异族征服者，并与被征服者激烈对立，要保持他们的统治地位，这个贵族集团必须以内部团结为第一要务。威廉1086年召集诺曼人举行宣誓效忠大会，让"我附庸的附庸，还是我的附庸"成为英国封建的特征，其理由之一也是缓解诺曼人内部利益冲突和矛盾，即通过强大王权，保证了下层诺曼贵族（非总佃户）的既得利益。而建立王室法庭，实施普通法，也是为了排除诺曼大领主对诺曼小领主和自由民的吞并。同样如此，诺曼贵族可以起兵反抗国王，但诺曼贵族自身也处在"盎格鲁撒克逊民众的汪洋大海之中"，他们需要王室不倒来维持既得利益不被盎格鲁撒克逊人夺回去。贵族集团的自身利益决定了他们只需要国王遵守承诺就行了，由此产生出《大宪章》。

　　在特定的历史条件才产生出来的英国家族继承制、普通法、《大宪章》，这是其他社会无法复制的，具有社会的特殊性。但值得注意的是，以上解释只是站在诺曼征服者的角度。如果一旦立足于那些被征服的盎格鲁撒克逊大众，以上解释便站不住脚。因为归根到底广大的盎格鲁撒克逊民众为什么会接受少数征服者所设定的制度，而不是想办法去推翻诺曼异族统治呢？难道他们也有特殊性，是外星人？对此，伯克说："我不相信在离英国只有24英里的法国，其人性就与我们英国人截然不同。"[①]

　　英国人相信他们与欧洲大陆人是相同的，亚当·斯密的经济学也特别强调，世界上的人都有相同的本性。可是，世界的多样化却是事实，在"人的同一性"和"社会多样性"之间似乎存在着一个长长的"暗箱"，在这个"暗箱"之内都有什么样的秘密呢？

　　丘吉尔说："英国的文化和语言既非纯粹拉丁化，也不全是日耳曼化，它有一套习俗，有的是来自丹麦人和他们之前的撒克逊人的规矩，有的是从罗马法典中摘出的法律格言，不管这些习俗的最初来源是什么，他们在炉火大锻造中形成

---

　　① ［英］伯克：《法国革命论》，何兆武、彭刚译，商务印书馆2010年版。

了习惯法。于是，我们看到了 13 世纪的英格兰产生了《大宪章》和早期的国会。"① 丘吉尔认为，由于习俗、历史的不同，产生出英国和欧洲大陆的两个不同的政治世界、法律世界。那么，习俗、历史是什么呢？霍姆斯说法律是历史经验而不是逻辑。可是，经验是什么，逻辑又是什么呢？

历史这个怪物起源于基因遗传的轨迹，每个生物，也包括每一个人，都是这个轨迹中的一个点。而在另一方面，人们常用历史长河来形容整个人类历史，其表述的内容也是基于历史这个事实的。那么，这种表述和事实之间有什么差别吗？有天壤之别。事实就是事实，无论你是否意识或认识到它。万类生物对基因遗传的轨迹没有任何意识，但它们仍旧在本能的支配下完成各自的使命，造就出历史来。人类也是这样，数代亡灵，一代长者，一代中年人，一代年轻人，一代幼儿，由此组成人类群体或社会，形成一种典型的生物性历史性结构，无论人们有目的意识或者没有目的意识。那么，至于这个历史将延伸向何方，生物们对此不感兴趣，他们只是在本能的支配下，出生、成长、繁衍、死亡。然而，当"非洲夏娃"在那一天坐在树下，突然意识到这个历史事实时，历史才变为长河。因为从这一刻开始，我们的血脉诞生了，有了一个始点，有了一种目的意识，有了一定的方向，至少其方向被猜测和预测，对此深信不疑。

当人们说到历史长河时，常常比喻"一个人消逝在历史长河中"，或者"永远存在于历史长河之中"。从基因传递的事实来说，无论这个人怎么十恶不赦，只要他的子孙存在，他的历史就永远不可能消失。非常明显，历史长河是一个与价值观紧密相关的概念。从个人微观层面说，父母、我、孩子之间的一体化，规定了家族的昨天、今天、明天的生活轨迹，形成了有一定方向的家族历史长河。与历史长河方向一致的，就会在历史中永生，偏离这个方向，就会被历史抛弃。具体说就是，"非洲夏娃"在意识到死亡时，恐惧占据了一切。于是她想出了消除这个恐惧的办法，把自己的死与孩子的生捆绑在自己的意志之下，也就建立了祭祀制度，从而也带来了民法的产生。这样，我们从诞生之日起，便相互组织在一起了，无论发生什么，也要让祭祀保持下去。所以，我们的历史长河有了一定之规，也就有了大体的方向。顺从祭祀原理的人一定比违背祭祀原理的人的"寿

---

① 钱弘道：《英、美法讲座》，清华大学出版社 2004 年版，1～2 页。

命"要长一些，因为如果没有人来祭祀你，就意味着你已经被排斥在我们这个群体之外。"流芳百世"就是老百姓对此的形象说法。

"非洲夏娃"开创了我们的母系社会的历史长河，在这之上，加上对更多祭品的追求，便开始了父系祖先崇拜社会的历史长河。所以说，如果认为英国法律是随历史长河而产生，英国法律的生命力在于历史长河的话，那么，这种法律也应该属于祖先崇拜所铸造出来的东西。

然而，祖先崇拜也是宋朝、元朝和中世纪欧洲大陆的社会特征，但为什么这些社会的法律却与诺曼英国大不相同呢？所以，结论只能是，诺曼英国已经具有与宋朝、元朝和中世纪欧洲大陆不同的历史长河，已经产生出了最深刻的断裂。具体说，如果我们的历史长河的根本内容是祭祀的话，那么诺曼英国的祭祀与祖先崇拜所显示的精神文化是不同的。那么，有什么不同呢？

人们在论述英国和欧洲大陆在哲学、法律等方面的差异时，究其终极，都只能聚焦在英国父亲天生是经验主义者、怀疑论者，不相信理性等。所谓"天生"，如同"天命"一样，非常神秘。但把它理解为一种历史烙印，一切神秘色彩便慢慢消去。

比如，在宋朝、元朝，如果有人问"明天太阳一定会升起吗"，那么他一定会被认为是"神经病"，至少会被认为是"杞人忧天"。太阳怎么可能不升起来？但后来科学证明，将来终究会有一天太阳是无法升起来的。即便如此，宋朝、元朝的父亲也不会以此来拷问自己的灵魂，因为没有必要。祖先这么做，大家都这么做，我也这么做，有什么可怀疑的呢？"没有人怀疑明天太阳一定会升起"，这说明遵从祖先遗愿是生活在历史长河中的人们的精神支柱，而拥抱这种精神支柱的社会注定只能是归属于祖先崇拜社会。这种精神支柱被概念化、观念化之后，就成为人们判断是非的逻辑表现，成为一种反映个人历史定位的价值观。这在哲学上就成为带有浓厚理想色彩的先验论的东西。

但是，虔诚的古代英国父亲却每天都要拷问自己的灵魂："当明天太阳再不升起来时，我该怎么办？"他们为了在世界末日到来之时让自己有一个好的归宿而时刻准备着。因此，他们会从自己的收入之中为上帝存上一个便士，而不会像欧洲大陆父亲一样，因为1000年时世界末日并没有到来，向教会讨回捐献出的财产。古代英国父亲甚至把威廉的土地人口调查也当作是末日审判的到来。古代英国父亲的这种使徒精神，不仅带来了土地财产的非祭祀化、权利义务的非祭祀化、社会的法治化，最重要的是，在精神文化方面铸造出经验主义、不相信理性的古老传统。

如果说古代英国父亲的经验主义、不相信理性的倾向，也是英国普通法、《大宪章》产生的精神基础，那么这实际上就是说，古代英国父亲在祖先崇拜的基础上新辟了另外一条历史长河，由此他们自然也生活在不遵从祖先意愿的新历史长河之中，以至于在今天的现实生活中也会辐射出特殊的光芒。尼克松说"中国人动则设想数千年，西方人只顾及几十年"，这适用于英美与包括欧洲大陆、中国在内的其他社会的比较。虽然尼克松想说，中国非常传统，美国非常务实，但他的直观感觉背后所隐讳的历史事实是，其他社会都是生活在 10 万年来遵从祖先的历史长河之中的，而英美父亲是生活在 7 世纪以后才新辟出来不遵从祖先的历史长河之中的。

前面曾说古代英国父亲有使徒精神，耶稣所开创的这种精神让他们不相信人类曾建立的古代法律、法规和习俗，只相信上帝，由此每日拷问自己的灵魂，追问自己是否与上帝同在，自己的行为是否符合上帝的要求。由于这些使徒一个人一个答案，没有可抽象出来的统一观念和逻辑来判断他人行为的是非标准，因此古代英国祭祀所具有的发散性为古代自由主义、个人主义的产生奠定了精神基础。

由于诺曼英国父亲怀疑一切，每天经历着痛苦的精神磨砺，当然会不惜生命来捍卫自己对事物的理解，自然也就不承认政府的绝对权威。如果是这样，现实生活怎么办？社会怎么办？总是需要方向和法规的呀！于是，他们在一张没有"传统思想"的白纸之上，在没有绝对真理的精神指导之下，开始了自由选择。这种自由给了他们"实行基于经验主义的普通法"的可能性。给了他们"革命不一定要推翻君主而实行君宪制"的可能性，即便在继承制度上面，他们可以选择让长子继承土地经营而不让其他子女平均分得折价后的家产，也可以选择让幼子继承，还可以选择把家产都分割给后代，只要好就行。那么，好坏的标准又是什么呢？这也可以自由选择，而在这些选项之中，既有对物质利益、生活舒适、效率的追求这样一些标准，也有尊重传统、追求绝对真理、相信理性、重视政府权威这样一些标准。然而，这些选项是否正确已经不重要了，每个人爱怎么选就怎

么选，最后尊重大多数人的意愿就行了。重要的是有选择的自由，并且尊重这种
自由。至于选择带来什么样的结果，只有上帝才知道。不过这是上帝应允的，因
为他们是在每天拷问自己灵魂之后所做出的选择，而操纵这个结果的，就是亚当·
斯密所说的"看不见的上帝之手"。

由于古代英国父亲已经把命运直接托付给上帝，也就不需要罗马皇帝之类的
指导了。这种古代英国父亲在 7 世纪形成的精神，虽然来源于耶稣，但却与东罗
马的精神文化，与西罗马的基督教父亲以及中世纪后来的欧洲大陆父亲的精神文
化相断裂，当然也与宋朝、元朝父亲的精神文化相断裂。

同时，从祭祀的角度来看，诺曼英国、近代英国的经济资源分配，已经形成
这样的一幅图画：经济资源的三分之一作为祭祀资源被置于教会名下（后被归为
操纵英国国教的王室政府名下），由教会经营和积累。由于教会是一个法人单位，
个人消费被最大程度抑制，这几乎就是一个资本的强制积累过程，所以具有资本
→货币→资本的运动特征，其积累结果就是今天看到的那些作为世界历史遗产的
教堂、广场、雕塑以及那些慈善、医疗、教育、研究等社会资本积累。余下的三
分之二通过长子继承或自由遗嘱继承，作为与祭祀无关的经济资源被买卖，以追
求效率和利润为目的形成资本市场（比如土地流转市场），促成典型的资本→货
币→资本的运动形式。而那些被排斥在继承之外的人们被迫进入劳动市场（比如
农业劳动者流转市场），作为没有个人资本积累的劳动者寻求社会资本下或个人
资本下的雇佣。毫无疑问，在这样的经济制度下，英国的市场经济、"古典资本
主义"也就由此而生。盎格鲁撒克逊父亲在历史上曾"兵胜滑铁卢"的逻辑，也
就昭然若揭。

3. 主导近代世界经济

最后讲一下上述古代历史对近代、现代历史的影响。

在今天全球的社会中，以女性继嗣为特征的母系社会的人口比例可能不到
1%。那么，这另外99%的父系社会的人们，都是以什么样的家族形态存在和延
续着的呢？基于 20 世纪中期的调查结果，托德对此进行整理，分出了这样几
大类：

共同体家族形态，人口比例为41%。特征是儿子结婚后还与父母同住，家庭
遗产在儿子们之间平均分配。主要国家和地区包括俄罗斯、阿尔巴尼亚、芬兰、

保加利亚、匈牙利、中国、越南、古巴等。

平均主义小家庭类型，人口比例为11%。特征是儿子结婚后便离开父母，家庭遗产在儿子们之间平均分配。主要国家和地区包括法国、埃塞俄比亚、西班牙、葡萄牙、意大利、希腊、波兰、罗马尼亚等。

内婚共同体家族类型，人口比例为10%。特征是堂兄弟姐妹之间互相通婚，儿子结婚后还与父母同住，家庭遗产在儿子们之间平均分配。主要国家和地区包括阿拉伯国家、土耳其、伊朗、阿富汗、巴基斯坦、阿塞拜疆、乌兹别克斯坦等。

权威主义家族类型，人口比例为8%。特征是一个儿子结婚后与父母同住，其他儿子离开，家庭遗产由这个儿子继承。主要国家和地区包括以色列、德国、瑞士、挪威、瑞典、奥地利、卢森堡、比利时、爱尔兰、日本、朝鲜、韩国等。

绝对小家庭类型，人口比例为8%。特征是儿子结婚后便离开父母，家庭遗产通过遗嘱分配。主要国家和地区包括英国、美国、加拿大、澳大利亚、新西兰、荷兰、丹麦等。

不规则家族类型，人口比例为8%。特征是通婚、居住不规则，但家庭遗产在儿子们之间平均分配。主要国家和地区包括缅甸、柬埔寨、老挝、泰国、马来西亚、印度尼西亚、菲律宾、马达加斯加等。

非对称型共同体家族类型，人口比例为7%。特征是儿子可以与表姐妹通婚，儿子结婚后还与父母同住，家庭遗产在儿子们之间平均分配。主要国家和地区为印度南部。

非洲家族类型，人口比例为6%。特征是一夫多妻、母子独居，在遗产分配上是兄终弟及。主要国家和地区包括坦桑尼亚、肯尼亚等非洲国家。①

在以上这些缤纷多彩的家族类型之中，似乎可以找到与其社会经济发展的关联性。权威主义家族类型和绝对小家庭类型的社会，占世界人口的16%，但却包括了美国、英国、德国、日本这些高收入的国家。共同体家族形态和平均主义小家庭类型的社会，占世界人口的52%，包括了中国、俄罗斯这样正在努力奋斗的国家。

---

① ［法］伊曼努尔·托德：《世界的多样性》，荻野文隆译，藤原书店2008年版（日文版），73页、78页、108页、206页、234页、256页、282页。

　　如果稍稍变换一下分类标准就会发现，世界上的家族制度大体可以分为两类，一类属于权威主义家族类型和绝对小家庭类型的社会中实行独子继承、自由遗嘱继承的群体，其余的都属于第二类，遗产在儿子之间平均分配。从1900年的社会经济发展水平来看，第一类远远高于第二类。尽管如此，遗产继承制度与社会经济发展的相关关系还是不够清晰。但是，如果让时光倒流到中世纪，然后再修正一些调查资料方面的错误，相关关系便清晰得多了。

　　第一，中世纪的法国、德国等欧洲大陆国家都是遗产在儿子之间平均分配，而中世纪的日本和朝鲜半岛也与中国一样，实行平均分配制度。这些社会都是在18世纪以后政府主导经济实行改革，才改变为上述继承制度来的。

　　第二，以色列，如同德国一样，在调查资料上的归类明显有错误。因为与父母居住在一起的长子，虽然继承家庭遗产，但那是已经分割之后属于父母的部分，其他兄弟已经把一部分财产分割走了。所以，以色列和德国等原本应该属于遗产在儿子之间平均分配的家族类型。

　　加上以上这两项修正就可以发现，在中世纪，英国是唯独实行独子继承然后转化为自由遗嘱继承的社会，而英国和原为其所属殖民地的美国，后来主导了近代、现代世界经济发展。当然，从欧洲人的意识来讲，他们的老祖宗古希腊和古罗马在前1000年至公元前的历史阶段，也主导过世界经济发展，但不能忘记的是，他们的老祖宗采用的也是长子继承。

　　基于以上，再从祭祀的角度来观察，包括中国、日本、韩国在内的东亚社会实行祖先崇拜，其社会经济的稳定性以及偶发向上猛冲的倾向非常鲜明。在欧洲大陆的基督教中，信奉东正教的希腊、东罗马，由主导者变为了缺乏原动力的从动者。在西罗马范围内，英国的使徒精神率先向前，然后通过工业革命，迫使西欧做出改变，随后这一地区便率先迈入先进国家行列。

第十三章
明清与欧洲

　　宇宙从大爆炸之日起，物质便自一个点向外扩散，直到现在。这种扩散的内在机制是物质相互转换，能量随时间向外、向下传递。基因的传递属于这个化学、物理过程的一部分。为了基因传递的血脉传递自然也属于这个过程的一部分。不仅如此，为了血脉传递的财产传递，基于财产传递的生存状态（物质生活状态）的延续也属于这个过程的一部分。

　　于是，起源于"非洲夏娃"，我们的血脉就这样通过古代父亲、中世纪父亲，传递到近代父亲身上。然而，这种传递不同于哺乳动物、其他人类，是需要精神力量的，否则祖先的血脉早就在自然史中消逝了。

　　就中西方父亲来说，这种精神力量来自不同的精神文化以及对后代的不同观念。

　　宋朝、元朝之后，孩子们便生活在较大的家族或宗族之中，他们被看作家族、宗族在祭祀先人方面的后继力量，必须用心呵护和教育。在这样的锁链中，人们不断地询问，我是谁，为什么会这样，从而唤起再向下传递血脉的精神力量。

　　与之相比，诺曼英国父亲不仅把自己，也把孩子看作带有原罪的生物，为了死后永生，让自己和孩子都去接受上帝，探索去天国的道路。在这样的精神文化中，他们每天都拷问自己，我是谁，为什么会这样，从而让孤独的灵魂从志同道合者那里找到传递血脉的精神力量。

　　基于这样两种不同观念而产生的社会关系、经济制度以及现实生活行为，开辟出了中西方父亲不同的人生道路，在这之上衍生出物质生活水平的差异。

　　世界如果是这样延续下去，也是宁静而安详的。然而，他们终于相遇、相争、相合，由此构成了五彩缤纷、不断变化的世界。这个世界让人眩晕，都想努力站稳脚跟，找到一种让自己生活下去、把血脉传递给下一代的精神力量，于是那个古老的问题又会出现在头脑中：我是谁，我从哪里来？

从历史阶段来看，自从进入父系社会，如同老子所说，古代父亲、中世纪父亲便无法沿着自然大道生活下去了。来自功利心的压力和烦恼已经够他们喝一壶了。然而，到了近代更进一层，父亲所面临的是一个更难以把握、不断变化、五彩缤纷的现实生活，因为世界已经互动起来了。为了讲述人们的这种窘迫生活，这里没有泛泛而谈，而从支撑近代父亲生活下去的精神文化、规定近代父亲行为的社会制度的角度，来讲他们的生活故事。

这样，母亲和父亲这 10 万年来的生活故事，便来到最后阶段。与远古、古代、中世纪相比，进入近代后的生活环境的最大特征是世界的一体化，其重要推手就是"古典资本主义"，或者说市场经济。正因为这个推手，近代父亲才不得不面对不断变化的生活，穷于应付。那么，这个"恶魔"到底是何方神圣？

不管怎样，从表象来看，在欧美和日本，有的成为"古典资本主义"父亲，有的正在向这样的父亲转换，但也许还有正准备从"古典资本主义"父亲转换出去的。与之相比，中国父亲依然如故。按照通俗的话来说，中国有几千年来的文化底蕴，按照本书的说法，中国父亲有 10 万年来的文化底蕴，而那些"古典资本主义"父亲明显底蕴不足。

话虽然是这么讲，但现实的生活危机、国际竞争压力、世界经济一体化，似乎都逼着中国父亲向"古典资本主义"父亲学一些东西。所以，无论是蔑视"古典资本主义"，还是沉下心来看看"古典资本主义"是否有什么东西可学，比如思考方式、经营方式等，都首先要弄清什么是"古典资本主义"，它在社会经济发展中发挥什么样的作用。理解那些让我们每天心神不定的根本原因，这就是故事末章的主题。

在这个主题下，讲明朝、清朝父亲们的故事，讲 16 世纪以后英国、美国、法国、德国父亲的故事。这些父亲们的故事太多、太复杂，这里把故事的主线拟定为，为什么在共同的历史天空下，英美父亲成为"古典资本主义"父亲，而其他社会的父亲却没有？上一章着重讲了"为什么有"，所以这一章着重讲"为什么没有"。

为此，这里除了讲父亲们个人层面的故事，还要讲由他们拼合而成的宏观社会方面的故事。这个故事从以下提问开始：

英国父亲很了不起吗？

从人均 GDP（人们平均生活水平）数据的历史变化来看，似乎并不是这样。英国在公元元年到 1000 年都是 400 美元，没有什么特殊的地方，即便到了 1500 年也就 714 美元，稍稍高于德国的 668 美元，与法国的 717 美元和意大利的 1100 美元相比，根本不能说英国有什么"超脱凡俗"的地方。英国真正"发威"是 18 世纪以后的事情。这说明，18 世纪以前英国父亲毫无作为。不过，以此来判断的话，西欧父亲也没有什么了不起。因为，1000 年时，中国超越着西欧，西欧也是无所作为的。

然而，如果说"古典资本主义对世界经济发展起到决定性作用"，那么以上的数据变化可以得到某种程度的解释。1000 年，西欧没有"古典资本主义"（虽然在公元前的古希腊、古罗马曾经出现过相似的生产方式），所以中国的"儒家主义"在世界经济发展中占据优势。11 世纪以后，英国社会中开始形成"古典资本主义"生产方式（个人所有下的资本与劳动的分离），以后逐渐形成一种新的社会经济制度，这个过程一直延续到 15 世纪。然而，在以后的欧洲宗教革命中，直到 17 世纪中叶，这种经济制度都一直受到批判和压抑。所以，在漫长的岁月中，英国没有大作为也可以理解。17 世纪后期，英国"古典资本主义"开始取得社会支配地位，并在世界上崭露头角，开始对世界经济起到决定性作用，英国的经济发展也就因此走到了世界的前列。另一方面，其他国家面对英国"古典资本主义"扩张，也不得不尽力去解决如何包容或对抗"古典资本主义"的问题。在容纳"古典资本主义"的欧洲、美国和日本，因"古典资本主义"促进了自身的经济发展，从而形成奋起猛追的趋势。

一、忙于赚钱的父亲们

1. 商人地位和地产投资①

先来看明清父亲的情况。

---

① 钱穆：《中国历史政治得失》，三联书店 2009 年版，118～120 页、141 页；《中国封建制度漫谈》，见 http：//www.cawhi.com/show.aspx？ id＝2788&cid＝16。

1351 年，元顺帝治理黄河，征调各地百姓 20 万人。于是，白莲教的韩山童与刘福通煽动百姓叛元起义，自称明王，建立红巾军。1352 年，红巾军的郭子兴聚众起义，攻占安徽凤阳，当地农民朱元璋投奔了郭子兴，屡立战功，发展自己的势力。1368 年，朱元璋建立了明朝，随后分封二十几个儿孙为藩王，不仅有封地，而且有军权。此后，建文帝登基（1399 年）后准备削藩，导致燕王朱棣的叛乱。朱棣（1402 年）当上皇帝之后，继续削藩、消除了种割据势力。

朱元璋确立了里甲制，以配合赋役黄册户籍登记簿册和鱼鳞图册的施行。明代沿袭元代，将人户分为民户、军户、匠户三等。匠籍、军籍比一般民户地位低，不得应试，并要世代承袭。若想脱离原户籍需经皇帝批准。手工业者为匠籍，每隔几年轮班到京城服役，称之为轮班匠。轮班匠的劳动是无偿的。到京城的路途遥远，轮班匠常常逃役。1562 年起，政府采取以银代役，以银雇工。明代中后期商人地位有所提高，部分士大夫认为经商有成等同于读书，出现"亦贾亦儒""弃儒就贾"现象。此外，商业用书也开始出现，内容涉及贸易路径沿途的交通、习俗及商品行情等。

永乐年间（1403－1424 年），明朝派遣郑和率远洋船队七下西洋，最远到达非洲东海岸。1415 年以后，欧洲进入大航海时代。葡萄牙人着手开拓前往印度、中国的航路。1511 年，葡萄牙占领马六甲，以后又占据中国的屯门，与明朝爆发海战（1521 年）。明朝获胜，但允许葡萄牙人在澳门开设洋行，修建洋房，每年来广州越冬。1582 年，传教士利玛窦来到中国传教，向中国皇帝进献坤舆万国全图等。

1644 年，李自成率农民军攻入北京，明朝灭亡。随后，清朝军队击败李自成并入主中原。清朝前期，多民族国家的统一得到巩固。但清朝把关东三省定为禁地，不许汉人出关；把台湾定为禁地，怕福建人学郑成功反清；把察哈尔和绥远定为禁地，因为离蒙古人近，讨好蒙古人；把新疆定为禁地，留下良田给满人后代开拓。1840 年鸦片战争后，中国遭到包括日本在内的列强入侵。1911 年，辛亥革命爆发。1912 年 2 月 12 日，清帝被迫退位，中国进入了共和时期。

清朝继承明朝，为了征税，编制了黄册和鱼鳞册。黄册登记户口，鱼鳞册登记田亩。黄册以户为主，每 10 年更订一次。比如某户有田 100 亩，卖去 20 亩，则登记为"旧管 100 亩，今卖，当开出户下 20 亩，此户实在则止 80 亩"。如果买方是同一地域的户，则登记为"彼买者新收 20 亩"。如果不是本地户，则立为子户，登记于买田人户图中。这种登记制度本来是为了压抑土地兼并之风，但时间一久便乱了。如大量在外地购田者，恐怕背上兼并土地的嫌疑，便想法变乱黄册（这与今天的房地产投机者的行为如出一辙）。鱼鳞册登记的田土相互挨着，如鱼鳞，所以称鱼鳞图。田土登记着国有、民有、高田、污田、山地等，附有业主姓名。田地买卖一年一注。人户流动，但田地一定不变。虽然田地不变，但后来业主姓名混乱，实际上早就等于废弃了。清代后期，废除了黄册。康熙（1662 年）以后，政府陆续将匠银摊入田赋，最后废除了匠籍制度。另外，佃农所拥有的永佃权的比例扩大，使用雇工增多。

同治（1861 年）以后，被称为洋务派的奕䜣与曾国藩等鉴于鸦片战争的失败，以"师夷长技以制夷""中体西用"为方针展开自强运动（又称洋务运动），在政府主导下先后引入国外科学技术，建立银行体系、邮政体系等，并派遣留学生到欧美日等先进工业国家。

2. 进入"古典资本主义"①

再来看近代欧洲父亲。

14 世纪以后，随经济发展，欧洲的哲人父亲们开始认为中世纪文化是一种倒退，力图复兴希腊、罗马古典文化。同时，宗教激进主义父亲们也力图摒弃经院哲学。于是，在意大利各城市兴起了思想文化运动，直至 16 世纪盛行于整个欧洲，并带来了科学革命。这一时期的思想运动被称为文艺复兴。其艺术、文艺作品，体现了人文主义思想。人文主义父亲们主张个性解放，反对禁欲主义；提倡科学文化，反对蒙昧主义。

在宗教方面，人文主义父亲们将《圣经》翻译成本民族的语言，1517 年，路德提出《九十五条论纲》，展开了宗教改革运动。其推动者包括慈运理、加尔文等新教派。这场运动直到 1648 年《威斯特法伦和约》出台为止。

在哲学方面，产生出笛卡尔（1596 - 1650 年）的理论，认为人的推理可以作为知识来源，从而建立起理性主义。同时代还有英国经验主义，它认为人类的想法来源于经验，所有知识可能除了数学以外，主要来源于经验。

---

① http：//baike. baidu. com/view/716335. htm#2_ 1。

在经济方面，从16世纪开始，欧洲父亲与炒地产的近代中国父亲一样，都忙于赚钱，货币地租盛行，农业商品化进程加快。英国出现圈地运动，租地资本家办起的牧场和农场，成为典型的农业"古典资本主义"。普鲁士也形成容克农庄，但法国则是一种小农式的经济。英国在18世纪60年代最早进行工业革命，19世纪初扩展到法国、美国，随后是德国、俄国、日本。各国从英国引进机器，英国成为"世界工厂"。随工业革命的传播，欧洲迈入了工业化、城市化的社会，但由于欧美日等资本主义国家的经济政治发展不平衡，引起了重新瓜分世界的斗争。19世纪末20世纪初形成以德国为核心的同盟国和以英国为首的协约国，最终导致了第一次世界大战。

二、精神与主义

虽然明清父亲和西欧父亲都忙于赚钱，但后来走出的道路却截然不同。明清父亲进入共和时代，而西欧父亲却走向了"古典资本主义"。对这样的现象，有什么解释吗？

第一种解释是，"古典资本主义道路"，顾名思义，被认为与工商业发展的水平有关。对此，人们做了浩瀚的研究和论述，非常著名的当然是马克思、恩格斯，而布罗代尔根据人类物质文明和工商业的发生、发展详细描述了经济发展史。[1] 更有甚者，把工商业发达的理由归结于宫廷王朝的消费和奢侈，得出"由于需求的快速增长，商业竞争激烈带来对效率的追求，由此产生古典资本主义"的结论。[2]

那么，古代中国君王不够奢侈，其物质文明、工商业不够发达吗？秦朝的阿房宫不应该只是传说。而西汉末的王莽宫中黄金有70万斤，相当于当时整个罗马帝国的拥有量。[3] 早在东周时期，诸侯国里出现了大小都邑，大都邑便是商业中心。齐自太公开国以后，一向是大商业国，桓公用商贾出身的管仲为相，奖励商

---

① ［法］费尔南·布罗代尔：《15至18世纪的物质文明、经济和资本主义》，顾良等译，三联书店2002年版。

② ［德］维尔纳·桑巴特：《奢侈与资本主义》，王燕平等译，上海人民出版社2000年版，171～172页。

③ 秦晖：《传统十论》，复旦大学出版社2004年版，52页。

人通行各国。在郑国，国君和商人定盟约，国君不侵犯商人的利益，商人不迁移到别国去。土地自由买卖，给商人以兼并土地的便利，成为新兴地主。东周时期大商人分为三种：一种是政治家，比如吕不韦；一种是兼营农业畜牧业的；还有一种是兼营大手工业的，巨富多属于这一种。大商贾所使用的人之中有伙计，如洛阳贫民到富商家中学商业，替富商贸易。《韩非子·亡徵》说：商贾的钱财存放到国外，可以亡国。足见商业中的私人商业的重要性。所谓"从贫求富，农不如工""耕田之利十倍，珠玉（经商）之利百倍"，经商致富为当时一般人所愿望和追求的。周国人风俗，不爱做官吏，专心工商，求十二分的利息。鲁国人原本喜欢讲儒学，后来风俗改变，经商谋利比周人更迫切。在秦国，即使商鞅重农抑商，也不能遏阻重商的趋势。[①]

在公元前欧洲的父亲们还在森林里无所事事之时，古代中国父亲们就开始忙于赚钱，工商业就非常发达，工商业经济强劲有力，封建制度也相继动摇，但他们却没有走上"古典资本主义"道路。因此，从古代中西方父亲的比较来看，是否努力去赚钱，工商业是否发达，生活是否富裕等等，都与是否走"古典资本主义"道路没有关系。

1. "古典资本主义"精神

第二种解释是，走"古典资本主义"道路需要特殊的精神。讲起精神文化来，这又是一个复杂而曲折的故事，但看来还非讲不可。

1902 年桑巴特出版了《现代资本主义》。他说，每一种社会都有一整套对问题所持的态度和看法。"古典资本主义"不仅是一种技术或组织形式，还是一种精神，这种精神包括新的企业精神和平民精神。前者表现为国家从宗教中解放出来，国家对外征服和支配；后者表现为经济活力，这种活力在欧洲商人和手工业者的下层中已经存在了几百年。两年后，韦伯写出了《新教伦理与资本主义精神》。[②] 韦伯说，"古典资本主义"的兴起，除了经济本身的因素之外，还有文化背景。基督教加尔文派的"入世苦行"特别有助于"古典资本主义"的兴起。他以荷兰、英国及北美的新英格兰地区为研究对象，引证了富兰克林（1706－1790

---

①　范文澜：《中国通史简编》（第一编），人民出版社 1965 年版，160 页、240 页、250 页。

②　沈汉：《国外对欧洲从封建社会向资本主义社会过度研究之评述》，载《史学月刊》，1995（2）。

年，美国建国元勋，协助起草《美国独立宣言》的政治家）的"古典资本主义"精神，比如勤俭、诚实、信用、人生以赚钱为目的"天职"，并认为这些都来源于加尔文教义。所以，虽然前资本主义很早存在于中国等社会中，但"古典资本主义"精神却起源于西方的新教地区。① 也就是说，韦伯认为，"古典资本主义"父亲就是那些搞欧洲宗教改革、有特殊精神的人们。

用宗教发展来解释"古典资本主义"，这是韦伯理论的特征。以下就围绕韦伯理论对精神、制度、"古典资本主义"等，详细了解一下他的想法。

第一，需要区别前资本主义和"古典资本主义"。对最大可能数额的金钱的追求，一直存在于所有的人身上。获利活动必须考虑收支问题：在做出任何决定之前，要有一番计算，以弄清是否有利可图。这种理性化的活动在中国等社会都一直存在着。然而，西方在近代发展了一种极其不同的形式，这就是自由劳动之理性的"古典资本主义"。它有两个特征，一是企业事务与家庭事务、劳动地点与居住地点在空间上的分离，二是簿记的产生。使用自由劳动的工业，在西方以外的其他地方只是极为个别地存在过；商业簿记在其他地方都不曾有过。精确的核算与筹划只是在自由劳动的基础上才是可能的。②

第二，需要理解制度与精神的关系。鼓励包括簿记在内的技术应用需要可靠的法律制度。这种法律来自西方文化，这与新教的伦理观念有密切关系。③

第三，需要把握新教和清教的精神、伦理。路德掀起了反天主教的宗教改革运动，他强调上帝意志的作用，认为个人应当永远安守上帝给他安排的身份、地位和职业，把自己的世俗活动限制在既定的职业范围内。后来的加尔文教徒创造了自己的救赎，但教义极端非人性，这使人感到空前孤独。为了得救，人只有独自一人走下去，谁也无法帮助他，上帝帮助那些自助的人。在《正直的卡马切尔》一书中，主人公只有确信他已得救后，才会想到，假若全家都和他在一起倒也不错。这与佛罗伦萨市民马基雅维利曾表现出的那种现世精神相去甚远。在面

---

① 余英时：《儒家伦理与商人精神》（《余英时文集》第 3 卷），广西师范大学出版社 2004 年版，237 页。

② ［德］马克斯·韦伯：《新教伦理与资本主义精神》，于晓、陈维纲等译，三联书店 1987 年版，7 ~ 12 页。

③ ［德］马克斯·韦伯：《新教伦理与资本主义精神》，于晓、陈维纲等译，三联书店 1987 年版，12 ~ 16 页。

对教皇开除教籍时，马基雅维利说："对故土的爱高于对自己灵魂不得救的恐惧。"因此说，加尔文的教义具有斩断与尘世千丝万缕联系的倾向。在宗教改革运动中，英国国教内出现了以加尔文学说为旗帜的改革派，他们被称为清教徒。清教徒告诫人们切莫相信朋友的帮助，要对最亲密的朋友深深怀疑，切勿相信任何人，唯有上帝才可以信赖。在《天路历程》中，基督徒唯一的念头就是如何使自己得救。①

第四，需要理解资本家的精神。富兰克林在"美国佬的一份自白"中说："时间就是金钱。""信用就是金钱。""将你的支出与收入做详细记载。"富兰克林宣扬的是一种伦理和精神气质。按功利主义的逻辑往下推，假如诚实的外表能达到相同的目的，那么有个诚实的外表就够了，过多的美德只能是不必要的浪费。然而，富兰克林把他得知美德的功用，归因于引导他走正路的神的启示。所以，他不是劝人进行伪装，而是把合法挣钱看作是精于天职（Calling）的表现。富兰克林的劝世格言反映了"古典资本主义"精神。中国、中世纪欧洲都曾存在过前资本主义，但却缺乏这种独特的精神气质。②

第五，需要理解被雇佣劳动者的精神。意大利的劳动者缺乏自觉性，"古典资本主义"无法利用那些信奉无纪律的自由自在的信条的人的劳动。因此，"古典资本主义"精神和前资本主义精神之间的区别，并不在赚钱欲望的发展程度上，而在于投机者对一切伦理限制所采取的嘲笑态度上。"古典资本主义"发展所遇到的心理障碍正是这种态度。以劳动为自身目的和视劳动为天职的观念为"古典资本主义"提供了基础，企业家们以同样心态在"古典资本主义"企业中找到了它最合适的表达。③

第六，需要理解英国的非理性化民法。桑巴特把经济理性主义描述成现代经济的特征。但富兰克林努力谋求费城的繁荣；他因给人们提供了就业机会而感到自豪，他所追求的是理想主义的满足。在法律的理性化方面，私法的合理化若是

---

① ［德］马克斯·韦伯：《新教伦理与资本主义精神》，于晓、陈维纲等译，三联书店1987年版，62～63页、71～72页、79页、80页、81～82页、127页。

② ［德］马克斯·韦伯：《新教伦理与资本主义精神》，于晓、陈维纲等译，三联书店1987年版，33～38页、39页、53～55页。

③ ［德］马克斯·韦伯：《新教伦理与资本主义精神》，于晓、陈维纲等译，三联书店1987年版，23页、24页、40～41页、45～56页。

指法律内容的逻辑简化和重组，那么法典达到最高合理化水平的是罗马法。而在一些经济合理化程度最高的国家，尤其是英国，这个方面却最落后。相反在南欧天主教国家，罗马法的复兴一直保持着至高无上的地位；假如把理性化当作判断标准，那么这都为意大利人和法国人所拥有，而这些社会绝不是作为一种使命的职业关系得以充分孕育的土壤。①

很明显，在韦伯看来，走"古典资本主义"道路的父亲，就是那些在以劳动为荣的理性精神支撑下去赚钱的人。

2. 中国宗族

说了这么大一篇关于欧美的"古典资本主义"精神之后，韦伯开始评价中国父亲了。

第一，中国社会是宗族社会。中国几千年来宗族绵延，香火不断。村庄多以宗族姓氏命名，村庄也可以是宗族联盟。每个宗族都有独立司法权，凌驾于法律之上，这在近代社会是不予承认的。宗族的团结依靠祖先崇拜和宗祠。在中国，迁到城市里的居民（特别是有钱人）仍然保持着与他出身农村宗族的联系，那里有祖祠和祖田。对宗族成员来说，特别是对在城里生活的人来说，宗族就是一切。他们从未摆脱宗族的羁绊，没有西方人的那种自由。②

第二，欧洲宗教信仰破坏了欧洲的宗族，而中国没有破坏宗族的信仰。在欧洲，救赎预言创造了纯粹宗教基础上的共同体。与欧洲这种共同体相对立，中国是宗族共同体。在宗族共同体中，人们遵循儒教，对具体的活人或死人的虔敬，而不是对某位超凡的神的虔敬，因而也不是对神圣"事业"或"理想"的虔敬。诚然，基督徒也承认世俗的孝道，但基督、神父要比血亲和姻亲本身还亲近。这样，在教区便创造出一种新的社会共同体。新教的伟大业绩就是挣断了宗族纽带，建立了超越血缘的共同体，从而建立起商业信任。③

第三，宗族让中国没有走"古典资本主义"道路。在中世纪的欧洲，宗族的

---

① 〔德〕马克斯·韦伯：《新教伦理与资本主义精神》，于晓、陈维纲等译，三联书店1987年版，55页、56页。

② 〔德〕马克斯·韦伯：《儒教与道教》，王铭芬译，商务印书馆1995年版，59页、119页、140～143页、144页。

③ 〔德〕马克斯·韦伯：《儒教与道教》，王铭芬译，商务印书馆1995年版，139页、288～289页、307～308页。

作用早就烟消云散了。而中国的政府官僚有积累财富的机会，退休后把财富用于地产投资。下一代人甘作共同继承人，并提供资金让家里的成员读书，争取官职，以维持财力，让共同体富裕起来，再进一步给族人创造当官的机会。这样，在靠政治积累财富的基础上，发展起都市贵族和大地主贵族。因为有一个强大宗族做后盾，人们都不主动还债。一旦受到歧视，宗族就会帮助自己的同胞，仅此一项就足以使工厂的劳动纪律、市场对劳动力的筛选、西方式管理受到挫败。另外，中世纪的中国公共权力和行政管理采用礼制，这使工商业没有法律保障。①

明清父亲虽然不知道什么新教，但能断定他们不以劳动为荣，不理性赚钱吗？面对韦伯的指责，有谁来应战？没有多少人，但余英时站出来了。

第一，中国的宗教伦理与欧洲是一致的。在"天职"观念方面，禅宗、新道教都具有与新教的同一特征。而新儒教与加尔文教派对"选民"个人的看法方面极为近似。宋代以后的新儒教有为天下、众人献身的精神。15世纪以后，中国出现了"弃儒就贾"的现象。这些商人死后都要留下一篇墓志。这意味着他们相信自己与立功、立德、立言的大人物一样，也可以"不朽"了。明清商业书包括契约、商业算术、商业伦理。这些商人的世界观与农民的终老一村的观念不一样，也与讲心性的儒者也不一样，他们并不满足于主观的冥想。诚信在中国新儒家伦理中占有中心的位置，这与新教的宗教道德信仰是一致的。在韦伯的论述中，儒教和清教几乎显得处处相反，但中国传统宗教伦理对中国商人的影响，与韦伯的论断大相径庭。②

第二，亲族组织与"古典资本主义"的形成没有关系。明清时代的伙计制度在山西、安徽非常普遍，江苏也有。这是一个全新的制度。大贾和伙计是老板与雇员的关系，伙计来自宗族或亲戚子弟之贫者。明清商人利用传统文化把宗族关系转化为新的商业组合。清末民初中国新型的资本家仍然走这条路。现代型企业的发展不必"六亲不认"，亲族是更可信托的助手。西方的宗教组织在社会上占有主宰地位，而中国的亲族组织相当于西方近代各教派的组织。韦伯认为，"新

① ［德］马克斯·韦伯：《儒教与道教》，王镕芬译，商务印书馆1995年版，64页、82～83页、139～140页、143页、149页、154～155页。
② 余英时：《儒家伦理与商人精神》（《余英时文集》第3卷），广西师范大学出版社2004年版，223～232页、243页、257页、249页、293页、309页、320～321页。

宗教伦理打破了亲族的束缚，使家与商业完全分开。而中国则太重亲族的个人关系，没有事业功能或企业家精神，因此经济发展受到限制"。但实际上，中国明清的大贾与伙计的关系，已经向事业功能迈出了一大步。亲戚关系妨碍现代企业之说站不住脚。①

第三，中国的政治和法律使中国没有走上"古典资本主义"道路。在中国，资本积累、各种手工业、市场甚至雇佣劳动、商业竞争也都存在于中国传统社会中。但由于整个组成和运作系统与欧洲不同，所以不能断定"古典资本主义"已经在中国封建社会内的商品经济中萌芽。虽然可以肯定中国宗教伦理是属于"入世苦行"的一类，但并不因此断定"古典资本主义"迟早也会在中国出现。中国的"入世苦行"和"理性主义"，并没像西欧一样能深入到政治和法律的领域之中。中国商人一方面受到官僚体制的保护，一方面又受到官僚体制的限制。他们每年都要给政府"捐输"，贪官污吏的非法获取就更不在话下。商人无法突破官僚系统的天罗地网。②

三、有什么不同

余英时首先肯定，在明清社会中，没有自然发展出"古典资本主义"来的可能性。对于其原因，他认为并不是因为没有相似于西方的精神文化，也并不是因为中国父亲不勤劳、不理性地赚钱，而是因为这种精神文化在政治和法律方面，并不像儒士、工商人士一样深入人心，说到底，明清的庶民父亲们还是可靠的，但因为君王并没有社会理想，而是布下天罗地网肆意获取工商人士的劳动成果，让他们破产，因此走不了"古典资本主义"道路。这种解释应该是普遍看法。

余英时把实现理想的信念，抽象为"政治和法律方面的理性化"。这样一来，在政治和法律方面的非理性化，就成为明清父亲没走"古典资本主义"道路的第

---

① 余英时：《儒家伦理与商人精神》（《余英时文集》第3卷），广西师范大学出版社2004年版，329～330页。

② 余英时：《儒家伦理与商人精神》（《余英时文集》第3卷），广西师范大学出版社2004年版，215页、309页、336～337页。

三种解释。说白了，就是社会上"聪明人"太多，像螃蟹一样都趴在同一个框里相互争斗，缺乏正义、公平。其结果是，明清父亲谁也走不了"古典资本主义"道路。那么，就古代中国的政治和法律本身来说，是否真的不具有理性吗？中国2500年前就有一个"户籍管理"的故事。

中国的"户籍管理"起源于春秋。当年，齐桓公（前685－前643年）为了让老百姓专心从事自己的事业，便询问管仲（前719－前645年）有什么好的方法。管仲回答说，应把齐国分为三个部分，并划定界域，让农、工、商各自分别居住在一个区域内，再把国都也分成若干部分，让士、工、商各自分别居住在一个区域内。这样做的好处是，士集中居住在一起，上一代的士就会聚集在一起谈论义，而士的下一代也会自然聚集在一起谈论孝。于是，下一代人从小就学习这些思想而安于家族的专业，不会轻易转行，其社会效果就是，因为老子是士，儿子也自然成为士。同样道理，工匠的儿子、商人的儿子、农民的儿子，也聚集在一起，学习上一代人的经验，探究各自的专业，发扬光大，最终子承父业，不会轻易转行。①

古代中国这样的政府管理思想，能够说它没有理性吗？能说帝王将相没有社会理想而只想获取工商人士劳动成果吗？即便用今天的经济理论和社会管理理论来评判，人们各自钻研，热心于自己的行业的工匠精神，也正是企业和社会所需要的，这与路德所说的上帝指定的天职论没有区别，与韦伯所提到的一切有关"古典资本主义"精神条件以及技术知识，也没有任何不相符合的地方。最后就剩下用"中国成熟的官僚体制"来解释问题了。然而，关于政治、法律上的理性问题，韦伯也并不认为理性化是实现"古典资本主义"的必要条件，因为诺曼英国就是一种"非理性化"的社会。自由选择才是诺曼英国能够实施普通法、《大宪章》的社会基础。

如果理性化没有问题，赚钱的伦理也没有问题，剩下来的就是亲族问题了。余英时说，亲族关系没有阻碍"古典资本主义"发展，而韦伯说，宗族关系阻碍了"古典资本主义"发展。那么，为什么阻碍了"古典资本主义"发展？韦伯的理论构架非常鲜明，因为"古典资本主义"精神是基于"自由劳动"的，而宗族关系阻碍了"自由劳动"的发生。那么，欧洲因宗教改革，原有宗族关系下的

---

① 《白话国语》，李维琦译，岳麓书社1994年版，136～138页。

"非自由劳动"怎样转化为"自由劳动"的呢？韦伯对此没有做任何论证，只是说，"新宗教伦理打破了亲族的束缚，使家与商业完全分开"，而他的注意力完全集中在"新宗教伦理"如何教会人们该如何有道德、有理性地挣钱的论点之上了。既然韦伯对欧洲的"自由劳动"的产生并没有做具体论证，也就意味着他并不关注欧洲的"自由劳动"问题。既然如此，中国学者在论述"古典资本主义"产生和发展时轻视"自由劳动"的重要性，也就没有什么可抱怨的了。

余英时勇气可嘉，但并没有真正驳倒韦伯。

要不，这里也试着驳一下？怎么驳呢？

通过韦伯的阐述，得到印象：宗族问题在近代欧洲父亲那里不成其问题，但在明清父亲那里就成了决定性问题。就明清父亲而言，这很好理解。以"户籍管理"为例，在这样的制度下，士大夫的儿子继承官僚资源（职位、人脉），工商的儿子继承赚钱的资源，农民的儿子继承土地和工具，上一代和下一代紧紧结合在一起，"自由劳动"是不可能大规模发生的，而"户籍管理"这种统合方式的本来意图，也正是防止"自由劳动"来搅乱社会安稳，搅乱专心各自的事业。如果打破这种局面是明清社会产生"古典资本主义"的关键，那么作为可参照的范例，欧洲在前资本主义阶段是怎样打破原来的宗族关系，"制造出自由劳动"来的呢？如果"自由劳动"问题对明清社会的"古典资本主义"发生来说是关键问题，那么对近代欧洲的"古典资本主义"的发生，也就同样是关键问题。同是祖先崇拜的社会，近代欧洲父亲没有什么与明清父亲不同的地方。而对此，韦伯几乎是不闻不问。

问题的症结很清楚了，以下就针对"自由劳动"问题，先讲一下"古典资本主义"和"古典资本主义"精神。

四、什么是"古典资本主义"

1. "古典资本主义"生产方式

如果把 12 世纪发生在英国的经济制度称为"古典资本主义"，那么理解它的范本之一是马克思的理论。

马克思是怎样理解资本主义社会的呢？"越往前追溯历史，个人就越表现为不独立。只有到 18 世纪，在市民社会中，对个人来说，才表现为外在的必然性。"① "发生雇佣劳动和资本的历史条件，是劳动资料和劳动材料相分离，首要的是，劳动者同他的土地相脱离，由此产生的自由劳动与货币的交换。"② "资本对他人劳动产品的私有权，是建立在什么基础上的呢？" "如果资本本身并非来源于盗窃和诈骗，那么，为了使继承神圣化，仍然需要有立法的协助。"（让·巴·萨伊，《论政治经济学，或略论财富是怎样产生、分配和消费的》第 1 卷，1817年巴黎版，136 页）"人们依靠资本，例如，依靠大宗财产的继承，可以得到什么？" "继承了大宗财产的人不一定因此直接得到政治权力。财富直接提供给他的权力无非是购买的权力，这是一种支配市场上拥有的一切他人劳动或者说他人劳动的一切产品的权力。"（亚当·斯密，《国民财富的性质和原因的研究》第 1 卷，1802 年巴黎版，61 页）"因此，资本是对劳动及其产品的支配权。资本家拥有这种权力只是由于他是资本的所有者。他的权力就是他的资本的那种不可抗拒的购买的权力。"③

马克思清楚地意识到，"古典资本主义"（以下简称资本主义）社会的特征是人与人之间关系的个体化、独立化、资本和劳动的分离、由继承家产而产生出来的资本家，以及他们所要求的法律制度。那么，学术界又是怎么理解的呢？比如，在封建社会（前资本主义阶段）如何步入资本主义社会这个问题上，理论界长期存在各种争论。但无论怎样争论，都首先需要对资本主义下定义。

很多人都想弄清什么是资本主义。他们说："资本主义是生产资料为私人所有，通过市场作用来指导生产和分配收入的经济制度。" "资本主义是以资本物的私人或法人所有，由私人而不是国家决定的投资，以及主要在自由市场中决定的价格、生产和物资分配为特征的经济制度。" "资本主义是基于私人所有制和出于

---

①　中共中央编译局：《马克思恩格斯全集》（第四十六卷上册），人民出版社 1979 年版，21 页。

②　中共中央编译局：《马克思恩格斯全集》（第四十六卷上册），人民出版社 1979 年版，471 页。

③　中共中央编译局：《马克思恩格斯全集》（第四十二卷），人民出版社 1979 年版，62 页。亚当·斯密的原文如下。霍布斯说：财富就是权力。但获得或承继大宗财产的人，未必就获得或承继了民政上或军政上的政治权力。他的财产，也许可以提供他一种获得政权的手段，但单有财产未必能给他政权。财产对他直接提供的权力，是购买力，是对于当时市场上各种劳动或各种劳动生产物的支配权。他的财产的大小与这种支配权的大小恰成比例，换言之，财产的大小，与他所能购买或所能支配的他人劳动量或他人劳动生产物数量的大小恰成比例。一种物品的交换价值，必然恰等于这物品对其所有者所提供的劳动支配权（［英］亚当·斯密：《国富论》，郭大力、王亚南译，商务印书馆 1981 年版，14 页）。

盈利的目的而使用资本以进行商品与服务的生产与交换的经济制度。""资本主义是一种经济和社会制度，根据这种制度，作为收入来源的资本一般说来不属于通过自己劳动使资本发挥效用的人。""日耳曼人洛林王朝时代的大地产就是资本主义。""资本主义是财富稳定不变的积累趋势。""资本主义是私有企业之间自由自愿地进行交往的一种经济形式。""资本主义是为远距离市场而存在的生产组织。""资本主义的特征是企业精神与理性化精神的结合。""资本主义首先不是财产分配的经济制度，而是整个生活和文化制度。"①

还有人讲到了从封建主义过渡到资本主义：欧洲封建主义不同于东方封建主义，具有集中化的特征，这奠定了欧洲兴起的基础。绝对主义君主制度引入了常备军、常设的官僚、国家赋税、系统性法律并建立了统一的市场。这些都是资本主义的特征。欧洲南部的威尼斯航运，北部的斯堪的纳维亚航运，推动了 12 世纪商业资本主义的迅猛发展。欧洲商业中心最初是拜占庭，后来是意大利、德意志、法兰西中部和尼德兰各城市，而资本主义工商业始于佛罗伦萨。15 世纪以后欧洲社会和经济生活中生成和积淀起了以企业精神和平民精神为特征的资本主义精神。资本主义是以工资雇佣关系反映的特定社会生产关系。在英国，农民失去了财产权，这样资本家和地主有可能把土地集中在自己手中，从而促进了经济发展；而法国农民取得了完全自由，它却成为经济进步不可克服的障碍，这延续了贫穷和落后的循环。②

参照以上的说法，这里就运用马克思的理论来说一下资本主义。

在马克思主义的学说中，剩余价值论是一个核心，资本主义论是另一个核心。

马克思、恩格斯没有直接对资本主义下定义，只是对资本主义生产方式进行了定义："资本主义生产方式是以社会化的机器大生产为物质条件、以生产资料的资本家私有制为基础、以资本剥削雇佣劳动为主要特征的社会经济制度。"③ 因

---

① 赵文洪：《私人财产权利体系的发展：西方市场经济和资本主义的起源问题研究》，中国社会科学出版社 1998 年版，21~23 页；朱晓喆：《从"资本主义精神"透视近代民法中的人》，载《法律科学》，2007(2)；[德] 马克思·舍勒：《资本主义的未来》，罗悌伦译，三联出版社 1997 年版，62 页。
② 赵文洪：《私人财产权利体系的发展：西方市场经济和资本主义的起源问题研究》，中国社会科学出版社 1998 年版，2~3 页；沈汉：《国外对欧洲从封建社会向资本主义社会过度研究之评述》，载《史学月刊》，1995（2）。
③ 赵文洪：《私人财产权利体系的发展：西方市场经济和资本主义的起源问题研究》，中国社会科学出版社 1998 年版，22 页。

此说，马克思的定义中有三个要点，第一是工业革命后以工厂大机器制造业为基础的生产力，第二是私有制，第三是雇佣关系（资本和劳动力的分离）。

由于马克思、恩格斯的定义仅仅是针对某种生产方式，所以它本身既与父亲们的价值观判断没有什么关系，也与是否贪婪赚钱没有关系，更进一步说，理性、冷酷、追求利润都不是定义的核心。你可以用赚来的钱来"行善"，也可以"施恶"，说到底，它仅仅是一种方式。以下，就沿着马克思、恩格斯的思路，来讲资本主义。

工业革命是在18世纪中期以后才发生的，那么，依据定义，资本主义生产方式（大机器生产方式）也就只能发生在这一时期，因此也就冠以"近代"一词。然而，如同诺斯指出的那样，"按照马克思主义原理，封建主义由资本主义替代。问题是西欧封建主义到1500年已经灭亡了，而资本主义并未诞生，因为工业革命是以后两个半世纪的事情"。① 因此，这里暂且把马克思关于资本主义与生产力相关的内容放在一边，把去掉这个内容之后的定义暂且作为对资本主义的定义，即资本主义的概念由私有制和雇佣关系这两项内容组成。资本主义因私有制和雇佣关系而区别于封建主义。

那么，什么是私有制？人们似乎对此不关心，不说好像也很明白似的。

一般来说，私有制被看作是相对于公有制的经济制度。在私有制下对生产资料实行个人或集体的排他性占有，而在公有制下对生产资料不实行排他性占有，比如国家所有、集体所有。② 那么，为什么要区分私有和公有？

区分资本主义社会和社会主义社会的重要标志是，在资本主义社会，"私人财产神圣不可侵犯"。"这一原则最早确立于17世纪的英国。其主要含义包括：政府不得侵犯私有财产；在以税收和其他方式征用人民的财产时，一定要经人民或其代表的同意，并要有相应的政治法律程序以保证之；人民有权推翻侵犯私有财产的政府。在西班牙、法国和西西里、德国等地，都出现过具有捍卫臣民私有财产功能的代表会议。虽然它们都未能如英国的那样连续而充分地发展。"③ 1789年法国大革命时发表的《人权和公民权宣言》第十七条规定："财产是神圣不可

---

① 沈汉：《国外对欧洲从封建社会向资本主义社会过度研究之评述》，载《史学月刊》，1995（2）。
② http：//baike. baidu. com/view/605893. htm；http：//baike. baidu. com/view/187220. htm。
③ 赵文洪：《中世纪英国议会与私有财产神圣不可侵犯原则的起源》，载《世界历史》，1998（1）。

侵犯的权利。"在法律中使用过"私有财产神圣不可侵犯"这一类条文的国家，大都采用法国式的法律体系，而它们往往在工业化的进程上相对落后。1793 年的法国《人权宣言》删去了"财产是神圣不可侵犯的权利"这句话，仅在其第十九条中规定："除非经合法认定的公共需要所必需时，且在公平而预先赔偿的条件下，任何人的财产的最小部分在未得其同意以前不得受到剥夺。"1776 年美国发表《独立宣言》时，起草人杰弗逊特地删去了"天赋人权"中关于财产的描述。美国宪法中也没有"私有财产神圣不可侵犯"这一条款。富兰克林说："私有财产是社会的创造，从属于社会的需要。"①

非常明显，人们常说的私有制是一个与政府（当权者）行为相对立的概念，因而公有制、私有制是一个政治概念而不是一个经济学的概念。也就是说，除了政府所有之外的所有权，都是私人所有权范畴。这种基于国家、政府的经济活动而推导出来的私人经济活动的概念，很难运用于具体的经济分析之中。就定义本身来说，私有制是"个人或集体的排他性占有"，而公有制是"非排他性占有，比如国家所有、集体所有"。那么，这时的"集体所有"是私有制还是公有制？如果作为政府的对立概念，集体所有应该是私有制，但作为"谁都应该有一份"的性质来看，它好像又不应该是私有制。这种因角度的不同无法归类的状况，正是把私有制作为经济概念来使用时必然产生的矛盾。

资本主义是基于个人所有的雇佣关系。用这概念来观察我们的经济史，就要清晰得多。比如，中国宋朝不是土地国有制而是私有制，但谁也不会把宋朝当作资本主义。为什么？因为即便是土地私有制，但仍旧是家庭、家族乃至于宗族的古代共同所有，而不是个人所有，也产生不出以雇佣关系为支配的生产关系来。又比如在中世纪欧洲，虽然 12 世纪以后在法国、意大利、德国等海运发达的港口地区，工商业非常繁荣，但并不是个人所有，雇佣关系也不占支配地位，所以也不是资本主义。相反，11 世纪以后的英国，虽然远离工商业，以农业为主，但个人所有已经形成，农业雇佣关系已经形成，所以是资本主义。

雇佣关系最终起源于家庭内部的所有权关系。如果一个富爸爸和一个穷爸爸

---

① 《私人财产是神圣不可侵犯》，见 http://www.360doc.com/content/13/0326/16/913305_274055487. shtml。

都把孩子撵出门去为他人打工，那么，前者会把没有财产的劳动者源源不断输送到劳动市场，而后者却完全可能只是权宜之计，穷爸爸一旦富裕，就可能让孩子回到自己身边，从而消除掉雇佣关系。

另外，如果把个人所有和雇佣关系当作两项相对独立的指标，把同时符合这两项条件的称为典型的资本主义（"古典资本主义"），把只能符合后一项条件的称为变形的资本主义或"半个资本主义"，这样对今天社会类型也可以起到一个判别作用。因为即便在个人所有无法确立的情况下，政府通过所属企业和家族垄断企业来大力推行工业化和城市化，从而人为制造出雇佣关系来，而这就是欧洲大陆和日本等社会被称为资本主义的理由。而基于这种政府创造就业机会的历史事实，这才产生出凯恩斯的经济思想，才有了宏观经济学、经济开发论。明清父亲极力把家族成员纳入自己的保护之下，更不忍心让自己的子女成为别人的打工仔，受别人的责骂和欺辱，那么就可以判断，明清父亲的资本主义性质非常弱。

除了以上对资本主义的定义之外，还有一些需要说明。

前面在讲古希腊、古罗马的所有制时，用了"类似资本主义生产方式"的说法。其理由是，当所有权是长子世袭时，事实上形成父子间的共有，不能算完全的个人所有。当采用自由遗嘱支配遗产时，才是典型的个人所有。

那么，为什么非要用处置遗产的方式来判断所有制呢？"从历史上看，财产权和继承权是合二为一的。所谓财产权就是确定其继承人系列（单人系列，财产不可分割；数人系列，财产分割）。怎样确定这个系列，依据各社会的具体情况而定。继承包括两个内容，财产权转交给谁，在家庭发展周期的哪个阶段转交。在单人系列继承时，就一定面临一些孩子不能继承、他们只能自谋生路的问题。而在死亡后才转交财产一般会导致家庭成员间的争吵。"① 因此，从现世的生存者来看，继承制度（所有权制度）决定了他的社会关系和权利类型。

与上述"个人所有""资本主义"相并列，这里说的"半个资本主义"，是在近代欧洲大陆等地，土地资源等作为祭祀资源不能随意转让、难以形成要素市场的条件下，政府出面创造雇佣关系的历史性结果。反过来说，所谓资本主义，

---

① Tim Murphy, SimonRoberts&Tatiana Flessas, *Understanding Property Law*, Sweet&Maxwell, 2004, pp. 1 ~ 19。

就是在英美等地土地资源等资本市场与劳动力市场自然形成的历史性结果。

2. 市场经济

非常明显，资本主义与市场经济的定义密切相关。当大部分人口都各自占有其土地，一部分人外出打工，而家族企业倾向于使用家族成员劳动时，其资本主义的倾向就非常弱。如果这种判断成立的话，这里面实际上就蕴藏着引申出来的"市场经济"。

人们在说资本主义时，夹杂着"国家决定投资""自由市场决定的价格""商品与服务的生产与交换"等内容。由于国家（政府干涉）与私有制（自由市场）是一个政治概念，很难与经济理论中的资本主义挂上钩。所以，应该从以上的定义中除去这些内容。这样一来，在有关资本主义的各种定义中，"商品交换、商品市场"便跃然纸上了。

马克思对资本的分析是从商品开始的。如果用重新定义后的资本主义的概念来分析"商品交换、商品市场"，就会得到一个关于经济类型的概念。即，首先可以把广义的市场经济定义为商品交换（无论是自由还是不自由）。然而，商品可以分为物品和生产要素（劳动力、资本、技术）。如果把包括生产要素在内的交换（把资本、劳动力作为商品的交换）定义为狭义的市场经济的话，那么，这种狭义的市场经济占支配地位的经济社会就是资本主义经济。为什么？自从我们诞生以来，人与人之间就开始了物与物（包括服务与服务）的交换。这种自古就有的市场经济与近代市场经济都有哪些方面的区别呢？是劳动力和资本等要素市场的存在。而要素市场必须以劳动和资本相分离为前提，最典型的发生条件就是个人所有被确立，即便是父子之间也是老板和雇员的关系。所以说，尽管广义的市场经济自古就有，在商周以后的中国，在11世纪欧洲的各贸易港口，工商贸易都非常兴旺，但要素市场并不发达，这在今天看来，是难以被称作"市场经济"的。毫无疑问，当今天人们谈论市场经济时，一般都包含着要素市场。如果把这种"市场经济"的概念，与11世纪欧洲的市场经济、古代中国商周以后的市场经济相混淆，还能把资本主义的起源问题以及经济发展问题说清楚吗？

现在回头来看马克思在定义资本主义生产力阶段时，"工业革命后社会化的机器大生产为物质条件"的形成问题。

汤恩比说，1760～1830年的70年间，在英国，资本主义化的产业突然发展为国家规模的经济，所以这样的变化可以被称为"革命"。在这之前，工业都是家族手工作坊，半工半农的家庭成员为主要劳动力，有时雇佣一两个外人。1760年以后，纺织工业的兴起、蒸汽机的应用、道路的建设相继发生，大工厂制度随之普及，富人和穷人逐渐形成。[①] 对此，昂文等说，这种变化是在 15 世纪行业组织衰落的基础上发生的，因此所谓"革命"只是历史延续的一种结果。[②] 而内夫说，16 世纪中叶的工业技术进步是工业革命的基础。[③] 利普森则说，引发资本主义社会的科技发明，是企业对利润追求的效果之一。[④]

工业革命，当然首先是工业技术革命，但是它的发生是有前提的。对此，诺斯等说，一般都强调工业革命发生的原因在于技术进步，从而忽视了前提条件。这种主张实际上是基于"市场的扩大、技术进步不需要成本而能够自发进行"这样一种假设之上。实际上，这些都起因于参与者能够获得更大利益的动机之上。如果新发明的所有权不清晰，发明者便没有动机来进行这项活动。[⑤]

即便对于今天的经济持续增长的原动力，许多人都归结于技术进步。对此，熊比特做了全面的归纳。他说，企业家精神是关键。企业家发挥两个作用，一是开发市场和产品，二是改革经营组织。[⑥] 然而在现实之中，这个理论不一定能够与资本主义挂上钩。因为在追逐利润目的之下的垄断市场的扩大与政府支持下的技术开发，也许靠的不是企业家精神，而是企业家与政府的人脉。今天美国的军工企业、第二次世界大战的德国企业，它们都带来技术进步和创新，并长期支撑着这些社会的经济发展，但是否能把这些公司老板称为企业家，是值得怀疑的。因此说，生产技术、经营技术、生产力发展状况，并不是资本主义的核心内容，而是资本主义衍生出来的东西。

---

① Arnold toynbee, "lectures on the Industrial Revolution of the Eighteenth Century in Ingland", 1884, C. M. Toynbee ed.

② ［英］昂文：《行业组织的解体过程》，樋口彻译，岩波书店 1980 年版（日文版）；George Unwin, Sutudies in Economic History, The Collected Papers, 1927。

③ J. U. Nef, "The Progress of Technology and the Growth of Large – Scale Industry in Great Britain, 1540 – 1640," Economic History Review, V, 1934.

④ E. Lipson, The Economic History of England, London, 1934.

⑤ Douglass C. North, Structure and Change in Economic History, W·W·Norton & Company, 1981, pp. 165~166；Harold Demsetz, "Toward a Theory of Property Rights," American Economic Review, Vol. 57, No2, May 1967, pp. 359。

⑥ ［美］约瑟夫·熊彼特：《经济发展理论》，何畏、易家详译，商务印书馆 1991 年版，74 页。

除此之外，还有资本主义与利润追求的关联性问题。有人提出质疑，如果把利润追求看作资本主义，那么资本主义企业在古代东方就早已存在了。[1] 而那些依靠与政府的关系追求利润的企业，与资本主义也难以挂上钩。那么，如何定义资本家、资本主义企业，就成了一个悬案。许多人着眼于"货币资本"的运动来进行探讨，但无论"货币"运动的规律是什么，如果没有可以获取剩余价值的对象，最终都无法形成"资本"的运动，也就与资本主义没有关系，而资本成立的前提条件是雇佣工人。

企业家作用的其中内容之一，是改革经营组织。为什么要改革经营组织？因为要让企业更加有效率。那么，通过追求效率实现利润与通过政府保护政策、产业政策实现利润有什么不同？在于削减内部成本。因此说，着眼于削减内部成本来提高生产效率的技术革新才与经营组织改革形成统一的概念。而这种通过技术和经营组织改革来提高生产效率的活动，都必然与劳动者紧密相连。为了获取劳动者的剩余价值，要么驱使蓝领付出最大的体力，要么驱使白领付出最大的脑力，为此搞技术革新成为必然，这才是资本家和资本主义企业的特征。这样一来，问题就简单多了。因为在劳动力和生产资料一体化的手工作坊，谁会采取这种方式来追求利润？难道作坊老板的父亲会用皮鞭把作为自己继承者的孩子们都逼上绝路？他这样的行为只能用在外来雇佣的员工身上，因此，一切问题的关键，还是个人所有的建立、资本与劳动的分离。在个人所有的条件下，雇佣劳动成为普遍现象时，自己的孩子也与其他外来员工没有什么两样，所以，即便是家族成员劳动力为主的手工作坊，父亲也会逼孩子的。

因此说，利润追求、技术革新、生产规模扩大、工厂制度建立等有关生产力发展方面的内容，都不是英国工业革命的根本所在，也就不是资本主义的内容了。基于个人所有的雇佣关系，才是英国工业革命的根本所在，也是资本主义的内容。不过，这里必须再次强调的是，迄今为止的所有权理论，都含糊其词。而实际上，英国资本主义以及工业革命所涉及的不是人们常说的那种抽象的所有权，也不是私人所有权，而是每个家庭、家族内部的个人所有权。

前面说过，同样是古代父系社会，澳大利亚的原住民生活在他们历史循环的

---

① ［日］大塚久雄：《资本主义的形成Ⅱ》，载《大塚久雄著作第5卷》，岩波书店1969年版，433页。

世界之中，没有任何技术改进，当然也谈不上利润追求。而在祖先崇拜的社会，比如古代中国，功利性很强，自然会追求利润，也会实行技术改革，这即便到了明清或近代欧洲都不例外。然而，英国的工业革命是在这之上，又基于个人所有制实施了技术革命。因此，在古代英国，功利性自然不必说，非人性化（理性）更是区别于其他古代社会的特征。然而，这种非人性化是英国工业革命时期才突然出现的吗？这涉及精神伦理，在现实生活中的道理也非常明白，资本主义父亲的形象也可以由此被更清晰地勾勒出来。

第一，如果"我拼命挣钱，最后还不都是孩子们的？"那么，父亲通过获取自己孩子的剩余价值来追求利润便没有任何意义。所以，古代一般传统手工作坊中的父子关系不可能是非人性化的，这种父亲也就不是走资本主义道路的父亲。

第二，如果只有通过获取别人孩子的剩余价值来追求利润才有意义，那么非人性化也就只能在这种条件下才发生。如果获取其他家人的剩余价值是祖先崇拜社会关系的一种特征，那么即便古代非资本主义的社会，也会有非人性化现象。也就是说，即便不是资本主义父亲，也会去获取他人的剩余价值。

第三，可是，不获取自己孩子的剩余价值，更不忍心让别人来获取自己孩子的剩余价值，而一意要获取他人孩子的剩余价值，不忍心自己的孩子远离家乡忘掉祭祀自己的义务，而让他家孩子这么做，那么别的家庭会怎么想？如果别的家庭也是如此，整个社会便没有让你获取剩余价值的孩子了，即便有，也是一些家庭出于无奈，只要一有翻身机会，就要让自己的下一代逃离被别人获取剩余价值的环境。这样一来，社会上不再有获取剩余价值的机会，并且随社会经济整体的非人性化特征消失，资本主义也就自然消失了。如果把这个过程反过来看，本来就没有多少获取他人孩子剩余价值的机会，资本主义当然也就无从发生。也就是说，想获取"他人"剩余价值的父亲，并不一定能够走上资本主义道路。

因此，非人性化的出现，是祖先崇拜社会中从少量、潜在到大量、显现的过程，有了某一种契机，比如在个人所有下的资本与劳动的分离，非人性化才具有大量、显现出来的条件。就非人性化层面来说，只要有祖先崇拜的功利性，就有了潜在的可能性。但决定其显现的，却是机制等外在条件。而探究是什么样的精神文化或条件导致了这种机制的发生，这才是探讨资本主义在精神层面的要点。

说了一大篇"古典资本主义"、市场经济、精神伦理，这相比丰富多彩的现实生活显得晦涩无味。今天的多数社会已经是市场经济了，再来提这些老掉牙的问题有什么用？然而，弄清楚这些，不仅对判断近代社会经济的趋势，也对判断今天世界社会经济的将来走向有意义。

首先来看明清社会。当我们说"本来就没有多少获取他人孩子剩余价值的机会，古典资本主义当然也就无从发生"时，其意义并不在于明清父亲是否有赚钱的机会，是懒惰或勤劳，是理性赚钱或投机取巧，也并不在于有没有"自由劳动"。也就是说，反驳韦伯理论的最终目的，是为了弄明白什么是"古典资本主义"，它对经济发展发挥着什么样的作用。仅仅说什么主义，没有任何意义，只有关注"古典资本主义"这个机制以及它所发挥的现实作用，才有现实意义。是否有赚钱的机会，是否懒惰，是否投机取巧，这些对一个社会整体的经济发展并不构成多大意义。直观来看，是否有"自由劳动"，也没有什么意义。然而，是否有"自由劳动"是一种识别性标志，可说明这个社会是否是"古典资本主义"。那么，是"古典资本主义"怎么了，不是"古典资本主义"又怎么了？如果是"古典资本主义"，就必然形成要素市场。那又怎么了？如果人们都生活在要素市场中，你不去想法出卖劳动力，或者提高自己的劳动素质，你不想去经营自己的财产，或者提高资本经营效率，你就会出局，就会破产甚至活不下去。因此，在这种机制下，提高生产率、创新产品，都从这个社会内部自律性地发生着。于是，就可以看到英国的工业革命和以后世界上的各种产业革命、金融革命。英国可以把世界甩在后面的理由，明清父亲被近代英国父亲比下去的理由，正是明清父亲无法利用这种机制，而近代英国父亲利用了这种机制。从这个意义上说，一个社会要保持经济持续增长，也就必须关注这种机制的运行情况。

再来看今天的世界经济。人们今天所提倡的世界经济全球化、一体化，不外乎就是建立全球性市场经济。怎么建立？首先是贸易的自由化。也就是国家之间的物品交换。然后是资本项目的自由化（生产要素的市场化）。这在发达国家似乎得到了实现，而在发展中国家却还是犹豫不前。原因非常简单，外国资本的自由流动会破坏发展中国家经济的稳定发展。这种破坏不外乎就是国内企业破产，大量员工失业，社会不稳，政权被颠覆。然而，从市场经济原理来看，这是不应该发生的。因为，与外国资本流入相匹配，劳动力也自然得到充足的流转，一切问题就迎刃而解。简单说，中国父亲失业了，那么到美国、到欧洲去打工好了，但美国父亲、欧洲父亲会答应吗？不会，为什么不会？因为这是欧美父亲的地盘。为什么会是欧美父亲的地盘？因为，他们的老祖宗在很久以前就占领了那个地方，为了自己的子孙不遭罪也必须捍卫这些土地资源。因此，从国际间人力资源移动的僵硬关系来说，即便在欧美社会中，也潜藏着远古、古代祭祀的一面，一部分人保留着不让自己孩子遭罪的文化情怀，所以他们才会极力遏制他国父亲去占有他们的资源，无论你是想通过地产投资或是劳动移民。

从"古典资本主义"的发生来说，导致"古典资本主义"发生的人群，是运用了市场经济原理的群体，应该也是脱离原有历史长河，生活在新的历史长河的群体。然而，即便在欧美社会中，这个群体具体占多大比例是一个实际问题。就美国来说，它是一个移民社会，当然也就包括了生活在两个历史长河中的不同群体。2016年世界所发生的大事件中，接受难民的争论、英国脱离欧盟、特朗普当选美国总统等，都意味着这两个群体之间，肯定"古典资本主义"和否定"古典资本主义"，推进市场经济和阻止市场经济的群体之间，对立加深的倾向。历史的逻辑是否又会让我们前面的道路发生滑铁卢似的转折？"古典资本主义"父亲要转向了？

3. 保护个人产权的法律、制度

这里再讲一下有关"古典资本主义"（以下简称资本主义）定义中更为抽象的内容：制度。马克思和许多其他学者一样，把资本主义定义为一种社会经济制度。那么，什么是"社会经济制度"？

"制度"这一用语，好像理所当然，不需要讨论似的。所谓"制度"，说通俗一点就是规矩。"我们家孩子晚上10点以后就必须回家，这是我们家的规矩。"规矩、制度，是让人明白应该做什么，不能做什么的强制性指令。谁是指令人？有权威、有力量的人。为什么他有权威和力量，因为你亏欠了他。如果你不亏欠他，他的规矩、制度便与你无关。既然有亏欠，就必然有权利和义务的关系。

在我们身旁有各种各样的关系，有父子关系、亲戚关系、同事关系、朋友关系等。在这些关系中，有的仅仅是血缘上的追溯，有的仅仅是共同生活的交往，其中也必然有契约性的关系，比如父子。就中国的情况而言，父母有抚养孩子的义务，孩子有赡养父母的义务，这种相互的契约关系，从"非洲夏娃"开始，就一直存在着。为了保证这种契约得以实施，也就一定附带有强制力。而这种契约与实施强制力加在一起，就是制度和法律。

也就是说，资本主义是一种具有强制实施力的契约关系，它的契约内容是财产归个人所有，对此谁都不能唱反调。更简单来说，这与"非洲夏娃"所确立的契约关系不同，父母有抚养孩子的义务，但孩子没有分割财产的权利，父母的财产愿给谁就给谁。相反，孩子也没有赡养父母的义务，即便不愿祭祀父母、不孝，也不应该说三道四。而这时的"经济制度"，就是基于这个核心内容所衍生出来的、法律予以保护的、有关商务活动的契约关系。比如雇佣关系，你不能反对他人雇佣你的孩子，同时，如果你雇佣别人的孩子，那就得如同雇佣你自己的孩子一样，按契约付给别人工资，不能拖欠，并且应该公正对待其他问题等等。

由此可知，在契约内容上，两代人之间没有财产共有关系，也没有"孝"，这就是资本主义区别于其他社会制度的核心所在。所以，你可以获取自己孩子的剩余价值，如同获取其他人孩子的剩余价值一样。显而易见，从"非洲夏娃"到资本家，两者在上一代和下一代的祭祀契约关系上（是否遵从祖先遗愿，是否对成年后代有供养义务，是否必须给后代分割遗产等方面）经历了从有到无的变化。而没有经历这种变化的，也就不是资本主义社会制度了。

虽然"古典资本主义"概念如此简单，但把它放到人类的历史进程中，就会一下子变得变幻莫测，不知飘向何方了。

从概念上讲，"古典资本主义"由两个部分组成，一个部分是以个人所有为前提的雇佣关系以及关联发生的市场机制，另一个部分是以保护个人所有财产权为核心的法律制度。在一般人的眼中，"古典资本主义"强大有力，势不可挡，但实际情况是，"古典资本主义"非常脆弱，是很容易被从内部被攻破的。

古希腊从前 2000 年开始，形成了类似"古典资本主义"的生产方式，但在古代信仰多元化、个人自由选择的推动下，发生了平民革命，产生出一人一票的古代民主选举制度。这个制度在资源的利用、分配方面，制约了原有的血缘主义，实现了某种社会公平，但同时也因不能容忍生产、分配方面的贫富差距，利用人多势力大，劫富济贫，由此破坏了古代个人所有权。于是，在古希腊不仅没有真正建立起"古典资本主义"，后来就连原有的生产方式也一并毁掉，走向国家主义。

古罗马的前半截路程与古希腊相同，但从前 8 世纪左右开始推行国际化，由此迫使古罗马逐渐建立和完善法律制度来保护古代个人所有权，客观上容忍了生产、分配方面的贫富差距，承认相对平等和能力主义。因此，直到公元前后，立足于长子系列的祖先崇拜或以血缘或拟血缘关系为基础的类似性的"古典资本主义"，在颠簸的历史进程中被维护下来。然而，以后随罗马帝国皇帝的专制逐渐强化，一人一票的古代民主选举和法律制度都被边缘化，类似性的"古典资本主义"大厦也坍塌下来。

英国在 7 世纪立足于基督教的使徒精神，怀疑主义、个人自由选择逐渐成为英国人的精神文化，为后来的近代民主选举和法治提供了社会精神基础。12 世纪，随威廉征服，开始实施"古典资本主义"生产方式，于是"古典资本主义"被建立起来，但是否已被再次攻破，或者将会被再次从内部攻破？这个问题太复杂，没有人来澄清。

因为，基于个人主义（独立自主的精神）的近代民主，并不必然保证市场机制（"古典资本主义"生产方式）的正常运行。既有的法治也很容易被颠覆。一旦保护个人产权（个人所有制）的法律遭到破坏，即便是变相的破坏都会对所有人（比如个人主义者、国家主义者、理想主义者）的经济行为起决定性的影响。制度与个人行为的相互关系，是需要继续讲下去的话题。

更重要的问题是，无论是古希腊的资本和劳动分离的生产方式、一人一票的古代民主选举和法律制度、信仰多元化、自由意志选择、核心家庭、富人和穷人的斗争、要求平等权利的思想以及各种各样的人生哲学和社会哲学等，还是古罗马的法治社会等，都与远在古代东方的亚洲不发生任何关系。即便是诺曼英国父亲背叛母系信仰，生活在一个新的历史长河，怀疑一切，也即便人们对英国父亲可以爱怎么选择就怎么选择的高度自由予以惊叹和赞扬，这些都与宋朝、元朝父亲没有关系。就算近代英国父亲把他们自由选择的结果交给"看不见的上帝之手"去打理，那就让他们这样干好了，与明清父亲有什么关系呢？这里没有什么社会发展必经的共同道路可言。要与明清父亲发生关系，就必须具备一种非常具体的条件：这就是，近代英国父亲究竟干出了些什么？

要说什么呢？要说的是，当近代英国父亲不但有自由选择，并且还沿着一个会必然影响明清父亲的方向走下去时，才会对明清父亲产生意义。更具体地说，就算近代英国父亲搞"古典资本主义"，让他搞好了，与明清父亲无关。但是，如果"古典资本主义"带来了近代英国的经济扩张和侵略，带来了近代英国父亲生活水平的提高，这就会对明清父亲产生深刻影响。因为明清父亲会遭受英国父亲的压迫和侵略，会羡慕英国父亲更好的物质生活条件。抽象地说，当近代英国父亲所搞的自由选择、"古典资本主义"等，被置于经济发展这一客观标准判断的引导下时，明清父亲就不能不闻不问了。

也就是说，近代西方社会的民主、法治、"古典资本主义"，只能是一些相互没有内在必然联系的东西，它们要与明清父亲发生关系，就必须从属于经济发展这一根本性指标。如果近代民主、法治、"古典资本主义"并不能带来经济发展，就与明清父亲没有任何关系。

那么，经济发展这一客观标准，在近代英国和欧美社会的历史进程中是如何被确立起来的呢？这可能与近代英国父亲的自由选择没有关系，也可能有关系。这些也是要继续讲下去的话题。

五、掀起新浪潮

好了，弄清了这些复杂、枯燥的问题之后，对上一章所讲的近代英国"古典资本主义"父亲的形象应该有一个更准确的把握。为了驳倒韦伯，接下来继续做准备工作。先来看明清父亲和近代欧洲大陆父亲的精神文化和制度，看他们在各自的制度等环境影响下走了什么样的道路。

1. 中国近代思潮

近代以后，明清父亲都想些什么，做些什么呢？

（1）知行合一[①]。

1421年，明朝从南京迁都北京，但文化中心仍旧是以苏州为中心的江南地区。这不仅因为江南经济发达，还因为文人躲避蒙古人支配，长期在江南生活形成习惯。明朝实施科举，要求考生能够掌握朱熹的理论。在哲学思想上，王阳明（1472-1529年）强调"致良知"及"知行合一"，并且肯定人的主体性地位。

---

① 森三树三郎：《中国思想史》（下），第三文明社2008年版，380~382页、410~416页、425页、426页；钱穆：《中国历史政治得失》，三联书店2009年版，144页；李申：《宗教论》（第三卷），中国社会科学出版社2006年版，366页；http://www.baike.com/wiki/%E6%98%8E%E6%9C%9D。

李贽（1527－1602 年）则更肯定"人欲"的价值，认为道德观念系体现追求个体价值。在官方祭祀方面，曾经参与白莲教红巾军的朱元璋极力阻断白莲教等组织再度变成反朝廷的起义军。明朝中期以后，佛教与儒家的矛盾尖锐起来，部分士大夫强烈反对寺院修建。明朝君主中信奉道教者多，这既影响到国家政治，也影响到士大夫与君主的关系。

到了清朝，满洲人拉拢蒙古人，而对朝鲜人很歧视，因为他们忠于明朝。满洲人信奉喇嘛教，以喇嘛教来联系蒙古和西藏，同时又信仰孔子，但这种信仰成了法术。另一方面，清朝的思想家们，也离开宋朝、明朝的空洞理论，走向了实用思想道路。比如顾炎武（1613－1682 年）认为理想的学问就是实事求是。王船山（1619－1692 年）认为，精神是从属于具体事物的。黄宗羲（1610－1695 年）认为，统治者应该少考虑自己的利益，多考虑百姓的利益。为了实现理想，应该建立学校，普及井田制。龚自珍（1792－1841 年）强调社会地位和经济的平等，在农村实行土地平分制度。康有为（1858－1927 年）写下《大同书》，把人类道路描述为，世上最初是各社会相互独立而受苦的世界，以后发展为没有国界，由一个政府支配的世界。在那里，阶级被消灭，通过相互通婚人种差别被消灭，男女婚姻差别被消灭，家族制度被消灭，教育、养老都由社会来负责，政策、经济也由政府来实施，基于这种平等之上，人们遵循佛教，热爱一切生物，这时，一切人生之苦都会消失，进入极乐世界。

基于这种平等思想，康有为提倡男女都可以祭拜孔庙，人人都可以祭天。儒者们还仿照基督教四处修建教堂的做法，改变过去仅允许一县修一座孔庙的传统。同时，康有为还主张，废除不合规定的淫祀，比如龙王庙、土地庙等。1911年，辛亥革命爆发，新的共和国不祭天也不祭孔，因此，天地社稷等祭坛和孔庙也自然废弃了。

（2）实践对"仁"的知行合一。

洪武初年，朱元璋下令厘定祀典，规范神的祭祀。官方祭祀的山神有五岳，水神有四海。并规定，每里一百户内，立坛祭祀五谷之神以及无法得到家人祭祀的鬼魂。东汉郭璞（276－324 年）撰写的《葬经》，论述了如何埋葬先人才能福荫子孙。这对明朝的丧葬文化有很大的影响。其葬术的内容可以归纳如下：万物归于土，在土为气，于是坟墓的风水演变为地理。骸骨得气，可以福荫子孙，于是风水演变为龙经。因此，在明代，拿着罗盘、替人看风水、卜葬地的人被称为葬士。虽然儒、佛两家很有势力，但老百姓仍然相信风水之说，以至有人为了自己的利益，将已葬多年的祖坟重新迁移，不顾祖宗魂魄无所依靠。在祭祀方面，士大夫或富贵人家修家庙、祠堂，但一般小户人家只是在清明节时，带上酒肴前往坟墓。同时，民间信仰非常多，烧香便是其中之一。在传统中国，人们采用燔柴升烟来求神。随佛教传入中国，带来了烧香。烧香是为了引来神的光临，倾听祈祷者的呼声，以保佑他们。人们通过烧香仪式，获得信心、安慰和保证。①

1382 年，朱元璋废除了许多寺观奄院，由此许多家族的寺观奄院地产被充公。他同时还颁布了官方的礼仪范本，把礼政令化，以各种行政措施规范不同阶层、不同身份群体的祭祀。在《大明礼制》中，根据朱熹，采用了同室异龛，统一定为士大夫祭祀高祖（曾祖父的父亲）以下四代，春、秋、孟冬（农历十月）、元旦时祭祀祖先，高祖居中，曾祖居中右，祖居左，父居右；庶民祭祀三代，曾祖居中，祖居左，父居右。②

1474 年，翰林侍讲丘濬对朱熹的礼制进行了调整。宋代以后实行科举制，不再有世禄制，一般家族与皇帝更无血缘关系，士人仕官也迁徙不定。因此，丘濬主张不再以诸侯等为始祖，而以始迁或初次受封爵位者为始祖。调整后的制度，让许多由北方南迁的家族，能够把先祖追溯到始迁到现居住地的第一代。同时，由于把始祖定位为"先祖"，并把其神主奉为常祭的对象（无论中间跨越多少代），这样，家族中的各房支，即便相距数代，分散各地，仍旧能够在祭祀同一"先祖"的名义下，被统合在一起，形成宗族。16 世纪以后，政治社会动荡，逼迫人们积极进行各种纵横人群的结合。另外，"人喜好斗，故家多立总祠，以联束其族人"。因此，明代中期以后的江南社会，各房支在祠堂合祀四代以上先祖并由此形成宗族的现象蔓延开来。其结果是，许多祖祠的祖先与宗族的成员没有十分密切的血缘关系，因后世财大气粗，他们祖先的亡灵在祠堂祭祀中被重视，而与祖先有密切血缘关系的亡灵，因本支无力修建祠堂，反而在祠堂祭祀中被忽略。不过，这种组织形式受到了儒士们的支持。宋朝程颢提出"万物一体之仁"，

① 陈宝良：《明代社会生活史》，中国社会科学出版社 2004 年版，129 页、491～492 页、449～450 页、453～454 页、507～510 页。
② 何淑宜：《士人与儒礼：元明时期祖先祭礼之研究》，台湾师范大学 2007 年版，104～119 页。

其对象不仅仅是家族，也包括万物与众人。而王阳明提倡的知行合一，就是要把良知与万物一体之仁结合起来，其"仁"的对象也就超越了家族。通过修建祠堂和修族谱来组织起诸多族群，以展现对"仁"的理解，这种活动就是知行合一。因此说，虽然中国古代就已经出现聚族同居，但在庶民层面上的聚族同居是近代以后的事情。不过，明朝官方仍然规定庶民不能祭祀四代以上的祖先，这让合祀四代以上的人们产生心理障碍。①

到了清代，以上观念继续延伸。比如，嘉庆间湖南零陵龙氏《家规》说："祠乃祖宗神灵所依，墓乃祖宗体魄所藏。子孙思祖宗不得见，见所依、所藏之处即如见祖宗焉。"坟墓关系祖宗体魄的安宁，是"子孙报本地"。这个"本"对家庭来说是生身父母，对宗族成员讲是始迁祖先。列祖列宗安葬遵循辈次昭穆序列法，一世祖葬在中间位置，二世在其左侧，三世在其右侧，如此类推。宗族发展壮大后，一个祖茔不能容纳众多族人的坟墓，于是出现了房支墓地，形成长房、支房的坟墓群。各墓群由各房负责人分别管理，宗族墓地整体由合族负责人管理，他们为坟墓培土，清除杂草，种植树木，标明界址，扶正碑石；丈量、记录祖茔的界址和绘制图形；制定族规，禁止族人盗卖坟山和林木；处罚侵害坟山田地林木者，直至打官司；设置义冢，供贫穷族人下葬。一般来说，宗族墓祭由族长主理，一年一度，在清明节期间进行，也有两次的，第二次的时间在十月初一。②基于这之上的宗族组织，就像一个被乡村政府统合起来的组织一样，其理念非常清晰。比如，浙江省东阳市上卢镇泉塘村任氏宗祠中所抄写的明朝末祖先圣谕说："敦孝悌，以重人伦；笃宗族，以昭雍睦；和乡党，以息争讼；联乡村，以弭盗贼。"

上述祭祀制度一直延续至今。在浙江金华地区，即便1967～1969年时政府号召破除迷信，不再让村里人搞集体祭祀，但各家仍然去扫墓，给坟头上土，但不能烧香、摆放食品。20世纪80年代后，一切都恢复过来。比如赵氏有九房，每年都必须由其中的三个房的成员轮换操持和参加集体祭祀。祭祀在祠堂举行。祠堂内摆放着从第三世到第二十六世的骨灰盒。那些年代久远的骨灰盒中放的是祖

---

① 何淑宜：《士人与儒礼：元明时期祖先祭礼之研究》，台湾师范大学2007年版，93页、134～146页、150页、160～165页、167～171页、185～191页、209页。

② 冯尔康：《清代宗族祖坟述略》，载《安徽史学》，2009（1）。

先当初下葬地方的泥土（如同古希腊、古罗马筑城时一样）。集体祭祀时，房中最高长辈宣读祭文，主要歌颂第十八世的公德和他对后世子孙的影响。在集体祭祀之后，再分别由每一房的成员分批到自己一房的祖先的骨灰盒前祭祀。不过，各房后代之间的成员，已经形同陌生人。赵家从赵氏村落迁出之后，虽然还参加集体祭祀，但管理本集团的权利已经与赵氏宗族相分离。①

（3）传教士的扩张。

1600 年，耶稣会教徒利玛窦得到进入北京的许可，他把两座钟送给皇帝，得到青睐。许多贵族和知识分子都接受了洗礼。他 1610 年去世时，已发展出 2000 名基督徒。他的后继人汤若望 1650 年在北京修建了一所公共教堂，1657 年取得了在整个国内传教的自由以后，发展出 27 万基督徒，几乎达到建立独立教会的程度。然而，多米尼克会和法兰西斯会的传教士们认为，利玛窦在顾及中国传统祭祀方面已经走得太远。利玛窦力图避免把基督教作为新事物呈现给中国人，主张中国的天（Lord of Heaven）就是上帝（天主），祖先崇拜不是一种"宗教"行为，而是一种社会行为，因此可以被基督徒接纳。1631 年，多米尼克会会士来到中国，发现中文的耶稣会教理问答中，基督教的弥撒被翻译为拜祖宗仪式。他们在参加了中国基督教的仪式之后，回到罗马向教皇报告，由此产生了"礼仪之争"：一位教宗认可中国方式，另一位教宗不认可。1645 年，罗马教廷下令禁止中国基督徒祭祖祭孔，但在耶稣会的游说下，1656 年解除了这个禁令。以后，清朝统治者和罗马教廷的分歧越来越大，1704 年罗马教廷再下禁令。②

上述冲突的原因是什么呢？在学术界许多人都认为中国人缺乏来世观念。③但前面已经提到过，中国人基于孝所展开的活动，都是为了履行对祖先的祭祀义务，同时也是为了保障自己的来世得到祭祀而幸福。以此而论，中国的精神世界与古希腊、古罗马以及基督教的精神世界是没有差异的。而恰恰正因为中国人有自己的来世幸福理论才不需要基督教的来世幸福论。因此在根基上，中国传统思想是排斥基督教的。从历史上看，基督教在 4、5 世纪便传入中国。那时被称为景

① 胡卉：《祭拜仪式与家庭关系：对浙江金华地区赵氏家族的个案研究》，2007 年，见 http://www.docin.com/p-740903953.html。

② ［美］布鲁斯·L·雪莱：《基督教会史》，刘平译，上海人民出版社 2012 年版，292～294 页。

③ 张清津：《来世效用的缺乏与中国人的经济行为》，载《东岳论丛》，2011（32）。

教，实际上是崇拜偶像的东正教。① 由于这是以东罗马皇帝等作为神在地上的代理者，在官方上无法得到中国政府的承认，所以传教也难以取得进展。1840 年鸦片战争以后，基督教在中国传教规模扩大，与中国文化的冲突加深。这一时期，对基督教的归信方式多采用的是个人方式，而中国家庭还保持牌位、祖先像。所以，他们不能像古代欧洲人归信基督那样，几百个人在一起跟着首领归信。

基于上述理由，信仰冲突在各方面表现出来。根据基督教的教义，崇拜偶像是被禁止的，要成为信徒就要毁灭祖先偶像、牌位。利玛窦传教时期，中国基督徒毁坏自己家中的偶像和祖先牌位就已经引起了家庭矛盾，只不过尚未引发大的冲突。士大夫们相信，传教士们得罪鬼神，是会得到惩罚的。1840 年以后，传教士们开始肆无忌惮。1898 年，德国兵在山东即墨为抢夺财物破坏了孔庙，引起了全国性抗议浪潮。传教士们不承认中国的圣人，而 19 世纪的新教牧师们也把孔子视为最大敌人。传教士们还把自己置身于法度之上，极其傲慢。同时，中国是避嫌"男女授受不亲"的社会，由神父给入教的妇女洗礼，听她们的忏悔，男女聚在一起布道，这也引起信教者男女聚集淫乱的传言。② 不过，在另一方面，利用基督教来从事社会活动的组织也开始萌芽。比如，太平天国运动中（1851－1864年），运动领导者们抄袭了一些基督教教义，称天父天兄，焚毁孔庙，把孔子的书称为妖书。③

这样，基督教和中国传统信仰一直冲突着，直到 1939 年罗马教廷同意教徒进行祭祖仪式和祭孔仪式后才得到缓解。④

2. 欧洲近代思潮

接下来看近代欧洲父亲的情况。

（1）文艺复兴。

一般认为，欧洲文艺复兴中的作品体现了人文主义思想。人文主义主张个性解放，这被看作是"古典资本主义"精神的前奏。在英国，其代表人物包括莫尔

① BBC：《基督教历史》，2009 年。
② 李申：《宗教论》（第三卷），中国社会科学出版社 2006 年版，361～363 页。
③ 钱穆：《中国历史政治得失》，三联书店 2009 年版，148～149 页。
④ http://zh.wikipedia.org/wiki/%E4%B8%AD%E5%9B%BD%E7%A4%BC%E4%BB%AA%E4%B9%8B%E4%BA%89。

和莎士比亚。

比如，莫尔的名著是《乌托邦》（1516 年）。书中虽然有劳动光荣的思想，但反映的是集团道德和行为，并没体现个性或促成"古典资本主义"的东西。

又比如，莎士比亚在《威尼斯商人》（1596 年）中所描述的犹太人夏洛克，笃信律法的神圣，但安东尼奥却认为，为了慈悲和慷慨，律法是可以破除的，这两者绝无达成共识的可能。而在《奥赛罗》（1603 年）这一悲剧中，威尼斯城邦的守护人奥赛罗，是一个来自非洲的黑人雇佣兵，他娶了威尼斯的苔丝德蒙娜。奥赛罗是一个世界主义者，他诚心地认为自己乃是威尼斯的公民。但在威尼斯人看来，他仍旧不过是一个异乡人。奥赛罗的尊严需要苔丝德蒙娜的爱来证明，当他认为她的爱不存在了，他的整个精神世界由此崩塌。因此，欧洲市民社会是一个封闭的团体，身处其中的人们拥有某种纽带，这是不会与外国佬分享的。人们仍旧捍卫着祖传下来的城邦排他性。[1] 因此说，莎士比亚的人文主义，描写了欧洲大陆的传统社会中的矛盾，但并不反映个人主义和"古典资本主义"。当然，文学理论家们也许不以为然，他们会说，《罗密欧与朱丽叶》中的主人公追求自由恋爱，是人文主义宣扬个人主义、促进西方"古典资本主义"的有力根据。然而，中国同时代的《牡丹亭》，后来的《红楼梦》，所宣扬的也是同样的东西，但谁也不会说这些中国的人文主义反映了中国的个人主义，促进了中国的"古典资本主义"。这不仅因为只要是年轻人，无论是在中国还是在欧洲，都会出于本能去追求自由恋爱，[2] 更因为中国终究没有成为个人主义、"古典资本主义"社会。把本能层次的东西与精神、制度层次的东西相混淆，是导致夸大人文主义（包括启蒙思想）的社会作用的原因。因此，更有必要弄清在精神以及制度层次上的个人主义、"古典资本主义"。

再比如，笛福的《鲁滨孙漂流记》（1719 年）被看作富有与 18 世纪的英国"古典资本主义"父亲类似的奋斗进取与开拓征服精神的作品。[3] 然而，本书一开

---

① 连清川：《异乡人惊梦记》，载《金融时报》，2012 年 2 月 13 日。

② 关于这些本能层次问题的探讨，参见：任大川：《道德困境与超越：精神秩序及私欲》，江西人民出版社 2011 年版。

③ http://zh.wikipedia.org/wiki/%E9%B2%81%E6%BB%A8%E9%80%8A%E6%BC%82%E6%B5%81%E8%AE%B0。

始就说，这种精神与他虔诚信仰的父亲完全没有关系："1632 年，我生在上流社会的家庭。父亲是德国不来梅市人，后来到英国约克市定居。我从小只是喜欢胡思乱想，一心想出洋远游。一天早晨，父亲把我叫进他的卧室，问究竟有什么理由要离弃父母，背井离乡呢？在家乡，他可以经人引荐，在社会上立身，过上安逸快活的日子。家里处于社会中间地位，这最能使人幸福。《圣经》中的智者也曾祈祷：'使我既不贫穷，也不富裕。'"① 因此说，欧洲大陆的父亲读《圣经》，与明清父亲读《论语》相比，也没有产生什么不同想法。相反，欧洲年轻人受到社会和朋友的鼓动，想去闯荡江湖、追求恋爱自由，这与明清的中国年轻人也没有什么区别。如果说，这样的英国年轻人具有"古典资本主义"倾向，那么明清的中国年轻人也同样具有。

（2）个人主义。

在讨论人文主义和"古典资本主义"的联系时，人们往往都把个人主义作为中介。那么，个人主义是什么呢？阿莱维说："个人主义学说表明，个人主义是一种哲学，是罗马法和基督教伦理的共同特征，这使得卢梭、康德、边沁有了相似性。"卢克斯对阿莱维的这种论述评论说："把一大堆不同的要素囊括在一起，让个人主义这一术语赋予了一种统一而紧凑的假象。"② 而在欧美各国，个人主义所要表达的含义也是不同的。

随着启蒙运动以及后来的法国大革命，1820 年以后，欧洲大陆出现了个人主义这个术语。因为人们担心，社会原子化会破坏以宗教为基础的传统的等级社会秩序，让人们都成为贪婪的狼。因此在法国，人们认为个人主义是让宗教政府瓦解的要素，认为基于个人主义的近代民主制度让人忘记祖先，不顾后代，与人疏远，让社会陷入无政府状态。但也有人认为，个人主义渗透入人文主义者、新教、富人，通过它们建立起具有工业秩序、普遍联合的新型社会。在德国，个人主义被认为是牺牲民族共同利益而满足个人欲望的东西。不过，以后发展出了以独特性、创造性、自我实现为特征的个性概念，被称之为新个人主义。它肯定各有差别的个人，同时认为个人必须根植于民族共同体之中，由此产生个人与社

---

① 丹尼尔·笛福：《鲁滨孙漂流记》（网络版），第一章。
② ［美］史蒂文·卢克斯：《个人主义》，阎克文译，江西人民出版社 2001 年版，1～27 页。

会、自由与责任的和谐一致。在英国，个人主义者用来指不相信国教的宗教个人主义，后来用于与集体主义相对立的自由主义。在美国，个人主义用来歌颂"古典资本主义"和近代自由民主主义，以及机会均等和个人财富积累。至于个人主义的渊源，有人认为，人类历史是从一个大的集体分化为个人的过程，个人主义是在18世纪的市民社会以后才出现的东西。有人则认为，个人主义发源于文艺复兴运动。还有人认为，个人主义发源于早期基督教。基督教的上帝关心单个的人，使单个的人具有至高无上的内在价值和尊严。就现代的个人主义来说，它具体包括个人的自主、尊严、自我发展（个性）、隐私等内容。[①]

欧洲思想家们对个人主义的说法，与古希腊哲学家们有相似之处。比如柏拉图明显意识到祖先崇拜与国家精神的对立，私法和公法的对立，家族富人与穷人的对立。但必须要说的是，古希腊的个人主义起源于那些被剥夺了继承权的人们，英国也是如此。所以，这里不得不问，欧洲大陆的个人主义又起源于哪些人呢？

卢梭在《社会契约论》（1762年）中说，每个人都天然有权取得为自己所必需的一切。人们通过社会契约，以道德和法律上的平等来代替自然所造成的人与人之间的身体上的不平等。当人人都有一些财产而又没有过多财产时，这才会对人类有益。但在坏政府的统治下，平等只是虚有其表；它保持穷人处于贫困，保持富人处于富有。[②]一切社会之中最古老的而又唯一自然的社会，就是家庭。然而孩子也只有在需要父亲养育的时候，才依附于父亲。这种需要一旦停止，自然的联系也就解体，双方就都同等地恢复了独立状态。如果他们继续结合在一起，那就不再是自然的，而是自愿的了。一个人一旦达到有理智的年龄可以自行判断维护自己生存时，他就成为自己的主人。[③]

在卢梭看来，天赋人权本身是以个人为主体的，而保障其权利的主张就是个人主义。由于每个人都是从家庭出生、长大的，所以具体说来就是应该保障成年的孩子从父亲那里独立出来的权利。对此，洛克在《政府论》（1690年）中做了更加严谨的论述，并通过否定父亲对孩子的支配权，否定了以"君权神授"为基

[①] ［美］史蒂文·卢克斯：《个人主义》，阎克文译，江西人民出版社2001年版，2～7页、10页、15页、17～19页、21页、24～28页、31～32页、38页、43～67页、70页。

[②③] ［法］卢梭：《社会契约论》，何兆武译，商务印书馆2003年版。

础（上帝授权给亚当，亚当后代作为父亲统治人类）的欧洲封建专制理论。[①]在这之上，他更强调在政治上的个人权利：由于国家既不容许分裂领土，人民就像儿子只能属于父亲一样，成为该社会的一个成员。然而，处在政府之下的自由人应该在达到成年时通过同意而成为国家成员。一个孩子生来并不就是国家或政府的一个臣民，他处在他父亲的教养和权威之下，到了成年他便是一个自由人，可以随意地使自己处在哪个政府之下、加入哪个国家，而不受他的祖先所订立的任何契约的约束。[②]

也就是说，尊重独立自主的选择并从父母那里独立，是个人主义的核心内容。然而，这种主张发生的背景，比如与古希腊思想相比较，显得非常奇怪。因为在古希腊，由于游离于家族外的大规模原子个人存在，产生了如何统合他们的社会哲学思想，但从来没有一个希腊哲学家号召大家去独立。因为，不需要号召，大家都独立着。可是在欧洲大陆却需要被号召。这意味着，欧洲大陆的人们本来是没有独立的。而更重要的问题是，古希腊大多数人（英国也是如此）之所以独立，是因为大多人没有继承权。以此而论，号召欧洲大陆的人们独立，就必然涉及对家产的继承权问题。对此，洛克说，按照法律的假定到了21岁为成年人，那么父亲对儿女便不再享有统辖权。不过，父亲的财产是儿女们所期待的，这对儿女的服从起着相当大的作用。由于土地的享用总是附带着对这块土地所属国家的政府的顺从，因而一般就认为父亲能够强制他的后人服从他自己所臣服的政府。但这不过是土地附带的一项必要条件，只适用于那些愿意在那种条件下承受的人们，所以这并不是自然的义务，而是一种自愿的顺从。假如他们要享受祖先的遗产，他们就必须接受他们祖先原来接受的同样条件，但这些都不是基于父亲的特殊权利，而是用他们所持有的赏赐来酬答这种服从。[③]

毫无疑问，如果要独立，就必须放弃继承权。要享用继承权，就必须服从父权、君权统治。个人可以选择，这是洛克想要强调的重点。但个人的独立、自由，是以放弃继承权为前提的，而主动去进行这种选择的，则可被称为个人主义精神，这恰恰是本书想要强调的重点。以此来判断，由于欧洲大陆的人们都天然享受父母的继承权，所以他们本来并不是游离的原子个人。到了近代，有思想家站

---

①②③　〔英〕洛克：《政府论》（上），瞿菊农、叶启芳译，商务印书馆1982年版。

出来说："放弃继承权去获得独立、自由吧！"而这正是欧洲大陆的"个人主义"在历史进程中的具体内容。

立足于父权和君权来统合庞大的社会，这一思想早在中国春秋战国时期就已经形成。孟子主张，家族的政治必须服从家长的独裁。即便这种独裁压抑了孩子的意志，但这终究也是为了孩子的未来利益。把这种善意的独裁推广到国家社会，就是古代国家主义。中国的这些古代思想，通过那些到中国传教的教士被带回到欧洲大陆，成为近代欧洲大陆的中央集权政治思想。比如普鲁士国王腓特烈大帝（1740－1786 年）说："我做的一切都是为了人民，但什么都不能让人民自己做。"①"1794 年成立的《普鲁士普通邦法》，把家庭理解为非私人事务，从而援引公法的体系。"②

所以说，近代的欧洲大陆父亲和明清父亲，都天然享受着继承权，没有独立、自由意识。他们谁都不可能主动放弃继承权。所以拿英国的"古典资本主义"父亲来比较，欧洲大陆父亲和明清父亲都是难以自己走上"古典资本主义"道路的。

以此而论，欧洲大陆掀起的个人主义思潮是一种先验的东西。即便有这样的主张，在欧洲大陆父亲没有做好准备为之付出代价之前，或者在工业化、城市化形成一定规模、提供比较大的经济生活保障之前，只能是说说而已。要欧洲大陆的父亲们实践个人主义（选择独立、自尊，放弃继承权）并不是一个简单的问题。

从祭祀的角度来看，个人主义实际上就意味着切断上一代人和下一代人的祭祀关系。如果欧洲大陆人从来就没有切割得了，那么欧洲宗教改革和新教精神伦理就能帮助切割掉了吗？如果没办到，那么欧洲宗教改革、新教精神伦理与个人主义（"古典资本主义"精神）又有多大关系呢？

为了弄清这个问题，这里需要讲一下欧美的宗教改革的故事。故事很复杂，但却是驳倒韦伯的第一步。

（3）强加宗教戒律。

在基督教的发展中，阿奎那（1224－1274 年）在《神学大全》中提出，人

---

① ［日］森三树三郎：《中国思想史》（上），第三文明社 2008 年版，66～73 页。
② ［德］罗尔夫·克尼佩尔：《法律与历史》，朱岩译，法律出版社 2003 年版，17 页。

是罪人，需要神的恩典。耶稣通过他的献身来保证人和神能够和好。所有领受耶稣益处的人都被称义。但如何得到耶稣的益处呢？耶稣从神那里赢得恩典，教会传授恩典。人要做神喜悦的事、积攒功德，才能得到耶稣的益处。这种圣事在教会举行，由罗马教会的教皇来领导。所以，服从教皇是获得拯救的必要条件。阿奎那不仅认为教皇是低于神但高于人的世界法官，还认为死亡是巨大的分界线。恶人要下地狱，善人则使用恩典的管道直接升上天堂。但大多数人由于没有全身心追随耶稣，在去天堂之前必须在炼狱中接受进一步净化。不过，通过神父向天国中的圣徒祈祷，就能解除灵魂在炼狱中将要饱受的痛苦。由此，教皇和神父不仅成为神的恩典和世上罪人之间的中介，而且还能通过为亡者祈祷，超越坟墓，牧养受苦的灵魂。另外，阿奎那还认为，教会有特殊的通道能进入功德库，神父可以从中支取功德来帮助其他功德不足的基督徒。具体说，如果要获得耶稣的益处，人就需要赎罪。如果在完成这种赎罪行为之前去世，那么，炼狱则在死后的生命中为他提供机会。这种赎罪行为之一，就是购买赎罪券。而教会出售赎罪券来筹集资金的行为，发源于第二次十字军东征（1147－1149 年）以后。①

　　中世纪，欧洲基督教对于社会制度和经济活动持有四种态度：第一种从禁欲主义出发，认为它们是邪恶不公的，应尽量逃避。第二种认为它们是理所当然的，但属于一个与宗教无关的世界，因此要勇敢面对。第三种鼓动改革，提倡彻底革命，在尘世开创正义公平。第四种既接受又批评，又把脱离宗教都看作是非理性的活动。在中世纪初期，禁欲主义倾向占主导地位：商人很难得救，因为他们靠欺骗和不义之财为生。因此当时宗教对经济活动的看法是，物质财富是必要的，因为没有它们人就无法养活自己并互相帮助。但经济行为要受道德的约束，经济利益服从于拯救的使命。为了不让经济活动妨碍宗教，宗教对经济活动处处都设立限定、制约和提出警告：为了维生而追求财富是正当的，但追求更多的财富是贪婪；做买卖是合理的，但目的是为了公众利益，其收入不能高于一般劳动者的报酬；私有财产是必要的，但理想是共有；社会是一种神圣的职能等级体

---

①　［美］布鲁斯·L·雪莱：《基督教会史》，刘平译，上海人民出版社 2012 年版，191 页、202～204 页。

系，每个人的职能不同，但人们有共同目标，所以每人都有其价值。①

从 13 世纪中叶起，教会变得贪得无厌起来。人们都说，教会不为穷人服务，只把穷人当作捐赠者。罗马教廷可以谴责高利贷者，但接受来自欧洲各地的汇款（收的是现钱）。当一个高利贷者向巴黎主教请教如何拯救灵魂时，主教不是劝他归还利息，而是建议他把不义之财奉献出来修建巴黎圣母院。尽管如此，当 1500～1550 年之间谈论到物价上涨、资本与利息、土地这三大热门话题时，人们还是诉诸基督教道德，教会仍然被看作最终的权威。那时，虽然天主教徒、路德派教徒、加尔文派教徒、英国国教徒、美国清教徒等在教理或教会管理上各持己见，但都一致认为，社会道德属于教会的职权范围，他们准备教导人们，并在必要时通过戒律强加给人们。②

（4）路德的教导。

路德是一个矿工的儿子。1505 年，他在去村庄的道路上遇上暴风雨，被闪电击倒，惊恐万状，于是呼叫：我愿意做修士。在第一次做弥撒时，他感到自己充满罪恶，命中是一个不可得救的可怜罪人，并在困惑中寻求拯救之路。1515 年，他在圣保罗的《罗马书》中看到："义人必因信义得生。"于是他明白，人唯独相信基督方能得救。这与罗马教会所讲的"功德才能称义"的教义相冲突。所谓功德就是，参加教会仪式等表现出信心。如果单凭信基督就能得救，那么神父就是多余的。不需要修士，不需要弥撒，也不需要向圣徒祷告以便让灵魂逃出炼狱去天堂，罗马教会也就变得毫无意义。教会只出售赎罪券、让人们捐助，不管人们灵魂状况的做法使他深感担忧。1517 年，德国的多米尼克教会为修建罗马圣彼得大教堂筹款时夸口说，作为与捐助人的交换，给他们一张赎罪券，这张赎罪券甚至连死后都能有效，能使灵魂从炼狱中解脱出来。只要钱币在保险箱里叮当一响，灵魂就叮当一声从炼狱里跳出来。对此，路德在 1517 年 10 月 31 日，张贴出95 条神学辩论命题，认为赎罪券不能赎罪，也不适用于炼狱。由此，欧洲开始了

---

① ［英］J. R. H. 托尼：《宗教与资本主义兴起》，赵月瑟、夏镇平译，上海译文出版社 2006 年版，10～13 页、19 页。

② ［英］J. R. H. 托尼：《宗教与资本主义兴起》，赵月瑟、夏镇平译，上海译文出版社 2006 年版，6 页、17～18 页、48 页。

宗教改革时代（1517－1648年）。[1]

在德国，社会革命已经酝酿了半个世纪。到1569年博丁发表他著名的小册子为止，物价上涨激起人们对垄断者的强烈义愤。自从伯海姆1476年领导起义之后，几乎没有一个10年不发生农民起义。消灭那些让工匠和农民长期饱受其苦的高利贷成了一种战斗口号。这吓得各市政当局向大学和神父们请教利息的合法性问题，大学和神父们照例做出响亮的回答。梅兰希通阐述了有关放债和物价的神圣教义。加尔文写了一封论高利贷的著名书信，并就同一题目进行布道。路德发表演讲并散发小册子反对敲诈勒索者，说是已经到了管一管富格尔家族公司的时候了。这些学说的特征是保守主义。凡是涉及社会道德的地方，宗教革命的代表人物几乎无一例外地按照古老的方式求助中世纪的权威，并以通俗的语言重复经院神学家的学说。他们仍然在《圣经》里寻找答案，认为这些教规能控制经济交易和社会关系。他们抗议文艺复兴运动带来的道德松弛，尤其是抗议贪欲。罗马教廷有罪，重生和洗罪乃是针对教会的腐败。宗教领袖的目标是重建人们的行为和习俗。[2]

路德是这种保守主义的最高典范，他仇视经济个人主义，认为德国社会生活被金钱力量所支配，这种力量像富格尔家族的银行业务一样，无意中助长了罗马的贪婪和腐败。罗马教廷对信徒的剥削，商人、高利贷者对农民和工匠的剥削，两者都是异端，要用同一把剑去夷平。这把剑就是福音书的宗教信仰。教会不能再是一个帝国，而应成为信徒们的一个团体，信徒们勤奋愉快地完成他们的简单劳作，这是亚当的子孙们的共同命运。路德具有无政府主义者的真诚热情，渴望一个自由秩序和博爱主宰的社会，而不需要法律，秩序和博爱都发自内心天生的纯洁。基督徒应当靠自己的辛苦劳动谋生，不必去想明天的事，相信上帝自有安排。然而值得注意的是，路德拆除了社会等级制度阶梯中基督教会的梯级，但他承认社会地位和服从：如果没有人的不平等，尘世的王国就不可能存在；有些人必须是自由的，有些人必须为奴，有些人必须统治，有些人必须臣服。他关注的

---

① ［美］布鲁斯·L·雪莱：《基督教会史》，刘平译，上海人民出版社2012年版，239～242页。
② ［英］J R. H. 托尼：《宗教与资本主义兴起》，赵月瑟、夏镇平译，上海译文出版社2006年版，49～51页。

是过去，其理想是家长制社会。①

（5）加尔文的天国。

在基督教世界，新生婴儿都要接受洗礼，才能成为教会一员。格列伯尔在研究《圣经》后，认为婴儿的点水礼不是真正有效的洗礼。1524年，他的妻子生了一个儿子，但他拒绝让儿子接受洗礼。他只对成年人按照使徒的方式实施洗礼，以此作为宣告认信耶稣的标志。他们被称为重洗礼派，其教义是，一个人拥有自己信条的权利。没有人能真正认识耶稣，除非在生活中跟随耶稣。信徒既是同志，也是祭司，还是大众的传教士。教会的决定权属于全体成员。②

1519年，茨温利神父在苏黎世通过宣讲《圣经》来发动改革。他拒绝《圣经》没有规定的任何事，于是苏黎世改革运动除去了罗马教会的很多传统象征：蜡烛、雕像、音乐、图画。主张这种礼仪改革的在英国被称为"清教主义"。而加尔文（1509－1564年）的核心教义是神的主权，神的目的不会改变。加尔文的组织管理能力使他能在茨温利工作的基础上继续发展，使改革运动在瑞士德语区传播开来。1514年，他的朋友在日内瓦市政府掌权，他便去日内瓦去实践自己的理念，让市政府接纳教会章程。加尔文派不仅是要净化个人，而且要让宗教的影响渗透到私人生活和公共生活各个方面，达到更新社会的目的。③

路德以及与他同时代的英国神学家的社会理论，都是以农业社会为背景。那是一种自然经济，勤劳是为了养家活口，财富的消费紧跟着它的生产，农民和工匠在小集镇上进行小规模交易，商业和金融是偶然的附带现象。当他们批评各种经济弊病时，所针对的正是那些摆脱自然状态的现象：冒险精神，摄取利润的贪婪，无休止的竞争。但加尔文派并不以一个农民的眼光来看待经济生活。它所反对的不是积聚财富，而是为了纵欲或炫耀滥用财富。它的理想是这样一种社会，人们严肃持重地追求财富，他们知道用坚韧的劳动来训练自己的品格，让自己投身于神的事业。加尔文对待高利贷者就像药剂师对待毒药一样。利息是合法的，

① ［英］J.R.H.托尼：《宗教与资本主义兴起》，赵月瑟、夏镇平译，上海译文出版社2006年版，54～56页。
② ［美］布鲁斯·L·雪莱：《基督教会史》，刘平译，上海人民出版社2012年版，249～256页。
③ ［美］布鲁斯·L·雪莱：《基督教会史》，刘平译，上海人民出版社2012年版，251～252页、259～261页；［英］J.R.H.托尼：《宗教与资本主义兴起》，赵月瑟、夏镇平译，上海译文出版社2006年版，61页。

但是它不能超出法定的最高限度。加尔文赞同不劳动者不得食，谴责不加区分的布施，主张教会应定期探视每个家庭，弄清它的成员是否偷懒、酗酒等。加尔文的目标不是拯救个人，而是荣耀上帝，要创造一个圣洁的社会。教会、社区、国家，不能仅仅作为生活和个人获救的地方，它必须是一个基督的天国。在那里，人们"一直被伟大的监工注视着"，履行着自己的职责，严格的纪律保护整个组织永不腐败。①

加尔文派要用生活的圣洁来证明他们自己是基督徒。按照这一精神，在苏黎世成立了一个由117名神职人员、执法官和2名长老组成的道德约束委员会，制作清单，列出应受逐出教会的谋杀、偷盗、贪婪等罪名。加尔文还起草了一份市政管理综合方案，从市场、行会、建筑、集市的规则到物价、利率、租金的控制。他使日内瓦的每一个家庭都在精神警察的监督下生活，用罚款和监禁惩罚放纵的人，用死刑处罚异教徒。一个孩子打了父母就砍去他的脑袋，在60年时间里烧死了150个异教徒。加尔文的制度比中世纪教会还要专横得多。加尔文派牺牲了自由，并非出于无奈，而是非常热衷，从而形成专制。对于赤诚的加尔文主义者来说，牧师的专制似乎是必不可少的。②

（6）欧洲宗教战争。

欧洲宗教改革时代（1517－1648年）之后，马上进入了理性时代（1648－1789年）。不同教派之间，人们会说，我不同意你所说的，但我会捍卫你说话的权利。而这不可能出自路德之口。对搞宗教改革运动的人们来说，持异议不是基督徒的美德，他们竭力镇压持异议者。因为他们相信真理能够团结社会。真理是权力的工具，在宗教冲突中，只有一边掌握真理。直到双方交战精疲力竭后，上述观点才会获得听众。③

在德国，新教徒和天主教徒都相信存在一个统一的基督教王国。1521年以后，许多诸侯变成路德教会的首脑。德意志北部、东北部的撒克逊、梅克伦堡、

①　［英］J.R.H.托尼：《宗教与资本主义兴起》，赵月瑟、夏镇平译，上海译文出版社2006年版，62～68页。

②　［英］J.R.H.托尼：《宗教与资本主义兴起》，赵月瑟、夏镇平译，上海译文出版社2006年版，70～71页、78页、79页。

③　［美］布鲁斯·L·雪莱：《基督教会史》，刘平译，上海人民出版社2012年版，305～306页。

普鲁士、不伦瑞克等诸侯，纷纷加入路德派，乘机夺取天主教会的土地和财产；南部和西南部的诸侯多是天主教。双方交战后于 1555 年签订《奥格斯堡和约》，采用了每个地区的统治者有权决定其臣民的宗教的原则。这种政府决定人们宗教的原则，破坏了基督教真理的标准。上述和约忽视了加尔文信徒，由于加尔文信徒的神圣使命感，他们便起来抗争。1618 年，新教和天主教之间爆发了三十年战争。战争后期，天主教不能征服北部的新教徒，北部的新教也不能控制南方的天主教徒。与教徒们的愿望相反，现实的德国无法统一，变为 300 个独立国家。在一番徒劳之后，天主教和加尔文教徒都冷静下来，质疑政府决定人们宗教的制度。1648 年他们签订了《威斯特伐利亚和约》，这反映了一个时代的结束。加尔文派、路德派和天主教都被公认为是基督教信仰的表达形式。各种教派在同一个领土内共存，而罗马教皇不得干涉德国的宗教事务。从君士坦丁开始的基督教与权力的结合第一次被粉碎了，政教分离开始临近。[①] 19 世纪末，俾斯麦的"文化斗争"进一步削弱了天主教势力。1919 年的《魏玛宪法》使政教分离最终完成。到第二次世界大战时，在德国基督徒中，新教占三分之二，天主教占三分之一。[②]

（7）英国清教徒。

1296 年，教皇卜尼法斯八世发布《教俗》，威胁各国政府：不得向神职人员和教士征税，违者处以惩罚。对此，英王爱德华一世回击说，如果神职人员不缴税，将被剥夺法律保护。在英国，当时的教会不仅出租土地收租金，还征收什一税、出卖赎罪券。大量的钱财从英国流入罗马教廷，据国王爱德华三世（1327－1377 年）在位时的议会报告，教皇取自英国的收入，五倍于英国王室的收入。另一方面，英国的教士积极劝诱青年人进入修道院，不顾家长反对，终身修行。神父们说，即或你的父亲躺在门前痛哭流涕；抑或你的母亲把生养你的身体和乳养你的胸怀给你看，你也要将他们一并践踏脚下，勇往直前，到基督那里去![③]

1372 年左右，牛津大学最热点的问题是对人的支配权。所有的思想家都同

---

① ［美］布鲁斯·L·雪莱：《基督教会史》，刘平译，上海人民出版社 2012 年版，305～306 页。
② 钱金飞：《宗教改革对德意志近代早期国家构建的影响》，载《世界历史》，2013 (6)。
③ ［美］布鲁斯·L·雪莱：《基督教会史》，刘平译，上海人民出版社 2012 年版，220 页；张淑清：《威克利夫宗教改革思想初探》，载《烟台师范学院学报》，1996 (4)；《约翰威克里夫：宗教改革的晨星》，见 http：//www. christianstudy. com/data/theology/john_ wyclif. html。

意，支配权源自神。但这种权力如何从神转交给现世统治者？最一般的观点认为，神已将支配权委托给罗马教皇，任何身负原罪的统治者施政都是非法的。还有一些教师认为，如果需要判别世俗统治者是否有罪，那么教士也需要受到同样的裁判。受到这种思想的影响，威克里夫（1320－1384 年）认为，包括罗马教皇在内的所有人，都不知道自己是属于教会，还是属于恶魔的肢体。英格兰政府具有神授的责任，应该在其领地内纠正教会的弊病。国家可以没收腐败教会官员的财产。他还认为，神职人员和信徒在神的眼里，地位都是平等的，不需要中介的祭司。他早于路德提出了"唯独因信称义"的教义，认为信徒得救与购买赎罪券没有关系。他还提出"基督是真理，教皇是谎言。耶稣是拒绝接近世俗的支配权的，而教皇却追求世俗的支配权"。威克里夫在他的一张传单上指控罗马教皇说："他们每年将穷人养生的钱用于维持宗教礼节和属灵的活动。即使英国有一座金山，也要给他挖空。"因此，他主张英国教会同罗马教会分离，成立国王统治下的国家教会。他强调，英国皇室及英国教会作为独立的实体，不应臣服于罗马教皇，更不允许教廷在英国掠夺财富。[①]

到了欧洲宗教改革时代，英格兰经历了两次改革。一次是亨利八世（1509－1547 年）进行的宪制改革，另一次是一个世纪后清教徒进行的神学改革。

1534 年，国会通过《至尊法案》，宣布国王为英国教会最高首脑，不再从属罗马教皇。天主教的教义、制度和仪式不变。改革后的教会称英国国教。大量教产转为国有，英国教会也变成王权的支柱，经费由国家负担。这次改革并没有改变任何教理，只是拒绝了罗马权威，并把宗教实践看成国家统治的一种手段。英王亨利八世认为自己是天主教的捍卫者，在国内坚持天主教教义。1547 年，爱德华六世即位后，倾向于新教，沿着新教路线界定英国国教的信仰。1553 年，玛丽一世登基，重新回归天主教，把近 300 名新教徒处死，许多新教徒被驱逐出英格兰。1558 年，伊丽莎白一世即位，在新教和天主教中间采取中庸之道。不久她开始怀疑新教徒，因为他们开始讲道，而讲道是一种有力的政治武器，很可能促成群众运动对其政权造成威胁。1571 年，她公布《三十九条信纲》，以《圣经》为

---

① ［美］布鲁斯·L·雪莱：《基督教会史》，刘平译，上海人民出版社 2012 年版，228 页、229～232 页；张淑清：《威克利夫宗教改革思想初探》，载《烟台师范学院学报》，1996（4）；《约翰威克里夫：宗教改革的晨星》，见 http://www.christianstudy.com/data/theology/john_wyclif.html。

信仰的唯一准则，简化宗教仪式，但仍保留主教制度。以后便出现了要求按加尔文宗教义清除国教中的天主教、脱离国王控制而独立的信徒。同时，那些被驱逐在外的新教徒回到英格兰，形成自己的宗教改革思想，他们被称为清教徒。[①]

流传到英格兰的加尔文教义主要有三大内容：长老制、公理制、关于神和人的本性的教义，并由此产生三个分支。长老制历史最长，改革者希望长老制能够成长为英国国教。公理制强调每个教会都独立自主。第三个分支就是清教。它并不局限于某一个教派，不仅存在于英国国教会之中，也用来称呼从国教会分化出来的其他派别。[②]

在清教徒看来，尘世的辛劳本身就变成了一种圣事。人只不过是一个陌生人和流浪者，匆匆地从短暂的今生奔向来世的生活。世界变得就像一个空壳，既没有生命，也没有关爱。天主教和英国国教徒敬畏秩序，认为人和人、人和上帝都通过共同参加教会互相连接在一起，而清教徒则对此满怀惊恐；天主教和英国国教会在圣事中得到安乐，清教徒则从为他灵魂设置的圣事陷阱退出。清教徒依据《圣经》，主张与神立约的子民（选民）负有传教的使命。他们委身耶稣，以《圣经》真理来管理公共生活。这种委身意味着重生，并将他们与大多数人分别开来。在礼仪上的特征是，他们顾家，把祭坛建立在自己的家里，家就是一个小型的教会，家长把家中道德管理作为己任。[③]

英国清教运动是 1560～1660 年展开的历史运动，共经历了三个时期。第一个时期是在伊丽莎白一世时期（1558 - 1603 年），沿着加尔文的路线"净化"英国国教会。第二个时期是在詹姆斯一世和查理一世时期（1603 - 1642 年），清教徒在王室统一基督教的压力下受难，从而提出反抗君主制主张。第三个时期是克伦威尔时期（1642 - 1660 年），清教徒改革英格兰国教会，但因内部意见不合而失败。[④]

1603 年，詹姆斯一世即位，促成了英格兰和苏格兰的联合。他没有向清教徒让步，保留天主教仪式和主教，并对清教徒大施压力，要求他们臣服国王。1611

---

① ［美］布鲁斯·L·雪莱：《基督教会史》，刘平译，上海人民出版社 2012 年版，266～273 页。

② ［英］J R.H. 托尼：《宗教与资本主义兴起》，赵月瑟、夏镇平译，上海译文出版社 2006 年版，118 页。

③ ［英］J R.H. 托尼：《宗教与资本主义兴起》，赵月瑟、夏镇平译，上海译文出版社 2006 年版，119 页、137 页；［美］布鲁斯·L·雪莱：《基督教会史》，刘平译，上海人民出版社 2012 年版，295～296 页；http://baike.baidu.com/view/675822.htm。

④ ［美］布鲁斯·L·雪莱：《基督教会史》，刘平译，上海人民出版社 2012 年版，296 页。

年之后，清教徒中的一些人决定离开英国国教。1625 年，查理一世即位，他依靠大主教劳德（1573－1645 年）成立了一个反清教徒的主教团。1628 年，议会通过了限制王权的权利请愿书。1629 年，查理一世将议会解散。1630 年，发生了苏格兰人起义。查理一世为了筹措军费，于 1640 年 4 月 13 日召集议会，但因议员拒绝国王的要求，查理一世于 5 月 5 日又解散了议会。随着苏格兰起义军大举进攻，查理一世被迫于 11 月 3 日重开议会。议会处死了国王的宠臣斯特拉福伯爵温特沃思；通过《三年法令》，规定议会应定期召集，不经议会同意不得将其解散，并废除了王室法庭。为了与此对抗，1642 年 1 月，查理一世离开伦敦到英国北部约克郡，8 月在诺丁汉升起王家军旗，宣布讨伐国会，开始了内战。由于议会中的保皇党离开伦敦加入保卫国王的军队中，议会终于能自由地开始进行清教徒们盼望的改革了。清教徒为英国国教会创立新的崇拜形式，采用新教的管理形式。在 1645 年 6 月纳斯比战役中，克伦威尔领导的国会军队战胜了国王的军队，并于 1646 年 6 月攻克国王的大本营牛津，查理一世也成了议会的阶下囚。1649 年 1 月，查理一世被处死。然而，英格兰几百年来的王室传统并不能被清教徒抹去。这次行为为保皇党制造了他们自己的殉道士，查理一世变成了被狂热分子迫害的殉道士。查理一世的被处死，给英国人带来了伤感，这种伤感令英国人记住了清教徒的方式。1658 年，克伦威尔逝世，清教徒统治也随之消亡。此后，在高级军官和议会之间展开争夺权力的斗争，驻扎在苏格兰的蒙克将军率军回到伦敦，并与亡命法国的查理·斯图亚特（查理一世长子）达成复辟协议。1660 年 4 月 4 日，查理发表《布雷达宣言》，表示对革命参加者可予宽大赦免。5 月，查理回到伦敦登位。王朝复辟后，恢复了主教职位。1685 年，查理死后，其弟詹姆斯二世即位。1688 年，辉格党和托利党发动光荣革命，废黜詹姆斯二世，迎接其女儿玛丽和女婿荷兰执政威廉到英国来，尊为英国女王及国王，即玛丽二世和威廉三世，并确立了立宪君主制。1689 年，政府颁布《容忍法案》，重申英国国教的主导地位，但又给予其他非国教信徒自由信仰的权利，这使得占英国民众很大比例的清教徒有了较自由的生存空间。①

---

①　[美]布鲁斯·L·雪莱：《基督教会史》，刘平译，上海人民出版社 2012 年版，299～304 页；计秋枫：《近代前期英国崛起的历史逻辑》，载《中国社会科学》，2013（9）；http：//baike. baidu. com/view/675822. htm。

（8）经济发展是独立、权威性标准。

如果欧洲宗教改革是一场革命，这场革命几乎没有触动下层的教会组织和传统的社会思想体系。在农村，虽然教会从 1530 年到 1560 年号召抵制酒馆、莫里斯舞或纸牌的诱惑，但宗教改革以后和改革以前一样，村民们没有感到以教会为中心的社会制度有任何变化。他们仍旧作为教区居民而不是作为世俗当局臣民来承担公共责任。大部分公共事务都在教会处理。征税是以教区的名义提出的，孩子的教育是牧师给予的，与村民合作的训练来自教区的共同事业。教区拥有财产，接受遗产，出租牛羊，提供贷款。人们靠教会麦芽酒赚钱，有时还参与买卖。教会会籍和国籍一样广泛并且同样具有强制力。①

欧洲宗教改革之前的英国，社会震荡的材料已经堆积了三代人。除了货币的贬值以外，无论是通过圈地把耕地变牧场，还是高利贷，行会的营私舞弊，商人对工匠的压迫，垄断者的勒索，这些早就引起过公众的抗议，受到法学家的谴责。在那个时代，对圈地者和垄断者的普遍仇恨找到了宗教感情这个天然盟友。在英国，和在欧洲大陆一样，激进主义和保守主义携手并进，但态度最严厉的是来自新教左翼的神职人员。他们认为经济个人主义损害了宗教纯洁性，应该向早期宗教的道德禁欲回归。②

在英国，如在德国和瑞士一样，信徒们向往的宗教改革不仅要改革教会，而且要改革国家与社会；不仅要净化教义，而且要净化道德。这种理想也获得了英国皇室的审慎支持。在经济危机达到顶点之际，爱德华六世（1547－1553 年）的导师布塞尔描述了基督教复兴的社会方案：偷懒成性者应当被教会驱逐、被国家处罚；政府应当复兴毛纺织业，引进亚麻织造业，把牧场开垦为可耕地；由于商人的工作就是放高利贷，垄断产业、贿赂政府使政府官员不管他们，所以应当对商人阶层采取严厉措施。国家必须规定价格，只有虔诚的、忠于国家胜过个人自己利益的人才可以获准做买卖。③

---

① ［英］J R. H. 托尼：《宗教与资本主义兴起》，赵月瑟、夏镇平译，上海译文出版社 2006 年版，93 页。

② ［英］J R. H. 托尼：《宗教与资本主义兴起》，赵月瑟、夏镇平译，上海译文出版社 2006 年版，83 页、85 页。

③ ［英］J R. H. 托尼：《宗教与资本主义兴起》，赵月瑟、夏镇平译，上海译文出版社 2006 年版，85～86 页。

英国宗教改革的学说，是从权利这一概念衍生而来的，经院神学家对这个概念做了非常详尽的阐述。培根（1561－1626 年）说，知识进步是为了追求上帝的荣耀和减轻人的财产负担。在受这种观念培育的人看来，大领主把人们曾经劳动和祈祷的地方变成了荒原，新的农业体制为了大领主的金钱利益而牺牲了农村共同体，这不仅是对人的蔑视，也是对上帝的蔑视。做出这种事的人根本不管上帝，想把一切都抓在自己手中，什么都不愿留给别人。它的本质是企图扩大法律权利，同时拒绝法律的义务。社会是由权利和义务的平衡体系所构成。法律的存在是为了保护权利，同样也是为了实施义务。权利不只是经济特权的集合，还负有责任。它存在的理由不只是所得，还有服务。凡是要求过多的人，都是只顾享有生活，而不愿履行义务。所有者的权利来自他所履行的职责，如果拒绝责任，权利就会失效。①

而英国国教会的改革者认为，经济关系和社会秩序应从教会所代表的真理中去寻找。买卖、租赁、借贷应受由教会道德的控制。因此宗教改革之后的宗教舆论与改革之前的传统宗教舆论并无不同。在 16 世纪，教会成了国家的一个部门，宗教被用来为世俗的社会政策提供道德支持。因此宗教革命并没有摧毁一个单一社会的概念，当教会法变成"国王的英国教会法"时，双方的审判权必趋向于融合。吸收了教会的权威之后，政府出于自己的政治需要，努力维护传统的社会行为准则。这时的神职人员反过来又成了公共官员，在伊丽莎白统治下，主教通常也是维护治安的法官。但就政府来说，为了促进经济发展，也不可能考虑神职人员所要求的严格纪律。②

1558 年以后，在伊丽莎白的指示下，枢密院研究了社会政策和工业组织的问题。他们的理想不是改革，而是稳定。他们的敌人是混乱，以及被认为是引起混乱的原因的贪欲。为了社会稳定，政府猜疑经济个人主义。政府的目标是让人们服从既是限制性也是保护性的政府压力。其实际运用就是实施政府调控。工资、工人流动、取得从事贸易资格、谷物和羊毛等生意、耕种方法、制造方法、外汇

---

① ［英］J.R.H. 托尼：《宗教与资本主义兴起》，赵月瑟、夏镇平译，上海译文出版社 2006 年版，89～90 页。

② ［英］J.R.H. 托尼：《宗教与资本主义兴起》，赵月瑟、夏镇平译，上海译文出版社 2006 年版，89～94 页、96～99 页。

交易、利率等全都受到控制。其中一部分是通过法令，但更多的是通过政务委员会。比如，地方政府在执行济贫法上掉以轻心，政务委员会便要求地方官员惩治无业游民，救助无自立能力者，采取步骤提供设备，雇佣劳动者。小商人遇到了债务困境，政务委员会便不让债主过分催促，似乎是非正式地宣布了债务可延期偿付。①

对政府和教会双方来说，救赎问题已经不重要了，国家也不仅是一个为了物质需要和政治便利而创造出来的机构，同时也是精神义务的世俗表达，其根据就是上帝的意志。因此，劳德把教会和国家合一为耶路撒冷："国家与教会两者都是集合体，都由许多个体组成一个整体；两者如此密切相关，教会只能存在国家之中，组成国家的同一些人则构成教会。"然而，16世纪的经济发展和思想已经开始变化了。1552年的法案曾经禁止一切利息。在议院的一场争论之后，这个法案于1571年被废除。争论表明了人们对20年前曾获胜的理论家们报以反感，人们开始强调法律不应当给商业强加一种空想的道德。16世纪末，宗教理论与经济现实的分离早已变得十分明显。1604年下院的一个委员会则宣布，所有自由臣民生来就有自由从事他们的职业。到了查理一世（1625–1649年）的时代，政府更加坚决推行经济政策，其特征是确保特许制度、重新恢复皇家对商业的垄断，政府还不时插手一些更加宏伟的计划，比如建立郡级的粮仓，将某些行业收归王室。17世纪的政治家们开始组织一项救济穷人的社会制度。因为经过三代人试图通过警察野蛮的暴力镇压流浪汉的企图失败后，人们终于认识到，导致流浪汉现象的原因是经济上的贫困，并非仅仅是个人的懒惰。而到了英国内战（1642–1651年）之后，已经没有可能坚持一种基督教的经济行为标准。这不仅是因为世俗的反对，而且还因为教会分裂已不存在强制执行的共同道德标准。市镇的政治和宗教都受到怀疑，商业界开始拒绝所有对企业进行传统限制的政策。1660年王政复辟之后，英国人已经生活在新的经济思想和政治思想的世界中。宗教关于在经济事务中保持良心准则的要求变得模糊，随着劳德的国教国家实验的失败，这一要求终于销声匿迹。基督教道德家让出的地盘被另一种理论家迅速占领。比如

---

① ［英］J. R. H. 托尼：《宗教与资本主义兴起》，赵月瑟、夏镇平译，上海译文出版社2006年版，99 ~ 101 页。

洛克主张，国家如果干预财产权和商业，就会取消它自身的生存资格。个人主义援引自然权利，把它作为应当让利己主义自由发挥的一个理由。接下来的 200 年，"政治算术"兴起，它断言，在法律之外不存在任何道德规则。它在方法上受数学和物理学的影响，在处理经济现象时，不像那些鉴别是非的学者那样去关心正确与错误，而是作为一个科学家，对客观的经济力量做出一种新的估算。实行这种方法的，在亚当·斯密（1723 – 1790 年）之前是塔克。因此到了 18 世纪，赞美成功生活的墓志铭尽情嘲笑往昔的梦想，嘲笑往昔那些怀有梦想的年轻人不去追求成功而只迄求殉道或神圣光荣的失败。[①]

把经济发展作为判断是否符合社会利益的独立、权威性标准，是近代才出现的。宗教精神活动的疆域被缩小，教会对经济关系和社会组织的关注不被承认。宗教改革时代开始之初（1534 年），经济学仍然是伦理学的一个分支，而伦理学则是神学的一个分支。到了王政复辟时期（1660 年），英国已经产生了革命性的变化。宗教已经从支撑社会大厦的基石转变成社会大厦的一个部分，一切都被经济效率思想所取代。到了 18 世纪，宗教冷淡主义哲学已经成为不言自明的真理。对财富的崇拜，变成了"古典资本主义"社会的实际宗教。[②]

（9）早期的美国清教徒[③]。

在伊丽莎白政策期间，英国国教中产生了一个以净化教会为目标的纯净派。该教派认为，当时的英国新教还没有切断与天主教的联系，没有真正奉行《圣经》的教义，因此主张教会改革，使其更纯洁，最终完全切断与天主教的关系，成为真正的新教，这就是英国清教。1507 年后，纯净派分成两支。主流派主张循序渐进，少数派则比较激进，认为要马上改革，并要从英国国教中分裂出来。詹姆斯一世禁止分裂派成立教会，囚禁了一批分裂派牧师与信徒。于是，分裂派逃

---

① ［英］J R. H. 托尼：《宗教与资本主义兴起》，赵月瑟、夏镇平译，上海译文出版社 2006 年版，7～8 页、102 页、107～108 页、117～122 页、136～138 页、142 页、158 页。

② ［英］J R. H. 托尼：《宗教与资本主义兴起》，赵月瑟、夏镇平译，上海译文出版社 2006 年版，169～173 页。

③ ［美］布鲁斯·L·雪莱：《基督教会史》，刘平译，上海人民出版社 2012 年版，305～309 页、311～313 页；［英］J R. H. 托尼：《宗教与资本主义兴起》，赵月瑟、夏镇平译，上海译文出版社 2006 年版，76 页；崔毅：《一本书读懂美国史》，金城出版社 2010 年版；秦晖：《为什么美国没有社会主义?》，见 http:// news. ifeng. com/history/zhuanjialunshi/qinhui/detail_ 2009_ 07/13/323316_ 0. shtml；《"五月花"号船只背景》，见 http://baike. baidu. com/view/100769. htm。

离英国。1607 年，分裂派领袖布雷德福等率领一部分信徒开始迁徙荷兰等地，而另一部分信徒决定去北美，并派代表和英国政府谈判，于 1619 年底获得了在美国弗吉尼亚以北移民的许可。

1606 年，英国政府授权弗吉尼亚公司开发美国北弗吉尼亚，普利茅斯公司开发南弗吉尼亚，其公司宪章规定，领地的所有权归属于英王，领地内的事务由领地内 13 人组成的参事会负责，具有独立的治理权。1607 年，弗吉尼亚公司组成的 120 人开垦团到达美国，建立了詹姆斯镇。为了吸引更多移民，弗吉尼亚公司规定，给每个移民 100 英亩土地，永久免税。由此，不到 10 年，殖民地人口增加到 1000 人。

后来，另一些清教徒也通过与弗吉尼亚公司的私人关系，获得了在新英格兰（北弗吉尼亚）的定居权。1620 年 9 月，一艘有 30 名船员、名叫"五月花"的轮船，从英国的普利茅斯港出发，载着 102 名乘客驶向北美。这 102 人中，有 37 人是清教徒，其他是农民、工匠、渔民。"五月花"号在海上漂流了 66 天，于同年 11 月到达北美。漫长的航行中，1 名乘客死于疾病，1 个婴儿诞生。由于海上风浪险恶，他们错过了原定登陆地点，而在科德角外普罗温斯顿港登陆。他们没有居住在这一地区的权利，同时，他们与英王的契约也不再有约束力了。面对陌生的北美大陆和毫无准备的绝对自由，船上一些人建议随心所欲地安排在北美的生活。但清教徒们认为，没有约束的自由会给所有人带来不自由，移民也会因此失败。于是，船上的 47 名成年男子，讨论产生了一份公约——《五月花号公约》，并在上岸之前签订："我们在上帝面前共同立誓签约，自愿结为民众自治团体。将来不时依此而制定和颁布被认为是对这个殖民地全体人民都最适合、最方便的法律，对此，我们都保证遵守和服从。"这份公约第一次从民众的角度阐述了国家权力的来源：国家是民众以契约形式合意组建的，法律实施的真正力量源于民众对于国家法律合法性与公正性的认同。这部公约从法理上否定了君权神授。后来，这一精神被写进美国宪法。

"五月花"号乘客上岸后，把该地区命名为普利茅斯殖民地，并基于公约组成了自治委员会。卡沃当选为第一任总督。不久，卡沃去世，布雷德福当选为殖民地总督。1621 年 9 月，清教徒们迎来了秋收，为庆祝，设立了感恩节。由于人们在这一地区没有居住权，1691年，普利茅斯定居地被合并到马萨诸塞州之中。

1625年，查理一世即位后，不允许任何异议的存在，并倾向于天主教。英国国教中清教徒的主流派也考虑要离开英国了。他们与查理一世谈判，要求国王授权。查理一世慷慨地把公司宪章授予了他们，于是他们移居美国，根据宪章组成自治政府。以后，根据公司宪章建立起了很多北美殖民地，而这些宪章演变成了各州宪法，并在此基础上产生了美国宪法。

1629年，普利茅斯公司组成马萨诸塞公司，1630年组织了1000多名清教徒乘5艘船移民到马萨诸塞。从1620年至1642年，大约2.5万名清教徒移民到新英格兰马萨诸塞州的波士顿及其周边城镇。1681年，贵格会的清教徒来到宾夕法尼亚，以费城为中心，发展出宗教自由、和睦相处的社会，吸引了许多德国的新教徒。同时，天主教信徒来到马里兰，荷兰改革派信徒来到纽约。到18世纪后期，美国大西洋沿岸建立了13个英国殖民地。移民美国的教徒们学习到德国三十年战争的经验：强制性的宗教统一付出的代价太大。1649年，一些清教徒提出了这样的理论：人们没有能力看清真理，观点上的差异不可避免；因此，任何一个单一的教会都不可能代表真正的基督教会；各不同观点的教会联为一体仍旧可能。这种理论在英国仅为少数人接受，因为在那里即便在1689年的《容忍法案》之后，英国国教仍然保持优势地位，然而在美国却被越来越多的人所接受。在此基础上，1740年之后，开始了福音运动。

在美国殖民地的统合方面，英语社区贯彻加尔文教会法规最极端的要数新英格兰的清教徒神权政治。它的诉讼程序与加尔文日内瓦的严峻法则相似。在马萨诸塞州，人们受上帝之言的法律支配。真正的信仰者不仅要戒烟，不穿不正派的时装，改正互相祝酒的陋习，还要拒绝神父们，因为神父允许生意人贱买贵卖。在马萨诸塞的早期历史上，一位牧师曾经呼吁人们注意老毛病的复发，注意把追逐利润当作生活主要目标，总督布雷德福不安地观察到人们如何增加财产，他说物质繁荣将使新英格兰毁灭，使教会毁灭。在殖民初期，政府和教会是一回事。政府控制物价，限制利息，确定最高工资，责罚屡教不改的懒惰者。马萨诸塞的当局规定，不允许根据买方的需要来确定母牛的价格，只能给卖方一个合情合理的回报。人们对那些要高价的人，都感到愤怒。

（10）"五月花"号①。

"五月花"号上的清教徒原本是分裂派，在布雷德福的率领下移居于荷兰的莱顿。后来，他们为了不让自己的孩子们沾染城市生活的坏习气，决定再次迁移。他们与伦敦商人以合股形式组成开拓团前往新英格兰。在出发前的 1620 年 7 月 1 日，成员们签订了一项协议：伦敦商人为开拓团提供资金，开拓团成员与伦敦商人保持合股，合作关系保持 7 年。在此期间，所有集体或个人所获得的收益都纳入公共储蓄，直到最终分配之日；7 年之后，伦敦商人和开拓团成员平分其公共资产和收益（房屋、土地、动产），分配完毕之后双方的债务关系即告终结；上述分配之际，16 岁以上的算一股，10～16 岁的算半股，10 岁以下的没有股份，但可获得 50 英亩未被开垦的土地，在此之前去世者由继承人享受分配权；开拓团成员在殖民地的衣食住行由公共储蓄负担。

对这份协议也有不满的。他们说，在 7 年后分配之际，私家用地、菜园等不应该划入分配范围，在集体劳动期间每周应该给成员两天私人时间。但大多数人认为，殖民地生活的主要内容不是耕种个人自己的土地，营建自己的家；应该做的是 7 年中没有贫穷者；如果一个人不愿看到他人与自己生活水平相当，那么他的品质是有问题的；虽然大家实际上是伦敦商人所雇佣的劳工，但还是应该热爱劳动，关心公共福利。

当开拓团乘"五月花"号到达普利茅斯开始定居生活之后，寒冷、疾病等夺走了许多人的生命，只剩下 50 人。然而，也有许多新来的人加入了开拓团。在 1621 年的圣诞节，总督让大家像平常一样去干活，但那些新来的人说，在圣诞节干活违背他们的良心。当总督下午再到他们所居住的地方去时，看见他们正在外面玩耍，于是便训斥说，大家都在干活，你们却偷闲，如果你们真要虔诚纪念，也应该待在自己的家中。

1622 年，开拓团开始考虑如何提高农作物（玉米）产量以解决粮食自给的问题。经过多次讨论，总督采纳了多数成员的意见，允许各家依靠各家的劳动，自行种植玉米。总督根据各家的人数给每家分配一片临时耕种的土地，这些土地不

---

① ［美］威廉·布拉福德：《普利茅斯开拓史》，吴丹青译，江西人民出版社 2010 年版，上部（第 4 章、第 6 章、第 7 章）、下部（第 1 章、第 2 章、第 4 章、第 5 章、第 8 章）。

能作为遗产来继承。结果，玉米种植量大大增加。因为每家的妇女都由此走进农田，带着孩子一起种玉米。而原先她们推托说柔弱女子干不了体力活，如果总督强迫她们走进农田，她们就会说这是严酷的专制压迫。

开拓团采用公社集体劳动的试验失败了，而实践者却都是那些虔诚正直、诚实本分的人。公社制度引起了许多混乱和不满，使人们不愿参加劳动。在这种制度下，年轻男人无回报地干体力活，这意味着为别人家的妻子和孩子出力，而体力虚弱者只能干相当于壮劳力四分之一的活，但却获得同等的衣物和食物，这让年轻人、壮年人感到不公平，而那些得到便宜的老人、儿童却显示出傲慢不敬。当那些不去农田干活的妇女被分配去洗衣、做饭，她们会说这是奴隶劳动。这里反映出来的问题是，如果所有人分到的一样，所做的一样，所有人都完全平等，人与人毫无差别，这就会大大降低人与人之间本应保持的相互尊重关系。原因并不是人性弱点的使然，而是公社制度下的生活、劳动方式。

各家单独耕种的效果到了秋天显现出来。由于所有人都想方设法勤劳耕种，结果是大丰收。那些体格健壮、勤快能干的家庭有了富裕粮食，并把粮食卖给他人，从此以后再没有发生缺粮现象了。自治委员会（政府）向 16 岁以上的男性成员征收 1 蒲式耳的粮食作为公共储备，从中解决官员、公务员的生活费用。政府官员每年选举一次，其基本理念是，如果当选是一项荣誉或有利可图的事情，那么其他人也有权分享；如果当选是一个责任和义务，那么其他人也应该平等负担。

1623 年，成员们为了获得更大的收益，请求总督分配一块可以长期固定耕种的土地，而不是每年抽签再分配。因为人们辛勤耕作一年，第二年又转手，让他人坐享其成，这就会使人不再专心管理土地、给土地施肥。于是总督决定，分给每个人 1 英亩土地，7 年内不再增加。总督认为，古罗马人兴起之初，从新征服领土中分配给战士的土地也就是 2 英亩。如果对此不满足的话，就不算是好公民。

1627 年，伦敦商人以 1800 英镑的价格把他们在开拓团所拥有的牲畜、股份、土地、货物和动产出售给开拓团。开拓团召开会议，让成员都成为买方。包括孩子在内，每人都出钱购入 1 股。对所获牲畜，由 6 人共同拥有 1 头牛。对所获土地，1 人分得 20 英亩，余下土地为公有。牧场作为公有土地没有分配。

（11）富兰克林①。

富兰克林在他的自传中，对自己的人生做了如下叙述。

我出身贫寒，幼年生长在穷苦卑贱的家庭中。得蒙上帝的祝福，获得巨大的成就，我的子孙或许愿意知道这些处世之道。1682 年，我父亲带着妻子和 3 个孩子迁到新英格兰，他们希望在新大陆可以享有宗教信仰的自由，由此我生在新英格兰的波士顿。

我从小就爱好读书，零用钱都花在书上。我喜爱《天路历程》，收集了班扬文集。看见我对书籍的爱好，父亲决定叫我学印刷业。1717 年，哥哥从英国回来，带来了一架印刷机和铅字，准备在波士顿开业。父亲急欲叫我跟我哥哥学徒，签订了师徒合同，当时我只有 12 岁。按照合同，我将充当学徒直到我 21 岁为止，最后一年我将获得出师职工的工资。

不到 15 岁，我就对《圣经》发生怀疑。我发现这对我自己是最稳妥的，而善男信女们则把我看作是可怕的异教徒和无神论者。过去我爱吃鱼，但我老是认为，我们没有正当的理由去杀害它们，于是我不食荤食。直到后来在剖鱼时，看见有人从鱼肚里拿出小鱼来，这时候我想："假如你们自己互相吞食，我为什么不能吃你们呢？"理性能使人找到或是制造理由去干人心里想干的事。

T 夫人穷困潦倒，向我借钱，而我利用她对我的依赖，竟试图与她发生关系。另外，我所信任的高令斯和雷夫这两个人都毫无良心地害了我。于是，我想到我自己对佛南和李得小姐的行为。这些都使我十分苦恼，渐渐地我确信，人生的幸福最重要的莫过于真实、诚意和廉洁。我写下了我的决心，要一生不断地加以实践。《圣经》本身对我并没有重要性，但是我认为：虽然我们不能因为《圣经》禁止某些行为，就说这些行为是坏的，或是因为《圣经》叫我们做，所以就认为是好的，但是当我们考了事物的各种情况以后，也许正因为它们对我们不利，所以我们要禁止这些行为，或是正因为这种行为的本身于我们有益，所以我们要去做。由此，我保持了原先节俭朴素的习惯。在我童年时期我父亲对我的教诲当中，有一句他常常提到的所罗门箴言："若是一个人勤勉工作，他将站在君王的

---

① ［美］富兰克林：《富兰克林自传》（网络版），郑土生译，第 1 节、第 2 节、第 3 节、第 5 节、第 6 节、第 11 节、第 14 节、第 17 节、第 24 节、第 25 节，见 http://www.thn21.com/Article/chang/18809.html。

面前。"因此，我知道勤勉是发财和成名的手段。这一信仰鼓励了我。我提出了13 种德行：要节制；避免无益的聊天；要生活有秩序；做事要有决心；切戒浪费；不浪费时间；不欺骗人；不做不利于人的事；避免极端；保持清洁；保持镇静；切戒房事过度；仿效耶稣和苏格拉底的谦虚。

六、"古典资本主义"与实用主义

好了，欧洲宗教改革的故事讲完了。现在可以具体来说一下韦伯说法中的不实之处了。

1. 晚期的美国清教徒

耶稣创立的使徒精神文化，是以怀疑既存法律、戒律为起点的。这在 7 世纪传播到英国父亲那里，给他们开辟了一条不遵从祖先的、新的"历史长河"，衍生出经验主义、个人主义、法治等等。由于耶稣否定"非洲夏娃"信仰，让祭祀义务从家庭转移到了教堂，从而使英国父亲完成了跨血缘的过渡，最终成为导致在古代政治、经济方面的"宇宙大爆炸"。因此，使徒精神与英国偶发的"古典资本主义"至少不会发生冲突。具体说就是，由于英国父亲们独立、自尊，即便威廉把他们变为农业被雇佣者、把没收的土地当作资本在市场流转，他们都可以包容。英国父亲的"历史长河"容纳了"古典资本主义"。也就是说，有能够容忍获取剩余价值等非人性化行为的精神文化，才能称得上是"古典资本主义"的精神伦理。相反，生活在既存的"历史长河"中的父亲们，由于继承了"非洲夏娃"的信仰，是不会容忍这些非人性化行为的，他们的精神文化与"古典资本主义"难以共存。比如，在富兰克林的叙述中，父亲可以容忍富兰克林和他的哥哥之间形成雇佣关系，即富人和穷人之间的关系。这在明清父亲来看，至少在观念上是不可思议的："你们是打断骨头连着筋的同胞啊！"如果按照韦伯的说法，非要强调"古典资本主义"精神伦理作用的话，那么也只能这样来描述：在人类社会的各个经济发展阶段，能够把明清父亲比下去的，不是参加古希腊民间秘仪的父亲们所拥有的超血缘精神，也不是古罗马父亲所拥有的法治精神，当然也不是近代英国父亲所拥有的独立、自尊精神。近代英国父亲的独立、自尊精神包容了"古典资本主义"，通过"古典资本主义"在经济发展中发挥作用，这才把明清父亲比下去了，当然，也一度把欧洲大陆父亲比下去了。

这种包容在现实生活中的折射，就是实用主义。例如，在韦伯的论证中，富兰克林是作为新教的"古典资本主义"精神伦理的事例被提出来的。富兰克林喜欢《天路历程》，独自去接受人生考验，但对上帝是怀疑的。"富兰克林是美国的圣徒之一。他讲求实际，非常宽容。他去世前曾说，他怀疑耶稣的神性；不过，如果信条能够带来好的结果，遵守也没什么坏处。对他来说，教义并不重要，行为最为重要。因此，人们可以抛弃以前的迷信，服从物理规律。如果宇宙是一部运行顺畅的机器，那么，人只需要寻找各自生命的意义和真正的快乐就行了。这些成为西方价值观的一部分。"① 所以说，被韦伯认作为"古典资本主义"精神伦理的天职、诚实、勤俭等等，虽然可以被当作来自上帝的声音和戒律，也是富兰克林想让后代遵守的，但前提是这些都是本人亲身实践之后的经验，而不是直接从上帝或《圣经》那里得来的。富兰克林的逻辑是，信仰上帝是因为功利，假如不能带来功利，也就不需要信仰上帝了。而欧洲宗教改革者们与富兰克林的逻辑完全不同。欧洲宗教改革者们所提倡的一切按照《圣经》，是"不管是否有功利"的，因此是先验主义的，而富兰克林的想法是经验主义。所以，富兰克林的精神伦理即便在形式上与新教同一，却与欧洲宗教改革者们所提倡的东西完全不同。也就是说，它并不是韦伯定义的、具有先验主义理想色彩的"古典资本主义"精神、伦理，而是实用主义、经验主义的态度。究其根源，富兰克林立足的是英国独特的怀疑主义，它根植于使徒精神的社会土壤之中。

当人们都像富兰克林来对待问题时，自然会像"一个科学家，对客观的经济力量做出一种新的估算"，而经济发展也自然成为"判断是否符合社会利益的独立、权威性标准"。而这种态度所带来的可能是"对财富的崇拜变成了宗教"，但更重要的地方在于人们的价值观最后都可能聚集于效率之上，并逐渐远离传统思想，从而产生新的思想来。这恰如贝尔对富兰克林以及美国人的精神历程所做的描述一样：

把工作当成是天职或正当职业，这是基督教新教的观点，也是托尔斯泰（俄国文学家）等一些害怕败坏俭朴生活的人的观点。但富兰克林是讲求实际和功利

---

① ［美］布鲁斯·L·雪莱:《基督教会史》，刘平译，上海人民出版社2012年版，317页、319~320页。

的新教徒。他是个实事求是、正视世界的人。他的主要兴趣在于教人以节约、勤奋和天赋的机敏来发达上进。在富兰克林的词汇里，关键的术语是"有用"。他发明了新式火炉、建起一座医院、铺设街道、组建城市警察，因为这些都是有用的项目。他也相信上帝是有用的。在《穷理查的历书》中，他抄来大量流传于世的格言，并把它们改编成规劝穷人的说教。但富兰克林所有这一切都不无狡猾性，甚至欺骗性。虽然富兰克林节俭而又勤奋，但他的成功一如许多正派美国人的成功，来自他结交权势的手腕，高超的自我宣扬本领、魅力、智慧。以后，在美国出现了消费社会，它强调花销和占有物质，并不断破坏着富兰克林所宣扬的价值体系。因为现代美国人觉得，人之所以工作是因为被迫。浪费的冲动代替了禁欲苦行，享乐主义的生活方式淹没了天职。①

2. 偷奸耍滑

如果富兰克林从小就怀疑上帝，具有一种实用主义态度，可以被看作后期英美清教徒的精神，那么早期的英美清教徒在面临现实问题时又报以什么态度呢？

早期英国清教徒的支配思想是，用道德彻底控制买卖、租赁、借贷者。他们的理想社会就是，不劳动者不得食，以劳动为光荣，付出多收益少，义务多于权利。因此，他们对违背这些原则的人，采取无限上纲，扣上"对人的蔑视，对上帝的蔑视"的高帽子。

当他们乘坐"五月花"号登上新大陆时，签署了与上帝的"公约"，"强调建立一个严明的神法治下的社会，从而形成了美国社会的特征"。② 用神法来统合社会，这并不是清教徒的发明创造。君权强大的亨利八世（1509－1547 年），在其权臣沃尔西失宠之后，想吞并其宅第。法官和律师们认为，只能由沃尔西本人声明将此宅第交给国王及其后继者才合乎法律程序。于是王室法庭的法官奉命去找沃尔西。沃尔西说："只要法官先生们说我这样做是合法的，我绝不抗拒王命。不过，请你转告国王：'有天堂也有地狱。'"而在政治方面，大法官奥德里说，议会权力至上。后来加德纳也写道："一切都不应与议会法或普通法相悖。"③ 这

---

① ［美］丹尼尔·贝尔：《资本主义文化矛盾》，赵一凡等译，三联书店 1989 年版，103～112 页、207～208 页。

② ［美］布鲁斯·L·雪莱：《基督教会史》，刘平译，上海人民出版社 2012 年版，296 页。

③ 赵文洪：《中世纪英国议会与私有财产神圣不可侵犯原则的起源》，载《世界历史》，1998（1）。

种起源于英国、基于神法统合社会的方式，在今天的美国也依然有效。2014 年 11 月，美国皮尤研究中心发布的一份报告表明，53% 的美国人表示，相信上帝的人才会有好的道德品行。神法的存在让美国许多无神论者害怕暴露自己，就连有些在华盛顿办公室上班的坚定的理性主义者，也对家人说自己在为某个"人道主义团体"工作。① 因此说，以神法治国的理念是英美使徒精神在社会统合方式方面显现出来的特征之一。这种特征即便在推行"专制统治"的清教徒集团中，也顽强表现出来。比如登上美国新大陆的殖民者，以为来到神的国度可以实现梦想。

然而，正是这些用神的道德和戒律来武装自己，组织社会，为了神的光荣而劳动的清教徒父亲们，在总督的强迫下走进公社农田劳动时却会说，这是严酷的专制压迫。宗教改革精神俨然成为他们偷懒的借口！他们都是具有"资本主义精神"，把劳动看作为"神的召唤"的人们，怎么会有这样的行为呢？非常明白，在具有韦伯所设定的资本主义精神的父亲们身上，由于开拓团公有制的作用，并没有发生"古典资本主义"行为，甚至连追求物质生活改善的"前资本主义行为（父系的功利性）"也被压抑下去了，这真让人大惑不解。结论非常清楚，无论这些清教徒们是否生活在神法的国度中，是否听从"神的召唤以劳动为天职"，是否勤俭、诚实、服从纪律、遵守神的法律，在所有制的作用下都会变为不怕下地狱而丧失劳动欲望、不停偷懒、抱怨别人的"小人"。所有制远远超越韦伯所说的精神伦理的鼓舞作用。所有制通过成本核算而直接控制清教徒的行为，让他们转换为彻头彻尾的实用主义者。因此可以说，近代英美父亲的行为，与韦伯定义的资本主义精神无关。如果是这样，什么才是美国清教徒身上反映出来的独特精神呢？

面临清教徒的偷懒行为，为了提高玉米的生产量，总督同意大家的意见，搞了家庭承包制。这当然是对原有崇高理想的背叛。但意外的是，总督并没有采用道德高压，没有固执于清教徒的原有信念，而是听取了那种背叛理想的自私愿望。那么，为什么总督不能强迫大家为上帝舍生取义呢？因为大家都有平等的权利，都有对上帝戒律的各自理解，从而形成了开拓团中个人独立、自尊的组织原则。这在路德的信徒身上看得到吗？在加尔文教派信徒身上看得到吗？也许，直

---

① 朱利安·巴吉尼：《无神论者：美国的"异己分子"》，载《金融时报》，2012 年 3 月 16 日。

到第二次世界大战结束之前，从大多数德国人身上都看不到。独立、自尊是英国父亲在自己的历史长河中所形成的独特精神，发源于古代使徒精神，与欧洲宗教改革毫无关系。独立、自尊（包括怀疑主义）与路德和加尔文的传统权威主义（包括理性主义）是完全不相容的。独立、自尊精神给近代世界带来了什么呢？是前面提到的经验主义。人要行动，特别是在创新方面，当然先要有想法，并且相信自己，先入为主，有点先验主义。但经过试错之后，会尊重结果。搞科学实验是这样，科学家的诞生也是这样。达尔文、亚当·斯密都是虔诚的基督教徒，但当他们通过研究得到结果后，就会尊重这个结果。

　　上面讲了英国开拓团成员在实用主义下推动社会经济制度改革的情况。那么在家庭层面的经济制度又是怎样的呢？从家庭祭祀来看，即便是父子、母子、兄弟姐妹，不去教堂而在家里一起阅读《圣经》，所形成的也不是家族祭祀，而是集团祭祀，因为他们之间的祭祀关系不是上一代和下一代，而是同志间的相互祭祀。这种在祭祀上相互独立的关系，也辐射到家庭成员之间的经济关系上。富兰克林到哥哥那里当学徒，相互之间却签订了师徒合同，明确规定了契约期限和待遇。中国也有当学徒的，但签契约会被叫作"订卖身契"，这绝不可能在兄弟、父子之间进行。但这在英国人看来却很正常，没有抱怨，兄弟之间也得签契约，这就是英美人家庭内部中存在的"古典资本主义"世界。而在上一代与下一代人之间的经济制度方面，虽然"当时有的指导者极力推荐在殖民地实行诸子平分制，但弗吉尼亚选择的是长子继承制"。[①] 以后，美国实施了自由遗嘱制度，于是这种经济制度与他们的独立、自尊精神并存于同一社会。这种与"古典资本主义"相互作用、相互适应的独立、自尊精神，在这里被冠名为"古典资本主义精神"。这种精神实际上也就是前面洛克所阐述的个人主义精神。

　　除此之外，在现实生活中，还需要弄清的另外一个问题，那就是信仰（精神文化）与制度（机制）之间的关系。信仰是建立制度的基础，而行为是在制度环境下发生的。所以信仰对行为的影响弱于制度的影响。如果领导者期望被领导者按照自己所期待的方向行动，就可以在不破坏原有信仰的情况下调整和改革制度。改变人们的信仰，应该是相当困难的，要在原有信仰的环境下调整和改革制

---

① 陈志坚：《情与理的交锋》，首都师范大学出版社2007年，3页。

度，当然也就只能采用实用主义。

而在另一方面，无论是"古典资本主义"还是封建主义，都只是一种机制。比如"古典资本主义"，由于生产要素之间发生了分离，这便决定了人与人之间必须通过交换才能生活下去的机制（生产要素市场）。但一切都仅此而已。"古典资本主义"既不决定如何交换，也不决定基于什么样的价值观来交换。交换者可以基于"以劳动为光荣，大公无私，禁欲"等价值观（信仰）来进行交换，也可以基于"逃避劳动痛苦，吃小亏占大便宜，追求享乐"等价值观（信仰）来进行交换（这是现代经济学的基本假说）。所以把享乐、偷懒、追求成功、投机取巧等看作是"古典资本主义"的恶果是没有根据的。同样，把有事业心、像企业家一样搞科研开发、开拓新市场等看作是"古典资本主义"的善果（企业家精神）也是没有根据的。这些价值的取向发源于远古母系侍奉和古代父系祭祀，是潜在的行为动机。这些动机转换为行动时必然受制于机制。当然也可以假定"资本家都是为了个人享受而获取劳动者的剩余价值，这是资本的本性"，但实际情况中富兰克林把赚来的钱投入公共事业建设，证明这种假定难以成立。像培根这样的哲学家、科学家的精神，都与"古典资本主义"没有任何关系。为了"私利"而赚钱，为了"私利"而生活，应该是功利主义，起源于父系信仰，与"古典资本主义"机制不能直接挂钩。

在不同社会相互交融、作用的状态下，精神、信仰也许适应某种制度，比如独立、自尊与"古典资本主义"并不冲突，但也许不适应某种制度。这里把独立、自尊冠名为"古典资本主义精神"，其意思是其他社会的信仰与"古典资本主义"相冲突的可能性大一些。这里需要做出特别说明的地方是，独立、自尊并不一定导致"古典资本主义"的发生，比如独立、自尊非常强烈的爱尔兰父亲、苏格兰父亲，并没有自己走上"古典资本主义"道路。事实上，英国"古典资本主义"的诞生是一种历史的偶然。而在另一方面，制度、机制对行为的作用更不能视而不见。制度改变，一切都可能随之改变。

就算在某个封闭社会自然发展的状态下，信仰会决定制度，但规定人们行为的是制度，而远离信仰。更何况，"古典资本主义"生产方式是历史的偶遇，与信仰没有直接的因果关系。只不过古代英国父亲的特有信仰包容了这种生产方式，两者融合产生出"古典资本主义"来。所以就历史发展来看，虽然说"古典资本主义"带来了近代英国的经济飞速发展，但与近代英国父亲的信仰并没有直接的因果关系。不仅如此，在制度的作用下人们的行为可能会违背本来的目的意识。韦伯把信仰直接与自觉劳动挂钩，绕开了制度问题，是一个错误的方法论。而在制度经济学看来，不管个人的价值观如何，制度决定人的行为。况且，"古典资本主义精神"与"古典资本主义"并不是因果关系，那么韦伯的结论当然也就不能成立。

3. 欧洲宗教改革与基督教

相比近代英美父亲，明清父亲和近代欧洲大陆父亲又是怎样的呢？

从中国社会组织和制度发展的角度来看，明朝时期最突出的现象是民间宗族的大量发生以及其规模的扩大。这些都是随明清民间祭祀的变化而来的。在这方面，与以前不同的地方是，即便是普通庶民家族中，只要是当了大官、对家族有杰出贡献，他就会被当作宗族的始祖，受到后代永远祭祀。明清父亲的功利性是非常露骨的，但这为明清男人发奋读书当官或挣钱提供了精神力量。但在宗族形成和扩大的过程中，人们又有心理障碍，害怕朝廷找碴，对违背礼制问罪。人们既想犯上作乱，但又怕满门抄斩。要解决这样的问题，就只能想办法自己去当君王。明清的"老子们"更有"提三尺剑，化家为国"①的潜在欲望。

在祖先崇拜形式下，明清父亲也会每天拷问自己的灵魂，产生出相应的精神伦理。明清父亲每天接受的拷问是什么呢？我的孙子在哪里？由此就得问，我儿子是否有了媳妇，我儿子是否有出息，我儿子是否能接受良好教育。而在这之前就得问，我是否能娶媳妇，我到哪里去挣钱置办地产，我和上边的关系怎么样……

在这些拷问中，始终都要牵涉周围其他相关者，而这些相关者随时都具有给自己带来灾难或幸福的可怕力量，自己无法做主。更重要的是，明清父亲的拷问最终接近于基因传递的历史轨迹：有父母才有孩子。于是，在伴随人生成长的精神文化形成过程中，明清父亲是处于做减法的趋势中。这显然与近代英国父亲对灵魂的拷问不同。在近代英国父亲那里本来就处于神话世界之中，无边无际，做加法的可能性很大，最后形成扩散性。由于人都愿意找最节省精力的办法行事，

---

① 秦晖：《传统十论》，复旦大学出版社2004年版，99页。

在趋同性的明清，君王可以任意支配，人治也就延续下来，谁也不会自讨苦吃地去搞法治。而在扩散性的近代英国，为了统合大家，除了搞投票、法治没有别的办法。

那么，近代欧洲大陆的日耳曼父亲又是怎样的情况呢？余英时说："中国的亲族组织相当于西方近代各教派的组织。"如果这仅仅指近代欧洲大陆的父亲，那就有一定道理了。明清的宗族就是把亲人们埋葬在一起，集体对他们祭祀。而近代欧洲大陆的教会，也是家族把亲人埋葬在教会的地下或墓地对他们祭祀。与明清的不同之处仅仅在于，在被祭祀者和祭祀者之间有教会这样一个中介服务机构。但由于教士们具有强烈的功利性，他们想出各种办法来盈利。最常见的手法就是发展教民，让各家族都归信自己所属的教会，以便把各家族的祭祀资源转移到自己手中来。这个拥有"天国""炼狱"以及各种礼仪、戒律的中介组织，似乎让近代欧洲父亲有了公共祭祀。人们把这种祭祀与中国一家一户的"无组织的祭祀"做比较，于是"17世纪以后，产生出中国人是否有宗教，儒教是否是宗教等等争论来"。①

中介组织侵蚀的发生，这是近代欧洲大陆祭祀区别于明清祭祀的地方。那么，这种侵蚀的后果又是怎样的呢？

教士们有一整套吸引近代欧洲民众的办法。首先，教士们在欧洲家族祭祀中打入一个楔子，说："永生不是来自人而是来自神的，所以需要脱离世俗世界。但因为教士要引导人们进入正道，所以必须进入现实生活世界。"②而教士可以帮助人们超度，让灵魂直接上天堂。这样，教士们就有正当理由来收取额外的服务费，从而把各家族的资源流转到教会。其流转方式之一是销售赎罪券。教会通过这些流转而获得的资源，"有的用于资助圣战，有的用于宗教会议支出，有的用于修建教堂、慈善医院，还有的用于教士们的生活"。③

然而，这些中介组织的募集资金行为，一方面积累了社会资金，另一方面却

---

① 方朝晖：《儒学是宗教学说吗?》，见 http：//www. aisixiang. com/data/50428. html。
② ［美］布鲁斯·L·雪莱：《基督教会史》，刘平译，上海人民出版社2012年版，78页；方朝晖：《儒学是宗教学说吗?》，见 http：//www. aisixiang. com/data/50428. html。
③ ［英］斯旺森：《英格兰、英国人与基督教世界》，龙秀清译，载《经济社会史评》，三联书店2010年版，150～151页。

带来了新问题。在古代祭祀体制下，各家祭祀各家的先人，相互之间没有攀比。虽然富人的祭品丰盛些，穷人的祭品简陋些，但难以怨天尤人。可是，当一部分资源流转到教会，让教士来超度亡灵时，便产生富人捐赠钱多而得到更好的超度，穷人得到一般的超度或者得不到超度的问题。这就诱发了富人的祖先高于穷人的祖先的心理不平衡，穷人也就自然会抱怨教士是势利眼，不为穷人服务。这便是近代欧洲大陆宗教改革运动发生的背景。

欧洲大陆的宗教改革在祭祀方面的内容是，摧毁教士、教会在祭祀方面的中介性，让自己的亲人或朋友来直接超度亡灵，通过"自立更生"让亡灵从炼狱到天堂。这在祭祀原理上便反映为，"每个人都能直接跟随上帝，死亡后得到平等的回报"。但由于近代欧洲大陆父亲本来就维持着祖先崇拜，宗教改革也就只能是家庭、社会想摆脱中世纪以来君王天人合一专制的一种尝试（是否真正摆脱，因各个欧洲大陆各个社会而异），而绝不是试图建立家庭内的相互独立精神（如同近代英美家庭）的尝试。也就是说，宗教改革不可能给近代欧洲大陆带来"古典资本主义精神"。

宗教改革没有改变近代欧洲大陆社会，相反却改变了教会自身。雪莱说："隐修者是禁欲主义者。罗马天主教认为，教会足以容纳禁欲主义者，也能容纳在灵性生活中失败的人。而宗教改革沉重打击了隐修制度，要求唯独信仰耶稣，但这种信仰不是死亡的信仰，而是体现在爱神和爱邻居之中。"[1] 如果近代欧洲大陆的教会活动在宗教改革之后变得与死亡无关，基督教将变成什么样呢？

天主教的教会活动原来有两种类型，一种如同路德当初一样，是在修道院过禁欲的隐身生活，目的是为了求得自己的永生。另一种是充当入世者，去为别人超度灵魂，其活动的目的很容易转变为统合教区众人以至于整个社会。由于统合众人与追求永生没有内在的必然联系，所以那些受到儿女祭祀而对教士的超度并不感兴趣的人们也才有机会进入基督教，去靠近权势。宗教改革后，祭坛再次回归家庭。这样一来，新教的社会活动内容便只剩下如何组织和统合教区大众和社会了。其形式便是 1740 年之后发生的福音运动。这个运动一直持续到今天，其教会分支或教派遍布全世界。它的特征正如雪莱所说，与亡灵、祭祀无关，重点是

---

① ［美］布鲁斯·L·雪莱：《基督教会史》，刘平译，上海人民出版社 2012 年版，116～117 页。

现世的幸福生活。人在现世怎么才能幸福呢？满足其欲望。于是，在今天美国出现了载歌载舞赞美上帝的群情激奋，在非洲出现了为医治疾病的集体上帝崇拜，在韩国出现了为了事业成功、多赚钞票的集体祈祷。① 这与明清父亲求神仙保佑、求关公发财、求菩萨消除病痛，有什么区别？如果欧洲宗教改革后这 350 年，西方主流意识在形式上都逐渐回归家族祭祀，那么走在"古典资本主义"道路上的英美父亲会怎么想？继续走下去？还是转向？

4. 欧洲的"反面教员"

托尼清楚地认识到后期的新教与早期的新教有很大差别，认为早期的新教更具有宗派性、共同性和集体性，根本不具备韦伯赋予它们的个人主义特性。② 那么在现实生活中，这些宗派争斗给近代欧洲大陆带来了什么呢？

欧洲宗教改革是激进派掀起的社会改革运动。评论家们在描述政府的政策取向或政治人物观点时，往往会使用鹰派、鸽派、激进派、改革派、保守派等用语。虽然这些用语能描述宗教改革中的各个派别，但概括地说，这次社会运动要干的事情是，通过掀起一场触及灵魂的运动解决现实问题，建立一个理想社会。这个运动让欧洲天下大乱，在沉渣泛起的 100 年之后，那些追求理想社会的情绪最终变为没有人感兴趣的东西，人们转变为对经济物质的追求，于是社会进入大治，"古典资本主义"也逐渐占据支配地位。因此说宗教改革运动与"古典资本主义"兴起和确立没有关系。即便有也是间接的，那就是宗教改革起了一个"反面教员"的作用。更形象地说，近代欧洲大陆的父亲经过了 131 年的折腾之后也疲倦了，不自觉地把目光投向对岸的英伦三岛，然后沉下心来仔细观察。于是，他们终于可以集中精力去琢磨，为了国家的经济发展该做些什么。

5. 德国宗教改革后的精神世界

再来具体讲一下近代德国父亲在宗教改革后的精神世界。

欧洲宗教改革期间，德国新教信徒的比例扩大，以后发展到三分之二。韦伯描述了新教的"古典资本主义"精神在德国发挥作用的情况。

在前资本主义（家族祭祀）时期人们的心目中，工作目的是让自己钻进一个

---

① BBC：《基督教历史》，2009 年。
② ［英］ J R. H. 托尼：《宗教与资本主义兴起》，赵月瑟、夏镇平译，上海译文出版社 2006 年版，导言。

负载着大量金钱和财富的坟墓中去。商人坐享世袭而来的财产和贵族封号。他们将自己的儿子送进大学或官场。以后由于自由的启蒙精神，德国人摆脱了传统，新的伦理准则鼓励他们靠个人奋斗而发财致富。如果你要问，使他们为了赚钱，食不甘味、夜不安枕的活动意义究竟何在，他们也许会回答："是为了供养子孙后代（祭祀祖先）。"可是这种动机却并非他们所独有，传统主义者也有着同样的动机。然而在大多数场合下却是这样：这种不断工作成为他们的事业，成为他们生活中不可或缺的组成部分。他们是为了他的事业才生存，而不是为了他的生存才经营事业。"古典资本主义"通过提高劳动强度来提高劳动生产率，它就必然会遭遇到来自前资本主义劳动的抵制。比如一个波兰人，他的家乡越是向东，越是远离德国，他所做的活儿，较之一个德国人所做的，也就越少。新教徒更多地被吸引到工厂里以填充熟练技工和管理人员的位置（因德国政府所推行的工业化、城市化）。精神特征决定了他们对职业的选择。在另一方面，德国工业中产阶级企业家多是在非常普通的环境中靠个人奋斗而发财致富的。德国工业革命是由从亲戚那里筹借来的几千马克的资本推动起来的。"古典资本主义"精神创造出自己的资本和货币供给来作为达到自身目的的手段。他们避免不必要的开销，不自吹自擂，不对自己的权利沾沾自喜，以某种禁欲的倾向见称于世。他们节制有度，讲究信用，精明强干，全心全意地投身于事业中。①

韦伯所说的这些事情，没有多大的说服力。因为这些行为（包括贪婪或理性地赚钱）和经济现象在近代以前或以后的其他非"古典资本主义"社会都发生着。而近代德国本身也没有发生根本性改变。

先从宏观层面来看。前面已经提到，"古典资本主义精神"应该是"我不同意你所说的，但我会捍卫你说话的权利"中所反映出来的独立、自尊。"而这不可能出自路德之口，宗教改革者和天主教徒一样竭力镇压持异议者"。所以与德国新教徒的伦理精神相适应的只能是权威主义，而不可能是个人主义。

"1941年后，一种从路德到希特勒的学说开始流传。这种观点认为，路德强调君王具有神圣的权力，因而成为极权主义的先驱。"②"路德强调人要学会自省，

① ［德］马克斯·韦伯：《新教伦理与资本主义精神》，于晓、陈维纲等译，三联书店1987年版，25～26页、42～44页、46～47页、49～52页。
② 钱金飞：《宗教改革对德意志近代早期国家构建的影响》，载《世界历史》，2013（6）。

注重内心世界，从而在精神领域获得自由；至于世俗世界，服从上司，听命于官僚，安于上帝创造的秩序中。所以各诸侯国邦君们再三强调，臣民的责任就是信仰上帝，出色地完成工作，把政治交给君王们处理。服从精神成为普鲁士精神的核心。韦伯也认为，德意志民族没有任何政治意志，习惯于让政治家来替它处理政策问题。"① 因此，宗教改革后的德国社会统合方式与天主教控制时相比并没有多大变化。

其次，在家庭层面又会是怎样的呢？在欧洲宗教革命之前，大部分德国父亲的祭祀方式仍旧是要后代祭祀自己，并把钱财带入坟墓中。而在欧洲宗教革命以后，他们挣钱比以前拼命得多，但其目的也是为了孩子，这也与明清父亲相同。至于谦逊、勤俭等，明清商人父亲也是这样。因此说，近代德国父亲并没有因宗教改革而产生什么新的气质。以此而论，在祭祀资源没有分离的状态下展开的社会运动，比如德国，其终点都是倾向于国家主义的经济体制。在祭祀资源已经分离的状态下展开的社会运动，比如英美，其终点都是倾向于宏观管理与个人利益相互调整的经济体制。

不过，韦伯得到的结论不是这样。他从上述德国父亲行为中所看到的是，他们因宗教改革而具有了"为了事业才生存，而不是为了生存才经营事业"的精神观念，从而通过"资本→货币→资本"这个关于"古典资本主义"的哲学性概念，得到德国父亲分化为老板和被雇佣劳动者这个结论。然而，货币本身不可能成为资本，要成为资本就必须获取劳动者的剩余价值，而前提条件是货币等财产首先就必须与劳动者相分离。因此，如果要支撑他的结论，韦伯就得首先论证原来的自耕农等如何通过欧洲宗教改革变成了城市被雇佣者。对此，韦伯没有给予任何论证。

七、"古典资本主义"不会由天而降

1. 欧洲大陆的被雇佣劳动者

纵观后来的学术研究，它们都没有在最基础的方面来完善韦伯的学说，反而

① 王维：《试析路德宗教改革对德国人心态的影响》，载《世纪桥》，2009 年 21 期。

是立足于他的结论进行研讨。比如，有人这样提出问题："在历史的哪一点上，我们能够真正谈论'古典资本主义'精神？应该是从具有某些始终如一的特征的精神出发，不论我们在 15 世纪的佛罗伦萨第一次遇到这种精神，还是在 17 世纪的英国笛福那里，或者在富兰克林和 19 世纪典型的商人身上，这种精神都一贯不变。"① 像这样无视历史而抽象出一种概念，然后再用这种概念来推动研究的方式，其实在韦伯的论证中已经显现出来。

比如，桑巴特在《现代资本主义》中，把导致资本运动过程（资本→货币→资本）的经济主体看作是企业家。这些企业家所持有的精神就是"古典资本主义"精神。这种精神主要有三个特征：追逐利润，精于算计，保持经济合理性态度。② 资本家为了追求利润，当然要计算收入和成本，然后依照计算结果确定自己的行为，在这个过程中当然表现出非人性化的性格。基于此韦伯认为，在加尔文教看来，基督徒行为的目的只能是为了增添上帝光辉，这让新教的企业家具有了非人性化的天职思想。对于韦伯的这个论证，有的研究者经过详细论证后指出，"韦伯引用路德的《圣经》译文和富兰克林自叙来论证理性追求财富的想法是起源于清教的天职思想的，然而，他的引用是一个误导，因为路德没有这么翻译过《圣经》，富兰克林虽然具有强烈追求理性的倾向，但并没有受到来自神的什么天职的启示（calling）。所以，韦伯有关'古典资本主义'精神与宗教伦理精神之间的关系在历史上根本就不存在"。③ 不但如此，桑巴特、韦伯有关"古典资本主义"的理性的论述也被质疑。因为包括熊彼特在内的研究者们在例举"古典资本主义"企业特征时，都把企业会计中的复式记账作为一项提了出来。④ 复式记账的使用，是他们主张"古典资本主义"精神、经济合理性、企业家精神的实物证据。然而，莫斯特说："复式记账法起源于罗马时代，是公共部门为了实现计划和调控的手段，与古典资本主义完全没有关系，在工业革命时期的英国企业

---

① 《弗洛姆的精神分析性格论及其对社会心理学的实质作用》，见 http://jsfx.nlp.cn/2010-04-29/63017.html。

② ［德］桑巴特：《现代资本主义》，李季译，商务印书馆 1958 年版。

③ ［日］羽入辰郎：《韦伯的犯罪》，弥涅尔瓦书房 2002 年版。

④ ［德］桑巴特：《现代资本主义》，李季译，商务印书馆 1958 年版；［德］马克斯·韦伯：《新教伦理与资本主义精神》，于晓、陈维纲等译，三联书店 1987 年版；［美］熊彼特：《经济发展理论》，何畏、易家详译，商务印书馆 1990 年版。

管理之中，会计也没有产生什么积极作用。"① 耶梅的说法更是致命一击："通过对 16 世纪中到 18 世纪的英国商人会计账簿调查可以知道，当时的商人根本就没有总账和明细账，利润与费用、个人和家庭开支都记在一起。这完全否定了企业的非人性化与复式记账法的关系。就企业为追求利润而言，这需要寻求机会，做出预测，充满冒险精神，这些都与复式记账法（经济合理性）完全没有关系。"②

除以上韦伯在学术上所存在的问题之外，这里将对韦伯的说法进行最后一驳。先讲一下背景。

贝尔说："资本主义的文化特征是自我实现，它让个人从家庭或血统的传统束缚和归属纽带中解脱出来，按照主观意愿造就自我。"③ 以此而论，除"古典资本主义"文化以外，其他社会文化的血缘认同就会带来与此相反的效果。如果再进一步假设，"古典资本主义"是从封建主义发展而来，那么自然就会把"血缘认同"这个微观层面问题纳入封建社会的宏观范畴来考虑，于是就有了"古典资本主义"如何产生的设想："在封建社会中，小农经济中的社会成员不是通过经济，而是通过政治权力之网和宗法伦理之纤被整合在一起。随着生产力的迅速发展和商品经济的发达，社会成员实现了普遍化的社会交往，特别是在城市。人们开始有了个人利益和追求的差异。因此，传统社会中的家庭亲属关系自然消退。经过工业革命和社会化的大生产，把社会上的个体联系起来，瓦解了封建社会依附关系，劳动者获得了人身自由。"④

韦伯的说法与以上的逻辑应该是一致的。他针对为什么明清社会没有产生"古典资本主义"问题时说，迁到城市里的居民仍然保持着与他出身农村宗族的联系；对明清宗族父亲来说，宗族就是一切；他们从未摆脱宗族的羁绊，没有近代欧洲父亲那种自由。

非常明白，在韦伯对中国问题的论述中有三个核心内容：信仰，宗族，"古

---

① K. S. Most, Sombart's Proposition Revisited, The Accounting Review, Vol. XLVII, No. 4, October 1972, pp. 722~734；［英］西德尼·波拉德：《现代管理的起源：英国工业革命研究》，山下幸夫等译，千仓书房（日文版）1982 年版。

② B. S. Yamey, Accounting and the Rise of Capitalism: Further Notes on a Theme by Sombart, Journal of Accounting Research, Vol. II, No. 2（Autumn 1975），pp. 117~136。

③ 丹尼尔·贝尔：《资本主义文化矛盾》，赵一凡等译，上海三联书店 1989 年版，25 页。

④ 沈亚平：《社会秩序及其转型研究》，河北大学出版社 2002 年版，9 页、110~111 页、170 页。

典资本主义"。而他的理论命题是，信仰是如何导致"古典资本主义"发生的。所以就明清而言，要论证这一命题就应该对明清宗族进行论证，因为"古典资本主义"的行为毕竟只能通过明清宗族中的父亲或脱离宗族的父亲来表现。而论证的核心则应该是信仰与宗族的关系。也就是说，如果要论证一种信仰让宗族产生，另一种信仰或原有信仰变化让宗族消失，那么宗族是怎样基于某种信仰而成立的呢？于是，关注点则必须聚焦于宗族。可是，韦伯既没有论证欧洲大陆父亲的信仰和宗族之间的关系，也没有论证欧洲宗教改革使欧洲大陆的宗族瓦解而产生出大规模被雇佣劳动者的问题。

因此，要讲明清和近代欧洲大陆的"古典资本主义精神伦理"，也就必须重新确认这两个社会中的宗族的组织方式以及劳动者从宗族被"解放"出来的事实。

2. 从家庭获得"解放"

先来讲明清的宗族。

从西方社会发展的角度，库朗热建立了祭祀与社会关系的讨论框架。[1] 他证明了古代西方父亲如同古代中国父亲一样，也曾经生活于世系群（氏族、宗族）中，祖先是世系群里看不见的居民。如果是这样，那么古日耳曼父亲占据欧洲大陆后，在什么时候，通过什么方式，形成了新的信仰和新的亲属集团关系（非宗族关系）呢？对此，很少有人来管。前一章通过继承制度所反映的祭祀资源这个看得见摸得着的东西，讲述诺曼英国父亲形成新型祭祀和新的亲属集团关系。那么，从中世纪到近代欧洲大陆，比如各历史阶段的德国又是怎样的情况呢？要弄清德国的宗族情况，就需先弄清明清的宗族情况。

陈其南等人说，与父亲死亡时间无关，中国的分家可以发生于任何时间。而英文中的继承（inheritance）则是指所有者去世时财产转移到继承者的过程。导致两者差异的理由是，英美财产所有观念是建立在个人所有制基础上的。在英美社会，父亲可以依据自己的意志将财产遗赠给继承者。父亲一旦死亡，财产权也自然终止，所以财产权必须立刻为活着的继承者所继承。而在中国，家产并不非得在所有者去世时分给各房（将来的祭祀集团），家产可以继续保留在死者名下，

---

[1] 黄应贵：《反景入深林》，商务印书馆 2010 年版，247 页。

因为亡者一直被认作为生者。同时，父亲并不能剥夺其儿子各房的财产权，也不能任意改变各房均分的法则。父亲将家族财产转移给各房是天经地义的事，不是个人意志所能决定或改变的。① 在一般情况下，房或家族单位必须结合非亲属性的功能才会形成宗族。房和家族的阶序关系可以简述如下：一个男人，对于他的父亲而言构成一房，对于他的子孙而言则是他们家族的代表。如果要强调诸房之间的整体性，人们就可以使用家族这个观念。家族就是指所有能够由男系后代追溯到一个共同祖先的人所构成的，无论人数多少，也无论彼此的关系有多远。并非所有的房或家族群体都会形成亲属共同体。"分家"与"分房"是不同的。分家意味着原来的家族单位被新成立的家族单位所代替，但一个家族无论怎么分房，在谱系上家族单位仍然继续与诸房并存。形成祀产有两种方式，可分别称之为"继承的祀产"和"组织的祀产"。"继承的祀产"是指，父母死后这块土地便自动成为其名下的祀产，即"生为赡养，死为祭祀"，在分家时将一部分财产划为祀产以供祭祖之用。"组织遗产"是由募集资产而形成的，也显示出整合与包容的意义。②

即便明清在财产制度方面具有形成宗族的条件，但从明清的实际情况来看，南方宗族比较发达，而在北方缺少祠堂和祀产，宗族似乎并不存在，祖坟显得更重要。不过，北方族姓多有祖坟，特别强调昭穆葬制及祖坟建设，还有清明会的组建。③ 而当清汉人移居台湾后在重建宗族时，祀产分为"阄分字"和"合约字"两种。"阄分字"是从祖先的财产抽出一部分充当祀产，是纯粹基于血缘关系所组成的。享祀的祖先为世代较近的"开台祖"。"合约字"是来自同一祖籍的垦民以契约方式共同凑钱而购置田产。所祭祀的祖先，世代通常较远，也并没有来过台湾，并被称为"唐山祖"。④ 明清垦民在移居台湾之初，为了抵抗异姓的侵入而组成一种祭祀团体以达到互助合作之目的，他们为了包容更多的成员而以"唐山祖"为共同奉祭的对象。⑤ 在台湾彰化平原地区发现了许多上万人的宗族，

---

① 陈其南：《房与传统中国家族制度》，载《汉学研究》，1985，3（1）。
② 陈其南：《汉人宗族制度的研究——弗里曼宗族理论的批判》，载《古人类学刊》，1991（47）；陈其南：《房与传统中国家族制度》，载《汉学研究》，1985，3（1）。
③ 冯尔康：《清代宗族祖坟述略》，载《安徽史学》，2009（1）。
④ 陈其南：《家族与社会》，台湾联经出版事业公司2004年版，86~88页。
⑤ 陈其南：《家族与社会》，台湾联经出版事业公司2004年版，104~105页。

这是因不同"开台祖"的后代联合起来而形成的一个以"唐山祖"为奉祀对象的组织。这种融合完全脱离谱系的约束，而采取非家族意识的半志愿性组织，即照股份或丁份的方式。[①] 为了协调地区性经营、对抗地区性风险，这种虚拟的宗族在明清普遍发生着。比如明清时期徽商在远离故乡的城镇，往往要建立自己的会馆。凡是旅居这个城镇的安徽工商业者都捐钱。会馆有三间正殿，中间供奉象征忠义和财运的关公大帝，两旁分别供奉忠烈王汪公大帝和东平王张公大帝。又启别院供奉朱熹（传说他的籍贯是安徽），把他作为入会者的共同祖先。那些客死他乡无力归葬者，被埋葬入会馆的义冢。[②] 而在本书第六章已经提到，墨菲认为世界各地许多氏族（宗族）中并没有世系，氏族血统和世系血统并没有必然联系。氏族内部的关系是信赖和合意的问题。

所以说，无论是明清的宗族，还是其他社会的氏族，都是一个随外部条件变化的社会组织，可以是基于血缘认同，也可以完全没有血缘关系。更重要的是，比如基于房的原理（家族祭祀原理），宗族可以无形存在好几百年以至上千年而并没有存在过的历史事实。最夸张地说，虽然在我们历史上从来都没出现过，但为了抗击"外星人"的入侵，人类社会可以突然之间冒出来一个以"非洲夏娃"为始祖的70多亿人的宗族。因此说，宗族虽然运用祭祖观念，但宗族的功能如同作为祭祀活动中介机构的教会组织的功能一样，更侧重的是社会统合。所以，如果没有统合的需求宗族也就可以不存在。

如果是这样，就能清楚地知道，在超越三代人家庭以上的大型组织，应该有这么几种类型。第一种是完全按照血缘关系不夹杂外人的宗族、氏族，第二种是夹杂外人的宗族、氏族，第三种是不以血缘为基础的组织。在摩尔根看来，这三种类型之间的关系，是由第一种向第二种，然后再向第三种逐渐进化的。韦伯的说法也是建立在这个基本认识之上的。但历史事实表明，这种进化论是错误的。

就明清庶民的宗族而言，它们是在宋朝以后才陆续发展起来的。而在这之前，庶民没有这样的组织。那么依据韦伯的理论，由于宋朝之前庶民就已经从宗族中被解放出来，接受地区行政管理，从而完全具备产生"古典资本主义"的条

---

① 　陈其南：《家族与社会》，台湾联经出版事业公司2004年版，108～109页。

② 　张研：《清代社会经济史研究》，北京师范大学出版社2010年版，104页、108页。

件了。这样的推论显然不能成立。因为宋朝以前的庶民并不因没有宗族就不进行血缘认同了。那么宋朝以前的一贯性血缘认同的基本单位是什么呢？应该是三代人组成的家庭。也就是说就明清而言，"古典资本主义"发生的前提条件并不是"人们从宗族的解放，而是从家庭的解放"。

这个结论意味着什么呢？人们一般都说，只要社会组织有地域化为特征，那么就可以判断人们得到了"解放"。然而在人类历史上，在古老的阶段就有了这种地域化组织，比如商会、行会、法人企业，韦伯也是立足于这种组织的欧洲历史来论述欧洲经济史的。[①] 似乎有了这样的组织，人们就得到了"解放"，就有了市场经济，就会进入"古典资本主义"。进入近代后，许多社会通过政府推行工业化、城市化，于是这些社会也就不言而喻地被判断为"进化、进步"。然而，正是这种判断掩盖了人们并没有从家庭得到"解放"的事实，这才使得人们对世界经济发展不平衡根源的认识似是而非。

如果为了祭祀而必需的血缘认同基本单位是三代人家庭，那么在历史上，即便近代欧洲大陆的氏族、宗族早已不存在，工商企业等组织遍地都是，但近代欧洲大陆的父亲仍旧可以在三代人家庭这个单位中延续血缘认同和家族祭祀，其结果依然是传统经济，不可能自律性跨入"古典资本主义"。要弄清这个问题，只需确认近代欧洲大陆家庭的情况就行了。也就是说，现在我们有了比较明清父亲和近代德国父亲的同一尺度，即通过比较两个社会家庭中的财产继承制度，就可以判断德国父亲是否真正因为欧洲宗教改革而走上了"古典资本主义"道路，而与明清父亲有所不同。

3. 德国的现代化

接下来讲德国宗族的历史变迁故事。

德意志人的经济单位起初不是现代意义上的个体家庭，而是由几代人、几个家庭所构成的，并且往往还包括许多非自由人的"家庭公社"。[②] 这种家庭公社耕种着大面积耕地，并和邻居一起共同使用四周的荒地。[③] 以后在日耳曼人定居的村落中形成各功能区。第一区是核心地带，是排列着的宅地。第二区是用篱笆围

---

① ［德］马克斯·韦伯：《社会与经济》，林荣远译，商务印书馆1997年版。
② 中共中央编译局：《马克思恩格斯全集》（第二十一卷），人民出版社1965年版，71页。
③ 中共中央编译局：《马克思恩格斯全集》（第二十一卷），人民出版社1965年版，161页。

起来的园地。第三区是耕地。第四区是牧场。每个家庭都享有在牧场上放牧同等数目牲畜的权利。第五区是森林，其情况也是这样。房屋、宅地以及个人在园地、耕地、牧场和森林中所占的份额，合而构成为一海得。海得不仅属于家庭所有，而且还是世袭的。宅地和园地作为持有地的一部分，归各家庭自由经营。房屋是由包括父母、未成年子女但往往也包括成年儿子在内的家庭所居住。耕地中的份额也是分配给各家庭的，而其余土地则属于公社。① 这时日耳曼的村落是由占有土地的各家族组合而成，私人占有土地的性质很明显，相互之间没有什么血缘关系，属于契约型的地缘组织。② 由于日耳曼人从罗马人那里夺取土地，氏族（宗族）在自己的村落里定居愈久，德意志人和罗马人愈是逐渐融合，亲属性质的联系就愈让位于地区性质的联系；氏族（宗族）消失在马尔克公社（以地缘关系为主，森林、牧场属于共有财产的日耳曼人村落组织）中了，但在马尔克公社内，其成员间原先的亲属关系的痕迹还往往是很显著的。慢慢地氏族组织（宗族）变成了地区组织，与国家相适应。因为对被征服者（罗马人）的统治，是和氏族（宗族）制度不相容的。各德意志民族做了罗马各行省的主人，就必须把所征服的地区加以组织。但是它们既不能把大量的罗马人吸收到氏族团体（宗族）里来，又不能通过氏族团体（宗族）去统治他们。必须设置一种代替物来代替罗马国家以领导大家，而这只有另一种国家才能胜任。③ 这种罗马国家被破坏的过程，是以采邑制度和保护关系（依附制度）进一步发展为封建制度而告终。④

所以说，古代德国的宗族在中世纪初期就已经消亡，即便存在，至少在宗教改革之前就已经变得不重要了。因此，不可能存在韦伯所说的"新教的伟大业绩就是挣断了宗族纽带"的情况。那么在近代德国家族层面，血缘认同又是怎样的情况呢？

中世纪欧洲大陆地区受到罗马法的影响。在家庭财产继承方面，罗马法强调家长的地位。家产虽然是家族共有，但家长是代表者。当家长死亡后，原有的家族结合就宣告完结。不管是否愿意，也不管是否有遗嘱，各家族成员平分家产，

---

① ［德］马克斯·韦伯：《经济通史》，姚曾廙译，上海三联书店2006年版，3～17页。
② ［日］竹安荣子：《对封建时期德国西南部农民家族的考察》，载《社会学部纪要》，1979（38）。
③ 中共中央编译局：《马克思恩格斯全集》（第二十一卷），人民出版社1965年版，172页。
④ 中共中央编译局：《马克思恩格斯全集》（第二十一卷），人民出版社1965年版，176页。

然后各自再以新的家长身份各自创建新的家族结合单位。而在平分家产时，子女辈作为他们各自新的家族结合单位的代表，参与分配，孙子辈不参与分配。也就是说，不是以原有家族的人数平均分配家产。① 10 ~ 12 世纪，法国的法律分为南部的成文法地区和北部的习惯法地区。南部地区的成文法采用罗马法。而在北部沿袭古日耳曼的家产共有传统，家族财产不可分割，长子作为代理人继承家产。到了 16 世纪，这些地区才开始提出分割家产。1791 年法国大革命时代设立的法律规定，子女对父母的财产一律平等分割继承，侵害继承权的自由遗嘱一律无效。这个法律设定的目的是为了赋予年轻人财产，以此为资本而自立。②

在古代德国，根据行列式墓葬发掘可以知道，6 ~ 7 世纪的每户农民的平均人口在 10 ~ 20 人之间。根据墓葬位置和随葬品的差异可以推测，父亲统领整个家族，家族财产不可分割，长子作为代理人继承家产。到了 9 世纪，由于基督教的普及以及后来罗马法的影响，才开始实行家产分割继承，形成三代人家族。③ 从 16 世纪开始，德国人开始思索如何才能更好地处理死亡的问题。老人们感到，身体已经虚弱下来还要统领家族，往往会受到年轻人的嘲笑，于是开始用隐退来处理遗产继承的方式。在德国西南部的农村和城市，从 17 世纪起，在所有后代都得到同等份额家产的前提下，父母采用逐渐转移家产的方式。孩子娶亲、出嫁时，以借贷或给予资产用益权的形式，先给予孩子们一部分家产。这时所分割家产的多少取决于父母的身体情况。需要孩子们的帮助越多，分割的家产也就越多。父母死亡时便把家产全部分割。在德国东部地区，农业经营规模很大，家产的分割转移往往都是通过契约，在父母去世前完成，形成老人隐退制度。这种制度到了 19 世纪便非常普遍。父母隐退时，要分割出四分之一到二分之一的家产，这通过父母和孩子交涉来完成，如果父母分得太多，便给下一代带来毁灭性的打击，因为年轻人都依靠继承家族财产过日子。在 19 世纪的巴登 - 符腾堡州埃斯林根，年轻夫妇与父母同住是普遍现象，到了 40 岁才开始得到一部分家产，开始成为小规模资产拥有者。到了 50 岁，父母的家产分割转移完毕，儿女便成为中等规模的资产拥有者。随着儿女自身的衰老，他们要把财产分割给自己的下一代，于是又

① ［日］有地亨：《对法国代位继承权的考察》，载《法政研究》，1957，24（2）。
② ［日］有地亨：《对法国代位继承权的考察》，载《法政研究》，1957，24（2）、1958，24（4）。
③ ［日］竹安荣子：《对封建时期德国西南部农民家族的考察》，载《社会学部纪要》，1979（38）。

变成小规模的资产拥有者。也就是说，父母在50岁左右开始分割财产，而这正是下一代人建立自己资产拥有规模的开始。15世纪的东部，农村人口占绝对多数，到了18世纪城市人口变为多数。然而城市的工资并不能决定城市劳动者的终身轨迹。工资只能决定城市劳动者年轻时的生活，当他们到了30岁，开始接受家族的财产分割时，便会从雇佣劳动者变为自耕农或者独立的手工业者、商贩。而德国城市劳动者真正成为终身雇佣劳动者，是在19世纪末社会教育制度、社会保障制度、劳动力市场被建立起来以后的事情了。在这之前，"农民生产方式""家族生产方式""小商品生产方式"是东部地区最重要的形态，其原因是家族内部的财产继承让劳动者成为生产资料的所有者。^① 从统计数字来看，除了留在原有农地继承父业的儿子之外，其他儿子的状况是，在勃兰登堡64.7%的人成了自耕农或商贩，只有10.6%成了雇佣工人；在石勒苏益格-荷尔斯泰因49.7%成为自耕农，23.0%成为工商业者，只有13.1%成为雇佣工人。^② 至于在立法方面，"在近代，恰恰不是个人主义取得了胜利，而是家庭主义"。"1896年成立的《德国民法典》明确规定，子女必须承担对父母的赡养义务（现在已废除），而财产仍旧保留在家庭内部。"^③

所以说，近代德国家庭在欧洲宗教革命以后仍旧实行遗产平均继承，个人和父母仍旧捆绑在一起。这意味着与明清家庭一样，近代德国家庭也是延续古日耳曼血缘认同习俗的基本单位。因此可以说，在近代德国家庭层面上，欧洲宗教革命既没有带来"资本与劳动的分离"，也没有给年轻一代带来独立、自尊的精神。而德国的大规模"资本与劳动的分离"，是在工业化、城市化的"诱导"作用下开始，在建立了社会保障制度后才完成的，是借政府之手建立"半个资本主义"之时才发生的事情。这个过程完全不同于英美因个人所有制的"排斥"作用下的过程。在英国，财产制度本身就是"古典资本主义"的构筑者。比如就最简单的财产交接而言，"在古罗马，采用的是死亡后进行财产转移。进入近代后，欧洲大陆一般采用到了退休年龄就开始对下一代进行财产转移，而英国直到21世纪有

---

① 艾默尔：《人生阶段：中欧的老年人、世代关系、小商品生产》，高木正道译，载《经济研究》（日文版），2003，8（3）。

② ［日］河出孝雄：《家族制度全集·继承·史论编》，河出书房1938年版，144页。

③ ［德］罗尔夫·克尼佩尔：《法律与历史》，朱岩译，法律出版社2003年版，33页、105页、109页。

钱人为了逃税才采用生前转移财产。英国采用遗嘱制度，财产所有者生前可以任意修改遗嘱，这本身就意味着财产转移必须在死亡后发生"。[①]

基于以上实事可以知道，韦伯的说法完全站不住脚，因为它违背历史事实，张冠李戴。近代英美父亲确实有特殊精神，走的也是"古典资本主义"道路，但这种精神始于7世纪的英国父亲，这种制度也始于12世纪的英国父亲。这些都与英国的宗教改革无关，更与德国的宗教改革无关。把近代英美父亲的气质移植到近代德国父亲身上，这才有了德国的宗教改革带来了近代德国的"古典资本主义"和精神的错误说法。

总结一下韦伯说法的不实之处。

首先，它违背生活逻辑。"古典资本主义"首先是一种制度、一种机制，而不是某种价值观，不是应该如何赚钱的伦理：贪婪还是理性，勤劳还是懒惰。左右人们现实生活行为的，不仅有信仰，还有制度、机制。简单地说，目的决定手段，但手段可能会改变原来所期待的结果。其次，它违背历史逻辑。"古典资本主义"的成立与基督教的传播有关联，但仍是一种历史巧合，而与基督教的发展，比如新教的产生，并没有关联。最后，它弄错了因果关系。近代欧洲大陆的"半个资本主义"的经济思想、实用主义、个人主义等，是在欧洲宗教改革运动之后，摆脱了新教精神伦理之后才发生的。

故事还完结不了。有人会问，怎么不讲近代德国先进的地方？还有人会问，这与明清有什么关系？

这里讲述各国父亲故事的目的，不要说谁先进谁落后，而是要弄清各社会的经济走向。如果承认韦伯的说法，就意味着近代欧洲大陆的经济发展是经历了宗教革命才找到方向的。如此一来，就完全否定了欧洲以外社会探索经济发展方向的可能性，因为其他社会永远都不可能来一场类似近代欧洲大陆的宗教改革。然而事实上直到19世纪末，德国父亲与其他社会父亲的现状也非常相似，年轻时给别人打工，然后通过自己的积蓄和老人、亲戚朋友的支持，自己成为小老板。即便在宗教改革以后，德国父亲依然没有走上"古典资本主义"道路。

---

① Tim Murphy, SimonRoberts &Tatiana Flessas, Understanding Property Law, Sweet&Maxwell, 2004, pp. 1~21。

当然，忙于赚钱的明清父亲与近代德国父亲基本相同，其问题也很多：三代人的一体化让明清父亲的经济效率在他们的经济活动中受到大量损耗。其次是横向扩张让明清父亲们都成了"聪明人"，血缘、人脉凌驾于法律之上，过高的制度成本也使经济效率受到大量损耗。但这些都不是最重要的，因为在过去几千年的历史中，古老中国父亲在这样的状况下也撑过来了，其业绩也不赖。但诺曼英国由于偶然的历史机遇，产生出"古典资本主义"、市场经济，并且诺曼英国父亲包容了这种制度，最后到了近代便把明清父亲比下去了。所以问题的关键所在是，明清父亲没有这样的历史机遇，也没有包容它的精神文化，延续下来的三代人一体化使明清父亲无法摆脱资源的祭祀化，也无法让"自由劳动"大量产生出来，因此明清父亲没走"古典资本主义"道路，没有自律性地利用要素市场这一机制，当然也就不会像近代英国父亲一样被迫要去提高劳动生产率、创新产品，最终也就无法促使经济更快发展、让人们过更好的生活。

明清在历史上就是这么一个现状。那怎么办？有希望吗？这样严峻的现实让人无法高兴起来，只得硬着头皮，继续按照上述逻辑把历史故事探索下去。

事实上，现代德国可能进入先进国家行列，是19世纪末在社会保障制度、教育制度、劳动市场被建立起来之后的事情。从欧洲宗教改革到19世纪末的300年的时间里，在受到"古典资本主义"冲击时，德国并没找到正确方向。其原因是近代德国父亲与明清父亲一样，是立足于传统所有制度的，经济发展无法靠社会内部力量推动。近代德国的经济是在国际竞争压力下靠政府推动而发展起来，逐步成为先进国家的。

最后再补充一点有关德国制度变化的情况。1933年，纳粹政府公布了德国世袭农场法，规定农地由一个儿子继承，其他儿子都净身出户，让他们充当殖民者。[①] 这个支撑军事扩张的措施与日本明治政府所采取的措施非常相似。

八、工业革命与经济发展模型

接下来要讲工业革命时期的英国父亲和法国父亲。其目的非常明确，就是要

---

① ［日］河出孝雄编：《家族制度全集·继承·史论编》，河出书房1938年版，145～161页。

为明清以后的中国经济发展找注脚。

就社会整体而言，如果欧洲大陆是因为"诱导"才发生"资本与劳动的分离"，建立起"半个资本主义"，那么前提就是工业化、城市化。而在"资本与劳动的分离"没有发生的状态下，工业化、城市化又不可能大规模自然发生，结果当然是社会长期处于自给自足的经济状况之中。那么，近代欧洲大陆的工业化、城市化又是怎样发生的呢？

1. "古典资本主义"输出工业革命

"古典资本主义"理论研究的轨迹非常奇怪。最先引起人们关注的是工业革命之后的社会经济，然后才开始对工业化以前的社会经济进行探讨。为什么在探讨"古典资本主义"问题时，人们最先关注的是工业革命？因为"工业革命带来了生产技术持续改革和生活水平的提高"。[①] 工业革命带来了社会巨变，并波及全世界，自然会引起人们的关注。那么，在欧洲大陆 12 世纪发达起来的工商业和金融为什么并没有引起人们的关注呢？托尼说，欧洲中世纪以意大利为基地的经济力量，通过千百条溪流港湾向西欧渗透。"资本主义"工业中心（如 15 世纪的佛兰德）或"资本主义"金融中心（如 15 世纪的佛罗伦萨）的生活，与出口原材料和少量食品的农牧社会（如中世纪的英国）的生活差别很大。与意大利、德国或低地国家奔腾的激流相比，英国的经济生活可以说是死水一潭。英国长期处在经济文明的外围，离意大利和德国的重要商业路线及活跃的金融中心很远。[②] 如果说中世纪的欧洲大陆已经有了"资本主义"的工商业和金融中心，为什么那时的人们没有通过高利贷者的活动、小商小贩的活动、海外贸易者的活动，勾画出"古典资本主义"发展的轨迹来呢？是因为那时的学者们没有今天的学者们聪明吗？至少在古希腊的亚里士多德（前 384 – 前 322 年）、古代中国的李悝（前 455 – 前 395 年）以后，世界上就已经不缺经济研究者和政府智囊团。答案应该是，那时的欧洲大陆金融和工商界虽然功利性很强，但并没有形成"古典资本主义"，而是"前资本主义"社会。所谓"前资本主义"阶段，实际上是进入父系社会之后中西方社会的共同历史时期。与之相比，所谓"古典资本主义"阶段，实际上

---

① Douglass C. North, Structure and Change in Economic History, W · W · Norton & Company, 1981, pp.158.
② ［英］J R. H. 托尼：《宗教与资本主义兴起》，赵月瑟、夏镇平译，上海译文出版社 2006 年版，10 页、40 页、42 页、81 页。

是英国进入诺曼父亲支配以后的历史时期，以及由英国父亲掀起的"古典资本主义"扩张的历史时期。因此说，古代英国父亲，以及从古代到近代的欧洲大陆父亲，从古代到明清的中国父亲，他们都一样，具有贪婪赚钱、理性赚钱等所表现出来的功利性，而这种功利性起源于父系思想。但是父系思想并不是"古典资本主义"的本质。"古典资本主义"的本质是要素市场的确立，这个制度逼迫劳动者父亲去"卖身赚钱"，去创新产品以及新的生产经营方式。所以，在"前资本主义"阶段，欧洲大陆的金融和工商业仍旧在传统的经济制度框架内运行，没有什么特别之处。并且当时的人们如同莎士比亚的态度一样，对要素市场所必然具有的"非人性化"行为是批判和讽刺的。与之相反，虽然诺曼英国已经有了"古典资本主义"，但它还潜藏在农业部门内，并没有给社会生活带来巨大变化，所以人们并不关注。那么，这种潜在的"古典资本主义"是怎么显现出来的呢？这需要回答。

众所周知，工业革命是以英国为起点，传播到邻近的欧洲，然后波及日本和亚洲其他国家的。工业革命是"古典资本主义"发展的结果，这是一般共识。如果把英国这个"古典资本主义"的标签以及工业革命发生和传播的图式，与前一章所说的家族形态、社会生活水平的图式放在一起，就会发现家庭内关于长子继承和自由遗嘱继承与"古典资本主义"有密切关系，并通过工业革命的传播影响了近代世界的社会经济的发展，而那些以家产平均分配为原则的社会，受到工业革命的冲击后也逐渐发生变化。如果把以平均分配为原则的经济组织定义为共同体经济，那么这种经济体的特征之一，就是因每人都拥有土地等而难以发生资本与劳动的分离，难以形成"古典资本主义"生产方式。于是，当这些社会遭遇工业革命的冲击时，就会面临共同体经济如何适应"古典资本主义"经济扩张的问题。他们最终会选择什么样的经济发展模式呢？对此，也需要做出回答。

2. 英国农村劳动力流转

有人以"古典资本主义"的出现作为分界线，把世界经济体制分为共同体生产方式和"古典资本主义"生产方式，把近代经济发展看作是前者向后者的转换。[①] 就法国来说，前面已经提到，中世纪时土地所有权、使用权是家族成员共

---

① ［日］大塚久雄：《共同体的基础理论》，岩波书店1979年版，10~11页。

有，是典型的共同体经济。而在村落的那些领主所有权名下的公有土地和森林上，农民建起小屋，开垦土地，贫困农民的日常生活就依托于此。[①] 因此说，这些公有地实际上是为养活村落新增人口的储备性生产资料，在这里农民的生存权大于领主所有权。从历史发展来看，这实际上是古日耳曼父亲的土地分配方式在法国的一种变形，并一直延续到工业革命前夜。

近代英国父亲也是古日耳曼人的后代，作为历史痕迹，中世纪英国的村落里也有村民共同使用的森林和牧场，还有一些开放的不毛之地。然而15世纪末，比利时的佛兰德地区羊毛加工业兴盛，然后波及英国，对羊毛的需求量大增，于是领主们恰似400年前威廉一世没收盎格鲁撒克逊父亲的土地一样，几乎无障碍地把自己经营的耕地改为牧场，把那些共同使用地也圈起来改为牧场，不再让村民使用（第一次圈地运动）。18世纪末，因为城市人口增加对粮食需求高涨，为了大规模农业经营，实行了第二次圈地运动。而在1538年，英国国王没收了教会的土地，其土地面积占全国的三分之一。这些土地的很大部分被出售给农业经营者和商人。[②] 因此那些依托于共同使用地和教会土地的农民父亲被迫离开农村，涌向城市，为工业发展提供了劳动力。然而需要注意的是，这些英国近代农民父亲都是在长子继承制和遗嘱继承制度下早已被驱逐于家族占有土地之外、受雇于领主和教会以及农家的人们。他们是否成为被雇佣劳动者，与圈地运动无关。也就是说，在工业革命发生以前的数百年，这些被雇佣劳动者父亲早已在农村积累起来，只不过在圈地运动之后，才大规模从农村流转到城市而已。所以，这种农村劳动力的流转与近代法国、德国的农村劳动力流转是不同的。正因为这些英国父亲在农村就已经是被雇佣劳动者，所以"他们在反抗圈地运动时提出了废除私有、实行土地国有化的主张（不在乎被雇佣的现实）"[③]，而不是打土豪、分田地的主张（想逃逸被雇佣的命运）。要求实行国有化主张的前景就是实行共产主义，

---

① ［法］乔治·勒费弗尔：《法国革命与农民》，柴田三千雄译，未来社1977年版（日文版），21～28页。

② ［日］大塚久雄：《资本主义的形成 I》，载《大塚久雄著作第4卷》，岩波书店1969年版，35～38页；［英］萨普雷金：《英国农业革命与农民运动》，福富正实译，未来社1976年版（日文版），10～11页；［日］小松芳乔：《英国工业革命史》，早稻田大学出版部1991年版，13页、225页、230页、237页、239～240页。

③ ［英］萨普雷金：《英国农业革命与农民运动》，福富正实译，未来社1976年版（日文版），16～17页、23页、99～146页。

而莫尔的《乌托邦》就是其蓝图之一。与之相反，近代法国的情况是，1789 年的法国大革命推行了通过分配村落公有地来增加自耕农，通过限制村落共同体经济的各种权利，让农民有更多的耕作自主权和土地商业化的自由权。这种改革遭到了农民的抵制。他们发起运动和起义，主张废除农产品商业化的自由，要求夺回村落共同体经济的各种权利。这种斗争持续了一个世纪，即便到了工业革命后，农村仍旧保持传统的零散的农家经营方式，而不是近代英国那样的大规模农业经营。①

3. 英国工业化和城市化的推手

再来讲工业革命本身的故事。这里的核心是手工业作坊向大工厂的转化。如果手工业作坊是家族共同体经济形态，那么"古典资本主义"形态很难发生，也就很难发展出工厂制度来。

工业革命的经典故事是纺织工厂。在 14 世纪的英国，毛纺工业是支柱产业之一。但当时这种由手工作坊支撑的产业遍及整个英国，并没有形成集中的工业地区，明显带有农村工业的性质。这时的手工作坊劳动力主要是半工半农的家族成员，有时也雇佣一两个人在家长的指挥下进行生产。直到 18 世纪，毛纺工业仍旧占据产业的主导地位，但后来由于大众消费需求激增，以大量生产为特征的棉纺工业迅速发展，于是在这一产业内发生了工业革命。1733 年，凯伊发明了"飞梭"，大大提高了织布的速度，每个劳动力棉布生产量增加了 3 倍，这使原有的纺织工匠和劳动者面临失业危险。于是他们对凯伊进行迫害，使他最终逃往法国。棉布产出量的迅速增长，导致纺纱生产供不应求。为此，1764～1767 年，哈格里夫斯发明了以他妻子命名的珍妮纺纱机，提高了纺纱的效率。不过，这是一种小型机械，投资不大，一般手工作坊都能购买得起，所以这并没有导致工厂制度的发生。珍妮机使用手工来摇转纺轮，随纺纱需求量增加，人力越来越难以胜任，于是，1769 年，阿克莱特发明了水力纺纱机，并获得为期 14 年的专利。由于水力纺纱机体积大，又必须设置在可以利用水力的地方，因此不能像旧式纺车或珍妮机那样被安装在家庭内，而必须建立厂房，集中工人进行生产。为此，1771 年，阿克莱特在曼彻斯特建立了第一家棉纺厂，实施了工厂制度。1779 年，

① ［法］乔治·勒费弗尔：《法国革命与农民》，柴田三千雄译，未来社 1977 年版（日文版），18～19 页；［法］阿·索布尔：《资本主义与农村共同体》，饭沼二郎、坂本庆一译，未来社 1976 年版（日文版），15 页；［日］铃木成高：《工业革命》，弘文堂 1950 年版，145～148 页。

工厂职工人数达到 300 人。以后他增加投资，在各地设立工厂，1782 年，他的资本金增加到 2 万英镑，各工厂的职工合计增加到 5000 人。所以说，阿克莱特也是创立现代工业制度的企业家。①

纵观以上英国工业革命过程，从农村手工作坊到近代工厂，这是否意味着近代英国从共同体经济向"古典资本主义"经济转换呢？

先问一个基本问题：如果一个家庭有剩余劳动力，那么当找到一种方式来解决这个问题，这对提供剩余劳动力的家庭来说是好事还是坏事？应该说是好事，至少这些家庭可以得到额外的收入，是不会反对的。那么，如果这种情况也发生在家族手工作坊，家长老板会怎么想？比如，这个家族手工作坊本来只需要 3 个半工半农的男性劳动力就够了，现在还容纳着 2 个剩余男性劳动力和一些孩子、女性劳动力，那么，当外面需要这些剩余劳动力时，这个手工作坊的家长老板会怎么考虑？会愤愤不平？在实际生活中，这个家长最有可能就是，要么让剩余劳动力出去打工（如同近代德国曾经发生的一样），减少劳动成本，提高作坊的竞争力，要么干脆把手工作坊关闭让劳动力都出去挣钱，用劳动力赚来的钱购置土地等资产，过自由自在的日子。如果是这样，他们为什么要去攻击那些接受剩余劳动力的企业呢？

那么，工业革命时期的英国是怎么一个状况呢？一些工厂付出高于平均 17% 的工资来雇佣男性职工，但劳动条件非常苛刻，工作时间超过 14 小时，时常还有体罚。而阿克莱特的工厂由于水源关系设置在偏远地区，虽然雇佣了一些男人做辅助性工作，但主要劳动力都是妇女和儿童。其工资不高，但劳动时间在 12 小时之下，还配备了住宅、服务等设施，对优秀劳动者还给予优质服装等奖励。到了礼拜等节假日，劳动者唱着对工厂的赞歌，在当地村落游行。但因其他地区反对机械化的暴徒时常来袭，男性职工不得不荷枪实弹保卫工厂。②

阿克莱特采用了差别式雇佣方式，以获取最大的利润。暴徒来袭并不是针对这种差别式经营的。暴徒反对的是机械化，迫害的是发明者。但如上所说，容纳

---

① ［日］铃木成高：《工业革命》，弘文堂 1950 年版，75~95 页。
② ［日］小松芳乔：《英国工业革命史》，早稻田大学出版部 1991 年版，173 页；［日］小松芳乔：《工业革命时期的企业者群像》，早稻田大学出版部 1979 年版，67~76 页、90~91 页；Ronald G. Ehrenberg & Robert S. Smith，Modern Labor Economics，Harper Collins College Publishers，1994，pp. 258。

剩余劳动的共同体是不会反对给他们带来实惠的机械化和技术发明的。所以，暴徒来袭只能是企业间效率竞争所构成对沿用原有传统生产工具威胁的一种反映，因为"那些手工作坊的棉纺工匠和劳动者们不想失去既得的高工资"，[①] 他们"也憎恨那些充满劳动热情工人们"[②]。实际上，"在传统手工作坊的形式下，16世纪的纽伯里镇就有人拥有200台毛纺机，雇佣了数百名职工的企业。1546年，也有租借了修道院的土地，建立厂房，设置毛纺机雇佣了2000多人的职工的企业。这种通过扩大生产规模来赢得市场竞争的原因之一是工资年年攀升。所以，设想在工业革命之前的手工作坊时代，职工都拥有对生产资料的所有权，是非常错误的"。[③] 以此而论，早在工业革命之前，即便那些在家长指挥下的英国手工作坊采用家庭、家族成员作为劳动力，也早已经转化为靠工资生活的终身雇工。在这样的手工作坊中，劳动效率高的职工得到高工资，效率低的职工得到低工资，剩余劳动（包括家族成员）被解雇，所以英国的手工作坊并不是共同体经济。这样，对手工作坊的职工来说，无论他们在自己家庭、家族内劳动，还是在别人的作坊或工厂里劳动，都没有太大区别。这些被雇佣劳动者因工业革命导致了自己工资减少，作坊破产，最后被解雇，所以要砸毁机器。

因此说，工业革命以前的英国村落和家庭、家族中的经济制度，并没因工业革命发生什么变化。即便工业革命在确立工厂制度方面起到了关键作用，但对原有的英国经济制度毫无影响。也就是说，在工业革命以前，无论是英国的农业或工商业，其经济制度和经济形态早已脱离了共同体经济，转换为"古典资本主义"经济了。即便在农业方面，英国的大部分农民在威廉征服、长子或末子继承制度确立之后，便无法回到过去的传统经济中去了，他们对土地已经没有所有权（地产权、用益权），已经转化为农业内部的终身雇工了。

以上是从被雇佣劳动者的角度来讲工业革命的，以下再从资本家角度来讲。

人们对工业革命发生列举了几个条件。第一，搞技术革新的不是科学家，而

---

① J. Tucker, Instructions for Travellers, London, 1758。

② ［德］马克斯·韦伯：《新教伦理与资本主义精神》，于晓、陈维纲等译，三联书店1987年版，45页。

③ ［日］小松芳乔：《英国工业革命史》，早稻田大学出版部1991年版，21页、184页；S. Marglin, "What Do Bosses Do?" in A. Gorz, ed., The Division of Labour: The Labour Process and Class Struggle in Modern Capitalism, Brighton, 1976。

是技术工程师和实业家。第二，有一个中产阶层，比如中小工商业者和农村乡绅，他们已经积累了剩余资本，等待着投资的机会。第三，海外市场扩大。① 纺织手工作坊的初期，商人提供原料让农村作坊加工，然后由商人负责销售产品。然而随着经营规模扩大、生产地在地域方面的扩散，发送、运输等生产成本上升，同时商品质量的统一管理无法实施，有时还发生作坊骗取商人原材料的情况。这一切难题都随工厂集中生产而得到解决。半工半农的手工作坊在市场不稳定的情况下，可以随时停止生产，这样就可以不给职工支付多余的工资，这是农村作坊在生产方面的优势。但随着海外市场的扩大，市场趋于稳定，这一优势不再存在，工厂生产方式的优越性更加显现出来。②

把上述这些关于工业革命发生、大工厂生产确立的条件放到英国和其他社会中去看，第一条在前面有关技术进步、经营组织改革的地方已经讲过。第三条实际上意味着国际竞争，对所有社会的工业化来说都是必要条件，而对近代欧洲大陆工业化来说，更是必须强调的必要条件。但第二条却是只有英国社会才具备的条件。"当阿克莱特发明水力纺纱机之后，小卖铺的老板和商贩、酒吧的老板、送货司机等，凡是有那么一点资本的都纷纷涌入纺织工业。因此，英国的工业革命是由全社会各阶层的人从内部推动的。"③ 而这些人都贴有"古典资本主义"的标签。因为英国社会上有这么多"资本家"，他们对制造业的投资意味着手工作坊经营者必须关心削减成本和职工管理问题，这必然带来市场竞争，结果也就带来了对发明纺织技术的需求。与之相反，在共同体经济内部没有这种"资本家"，新生产手段的发明和创新、新市场的开拓都不会这么强劲有力、连续不断。总体来说，共同体经济这一制度难以带来持续的创新，更无法带来基于削减成本、提高生产劳动率从而固执追求利润的动机，因而工业革命难以从其社会内部发生。既然如此，对那些缺乏工业资本的社会来说，怎样实现工业革命就成为问题。法

---

① ［日］铃木成高：《工业革命》，弘文堂1950年版，61～62页、67～72页；R. M. Hartwell, "Introduction", in Hartwell, ed. , The Causes of the Industrial Revolution in England, London, 1967, pp. 1。

② Douglass C. North, Structure and Change in Economic History, W・W・Norton & Company, 1981, pp. 168；J. H. Clapham, An Economic History of Modern Britian, Cambridge, 1926 – 38；F. F. Mendels, "Poto – industrialization：The Phase of the Industrialization Pocess," Journal of Economic History, ⅩⅩⅩⅡ, 1972；［日］饭沼二郎：《作为工业革命前提的农业近代化》，载河野健二、饭沼二郎：《世界资本主义的形成》，岩波书店1967版，35页。

③ ［日］小松芳乔：《英国工业革命史》，早稻田大学出版部1991年版，73页、179～180页。

国工业化过程是解决这一问题的案例。

4. 法国半资本主义社会

与近代英国相比较，在以共同体经济为社会基础的近代法国，工业革命走了另外一条路。

近代法国的领主、贵族们通过租税获得大量资金，但并不把它们用来发展制造业，而用来购买土地、出租倒卖土地，如同炒地产的明清父亲一样。18世纪后，在国际竞争的压力之下，为了追赶英国，法国中央政府通过政府补贴、无息贷款、各种赞助等方式，从社会外部来推动工业革命。政府让商人建立中央政府工厂，各地方政府也通过同样方式建立了一批地方工厂，如同后来许多国家的政府搞经济开发一样。这样，在阿尔萨斯地区的城市实行了工业革命，这种方式被叫作"商人通道"。而在农村，直到18世纪的后半期还处于农业小规模经营的状态。1762年，政府颁布法令，允许那些没有加入行会的农民从事纺织加工业。1773年，诺曼底农村地区在政府财政支持下引进了珍妮纺纱机。1785年，又引进了水力纺纱机，但大部分棉纱仍旧是手工生产。这种以农村作坊为依托实行工业革命的被叫作"小生产者通道"。1786年，在与英国缔结了通商条约之后，为了对抗英国棉纱的大量进口，政府采取了降低职工工资的政策。1789年，爆发法国大革命，工业革命一时被中断。直到1847年，纺织部门的工厂制度才被确立下来。1870年，法国的工业革命宣告完成。[①] 在这样的工业革命的过程中，"农业、商业、金融资本都不是推进工业革命的真正动力"[②]，共同体经济生产方式也没能自发转换为"古典资本主义"生产方式。在这样的条件下，法国政府是在与英国对抗的意识下，通过财政、金融、贸易政策引进、推行了工业革命，最终通过工业对雇佣劳动力的需求，把农业劳动者"诱导"入工厂和城市，从而在法国建立了"半个资本主义"。

---

① ［法］亨利·瑟：《法国的社会结构》，宫崎洋译，法政大学出版局1971年（日文版），148～150页、154页；［日］服部春彦：《法国棉纺产业的发展与国际环境》，角山荣：《英国棉纺产业的发展与世界资本主义的确立》，载河野健二、饭沼二郎：《世界资本主义的形成》，岩波书店1967年版，100页、224～229页。［俄］Ivan Vasil'evich Luchitskii：《革命前夜的法国农民》，远藤辉明译，未来社1976年版（日文版），65～66页、71～72页；［日］大下尚一：《西洋历史》，弥涅尔瓦书房1987年版，118页；［日］远藤辉明：《法国工业革命的展开过程》，载高桥幸八郎：《工业革命研究》，岩波书店1965年版，129～184页。

② ［日］铃木成高：《工业革命》，弘文堂1950年版，67～70页。

为什么法国不能自发地产生工业革命？在 1834 年以法国企业老板为对象、关于贸易政策的问卷调查中，有人明确指出："要走出英国一样的道路来，就必须改变现存的遗产继承制度。遗产分割继承制度阻碍了创立大企业，也把劳动力束缚在土地上。"[1] 法国大革命之前，大部分土地依然为村落共同体经济所有，1791年 9 月 28 日的法国大革命政府的法令宣布，这些土地可以被出售，让农民都有自己耕作的土地。1804 年的拿破仑法典（民法）规定，遗产平均分配。由此，农村土地所有权被分割。[2]

5. 法国半自由化经济

就这样，在近代法国，政府推动了法国的工业化、城市化。那么，这样的工业化、城市化的推进方式，会给法国在经济制度方面带来什么样的结果呢？一份在 1830～1860 年实施的有关法国大工业化调查的报告书，对此做了以下的陈述。

在 19 世纪初期的纺织业，雇佣 20～30 个熟练工的小工厂为普遍现象。到了19 世纪中期，扩大为 50～100 人。这种因机械化而使经营规模扩大的现象是通过自由贸易实施"英国化"的结果。法国要实施工业化，就必须大力推行技术者精神、采用新技术。就棉纺工业来说，在封闭状态下并没有形成国内竞争，所以缺乏采用新技术的动力。因此必须参与国际竞争，让英国来锤炼法国的工业。在原来农村作坊里，家长和家族成员一起流汗，由此建立起健全的家庭生活环境。即便在老板和外姓职工之间，往往也同吃、同住、同劳动。但是在大工厂制度下，老板不再顾及职工的感情、品性、地位，而只把他们看作生产机器。尽管如此，老板和职员也仍旧不是单纯的雇主和雇员的关系。由于实行的是定额工资制，职工每个星期可以连续休息三四天，而到了 1860 年，职工还保持着在星期一缺勤的旧毛病。也因为是定额工资制，熟练工可以任意招收和训练徒弟，而老板指挥不了这些徒弟。[3]

在工厂职工的劳动状况方面，贸易政策的问卷调查显示，英国职工比法国职

---

① ［日］清水克洋：《法国工厂体制论》，青木书店 1996 年版，152 页、158 页、285 页、287 页。

② ［法］德·拉沙瓦纳（Dareste de la Chavanne）：《法国农村社会史》，池本喜三夫译，东明社 1973 年版（日文版），321 页、328 页；［英］克拉潘：《法国、德国的经济发展》，林达译，学文社 1972 年版，12页。

③ ［日］清水克洋：《法国工厂体制论》，青木书店 1996 年版，38～39 页、75 页、95～109 页。

工吃苦耐劳，生产效率也要高得多。法国职工喜欢独立，难以适应单调的工作。他们把在制造业就职当作没有办法的选择，所以用物质刺激或严密监视、教育劝说等方法都无法提高他们的素质。[①] 其理由之一是他们都来自农村共同经济的农民工。一份关于法国中部山区的农村调查显示，这一地区共同用地占据很大的面积，村落共同体经济形态依然被保存着。从这里去城市的农民工从 1789 年的 6000 人扩大到 1846 年的 3 万人。他们都是拥有小块土地的农民，为了维持自家土地经营和生活，不得不外出打工。[②] 就当时的法国劳动市场来说，纺织工业占了 50%（其中 68% 为女性），矿产冶金工业的劳动力大都来自附近农村地区的农民以及外国劳动者。所以，法国工业革命并没有破坏原有的劳动力结构，农村人口仍占有很高比例。[③]

那么，在以"小生产者通道"方式推进工业化的农村地区的情况又怎么样呢？1834 年关于诺曼底地区的农村工业的调查报告显示，手工作坊仍旧在家族生活习俗之下进行着生产。在同一房檐之下，家族劳动力各自分工，家族成员共同分享劳动成果。他们希望能够赚到更多钱来购置土地。在农忙季节也雇佣一些农业劳动者。[④]

以上这些调查资料说明，在近代法国农村共同体长期存在着。由这些共同体供给的劳动力对工厂制度的实施有很大的负面影响。诺斯说："工厂制度的实施，制造出了非人性的生产要素和市场，这意味着对传统观念的破坏。所以，工业革命具有发展新社会和新的道德标准的性质。"[⑤] 这一提法，就近代英国的状况来说是不适用的。对法国的长期发展来说，比如到了今天，这个结论也许正确，但对法国工业革命的过程中以及稍后的时期也是不适用的。

工业革命需要老板和被雇佣劳动者，在他们都不存在的条件下，就只能借助那些被置于国际竞争压力下的政府来推动。也正因为如此，法国经济发展模式便

---

① ［日］清水克洋：《法国工厂体制论》，青木书店 1996 年版，155 页、212 页。

② ［日］喜安郎：《近代法国民众的个人和共同性》，平凡社 1994 年版，276～294 页。

③ I. Lequin, "Labour in the French Economy Since the Revolution," P. Maghias & M. M. Postan ed., The Cambridge Economic History of Europe, vol. Ⅶ, London 1978, pp. 305～309。

④ ［日］喜安郎，《近代法国民众的个人和共同性》，平凡社 1994 年版，92～93 页。

⑤ Douglass C. North, Structure and Change in Economic History, W·W·Norton & Company, 1981, pp. 169～170。

具有了以下特殊性质。

第一，自耕农的小土地经营者长期存在。在欧洲大陆国家中，法国开始工业革命的时期最早，但工业革命的速度非常缓慢，规模也不大，原有的国民经济结构自身并没有从根底上动摇。[①]

第二，近代法国通过工业革命所形成的经济发展模型，与"古典资本主义"的英国有很大的差别。在1834年的关于贸易政策的问卷调查中，法国企业家提出了"不通过大工业化，而是通过优秀的手工纺织业来与英国对抗"的设想。"通过贸易壁垒，让手工作坊和英国式工厂并存。"而在1860年和1870年的关于贸易政策的问卷调查中，中小企业主们说："已经听厌倦了那些关于不实行大工业化法国就不能生存的论调。应该在对两种方式进行详细考察之后，再来讨论引进问题。并且，农村工业雇佣半工半农的劳动者，推行农工结合的小企业，这在节约资源，维持传统道德方面都是非常有益的。"[②] 也就是说，与近代英国相比，近代法国以至于后来也在共同经济体的社会基础之上实行工业革命的德国、意大利等国家，由于民间没有搞大型企业的意愿，最后只能走由政府来创造大型重工业体系并"诱导"农村劳动力流转到城市的"半个资本主义"道路。于是从政府和大型企业的关系来看，结果只能是实行政府监管的非自由化经济模型。在这样的宏观环境变化的条件下，民间部门乘上那些来自大型企业经济活动波及效果的便车，也开始投资包括制造业在内的各个行业，但要忍受政府政策变化所带来的波动，忍受那些包括大型金融机构在内的大型企业的夹击和折磨，以求生存。不过这种以家族共同体经济为基础的中小企业，因地制宜，各具地区特征，到了今天，成为满足个性化需求市场条件的经济实体。

第三，与近代英国依靠物品交换和生产要素交换的机制相比，近代法国依靠的仅是物品交换的机制。以后，两者在经济类型上的差别虽然逐渐缩小，但却注定了经济模型的不同。这实际上也演化出了后来中东欧、亚洲的经济类型，比如清朝的洋务运动等。

---

① ［日］铃木成高：《工业革命》，弘文堂1950年版，142页。
② ［日］清水克洋：《法国工厂体制论》，青木书店1996年版，152页、158页、218～219页、264页、285页、287页。

　　现在可以下结论了。宗教改革以后，近代欧美摆脱这样主义、那样道德的束缚，经济发展成为判断是否符合社会利益的独立（中性）、权威性标准。这使得"古典资本主义"、市场经济蓬勃发展，结果是欧美经济领先世界。后来，这个权威性的标准在中国、日本这样保持古代家族祭祀的社会也确立下来。关于这方面的故事，《国富新论》中有详尽的描述，这里就不再重复。

　　漫长的历史故事到此结束。从远古母亲和古代、近代父亲的个人层面，然后再到整个社会层面。
　　在个人层面，找到了所需答案吗？
　　我们每个人都正扮演着基因这个脚本所编写好的生命剧中的角色，同时我们也正扮演着由侍奉这个精神文化编剧者所导演的生活剧中的角色。
　　我们来自一位非洲母亲，每个人是从这位母亲流淌下来的血脉长河中的一个点，同时，镜子里面的这个自己，需要确定百年之后是否有人来侍奉，否则就会不安、惶恐、难以入眠。不管是中国人还是西方人，都会询问镜子中的自己，不停去寻求这种安心。我们的生活就是营造各种关系，来保证侍奉之事不发生变故。当发生好事或坏事时，搅乱了原有的确信，都会使我们陷入一种莫名其妙的孤独或困苦，我是谁，来世走一遭的意义是什么，这样的疑问油然而生。
　　由于侍奉的缘故，"非洲夏娃"的第4000代子孙，最终发展到工业化、城市化、智能化、世界一体化的历史阶段。也因侍奉的缘故，父母、孩子、恋人伴侣、朋友、同志，这些生活在我们周围的人们，成了我们面对混沌世界、支撑着把日子过下去的精神力量源泉。生活，就是确认与他们的关系，然后一天，一天，又一天……

结束语

英国前首相丘吉尔说："你越能回溯历史，便越有可能展望未来。"

展望个人的未来，也展望中国和世界的未来，这是本书讲述人类古老故事的目的。

社会科学研究与自然科学研究一样，需要做到的一点就是，用同一把尺子去衡量不同的对象。比如，搞宏观经济研究就需要使用 GDP（社会综合经济实力）、人均 GDP（生活平均水平）等统一指标。本书采用祭祀以及衍生出来的财产继承制度这把统一尺子，来衡量人类各个社会的历史过程。对这个历史过程的观察、对比以及思考，就是本书的内容。

那么，对今后中国和世界的未来，都有些什么展望呢？

从祭祀和财产继承制度的尺度来看，前 10 万年，在人类进化链上断裂性地分离出"非洲夏娃"和"非洲亚当"的子孙，这是人类史上的"宇宙大爆炸"（兵胜滑铁卢），契机是母系信仰的诞生；前 3000 年，出现了古代中国和古希腊、古罗马社会，驱动力是祖先崇拜；1100 年，断裂性分离出英国社会，这是我们政治经济史上的"宇宙大爆炸"，契机是"古典资本主义"的诞生；1600～1900 年，相继分化出欧美、日本社会，主要因素是"古典资本主义"的扩张。

今天，全球化在逐步推进，上述分离、分化所形成的各个社会开始汇合在一起，并带来了无数冲突。那么，最根本的冲突是什么呢？母亲、父亲的古老故事给出了答案。

　　2011 年在美国出现了一场关于"虎妈"的大辩论。支持"虎妈"的华裔认为，要想孩子成才就得对他们"狠"一点。反对"虎妈"的美国人则主张给孩子更多的自由、独立和尊重，对其"残忍"的教育方式感到愤怒，追问"孩子应得的疼爱与尊重在哪里"。双方都各说各的道理，母子一体和母子相互独立、正面冲突了。

　　贝尔在论述美国人观念的历史变化时说，对于"你是谁"这个典型的身份问题，传统人说"我是我父母的儿子"，今天的人则说"我就是我，我是自己的产物，在选择和行动的过程中我创造自己"。这种身份变化是我们自身的现代性的标记，身份的源泉是经验，而已经不再是传统、权威和天启神谕，甚至也不是理性。①

　　孩子怎么可能不是父母的？美国人在想什么？他们想的是孩子的成长、变化和身份认同。孩子必须在身份认同后才能真正成人，因此要给孩子成长变化的空间。要给孩子积累自身经验的机会，也就要尊重孩子的独立。可是，中国的孩子是不需要身份认同的。说破天，说破地，他们仍是父母的孩子，不可能像加入基督教那样，因洗礼就变成他人，也不会因长大、结婚生子后就变成他人。

　　有妈的孩子是块宝，这对"非洲夏娃"的后代来说，应该都是这样。然而，由于英国在 7 世纪发展出了独特的祭祀方式并延续至今，以至在中国和欧美社会之间，有关身份认同的观念就显得完全不同。这种不同带来了在个人的权利、义务方面的很大差异，其结果决定了在社会关系方面中西方的差异。

　　因此，同一词汇用语所表示的社会关系，比如母子、婚姻、契约、产权等，因各社会的祭祀方式不同而不同。而全球一体化需要把这些看似相同，但实际上不同的东西凑在一起，结果便是文化冲突。另一方面，经济发展成为不可回避的问题，世界经济的一体化更是逼迫各个社会都用统一的尺度来

---

① ［美］丹尼尔·贝尔：《资本主义文化矛盾》，赵一凡、蒲隆、任晓晋译，三联书店 1989 年版，137 页。

判断各自的经济活动。于是各个社会之间的文化多样性与经济发展的统一化，带来了前所未有的困境。要走出这种困境，首先就需要理解和承认相互的文化差异，不被全球一体化所带来的冲突所干扰，现实而中立性地对待经济发展，集中精力寻找有效制度和经济发展方式，这些也就成为今天社会决策者们成败的关键因素之一。

2018 年 5 月写于北京长富宫